Enzyklopädie der Rechts- und Staatswissenschaft

Begründet von

F. von Liszt und W. Kaskel

Herausgegeben von

W. KUNKEL · P. LERCHE · E. PREISER

Abteilung Rechtswissenschaft

Johannes Bärmann

Freiwillige Gerichtsbarkeit
und Notarrecht

Springer-Verlag Berlin Heidelberg GmbH 1968

Justizrat Professor Dr. Johannes Bärmann
Notar a. D.
Johannes Gutenberg-Universität
Haus Recht und Wirtschaft
65 Mainz

ISBN 978-3-662-11781-1 ISBN 978-3-662-11780-4 (eBook)
DOI 10.1007/978-3-662-11780-4

Ursprünglich erschienen bei Springer-Verlag Berlin Heidelberg New York 1968
Softcover reprint of the hardcover 1st edition 1968

Library of Congress Catalog Card Number 68-15577
Titel Nr. 4421

Vorwort

Das Gebiet der Freiwilligen Gerichtsbarkeit wurde lange Zeit literarisch nicht in gleicher Breite bearbeitet wie das des Zivil-, Straf- und neuerlich auch des Verwaltungsprozesses. Für die Enzyklopädie der Rechts- und Staatswissenschaft, in deren Rahmen dieses Lehrbuch erscheint, hatte zuletzt LENT einen Grundriß verfaßt (2. Auflage 1928). Eine Neubearbeitung, die insbesondere die reiche Entwicklung der Nebenverfahren berücksichtigt hätte, ist in der Enzyklopädie nicht mehr erschienen. Der Verlag wünschte nunmehr eine breitere Darstellung, ausgehend von der richtigen Annahme, daß die Bedeutung der Freiwilligen Gerichtsbarkeit in den letzten Jahrzehnten ganz erheblich zugenommen hat.

Diese noch wachsende Bedeutung wird auch ausgewiesen durch die seit 1955 erschienenen literarischen Bearbeitungen, wie insbesondere das Lehrbuch von BAUR (1955), die erheblich erweiterte Neubearbeitung des Studienbuches von LENT (3. Auflage 1958) durch HABSCHEID (4. Auflage 1962) und das Lehrbuch von PIKART-HENN (1963). Zwischen ihnen sucht mein Buch noch einen eigenen Platz zu finden. Das groß angelegte Lehrbuch von BAUR enthält in Band I nur einen Allgemeinen Teil, der freilich durch die rasche Entwicklung heute in manchen Punkten überholt ist. Der angekündigte Besondere Teil ist nie erschienen. Das Kurzlehrbuch von LENT-HABSCHEID enthält kein Notarrecht und wendet sich, trotz der erheblichen Ausweitung durch HABSCHEID, doch vorwiegend an Studenten. Dagegen ist das Lehrbuch von PIKART-HENN in erster Linie für die Praxis geschrieben, übrigens auch ohne Notarrecht. Demgegenüber ist das hier vorgelegte Lehrbuch etwa im gleichen Maße für die Wissenschaft, Ausbildung und Praxis gedacht.

Im Allgemeinen Teil sind die wichtigsten Erkenntnisse der in den letzten Jahren erschienenen Abhandlungen und Entscheidungen verarbeitet. Die rasch fortschreitende Entwicklung der Freiwilligen Gerichtsbarkeit verlangt nach einer solchen Bestandsaufnahme. Freilich mußte mit dem Raum hausgehalten werden, um das Buch nicht zu unverkäuflichem Umfang anschwellen zu lassen. Darum wurde besonderer Wert auf die Herausarbeitung der allgemeinen Grundgedanken und der Anknüpfungspunkte an den dogmatischen Stand der anderen Verfahrensarten gelegt.

Der Besondere Teil wendet sich — ohne Anspruch auf Vollständigkeit — vornehmlich an die Leser, die sich einen Überblick über die einzelnen Verfahrensarten der Freiwilligen Gerichtsbarkeit verschaffen wollen. Die kurze monographische Darstellung des Notarrechts dient dem gleichen Zweck. Die Reformbestrebungen zum Urkundsrecht sind hier noch nicht berücksichtigt. Der Entwurf eines Beurkundungsgesetzes wird zwar wahrscheinlich in Kürze als Bundestagsdrucksache vorliegen. Aber das Schicksal von Gesetzesentwürfen auf dem Gebiet des Verfahrensrechts ist bekanntlich ungewiß. Zudem geht es bei dem Entwurf weniger um die Einführung von sachlich Neuem, als vielmehr um eine Vereinheitlichung der zersplitterten Materie. Darum schien es mir geraten, es hier noch bei einer Darstellung des gegenwärtigen Rechtszustandes zu belassen. Besondere Schwierigkeiten warf beim Besonderen Teil die Gliederung des außerordentlich vielgestaltigen und umfangreichen Stoffes auf. Bisher war es üblich, innerhalb der Sachgebiete der Freiwilligen Gerichtsbarkeit die einzelnen Angelegenheiten mehr oder weniger hintereinander aufzuzählen. Hier ist nun versucht worden, wenigstens teilweise übergreifende sachliche Einteilungskriterien zu finden und demgemäß zu gliedern in:

Kapitel 8:

Fürsorgeverfahren (vor dem Vormundschaftsgericht und sonstige).

Kapitel 9:

Sicherungsverfahren (Nachlaßsachen, Personenstandssachen, Verschollenheitsverfahren und Verfahren nach § 145 FGG).

Kapitel 10:

Vermittelnde Verfahren (Nachlaßauseinandersetzung, Nachlaß- und Gütergemeinschaftsauseinandersetzung, Dispache, Heimstättenerbfolge).

Kapitel 11:

Registerverfahren.

Kapitel 12:

Echte Streitsachen (privatrechtlicher und öffentlichrechtlicher Art).

Kapitel 13:

Vorsorgende Rechtspflege (Urkundsrecht und Notarrecht).

Man muß sich auch bei dieser Einteilung bewußt bleiben, daß es Überschneidungen und Unvollständigkeiten gibt, die wegen der teils willkürlichen Zuordnung unterschiedlichster Verfahren zur Freiwilligen Gerichtsbarkeit (vielleicht) unvermeidbar sind. Aber diese Erkenntnis sollte nicht zur Resignation führen und nicht den Versuch hindern, die Systematisierung wenigstens soweit voranzutreiben, wie sie möglich ist. Dabei braucht die hier vorgeschlagene Einteilung noch nicht als der Weisheit letzter Schluß angesehen zu werden.

Bei der Ausarbeitung des Manuskripts konnte ich mich der intensiven Mitarbeit meiner Assistenten, des Herrn Assessor Dr. HELMUT KOLLHOSSER und der Herren Referendare HANS-PETER SCHEERER und Dr. WERNER MERLE, erfreuen. Sie haben sich auch um die Drucklegung und die Korrekturen gekümmert. Ich bin meinen Mitarbeitern zu außerordentlichem Dank verpflichtet. Nur ihre Hilfe ermöglichte es, daß dieses Buch trotz meiner starken Inanspruchnahme in den letzten Jahren — insbesondere in der Universitätsverwaltung und durch andere wissenschaftliche Pläne — nun erscheinen kann.

Mainz, im Februar 1968 JOHANNES BÄRMANN

Inhalt

Allgemeiner Teil

Besonderer Teil

Abkürzungsverzeichnis

a. A.	anderer Ansicht
aaO	am angegebenen Ort
AcP	Archiv für die civilistische Praxis (1. 1818 — 149. 1944, 150. 1948/49 ff.)
ÄndG	Änderungsgesetz
a. F.	alte Fassung
AG	Aktiengesellschaft, Amtsgericht
AGBGB	Ausführungsgesetz zum BGB
AKG	Gesetz zur Allgemeinen Regelung durch den Krieg u. den Zusammenbruch entstandener Schäden (Allgem. Kriegsfolgengesetz) v. 5. 11. 57 (BGBl. I, 1747)
AktG	Aktiengesetz v. 6. 9. 65 (BGBl. I, 1089)
AktG 1937	Aktiengesetz v. 30. 1. 1937
AktO	Aktenordnung v. 28. 11. 1934
AmREG	Amerik. Zone. Ges. Nr. 59; Rückerstattung feststellbarer Vermögensgegenstände (10. 11. 1947)
Anm.	Anmerkung
AnwBl.	Anwaltsblatt, Nachrichten f. d. Mitgl. d. Dt. Anwaltsvereins (13. 1926 — 20. 1933; NF 1. 50)
AP	Arbeitsrechtliche Praxis (1. 1950 ff.)
AöR	Archiv des öffentlichen Rechts (1. 1886)
ArbGG	Arbeitsgerichtsgesetz v. 3. 9. 53
Art.	Artikel
Aufl.	Auflage
AuslWBG	Bereinigungsgesetz für deutsche Auslandsbonds v. 25. 8. 1952 (BGBl. I, 553)
Bad.	Baden, badisch
Bärmann	Bärmann, Komm. z. Wohnungseigentumsgesetz, München und Berlin 1958
BAG	Bundesarbeitsgericht (Entsch. 1. 1954 ff.)
BAnz.	Bundesanzeiger (1. 1949 ff.)
Baumbach-Lauterbach	Baumbach-Lauterbach, Kurzkommentar zur ZPO, 28. Aufl. 1965
Baur	Baur, Freiwillige Gerichtsbarkeit, 1. Buch, Allgemeines Verfahrensrecht, 1955
Bay	Bayern, bayerisch
BayNachlO	Bayrische Bekanntmachung über das Nachlaßwesen v. 20. 3. 1903 (JMBl. I Nr. 95, S. 459)
BayObLG	Bayerisches Oberstes Landesgericht
BayObLGZ	Entsch. des BayObLG in Zivilsachen (Jahr und Seite)
BayZ	Zeitschrift für Rechtspflege in Bayern
BB	Der Betriebs-Berater (1. 1946 ff.)
BBauG	Bundesbaugesetz v. 23. 6. 1960
Bd.	Band

BEG	Bundesergänzungsgesetz zur Entschädigung für Opfer der nationalsozialistischen Verfolgung i. d. F. v. 29. 6. 1956
Begr.	Begründung
Best.	Bestimmungen des Bundesrats über das Vereinsregister und das Güterrechtsregister
BGH	Bundesgerichtshof
BGHZ	Entsch. d. BGH in Zivilsachen (1. 1951 ff.)
BinnSchG	Binnenschiffahrtsgesetz v. 15. 6. 1895 i. d. F. v. 15. Juni 1898
Bek.	Bekanntmachung
Bl.	Blatt
Bln.	Berlin, Berliner
BNotO	Bundesnotarordnung v. 24. 2. 1961
BRAO	Bundesrechtsanwaltsordnung v. 1. 8. 1959
BRAGebO	Bundesgebührenordnung f. Rechtsanwälte v. 26. Juli 1957
BRD	Bundesrepublik Deutschland
Brem.	Bremen, bremisch
BrREG	Brit. Zone, MRG Nr. 59: Rückerstattung feststellbarer Vermögensgegenstände an Opfer der nationalsozialistischen Unterdrückungsmaßnahmen v. 12. 5. 1949
BRüG	Bundesrückerstattungsgesetz v. 19. 5. 1957
BSG	Bundessozialgericht, Entscheidungen des BSG (1. 1952 ff.)
BVerfG	Bundesverfassungsgericht, Entscheidungen des BVerfG (1. 1952 ff.)
BVerfGG	Gesetz über das Bundesverfassungsgericht v. 12. 3. 1951
BVerwG	Bundesverwaltungsgericht, Entscheidungen des BVerwG (1. 1954 ff.)
BVFG	Gesetz über die Angelegenheiten der Vertriebenen und Flüchtlinge (Bundesvertriebenengesetz) v. 19. 5. 1953
CC	Code civil
D, Dt	deutsch
DAfStA	Dienstanweisung für die Standesbeamten und ihre Aufsichtsbehörden
DAV	Der Amtsvormund, Rundbrief d. Deutschen Instituts f. Vormundschaftswesen (24. 1951/52 ff., Zeitschrift)
DB	Der Betrieb
DDR	Deutsche Demokratische Republik
ders.	derselbe
DFG	Deutsche Freiwillige Gerichtsbarkeit (1. 1936—9. 1944)
Die AktG	Die Aktiengesellschaft
DJH	Deutsche Jugendhilfe (29. 1937 — 36. 1944; vorher und später: Zentralblatt f. Jugendrecht und Jugendwohlfahrt)
DJZ	Deutsche Juristenzeitung (1. 1896 — 41. 1936)
DMBG	D-Markbilanzgesetz v. 21. 8. 1949 i. d. F. v. 28. 12. 1950
DNotV	Zeitschrift des Deutschen Notarvereins (1. 1901 — 33. 1933) dann:
DNotZ	Deutsche Notar-Zeitschrift (33. 1933 — 44. 1944, 1950 ff.)
DÖV	Die Öffentliche Verwaltung (1. 1948 ff.)
DONot	Dienstordnung f. Notare v. 6. 3. 1961 (BayJMBl. 35)

DRiG	Deutsches Richtergesetz v. 8. 9. 1961
DRiZ	Deutsche Richterzeitung (1. 1909 — 27. 1935, 28. 1950 ff.)
DRpflZ	Deutsche Rechtspfleger-Zeitschrift
DRW	Deutsches Recht, ab 1. 4. 1939 Wochenausgabe, vereinigt mit JW
DVBl.	Deutsches Verwaltungsblatt (65. 1950 ff.; vorher: Deutsche Verwaltung)
DVO	Durchführungsverordnung
E	Entscheidung
EG	Einführungsgesetz
EGBGB	Einführungsgesetz z. BGB v. 18. 8. 1896
EGGVG	Einführungsgesetz z. GVG v. 27. 1. 1877
EheG	Ehegesetz v. 6. 7. 1938; v. 20. 2. 1946 (= KRG Nr. 16)
EJF	Entsch. aus dem Jugend- und Familienrecht (1. 1951 — 3. 1954; ab 4. 1956 Loseblattsammlung)
Entw.	Entwurf
ErbStDVO	Erbschaftssteuer Durchführungsverordnung v. 19. 1. 1962 (BGBl. I, S.22)
Erg.	Ergänzung
Eyermann-Fröhler	Verwaltungsgerichtsordnung, Kommentar, 4. Aufl. 1965
FamRÄndG 1938	Gesetz über die Änderung und Ergänzung familienrechtlicher Vorschriften v. 12. 4. 1938 (RGBl. I, 380)
FamRÄndG	Familienrechtsänderungsgesetz vom 11. 8. 1961 (BGBl. I, 1221)
FamRZ	Ehe und Familie im privaten und öffentlichen Recht. Zeitschrift f. d. gesamte Familienrecht (1. 1954 ff.)
fG	freiwillige Gerichtsbarkeit
FGG	Gesetz über die Angelegenheiten der freiwilligen Gerichtsbarkeit v. 20. 5. 1898 (RGBl. S. 771). Baden. Vom 13. 10. 1925 Hamburg. Vom 29. 12. 1899 Hessen. Vom 12. 4. 1954 Preußen. Vom 21. 9. 1899
FreihEntzG	Gesetz über das gerichtliche Verfahren bei Freiheitsentziehungen v. 29. 6. 1956 i. d. F. des Gesetzes vom 26. 7. 1957 (BGBl. I, 861)
G	Gesetz, Gericht
GBl.	Gesetzblatt
GBO	Grundbuchordnung i. d. F. v. 5. 8. 1935 (RGBl. I, 1073)
GBVfg.	Allgem. Verfügung über die Einrichtung und Führung d. Grundbuchs v. 8. 8. 1935
GebO	Gebührenordnung
GenG	Genossenschaftsgesetz v. 20. 5. 1898
GenRegVO	VO über das Genossenschaftsregister v. 22. 11. 1923
GeschmMG	Geschmacksmustergesetz v. 11. 1. 1876
GG	Grundgesetz f. d. BRD v. 23. 5. 1949
GKG	Gerichtskostengesetz v. 26. 7. 1957
GleichberG	Gesetz über die Gleichberechtigung von Mann und Frau auf dem Gebiet des bürgerlichen Rechts v. 18. 6. 1957
GmbH	Gesellschaft mit beschränkter Haftung
GmbHG	GmbH-Gesetz v. 20. 4. 1892

GmbHRdsch	GmbH-Rundschau
GrdstVG	Grundstückverkehrsgesetz v. 28. 7. 61 (BGBl. I, 1091)
GRUCHOT	Beiträge zur Erläuterung des Deutschen Rechts, begr. v. GRUCHOT (1. 1857 — 73. 1933)
GrZS	Großer Senat in Zivilsachen
GS	Gesetzsammlung
GVBl.	Gesetz- und Verordnungsblatt
GVG	Gerichtsverfassungsgesetz i. d. F. d. Bek. v. 12. 9. 1950 (BGBl. 513)
GVO	Gerichtsvollzieherordnung v. 1. 4. 1954
GVollzGebO	Gebührenordnung f. Gerichtsvollzieher v. 14. 12. 1922
Hbg.	Hamburg, hamburgisch
HausratsVO	HausratsVO v. 21. 10. 1944; 6. DVO zum Ehegesetz
HeimkG	Heimkehrergesetz v. 19. 6. 1950
Hess.	Hessen, hessisch
HinterlO	Hinterlegungsordnung v. 10. 3. 1937
h. M.	herrschende Meinung
HöfeO	Höfeordnung der Brit. Zone v. 24. 4. 47
HRegVfg.	Handelsregisterverfügung v. 12. 8. 37, Deutsche Justiz 37, S. 1251
HRR	Höchstrichterliche Rechtsprechung (4. 1928 — 18. 1942)
Hs.	Halbsatz
Jb.	Jahrbuch
Jg.	Jahrgang
JANSEN	JANSEN, Freiwillige Gerichtsbarkeit, Komm., 1959, mit Ergänzung 1962
i. d. F. v.	in der Fassung vom
i. d. R.	in der Regel
JFG	Jahrbuch für Entscheidungen in Angelegenheiten der freiwilligen Gerichtsbarkeit und des Grundbuchrechts (1. 1924 — 23. 1943)
JGG	Jugendgerichtsgesetz v. 4. 8. 1953
JMBl.	Justizministerialblatt
IPR	Internationales Privatrecht
JR	Juristische Rundschau (1. 1925 — 11. 1935; 12. 1947 ff.)
i. S.	im Sinne
JuS	Juristische Schulung (Jahr und Seite)
i. V. m.	in Verbindung mit
JW	Juristische Wochenschrift
JWG	Jugendwohlfahrtsgesetz v. 11. 8. 1961
JZ	Juristen-Zeitung (6. 1951 ff.)
KaA	Kommanditgesellschaft auf Aktien
Kap.	Kapitel
KEIDEL	KEIDEL, Freiwillige Gerichtsbarkeit, Kommentar, 9. Aufl., 1967
KG	Kammergericht, auch: Kommanditgesellschaft
KGAG	Kindergeldanpassungsgesetz v. 7. 1. 55
KGG	Kindergeldgesetz v. 13. 11. 1954
KGJ	Jahrbuch für Entscheidungen des Kammergerichts in Sachen der freiwilligen Gerichtsbarkeit, in Kosten-, Stempel- und Strafsachen (1. 1881 — 53. 1922)
KO	Konkursordnung i. d. F. v. 20. 5. 1898
Komm.	Kommentar

KonsG	Gesetz betr. die Organisation der Bundeskonsulate sowie die Amtsrechte und Pflichten der Bundeskonsuln i. d. F. v. 16. 12. 1950 (BGBl. 784)
KostO	Gesetz über die Kosten in Angelegenheiten der freiwilligen Gerichtsbarkeit (Kostenordnung) i. d. F. v. 26. 7. 57
KostÄndG	Gesetz zur Änderung und Ergänzung kostenrechtlicher Vorschriften v. 26. 7. 57
KRG	Kontrollratsgesetz
KWG	Gesetz über das Kreditwesen v. 10. 7. 61
LENT-HABSCHEID	LENT-HABSCHEID, Freiwillige Gerichtsbarkeit, Studienbuch, 4. Aufl., 1962
LG	Landgericht
LM	Nachschlagewerk d. Bundesgerichtshofs, Loseblattsammlung, hrsg. v. LINDENMAIER, MÖHRING u. a. (1951 ff.)
LöschG	Gesetz über Auflösung und Löschung von Gesellschaften und Genossenschaften v. 9. 10. 1934
LöschVO	LöschungsVO v. 31. 1. 62 (BGBl. I, 67)
LPG	Landpachtgesetz v. 25. 6. 52
LVO	Britische Zone. Verfahrensordnung für Landwirtschaftssachen v. 2. 12. 47
LwVG	Gesetz über das gerichtliche Verfahren in Landwirtschaftssachen v. 21. 7. 1953
LZ	Leipziger Zeitschrift für Deutsches Recht (1. 1907 — 27. 1933)
MAUNZ-DÜRIG	Komm. z. Grundgesetz, 1964
MBest	Bestimmungen über die Führung des Musterregisters
MDR	Monatsschrift f. Deutsches Recht (1. 1947 ff.)
m. E.	meines Erachtens
MitbG	Mitbestimmungsgesetz v. 21. 5. 51
Mitt.	Mitteilungen
Mj.	Minderjähriger
MRG	Militärregierungsgesetz
MRVO	Militärregierungsverordnung
m. w. Nachw.	mit weiteren Nachweisen
NachlG	BayGesetz, das Nachlaßwesen betreffend, v. 9. 8. 1902 (GVBl. 463)
Nds.	Niedersachsen, niedersächsisch
NdsRpfl.	Niedersächsische Rechtspflege (1. 1947 ff.)
n. F.	neue Folge, neue Fassung
NJ	Neue Justiz (1. 1947 ff.)
NJW	Neue Juristische Wochenschrift (1. 1947/48 ff.)
NotMaßG	Gesetz über Maßnahmen auf dem Gebiete des Notarrechts v. 16. 2. 1961 (BGBl. I, S. 77)
NRW	Nordrhein-Westfalen, nordrhein-westfälisch
ORG	Oberstes Rückerstattungsgericht
OGH BrZ	Oberster Gerichtshof f. d. Brit. Zone
OGH DDR	Oberster Gerichtshof der DDR
OLG	Oberlandesgericht
OLGRspr.	Rechtsprechung der Oberlandesgerichte, (1. 1900 — 46. 1928)
OVG	Oberverwaltungsgericht
PatG	Patentgesetz v. 9. 6. 61

Pikart-Henn	Pikart-Henn, Lehrbuch der fG, Köln-Berlin-Bonn-München, 1963
Pr.	Preußen, preußisch
PrFGG	Preußisches Gesetz über die Angelegenheiten der freiwilligen Gerichtsbarkeit vom 21. 9. 1899 (GS 249)
PStG	Personenstandsgesetz v. 8. 8. 57
RA	Rechtsanwalt
RabelsZ	Zeitschrift für ausländisches und internationales Privatrecht (1. 1927)
RBerG	Rechtsberatungsmißbrauchgesetz v. 13. 2. 1935
RdL	Recht der Landwirtschaft (1. 1949 ff.)
REAO	Berlin. Anordnung betr. Rückerstattung an Opfer von NS-Unterdrückungsmaßnahmen v. 26. 7. 1949
Recht	Das Recht (1. 1897 — 48. 1944)
Redeker-v. Oertzen	Verwaltungsgerichtsordnung (Komm.), 2. Aufl., 1965
REinhG	Gesetz zur Wiederherstellung der Rechtseinheit auf dem Gebiet der Gerichtsverfassung, der bürgerl. Rechtspflege, des Strafverfahrens und des Kostenrechts v. 12. 9. 1950
RelKEG	Gesetz über die religiöse Kindererziehung v. 15. 7. 21
REVO	Franz. Zone. MilRegVO Nr. 120 über die Rückerstattung geraubter Vermögensobjekte v. 10. 11. 1947
RG	Reichsgericht
RGBl.	Reichsgesetzblatt
RGZ	Entscheidungen des Reichsgerichts in Zivilsachen (1. 1880 — 172. 1945)
RHeimG	Reichsheimstättengesetz v. 25. 11. 1937
RhNK	Mitteilungen der Rheinischen Notarkammer
RJA	Entscheidungen in Angelegenheiten der fG und des Grundbuchrechts, zusammengestellt im Reichsjustizamt (1. 1900 — 17. 1922)
RJM	Reichsminister der Justiz
RMBl.	Reichsministerialblatt
RLNot.	Allgemeine Richtlinien für die Berufsausübung der Notare (DNotZ 1963, 130)
Rosenberg	Rosenberg, Lehrbuch des deutschen Zivilprozeßrechts, 9. Aufl., 1961
Rpfleger	Der deutsche Rechtspfleger (56/57. 1948/49 ff.)
RpflG	Rechtspflegergesetz v. 8. 2. 57
RSiedlG	Reichssiedlungsgesetz v. 11. 8. 1919
Rspr.	Rechtsprechung
RVO	Reichsversicherungsordnung i. d. F. v. 15. 12. 1924
Rz.	Randziffer
RzW	Rechtsprechung z. Wiedergutmachungsrecht (Beilage zur NJW) (1. 1949/50 ff.)
s. S.	siehe Seite
SBZ	Sowjetische Besatzungszone
ScheckG = SchG	Scheckgesetz v. 14. 8. 1933
SchiffsG	Schiffsrechtsgesetz v. 15. 11. 1940
SchiffsRegO	Schiffsregisterordnung v. 26. 5. 51
SchiffsRegVfg.	Schiffsregisterverfügung v. 29. 5. 51
Schlegelberger	Kommentar z. FGG, 7. Aufl., 1956/57
SchlHA	Schleswig-Holsteinische Anzeigen (1. 1837 ff.)
SchlHOLG	Schleswig-Holsteinisches OLG

Schönke-Schröder-Niese	Lehrbuch des Zivilprozeßrechts, 8. Aufl., 1956
SGG	Sozialgerichtsgesetz v. 3. 9. 1953
Siméon-David	Lehrbuch d. freiw. u. streitigen Gerichtsbarkeit, 19. Aufl., Berlin, 1927
SJZ	Süddeutsche Juristenzeitung (1. 1946 — 5. 1950, dann: JZ)
StARegG	Gesetz z. Regelung v. Fragen d. Staatsangehörigkeit v. 22. 2. 1955
Staudinger (+ jeweiliger Bearb.)	Staudinger, Kommentar z. BGB 9., teilw. 10. u. 11. Aufl. (§§, Anm.)
StPO	Strafprozeßordnung
str.	streitig
u. a.	und andere
Ule	Ule, Verwaltungsgerichtsbarkeit, 2. Aufl., 1962
UmstErgG	Umstellungsergänzungsgesetz, 1. vom 21. 9. 53, 2. vom 23. 3. 57, 3. vom 22. 1. 64, 4. vom 23. 12. 64
UmstG	Umstellungsgesetz v. 20. 6. 48
UmwG	Gesetz über die Umwandlung von Kapitalgesellschaften und bergrechtlichen Gewerkschaften v. 12. 11. 1956
unstr.	unstreitig
u. U.	unter Umständen
VAG	Gesetz über die Beaufsichtigung der Privatversicherungsunternehmen und Bausparkassen v. 6. 6. 1931
VereinsG	Vereinsgesetz v. 5. 8. 1964
VerglO	Vergleichsordnung v. 26. 2. 1935
VerschG	Verschollenheitsgesetz v. 15. 1. 1951
VersR	Versicherungsrecht (Zeitschrift, 1. 1950 ff.)
VerwArch	Verwaltungsarchiv (1. 1893 — 47. 1942, 48. 1957)
VerwG	Verwaltungsgericht
VerwRspr.	Verwaltungsrechtsprechung, Entscheidungssammlung (1. 1948 ff.)
VerfGH	Verfassungsgerichtshof
VHG	Gesetz über d. richterliche Vertragshilfe v. 26. 3. 1952
VO	Verordnung
VOBlBrZ	Verordnungsblatt für die britische Zone
VwGO	Verwaltungsgerichtsordnung v. 21. 1. 1960
WBG	Wertpapierbereinigungsgesetz v. 19. 8. 1949
WEG	Wohnungseigentumsgesetz v. 15. 3. 1951
WG	Wechselgesetz v. 21. 6. 1933
WM	Wertpapier-Mitteilungen (1. 1947 ff.)
Württ.	Württemberg
WürttNachlVO	Verordnung des Justizministeriums v. 10. 3. 1933 über das Nachlaßwesen (ABl. S. 63) mit Änderung v. 17. 12. 1934 (ABl.Nr. 13)
ZAkDR	Zeitschrift der Akademie für Deutsches Recht
ZBlDR	Zentralblatt für das Deutsche Reich
ZBlFG	Zentralblatt f. freiw. Gerichtsbarkeit und Notariat (1. 1900/01 — 22. 1921/22)
ZBlHR	Zentralblatt für Handelsrecht
ZblJR	Zentralblatt f. Jugendrecht und Jugendwohlfahrt (37. 1950 ff.)

ZGB	Schweizerisches Zivilgesetzbuch
ZPO	Zivilprozeßordnung v. 30. 1. 1877
z. T.	zum Teil
ZustErgG	Zuständigkeitsergänzungsgesetz v. 7. 8. 1952
ZVG	Zwangsversteigerungsgesetz i. d. F. v. 20. 5. 1898
ZZP	Zeitschrift f. Zivilprozeß (64. 1950 ff.)

Allgemeiner Teil

1. KAPITEL

Einführung und Grundlagen

§ 1. Zur Geschichte der fG

I. Entwicklung bis zur Neuzeit

Eine geschlossene Darstellung der Geschichte der sogenannten fG fehlt ebenso wie eine wissenschaftliche Behandlung der besonderen Verfahren der fG. Dies hängt wohl in erster Linie damit zusammen, daß es sowohl in der mittelalterlichen wie in der neueren Rechtsentwicklung ein solches wissenschaftliches, begrifflich isoliertes Gebilde der fG nicht eigentlich gab. Was wir heute — und was offenbar auch das römische Recht — unter dem Begriff der fG — verfahrensrechtlich gesehen — zusammenfassen, umschließt eine Summe von Einzelmaterien. Diese haben eine ursprünglich die intimsten Sphären des Gemeinschaftsdaseins umfassende Bedeutung. Sie betreffen das Leben in der Familie, das vermögensrechtliche Fortleben nach dem Tode, die Beziehung der Eltern zu den Kindern, die Begründung solcher Kindschaftsverhältnisse und — auch im Mittelalter und in der Neuzeit wissenschaftlich ergiebiger behandelt — die Formerfordernisse der Obligation, also das Urkundswesen.

Das römische Recht kennt den Begriff der jurisdictio voluntaria, namentlich allerdings nur in einer einzigen Stelle: D I, 16, 2, pr. (Marcianus), im Zusammenhang mit der Jurisdiktionsgewalt der Prokonsuln. Sie war gegeben für Freilassung von Sklaven und Hauskindern:

Omnes pro consules statim quam urbem egressi fuerint habent jurisdictionem, sed non contentiosam, sed voluntariam: ut ecce manumitti apud eos possunt tam liberi quam servi et adoptiones fieri.

Auch die Adoption ist, wie der Text ergibt, einzurechnen. Schließlich aber ist die in jure cessio als magistratisches Verfahren vor dem Praetor, der Scheinprozeß, der durch Anerkennungsurteil den Rechtstitel verschaffen sollte, wie ihn später die Urkunde gab, hierher zu rechnen (JÖRS/KUNKEL/WENGER, Röm. Privatrecht, 3. Aufl., § 186, 55; DULCKEIT-SCHWARZ, Römische Rechtsgeschichte, 4. Aufl., § 13 V und § 14 II). Man hat diese Tätigkeit des Praetors bzw. der Prokonsuln als Verwaltung angesprochen

(MÜNZEL, ZZP 66, 351). Das ist Definitionsfrage. Jedenfalls geht es bei dieser Tätigkeit um subjektive Privatrechte. Alle magistratischen „in jure-Verfahren" (im Gegensatz zum „in judicio-Verfahren" vor dem Judex), die auch MÜNZEL hierher rechnet, nämlich Testament, Scheinprozeß (manumissio vindicta), census, Ernennung von Vormündern (honorarii tutores: Gaius §§ 185—187; D. 26,6), Befreiung von der Pflicht zur Übernahme des Amtes als Vormund, Absetzung gewissenloser oder untüchtiger Vormünder, Genehmigung einer vom Vormund getätigten Veräußerung. Eröffnung eines Testaments, Fürsorge für den Nachlaß bei ungenannten Erben, Einweisung der Erben in den Nachlaß im Interesse der Gläubiger und ähnliches stellen Materien dar, wie sie auch heute noch das Hauptkontingent der Gegenstände der fG, insbesondere des deutschen FGG, sind.

Schon WOLFGANG HEINRICH PUCHTA rechnet in seinem Handbuch des gerichtlichen Verfahrens in Sachen der freiwilligen Gerichtsbarkeit (2. Aufl., Erlangen 1931) zur fG (wobei er sich auf keine ausgesprochen gesetzliche Grundlage berufen kann; dies wäre höchstens für Preußen seit der preußischen Gerichtsordnung von 1793 möglich): die formgebundenen Geschäfte, die feierlichen Handlungen des alten Rechtes wie auch neuerer Form, so die „in jure cessio", die adoptio, die manumissio servi und die emancipatio, die in einen Scheinprozeß zur formalen Sanktionierung gekleidet wurde, die Anrufung des Gerichtes zur Sollemnisierung des Rechtsaktes, z. B. bei großen Schenkungen, bei Testamenten, Verkauf städtischer Vermögensstücke, gerichtlicher Hinterlegung von Geldern, deren Annahme der Gläubiger verweigert; dann rechnet er ebenfalls ein die Besorgung des Vormundschaftswesens, dabei die Anordnung einer Vormundschaft (tutoris datio; PUCHTA, S. 31 ff.).

Die Bezeichnung im römischen Recht, die von der oben genannten einzigen Stelle in den Digesten ausgegangen ist, hatte ihre Berechtigung aus den dort aufgeführten Verfahren, nämlich der Emanzipation und der Adoption. Ältere Formalakte, wie die mancipatio, das nexum und die solutio „per aes et libram" waren in die Digesten nicht übernommen worden, jedenfalls nicht in ihrer alten Form (DULCKEIT/SCHWARZ, S. 38); aber eine um so größere Bedeutung erlangten die nun entwickelten „negotia per aes et libram" allgemein, in den eben genannten drei Formen des mancipium, des nexum und der solutio per aes et libram (DULCKEIT/SCHWARZ, S. 63). In Anlehnung an die in jure cessio entwickelt sich nun das, was RABEL als nachgeformte Rechtsgeschäfte bezeichnet und wozu neben den formalen Rechtsgeschäften zivilrechtlicher Art auch die adoptio, die emancipatio und die Bestellung eines Wahlvormundes durch die gewaltfreie Frau (fiduziarische coemptio) gehören. Das testamentum per aes et libram wird als Nachformung der Manzipation dargestellt.

S. DULCKEIT/SCHWARZ S. 66; JÖRS/KUNKEL/WENGER, § 55, § 71, 2; § 86, 1 a (Begründung von Dienstbarkeiten); § 87, 1 (Aufhebung von Dienstbarkeiten);

§ 188, 1 (tutela legitima); § 212, 5 a (Erbrecht); KASER, Römisches Privatrecht, 1. Abschnitt, S. 93.

Bei den ursprünglich nach der genannten Stelle der Digesten zur jurisdictio voluntaria gerechneten Zuständigkeiten, ist diese, heute nichtssagend gewordene Bezeichnung verständlich. Sie wurde auch allerdings schon im römischen Recht durch die wachsende Inanspruchnahme des „in jure-Verfahrens" des Magistrates denaturiert.

Gehen wir heute den Inhalt des FGG durch, so sehen wir, daß an der Spitze jene Verfahren stehen, die wir schon aus dem römischen Recht kennen, nämlich die Fürsorgeverfahren des Vormundschaftswesens und des Nachlaßwesens, die überwiegend allerdings Sicherungsverfahren sind, dazu die Personenstandssachen und die Verschollenheitsverfahren; vermittelnde Verfahren schließlich und weitere handelsrechtliche Sicherungsverfahren. Es schließen sich sodann die Registerverfahren an. Damit bewegen wir uns schon auf einem Gebiete, das dem römischen Recht nicht vertraut war. Das Registerverfahren einschließlich des Grundbuches ist ausgesprochen deutschrechtlicher Herkunft, ebenso das Urkundsverfahren.

Lange vor dem nachweislichen Auftreten der Notare, deren Ursprung sicherlich über das oberitalienische Recht zurückgeht bis auf die Rechtsfigur der tabelliones des römischen Rechtes und die Urkundsschreiber des alten Ägyptens, stellen wir die deutschrechtliche Gewohnheit der Bestätigung der Rechtsgeschäfte vor Gericht fest, d. h. der Festigung der Rechtsgeschäfte durch urkundliche Festlegung vor Gericht. Die Formbedürftigkeit der Rechtsgeschäfte, die Unverbindlichkeit der bloßen formlosen pacta wird durch die reiche Geschichte der Urkundenpraxis und insbesondere der Formelbücher erwiesen.

Statt aller s. die Literaturangaben bei CONRAD, Deutsche Rechtsgeschichte, Bd. I, 2. Aufl., S. 137 ff., 372 f. für die fränkische Zeit und das Hochmittelalter. Zum Satz „pacta sunt servanda" s. meinen Beitrag: Pacta sunt servanda, Considerations sur l'histoire du contrat consensuel, in: Revue internationale de droit comparé, 1961 Nr. 1, S. 1 ff.; über die Entwicklung des Notariats s. unten § 53 I.

Das Registerwesen wird nachhaltig bestimmt durch die Entwicklung in den Städten seit dem 12. Jahrhundert. Die Stadtbücher fast aller deutschen mittelalterlichen Städte enthalten Aufzeichnungen in der Form von Regesten oder aber auch Sammlungen von Urkunden, die vor städtischen Behörden, ursprünglich den Schöffen, später dem Rat, oder einer Ratskommission abgeschlossen und anschließend amtlich in den Stadtbüchern registriert wurden. Überall treffen wir diese Stadtbücher an, seien sie nun bezeichnet als Schöffen-, Schuld-, Pfand- oder Schreinsbücher (verschlossen in Schreinen); die ältesten und bedeutendsten haben wir in den Kölner Schreinskarten seit 1135 und den anschließenden Schreinsbüchern vor uns. Sie stellen mehr als nur die Vorläufer unseres Grundbuches dar, da sie über die Grundstücksgeschäfte hinaus eine Fülle anderer Dinge enthalten, z. B. letztwillige Verfügungen, Schenkungen und sonstige Geschäfte, deren Formbedürftigkeit unterstellt wurde.

Einige Einzelheiten s. in meiner Abhandlung „Die Städtegründungen Heinrichs des Löwen und die Stadtverfassung des 12. Jahrhunderts", 1961, S. 272 ff.; s. auch TRUSEN, Spätmittelalterliche Jurisprudenz und Wirtschaftsethik, 1961, S. 148 f.

Eine Geschichte der fG als besonderer Verfahrensart kann im Grunde für das Mittelalter und auch für die Neuzeit, mindestens bis zum Erscheinen der preußischen Gerichtsordnung von 1793 nicht gegeben werden. Vielmehr muß auf die Geschichte der Materien, die wir heute zum Verfahren der fG zählen, verwiesen werden, nämlich auf die Materien des Familienrechts, des Kindschaftsrechts, des Vormundschaftsrechts, des Testaments- und Erbrechts, insbesondere der Erbschaftssicherung, der Behandlung des Nachlasses, der Haftung des Nachlasses, aber auch auf die Geschichte des Grundeigentums, insbesondere die typisch deutschrechtliche Form der Auflassung und der Registrierung derselben in Stadtbüchern, später in sog. Hypothekenbüchern.

Das bedeutet eine Priorität der (vorbeugenden) Verfahren der Sicherung und Fürsorge vor den streitigen Verfahren, die sich zudem erst allmählich aus „Schiedsverfahren" entwickelt haben.

II. Entwicklung in der Neuzeit

Nachdem die Gesetzgebungszuständigkeit im ausgehenden Mittelalter weitgehend vom Kaiser und Reich auf die erstarkten Territorialgewalten übergegangen war, versuchten diese — wenngleich das Verfahrensrecht weithin dem Gerichtsgebrauch überlassen blieb — in der Neuzeit wenigstens in einigen Fällen Teilgebiete des fG-Verfahrens gesetzlich zu regeln.

1. An erster Stelle ist *Preußen* zu erwähnen. In Teil 2 der „Allgemeinen Gerichtsordnung für die preußischen Staaten" vom 6. 7. 1793 wurde das gerichtliche „*Verfahren bei den Handlungen der fG*" geregelt, außer für das Vormundschafts-, Grundbuchs- und Hinterlegungswesen. Für diese letzteren Gebiete ergingen besondere Regelungen: die *Vormundschaftsordnung* vom 5. 7. 1875 (die dem Vormund eine selbständige Stellung gegenüber dem aufsichtsführenden Staat gab). Auf ihren Grundgedanken bauen die einschlägigen Vorschriften des BGB und des FGG auf. Nach gebietsbeschränkten Sonderregelungen erging am 20. 12. 1783 die *Hypothekenordnung*, die durch die umfassendere *Grundbuchordnung* vom 5. 5. 1872 abgelöst wurde. Das Notariatswesen schließlich fand nach voraufgegangenen örtlichen Teilregelungen seine Ordnung in den *Notariatsgesetzen* vom 18. 3. 1880 und 15. 7. 1890. Erwähnenswert ist noch das preußische *Gerichtskostengesetz*, das erstmals eine für das FGG vorbildliche Systematik der möglichen Arten von fG-Geschäften brachte.

2. Für *Bayern* sind hervorzuheben das Bayerische Hypothekengesetz vom 1. 6. 1822 und die Notariatsgesetze vom 10. 11. 1861 und vom 9. 6. 1899. *Württemberg* regelte vor allem das Notariatswesen durch Gesetz vom 14. 6. 1843. Recht weit fassende Gesetze betr. das Verfahren in nichtstreitigen Angelegenheiten erließen *Baden* (zuletzt 1879 bzw. 1888), *Hessen* (1879) und *Sachsen* (1865).

III. Die Entstehungsgeschichte des FGG

Die zum Ausgang des 19. Jahrhunderts erfolgte Kodifikation des BGB und die Überprüfung des schon früher kodifizierten HGB verlangten nach einer entsprechenden reichseinheitlichen Regelung des zugehörigen Verfahrens. So entstanden für die *streitige* Gerichtsbarkeit die ZPO und für die *nichtstreitigen* Angelegenheiten das FGG.

Anfänglich ergaben sich allerdings aus Art. 4 Nr. 13 der Reichsverfassung von 1871 Bedenken gegen eine umfassende Zuständigkeit des Reichsgesetzgebers für diese bisher landesrechtlich geregelte Materie. Daher beschränkten sich die beiden ersten (von Planck im Auftrag der 1. Kommission für das BGB ausgearbeiteten) Entwürfe im wesentlichen auf die Regelung verfahrensrechtlicher Grundzüge für einige Teilgebiete (1881: „Vormundschaftssachen und sonstige das Familienrecht betreffende Angelegenheiten"; 1888 außerdem noch Nachlaßsachen). Eine 2. Kommission, die der Bundesrat 1890 berief, hielt eine einheitliche Regelung des fG-Verfahrens dann insoweit für berechtigt, als es zur Durchführung des BGB und HGB erforderlich war. Daher wurde Art. 1 EGBGB dahin abgeändert, daß mit dem BGB (u. a.) auch ein Gesetz über die Angelegenheiten der fG in Kraft treten solle, und aus dem Entwurf des BGB wurden die dort zunächst vorgesehenen verfahrensrechtlichen Bestimmungen zum Teil (leider nur unvollständig) entfernt. Ein nun vom Reichsjustizministerium ausgearbeiteter Entwurf eines FGG enthielt demgemäß über die bisherigen Regelungen hinaus allgemeine verfahrensrechtliche Bestimmungen, die für alle reichsrechtlichen fG-Angelegenheiten gelten sollten; er regelte außerdem auch das Register- und Beurkundungswesen. Dieser Entwurf wurde mit geringen Änderungen Gesetz, das nach eine Neuparagraphierung auf Grund der Bekanntmachung vom 20. 5. 1898 (RGBl., S. 369, 771) zum 1. 1. 1900 in Kraft trat (§ 185 FGG)

Das *Grundbuchwesen* fand seine Regelung in einem besonderen Gesetz, der GBO, die in diesem Buch *nicht* miterörtert wird.

IV. Entwicklung nach Inkrafttreten des FGG

Das FGG selbst erfuhr nach 1900 in Umfang und Inhalt keine entscheidenden Änderungen (1). Aber es stellte andererseits auch nur eine Teilregelung der bisher landesrechtlichen Materie dar und erfuhr nunmehr eine

Ergänzung durch einige Nebengesetze, mit denen weitere Teile aus dem bisher landesrechtlichen Bereich reichs- bzw. bundeseinheitlich erfaßt wurden (2). Vor allem jedoch weitete der Gesetzgeber aus verschiedenen Gründen das Anwendungsgebiet des fG-Verfahrens durch zahlreiche Gesetze über den traditionellen Bereich hinaus sehr stark aus (3).

1. An wesentlichen *Änderungen* des FGG *selbst* sind zu nennen: Die Änderung der §§ 67, 68 und die Einführung des § 66 durch das Gesetz gegen Mißbräuche bei der Eheschließung und der Annahme an Kindesstatt vom 23. 11. 1933 (RGBl. I, 979); die Änderung der §§ 132 I, 144 I 1, 145 I, 146 III durch das EG zum AktG vom 30. 1. 1937 (RGBl. I, 166); die Streichung und Ersetzung des 6. Abschnitts über Schiffspfandrechte (§§ 100—124) durch die DVO zum Gesetz über Rechte an eingetragenen Schiffen und Schiffsbaurechten vom 21. 12. 1940 (RGBl. I, 1609); die Einführung des § 20 a sowie Änderung der §§ 15 I 1, 199 II 2 durch das RechtseinheitsG vom 12. 9. 1950 (BGBl. 455); die Einführung des § 13 a durch das KostÄndG vom 26. 7. 1957 (BGBl. I, 861) und schließlich parallel zu den Änderungen des Familienrechts im BGB die zugehörigen Änderungen des FGG durch das GleichberechtG vom 18. 6. 1957 (BGBl. I, 609) und das FamRÄndG vom 11. 8. 1961 (BGBl. I, 1221); zuletzt die Anpassung des FGG an das neue AktG durch das EGAktG v. 6. 9. 1965 (BGBl. I, 1185).

2. Eine reichs- bzw. *bundeseinheitliche Regelung* des Notarwesens erfolgte erst recht spät durch die RNotO von 1937, jetzt BNotO vom 24. 2. 1961 (BGBl. I, 98), die allerdings die historisch gewachsenen regionalen Verschiedenheiten mit ziemlichem Umfang aufrechterhält. Das Kostenrecht von 1935 durch die *KostO* (jetzt i. d. F. v. 1957, BGBl. I, 960) einheitlich geregelt. Für die Rechtsanwaltsgebühren in fG-Sachen wurde das Landesrecht sogar erst am 26. 7. 1957 (BGBl. I, 907) durch die BRAGebO abgelöst (§§ 63, 64, 112, 118, 120). Im *Personenstandsrecht* galt zunächst das PStG des Reichs von 1875. Es wurde ersetzt durch Neufassungen von 1937 und schließlich vom 1. 8. 1957 (BGBl I, 1125). Eine erhebliche Entlastung des fG-Richters brachte das *RPflG* vom 8. 2. 1957 (BGBl. I, 1844) i. d. F. des FamRÄndG von 1961 (BGBl. I, 1121), das eine Reihe einfacherer Aufgaben vom Richter auf den Rechtspfleger übertrug.

3. Für die *erweiterte Anwendung* des fG-Verfahrens über seine vier traditionellen Bereiche (Vormundschafts-, Nachlaß-, Register- und Urkundenwesen) hinaus war vor allem entscheidend, daß dieses Verfahren dem Richter eine viel elastischere und freiere Stellung — inbesondere hinsichtlich der Verfahrensführung und Wahrheitsfindung — gibt als die ZPO. Das freie, informelle fG-*Verfahren* schien dem Gesetzgeber ein geeignetes Pendant dort, wo er — aus verschiedenen Gründen — dem Richter auch hinsichtlich der Gestaltung des *materiellen* Rechts größere Freiheiten gewährte, als sie im Zivilprozeß in der Regel gegeben waren. Diese Ausbreitung des rechtfürsorgerischen fG-Verfahrens war um so stärker festzustellen, je mehr der Staat sich zur „Daseinsvorsorge“ verpflichtet glaubte. Das elastische fG-Verfahren bot sich ebenso an, wo man Tätigkeiten, die ihrer Natur nach Verwaltung waren, wegen ihrer besonderen Bedeutung dem Richter anvertrauen wollte. Vor allem war eine Ausweitung dort festzustellen, wo der Gesetzgeber es — etwa wegen der ungewissen Zukunftsentwicklung —

für untunlich oder gar unmöglich hielt, präzise Tatbestände für die richterliche Rechtsbeurteilung zu entwickeln, wo er vielmehr seine Rechtsetzungskompetenz stillschweigend dadurch auf den Richter verlagerte, daß er ihm Rechtsgestaltung nach Maßstab allgemeiner Rechtsgrundsätze gebot (ius aequum). Angesichts der permanenten Überforderung des Gesetzgebers wird sich diese Entwicklung wohl auch in Zukunft noch fortsetzen. Wegen seiner Elastizität wird das fG-Verfahren als „Experimentierfeld des Gesetzgebers" empfunden. Man kann zunächst zwei sich überschneidende Gruppen neuer fG-Bereiche feststellen:

a) In den Jahren nach den beiden Weltkriegen schob der Gesetzgeber dem fG-Verfahren eine Reihe *allgemeiner* Krisenerscheinungen zur Behandlung zu: so vor allem Fragen des Währungsverfalls, der Währungsumstellung (Aufwertung), der landwirtschaftlichen Entschuldung, der Vertragshilfe, der Rückerstattung und der Wertpapierbereinigung. Die meisten dieser Gesetze sind nach Beseitigung der Krisen wieder aufgehoben worden (s. Art. 8 REinhG v. 12. 9. 1950, BGBl. I, 455) oder laufen jetzt doch langsam aus.

b) Geblieben sind hingegen eine Reihe von Gesetzen, mit denen der Gesetzgeber die Behandlung bestimmter *individueller* Krisen und die „Sanierung krank gewordener Gemeinschaften" (Baur, Vorbem., S. 2) dem fG-Verfahren unterstellte. So vor allem die Hausratsteilung nach Ehescheidung (HausratsVO), das Jugendwohlfahrtsrecht, eine Reihe erbhofrechtlicher Fragen, Streitigkeiten nach § 43 WEG, die Angelegenheiten nach dem landwirtschaftlichen Verfahrensrecht. Bei diesen individuellen Krisenfällen handelt es sich zum großen Teil um typische *privatrechtliche Streitigkeiten,* wie man sie gleich oder doch ähnlich im Zivilprozeß findet. Es geht um die Durchsetzung subjektiver verzichtbarer Rechte, sei es, daß ein konkreter Anspruch geltend gemacht wird, sei es, daß die Regelung eines ganzen umstrittenen Rechtsverhältnisses durch gestaltenden Richterspruch erstrebt wird (Regelungsstreitigkeiten).

4. Dazu getreten sind seit neuestem in größerem Umfang eine weitere Gruppe von Streitigkeiten, bei denen es um subjektive öffentliche Rechte oder um die Beurteilung sonstiger öffentlich-rechtlicher Rechtsverhältnisse geht *(öffentlichrechtliche Streitsachen).* Im Spezialgebiet des landwirtschaftlichen Verfahrens bestand zwar schon seit längerem die Zuständigkeit der Landwirtschaftsgerichte zur Beurteilung von Verwaltungsakten, die von den Landwirtschaftsbehörden auf dem Gebiet des Grundstücksverkehrs erlassen oder verweigert waren (z. B. §§ 52 LPG; 22 GrdstVG). Dem sind in den letzten Jahren eine Reihe von Bestimmungen gefolgt, mit denen den fG-Gerichten „aus Gründen des Sachzusammenhangs" mit anderen Zivilsachen oder einer bei den ordentlichen Gerichten ressortierten Standesgerichtsbarkeit die Entscheidungsbefugnis übertragen wurde: Über die Anfechtung und Verpflichtung zum Erlaß von Justizverwaltungsakten, über

Feststellungsanträge betr. öffentlichrechtliche Rechtsverhältnisse, ja sogar über die Ungültig- und Nichtigerklärung von Wahlen und Beschlüssen der Organe bestimmter öffentlichrechtlicher Körperschaften (nämlich: §§ 23—30 EGGVG; Art. 7 FamRÄndG; Art. XI § 1 KostÄndG; §§ 11, 16, 21, 28, 29, 35, 40, 42, 90, 91, 223 BRAO; § 111 BNotO; s. unten § 4 III 1 c und § 51).

V. Ausländische Verfahren der fG

Zur Rechtsvergleichung sei hier nur auf einige Veröffentlichungen hingewiesen:

Allgemeines. Alcala-Zamora y Castillo: Eficacia de las providencias de juridiccion voluntaria. Boletin del instituto de derecho comparado de Mexico, Nr. 45, 1962, S. 521 ff. Jodlowski: La Procédure civile non contentieuse. Rapport général au 7e congrès international de droit comparé. Uppsala 1966.

Belgien. Van Reepinghen & Krings: La Juridiction gracieuse en droit belge. Rapports belges au 7e congrès international de droit comparé, Uppsala 1966, S. 105 ff.

Frankreich. Solus & Perrot: La Procédure civile non contentieuse en droit judiciaire francais. Etudes de droit contemporain (nouvelle série). 7e congrès international de droit comparé. Uppsala 1966. Contributions francaises. Paris. S. 231 ff.

Italien. Andrioli: La Procédure civile non contentieuse. Extrait de Annuario di diritto comparado e di studi legislativi. 1966. Rapport au 7e congrès international de droit comparé. Uppsala 1966. Brulliard: L'Evolution de la notion de juridiction dite „gracieuse" ou „volontaire" et de celle de juridiction, d'après les récents travaux de la doctrine italienne. Revue international de droit comparé 1957, Nr. 1, S. 5 ff. Visco: I procedimenti di giurisdizione volontaria, 5. Aufl., Mailand 1961. Pavanini: Limiti della guirisdizione italiana nei procedimenti di giurisdizione volontaria. Studi in onore di E. Redenti, Milan 1951, S. 127 ff.

Libanon. Eid: La Procédure civile non contentieuse. Rapport au 7e congrès international de droit comparé. Uppsala 1966.

Niederlande. Funke: La Procédure civile sur requête (dite juridiction volontaire ou gracieuse) en droit néerlandais. Rapport au 7e congès international de droit comparé. Uppsala 1966.

Schottland. Wilson: Non-contentious civil procedure in the law of Scotland. Rapport au 7e congrès international de droit comparé. Uppsala 1966.

Schweiz. Guldener: Grundzüge der freiwilligen Gerichtsbarkeit der Schweiz. Zürich 1954. Wettstein: Die Aufgabe der freiwilligen Gerichtsbarkeit als Teil des Zivilverfahrens ... Affoltern 1958.

Spanien. Alcala-Zamora: Premisas para determinar la indole de la llamada jurisdiccion voluntaria. Studi in onore di E. Redenti, Milan 1951, S. 1 ff. Prieto Castro: Reflexiones doctrinales y legales sobre la jurisdiccion voluntaria. Revista de derecho privado, Madrid, Febrero 1956, S. 107 ff.

§ 2. Quellen der fG

Die oben skizzierte Entwicklung führte zu einer recht zersplitterten und unübersichtlichen Rechtsquellenlage. Die fG ist zum größten Teil Bundes-, zu einem geringen Teil Landesrecht. Hier soll zur ersten Orientierung nur ein kursorischer Überblick gegeben werden, um einen Eindruck von der Vielgestaltigkeit des fG-Verfahrensrechts zu geben. Im übrigen wird auf den besonderen Teil dieses Buches verwiesen (vgl. auch KEIDEL, Einl. II—VI).

I. Bundesrecht

1. An der Spitze des Bundesrechts steht das FGG, das aus zwei Teilen besteht. Der erste Hauptteil (§§ 1—34) enthält allgemeine Vorschriften, die grundsätzlich für alle bundesrechtlichen Verfahren gelten, vorbehaltlich entgegenstehender Spezialvorschriften (§ 1 FGG). Der zweite Hauptteil gibt Zuständigkeitsregeln und Sondervorschriften für verschiedene Verfahrensarten der fG, und zwar:

§§ 35— 64: Vormundschaftssachen;
§§ 65— 68: Annahme an Kindesstatt;
§§ 72— 99: Nachlaß- und Teilungssachen;
§§ 125—158: Handelssachen;
§§ 159—162: Vereinssachen und Güterrechtsregister;
§§ 163—166: Offenbarungseid, Untersuchung und Verwaltung von Sachen, Pfandverkauf;
§§ 167—187: gerichtliche und notarielle Urkunden;
§§ 185—200: Schlußbestimmungen, die u. a. die allgemeinen Vorschriften (§§ 1—34) ergänzen.

2. Bestimmungsgemäß (oben § 1 III, IV) ist das FGG eine unvollständige Teil- und Rahmenkodifikation. Daher finden sich ergänzende Vorschriften sowohl für den Gesamtbereich der fG (a) als auch für einzelne Verfahrensbereiche (b), zum Teil als mehr oder minder geschlossene Teilkodifikationen (c).

a) Bedeutsam für *alle* fG-Verfahren sind insbesondere das Zuständigkeitsergänzungsgesetz vom 7. 8. 1952 (BGBl. I, 407), das RPflG vom 8. 2. 1957 (BGBl. I, 18, 44), die KostO i. d. F. vom 26. 7. 1957 (BGBl. I, 960) und die BRAGebO vom 26. 7. 1957 (BGBl. I, 907), insbesondere §§ 63, 64, 111, 118 BRAGebO.

b) Ergänzungsvorschriften zu *einzelnen* fG-Verfahren finden sich überall verstreut, vor allem in materiellrechtlichen Gesetzen wie BGB und HGB. Hier können nur einige wichtige *Beispiele* genannt werden:

aa) Zum Verfahren in *Vormundschaftssachen* finden sich im BGB etwa *Zuständigkeitsregelungen:* § 3 (Volljährigkeitserklärung); § 1357 II (Aufhebung der Beschränkung der Schlüsselgewalt); §§ 1382, 1383 (Maßnahmen beim Zugewinnausgleich nach beendetem gesetzlichen Güterstand); § 1362 II (Herausgabe des Kindes von einem Elternteil an den anderen); § 1634 (Verkehrsrechtsregelung); §§ 1643, 1645 (Genehmigung von Rechtsgeschäften); §§ 1666, 1667 (Maßnahmen bei Gefährdung des Kindeswohls und -vermögens); §§ 1671 f. (Regelung der elterlichen Gewalt nach Scheidung oder bei Getrenntleben); §§ 1727 f. (Maßnahmen bei der Ehelichkeitserklärung); § 1774 (Anordnung der Vormundschaft); § 1837 (Aufsicht über Vormund). Hinzu kommen etwa Bestimmungen des JWG i. d. F. v. 11. 8. 1961 (BGBl. I, 1205) über Zuständigkeit und Verfahren bei gesetzlicher Amtsvormundschaft, Schutzaufsicht und Fürsorgeerziehung (§§ 35 ff., 43, 57, 65 ff.); Vorschriften über Maßnahmen nach dem Gesetz über religiöse Kindererziehung v. 15. 7. 1921 (RGBl. I, 939); Vorschriften über Maßnahmen nach §§ 3 I, 8 II KindergelG v. 13. 11. 1954 (BGBl. I, 333); §§ 1 II, 3 III EheG (Ermöglichung der Eheschließung durch Minderjährige).

bb) Ebenso finden sich in der BGB-Regelung der *Annahme an Kindesstatt* eine ganze Reihe von Vorschriften, welche die Zuständigkeit und das Verfahren betreffen (§§ 1741—1770 a).

cc) Bei *Nachlaßsachen* hat z. B. das Erbscheinsverfahren in den §§ 2353 ff. BGB eine eingehende Regelung gefunden, s. etwa: § 2358 (Amtsermittlungspflicht); § 2360 (Anhörungspflicht); § 2361 II (Form des Gerichtsbeschlusses); s. aber auch für das Verfahren zur Eröffnung von Testamenten und Erbverträgen bei §§ 2260 ff. BGB und für das Verfahren zur Nachlaßsicherung bei §§ 1960 ff. BGB usw.

dd) Das Verfahren in *Handelssachen* hat in jedem der Gesetze des Handels- und Gesellschaftsrechts Zuständigkeits- und Verfahrensvorschriften aufzuweisen, z. B. §§ 8—10, 106—108 HGB, §§ 14, 81, 94 AktG, §§ 7, 8, 10 GmbHG (Handelsregister); §§ 10 f., 80, 160 GenG (Genossenschaftsregister).

Insbesondere schreibt das AktG 1965 für bestimmte aktienrechtliche Streitigkeiten die Anwendung des FGG vor; vgl. §§ 98, 99, 132, 169, 260, 306, 320, 375, 388 AktG; s. auch §§ 30—39 UmwG.

ee) Ähnlich wird das Verfahren in *Vereins-* und *Güterrechtsregistersachen* wieder durch das BGB ergänzt, und zwar recht eingehend, z. B. nach §§ 37 II, 55 ff., 60 II, 78 f. und 1558—1563.

ff) Das Verfahren in *Musterregistersachen* ist sogar im FGG überhaupt nicht erwähnt, s. vielmehr §§ 7 ff. GeschmMG v. 11. 1. 1876 (RGBl. 11 und die Bestimmungen über die Führung des Musterregisters von 1876 (Zentralbl. f. d. Dt. Reich, 123).

gg) Die FGG-Bestimmungen über das Verfahren bei *gerichtlichen* und *notariellen Beurkundungen* werden in erheblichem Umfang ergänzt durch die BNotO vom 24. 2. 1961 (BGBl. I, 98) und die DOfNot, die am 6.3.1961 von den Landesjustizverwaltungen bundeseinheitlich beschlossen worden ist

(s. RhldPf. JBl., S. 37), sowie die weiteren Ausführungsbestimmungen der Länder hierzu.

c) Für einige Gebiete der fG ist durch Sondergesetze (i. d. R. vermischt mit materiellem Recht) das Verfahren so eingehend geregelt worden, daß man hier schon von *Teilkodifikationen* sprechen kann, die ihrerseits aber auch nicht ganz vollständig sind. Wieweit bei ihnen noch ergänzend die allgemeinen Bestimmungen des FGG heranzuziehen sind, ist eine — oft schwierige — Auslegungsfrage. Zu nennen sind hier insbesondere die GBO mit GBVfg. von 1935; die SchiffsRegVO mit SchiffsRegVfg. von 1951, das Gesetz über Rechte an Luftfahrzeugen von 1959; ferner die Verfahren nach den §§ 31 ff., 45 ff. PStG i. d. F. v. 1957; nach der HausratsVO; nach §§ 43 ff. WEG von 1951; nach dem UmwG von 1956; nach dem MitbG von 1951; nach dem LwVG von 1953; nach dem Gesetz zur Abwicklung der landwirtschaftlichen Entschuldung von 1952; nach dem VHG von 1952; nach dem AKG v. 1957; nach der 40. DVO zum UmstG und dem UmstErgG von 1953 und 1957; nach dem BRüG von 1957 in Verbindung mit den Verfahrensregelungen des AmREG und BrREG; nach dem WBG von 1949; nach dem VerschG von 1951; nach dem FreihEntzG von 1956.

d) Eine *entsprechende* Anwendung des FGG ist schließlich vorgeschrieben für das Verfahren nach §§ 40 IV, 42 VI, 91 VII, 191 III BRAO von 1959 und nach § 111 BNotO von 1961 sowie bei Anfechtung von sonstigen Justizverwaltungsakten (§§ 23—29 EGGVG).

II. Landesrecht

1. Aus Art. 74 I Nr. 1, 2 GG läßt sich entnehmen, daß eine Gesetzgebungszuständigkeit der Länder für das Gebiet der fG nur in Betracht kommt, „solange und soweit der Bund von seinem Gesetzgebungsrecht keinen Gebrauch macht“ *(konkurrierende Gesetzgebung)*. Demnach kann der Landesgesetzgeber:

a) gemäß dem *allgemeinen* Vorbehalt des § 200 I FGG *Ergänzungs-* und *Ausführungs*bestimmungen zum FGG erlassen;

b) gemäß dem *speziellen* Vorbehalt der §§ 191, 193 f. FGG und Art. 141—148 EGBGB für bestimmte Bereiche die *Zuständigkeit anderer* als der bundesrechtlich bestimmten Organe anordnen, wobei das *Verfahren selbst* sich aber weiterhin nach *Bundes*recht richtet. Von diesem Vorbehalt ist insbesondere in Baden und Württemberg mit ihren besonderen Notarformen (staatliche Beamte!) für die Gebiete der Urkundstätigkeit, des Nachlaß-, Grundbuchs- und Vormundschaftswesens Gebrauch gemacht worden;

c) gemäß dem *ganz speziellen* Vorbehalt des § 189 FGG für bestimmte Bereiche (s. insb. Art. 137, 141, 147, 148 EGBGB) sogar vom Bundesrecht *abweichende Verfahrens*regelungen treffen.

2. Da der Reichsgesetzgeber keine geschlossene Kodifikation des fG-

Verfahrens angestrebt hatte und mit dem FGG nur diejenigen Vorschriften schaffen wollte, die zur Durchführung des Reichsrechts unerläßlich waren, war und ist ein — allerdings bescheidener — Raum für eine Betätigung der Landesgesetzgeber geblieben. Nach 1945 haben die meisten Bundesländer diesen Raum genutzt und eigene fG-Landesgesetze geschaffen, mit denen das Vorkriegs-Landesrecht wenigstens teilweise gesichtet und geordnet wurde. Damit sind die Landesgesetzgeber bis zu einem gewissen Grad dem Vorschlag der Kommission zur Vorbereitung einer Reform der Zivilgerichtsbarkeit nachgekommen, zur Bannung der Gefahr der Rechtszersplitterung die landesrechtlichen Ausführungsvorschriften zu bereinigen und für das Bundesgebiet möglichst einheitlich zu gestalten (Kommissionsbericht, S. 412).

Die wichtigsten hier zu nennenden Landesgesetze sind:

Baden-Württemberg: das BadFGG v. 13. 10. 25 (GVBl. 287) mit Änderungen v. 15. 12. 27 (GVBl. 235); 11. 11. 33 (GVBl. 267); 3. 8. 39 (RGBl. I, 1368); 20. 7. 62 (GBl. Bad.-Württ., 73); das Württ. AGBGB v. 29. 12. 31 (RegBl. 545), Art. 1—14, 61—122 mit Änderungen v. 29. 1., 23. 5., 25. 10. 34 (RegBl. 39, 183, 187, 201); Gesetz zur Ausführung des FamRÄndG im Württ. Rechtsgebiet v. 19. 12. 61 (GBl. 371); das Württ.-Bad.G v. 5. 3. 47 (RegBl. 30);

Bayern: das BayAGBGB v. 9. 6. 1899 (Bay BS III, 889), Art. 87, 88, 105, 129—133, mit Änderungen v. 11. 4. 23 (GVBl. 147); AGGVG v. 17. 11. 56 (Bay BS III, 341); NachlaßG v. 9. 8. 02 (Bay BS III, 114); NotariatsG. v. 9. 6. 1899 (Bay BS III, 341); Bekanntmachung des Bay. Staatsministeriums der Justiz über die Bekanntmachung gerichtlicher Verfügungen in Angelegenheiten der fG v. 10. 5. 1957 (Bay BSV Ju III, 295);

Bremen: AGFGG v. 18. 7. 1899 (GVBl. 137; AGBGB v. 18. 7. 1899 (GVBl. 61); jeweils mit zahlreichen Änderungen;

Hamburg: HbgFGG v. 29. 12. 1899 (Sammlung des bereinigten Hbg. Landesrechts, 3212 — d);

Hessen: HessFGG v. 12. 4. 54 (GVBl. 59) mit Änderungen v. 20. 12. 60 (GVBl. 238); HessOrtsgerichtsG v. 6. 7. 52 (GVBl. 124) i. d. F. des G. v. 21. 3. 62 (GVBl. 213) (dazu BVerfG 11, 192);

Niedersachsen: NdsFGG v. 14. 5. 58 (GVBl. 117);

Rheinland-Pfalz: LandesG über die Zuständigkeit des OLG Neustadt in Angelegenheiten der fG v. 15. 6. 49 (BS Rh-Pf, 301 — 11); LandesG über die Verlegung des OLG der Pfalz nach Zweibrücken v. 9. 8. 62 (BS Rh-Pf, 301—4).

In den ehemals *preußischen* Landesteilen von Nordrhein-Westfalen, Schleswig-Holstein gilt z. Z. weiter: PrFGG v. 21. 9. 1899 (GS 249) mit zahlreichen Änderungen.

Im übrigen wird auf die Zusammenstellung landesrechtlicher Bestimmungen bei Keidel, Einl. Rz. 84 ff., verwiesen.

§ 3. Überblick über die Amtsträger der fG und ihre Funktionen

Literatur: Arndt, Jürgen, Rechtspflegergesetz, 1957; Conrad, Die geschichtlichen Grundlagen des modernen Notariats in Deutschland, DNotZ 60,3; Daimer, Die Prüfungs- und Belehrungspflichten des Notars, 2. Aufl. 1955; Keidel, Zur Abgrenzung des Aufgabenbereichs zwischen Richter und Rechtspfleger in der fG,

Rpfleger 1959, 145 ff.; RÖMER, Notariatsverfassung und fG, 1963; SCHLEGELBERGER, Die Unabhängigkeit der Rechtspfleger, Rpfleger 56, 267; SCHMIDT-RÖNTSCH, Komm. zum DRiG, 1962; SEYBOLD-HORNIG, Bundesnotarordnung, 1962; STRAUSS, Das RPflG, Rpfleger 57, 33, 131.

I. Gerichte und Gerichtspersonen

1. Der größte Teil der fG-Angelegenheiten ist den Gerichten anvertraut, wie sich schon aus § 1 FGG entnehmen läßt. Gemeint sind die *ordentlichen Gerichte* i. S. des GVG.

Art. 2 EGGVG bestimmt zwar, daß das GVG nur für die ordentliche streitige Gerichtsbarkeit Anwendung finden solle. Das GVG ist jedoch zeitlich vor dem FGG entstanden, als nur die Organisation der streitigen Gerichtsbarkeit zu regeln war. Bei Schaffung des FGG hat man als selbstverständlich die durch das GVG geschaffene Gerichtsorganisation vorausgesetzt (arg.e § 30 FGG) und nur vergessen, den § 2 EGGVG zu ändern (allgem. Meinung: BAUR, § 2 B III 5). Der später geänderte § 10 II EGGVG erwähnt denn auch die fG.

a) Für die fG-Gerichte gelten daher die *organisatorischen* Bestimmungen des *GVG*, die übrigen GVG-Bestimmungen hingegen nur, wenn sie ausdrücklich in Bezug genommen worden sind, wie in § 2 FGG (Rechtshilfe: dazu unten § 6 VIII), §§ 8, 9 (Gerichtssprache, Dolmetscher, Sitzungspolizei, Beratung und Abstimmung, dazu unten § 14 II 1 e—g; § 20 I 1 b). Es gelten also insbesondere die Bestimmungen über den Aufbau und die Besetzung der Gerichte, die Geschäftsverteilung und die Unabsetzbarkeit und Unabhängigkeit des Richters (die letzteren i. V. m. dem DRiG vom 8. 9. 61, BGBl. I, 1665). Wegen der Einzelheiten wird auf die Literatur zum GVG verwiesen.

b) Die fG-Gerichte sind also mit denen der streitigen Gerichtsbarkeit *identisch*. Erste Instanz ist in aller Regel das Amtsgericht. Rechtsmittelgerichte sind das Landgericht, das Oberlandesgericht und gegebenenfalls der BGH (im einzelnen unten § 6 III).

Soweit das Gesetz (wie z. B. in §§ 35, 78, 127 FGG) vom „Nachlaß"-, „Vormundschafts"-, „Registergericht" spricht, meint es das Amtsgericht, dessen Funktion in der betreffenden Angelegenheit nur näher charakterisiert wird. So sagt § 72 FGG auch anschaulich: „Für die dem Nachlaßgericht obliegenden Verrichtungen sind die Amtsgerichte zuständig."

c) Die Gerichte entscheiden durch *„Spruchkörper"*. Das sind Teile des Gerichts mit einer besonderen, grundsätzlich ausschließlichen Zuständigkeit für eine bestimmte Gruppe von Angelegenheiten, die entweder durch den Geschäftsverteilungsplan oder schon durch das Gesetz zwingend festgelegt ist. Die Spruchkörper sind in der Regel dieselben wie in der streitigen Gerichtsbarkeit. Es entscheidet also beim Amtsgericht: der Einzelrichter (§ 22 I, IV GVG) bzw. Rechtspfleger (§ 1 RpflG, dazu unten 2 b); beim Landgericht: die Zivilkammer (§ 75 GVG: drei Berufsrichter); beim OLG ein Zivilsenat

(§ 122 GVG: drei Berufsrichter); beim BGH: ein Zivilsenat (§ 139 GVG: fünf Berufsrichter).

d) In Einzelfällen werden bei den Gerichten *besondere Spruchkörper* gebildet, in denen neben den Berufsrichtern auch *Laienrichter* mitwirken. Sie sind keine Sondergerichte im Sinne von § 14 GVG, Art. 102 GG, sondern Teil der ordentlichen Gerichtsbarkeit. Sachlich unterscheiden sie sich von den anderen Spruchkörpern nur dadurch, daß ihr Aufgabenbereich bereits gesetzlich (und nicht erst durch den Geschäftsverteilungsplan) zwingend festgelegt ist:

Die Kammer für Handelssachen (§§ 30 I 2, 143, 144, 147, FGG; 132 I AktG v. 1965); das Landwirtschaftsgericht beim Amtsgericht und die Landwirtschaftssenate beim OLG und BGH (§ 2 LwVG); der Ehrengerichtshof für Anwälte beim OLG und der Anwaltssenat beim BGH (§§ 100 ff. BRAO). Auch die gem. § 30 UmwG beim OLG gebildete Spruchstelle gehört hierher (OLG Hamburg, DB 60, 170).

e) Echte *Sondergerichte* gibt es demgegenüber für fG-Angelegenheiten nur ganz selten. Zu nennen sind die Spruchstellen nach §§ 58 DMBG und 61 WBG, sowie die Entschuldungsämter nach dem Schuldenregelungsgesetz v. 1. 6. 1933 (jetzt Bundesgesetz v. 25. 3. 1952, BGBl. I, 203). Auf der Verfassungsgrundlage von Art. 102 GG werden diese Sondergerichte für „besondere Sachgebiete" gebildet. Sie sind organisatorisch von den ordentlichen Gerichten getrennt.

2. *Gerichtspersonen* sind insbesondere der Richter und der Rechtspfleger, ferner der Urkundsbeamte der Geschäftsstelle und der Gerichtsvollzieher.

a) Der *Richter* ist grundsätzlich für alle gerichtlichen Aufgaben zuständig, sofern nicht ausdrücklich durch besondere Regelungen der Rechtspfleger oder gerichtliche Hilfspersonen damit betraut sind. Richter sind in erster Linie Berufsrichter, seltener ehrenamtliche Richter (§ 1 DRiG). Nach Art. 97 GG, § 1 GVG, §§ 25 ff. DRiG ist dem fG-Richter *sachliche und persönliche Unabhängigkeit* garantiert, und zwar bei Erfüllung aller Aufgaben, die der fG zugewiesen sind, nicht nur bei echten Streitsachen, sondern auch bei Rechtsfürsorgesachen.

b) Der *Rechtspfleger:* Er soll den Richter entlasten. In steigendem Maße hat man ihm einfachere richterliche Aufgaben übertragen. Seine Berfugnisse ergeben sich heute für den Bereich der fG aus §§ 3 I Nr. 1, 2, 3 e mit § 23 (mit den Vorbehalten in §§ 12—18 a) des RpflG. Im Rahmen der übertragenen Geschäfte kann der Rechtspfleger grundsätzlich gemäß § 4 RpflG *alle* Maßnahmen treffen, die zu ihrer Erledigung erforderlich sind. (Im einzelnen unten § 6 V 2.)

Die Rechtspfleger nehmen also *richterliche* Geschäfte wahr und sind insoweit nur dem Gesetz unterworfen und „selbständig" (§ 8 RpflG), d. h. sachlich unabhängig (= nicht an Weisungen gebunden). Sie sind jedoch keine Richter. Die Garantie der persönlichen Unabhängigkeit fehlt ihnen. Ihre

Aufgaben können ihnen ganz oder teilweise entzogen werden. Sie können auch mit anderen Justizverwaltungsaufgaben betraut werden.

Gleichwohl kann man den Rechtspfleger im Hinblick auf seine sachliche Unabhängigkeit als ein selbständiges Organ der Rechtspflege ansehen. „Rechtspfleger" ist kein Titel, sondern eine Funktionsbezeichnung (Kern, GVG, § 24 B I). Mit den Aufgaben eines Rechtspflegers können besonders geeignete Beamte des gehobenen Justizdienstes unter den Voraussetzungen des § 2 RpflG betraut werden.

c) Der *Urkundsbeamte der Geschäftsstelle:* Seine Zuständigkeit ist durch das RpflG unverändert geblieben (§ 25 I). Ihm sind z. B. zugewiesen: Aufnahme von Erklärungen (§§ 11, 21, 128 FGG), Mitwirkung bei der gerichtlichen Beurkundung (§§ 169—172 FGG), Erteilung von Rechtskraftzeugnissen (§ 31 FGG), Ausfertigung gerichtlicher Protokolle (§ 182 FGG), Kostenfestsetzung. Weitere Einzelheiten unten § 6 IV 6, V 3.

d) Der *Gerichtsvollzieher:* Die fG hat für ihn nur wenige Aufgaben: Zustellung nach § 16 II FGG; gelegentlich Vollstreckung nach § 33 II FGG; öffentliche Versteigerungen nach §§ 383 III BGB, 97 GerichtsvollzieherG. Einzelheiten unten § 6 V 4.

II. Notare

Der den *Gerichten* nicht oder nicht ausschließlich anvertraute Teil der fG-Geschäfte wird in erster Linie von den *Notaren* wahrgenommen, daneben aber auch noch von einer Reihe *anderer* Amtsträger (unten III).

1. Der *Tätigkeitsbereich* der Notare ist in erster Linie in §§ 20—25 BNotO bestimmt. Dazu gehören noch §§ 167—180, 183 FGG und §§ 2232—2246, 2274—2277 BGB, ferner landesrechtliche Bestimmungen über die Beurkundung besonderer Rechtsvorgänge (im einzelnen unten § 53 III 1).

Nach diesen Bestimmungen umfaßt der Tätigkeitsbereich der Notare vor allem *Beurkundungen jeder Art* (Rechtsgeschäfte und Rechtshandlungen), für die sie in der Regel neben den Gerichten, in manchen Ländern sogar ausschließlich zuständig sind. Die Notare sind *ferner* zuständig für freiwillige Versteigerungen, gemäß Landesrecht zur Vermittlung von Nachlaß- und Gesamtgutsauseinandersetzungen sowie zur Nachlaßsicherung, Erteilung von Vertretungsbescheinigungen, in beschränktem Umfang sogar zur Abnahme von Eiden und eidesstattlichen Versicherungen, Verwahrung von Wertgegenständen und Verwahrung von Urschriften der notariellen Urkunden, schließlich zu sonstigen Betreuungen auf dem Gebiete vorsorgender Rechtspflege. Rechtsberatung auf anderen Rechtsgebieten verstößt gegen das RBerG (OLG Stuttgart, DNotZ 64, 734).

2. Da der Notar also nicht auf Grund richterlicher Delegation tätig wird, so entsteht für ihn das Problem der sachlichen und persönlichen *Unabhängigkeit.* Das Vertrauen als grundlegendes Prinzip der notariellen Tätigkeit und die unbedingt neutrale Stellung des Notars den Beteiligten und allen Dritten, auch dem Staat gegenüber (dazu OLG Stuttgart, DNotZ 64, 734; Bühler, DJ 64, 173), verlangt seine sachliche und persönliche

Unabhängigkeit. Ebenso wie der Richter ist er weisungsfrei, einmal aus seiner Amtsstellung, andererseits auch weil er freiberuflich tätig ist. Er ist kein Beamter, aber unabhängiger Träger eines öffentlichen Amtes (§ 1 BNotO). In der Regel schützt seine Berufung auf Lebenszeit seine persönliche unabhängige Rechtsstellung (§ 3 BNotO). Das Verhältnis zu seinem Auftraggeber ist ein amtliches und hat nicht den Charakter eines privatrechtlichen Geschäftsbesorgungsvertrages (OLG Celle, DNotZ 63, 748), es sei denn, er wird außerhalb der vorsorgenden Rechtspflege tätig, z. B. als Gutachter.

3. Im einzelnen ist es allerdings weder der RNotO noch der BNotO von 1961 gelungen, ein völlig einheitliches Berufsbild des Notars zu schaffen. Die historisch gewachsenen regionalen Verschiedenheiten zwischen Amtsnotariat und freiberuflichem Notariat einerseits und Nur-Notariat und Anwaltsnotariat andererseits konnten nicht überbrückt werden, großenteils wegen des Zustimmungsbedürfnisses der Länder gem. Art. 138 GG. Sie verstoßen nach BVerfG (NJW 64, 1515; 1516) aber noch nicht gegen Art. 3 I GG. So finden sich denn auch heute noch die *verschiedenen Notariatsformen* in der Bundesrepublik (s. unten § 53 II 1).

III. Andere nicht gerichtliche Amtsträger der fG

1. Die *Bürgermeister* für die Aufnahme von Nottestamenten (§ 2249 BGB).

2. Die *Standesbeamten* zur Beurkundung von Personenstandssachen nach dem PStG i. d. F. v. 8. 8. 57 (BGBl. I, 1125).

3. Die *Jugendämter*. Ihr Aufgabenbereich bestimmt sich nach dem JWG vom 11. 8. 1961 (BGBl. I, 1206, 1875). Danach werden sie insbesondere tätig bei der Gewährung freiwilliger Erziehungsbeihilfe, der Erziehungsbeistandschaft und der Anordnung der Fürsorgeerziehung (§§ 55—77 JWG). Sie sind Amtsvormund der unehelichen Kinder (§§ 40—46 JWG). An Stelle des „Gemeindewaisenrates" sind sie Hilfsorgan des Vormundschaftsgerichtes in allen Angelegenheiten der Personensorge für Minderjährige (§ 48 JWG). Ferner können sie Beurkundungen und Beglaubigungen vornehmen, z. B. Beurkundung des Vaterschaftanerkenntnisses oder der Unterhaltsverpflichtungserklärung des unehelichen Vaters (§ 49 I JWG). Wichtig ist noch (wegen der besseren Orientierungsmöglichkeiten des Jugendamtes) die Informationspflicht gegenüber dem Vormundschaftsgericht, wenn ein Fall zur Kenntnis des Jugendamtes gelangt, in dem das Vormundschaftsgericht zum Einschreiten befugt ist (§ 1694 BGB).

4. Die *Konsuln* der Bundesrepublik sind zuständig zur Annahme von Anträgen sowie zur Beurkundung und Beglaubigung gemäß dem Konsulargesetz von 1867 i. d. F. des Gesetzes vom 14. 5. 1936 (RGBl. I, 447) und vom 16. 12. 1950 (BGBl. I, 784), sowie nach § 7 Nr. 2 des Gesetzes betr. die Konsulargerichtsbarkeit vom 7. 4. 1900 (RGBl. 213).

5. Besondere Beurkundungsbefugnisse haben: *Vermessungsbehörden* (Katasterämter) für Anträge auf Vereinigung nach § 890 BGB und Teilung von Grundstücken (§ 2 des Gesetzes vom 15. 11. 1937, RGBl. I, 1257); *Urkundsbeamte* der Deutschen Bundesbank (§ 30 des BundesbankG vom 26. 7. 1957, BGBl. I, 745); die *Wiedergutmachungsbehörden* gem. Art. 62 III AmREG; Art. 54 III BrREG; *Postbeamte* für Aufnahme von Wechsel- und Scheckprotesten (Art. 79 WG, Art. 55 SchG) und zur Beurkundung von Zustellungen (§ 195 II ZPO); *Enteignungsbehörden* zur Protokollierung der Einigungsverhandlung im Enteignungsverfahren nach § 110 II BBauG von 1960 (BGBl. I, 341).

6. *Sonstige Behörden* der fG auf Grund *Landesrechts:* z. B. Zuständigkeit der Bürgermeister zur Nachlaßsicherung nach Art. 105 BayAGBGB; der Ratsschreiber als Hilfsbeamte des württembergischen Bezirksnotars nach Art. 118 württ.AGBGB; der Ortsgerichtsvorsteher zur Hilfe in Nachlaßsachen, Beurkundung von Grundstücksverträgen unter 1000 DM, zur Unterschriftsbeglaubigung, Schätzung von Grundstücken usw. nach §§ 16—22 HessOrtsgerichtsG; von Beamten zur Beurkundung von Grundstückskaufverträgen der eigenen Behörde nach § 11 HbgFGG. S. im übrigen die Zusammenstellung bei BAUR, § 10 III; KEIDEL, Vorbem. vor § 167; SCHLEGELBERGER, Vorbem. vor § 167 und die Zusammenstellung des Landesrechts bei KEIDEL, Anhang B.

IV. Haftung für Amtspflichtverletzungen

Die Handlungen der fG-Amtsträger sind Staatsakte. Die Wahrung der Interessen der Beteiligten (sowohl der formell wie der materiell Beteiligten) ist eine Amtspflicht; ein Verstoß hiergegen eine Amtspflichtverletzung. Es tritt also gegebenenfalls Amtshaftung ein:

1. Für *Richter* und *sonstige Beamte* (Rechtspfleger, Urkundsbeamte der Geschäftsstelle, Gerichtsvollzieher) greift die Staatshaftung nach § 839 BGB i. V. m. Art. 34 GG ein, wenn feststeht, daß die Voraussetzungen des § 839 I vorliegen (Beweislast beim Geschädigten) und sich nicht feststellen läßt, daß die Voraussetzungen des § 839 III vorliegen (Beweislast beim Beamten bzw. beim Staat). Bei Vorsatz oder grober Fahrlässigkeit bleibt dem Staat aber der Rückgriff auf den Richter oder sonstigen Beamten vorbehalten (Art. 34, S. 2 GG).

Str. ist die Anwendung des § 839 II BGB *(Richterprivileg)* bei Amtspflichtverletzungen des fG-Richters anläßlich einer verfahrensabschließenden Entscheidung. Einerseits kann seit BGH, NJW 62, 37 ernsthaft nicht mehr bestritten werden, daß Abs. II über seinen Wortlaut („Urteil in einer Rechtssache") sinngemäß auch auf andere die Instanz abschließende richterliche Entscheidungen anzuwenden ist, also insbesondere auch auf *Beschlüsse,* wie sie im fG-Verfahren die Regel sind. Es kommt nicht auf die formale Natur, sondern auf den materiellen Inhalt der Entscheidung an. Andererseits schließen aber die §§ 1697, 1848 BGB für den *Vormundschaftsrichter* den § 839 II BGB ausdrücklich aus. Für die *übrigen* Entscheidungen im Rahmen der Rechtsfürsorge (im sog. klassischen Bereich der fG) muß dieser Ausschluß *auch* gelten, da sie gleichgelagert sind. Demnach wird der Anwendungsbereich des Richterprivilegs zu beschränken sein auf *streitentscheidende* Beschlüsse im fG-Verfahren, also auf die Entscheidungen in privatrechtlichen und öffentlichrechtlichen Streitsachen (so auch BAUR, § 5 III 4 b; LENT-HABSCHEID, § 9 IV 2; Einzelheiten in den Kommentierungen zu § 839 BGB, Art. 34 GG).

2. Für den *Notar* gilt § 19 BNotO, der dem § 839 I BGB nachgebildet ist. Dazu im einzelnen unten § 53 III 4.

§ 4. Überblick über die Arten der fG

Literatur: BÄRMANN „Echtes" Streitverfahren in der fG AcP 154, 374; BAUMGÄRTEL, Das Verfahren der ordentlichen Gerichte in öffentlichrechtlichen Streitsachen, ZZP 73, 387 ff.; BAUR, Der gegenwärtige Stand der fG, Juristen-Jahrbuch, Bd. 3 (1962/63, S. 50 ff.); BÖTTICHER, Regelungsstreitigkeiten, Festschrift für LENT, 1957, S. 89 ff.; BOSCH, Zivilprozeß und fG, AcP 149, 32 ff.; v. FALKENHAUSEN, Das Verfahren der fG im Aktienrecht, Die AktG 1967, 309; HABSCHEID, Grundformen der fG, Rpfleger 57, 167 ff.; ders., Schiedsverfahren und fG, ZZP 66, 191; ders., Zivilrechtspflege im Spannungsfeld verfassungsrechtlicher Gegensätze, JR 58, 361; ders., Zum Streitverfahren der fG, JZ 54, 689 ff.; ders., Der Streitgegenstand im Zivilprozeß und im Streitverfahren der fG, 1956; ders., Freiwillige Gerichtsbarkeit, Deutsche Landesreferate zum VII. Internationalen Kongreß für Rechtsvergleichung in Uppsala 1966, 1967, S. 213; LENT, Die wachsende Bedeutung der vorsorgenden Rechtspflege, DNotZ 50, 320 ff.; PETERS, Das echte Streitverfahren in der fG, MDR 52, 137 ff.; ZIMMERMANN, Ein neuer Verfahrenstyp in der fG, Rpfleger 62, 42.

Man kann drei große Gruppen unterscheiden: Die klassischen fG-Angelegenheiten (I); die privatrechtlichen Streitsachen (II) und die öffentlichrechtlichen Streitsachen (III).

I. Die klassischen fG-Angelegenheiten

1. Zu ihnen zählen fast alle Angelegenheiten, die schon die Väter des FGG diesem Verfahren zugeordnet haben. Neben einigen weniger bedeutsamen Angelegenheiten, wie z. B. Abnahme des Offenbarungseides, Untersuchung und Verwahrung von Sachen, Pfandverkauf (§§ 163—166 FGG), sind hier vor allem die schon des öfteren erwähnten traditionellen Wurzeln des fG-Gebäudes zu nennen: Die Vormundschaftssachen (a), die Nachlaßsachen (b), die Registersachen (c) und die Urkundssachen (d).

a) Der Bereich der Vormundschaftssachen ist am breitesten gespannt, was hier nur durch Beispiele veranschaulicht werden kann:

Anordnung einer Vormundschaft, Bestellung, Überwachung, Entlassung des Vormundes, Genehmigung der von ihm abgeschlossenen Rechtsgeschäfte (§§ 1773 bis 1908 BGB).

Die gleichen Maßnahmen für die verschiedenen Typen von Pflegern (§§ 1909—1928 BGB). Weiterhin die Aufgaben nach dem JWG, vor allem Anordnung einer Erziehungsbeistandschaft, der freiwilligen Erziehungsbeihilfe, der Fürsorgeerziehung (§§ 55—77 JWG).

Sodann Maßnahmen, die den Minderjährigen aus dem Bereich der elterlichen Gewalt herausleiten sollen: Volljährigkeitserklärung (§ 3 BGB); Befreiung vom Erfordernis der Ehemündigkeit (§ 1 II EheG); Ersetzung der elterlichen Einwilligung zur Eheschließung (§ 3 III EheG).

Umgekehrt die Mithilfe bei der Herstellung eines familienähnlichen Bandes: Mitwirkung bei Adoptionen (§§ 1741—1772 BGB).

Ferner die Legitimationsfeststellung oder die Ehelichkeitserklärung bei unehelich geborenen Kindern (§§ 1721, 1723 ff. BGB).

Bedeutsam sind vor allem die zahlreichen Maßnahmen betreffend die elterliche Gewalt (§§ 1626—1698 b BGB), z. B.: Maßnahmen bei Gefährdung der Person oder des Vermögens des Kindes durch die Eltern (§§ 1666 ff. BGB); Verteilung der elterlichen Gewalt nach Scheidung (§ 1671 BGB) oder bei Getrenntleben der Eltern (§ 1672 BGB); die danach notwendig werdende Regelung des Verkehrs des nicht sorgeberechtigten Elternteils mit dem Kinde (§ 1634 BGB); aber auch Feststellung des Ruhens der elterlichen Gewalt (§ 1674 BGB); Bestellung eines Beistandes (§ 1685 BGB); aber auch Streitregelung, wenn die gesamtvertretungsberechtigten Eltern sich über eine Vertretungsmaßnahme nicht einigen können (s. unten § 10 I 2).

b) Zum Bereich der *Nachlaßsachen* gehören etwa: Entgegennahme von Erklärungen über Annahme oder Ausschlagung der Erbschaft oder über Anfechtung dieser Erklärungen (§ 1945, 1955 BGB); Maßnahmen zur Nachlaßsicherung, insbesondere Bestellung eines Nachlaßpflegers (§§ 1960 ff. BGB), Anordnung der Nachlaßverwaltung, Eröffnung des Nachlaßkonkurses (§§ 1975 ff. BGB) und diverse Maßnahmen in diesen Verfahren; Mitwirkung bei Errichtung eines Nachlaßinventars (§§ 1993 ff. BGB), einschließlich der Abnahme eines etwaigen Offenbarungseides des Erben (§ 2006 BGB); Ernennung, Entlassung eines Testamentsvollstreckers, Erteilung eines Testamentsvollstreckerzeugnisses (§§ 2197—2228 BGB); Verwahrung und Eröffnung von Testamenten (§§ 2258 a ff. BGB); schließlich Erteilung, Einziehung und Kraftloserklärung von Erbscheinen (§§ 2353—2370 BGB) usw.

c) Von den *Registersachen* werden das Grundbuch und das Schiffsregister in diesem Buch nicht behandelt. Zu nennen ist die Führung des Vereinsregisters (§§ 21, 55 ff. BGB; 159 ff. FGG); des Güterrechtsregisters (§§ 1558 ff. BGB; 161 FGG); des Handelsregisters (§§ 8—16, 106—108 HGB; 14, 81, 94 AktG; 7, 8, 10 GmbHG); des Genossenschaftsregisters (§§ 10 f., 80, 160 GenG).

d) Schließlich die *Urkundssachen:* Nach §§ 167 ff. FGG sind für Beurkundungen von Rechtsgeschäften aller Art sowie Unterschriftsbeglaubigungen grundsätzlich Gerichte und Notare nebeneinander zuständig. Die Notare können darüber hinaus auch Beurkundungen tatsächlicher Rechtshandlungen vornehmen (§§ 20 ff. BNotO). S. schon oben § 3 II und unten § 52 und § 53 III 1.

2. a) Die Beispiele zeigen, daß sich in diesem klassischen Bereich der fG Verfahren mit sehr unterschiedlicher Dauer, verschiedenem Ziel und Er-

gebnis finden. Das Verfahren kann sich in einem einmaligen Staatsakt erschöpfen (Registereintragung) oder aber auf die Begründung eines Dauerrechtsverhältnisses gehen (z. B. Anordnung einer langjährigen Vormundschaft mit ständiger gerichtlicher Überwachung des Vormundes). Es kann auf die Erteilung einer Bescheinigung oder eines Zeugnisses, einer Beweisurkunde, gehen (Erbschein, Testamentsvollstreckerzeugnis, aber auch Unterschriftbeglaubigung, Registereintragungen).

Es können die unterschiedlichsten Entscheidungen ergehen: Feststellungsentscheidungen (z. B. Legitimationsfeststellung, § 1721 BGB; Feststellung des Ruhens der elterlichen Gewalt, § 1674 BGB); Leistungsentscheidungen (z. B. die amtswegige Anordnung der Vervollständigung der Unterlagen im Dispacheverfahren, § 154 FGG); meistens aber Gestaltungsentscheidungen (Volljährigkeitserklärung; Bestellung eines Vormundes; Genehmigung eines Rechtsgeschäfts; Kraftloserklärung des Erbscheins).

b) Trotz der Unterschiede kann man einen gemeinsamen Zweck bei diesen Verfahren feststellen: den *Fürsorgezweck*. Dies schließt nicht aus, daß im Rahmen des Fürsorgezwecks Schwerpunkte unter den Gesichtspunkten der Vermittlung und Sicherung gebildet werden (s. u. 9. u. 10. Kap.). Der Staat leistet hier in den unterschiedlichsten Formen Rechtsfürsorge für seine Bürger, indem er mit seinen Mitteln ihre Lebensverhältnisse feststellt, ordnet, gestaltet (s. BAUR, § 1 III 1 und Juristenjahrbuch, Bd. 3, S. 53; LENT-HABSCHEID, § 6 II, III; BÖTTICHER, DRW 42, 125, 131). Vielfach wird in diesem Zusammenhang von „staatlicher Daseinsvorsorge" oder „vorsorgender Rechtspflege" gesprochen.

Es besteht ein öffentliches Interesse sowohl daran, daß diese Rechtsfürsorge überhaupt geleistet wird, als auch daran, daß dies nicht durch eine Verwaltungsbehörde, sondern durch eine sachlich unabhängige und objektive Stelle (i. d. R. dem Richter, aber auch dem Rechtspfleger oder Notar) geschieht. Wollte man den Interessenschutz auf diesen Gebieten dem privaten Spiel der Kräfte überlassen, so würde das zu einer Gefährdung schwacher Bevölkerungskreise (Beisp.: Minderjährigenschutz) oder auch des Rechtsverkehrs insgesamt (Beisp.: Registerrecht) führen. Daß diese Fürsorge gerade dem unabhängigen Richter (oder dem ähnlich unabhängigen Rechtspfleger oder Notar) anvertraut ist, obwohl sie ihrem Inhalt nach nicht immer richterliche Tätigkeit im Sinne von „Rechtsprechung" (Art. 92 GG) ist, rechtfertigt sich aus der Bedeutung der auf dem Spiel stehenden Interessen, der geschichtlichen Entwicklung oder dem nahen Zusammenhang mit anderen Rechtsprechungsaufgaben.

Der Fürsorgezweck ist etwa offensichtlich bei der Bestellung eines Vormundes oder bei Eingriffen in die elterliche Gewalt nach § 1666 BGB „zum Wohle des Kindes" (Personenfürsorge); ebenso bei der Bestellung eines Nachlaßpflegers (§ 1961 BGB) oder bei der gerichtlichen Hilfe bei der Abwicklung oder Auseinandersetzung von gemeinschaftlichen Vermögensmassen, z. B. nach §§ 86 ff. FGG (Vermögensfürsorge). Fürsorge wird aber auch im Beurkundungsverfahren geleistet, sogar in besonders hohem Maße. Die Tätigkeit des Beurkundungsorgans (Gericht oder Notar) erschöpft sich nicht im erwünschten Beurkundungsakt. Voran geht eine eingehende Prüfung, Beratung und Belehrung über die rechtlichen und wirtschaftlichen Konsequenzen der zu beurkundenden Rechtshandlung. Die Beurkundung ist geradezu der Prototyp der vorsorgenden Rechtspflege (s. eingehend Niese, ZZP 73, 1 ff. und unten § 5 V). Ähnlich wird im Registerverfahren Rechtsfürsorge geleistet, und zwar einerseits im Hinblick auf die Interessen des Rechtsverkehrs, andererseits im Interesse der Eintragungsbeteiligten. Denn auch hier erschöpft sich das Verfahren nicht in der bloßen Eintragung nach Antrag oder von Amts wegen, sondern der Registerrichter oder -beamte hat als vorsorgendes Rechtspflegeorgan ein formelles und auch ein beschränktes materielles Prüfungsrecht (dazu unten § 5 V).

c) Der Annahme, daß in all diesen Verfahren Rechtsfürsorge geleistet wird, steht nicht entgegen, daß sich in ihnen gelegentlich mehrere Beteiligte in *Streitstellung* gegenüber stehen, wie z. B. des öfteren in Erbscheinserteilungsverfahren. Denn der Verfahrenszweck ist auch hier nicht die Streitschlichtung und die Durchsetzung der subjektiven Rechte des einen Beteiligten gegen den anderen, sondern die auf Grund amtlicher Ermittlungen zu treffende Feststellung des Erbrechts. Streit und Gegnerstellung sind in Rechtsfürsorgeverfahren möglich, aber sie sind nur akzidentell, nicht essentiell.

d) Je nach der Stärke des öffentlichen Interesses an der zu leistenden Rechtsfürsorge erfolgt die *Verfahrenseinleitung* teils von Amts wegen, teils auf Antrag eines oder mehrerer Beteiligter. Nach der ursprünglichen Konzeption des FGG (Staatsfürsorge für den Bürger) war das Amtsverfahren die Regel, das Antragsverfahren die Ausnahme. Inzwischen sind mit der gewachsenen Selbstverantwortung des einzelnen für seine Angelegenheiten die Antragsverfahren zahlreicher geworden.

Beispiele für *Amts*verfahren: Bestellung und Entlassung des Vormunds; Entziehung der elterlichen Gewalt gem. §§ 1666 f. BGB. Beispiel für *Antrags*verfahren: Erbscheinserteilung; Beurkundungen; die meisten Registersachen. Gelegentlich können Verfahren sowohl von Amts wegen als auch auf Antrag eröffnet werden. Das ist bei solchen Angelegenheiten der Fall, an denen einerseits ein starkes öffentliches Interesse an einer Rechtsfürsorge von Amts wegen besteht, in denen andererseits aber außerdem auch weitere Behörden oder Personengruppen eine Fürsorgepflicht bezüglich der auf dem Spiel stehenden Drittinteressen haben, die zur Antragstellung berechtigen (Beispiel: Das Verfahren der Fürsorgeerziehung nach § 65 JWG). Einzelheiten § 13 I.

3. Für die *Verfahrensausgestaltung* bei den klassischen fG-Angelegenheiten läßt das Gesetz weitgehend freie Hand. Das Verfahren ist daher sehr elastisch.

Allgemeine Verfahrensvorschriften für Vormundschafts-, Nachlaß- und Registersachen finden sich zunächst in den §§ 1—34 FGG. Diese enthalten nur eine unvollständige Rahmenregelung, die schon im besonderen Teil des FGG (2.—8. Abschnitt) eine den Eigenarten der jeweiligen Rechtsmaterie entsprechende Ergänzung und Abänderung (zulässig nach § 1 FGG) erfährt.

Das gilt in besonders starkem Maße für die Registersachen. Zusätzlich finden sich weitere Verfahrensregeln in den diversen materiellrechtlichen Gesetzen (BGB, HGB, JWG usw.) eingestreut. Danach noch verbleibende Lücken sind in sachentsprechender Weise auszufüllen. Wie weit hierbei Vorschriften anderer Verfahrensordnungen, insbesondere der ZPO, entsprechend anwendbar sind, richtet sich nach allgemeinen methodischen Grundsätzen der Gesetzesfortbildung und -lückenfüllung. Man kann weder eine grundsätzliche Lückenfüllung durch analoge Anwendung der Vorschriften der ZPO oder VwGO bejahen, noch sie verneinen, wie es aber noch das RG tat (s. auch noch KG, FamRZ 65, 344). Im Ergebnis ist allerdings für entsprechende Anwendung von ZPO-Regeln nicht sehr viel Raum, weil das Rechtsfürsorgeverfahren der FGG eine weithin eigenständige Struktur hat.

Besonders große Eigenständigkeit zeigt schließlich das Rechtsvorsorgeverfahren der Beurkundung. Die allgemeinen Vorschriften der §§ 1 bis 34 FGG passen hier insgesamt nicht. Die BNotO und die Landesgesetzgebung haben diesem Verfahren einen besonderen Charakter gegeben, soweit sich das nicht schon aus der Materie der Rechtsvorsorge von selbst ergibt. Sonderregeln finden sich sodann in der FGG (§§ 170—172, 168, S. 2) sowie eingestreut in verschiedenen materiellrechtlichen Gesetzen (z. B. §§ 2231 ff. BGB).

II. Die privatrechtlichen Streitsachen

Sie haben im Rahmen der fG immer größere Bedeutung erlangt. Fast alle neueren Angelegenheiten, die der fG zugewiesen worden sind, sind privatrechtliche Streitsachen. Kennzeichnend für sie ist ihre Nähe zum Zivilprozeß. Es handelt sich um solche Angelegenheiten, in denen das Gericht mit verbindlicher und endgültiger Wirkung über behauptete subjektive (i. d. R. verzichtbare) private Rechte zu entscheiden hat, die ein Beteiligter gegen den anderen geltend macht, kurz gesagt, es geht um die Durchsetzung subjektiver privater Rechte (s. Habscheid, ZZP 66, 193; Bärmann, AcP 154, 417). Diese Angelegenheiten könnten auch im Zivilprozeß erledigt werden. Der Gesetzgeber hat ihre Behandlung im elastischen fG-Verfahren aber für zweckmäßiger gehalten.

1. Bereits die Schöpfer des FGG hatten dem Verfahren einige echte Streitsachen zugewiesen (z. B. §§ 1357 II, 2227 BGB, 147, 166 III HGB). Inzwischen ist der Bestand stark angewachsen. Hier können nur Anschauungsbeispiele gegeben werden:

a) Im *Familienrecht* etwa: Aufhebung der Beschränkung oder des Ausschlusses der Schlüsselgewalt (§§ 1357 II BGB, 53 FGG); Streitigkeiten beim Zugewinnausgleich (§§ 1382 f. BGB, 53 a FGG); Ersetzung der Ermächtigung oder Zustimmung eines Ehegatten zu Rechtsgeschäften des anderen (§§ 1365, 1369, 1426, 1430, 1452 BGB, 45, 53 FGG); Untersagung der Namensführung durch den Mann (§§ 57 EheG; 45 FGG).

In *Handelssachen* etwa: Entscheidung über Bestellung oder Abberufung der Liquidatoren aus wichtigem Grund (§§ 147, 161 II HGB; 265 III, 273 IV AktG; 66 III GmbHG); über Meinungsverschiedenheiten von Gründungsprüfern und Gründern (§ 35 AktG); über außerordentliche Informationsrechte des Kommanditisten (§§ 166 III, 338 III HGB).

Das AktG 1965 hat den Umfang der Streitsachen erheblich erweitert. U. a. sind nunmehr folgende Streitigkeiten im Verfahren der fG zu entscheiden: der Streit über die für die Zusammensetzung des Aufsichtsrats maßgeblichen Gesetzesbestimmungen (§§ 98, 99 AktG); der Streit, ob einem Aktionär eine in der Hauptversammlung verlangte Auskunft, die der Vorstand verweigert hat, gegeben werden muß (§ 132 AktG); Meinungsverschiedenheiten zwischen der Gesellschaft und ihren Abschlußprüfern über die Auslegung der Bestimmungen über den Jahresabschluß und den Geschäftsbericht (§ 169 AktG); ferner die in den §§ 260, 304 bis 306, 320 V, 375, 388 bezeichneten Angelegenheiten.

Zahlreiche Streitsachen im *Landwirtschaftsrecht:* z. B. über Anerbenrechte (§§ 12—18 HöfeO); Streitigkeiten über Verlängerung usw. eines Pachtvertrages (§§ 7—9 LPG).

Vor allem aber die Regelung von Streitigkeiten nach der HausratsVO, dem UmstG, im Rückerstattungsrecht, bei der Wertpapierbereinigung, nach §§ 43 ff. WEG, Vertragshilfe nach VHG.

b) Hierbei können ergehen:

Feststellungsentscheidungen: z. B. gem. Art. II § 6 der 40. DVO z. UmstG;
Leistungsentscheidungen: z. B. im Rückerstattungsrecht über Ersatz feststellbarer Vermögensgegenstände; ferner nach §§ 13, 41 WEG;
Gestaltungsentscheidungen: z. B. §§ 7—9 LPG: Veränderung von Landpachtverträgen; § 1382 BGB: Übereignung bestimmter Gegenstände; vor allem aber *Regelungsentscheidungen:* z. B. Hausratsteilung nach der Ehescheidung (§§ 1, 2, 8 HausratsVO). Ein ganzes komplexes Rechtsverhältnis wird hier durch richterliche Rechtsgestaltung nach billigem Ermessen geregelt (Regelungsstreitigkeiten).

2. Der *Verfahrenszweck* bei den privatrechtlichen Streitsachen ist — wie schon gesagt — die Durchsetzung behaupteter subjektiver (i. d. R. verzichtbarer) privater Rechte eines Beteiligten gegen andere Beteiligte.

a) Das gilt auch für die sogenannten *Regelungsstreitigkeiten,* die die Hauptmasse der echten Streitsachen darstellen (dazu BÖTTCHER, aaO, S. 89 ff. 95; aber auch SCHLOSSER, Gestaltungsklagen und Gestaltungsurteile, 1966, S. 69). Daß der Richter hier nach billigem Ermessen (Beurteilungsspielraum!) zu entscheiden hat, steht nicht entgegen, ähnliches gibt es auch im Zivilprozeß (s. z. B. § 315 III BGB).

Beispiel: In Hausratsteilungssachen haben die geschiedenen Ehegatten gegeneinander einen Anspruch auf Auseinandersetzung, die billig und gerecht ist ohne Rücksicht auf die Eigentumsverhältnisse. Der Richter entscheidet (§§ 1, 2 HausratsVO), was hier billig und gerecht ist (Feststellung), gestaltet durch Urteilsspruch zugleich die Rechtslage entsprechend der Feststellung, übereignet also gegebenenfalls Gegenstände (Gestaltung) und ordnet schließlich die dementsprechend notwendig werdende Herausgabe der Gegenstände an (Leistungsbefehl). Das Beispiel zeigt zugleich, wie bei solchen Regelungsstreitigkeiten die verschiedenen gerichtlichen Mittel ineinander greifen: Feststellungs-, Gestaltungs-, Leistungsentscheid.

b) Kriterium ist also — um es zu wiederholen — die Durchsetzung behaupteter subjektiver privater Rechte. Durch diesen Verfahrenszweck *unterscheiden* sich die privatrechtlichen Streitsachen wesentlich von den klassischen Fürsorgeangelegenheiten. Soweit dort die richterlichen Entscheidungsmittel (Feststellungs-, Leistungs-, Gestaltungsentscheidung) äußerlich gleich sind, dienen sie doch einem anderen Zweck, nämlich der objektiven Ordnung der Rechtsverhältnisse der Beteiligten, nicht aber der Durchsetzung ihrer subjektiven Rechte gegeneinander.

Darum ist, wie man auf den ersten Blick vielleicht meinen könnte und wie auch einmal vertreten worden ist (PETERS, MDR 52, 139), die Frage, ob „Streit" herrscht oder „Freiwilligkeit", kein geeignetes Kriterium zur Abgrenzung der Fürsorgeangelegenheiten von den echten Streitsachen. Denn Streit kann auch in den Fürsorgeangelegenheiten vorkommen (oben I 2 c). Aber dort ist er nur akzidentiell, nicht essentiell. Wie wäre es denn auch, wenn in der Mitte eines „friedlichen" Erbscheinsverfahrens plötzlich ein Beteiligter auftaucht, der das Erbrecht der anderen Beteiligten bestreitet? Würde das Fürsorgeverfahren in diesem Augenblick plötzlich zu einem echten Streitverfahren? Der Begriff „Streit" faßt den Zufall, aber nicht das Wesentliche.

Wie unser Kriterium der Durchsetzung behaupteter privater Rechte zeigt, stehen die echten Streitsachen den zivilprozessualen Streitigkeiten wesentlich näher, als den Rechtsfürsorgeangelegenheiten der FGG. Wie dort haben die Beteiligten die Herrschaft über den Verfahrensbeginn (Antrag, unten § 13 I), oft auch den Verfahrensgegenstand (meist verzichtbare subjektive Rechte: daher z. B. Prozeßvergleich möglich, unten § 18 III) und in gewissem Sinn auch über das Verfahrensende (Antragsrücknahme, gemeinsame, bindende Erledigungserklärung, unten § 18 I, IV). Wie im Zivilprozeß erwächst auch die Entscheidung in den privatrechtlichen Streitsachen in materieller Rechtskraft. Auf diese Eigenheiten wird im Gang des Buches jeweils hinzuweisen sein.

Die privatrechtlichen Streitsachen wurden aus Zweckmäßigkeitsgründen dem fG-Verfahren zugewiesen. Da es bei ihnen vielfach um Entscheidungen nach Billigkeitsgrundsätzen mit entsprechendem Beurteilungsspielraum des Richters geht, erschienen die Freiheiten, die das FGG hinsichtlich der Verfahrensgestaltung gewährt, diesen Angelegenheiten adäquater, als die strengere, im Grunde immer noch auf dem Aktionensystem basierende ZPO.

3. Indessen zeigte es sich bald, daß die privatrechtlichen Streitsachen unvermutet ihr *„zivilprozessuales Gepäck"* mit sich brachten (BAUR, § 1 III 3 b). Denn einerseits enthält das FGG in §§ 1—34 FGG nur eine ausfüllungsbedürftige Rahmenregelung, und andererseits erfordert die Natur der Sache und die enge Verwandtschaft mit den zivilprozessualen Streitsachen in vieler Hinsicht eine gleiche Handhabung der privatrechtlichen Streitsachen wie in der ZPO. Dies ist ein Beweis mehr für die Erkenntnis, daß Verfahrensrecht Hilfsnorm zur optimalen Durchsetzung und Gestaltung des

materiellen Rechts ist und sich in seiner Struktur daher weitgehend nach den zu regelnden materiellrechtlichen Verhältnissen richtet. Darum sind in den echten Streitverfahren zivilprozessuale Vorschriften zum Teil anwendbar. Rspr. und Rechtslehre haben in vorsichtig tastender Weise eine Lückenfüllung versucht. Der Vorgang ist noch nicht abgeschlossen.

Auf die entsprechende Anwendung von ZPO-Regeln wird im Laufe des Buches jeweils hinzuweisen sein. Hier nur einige Beispiele: Feststellungsentscheidungen analog § 256 ZPO sind zulässig (SchlHOLG, RdL 60, 128); bei Veräußerung der Streitsache ist § 265 ZPO entsprechend anwendbar (BGH, RdL 52, 321). Hingegen stehen die Vorschriften über das Versäumnisverfahren (§§ 330 ff. ZPO) mit der Amtsmaxime des fG-Verfahrens (§ 12 FGG) in Widerspruch (OLG Hamm, RdL 60, 102). S. im übrigen Bärmann, AcP 154, 374 ff., 393 ff.; Lent-Habscheid, § 7 III 1.

Hinzu kommt, daß in verschiedenen Spezialgesetzen (LwVG, WEG, VHG, Rückerstattungsgesetze) für spezielle Fälle verschiedentlich entsprechende Vorschriften wie in der ZPO formuliert sind.

Weiterhin kann man feststellen, daß die Einbeziehung der privatrechtlichen Streitsachen in die fG-Verfahren auch auf die Behandlung der Rechtsfürsorgeangelegenheiten befruchtend gewirkt hat, insofern nämlich, als die unmittelbare Nachbarschaft zu ihnen und der Brückenschlag zur ZPO manche rechtsstaatlichen Bedenken gegen die allzufreie und autoritäre Verfahrenshandhabung aufgezeigt und in manchem zur Verfestigung und Verstärkung der Rechtsstellung der Beteiligten in Rechtsfürsorgeverfahren beigetragen hat.

Haben so die echten Streitsachen als Brücke zwischen Zivilprozeß und fG einerseits zur Stabilisierung des allzu freien fG-Verfahrens beigetragen, so haben sie doch auf der anderen Seite für den ZPO-Richter die Vorzüge einer aktiven richterlichen Verfahrensgestaltung aufgezeigt und ihn zur Ausschöpfung der in der ZPO schlummernden Möglichkeiten (z. B. §§ 138, 139, 272 b ZPO) ermuntert (Baur, § 1 III 3 a und Juristen-Jahrbuch, Bd. 3, S. 50, 60).

III. Die öffentlichrechtlichen Streitsachen

1. In den letzten Jahren hat der Gesetzgeber eine Reihe von weiteren Angelegenheiten dem fG-Verfahren zugewiesen, die man parallel zu den privatrechtlichen Streitsachen als öffentlichrechtliche Streitsachen bezeichnen kann.

a) Im Spezialgebiet des landwirtschaftlichen Verfahrensrechts kannte man allerdings schon seit längerer Zeit derartige Streitverfahren. Die Landwirtschaftsgerichte haben etwa zu entscheiden über Beanstandungen von Landpachtverträgen durch die Landwirtschaftsbehörde (§ 5 LPG) oder über Genehmigungen bzw. Versagung solcher Genehmigungen der Landwirtschaftsbehörden beim Grundstücksverkehr (§ 22 GrdstVG). Die genannten Verwaltungsakte der Landwirtschaftsbehörden dienen der Lenkung des Grundstückverkehrs zur Durchsetzung agrarpolitischer, also öffentlicher Interessen. Gegen sie können die Beteiligten die Landwirtschaftsgerichte anrufen.

b) Vor allem aber haben nun die §§ 23 ff. EGGVG, Art. 7 FamRÄndG, Art. XI § 1 KostÄndG, §§ 11, 16, 21, 28, 29, 35, 223 BRAO, § 111 BNotO in breiter Front öffentlichrechtliche Streitsachen dem fG-Verfahren zugewiesen. Die Zuweisung erfolgte teils aus Gründen des Sachzusammenhangs mit der Zivilgerichtsbarkeit, teils aus Gründen des Sachzusammenhangs mit den bei den ordentlichen Gerichten gebildeten Standesgerichten (so BGH, NJW 61, 923 für BRAO). Im einzelnen lassen sich hier nach dem Vorgang von ZIMMERMANN (Rpfleger 62, 42 ff.; s. auch LENT-HABSCHEID, § 8 I) folgende Fallgruppen unterscheiden (vgl. ausführlich unten § 51):

aa) *Anfechtung von Verwaltungsakten*, und zwar

α) Anfechtung von Justizverwaltungsakten, die von Justizbehörden gemäß §§ 23 ff. EGGVG auf dem Gebiet des bürgerlichen Rechts, einschließlich des Handelsrechts, des Zivilprozeßrechts und der fG getroffen worden sind;

β) Anfechtung der Anerkennung oder Nichtanerkennung einer ausländischen Entscheidung in Eheauflösungssachen, die durch die Landesjustizverwaltung gem. Art. 7 FamRÄndG ausgesprochen worden ist. Diese Angelegenheiten gehörten schon vorher aus Gründen des Sachzusammenhangs zur Zuständigkeit der ordentlichen Gerichte (s. BGH, FamRZ 58, 180);

γ) Anfechtung von Verwaltungsakten, die im Bereich der Justizverwaltung beim Vollzug der Kostengesetze ergehen (Art. XI § 1 KostÄndG v. 1957). Nach dieser Vorschrift kann eine Anfechtung sogar dann erfolgen, wenn sie in den Einzelgesetzen nicht ausdrücklich vorgesehen ist.

δ) Anfechtung von Verwaltungsakten nach §§ 11, 16, 21, 28, 29, 35 BRAO. Darüber hinaus können nach § 223 BRAO Verwaltungsakte auch dann angefochten werden, wenn es in den einzelnen Bestimmungen nicht ausdrücklich vorgesehen ist.

ε) Anfechtung von Verwaltungsakten nach §§ 111 BNotO.

bb) Parallel zur Verpflichtungsklage im Verwaltungsstreitverfahren (§ 42 I VwGO) gibt es nach bestimmten Vorschriften (§§ 27 I EGGVG, 11 III, 21 III, 29 IV und 223 II BRAO; 111 II BNotO) auch die Möglichkeit eines *Antrags* auf *Verpflichtung* zum Erlaß eines Verwaltungsaktes.

cc) In Sonderfällen können sogar *Feststellungsanträge* gestellt werden (Art. 7 § 1 VII FamRÄndG; § 38 II BRAO; s. auch BGH, DNotZ 63, 357 für Notarrecht). Außerdem kann nach § 28 I 4 EGGVG (der dem § 113 I 4 VwGO entspricht) auf Antrag die Rechtswidrigkeit eines angefochtenen Justizverwaltungsaktes festgestellt werden, wenn die Hauptsache sich vor der Entscheidung erledigt hat.

dd) Schließlich kann in einem besonderen Fall parallel zum öffentlichrechtlichen Parteiverfahren sogar die Ungültig- und Nichtigerklärung von Wahlen und Beschlüssen der Organe der Rechtsanwaltskammer bzw. der Bundesrechtsanwaltskammer begehrt werden (§§ 90, 191 BRAO). Obwohl Vorschriften fehlen, muß gleiches auch für die Beschlüsse der Notarkammern gelten.

2. In all diesen Verfahren geht es um den Streit Privater mit öffentlichrechtlichen Körperschaften oder Behörden oder aber auch um den Streit öffentlichrechtlicher Körperschaften untereinander, hierbei sogar um die Klärung öffentlichrechtlicher Rechtsverhältnisse, im ersten Fall um die Durchsetzung subjektiver öffentlicher Rechte gegenüber öffentlichrechtlichen Körperschaften. Die Verfahren bilden — wie gesagt — ein Spiegelbild zum Verwaltungsstreitverfahren. Die Beteiligten stehen sich wie Parteien im Ver-

waltungsrechtsstreit gegenüber (BGH, NJW 61, 992). Die Entscheidungen erwachsen in materieller Rechtskraft.

3. Nach den Zuweisungsgesetzen sind die Vorschriften über das fG-Verfahren entweder direkt (so Art. 7 § 1 VI FamRÄndG) oder doch entsprechend (§§ 29 II EGGVG; 40 IV, 42 VI, 91 VII, 191 III BRAO) anzuwenden. Zum Teil finden sich in den Zuweisungsgesetzen auch noch einige spärliche Verfahrensnormen, die deutlich der VwGO nachgebildet sind. Im übrigen muß wieder geprüft werden, wieweit nach der Natur der Sache eine entsprechende Anwendung von Vorschriften der VwGO zulässig und geboten ist. Hierfür gilt das gleiche, was oben (II 3) zur Anwendung zivilprozessualer Vorschriften auf die privatrechtlichen Streitsachen gesagt worden ist.

Die Rspr. hat sich schon mit dieser Interdependenz der Verfahrensordnungen auseinandergesetzt: s. z. B. BGH, DNotZ 63, 357 zum Begriff des Verwaltungsaktes; BGHZ 39, 162: Anfechtungsanträge haben keine aufschiebende Wirkung; § 24 I FGG gilt auch für sie.

§ 5. Wesen und Begriff der fG-Verfahren

Literatur: Ebenso wie zu § 4; außerdem: BAUR, Der Begriff der Rspr. und die fG, DNotZ 55, 507; BETTERMANN, Die fG im Spannungsfeld zwischen Rspr. und Verwaltung, Festschrift für LENT, 1957, S. 17 ff.; ders., Verwaltungsakt und Richterspruch, Gedächtnisschrift für W. JELLINEK (1955), S. 361 ff.; BÖTTICHER, Inwieweit sichern die Art. 102 ff. der Reichsverfassung die Unabhängigkeit des Richters und des Rechtsweges?, ZZP 51, 201; FRIESENHAHN, Über Begriff und Arten der Rspr., Festschrift für R. THOMA (1950), S. 21; LENT, Zivilprozeß und fG, ZZP 66, 267 ff.; MÜLLER-TOCHTERMANN, fG zwischen Verwaltung und Rechtsprechung, DRiZ 56, 4; MÜNZEL, fG und Zivilprozeß in der neueren Entwicklung, ZZP 66, 334; NIESE, Beurkundung als Rechtspflegeakt, ZZP 73, 1 ff.; HANS PETERS, Die Gewaltenteilung in moderner Sicht, Köln-Opladen 1954; SCHLEGELBERGER, Die Unabhängigkeit der Rechtspflege, Rpfleger 57, 135 ff.; R. THOMA, Handbuch des Deutschen Staatsrecht, II, 127 ff.; WERTENBRUCH, Gewaltenteilung und Rechtspfleger, Rpfleger 62, 77 ff.

I. Definitionsversuche

Überblickt man die oben (§ 1) kurz skizzierte geschichtliche Entwicklung und die Verfahrensarten der fG (oben § 4), so wird von vornherein klar, daß es unmöglich ist, das Wesen der fG in einer Definition so präzise, klar und umfassend einzufangen, daß der Bereich der fG von anderen Bereichen staatlicher Tätigkeit scharf abgegrenzt ist. Keiner der bisherigen zahlreichen Definitionsversuche vermag zu befriedigen, soweit er für sich in Anspruch nimmt, die fG vollständig und unterscheidbar darzustellen. Solche Begriffserklärungen sind von verschiedenen Ausgangspunkten aus unternommen worden:

1. Vom *Wortlaut* aus: „*Freiwillige* Gerichtsbarkeit" ist eine wörtliche Übersetzung der römisch-rechtlichen jurisdictio voluntaria (D. I, 16, 2 pr.).

Die Bezeichnung „voluntaria“ kann auf die freiwillige Unterwerfung aller Beteiligten unter den Scheinprozeß (die „in iure cessio“) als Anfang einer jurisdictio voluntaria zurückzuführen sein. Es kann aber ebensogut sein, daß die Erklärung von der anderen Seite auszugehen hat, nämlich von dem Willen des Gerichts, hier freiwillig ohne Klage oder Antrag, d. h. also von Amts wegen, tätig zu werden. In diese Richtung würde etwa die Bezeichnung der fG im französischen Recht hinweisen: jurisdiction gracieuse (= gnadenweise), s. BÄRMANN, AcP 154, 374 m. w. Nachw. Das heutige fG-Verfahren, das sowohl Antrags- als auch Amtsverfahren und zusätzlich Streitverfahren kennt, läßt sich daraus nicht mehr herleiten; ebensowenig aber auch aus der letzten gesetzlichen Definition des Begriffs der fG. Sie findet sich in Teil II Titel § 1 der Preußischen Allgemeinen Gerichtsordnung von 1793:

„Zu den Handlungen der freiwilligen Gerichtsbarkeit werden hier sowohl diejenigen gerechnet, welche, ob sie gleich keine Prozesse sind, dennoch nach vorhandenen gesetzlichen Vorschriften vor Gerichten vollzogen werden müssen, als diejenigen, zu deren gerichtlichen Vollziehung die Parteien sich mehrerer Gewißheit und Beglaubigung wegen, aus freiem Willen entschließen.“

2. Vom *Zweck* her: Die Zwecktheorien versuchen in der Regel das Wesen der fG in der Gegenüberstellung zum Zivilprozeß zu erklären:

a) Die fG diene der *Gestaltung* der Privatrechtsordnung bei der Begründung, Fortbildung und Veränderung von Privatrechtsverhältnissen, der Zivilprozeß aber der Aufrechterhaltung und Bewährung der Privatrechtsordnung

(ADOLF WACH, Handbuch des Zivilprozeßrechts I, S. 42 ff., 53; SIMÉON-DAVID, II 2; BORNHAK, ZZP 48, 38; DUCHESNE, DNotV 16, 441; s. auch RGZ 94, 175; 99, 161).

b) Die fG habe *„vorbeugenden“*, *„präventiven“*, *„rechtspolizeilichen“* Zweck, im Gegensatz zum Zivilprozeß, der der ausgleichenden Gerechtigkeit, dem „Wiederherstellungszweck“ diene

(RICHARD SCHMIDT, Lehrbuch des Zivilprozeßrechts, 2. Aufl., 1906, S. 162 ff.; GOLDSCHMIDT, Zivilprozeßrecht, 2. Aufl., 1932, S. 68; STEIN-JUNKER, Grundriß des Zivilprozeßrechts, 1928, 162).

c) Die fG sei in erster Linie ein *Rechtsfürsorge*verfahren, in dem aber nicht über subjektive Privatrechte zu entscheiden sei, sondern nur eine Pflicht der Gerichte zum Tätigwerden bestehe. (HELLWIG, System des Zivilprozeßrechts I, 1912, S. 54; BRUMBY, JR 48, 70). Ähnlich aber auch noch neuestens PIKART-HENN, S. 5, mit dem bemerkenswerten Zusatz, das gelte jedenfalls für den ursprünglichen Bereich der fG, doch entspreche die positive Rechtslage dieser begrifflichen Abgrenzung keineswegs (S. 6 f.).

3. Vom *Verfahrensgegenstand* her:

a) Nach LENT (DNotZ 50, 323; ZZP 66, 267; Studienbuch, § 2, S. 6 ff.) hat im Zivilprozeß das Gericht über eine von dem Kläger gegenüber dem Beklagten aufgestellte Rechtsbehauptung zu entscheiden, auch bei Gestaltungsentscheidungen, da ihnen ein privates Recht auf Gestaltung zugrunde liege. In der fG hingegen gehe es um behördliches Eingreifen ohne privates Gestaltungsrecht, auch wenn eine Gestaltung durch richterliche Entscheidung erfolge.

b) MÜNZEL (ZZP 66, 334 ff., 340) sieht den Wesenskern der streitigen Gerichtsbarkeit im Rechtsstreit. Es gehe um eine einmalige und endgültige feststellende Entscheidung einer materiellen Rechtslage, also des Bestehens oder Nichtbestehens eines Anspruchs. Die fG hingegen sei — abgesehen von den meisten echten Streitsachen — staatliche Verwaltung, die wegen ihrer engen Beziehung zu den Rechtsgebieten, die man zum Privatrecht rechnet, der Justiz übertragen sei. Sie sei also Fürsorgeverwaltung durch Vornahme von Maßnahmen und Änderungen der Rechtslage.

Ähnlich differenzieren wollen auch: WERTENBRUCH, Rpfleger 62, 77, 83; DÖV 58, 732; HAMANN, DVBl. 59, 7; H. J. WOLFF, § 19 I 4; BVerwG 8, 350.

c) Noch weitergehend wollen manche die gesamte fG ihrem Wesen nach als *Verwaltung im materiellen Sinn* ansehen, die lediglich aus Zweckmäßigkeitsgründen oder aus Gründen des Sachzusammenhangs mit der Privatrechtsordnung den Gerichten zugewiesen sei.

Vgl. HOLTKOTTEN, Bonner Komm., Art 92 GG Anm. II 1 d; HANS PETERS, Die Gewaltentrennung in moderner Sicht, 1954, S. 18; SAUER, Allgemeine Prozeßrechtslehre, S. 39 ff., 42; K. BLOMEYER, Festschrift für HEDEMANN, S. 192; KLEINRAHM, DRpflZ 52, Sp. 9; s. auch BGH LM § 16 FGG Nr. 2.

d) BETTERMANN (Festschrift f. LENT, 1957, S. 17 ff.) sieht die Unmöglichkeit einer umfassenden Definition. Er beschreibt die fG als ein höchst komplexes Gebilde. Sie sei teils Rechtsprechung, teils Verwaltung, teils streitige, teils nichtstreitige Gerichtsbarkeit, teils Zivil-, teils Verwaltungsgerichtsbarkeit.

4. Von den *Verfahrensmitteln* her: Hier geht man davon aus (s. LENT, Studienbuch, § 2 IV), daß die Mittel des Zivilprozesses die rechtskräftige Feststellung eines Anspruchs und seine Vollstreckung seien. Dem stellt man gegenüber, daß in der fG eine rechtskräftige Vollstreckung vielfach nicht möglich sei und mit ihr auch nicht gedient sei, daß außerdem auch eine Vollstreckung in der Regel nicht in Betracht kommt.

5. *Keine* dieser Definitionen ist völlig unzutreffend, jede zeigt etwas Richtiges auf. Unrichtig ist nur, wenn eine Theorie für sich in Anspruch nimmt, mit ihrer Definition das Wesen der fG vollständig und einheitlich zu erfassen. Die Hervorhebung typischer Wesensmerkmale ist immer nur für Teilbereiche der fG möglich. So enden denn auch die meisten Definitionsversuche zum Schluß mit der Einschränkung, das gelte jedenfalls für diesen oder jenen Teil der fG (so typisch PIKART-HENN, S. 5 f.). Eine Widerlegung der Theorien ist schon so oft erfolgt (s. zuletzt BAUR, § 1 I; § 2 B II; LENT-HABSCHEID, § 4; BÄRMANN, AcP 154, 374 ff., 412 ff.), daß sie sich hier erübrigt.

Daß die Definitionsversuche für das Wesen der fG so unterschiedlich ausgefallen sind, hat zum Teil seinen Grund darin, daß schon das *Ziel* bei der Fragestellung unterschiedlich war. Man kann (ähnlich BAUR, Juristen-Jahrbuch Bd. 3, S. 50, 64) die *Frage* nach dem Wesen der fG von verschiedenen Standpunkten aus stellen:

II. Von einem verfahrensdogmatischen Standpunkt aus

Ist die fG eine eigenständige Verfahrensordnung? Oder ist sie nur eine Mischform, die Bereiche der Verwaltung, der Rechtsprechung (Zivil- und/ oder Verwaltungsgerichtsbarkeit) umfaßt?

Verfahrensdogmatische Ziele verfolgen die meisten der oben I. wiedergegebenen Erklärungen. Sie müssen, soweit sie mehr als eine formale Aussage versuchen, scheitern, weil die Zuweisung materieller Gebiete zum fG-Verfahren vom Gesetzgeber weitgehend nach Zweckmäßigkeit und nicht nach dogmatischen Kategorien vorgenommen worden ist. Mit diesem Faktum ist nun einmal zu rechnen. Mehr als eine beschreibende Darstellung der typischen Merkmale der verschiedenen fG-Verfahrensarten, wie sie (oben § 4) mehr angedeutet als durchgeführt ist, kann nicht geboten werden.

Es bleibt nur die rein formale Aussage, daß es sich hier um ein staatlich geordnetes Verfahren zur Erledigung rechtlicher Angelegenheiten durch einen unabhängigen Richter oder andere unabhängige Rechtspflegeorgane (Notar, Rechtspfleger, usw.) handelt. Das entspricht ganz h. M. (HABSCHEID, ZZP 66, 191; Rpfleger 57, 168; LENT-HABSCHEID, § 4 II 4; BÄRMANN, AcP 154, 373, 376; BOSCH, AcP 149, 41; KEIDEL, § 1 Rz. 1; JANSEN, § 1 Anm. 1; KERN, GVG, 5. Aufl., § 3 III 2 c; BAUR, § 2 B II aE).

Auf der anderen Seite fragt es sich, was in verfahrensdogmatischer Hinsicht mit einer sezierenden Betrachtungsweise, wie sie BETTERMANN, aaO, S. 17 ff., vornimmt, gewonnen ist. In verfassungsrechtlicher Hinsicht (dazu unten IV.) hat eine solche Untersuchung ihre Berechtigung. Unter verfahrensdogmatischem Blickwinkel aber setzt eine solche Prüfung danach, was in der fG Verwaltung, Zivilrechtsprechung, Verwaltungsgerichtsrechtsprechung, streitige, nichtstreitige Gerichtsbarkeit ist, das Bedürfnis voraus, der fG den *Wert* einer eigenständigen Verfahrensordnung, also ihrer Existenzberechtigung abzusprechen. Ein solches Bedürfnis zur Aufspaltung eines historisch gewachsenen Verfahrens besteht aber nicht. Die Auflösung der fG würde im übrigen ihrerseits wiederum eindeutige Definitionen von Rspr. und Verwaltung voraussetzen, die es nicht gibt: Im Gegenteil, sowohl der Begriff der Rspr., als auch der der Verwaltung sind beide lebhaft umstritten (so mit Recht BAUR, Juristen-Jb., Bd. 3, S. 50, 66).

III. Von einem legislatorischen und von einem prozeßpraktischen Standpunkt aus

Welche neuen Rechtsmaterien soll künftig der Gesetzgeber dem fG-Verfahren zuweisen und welche nicht?

Welche Gesichtspunkte sollen maßgebend sein, wenn zweifelhaft ist, ob ein bestimmtes materielles Rechtsgebiet der fG oder einer anderen Verfahrensordnung zuzuordnen ist?

In *prozeßpraktischer* Hinsicht ist festzustellen, daß in aller Regel sich aus der ausdrücklichen gesetzlichen Zuweisung ergibt, wann eine Materie der fG zugehörig ist. Für hier denkbare, aber seltene Zweifelsfälle wie auch für die zukünftige *legislatorische* Entscheidung, ob und welche neuen Angelegenheiten der fG zuzuweisen sind, läßt sich — wie oben gezeigt — vom verfahrensdogmatischen Standpunkt aus eine einwandfreie Antwort nicht geben, weil es eine einwandfreie verfahrensdogmatische Definition der fG nicht gibt. Hier hilft nur eine phänomenologische Gesamtschau, eine Abwägung aller Umstände, eine Betrachtung nach besonders typischen Merkmalen. *Das* Verfahren ist dann das richtige, dessen Verfahrensgrundsätze sich bei einer Gesamtbetrachtung zur Bewältigung der betrachteten Angelegenheit als das am meisten geeignete erweist.

1. Wonach ist bei Zweifeln zu entscheiden, ob eine Materie zum Zivilprozeß oder zum fG-Verfahren zuzuweisen ist?

a) Die Entscheidung zwischen *Zivilprozeß* und *rechtsfürsorgerischem fG-Bereich* (klassischem fG-Bereich) wird i. d. R. nicht schwer fallen. Hier bieten sich genügend Abgrenzungskriterien an, die zwar nicht notwendig, aber doch vielfach typisch sind, die nicht alle vorliegen müssen, von denen aber i. d. R. mehrere zusammentreffen und so die Entscheidung erleichtern.

Dabei können die aus der folgenden Skizze ersichtlichen Merkmale dienlich sein:

ZPO	fG
Antrag	u. U. von Amts wegen
Zwei-Parteienschema	u. U. Mehrfachbeteiligungen
Durchsetzung subjektiver Rechte	Rechtsfürsorge
insbes. Rechtsgestaltung auf Grund subjektiver Gestaltungsrechte	Rechtsgestaltung ohne subjektive Gestaltungsrechte, eventuell gegen den Willen der Betroffenen
einmalige Entscheidung nach gegenwärtiger Rechtslage	u. U. Begründung eines Dauerrechtsverhältnisses mit ständiger gerichtlicher Kontrolle
konkreter subsumtionsfähiger Anspruch	Regelung nach Billigkeitsgrundsätzen (Beurteilungsspielraum)
materielle Rechtskraft	i. d. R. keine materielle Rechtskraft
Zwangsvollstreckung	i. d. R. keine Zwangsvollstreckung
Verhandlungsmaxime	Untersuchungsmaxime
strenge Verfahrensregeln	freie Verfahrensgestaltung

b) Schwieriger kann schon die Entscheidung sein, ob man eine *Streitsache* dem *Zivilprozeß* oder den *privatrechtlichen Streitsachen* des fG-Verfahrens zurechnen will. Bei der großen Verwandtschaft von zivilprozessualen und fG-Streitsachen behalten nur wenige der gerade erwähnten Abgrenzungsmerkmale ihre Bedeutung. Für eine Zuweisung zu den fG-Streitsachen kann sprechen, daß die betreffende Angelegenheit nach einem elastischen Verfahren verlangt, dem Richter einen Beurteilungsspielraum bei der sinnvollen Ordnung oder Gestaltung der materiellrechtlichen Verhältnisse einräumt und daß seine Unabhängigkeit vom Parteivortrag bei der Sachverhaltsfeststellung erwünscht ist.

Insbesondere wo es um Rechtsgestaltung geht, wird man die Schwerpunkte so verteilen: Der Zivilprozeß ist das rechte Verfahren, wo ein konkretes subsumtionsfähiges Gestaltungsrecht vorliegt, das nur negativ auf die Auflösung oder Vernichtung eines Rechtsverhältnisses gerichtet ist (Aktionensytem!). Zuweisung zum fG-Verfahren ist hingegen am Platz, wo es um die Regelung eines komplexen Rechtsverhältnisses geht, um die Umgestaltung oder die Abwicklung von Gemeinschaftsverhältnissen, um „Einigungshilfe", um Interessenausgleich, jeweils nach Billigkeitsgrundsätzen mit Beurteilungsspielraum des Richters (s. BÖTTICHER, aaO, S. 99).

Unter Umständen kann auch der *Sachzusammenhang* mit einer bereits zu einem bestimmten Verfahren zugewiesenen Materie entscheiden. So gehört z. B. zum Hausratsverfahren auch der Streit der geschiedenen Eheleute über die Hausratsentschädigung (KG, FamRZ 60, 239; OLG Frankfurt, NJW 59, 2267. S. auch BAUR, § 2 B III 4; BGH, Rpfleger 60, 399; BayObLG, NJW 58, 908; GÜLDENPFENNIG, NJW 61, 1444).

2. Die Abgrenzung der fG gegenüber dem *Verwaltungsprozeß* wird i. d. R. nicht schwer fallen. Hier ist § 13 GVG trotz der in seinem Wortlaut und in § 2 EGGVG enthaltenen scheinbaren Beschränkung auf die ordentliche *streitige* Gerichtsbarkeit entsprechend anwendbar (oben § 3 I 1). Entscheidend ist danach in erster Linie die *Rechtsnatur* der Angelegenheit, ob bürgerlichrechtlich oder öffentlichrechtlich. Eine öffentlichrechtliche Angelegenheit kann ausnahmsweise kraft *Sachzusammenhangs* doch noch zum fG-Verfahren gehören. So kann z. B. das Vormundschaftsgericht über Verwaltungsakte auf dem Gebiet der Fürsorgeerziehung entscheiden (VerwG Braunschweig, NJW 64, 456; s. auch JANSEN, Wandlungen im Verfahren der fG, 1964, S. 10).

3. Zweifel darüber, ob eine Angelegenheit zur fG oder zur *Verwaltung* zuzuordnen ist, werden angesichts der positiven Zuständigkeitsregelung selten auftauchen.

a) Wo sie sich allerdings ergeben, können sie angesichts der engen Verwandtschaft von vorsorgender Rechtspflege und Verwaltung erhebliche Schwierigkeiten bereiten. Die enge Verwandtschaft möge das folgende Beispiel zeigen: Die Entscheidungen nach § 8 II KGG trifft das Vormundschaftsgericht. Wenn jedoch ein Arbeitsloser bezugsberechtigt ist, entscheidet das Arbeitsamt (§ 4 IV KGAG mit § 181 III AVAVG). In diesem Fall hilft allerdings die gesetzliche Zuständigkeitsregelung (OLG Köln, Rpfleger 60, 26; BayObLG 59, 448).

b) Unter Umständen kann bei der Abgrenzung wieder der *Sachzusammenhang* behilflich sein. Im übrigen wird in der Literatur vielfach gegenüber gestellt: Das Ziel der Verwaltung sei in erster Linie die Ordnung des Gemeinwesens, die Aufrechterhaltung und Sicherung der öffentlichen Ordnung, die Regelung der Individualinteressen sei nur das Mittel dazu. Das Ziel des fG-Richters hingegen sei umgekehrt in erster Linie die Regelung der privaten Lebensbeziehungen und das öffentliche Interesse sei nur der Anlaß zum Tätigwerden.

Diese Abgrenzung mag oft behilflich sein. Doch wird diese stark am Typus der Eingriffsverwaltung orientierte Betrachtungsweise der modernen Leistungsverwaltung nicht immer gerecht. Man muß sich bewußt sein, daß es nur leichte Akzentverschiebungen sind, wenn man sagt, fG sei Fürsorge für betreuungsbedürftige Privatinteressen aus öffentlichem Interesse; Verwaltung hingegen Regelung der Privatinteressen zum Zweck der Regelung der öffentlichen Ordnung.

c) Des öfteren wird noch eine andere Unterscheidung gebracht: Für den fG-Richter sei das Gesetz die Grundlage und Maßstab seines Handelns, für den Verwaltungsbeamten hingegen nur die Schranke seines Handelns. Auch das ist heute nur noch beschränkt richtig. Es gilt zumindest nicht für die gebundene Verwaltung.

d) Man wird für die Unterscheidung, ob Verwaltung oder vorsorgende Rechtspflege, besser einen anderen Gesichtspunkt wählen, nämlich die Frage, ob die auf dem Spiel stehenden Interessen nach ihrer Bedeutung für den einzelnen ihre Behandlung durch eine *unabhängige* Stelle gebieten (dazu unten V 5).

IV. Von einem verfassungsrechtlichen Standpunkt aus

In *verfassungsrechtlicher Sicht* stellt sich folgende Frage:

1. Ist die fG Rechtsprechung im Sinne des Art. 92 GG oder ist sie zumindest teilweise Verwaltung? Die Beantwortung der Frage hat weittragende Konsequenzen. Soweit die fG materiell Verwaltung wäre, könnte sie durch einfaches Gesetz den fG-Gerichten entzogen und den Verwaltungsbehörden übertragen werden. Soweit sie bei den fG-Gerichten verbliebe, würden doch die verfassungsrechtlichen Unabhängigkeitsgarantien (Art. 97 GG) nicht für sie gelten: Der fG-Richter könnte für diesen Bereich von den Weisungen der Justizverwaltung abhängig gemacht werden. Da seine Entscheidungen keine „Rechtsprechung" wäre, könnte gegen sie der Schutz der Gerichte eines anderen Gerichtszweiges angerufen werden (Art. 19 IV GG). Auch der Grundsatz des rechtlichen Gehörs (Art. 103 I GG) würde u. U. nicht gelten, da er im IX. Abschnitt des GG unter der Überschrift „Die Rechtsprechung" geregelt ist.

Gegen die weithin verbreitete (unberechtigte) Geringschätzung der fG als einer „Justiz 2. Klasse", wie sie z. B. bei der Diskussion über die Hebung des Richterstandes zum Ausdruck kommt, wird man allerdings mit einer Klärung dieser dogmatischen Frage nichts ausrichten können, allenfalls mit soziologischen Aufklärungen über die Bedeutung der den fG-Gerichten anvertrauten Angelegenheiten.

2. Unglücklicherweise gehört der Begriff der Rspr. zu den umstrittensten, die die Rechtslehre kennt. Folgende *Definitionen* werden vor allem gebracht:

a) THOMA (aaO, S. 127): Rspr. sei die Anwendung des objektiven Rechts auf einen bestimmten Sachverhalt durch eine staatliche Autorität. (So letztlich auch PIKART-HENN, S. 2, nur mit der Einschränkung, daß sie die staatliche Autorität durch unabhängige Richter oder gleichgesetzte Organe ausgeübt sehen wollen.)

Hiergegen ist einzuwenden, daß auch gebundene Verwaltung objektives Recht auf einen bestimmten Sachverhalt anwendet. Und daß man die Einschränkung macht, die Rechtsanwendung müsse durch einen unabhängigen Richter geschehen, kann nicht als Kriterium für die Entscheidung gelten, welche Angelegenheiten gerade dem unabhängigen Richter als Rspr. anvertraut werden *sollen.*

b) BÖTTICHER (ZZP 51, 201 ff., 207) und FRIESENHAHN (aaO, S. 20 ff., 27) verwenden ein *materielles* Kriterium der Rspr.: Sie sei Rechtsanwendung zum Zwecke der Entscheidung eines Rechtsstreits durch einen unbeteiligten Dritten. Ihnen folgend: GRÄBER, DRiZ 55, 7 ff.; HOLTKOTTEN, Bonner Kommentar, Art. 92 Anm. II 1 b; Referentendenkschrift zum Richtergesetz 1954, S. 9.

Gegen diese Auffassung ist einzuwenden, daß ihr Kriterium des „Rechtsstreits" sich mit Sicherheit nicht im Strafprozeß findet, der mit ebensolcher Sicherheit aber Rspr. ist (ARNDT, AöR 60, 211). Selbst wenn man den Strafprozeß wie von MANGOLDT (Vorbem. 3 a vor Art. 92 GG) aber noch zu der Definition hinzuzieht, kommt man nicht weiter. Streitschlichtung ist ein Indiz für Rspr., aber kein Beweis. Wie oben gezeigt (§ 4 I 2 c) herrscht in Fürsorgeangelegenheiten der fG häufig Streit zwischen den Beteiligten, ohne daß dies essentiell für das Verfahren ist. Soll eine Entscheidung in einem Erbscheinsverfahren, je nachdem ob die Beteiligten sich nun streiten oder gleiche Interessen verfolgen, Rspr. sein oder nicht? Im übrigen gibt es auch Streitentscheidung im Verwaltungsverfahren: „Der streitentscheidende Verwaltungsakt" (s. H. J. WOLFF, § 47 I 2).

c) BETTERMANN (aaO, S. 24) verwendet ebenfalls einen materiellen, aber stärker präzisierten Begriff der Rspr.: Nach ihm gehören zur Rspr. alle Angelegenheiten, die durch Richterspruch (im materiellen Sinn) erledigt werden können, d. h. durch einen verselbständigten und verbindlichen, also der materiellen Rechtskraft fähigen Ausspruch dessen, was in der Sache rechtens ist. Wesensmäßig für Rechtsprechung sei, daß sie nur auf Antrag erfolge. Alle Tätigkeit von Amts wegen sei untrüglich Verwaltung (aaO, S. 25).

Die Ansicht von BETTERMANN soll hier durch je ein Beispiel aus der fG und der ZPO widerlegt werden: Die Feststellung der Echtheit oder der Unechtheit einer Urkunde nach § 256 ZPO ist Rspr., was auch BETTERMANN

(S. 35) zugesteht, obwohl es sich hier um keine Rechts-, sondern eine Tatsachenfeststellung handelt. Das steht mit seiner These in Widerspruch, daß Rspr. nur Rechtsfeststellung sein könne, Tatsachenfeststellung hingegen immer Verwaltung sei (S. 25). Die Anordnung der Fürsorgeerziehung ergeht von Amts wegen, dient nicht der Durchsetzung subjektiver Rechte und erwächst nicht in Rechtskraft. Dennoch ist sie vom GG den Gerichten anvertraut (Art. 104 II GG), also nach dem Willen des Grundgesetzgebers Rspr. i. S. des Art. 92 GG. Demnach muß das GG von einem anderen Rspr.-Begriff, als dem von Bettermann definierten, ausgehen.

Bettermann versucht seine Definition hier mit der gequälten Konstruktion einer janusköpfigen Entscheidung zu retten, die sowohl Verwaltungsakt sei (obwohl doch immer noch der für die Rechtsprechung wesensnotwendige Antrag fehlt?). Sein Dilemma wird durch den erklärenden Nachsatz beleuchtet, die Annahme eines reinen Verwaltungsaktes würde in diesem Fall mit Art. 104 II 1 GG in Widerspruch geraten, der von der Vorstellung eines *rechtsprechenden* Richters ausgehe!

3. Um den Rspr.-Begriff des Art. 92 GG zu erfassen, muß man von der *historischen Situation* ausgehen, in der der Grundgesetzgeber diese Bestimmung schuf (Baur, DNotZ 55, 507 ff., 513).

a) Der Grundgesetzgeber wollte *keinen neuen* Rspr.-Begriff schaffen. Er wollte vielmehr nach der voraufgegangenen Willkürzeit des Dritten Reichs den unabhängigen Gerichten die Materie wieder voll anvertrauen, die ihnen in geschichtlicher Entwicklung zugewachsen war und wollte dies im Interesse des vollen Rechtsschutzes der Bürger verfassungsrechtlich verankern. Dabei ging der Grundgesetzgeber nicht von einer bestimmten materiellen oder formalen Definition aus, sondern von dem traditionellen Justizbild, wie es sich in Deutschland entwickelt hat. Er ging von der Erwägung aus, daß die den Gerichten zugehörende Materie ihnen gerade deshalb zugewachsen war, weil sie wegen ihrer Bedeutung für den Einzelnen oder die Allgemeinheit nach einer Behandlung durch eine objektive und unabhängige Stelle verlangte. Diese Erwägung sollte auch für die Zukunft Maßstab dafür sein, was als „Rechtsprechung" den Gerichten anzuvertrauen war.

Der Rechtsprechungsbegriff des Art. 92 GG ist also *historisch-teleologisch* zu verstehen. Rspr. sind alle Angelegenheiten, die wegen ihrer Bedeutung für den Einzelnen oder die Allgemeinheit, wegen der Schwere des zu erwartenden Eingriffs und der damit verbundenen Verantwortung unter Berücksichtigung der historischen Vorstellungen ihre Behandlung durch den unabhängigen Richter verlangen.

b) Dabei hat der Grundgesetzgeber *keineswegs* — wie es ja auch nicht seine Aufgabe war — selbst bei jeder *einzelnen* den Gerichten zugewiesenen Materie geprüft, ob bei ihr die gerade genannten Voraussetzungen wirklich gegeben sind. Er hat, ebenso wie mit der verfassungsrechtlichen Verankerung des Prinzips der Gewaltenteilung, zu dem ja Art. 92 GG thematisch gehört, nur eine *Grundsatzentscheidung* gefällt und den *Beurteilungsmaßstab* festgelegt. Ebensowenig wie die Gewaltenteilung rein durchgeführt ist oder auch nur rein durchführbar wäre, ist es die Zuweisung von Rspr.-Materie zum unabhängigen Richter. Was Rspr. ist, ist vielmehr im Einzelfall mit Hilfe des (oben a) genannten Maßstabes zu ermitteln. Diese Ermittlung erfordert keine überscharfe Logik, letztlich Begriffsjurisprudenz. Mit ihr lassen sich die hier anstehenden Grundprobleme unserer Staatsordnung nicht lösen. Erforderlich ist vielmehr eine offene *Wertentscheidung*.

4. Danach wird man in der Tat *nicht alles*, was heute zur fG gehört, als Rspr. i. S. des Art. 92 GG ansehen. Sicher aber zählen hierzu:

a) Alle privatrechtlichen und öffentlichrechtlichen *Streitsachen*. Das ist im wesentlichen unstr. Denn sie sind sogar Rspr. im engeren, materiellen Sinn.

b) Alle mit einer *Freiheitsentziehung* verbundenen Maßnahmen: Art. 104 II GG. Hierher rechnen insbesondere die Maßnahmen nach dem FreihEntzG, den Unterbringungsgesetzen der Länder, die Anordnung der Fürsorgeerziehung (§§ 62 ff. JWG), die Anstaltsunterbringung nach § 1800 II BGB (vgl. dazu BAUMANN, Unterbringungsrecht, 1966).

c) Im übrigen hat das GG neben der Freiheit i. S. des Art. 104 II GG ganz allgemein die *Persönlichkeitssphäre* (Art. 2 GG), insbesondere den personenrechtlichen Status, das *Elternrecht* und die *Familie* (Art. 6 GG), das Eigentum und das Erbrecht (Art. 14 GG) unter seinen besonderen Schutz gestellt. Daraus läßt sich eine gewisse Wertskala des GG ablesen. Zumindest *die* Eingriffe in diese Bereiche, die von größerer Tragweite oder die wegen der oft dabei zu klärenden Rechtsfragen typischerweise mit der Gefahr einer Fehlentscheidung verbunden sind, müssen dem Richter vorbehalten bleiben. Dem entspricht es, daß weite Bereiche des Vormundschafts- und Nachlaßwesens seit Jahrhunderten dem Richter anvertraut sind.

Rspr. i. S. von Art. 92 GG sind demnach hier insbesondere: die Volljährigkeitserklärung wie umgekehrt die Entmündigung (die sachwidrig dem Zivilprozeß zugewiesen ist: §§ 645 ff. ZPO, dazu Kommissionsbericht, S. 327); die Anordnung oder Aufhebung einer Vormundschaft (Pflegschaft), die Auswahl eines Vormundes (Pflegers); Eingriffe in die elterliche Gewalt nach §§ 1666 ff., 1671 ff., 1634 BGB; die Bestellung oder Entlassung eines Testamentsvollstreckers; Anordnung der Erbscheinserteilung auf Grund letztwilliger Verfügung usw.

d) Hingegen sind *keine* Rspr. i. S. des Art. 92 GG: Das Urkundsrecht, das Registerwesen, sowie die weniger bedeutsamen Bereiche des Vormundschafts- und des Nachlaßwesens. Wo bei den Vormundschafts- und Nachlaßsachen die Grenzlinie zur Rspr. verläuft, ist jeweils durch Wertentscheidung im Einzelfall zu ermitteln.

5. Damit ist aber noch nicht gesagt, daß die Teile der fG, die nicht Rspr. sind, zur *Verwaltung* gehören. Ebensowenig wie das Gewaltenteilungsprinzip rein durchzuführen ist, ist es möglich, eine scharfe Grenzlinie

zwischen Rspr. und Verwaltung zu ziehen. Die fG siedelt — wie BETTERMANN (aaO) insofern zutreffend formuliert hat — *„im Spannungsfeld"* zwischen Rspr. und Verwaltung. Nur wird man im Unterschied zu BETTERMANN dieses Spannungsfeld nicht sezieren und auflösen können, sondern man muß seine Eigenständigkeit betonen. Soweit die fG-Angelegenheiten keine Rspr. sind, sind sie doch *Rechtspflegeaufgaben,* die mehr zur Rspr. hin tendieren als zur Verwaltung. Sie stehen noch im *Vorfeld* der Rspr. und profitieren darum auch noch von den für die Rspr. geltenden rechtsstaatlichen Garantien.

a) Das hat NIESE (ZZP 73, 1 ff.) für die Beurkundung vortrefflich nachgewiesen (s. unten § 52 I).

b) Ähnliches läßt sich für das *Registerrecht* und die *weniger bedeutsamen* Teile des *Vormundschafts-* und *Nachlaßwesens* sagen. Einerseits ist ihre Bedeutung sowohl für den einzelnen Bürger als auch für die Verwirklichung und Bewährung der Gesamtrechtsordnung doch so groß, daß ihre Wahrnehmung ein hohes Maß an Objektivität und damit — als unerläßliche Voraussetzung für Objektivität — an Unabhängigkeit verlangt. Darum handelt es sich hier um *Rechtspflegeaufgaben,* die nicht einer Verwaltungsbehörde anvertraut werden dürfen. Doch sind sie auch wiederum nicht so bedeutungsvoll, daß sie unbedingt der Behandlung durch einen vollausgebildeten, völlig unabhängigen Richter bedürften. Ihrer minderen Bedeutung entsprechend können die Anforderungen an die Unabhängigkeit des sie behandelnden Organs gemindert werden.

Darum ist etwa die Zuweisung der Rechtspflegeaufgaben gem. RpflG (dazu oben § 3 I 2 b) an den zwar sachlich, aber nicht persönlich unabhängigen Rechtspfleger (in Abgrenzung gegenüber der Rspr.) rechtsstaatlich unbedenklich zulässig, (in Abgrenzung gegenüber der Verwaltung) rechtsstaatlich aber auch erforderlich.

Ähnliches läßt sich im Ergebnis auch für die Zuweisung von fG-Angelegenheiten an sonstige fG-Organe sagen, nämlich für die Zuweisung an landesrechtliche Amtsnotariate, Aufwertungsstellen, Anerbenbehörden, Entschuldungsämter, die entweder mit den Zivilgerichten identisch oder ihnen angeschlossen sind oder doch in einem ihrer Funktion entsprechenden Maße unabhängig sind.

6. Die Ansiedlung der Rechtspflegeaufgaben im Vorfeld der Rspr. i. S. des Art. 92 GG hat eine unabdingbare, heute allgemein anerkannte *Konsequenz:* In all diesen Verfahren ist *rechtliches Gehör* zu gewähren (Art. 103 I GG, s. unten § 17 III).

Ähnlich wie hier vor allem BAUR, DNotZ 55, 507 ff. (teilweise aber noch anders Lehrbuch, § 1 I 1 a); NIESE, ZZP 73, 1 ff., 17; HABSCHEID, Rpfleger 57, 164 ff.; JR 58, 361 ff.; LENT-HABSCHEID, § 5 II, III; ferner PIKART-HENN, S. 2; MÜLLER-TOCHTERMANN, DRiZ 56, 4 ff.; KEIDEL, § 1 Rz. 2; SCHLEGELBERGER, Rpfleger 57, 135; HELMUT KEIDEL, Der Grundsatz des rechtlichen Gehörs im fG-Verfahren, Kölner Diss. 1964, S. 12 ff.; Kommissionsbericht, S. 299 ff.

2. KAPITEL

Gerichtliche Zuständigkeiten; Ausschluß und Ablehnung von Amtspersonen

§ 6. Gerichtliche Zuständigkeiten und Zuständigkeitsmängel

Literatur: BEITZKE, Sorgerechtsregelung bei Ausländerkindern, Festschrift für H. LEHMANN (1952), S. 493; BERGMANN, Internationales Ehe- und Kindschaftsrecht, 3. Aufl. Frankfurt 1957; BÖTTICHER, Die Bindung der Gerichte an Entscheidungen anderer Gerichte, Hundert Jahre Deutsches Rechtsleben, Festschrift zum hundertjährigen Bestehen des Deutschen Juristentages 1860—1960, Band I, 1960, S. 511; DÖLLE, Kernprobleme des internationalen Rechts der fG, Deutscher Notartag 1961, S. 29; RabelsZ 27, 201; GRUND, Zur Auslegung des § 10 IV RpflG, Rpfleger 59, 306; GÜLDENPFENNIG, Der Sachzusammenhang bei Rechtswegentscheidungen, NJW 61, 1444; HABSCHEID, Fehlerhafte Entscheidungen im Verfahren der fG, NJW 66, 1787; ders., Rechtspfleger und fG, Rpfleger 67, 317; HELDRICH, Fragen der internationalen Zuständigkeit der deutschen Nachlaßgerichte, NJW 67, 417; KRALICK, Die internationale Zuständigkeit, ZZP 74, 2; HORST MÜLLER, Die internationale Zuständigkeit, in Deutsche Landesreferate zum VII. Internationalen Kongreß für Rechtsvergleichung in Uppsala 1966, Berlin-Tübingen 1967, S. 181; HW. MÜLLER, Die Verfahrensverweisung, insbesondere in der fG, ZZP 67, 1; NEUHAUS, Zur internationalen Zuständigkeit in der fG, NJW 67, 1167; REU, Die staatliche Zuständigkeit im IPR, 1938; RIEZLER, Internationales Zivilprozeßrecht und prozessuales Fremdenrecht, 1949; LEOPOLD SCHWAB, Das Verhältnis der fG zur streitigen Gerichtsbarkeit, eine Frage der Verfahrensart, Bonn, Diss. 1960; SCHWEIZER, Reihenfolge der Prüfung von internationaler Zuständigkeit und ausländischer Sachnorm über die Unzulässigkeit gerichtlicher Tätigkeit, NJW 67, 428; SWOBODA, Das internationale Recht der fG, 1934; WAHL, Das internationale Recht der fG in Personen- und Familiensachen, RabelsZ 10, 40 ff.; ferner die oben zu § 3 aufgeführte Literatur.

I. Allgemeines

Bei den gerichtlichen Zuständigkeiten sind mehrere Fragen zu unterscheiden:

1. Gehört die Angelegenheit überhaupt ins fG-Verfahren vor ein fG-Gericht? Hier handelt es sich um die Frage des *Rechtsweges* bzw. der rechten *Verfahrensart.* Es geht also im wesentlichen um die Abgrenzung gegenüber der Verwaltungsgerichtsbarkeit und der streitigen Gerichtsbarkeit.

2. Wenn die erste Frage zu bejahen ist, so muß man weiter unterscheiden: die *sachliche*, die *örtliche* und die *funktionelle* Zuständigkeit; ferner in Fällen mit Auslandsberührung: die *internationale* Zuständigkeit und schließlich die *interzonale* Zuständigkeit.

Die sachliche Zuständigkeit gibt Antwort auf die Frage, welche Art Gerichte dieses Gerichtszweiges in erster Instanz für Fälle dieser Art zuständig sind (z. B. die Amtsgerichte). Die örtliche Zuständigkeit sagt dann, welches einzelne von diesen sachlich zuständigen Gerichten für den konkreten Fall in 1. Instanz zuständig ist (z. B. das Amtsgericht Mainz). Mit funktioneller Zuständigkeit bezeichnet man schließlich die Zuständigkeit der einzelnen Rechtspflegeorgane des örtlich zuständigen Gerichts für die einzelnen Maßnahmen, die in dem konkreten Fall zu treffen sind (z. B. Amtsrichter oder Rechtspfleger oder Urkundsbeamter der Geschäftsstelle oder Gerichtsvollzieher). Funktionelle Zuständigkeit besagt aber auch: Verteilung der Rechtspflegeaufgaben in derselben Sache auf die verschiedenen (Rechtsmittel-)Instanzen (Amtsgericht oder Landgericht oder Oberlandesgericht oder Bundesgerichtshof). Der Übersichtlichkeit halber wird unten (III) der Instanzenzug im Zusammenhang mit der sachlichen Zuständigkeit abgehandelt. Soweit innerhalb der Gerichte für bestimmte fG-Verfahren besondere Spruchkörper gebildet sind (z. B. Landwirtschaftsgerichte bei den Amtsgerichten: § 2 II LwVG), ist die Abgrenzung ihrer Zuständigkeit von den anderen Spruchkammern desselben Gerichts ebenfalls noch eine Frage der sachlichen Zuständigkeit.

II. Rechtswegs- bzw. Verfahrenszuständigkeit

1. Die Entscheidungsbereiche der *fG-Gerichte* und der *Verwaltungsgerichte* sind durch §§ 13 GVG, 40 VwGO voneinander abgegrenzt. § 13 GVG ist trotz des Wortlautes des § 2 EGGVG auf fG-Gerichte entsprechend anwendbar (oben § 3 I 1). Nach diesen Vorschriften ist maßgebend in erster Linie die ausdrückliche gesetzliche *Zuweisung*, sodann die *Rechtsnatur* der betreffenden Angelegenheit: Öffentlichrechtliche Angelegenheiten gehören vor die Verwaltungsgerichte, bürgerlichrechtliche Angelegenheiten vor die ordentlichen Gerichte. In Ausnahmefällen kann der *Sachzusammenhang* auch einmal die Zuständigkeit der fG-Gerichte für öffentlichrechtliche Angelegenheiten begründen (oben § 5 IV 2).

2. Für die Abgrenzung des Entscheidungsbereichs der *fG-Gerichte* gegenüber den *Gerichten der streitigen Zivilgerichtsbarkeit* ist zu beachten, daß auch die fG-Gerichte Teile der ordentlichen Gerichtsbarkeit sind. Für diese gesetzlich nicht klassifizierte Aufspaltung der *ordentlichen* Gerichtsbarkeit finden sich unterschiedliche Bezeichnungen. Z. T. spricht man auch hier von der Zulässigkeit des Rechtsweges (RGZ 106, 408; BGHZ 10, 155, 162; BGHZ 19, 185), z. T. von sachlicher Zuständigkeit (BGHZ 12, 254; 13, 326). Die erste Ansicht greift zu weit, denn es geht ja um die Zuständigkeit derselben Gerichte. Es gibt also keine verschiedenen „Rechtswege". Die zweite Ansicht ist nicht weit genug. Denn die Gerichte judizieren immerhin in verschiedenen Verfahrensordnungen. Zutreffend sollte man daher von

einer *Verfahrenszuständigkeit* sprechen (Baur, § 2 B III 5). Auf jeden Fall sind die Vorschriften über die Zulässigkeit des Rechtsweges hier entsprechend anzuwenden (Baur, aaO u. FamRZ 56, 129; Jansen, § 1 Anm. 2; Keidel, § 1 Rz. 6).

Danach ist in erster Linie die positive gesetzliche Zuordnung maßgebend. In ausnahmsweise nicht geregelten Fällen ist nach den oben (§ 5 IV 1) angegebenen Kriterien zu entscheiden.

Schwierigkeiten können sich dabei in einigen Fällen ergeben, in denen sich die Zuständigkeitsbereiche überschneiden, so daß u. U. Doppelzuständigkeiten gegeben sind.

Das bekannteste *Beispiel* ist die Regelung der Personensorge während des Ehescheidungsverfahrens. Das Prozeßgericht kann hier nach § 627 ZPO einstweilige Anordnungen treffen (s. OLG Neustadt, MDR 61, 1017; OLG Köln, MDR 62, 221). Daneben ist aber das Vormundschaftsgericht zu Maßnahmen nach § 1666 BGB zuständig (KG, FamRZ 58, 230; OLG Karlsruhe, NJW 59, 729; OLG Celle, FamRZ 66, 319; KG, JR 66, 224). Gleiches gilt für die Verkehrsrechtsregelung während des Ehescheidungsverfahrens (§ 627 ZPO — § 1634 BGB). Wie weit im einzelnen hier die Entscheidungsbefugnis der Gerichte reicht und in welchem Verhältnis widersprechende Regelungen zueinander stehen, ist im einzelnen heftig umstritten (dazu Keidel, § 1 Rz. 10; Pikart-Henn, S. 31; jeweils m.w.Nachw.).

Ähnliche Doppelzuständigkeiten bestehen bei der Hausratsteilung während des Ehescheidungsverfahrens: Das Scheidungsgericht kann wieder einstweilige Anordnungen treffen (§§ 627 ZPO, 19 HausratsVO); daneben ist das fG-Gericht zuständig bei Getrenntleben (§ 18 a HausratsVO). S. dazu LG Essen NJW 59, 2267.

Ein weiteres Beispiel: Bei Firmenmißbrauch ist Klage nach § 37 II HGB, aber auch ein Amtsverfahren der Registergerichte nach §§ 37 I HGB, 140 FGG zulässig.

Die Reformkommission (Kommissionsbericht S. 333) hat die Beseitigung solcher Doppelzuständigkeiten empfohlen.

3. Es gelten folgende *Grundsätze* für die Rechtswegs- bzw. Verfahrenszuständigkeit:

a) Sie ist eine zwingende und von Amts wegen zu beachtende *Verfahrensvoraussetzung;* abweichende Vereinbarungen sind ausgeschlossen (Ausnahme: § 13 LwVG, dazu BGH, RdL 56, 76; 58, 20). Ein im falschen Rechtsweg (Verfahren) gestellter Antrag ist, sofern eine Verweisung nicht möglich ist (unten b), als unzulässig abzuweisen. Eine Verbindung eines fG-Verfahrens mit einem Verfahren der streitigen oder der Verwaltungsgerichtsbarkeit ist nicht möglich (SchlHOLG, SchlHA 58, 293).

b) Wann kann ein angegangenes unzuständiges Gericht die Sache an ein Gericht des für zuständig erachteten Rechtsweges (bzw. Verfahrens) *verweisen* bzw. *abgeben?*

Die sehr uneinheitliche *Terminologie* des Gesetzes (dazu Hw. Müller, ZZP 67, 1 ff.) macht eine „Sprachregelung" notwendig: Als „Verweisung" wird die Übergabe auf Antrag eines Beteiligten bezeichnet, als „Abgabe" die Übergabe von Amts wegen.

aa) Zwischen fG-Gerichten und *Verwaltungsgerichten* ist seit dem Inkrafttreten der VwGO eine wesentliche Vereinfachung eingetreten (s. die §§ 17 III, V GVG i. d. F. v. § 178 VwGO; 41 III, IV VwGO; 52 III SGG). Da die fG-Gerichte zu den ordentlichen Gerichten zählen, gilt § 17 GVG für sie zumindest entsprechend. Hält ein Gericht sich für unzuständig, so verweist es im Antragsverfahren auf Antrag eines Beteiligten die Sache an ein Gericht 1. Instanz des für zuständig erachteten Rechtswegs. In Amtsverfahren wird man, was allerdings kaum praktisch werden wird, entsprechend eine Abgabe (also ohne Antrag) für zulässig ansehen dürfen. Der Verweisungsbeschluß ist mit sofortiger Beschwerde anfechtbar und nach Eintritt der formellen Rechtskraft für das Empfängergericht bindend (§ 17 III 3 GVG). Eine Weiterverweisung an ein Gericht eines dritten Rechtsweges ist jedoch möglich, eine Bindung hinsichtlich der sachlichen und örtlichen Zuständigkeit tritt durch die Verweisung nach § 17 GVG nicht ein (OLG Braunschweig, OLGZ 65, 251).

bb) Wie weit eine Verweisung zwischen den fG-Gerichten und den Gerichten der *streitigen Gerichtsbarkeit* möglich ist, war früher sehr umstritten. Für bestimmte Angelegenheiten war sie (bzw. eine Abgabe) durch Spezialvorschriften vorgesehen: §§ 46 I, 50 WEG (dazu OLG Oldenburg, NJW 63, 818); 18, 23 HausratsVO; 12 LwVG (dazu OLG Hamm, RdL 61, 205). Darüber hinaus wurde eine Verweisung z. T. für unzulässig erachtet (Baur, § 2 B IV 2), z. T. aber — wenigstens für einzelne Verfahren — für zulässig angesehen (z. B. BGHZ 10, 155; anders aber BGHZ 19, 185). Mit der Neufassung des § 17 GVG und den Regelungen der §§ 41 III, IV VwGO, 52 III SGG müßte sich das Problem eigentlich erledigt haben. Wenn selbst die Verweisung in einen völlig fremden Rechtsweg nunmehr generell möglich ist, sollte sie erst recht innerhalb zweier so nahe verwandter Verfahrensordnungen wie der streitigen und der freiwilligen Gerichtsbarkeit zulässig sein, weil gerade hier infolge der Zuständigkeitsüberschneidungen für die rechtssuchenden Beteiligten die größten Verwechselungsgefahren auftauchen und damit das größte Bedürfnis für eine Verweisung vorhanden ist.

Eine Verweisung aus einem streitigen Verfahren vor den ordentlichen Gerichten in ein Verfahren vor dem Gericht der fG und umgekehrt ist daher in entsprechender Anwendung des § 17 GVG möglich (vgl. BGHZ 40, 1 (6 f), der § 17 GVG dann entsprechend anwendet, wenn es sich um das Verhältnis der ordentlichen streitigen Gerichtsbarkeit zu der sog. streitigen freiwilligen Gerichtsbarkeit handelt).

Im Ergebnis wie hier Hw. Müller, ZZP 67, 1 ff., 10 ff. und de lege ferenda der Kommissionsbericht S. 371; aA Baur, Juristen-Jb., Bd. 3, S. 50, 52.

4. Die Frage, ob *Zuständigkeitsmängel* Nichtigkeit der trotzdem ergehenden Entscheidung des unzuständigen Gerichts zur Folge haben, ist streitig. Entscheidungen, die im Zivilprozeß über fG-Angelegenheiten er-

gehen, sieht die h. M. als gültig an, wenn auch nur mit den Wirkungen des Zivilprozesses (s. ROSENBERG, § 73 IV 2 a; KEIDEL, § 1 Rz. 9). Entscheidungen, die ein Gericht der fG in Angelegenheiten erläßt, die zur Zuständigkeit der ordentlichen streitigen Gerichte gehören, sieht die noch h. M. dagegen als nichtig an (BAUR, § 2 B V 1; BGHZ 29, 223; ROSENBERG, § 14 V 1 b, § 73 II 2 a). Entscheidungen der Verwaltungsgerichte in fG-Angelegenheiten und Entscheidungen von fG-Gerichten in verwaltungsgerichtlichen Angelegenheiten sind nach h. M. ebenfalls nichtig.

Die Einheitlichkeit der rechtsprechenden Gewalt und die Gleichwertigkeit aller Rechtswege erfordern jedoch eine einheitliche Behandlung dieser Fälle. Nach § 17 GVG entscheiden die ordentlichen Gerichte über die Zulässigkeit des zu ihnen beschrittenen Rechtsweges, so daß Entscheidungen der ordentlichen streitigen Gerichte in Angelegenheiten, die zur Zuständigkeit der Verwaltungsgerichtsbarkeit gehören, wirksam sind. Dann sind aber auch Entscheidungen der Gerichte der fG, die ebenfalls zur ordentlichen Gerichtsbarkeit gehören, wirksam, wenn sie in Angelegenheiten ergehen, die zur Zuständigkeit der Verwaltungsgerichte gehören. Dasselbe gilt nach § 41 VwGO auch für Entscheidungen der Verwaltungsgerichte in Angelegenheiten, die zur Zuständigkeit der Gerichte der fG gehören. Wenn aber schon im Verhältnis der verschiedenen Rechtswege zueinander bei fehlender Zuständigkeit die gleichwohl ergehenden Entscheidungen nicht unwirksam sind, dann muß dies umso mehr gelten, wenn innerhalb desselben Rechtsweges nur die falsche Verfahrensordnung angewendet worden ist. Das bedeutet, daß Entscheidungen, die im Zivilprozeß über fG-Angelegenheiten und die im Verfahren der fG über Angelegenheiten der ordentlichen streitigen Gerichtsbarkeit ergehen, ebenfalls wirksam sind.

Im Ergebnis ebenso HABSCHEID (NJW 66, 1792), der im Verhältnis der streitigen zur freiwilligen ordentlichen Gerichtsbarkeit die Vorschriften über die sachliche Zuständigkeit anwendet. Mit dieser Begründung läßt sich jedoch die Gültigkeit von Entscheidungen, die im Verfahren der fG ergehen, aber zur Zuständigkeit der Verwaltungsgerichtsbarkeit gehören und umgekehrt, nur schwer begründen. Im Ergebnis wie oben auch KEIDEL, § 1 Rz. 9, § 7 Rz. 24 a.

III. Sachliche Zuständigkeit und Instanzenzug

1. *Die Regelung.* a) In der Regel sind in *erster Instanz* die *Amtsgerichte* zuständig. Das ist zwar nicht generell festgelegt, ergibt sich aber aus den zahlreichen Einzelregelungen für die einzelnen Gebiete (z. B. §§ 35, 65, 72, 125, 145, 149, 167 FGG; §§ 21, 55, 1558 BGB; 10 GenG; 9 GeschmMG; 14 VerschG; 11 HausratsVO, 18 VHG). Die *zweite Instanz* (Beschwerdegerichte) bilden die Beschwerdekammern der *Landgerichte* (§ 19 II FGG) (bis auf den Sonderfall des § 22 Abs. I LwVG: Über sofortige Beschwerden gegen die Entscheidungen der Landwirtschaftsgerichte

bei den Amtsgerichten entscheidet der Landwirtschaftssenat des OLG). Gegen die Beschwerdeentscheidungen der Landgerichte gibt es im Regelfall weitere Beschwerde an die *Oberlandesgerichte* (§ 28 I FGG) als *dritter Instanz*.

In manchen Ländern ist gemäß dem Vorbehalt in § 199 FGG ein *zentrales Obergericht* für die Entscheidung über die weitere Beschwerde geschaffen worden: So in Bayern das Bayerische Oberste Landesgericht (Art. 23 Nr. 1 AGGVG v. 17. 11. 1956, Bay BS III 3) und in Rheinland-Pfalz durch Gesetz vom 15. 6. 1949 (GVBl. 225) mit Gesetz vom 9. 8. 1962 (GVBl. 127) das OLG Zweibrücken (bis 1965 Neustadt).

Für die Oberlandesgerichte besteht Vorlagepflicht zum BGH, wenn sie in gewissen Fällen mit ihrer Entscheidung von Entscheidungen anderer Oberlandesgerichte, des BGH, des OGH Köln oder des früheren RG abweichen wollen (§ 28 II FGG, unten § 33 V).

b) Von dieser Regelung bestehen *Ausnahmen:* aa) *Erstinstanzliche* Zuständigkeit der *Landgerichte:* Sie war zunächst eine seltene Ausnahme, hat sich in den letzten Jahren aber außerordentlich ausgeweitet. Neben der alten Vorschrift des § 1878 II BGB (unfreiwillige Entlassung des Mitglieds eines Familienrats) ist hier insbesondere zu nennen die Zuständigkeit nach §§ 1, 4 der 5. DVO EheG, § 58 DMBG, § 29 WBG für Wertpapierbereinigung, § 18 VHG bei Streitwerten über 6000 DM, in Rückerstattungssachen nach Art. 68 AmREG (Wiedergutmachungskammern), auch in Verfahren nach § 156 KostO (Entscheidung über Einwendung gegen die vollstreckbare Kostenrechnung der Notare entsprechend § 767 ZPO); ferner §§ 53 ff. AKG; § 22 UmstErgG. Nach §§ 143, 144, 147, 159, 161 FGG ist das Landgericht außerdem befugt, an Stelle des Amtsgerichts (Registergerichts) die Löschung unzulässiger oder nichtiger Eintragungen in die bei der ersten Instanz geführten Register anzuordnen.

Zweite Instanz (Beschwerdegerichte) sind in allen diesen Fällen die *Oberlandesgerichte.*

Eine dritte Instanz gibt es hier *nur* in *Ausnahmefällen.* In Vertragshilfesachen mit einem Streitwert über DM 6000 gibt es die weitere Beschwerde an den BGH (§ 18 VHG); in Rückerstattungssachen die weitere Beschwerde an das Oberste Rückerstattungsgericht in Herford (s. unten § 50 V 1 b). Hingegen ist sie etwa ausgeschlossen in §§ 64, 143 II, 147 I, 159, 161 FGG.

Schließlich besteht in Registersachen, in Wertpapierbereinigungssachen und in Sachen nach dem Gesetz über die innerdeutsche Regelung von Vorkriegs-Remboursverbindlichkeiten unter bestimmten Voraussetzungen eine *Vorlagepflicht* bzw. ein Vorlagerecht der OLG zum BGH.

bb) *Erstinstanzliche* Zuständigkeit der *Oberlandesgerichte* gibt es in den Verfahren nach §§ 23 ff. EGGVG und Art. 7 § 1 VI FamRÄndG, ferner für die Entscheidung über Antrags- und Anfechtungsklagen nach §§ 40, 42, 91, 100 BRAO, sowie für die Anfechtungsklagen nach § 111 BNotO; für die Amtsenthebung eines Beisitzers des Landwirtschaftsgerichts (§ 7 II LwVG), ferner nach §§ 8 III, 9, 11 III MitbG; 30 UmwG.

Eine *zweite* Instanz gibt es hier nur für *einige* Verfahren (z. B. die nach der BRAO und der BNotO). Der BGH entscheidet hier auf Grund sofortiger Beschwerde als *Tatsacheninstanz* — ein recht seltener Fall.

Soweit *keine* Beschwerde an den BGH möglich ist, besteht unter bestimmten Voraussetzungen eine *Vorlagepflicht* bzw. ein Vorlagerecht der OLG an den BGH (z. B. § 29 I EGGVG).

cc) Eine *erstinstanzliche* Zuständigkeit des *BGH* gibt es schließlich auch, z. B. des Senats für Anwaltssachen nach § 191 BRAO. Er entscheidet über Ungültig- oder Nichtigerklärung von Wahlen und Beschlüssen des Präsidiums oder der Hauptversammlung der Bundesrechtsanwaltskammer in erster und letzter Instanz. Ferner gibt es eine erstinstanzliche Zuständigkeit des 1. Senats bei Amtsenthebung eines landwirtschaftlichen Beisitzers des BGH (§ 7 II LwVG).

2. Für die sachliche Zuständigkeit gelten die folgenden *Prinzipien:* a) Sie ist eine von *Amts wegen* zu beachtende Verfahrensvoraussetzung. Die Regelung ist *zwingend.* Eine *Vereinbarung* über die sachliche Zuständigkeit ist ausgeschlossen (KEIDEL, § 3 Vorbem. Rz. 6; JANSEN, § 7 Anm. 4 unstr.). §§ 38—40 GVG sind auch nicht entsprechend anzuwenden. Dies muß selbst für die echten Streitverfahren gelten, z. B. auch für das Landwirtschafts- (BGH, NJW 52, 1055) und das Vertragshilfsverfahren (BAUR, § 6 II 3; a. A. OLG Hamburg, NJW 53, 1230; PIKART-HENN, S. 37), obgleich bei letzterem der Streitwert (unter bzw. über DM 6000) entscheidend ist.

b) Eine *Verweisung* vom angegangenen sachlich unzuständigen an das zuständige Gericht ist in der fG nicht ausdrücklich vorgesehen. Nachdem aber durch Neufassung des § 17 GVG eine Verweisung sogar an Gerichte anderer Rechtszweige generell möglich geworden ist, sollte innerhalb der fG-Gerichte wegen der sachlichen Zuständigkeit eine Verweisung erst recht möglich sein. Schon bisher hielt man eine Verweisung vom Landwirtschaftsgericht an ein anderes fG-Gericht in Analogie zu § 12 LwVG, sowie von der Zivilkammer an die Kammer für Handelssachen entspr. § 104 GVG für zulässig (KEIDEL, § 1 Rz. 28), ebenso in Vertragshilfesachen zwischen Amtsgericht und Landgericht als 1. Instanz (SAAGE, § 18 VHG, Anm. II 3; OLG Hamm, NJW 54, 1686). Mit einem arg. a maiore ad minus aus § 17 GVG sollte man nunmehr in analoger Anwendung des § 12 LwVG eine Verweisung wegen sachlicher Unzuständigkeit innerhalb der fG-Gerichte generell zulassen.

3. *Zuständigkeitsmängel.* a) Entscheidungen sachlich unzuständiger fG-Gerichte werden *im allgemeinen* für *nichtig* gehalten. Die h. M. folgert das einmal mit einem Gegenschluß aus § 7 FGG, der nur für die Entscheidung örtlich unzuständiger Gerichte und ausgeschlossener Richter die Nichtigkeitsfolge ausschließt, und sie fühlt sich andererseits bestätigt durch § 32 FGG („sofern nicht die Verfügung wegen Mangels der sachlichen Zuständigkeit

des Gerichts unwirksam ist"). (BGHZ 24, 48; KG, RJA 16, 40; SCHLEGELBERGER, § 7 Rz. 12; PIKART-HENN, S. 38, a. A. S. 65). Hiergegen ist indessen zu sagen:

b) Bei Schaffung des FGG gab es fast *nur* die sachliche Zuständigkeit der *Amtsgerichte.* Entschied einmal ein Landgericht an Stelle des Amtsgerichts, so war das ein Verstoß gegen die *funktionelle* Zuständigkeit im Instanzenzug, aber keine Verletzung der sachlichen Zuständigkeit. Häufiger zu befürchten war hingegen, daß einmal ein fG-Gericht an Stelle des zuständigen *Prozeß*gerichtes — oder umgekehrt — entscheiden würde. Diese Fälle hatte der Gesetzgeber bei Fassung des § 32 FGG im Auge, nur daß er bei seiner — auch sonst häufig im FGG festzustellenden — terminologischen Unsicherheit und Ungenauigkeit sie unter den Begriff der sachlichen Zuständigkeit faßte. Nach unserem heutigen dogmatischen Stand sprechen wir hier indessen von *fehlender Gerichtsgewalt* oder fehlender Amtsgewalt. Da § 32 FGG nicht beweiskräftig ist, verliert auch der Gegenschluß aus § 7 FGG seine Wirksamkeit. Wenn nämlich bei Erlaß des FGG wegen der sachlichen Alleinzuständigkeit der Amtsgerichte die sachlichen Zuständigkeitsmängel gar nicht diskutabel waren, so ist nicht anzunehmen, daß der Gesetzgeber mit der positiven Regelung von örtlichen Zuständigkeitsmängeln und Richterausschluß gleichzeitig einen negativen Hinweis für sachliche Zuständigkeitsmängel geben wollte. Da also das FGG diese Frage nicht regelt, muß die somit erwiesene *Gesetzeslücke* sachgerecht ausgefüllt werden:

c) Die allgemein weit strengere *ZPO* sieht bei mangelnder sachlicher Zuständigkeit nur Anfechtbarkeit, ja sogar nur eine beschränkte Anfechtbarkeit (§ 10 ZPO) vor. Diese Vorschrift muß zumindest für die echten Streitsachen der fG entsprechend gelten. Es ist darüber hinaus nicht einzusehen, warum für die klassischen fG-Sachen, die eine weit stärkere richterliche Autorität vorsehen als die ZPO, etwas anderes gelten soll, zumal bei ihnen die Nichtigkeitsfolgen und damit die Gefahren für die Rechtssicherheit noch weit größer sind (man bedenke nur, daß etwa alle Handlungen des vom unzuständigen Landgericht eingesetzten Vormundes oder Pflegers nichtig wären).

Für eine Verwechslung zwischen *verschieden besetzten Spruchkammern desselben* fG-Gerichts (z. B. Zivilkammer statt Kammer für Handelssachen bei § 30 I 2 FGG: auch ein Fall sachlicher Zuständigkeit!) nimmt auch die h.M. nur Anfechtbarkeit an (z. B. SCHLEGELBERGER, § 27 Rz. 13). Wiederum ist nicht einzusehen, warum für die anderen Fälle sachlicher Unzuständigkeit (Landgericht an Stelle des Amtsgerichts etwa) etwas anderes gelten soll.

Der *Ausschluß* eines Richters vom Richteramt wiegt *schwerer* als die *mangelnde sachliche Zuständigkeit.* Das beweist die ZPO-Regelung: Bei Entscheidung trotz Ausschlusses vom Richteramt ist ein absoluter Revisions- und Nichtigkeitsgrund gegeben (§§ 551 Nr. 2, 579 Nr. 2 ZPO), sachliche Unzuständigkeit gibt hingegen nur einen beschränkten Anfechtungsgrund (§ 10 ZPO). Auch für die fG sind Handlungen eines vom Amt ausgeschlossenen Richters nur anfechtbar, nicht unwirksam (§ 7 FGG). Warum soll dann im weniger gravierenden Fall der sachlichen Unzuständigkeit des Gerichts Nichtigkeitsfolge eintreten?

d) *Ergebnis:* Verfügungen sachlich unzuständiger Gerichte sind *wirksam,* aber *anfechtbar.* (So auch: Keidel, § 7 Rz. 246; Baur, § 6 III 1; Pikart-Henn, S. 65; Lent-Habscheid, § 13 II; Habscheid, NJW 66, 1792; Jansen, § 7 Anm. 4; und für Einzelfälle — wenn auch z. T. mit anderer Begründung: OLG Hamburg, NJW 53, 1230; NJW 60, 874, dazu krit. Katholnigg, NJW 60, 1260.)

IV. Örtliche Zuständigkeit

1. *Regelung.* Anders als die ZPO enthält das FGG *keine allgemeinen Regeln* für die örtliche Zuständigkeit. Diese ist vielmehr für jeden Fall in jedem Verfahren besonders zu ermitteln. Dabei zeigt sich, daß in den zahlreichen Spezialregelungen *bestimmte Anknüpfungspunkte* für die örtliche Zuständigkeit *besonders häufig* auftauchen, nämlich:

a) Vor allem der *inländische Wohnsitz* eines Beteiligten.

So etwa der Wohnsitz des *Mündels* für die Vormundschaft (§ 36 I FGG), für die persönlichen Pflegschaften (§§ 37—39 FGG) sowie für die übrigen Verrichtungen des Vormundschaftsgerichtes (§ 43 FGG); der Wohnsitz des *Vaters* für die Ehelichkeitserklärung (§ 43 a FGG); der Wohnsitz des Annehmenden für die Adoption (§ 66 FGG); der letzte Wohnsitz des Erblassers (§ 73 FGG); der letzte Wohnsitz des Verschollenen (§ 15 VerschG). Bei verschiedenem Wohnsitz der gesamtvertretungsberechtigten Eltern sind die Wohnsitze beider Elternteile für die Kinder maßgebend (*Doppelwohnsitz:* BGH, NJW 67, 2253). Hier gebührt dem zuerst tätig gewordenen Wohnsitzgericht der Vorrang (OLG Karlsruhe, FamRZ 66, 243; NJW 61, 271; hM; str.). Da auch sonst doppelter Wohnsitz möglich ist, kann auch mehrfache örtliche Zuständigkeit dadurch begründet werden. Dann gilt § 4 FGG (dazu unten 3 a).

b) In Ermangelung eines inländischen Wohnsitzes ist der Ort des *Aufenthalts* maßgebend (§§ 36—38, 43, 66, 73, FGG). Fehlt auch ein solcher, so ist regelmäßig das Amtsgericht Berlin-Schöneberg zuständig (s. z. B. §§ 36 II, 43 II 1, 44 a I, 44 b FGG).

c) Für die Registerführung und die damit zusammenhängenden Angelegenheiten in Handels-, Schiffahrts- und Vereinssachen ist regelmäßig der *Sitz der Handelsniederlassung* bzw. des Vereins maßgebend (z. B. §§ 29, 106 HGB; 42 AktG; 7 GmbHG; 10 GenG; 122 BinnSchG; 29, 37, 55, 80 BGB).

d) Der Gerichtsstand der *belegenen Sache* (forum rei sitae) ist vor allem in Grundbuchsachen maßgebend (§ 1 GBO, § 6 der 40. DVO zum UmstG betr. Umstellung von Grundpfandrechten, § 1141 BGB), aber auch für die Untersuchung, Verwahrung oder den Pfandverkauf beweglicher Sachen (§§ 164, 166 FGG).

e) Der *Erfüllungsort* ist maßgebend, wo es um die Verpflichtung zur Rechnungslegung, Auskunftserteilung oder zur Leistung des Offenbarungseides geht (§§ 261, 2006, 2028, 2057 BGB; 163, 79 FGG).

f) Das *Bedürfnis nach Fürsorge* kann die Zuständigkeit des Gerichts begründen, in dessen Bezirk dieses Bedürfnis plötzlich auftritt, und zwar in Vormundschafts- und Pflegschaftssachen (z. B. § 36 III, 37 II, 38, 39 II, 41, 44 FGG, 40 II JWG), aber auch für die Nachlaßsicherung (§ 74 FGG). Dieser Anknüpfungspunkt erweist deutlich die *Elastizität* des klassischen fG-Verfahrens: Wo Rechtsfürsorge dringend benötigt wird, ist sie auch zu leisten.

g) Für *Beurkundungen* fehlt es an einer Vorschrift im FGG. Daraus folgt, daß *jedes Amtsgericht* und *jeder Notar* für jede Art von Beurkundung wie Beglaubigung zuständig ist, unabhängig von irgendwelchen Anknüpfungspunkten wie Wohnsitz oder Ort der belegenen Sache usw. Hat allerdings das Landesrecht von dem Vorbehalt nach Art. 141 EGVVG mit § 20 IV BNotO Gebrauch gemacht und nur die Notare oder nur die Gerichte für ausschließlich zuständig erklärt, so fehlt es den damit Ausgeschlossenen an der Beurkundungsbefugnis. Sie sind insoweit funktionell unzuständig und für Verstöße gilt das unten (III) zur funktionellen Unzuständigkeit Gesagte.

2. *Verfahrensprinzipien* für die örtliche Zuständigkeit sind: a) Es handelt sich um eine *von Amts wegen* zu beachtende *Verfahrensvoraussetzung*. Zweifelsfragen klärt das Gericht von Amts wegen (§ 12 FGG), und zwar auch in Antragsverfahren. Fallen die Tatsachen, welche die örtliche Zuständigkeit begründen, mit den für die Sachentscheidung maßgeblichen Tatsachen zusammen, so ist die Zuständigkeit eines jeden Gerichts gegeben, das nach den verschiedenen Möglichkeiten der Sachentscheidung in Betracht kommen kann (BayObLG, NJW 66, 356).

b) Die gesetzliche Regelung ist *zwingend*, abweichende *Vereinbarungen* der Beteiligten (prorogatio fori) sind grundsätzlich nicht möglich. Ausnahmsweise sind sie statthaft nach § 164 I 2 FGG, §§ 64 II, 148 II VVG; § 2258 a III BGB und im Vertragshilfeverfahren.

c) Ein örtlich unzuständiges Gericht hat im Antragsverfahren auf Antrag (im Amtsverfahren von Amts wegen) die Sache an das örtlich zuständige Gericht zu verweisen (abzugeben). Voraussetzung ist allerdings, daß das andere Gericht zu Übernahme bereit ist. Weigert es sich, so kommt es zu einem Kompetenzkonflikt, der nach § 5 FGG zu entscheiden ist (unten 3 b).

d) Der Grundsatz der *perpetuatio fori* gilt wie in der ZPO grundsätzlich auch für die fG. Eine in einem anhängenden Verfahren einmal begründete Zuständigkeit bleibt also grundsätzlich bestehen, auch wenn die Voraussetzungen für ihre Annahme später wegfallen (z. B. Wohnsitzverlegung), allerdings nur für *dieses* Verfahren, also nicht für ein neues etwa an ein Antragsverfahren nach § 1672 BGB sich anschließendes Amtsverfahren nach § 1671 BGB (AG Hamm, FamRZ 66, 242). Der Grundsatz der perpetuatio fori ist oft sehr sinnvoll. Doch kann seine Anwendung sich in manchen Fällen als unzweckmäßig erweisen; die fG als ein elastisches Verfahren trägt dem Rechnung, indem sie für besondere Situationen eine Abgabe vorsieht. Diese *Abgabe* unterscheidet sich von der Verweisung aus *Zuständigkeits*gründen (oben 2 c) dadurch, daß das an sich örtlich zuständige Gericht von Amts wegen die Sache an ein anderes ebenfalls örtlich zuständiges Gericht abgibt, weil dieses bessere räumliche oder sachliche Beziehungen zum Verfahrensgegenstand hat. Die Abgabe erfolgt also aus *Zweckmäßigkeits*gründen, wobei in Vormundschaftssachen die Zweckmäßigkeit durch „das Wohl des Mündels" näher charakterisiert wird (vgl. BayObLG, FamRZ 66, 115). Voraussetzung ist aber in der Regel die *Bereitschaft* des anderen Gerichts zur Annahme des Verfahrens. Die Zweckmäßigkeit derartiger Abgaben leuchtet unmittelbar ein etwa in Vormundschaftssachen bei Wohnsitzverlegung oder in den Fällen der Eilzuständigkeit, also wo die Zuständigkeit nur aus der Tatsache hergeleitet wurde, daß in dem Gerichtsbezirk ein dringendes Fürsorgebedürfnis plötzlich auftrat, während an sich ein anderes Gericht nach allgemeinen Regeln zuständig ist.

Können bei einem Abgabeverlangen z. B. nach §§ 46, 75 FGG die Gerichte sich nicht einigen und/oder widerspricht der Vormund oder Pfleger der Abgabe, so entscheidet das gemeinschaftliche obere Gericht (dazu unten 3 b) über die Berechtigung des Abgabeverlangens durch unanfechtbaren Beschluß (Beispiele: BayObLG, NJW 62, 206; OLG Neustadt, MDR 55, 493).

Abgaben sind möglich im Vormundschaftsrecht nach §§ 46 FGG (s. hierzu OLG Hamm, OLGZ 65, 327); §§ 44 JWG (s. hierzu BayObLG, FamRZ 66, 115), 57 V, 65 V JWG; in Nachlaßsachen nach § 75 FGG; in Verschollenheitssachen nach § 15 II VerschG; in Vertragshilfesachen nach § 7 II VHG.

3. *Doppel-Zuständigkeiten und Kompetenzkonflikte.* a) Die verschiedenen Anknüpfungspunkte können zur Konkurrenz mehrerer örtlich zuständiger Gerichte führen. Daher bestimmt § 4 FGG das Gericht als zuständig, das zuerst in der Sache tätig geworden ist (sog. *Vorgriffszuständigkeit).* Erforderlich ist ein *„Tätigwerden* in der Sache", das ist mehr als die Entgegennahme eines Antrags (zum Begriff: OLG München, JZ 52, 665; BayObLGZ 58, 159). Es muß stets sorgfältig geprüft werden, ob es sich wirklich um genau *dieselbe* Sache handelt (SchlHOLG, SchlHA 60, 235; KG, Rpfleger 59, 54). Dann bewirkt der Vorgriff (die Prävention), daß das zuerst tätig gewordene Gericht *allein* zuständig wird und die bisher ebenfalls zuständigen Gerichte ihre Zuständigkeit verlieren (und ihre Tätigkeit einstellen müssen, OLG Bremen, DAV 61, 217). Eine Abgabe an sie kann dann nur noch in bestimmten Fällen aus wichtigem Grunde erfolgen (§§ 46, 75 FGG in Vormundschafts- und Pflegschaftssachen z. B.). Die schon erfolgten Handlungen eines unzuständig gewordenen Gerichts bleiben *wirksam* (§ 7 FGG); sie können durch das später tätig gewordene Gericht unter den Voraussetzungen des § 18 FGG abgeändert oder im Beschwerdeweg aufgehoben werden.

Das Gesagte gilt auch für andere Behörden, die landesrechtlich an Stelle der Gerichte treten (§ 194 FGG), so z. B. die Bezirksnotare als Vormundschaftsgerichte in Württemberg oder die Notare in Auseinandersetzungsangelegenheiten nach §§ 86 ff., 99, 193 FGG.

b) Zu einem *Zuständigkeitsstreit* kann es kommen entweder in der Form des *negativen* Kompetenzkonfliktes (keines der in Frage kommenden

Gerichte hält sich für örtlich zuständig, BayObLGZ 50/51, 173) oder in der Form des *positiven* Kompetenzkonfliktes (mehrere der in Frage kommenden Gerichte bejahen ihre örtliche Zuständigkeit nebeneinander, BayObLGZ 55, 132).

Kein Kompetenzkonflikt, sondern ein Streit gemäß § 46 II FGG (dazu oben II 2 d) liegt vor, wenn ein zuständiges Gericht, das sich auch für zuständig hält, aus Zweckmäßigkeitsgründen die Sache an ein anderes Gericht abgeben möchte, das die Übernahme aber ablehnt (BayObLG, NJW 62, 206).

Im Fall eines Kompetenzkonfliktes hat das *gemeinschaftliche Obergericht* zu bestimmen, welches Gericht zuständig sein soll (OLG Karlsruhe, OLGZ 66, 240). Gemeinschaftliches Obergericht ist das Gericht, bei dem die Instanzenzüge der betreffenden Gerichte zusammentreffen. Ist es erst der BGH (wie etwa bei Streit zwischen Amts- oder Landgerichten verschiedener OLG-Bezirke), so hat zu seiner Entlastung dann dasjenige OLG zu entscheiden, in dessen Bezirk das zuerst mit der Sache befaßte Gericht liegt (§ 5 FGG).

Ist noch kein Gericht „befaßt" (zu diesem Begriff s. OLG Köln, Hamm, JMBl. NRW 59, 30, 175; KG, MDR 57, 366), so ist das OLG zuständig, das zuerst im Verfahren nach § 5 FGG tätig wird (OLG Hamm, JMBl. NRW 60, 204). Wird das erste OLG pflichtwidrig nicht tätig, so muß das andere entscheiden (BayObLGZ 58, 210).

Vorschriften für das Bestimmungs*verfahren* fehlen. Es gelten aber folgende Regeln: Das Obergericht wird nach der gesetzlichen Konzeption *von Amts* wegen tätig. Seine Anrufung durch die Beteiligten oder die streitenden Untergerichte hat eigentlich nur den Sinn einer „Anregung". In der Praxis wird das Verfahren aber als Antragsverfahren behandelt. Die Zuständigkeitsbestimmung darf noch nicht erfolgen, wenn die Untergerichte lediglich Zweifel an ihrer örtlichen Zuständigkeit haben (OLG Hamm, RdL 57, 267), sondern diese müssen ihre Zuständigkeit *abschließend* geprüft und dabei die für den Gerichtsstand maßgebenden tatsächlichen Verhältnisse weitmöglichst aufgeklärt haben (KG, Rpfleger 59, 54; BayObLGZ 52, 1). Ausschöpfung des Instanzenzuges durch die Beteiligten ist hingegen nicht Voraussetzung. Bei einem positiven Kompetenzkonflikt ist eine Zuständigkeitsbestimmung zulässig, *bis* eines der Untergerichte abschließend in der Sache entschieden hat (OLG Hamm, JMBl. NRW 59, 163).

Die Gerichtsstandsbestimmung setzt weiter voraus, daß die beantragte Maßnahme überhaupt zulässig ist (BGH, MDR 58, 310) und der Antragsteller sein Ziel nicht ohne diese Maßnahme erreichen kann (BGHZ 19, 108). Beteiligte des Zuständigkeitsbestimmungsverfahrens sind die streitenden Gerichte und gegebenenfalls der Antragsteller.

Die *Entscheidung* erfolgt unter Beachtung der *gesetzlichen Zuständigkeitsregelung* (OLG München, ZblJR 58, 23). Diese kann ergeben, daß keines der streitenden, sondern ein anderes Gericht zuständig ist. Liegt es allerdings außerhalb des Gerichtsbezirkes des Obergerichts, so kann dieses nur feststellen, daß keines der streitenden Gerichte örtlich zuständig ist.

Ergibt die gesetzliche Zuständigkeitsregelung kein Ergebnis (weil z. B. mehrere Gerichte örtlich zuständig sind, keines von ihnen aber bisher in der Sache tätig geworden ist), so ist *hilfsweise* nach *Zweckmäßigkeitserwägungen* zu entscheiden (BayObLGZ 58, 159; SchlHOLG, SchlHA 59, 196; OLG Hamm, JMBl. NRW 59, 163; OLG Karlsruhe, Rpfleger 62, 276). Die Zuständigkeitsbestimmung ist für alle Gerichte bindend (BayObLGZ 55, 132) und für alle Beteiligten unanfechtbar (§ 5 II FGG), nicht aber die Entscheidung, mit der eine Zuständigkeitsbestimmung abgelehnt wird (KG, FamRZ 58, 426).

Die angeordnete Zuständigkeit ist eine *ausschließliche* und bleibt es bis zum Verfahrensschluß (BayObLGZ 55, 132). Bereits getroffene Verfügungen der als unzuständig erkannten Gerichte bleiben aber nach § 7 FGG wirksam. In bezug auf die Abänderungsbefugnis nach § 18 FGG und Rechtsmittel werden sie so behandelt, als seien sie Verfügungen des bestimmten Gerichts.

Dem Zuständigkeits*streit* sind in § 5 I FGG gleichgesetzt einmal die *Ungewißheit* mehrerer Gerichte über die örtliche Zuständigkeit, zum anderen der Fall, daß das zuständige Gericht in einem Einzelfall an der Ausübung des Richteramtes *rechtlich* oder *tatsächlich verhindert* ist. Ungewißheit kann sich z. B. ergeben, wenn die für die Zuständigkeit maßgebenden tatsächlichen Verhältnisse nicht befriedigend aufgeklärt werden können (OLG Hamm, RdL 57, 267). In diesem Fall entscheidet das Obergericht nach Zweckmäßigkeitsgesichtspunkten (OLG Hamm, Rpfleger 59, 163). Eine Verhinderung liegt nur vor, wenn keine Vertretungsmöglichkeit am selben Gericht für den verhinderten Richter besteht und auch keine durch Richter benachbarter Amtsgerichte angeordnet war. Dann hat das im Instanzenzug vorgeordnete Gericht die Angelegenheit einem anderen Gericht zu übertragen (§ 5 I 2 FGG).

4. a) *Örtliche Unzuständigkeit* berührt die Wirksamkeit gerichtlicher Handlungen nicht (§ 7 FGG), gibt aber einen Beschwerdegrund (BayObLGZ 59, 182).

b) § 7 spricht von *gerichtlichen Handlungen*. Der Streit, ob hierunter gemäß strenger Wortauslegung nur *positive Handlungen* oder in einem weiteren Sinne die *Erledigung aller amtlichen Aufgaben* und damit auch die bloße Entgegennahme von Erklärungen zu verstehen ist, neigt sich zugunsten der letzteren Auffassung seinem Ende zu. Die allmählich etwas antiquierte erste Ansicht (SCHLEGELBERGER, § 7 Rz. 16 m. Nachw.; PIKART-HENN, S. 64; auch JANSEN, § 7 Anm. 8 mit anderer Begründung) überschätzt den Wert der ungenauen Terminologie des FGG und unterschätzt das Maß an Rechtsschutz, das ein Rechtsstaat seinen Bürgern zu gewähren hat.

Die örtliche Zuständigkeitsregelung ist eine Zweckmäßigkeitsregelung. Sie soll dem Interesse der Beteiligten dienen und ihnen zu einer sachgerechten Behandlung ihrer Angelegenheiten dadurch verhelfen, daß das jeweils sach- oder ortsnächste Gericht tätig werden soll. Das hat allerdings den Nachteil, daß sich die verschiedenen Anknüpfungspunkte überschneiden und so eine gewisse Unübersichtlichkeit der Zuständigkeitsregelung für die Beteiligten vorhanden ist. Wollte man die daraus resultierenden Irrtümer den Beteiligten zur Last legen, so verstieße das gerade gegen das Ziel der Zuständigkeitsregelung.

Darum ist § 7 FGG weit auszulegen. Auch die *Entgegennahme von Erklärungen* ist eine gerichtliche Handlung i. S. dieser Vorschriften und wird durch einen Zuständigkeitsmangel in ihrer Wirksamkeit nicht berührt (BAUR, § 7 IV 2; KEIDEL, § 7 Rz. 3—12; LENT-HABSCHEID, § 13 I 2; HW. MÜLLER, ZZP 67, 14, 15).

Allerdings muß man — was in dem Meinungsstreit nicht immer klar herauskommt — unterscheiden zwischen der Frage nach der Wirksamkeit der *an* das Gericht gerichteten *Erklärung* und der Frage nach der Wirksamkeit der *Entgegennahme* dieser Erklärung *durch* das Gericht. Die *Erklärung selbst* (z. B. Ausschlagung der Erbschaft: § 1945 BGB; Anfechtung der Ausschlagung oder Annahme der Erbschaft: §§ 1954 ff. BGB; Einwilligung bei der Adoption: § 1748 BGB) ist nach den für sie geltenden Vorschriften an sich nur gültig, wenn sie in rechter Frist (z. B. § 1944 BGB) an den richtigen Erklärungsempfänger (das örtlich zuständige Gericht) gelangt. Die Entgegennahme dieser Erklärung durch das örtlich unzuständige Gericht hingegen muß nach § 7 FGG trotz des Zuständigkeitsmangels als wirksam angesehen werden. Das ist aber nur möglich, wenn man der Erklärung der Beteiligten selbst ebenfalls Wirksamkeit zubilligt. Daher zieht hier die gerichtliche Handlung (Entgegennahme der Erklärung) die Beteiligten-Handlung (die Erklärung selbst) zu sich in ihren Wirksamkeitsbereich hinauf und überspielt so die entgegenstehenden Vorschriften, die an sich eine Unwirksamkeit der Beteiligten-Erklärung begründen würden.

aa) Demgemäß ist *nur in einem Fall* eine Unwirksamkeit der an ein unzuständiges Gericht gerichteten Erklärungen der Beteiligten anzunehmen: Nämlich, wenn das Gericht seine Unzuständigkeit erkennt und aus diesem Grunde die Erklärung *zurückweist.*

Das darf das Gericht allerdings *nur,* wenn für die Beteiligten noch ausreichende Frist vorhanden ist, um ihre Erklärung neu beim zuständigen Gericht einzulegen. Bei *Fristnot* — gleichgültig, worauf sie beruht — ist das unzuständige Gericht von Amts wegen verpflichtet, die Erklärung unverzüglich an das zuständige Gericht *weiterzuleiten.* Auch das gehört noch zu dem Rechtsschutz, den die Gerichte dem Bürger zu gewähren haben. Verstößt ein Gericht gegen diese Verpflichtung und weist eine durch Fristablauf bedrohte Erklärung zurück, so ist die zurückgewiesene Erklärung allerdings unwirksam. Doch kann dann ein Schadensersatzanspruch aus § 839 BGB gegeben sein.

In allen anderen Fällen sind die an ein örtlich unzuständiges Gericht gerichteten Erklärungen wirksam:

bb) Also einmal, wenn das Gericht seine Unzuständigkeit *nicht* erkennt und sich in der Sache betätigt (BGHZ 36, 197). Das ist für diesen Fall heute unstr. (schon RGZ 71, 380; 117, 346).

cc) Wirksamkeit ist aber *auch* anzunehmen, wenn das Gericht seine Unzuständigkeit *erkennt* und die Erklärung an das zuständige Gericht *weiterleitet*. Für den Fall, daß die Erklärung innerhalb einer etwaigen Frist noch rechtzeitig bei dem zuständigen Gericht eintrifft, ist dies unproblematisch. Es muß aber auch gelten, wenn die Frist abläuft, bevor das unzuständige Gericht die Erklärung weiterreicht, weil Fristwahrung bereits mit der Einreichung bei irgendeinem Gericht eintritt.

dd) Wirksamkeit ist aber schließlich *auch dann* anzunehmen, wenn das Gericht seine Unzuständigkeit *erkennt*, die Erklärung aber *nicht weiterleitet*, sondern einfach untätig bleibt. Das Gericht ist hier nämlich zur Weiterleitung verpflichtet. Darauf kann der Bürger vertrauen. Er kann den internen Geschäftsbetrieb nicht überschauen, darum dürfen Pflichtverletzungen des Gerichts hier nicht zu seinen Lasten gehen. Hier Unwirksamkeit mit anschließender Schadensersatzpflicht aus § 839 BGB/Art. 34 GG anzunehmen, wird dem Rechtsschutzbedürfnis des Betroffenen nicht gerecht (LENT-HABSCHEID, § 13 I 2 c).

ee) Daß übrigens die Erklärung gegenüber einem vom zuständigen Gericht *ersuchten* Gericht wirksam ist, ist selbstverständlich und allgemeine Meinung (BayObLGZ 52, 291).

c) Örtliche Unzuständigkeit gibt — wie schon gesagt — einen *Beschwerdegrund*. Eine Verfügung muß aus diesem Grund aufgehoben werden, wenn sie auf diesem Verfahrensverstoß beruhen kann (s. unten § 29 II 5). Denn es handelt sich um eine Verfahrensvoraussetzung, die in allen Instanzen von Amts wegen zu prüfen ist (BayObLGZ 56, 396), soweit nicht Sondervorschriften bestehen (z. B.: §§ 23, 27 II LwVG). Jedoch braucht die angefochtene Entscheidung nicht aufgehoben zu werden, wenn das Beschwerdegericht das gemeinsame Obergericht für das zuständige und das unzuständige Gericht ist und wenn es auf Grund eigener Sachverhaltswürdigung entscheiden kann (OLG Hamm, ZblJR 54, 240; BayObLGZ 55, 122). Im übrigen erfolgt die Aufhebung mit *ex nunc*-Wirkung. Für eine Reihe von Fällen (z. B. Bestellung eines Vormunds oder eines Pflegers) folgt das schon aus § 32 FGG. Es muß aber allgemein gelten, weil eine Aufhebung mit *ex tunc*-Wirkung der in § 7 FGG zunächst einmal angeordneten Wirksamkeit zuwiderlaufen würde. Seit KG, JFG 14, 205, ist unstr., daß auch die von einem örtlich unzuständigen Gericht eingeleitete Vormundschaft (Pflegschaft) im Beschwerdeverfahren aufzuheben ist.

5. Von der Verletzung der örtlichen Zuständigkeit ist die *Überschreitung des Amtsbezirkes* zu unterscheiden. Außerhalb seines Amtsbezirkes darf ein Richter Amtshandlungen *nur* vornehmen, wenn das zuständige Gericht *zustimmt* oder *Gefahr im Verzuge* ist (§ 166 GVG). Gleiches gilt

für Notare (OLG Celle, DNotZ 63, 748), nur daß hier die Aufsichtsbehörde zu genehmigen hat (§ 11 BNotO, s. auch § 8 der „Allgemeinen Richtlinien der Bundesnotarkammer für die Berufsausübung der Notare", DNotZ 63, 130). Ein Verstoß gegen diese Regelung ist ein Dienstvergehen und gibt einen Anfechtungsgrund, berührt aber die Wirksamkeit der Amtshandlung nicht. Für Notare ordnet § 11 III BNotO das ausdrücklich an, und zwar ohne Rücksicht auf Ländergrenzen. Für Gerichte ist das z. T. ebenfalls ausdrücklich festgelegt (z. B. Art. 38 PrFGG), z. T. ist das aus dem allgemeinen Rechtsschutzgebot herzuleiten.

6. § 7 FGG gilt für *Rechtspfleger entsprechend*. Das ergibt sich aus ihrer verfahrensrechtlichen Stellung (§ 4 I RpflG): Ihre Handlungen sind gerichtliche Handlungen i.S. des § 7 FGG. Eine entsprechende Anwendung des § 7 FGG auf *Urkundsbeamte der Geschäftsstelle* ist hingegen nur in einzelnen Vorschriften vorgesehen (z. B. § 4 II HRegVfg.; § 4 IV GBVfg.; ferner z. T. im Landesrecht: z. B. Art. 3 NdsFGG; Art. 8 HessFGG; Art. 2 PrFGG). Eine bei einem örtlich unzuständigen Urkundsbeamten zu Protokoll gegebene Beschwerde wird daher auf jeden Fall nur wirksam, wenn sie innerhalb der Beschwerdefrist beim zuständigen Gericht eingeht (s. unten § 32 I 3 b). Schließlich gilt § 7 FGG gem. § 194 FGG auch für die auf Grund des Art. 147 EGBGB und § 192 FGG an Stelle der Gerichte zuständigen anderen Behörden.

V. Funktionelle Zuständigkeit

1. Ein *Teil* der funktionellen Zuständigkeit, nämlich der *Instanzenzug*, ist bereits oben (§ 6 III 1) im Zusammenhang mit der sachlichen Zuständigkeit abgehandelt worden. Hier ist jetzt noch die Aufgabenverteilung bezüglich einer bestimmten Angelegenheit innerhalb *derselben* Instanz darzutun.

2. Am bedeutsamsten ist die Zuständigkeitsabgrenzung zwischen *Rechtspfleger* und *Richter*.

a) Der Rechtspfleger ist seit dem RpflG von 1957 nicht mehr bloßer Vertreter des Richters, sondern heute *selbständiges Organ der Rechtspflege* (s. Wertenbruch, Rpfleger 62, 77). Er steht zwischen Richter und Urkundsbeamten der Geschäftsstelle. Die Tendenz geht dahin, seinen Aufgabenbereich zur Entlastung des Richters noch zu vergrößern (s. Kern, Rpfleger 62, 197). Zur Zeit gilt folgende Regelung:

aa) Manche Aufgabenbereiche sind dem Rechtspfleger im *vollen Umfange* anvertraut (§ 3 I Nr. 1 RpflG):

So die Vereinssachen i.S. der §§ 29, 37, 55—79 BGB, 159, 160—162 FGG; die Verfahren bei Untersuchung und Verwahrung von Sachen sowie bei Pfandverkauf (§§ 164—166 FGG); Musterregistersachen und Pachtkreditsachen.

bb) Andere Sachgebiete sind dem Rechtspfleger grundsätzlich anvertraut, d. h. mit *Vorbehalt* gewisser Geschäfte für den Richter (§ 3 I Nr. 2 RpflG):

So die Vormundschaftssachen (zum Umfang s. BayObLGZ 58, 159; OLG München, Rpfleger 60, 124), die Nachlaß- und Teilungssachen, die Verwahrung von

Testamenten und Erbverträgen (§§ 2258 a—2264, 2300, 2300 a BGB), Verschollenheitssachen, Handelssachen (§§ 125—158 FGG), Güterrechts-, Grundbuch-, Schiffs- und Schiffsbau-, sowie schließlich Luftfahrzeugpfandrechtsregistersachen.

Bei den dem *Richter* auf diesen Gebieten vorbehaltenen Geschäften (s. §§ 12—18 a RpflG) handelt es sich entweder um solche, bei denen eine für die Persönlichkeits- oder Vermögenssphäre ganz *besonders gravierende Entscheidung* zu treffen ist (z. B. Volljährigkeitserklärung: § 12 Nr. 1; Ehelichkeitsanfechtung: § 12 Nr. 3; Vormundschaftsanordnung: § 12 Nr. 4), oder um solche, bei denen typischerweise *schwierigere Rechtsfragen* auftauchen können.

So ist etwa bei *gesetzlicher Erbfolge* die hier relativ einfache Aufgabe der Erbscheinserteilung dem Rechtspfleger übertragen (§ 3 I Nr. 2 b), während etwa bei Vorliegen einer *letztwilligen Verfügung* sich schwierige Rechtsfragen ergeben können, weswegen hier nach § 13 Nr. 5 zur Erbscheinserteilung der Richter zuständig ist.

cc) Weiterhin hat der Rechtspfleger die in den §§ 19—23 RpflG *einzeln* aufgeführten Geschäfte in *anderen* Verfahren (ZPO, ZVG, KO, VerglO) zu erledigen, aber auch die in § 23 RpflG genannten einzelnen *Urkundssachen,* zu denen aber Gütertrennungserklärungen gemäß Art. 8 I Nr. 3 GleichberG nicht zählen (BGH, NJW 64, 356; s. auch BGH, DNotZ 60, 256).

b) Die *Gerichtsgewalt* des Rechtspflegers *beschränkt* sich auf den ihm ausdrücklich durch Gesetz übertragenen Aufgabenbereich. Innerhalb dieses Bereichs darf er grundsätzlich *alle* Maßnahmen treffen (s. aber § 4 II RpflG), die zur Erledigung der übertragenen Geschäfte notwendig sind (§ 4 I RpflG). Überschreitet er ihn, so ist das Geschäft *unwirksam,* es sei denn, der Richter hatte es ihm irrtümlich *übertragen* (§ 7 II 2 RpflG).

Beispiel: Die Anordnung einer Vormundschaft (Pflegschaft) und die *Auswahl* des Vormundes (Pflegers) obliegen dem Richter (§ 12 Nr. 4 RpflG), sind daher unwirksam, wenn vom Rechtspfleger vorgenommen. Die auf Grund einer solchen unwirksamen Wahlverfügung vorgenommene *Bestellung* des Vormundes (Pflegers) ist gleichwohl wirksam, weil sie zum Aufgabenbereich des Rechtspflegers gehört (§ 3 I Nr. 2 a RpflG). § 139 BGB ist nicht entsprechend anwendbar (KG, JFG 3, 43; 4, 57; OLG, Hamm FamRZ 62, 397; LG Dortmund, FamRZ 65, 580). Die Bestellung eines Amtsvormunds nach § 46 II JWG ist hingegen wiederum Sache des Richters, daher unwirksam, wenn vom Rechtspfleger vorgenommen (BayObLG, Rpfleger 59, 161; FamRZ 62, 74).

Obwohl die oben (V 2 a) aufgezählten Aufgaben dem Rechtspfleger zur selbständigen und eigenverantwortlichen Erledigung anvertraut und somit aus dem Aufgabenbereich des Richters ausgegliedert sind, ist dem *Richter* die *Summe* der Gerichtsgewalt in bezug auf diese Aufgaben doch weiterhin verblieben. Das zeigt § 7 I RpflG: Beim Übergriff des Richters in den Aufgabenbereich des Rechtspflegers ist das Geschäft wirksam.

Die trotz aller Selbständigkeit des Rechtspflegers im gewissen Sinne noch *übergeordnete* Stellung des *Richters* und die ihm weiterhin zustehende Summe der

Gerichtsgewalt erweist sich auch noch in Folgendem: Wenn Aufgaben des Rechtspflegers mit Aufgaben des Richters in einem so engen Zusammenhang stehen, daß eine getrennte Bearbeitung nicht sachdienlich wäre, so soll der Richter die gesamte Angelegenheit an sich ziehen (§ 6 RpflG), aber nicht umgekehrt. Der Rechtspfleger soll vielmehr schon von sich aus in einem solchen Fall dem Richter die Sachen vorlegen (§ 5 I Nr. 3 RpflG). Eine Vorlagepflicht des Rechtspflegers besteht weiter, wenn er von einer Stellungnahme des Richters abweichen will oder sich für ihn bei der Bearbeitung einer Sache rechtliche Schwierigkeiten ergeben (§ 5 I Nr. 1 und 2 RpflG). Der Richter kann nach Klärung der rechtlichen Schwierigkeiten nach seinem Ermessen die Sache dem Rechtspfleger zurückgeben, der dann an dessen Rechtsauffassung gebunden ist (§ 5 II RpflG; dazu ENGELHARDT, Rpfleger 64, 295).

Über diese Fälle einer übergeordneten Gerichtsgewalt des Richters hinaus kann die *Landesjustizverwaltung* dem Rechtspfleger zur Vorbereitung richterlicher Geschäfte weiterhin die Stellung eines abhängigen Richtergehilfen zuweisen, wie er sie schon vor Erlaß des RpflG innehatte (§ 24 RpflG). Davon haben die Landesjustizverwaltungen zur Entlastung der Richter mit gutem Erfolg in weitem Umfang Gebrauch gemacht (vgl. LAPPE, Rpfleger 61, 218).

c) Die Entscheidungen des Rechtspflegers sind in gleichem Umfang mit der *Erinnerung* an den Richter *anfechtbar*, wie eine an ihrer Stelle erlassene Entscheidung des Richters mit der Beschwerde anfechtbar wäre (s. unten § 26 II 2).

Es gilt also: Grundsätzlich ist Erinnerung gegeben, außer wenn eine bereits wirksam gewordene Verfügung nicht mehr geändert werden kann. Der Rechtspfleger kann grundsätzlich abändern, außer bei sofortiger Erinnerung.

Gegen die *Entscheidung* des *Richters* über die Erinnerung ist das Rechtsmittel gegeben, das nach den allgemeinen verfahrensrechtlichen Vorschriften zulässig ist. Eine *Besonderheit* ist zu merken: Schon bei Einlegen der Erinnerung kann beantragt werden, daß der Richter sie unmittelbar dem Rechtsmittelgericht vorzulegen hat, wenn er ihr nicht stattgeben will. Die Erinnerung gilt dann als Beschwerde gegen die Entscheidung des Rechtspflegers. Hier haben wir den seltenen Fall einer bedingt eingelegten Beschwerde. Vgl. zum Ganzen § 10 RpflG.

3. Die Zuständigkeit des *Urkundsbeamten der Geschäftsstelle* ist durch das RpflG nicht berührt worden (§ 25 I RpflG). Er ist teils Richtergehilfe, teils selbständige Urkundsperson.

Im einzelnen hat er etwa die Akten zu verwahren, gemäß richterlicher Weisung das Verhandlungsprotokoll zu führen, gerichtliche Verfügungen auszuführen, also etwa die Gerichtskosten zu berechnen, insbesondere aber auch die Eintragung in die öffentlichen Register vorzunehmen. Außerdem erteilt er Ausfertigungen und Abschriften gerichtlicher Verfügungen und Protokolle (§ 182 FGG) und Rechtskraftzeugnisse (§ 31 FGG).

Anträge und Erklärungen der Beteiligten können grundsätzlich zu Protokoll des Urkundsbeamten *jedes* Amtsgerichtes erfolgten (§ 11 FGG), mit wenigen Ausnahmen: Registeranmeldung und Unterschriftszeichnung sind beim Urkundsbeamten des Registergerichts vorzunehmen (§§ 128, 147, 159, 161 FGG), Beschwerden müssen beim Urkundsbeamten des Gerichts a quo oder ad quem eingelegt werden (§§ 21, 29 FGG). Sofern außerdem Anträge oder Erklärungen öffentlicher Beurkundung oder Beglaubigung bedürfen (z. B. DVO z.SchiffsG v. 21. 12. 1940, RGBl. I, 1609), so muß dies zu Protokoll des Richters erfolgen.

Bei Überschreitung seines Aufgabenbereichs sind Handlungen des Urkundsbeamten unwirksam. Über Anträge auf Änderung einer Entscheidung des Urkundsbeamten entscheidet der Richter, nicht der Rechtspfleger (§ 25 III RpflG; s. auch § 13 a II FGG mit § 104 ZPO).

4. Dem *Gerichtsvollzieher* kommt in der fG ein weit geringeres Aufgabengebiet zu als nach der ZPO.

Ihm obliegt die Bekanntmachung gerichtlicher Verfügungen durch Zustellung von Amts wegen (§ 16 II FGG). Der Vollstreckung bedürfen gerichtliche Verfügungen in der fG nur in Ausnahmefällen, und dann erfolgen sie von Amts wegen. Der Gerichtsvollzieher wird also nicht als Beauftragter eines Beteiligten, sondern als Gehilfe des Gerichts tätig, Gewalt darf er hier nur mit besonderer Ermächtigung des Gerichtes vornehmen (§ 33 II FGG).

Ihm obliegen weiterhin die öffentliche Versteigerung im Auftrage eines Beteiligten (§ 383 III BGB, § 97 GVO), außerdem natürlich freiwillige Versteigerungen beweglicher Sachen für Rechnung der Auftraggeber. Durch Landesgesetze sind ihm außerdem noch eine Reihe weiterer Aufgaben übertragen, z. B. Aufnahme von Vermögensverzeichnissen, insbesondere Nachlaßverzeichnissen.

VI. Internationale Zuständigkeit

Die internationale Zuständigkeit ist eine Frage des internationalen *Prozeß*rechts so wie die Anwendbarkeit deutschen oder ausländischen materiellen Rechts eine Frage des internationalen *Privat*rechts ist. In Fällen mit Auslandsberührung bestimmt die internationale Zuständigkeit, ob die betreffende Angelegenheit überhaupt vor ein deutsches Gericht gehört, während die Regelung der sachlichen und örtlichen Zuständigkeit dann das jeweilige deutsche Gericht näher qualifiziert.

1. Die internationale Zuständigkeit in fG-Angelegenheiten ist weder völkerrechtlich noch durch die deutsche Gesetzgebung geregelt. Die Praxis verwendet eine Reihe von Anknüpfungspunkten, die sich — ähnlich wie bei der örtlichen Zuständigkeit — teilweise überschneiden.

a) So z. B. das Postulat des „Gleichlaufs" von Verfahrensrecht und materiellem Recht, wenn materielles deutsches Recht anwendbar ist (OLG Neustadt, JZ 51, 644; OLG Hamm, FamRZ 65, 93; BayObLG, NJW 67, 447 nebst Ausnahmen von diesem Grundsatz). Oder der Gesichtspunkt des *Sachzusammenhangs* mit einer anderweitigen deutschen internationalen Zuständigkeit (BayObLG, NJW 59, 1038; LG Lübeck, SchlHA 58, 334). Oder die Belegenheit der Sache im Inland, vor allem für Nachlaßsachen (BayObLGZ 58, 100). Oder die Zuständigkeit auf Grund Verweisung oder Rückverweisung des maßgebenden ausländischen Rechts (BayObLGZ 52, 74). Oder die Annahme einer „Notzuständigkeit" bei ganz dringendem inländischem Fürsorgebedürfnis, insbesondere in Vormundschafts- und Nachlaßsachen (RGZ 162, 329; BayObLGZ 32, 324; 53, 289; OLG Frankfurt, NJW 58, 636). Oder die Sonderregelung der deutschen örtlichen Zuständigkeit nach §§ 43, 36 FGG in Vormundschaftssachen (BayObLGZ 30, 338; KGJ 46, 27). Für echte privatrechtliche (bzw. öffentlichrechtliche) Streitsachen sind weitgehend die Regeln des Zivilprozesses (bzw. Verwaltungsprozesses) über internationale Zuständigkeit maßgebend (dazu Kralick, ZZP 74, 2 ff.). Kein echter Anknüpfungspunkt ist hingegen die Gebietshoheit. Denn im Grunde betrifft sie keine Zuständigkeitsfrage, sondern allein die Zulässigkeit hoheitlichen Gerichtszwanges (Dölle, Deutscher Notartag, 1961, S. 35).

b) Im einzelnen ist hier vieles — und zwar ungewöhnlich stärker als bei der doch weithin geordneten internationalen Zuständigkeit für Streitsachen — umstritten und ungeklärt. Es fehlt an einer ausreichenden Systematik und an klaren Abwägungskriterien, nach denen bei Überschneidung mehrerer Gesichtspunkte zu entscheiden ist. Dölle (aaO, S. 40 f.) hat vorgeschlagen, die Zuständigkeitserfordernisse in fG-Angelegenheiten um den Kernpunkt des *Fürsorgebedürfnisses* herum zu gruppieren. Im Hinblick darauf, daß es sich bei diesem Fürsorgebedürfnis im Grunde um eine Ausprägung des Rechtsschutzbedürfnisses handelt, ist dem zuzustimmen. Denn letztlich sind alle Verfahrensvoraussetzungen spezielle Erscheinungsformen des allgemeinen Rechtsschutzbedürfnisses (dazu Schönke, Das Rechtsschutzbedürfnis, 1950).

Zugleich wäre damit auch für diesen, bisher oft formalisierend behandelten Bereich des Verfahrensrechts dem Gedanken der Interessenwertung die gebührende Geltung verschafft. Denn, ob ein Fürsorgebedürfnis dringlich genug ist, um die internationale deutsche Zuständigkeit zu begründen, ist nur durch Interessenabwägung und Wertentscheidung zu ermitteln.

Das ist offensichtlich bei der sogenannten „Notzuständigkeit" wegen eines dringlichen inländischen Fürsorgebedürfnisses. Ebenso kann man den Gedanken des Gleichlaufs von materiellem und formellem Recht auf das Fürsorgebedürfnis zurückführen. Denn bei der ungewöhnlich engen Verzahnung von materiellem und formellem fG-Recht ist eine Trennung sehr schwierig und darum ein starkes Bedürfnis für den Gleichlauf vorhanden, so daß der Gleichlaufgrundsatz als Ausgangspunkt der Zuständigkeitsprüfung anzusehen ist (so auch Neuhaus, NJW 67, 1168).

Demgegenüber möchte Heldrich (NJW 67, 419 f.) den Gleichlaufgrundsatz aufgeben und die deutsche internationale Zuständigkeit immer dann annehmen, wenn nicht die Rücksichtnahme auf das ausländische Recht dies verbietet, d. h. wenn offensichtlich die deutsche Entscheidung im Ausland nicht anerkannt wird oder wenn das deutsche Verfahrensrecht dem fremden materiellen Recht nicht angepaßt werden kann, kurz: wenn die sog. wesenseigene Zuständigkeit fehlt.

Auch die deutsche staatliche Zuständigkeit nach §§ 43, 36 FGG läßt sich auf das Fürsorgebedürfnis zurückführen, weil dieses i. d. R. gerade am Wohnsitz oder am Aufenthaltsort am dringlichsten erscheint. Der Anknüpfungspunkt des Wohnsitzes greift mithin auch nicht ein, wenn er auf den Rang eines rein formellen Kriteriums herabgesunken ist (z. B. wenn alle Beteiligten Ausländer sind und sich auch im Ausland aufhalten: RG, JW 32, 588). Ähnliches gilt für den Anknüpfungspunkt des Sachzusammenhangs: Wenn nach der Ehescheidung alle Beteiligten Deutschland verlassen haben, fehlt für eine Sorgerechtsregelung bezüglich der Kinder das Fürsorgebedürfnis.

c) Nach Dölle (aaO, S. 40) wäre daher zu gruppieren:

aa) Wo nach der Kollisionsnorm — sei es unmittelbar oder kraft Rückverweisung — materielles *deutsches* Recht maßgebend ist, ist immer eine deutsche internationale Zuständigkeit begründet (Gleichlaufgrundsatz).

bb) Wo nach der Kollisionsnorm *fremdes* materielles Recht maßgebend ist, ist unter der Voraussetzung einer ausreichenden Binnenbeziehung, die gewöhnlich mit der örtlichen Zuständigkeit zusammenfällt, ausnahmsweise der Gleichlaufgrundsatz zu durchbrechen und die deutsche internationale Zuständigkeit anzunehmen, wenn entweder der Staat der lex causae zustimmt oder wenn — auch ohne eine solche Zustimmung — ein dringendes im Inland zu befriedigendes Fürsorgebedürfnis besteht (so jetzt auch BayObLG, NJW 67, 447; Keidel, § 73 Rz. 6).

Ob das Letztere der Fall ist, ergibt sich z. T. aus dem Gesetz, z. T. ist es durch eine Interessenabwägung zu ermitteln.

Beispiele für eine gesetzliche Regelung sind etwa: Die deutsche internationale Zuständigkeit für die Entmündigung eines Ausländers, der im Inland seinen Wohnsitz ode Aufenthalt hat (Art. 8 EGBGB), oder für die Anordnung der Vormundschaft oder Pflegeschaft über einen im Inland befindlichen Ausländer, wenn sein Heimatstaat die Fürsorge nicht übernimmt (Art. 23 EGBGB), oder zur Erteilung eines gegenständlich beschränkten Erbscheins gem. § 2369 BGB.

2. Allgemein gelten folgende *Grundsätze* (s. insbesondere BayObLG, NJW 59, 1038): Die deutsche internationale Zuständigkeit ist eine von Amts wegen zu beachtende Verfahrensvoraussetzung. Sie ist *nach* der örtlichen Zuständigkeit zu prüfen (KG, NJW 61, 1584; s. auch BayObLG, FamRZ 62, 481; str.; a. A. BayObLG, NJW 57, 1599; Neuhaus, NJW 67, 1168). So wie im Inland mehrere Anknüpfungspunkte sich überschneiden können, konkurrieren auch die internationalen Zuständigkeiten der Gerichte oder sonstigen fG-Behörden der verschiedenen Staaten miteinander. Eine ausländische internationale Zuständigkeit schließt die deutsche auch dann nicht aus, wenn der ausländische Staat sie ausschließlich beansprucht. Anerkennung der Entscheidung durch das Ausland ist keine Zuständigkeitsvoraussetzung. Es brauchen sich auch nicht alle Beteiligten im Inland aufzuhalten (Schwimann, FamRZ 59, 325; a. A. BayObLGZ 52, 74). Der Grundsatz der perpetuatio fori gilt nicht schlechthin. Doch entfällt die deutsche internationale Zuständigkeit nicht allein schon deshalb, weil nachträglich dieselbe Sache im Ausland anhängig wird (BayObLG, NJW 59, 1038; NJW 66, 2276).

3. Zum Teil ist die internationale Zuständigkeit durch *zwischenstaatliche Vereinbarungen* geregelt. Hier ist insbesondere zu nennen das Haager Vormundschaftsabkommen v. 12. 6. 1902 (RGBl. 1904, 240), das heute zum großen Teil wieder anwendbar ist (s. im einzelnen Bülow-Arnold, Der internationale Rechtsverkehr; Bergmann, Internationales Ehe- und Familienrecht; Soergel-Kegel, Rz. 37—44 zu Art. 23 EGBGB).

4. Das Fehlen der deutschen internationalen Zuständigkeit stellt zwar einen schwereren *Mangel* der Entscheidung dar als das Fehlen der örtlichen Zuständigkeit (s. BGH (GrZS), NJW 65, 1665 für Zivilprozeß), andererseits ist der Mangel aber doch nicht so erheblich, daß man seinetwegen Nichtigkeit der Entscheidung annehmen sollte. Die Entscheidung ist wirksam, aber *anfechtbar* (h. M.: OLG Karlsruhe, Rpfleger 57, 308; KG, JFG 5, 98; KEIDEL, § 7 Rz. 27; LENT-HABSCHEID, § 13 III; a. A. REU, aaO, S. 198).

VII. Interzonale Zuständigkeit

Mit der Fortdauer der Teilung Deutschlands gewinnt die besondere Verfahrensvoraussetzung der interzonalen Zuständigkeit an Bedeutung. Die Regeln über die internationale Zuständigkeit sind hier entsprechend anzuwenden. Dabei können jedoch Besonderheiten zu beachten sein. So kann etwa die Unzumutbarkeit einer Verweisung an die Gerichte der DDR oder der ordre public eine Zuständigkeit der Gerichte der Bundesrepublik begründen. Es gilt zwar weitgehend der Grundsatz der perpetuatio fori (BayObLG, FamRZ 59, 122). In besonderen Fällen kann sich jedoch trotz Anhängigkeit bei einem sowjetzonalen Gericht das Eingreifen westdeutscher Gerichte als notwendig erweisen. So etwa im Hinblick auf die dortige Einstellung, daß allein die „DDR-Flucht" schon die Unzuverlässigkeit eines Elternteils beweise und zur Entziehung des Sorgerechts berechtige (s. OGH, DDR, NJ 57, 684). Wenn ein aus diesem Grund interzonal zuständiges Gericht der Bundesrepublik eine Vormundschaft anordnet, dann wird eine bereits in der DDR bestehende Vormundschaft für den Bereich der Bundesrepublik unwirksam (KG, FamRZ 58, 426).

VIII. Rechts- und Amtshilfe

1. Die Gerichte der fG haben sich untereinander, aber auch mit den landesrechtlich an ihrer Stelle zuständigen anderen Behörden (§ 194 I FGG), *Rechtshilfe* zu leisten (Art. 35 GG, § 2 FGG). Die §§ 157—168 GVG finden Anwendung.

Solche Rechtshilfe ist notwendig, weil einem Gericht wegen der räumlichen Beschränkung seiner Amtsgewalt auf seinen Amtsbezirk die Vornahme einer einzelnen Amtshandlung in einem anhängigen Verfahren oft tatsächlich unmöglich oder doch nur unter solchen Schwierigkeiten möglich ist, daß sie sich als unzweckmäßig erweist. (Wenn sich z. B. in einem beim AG München anhängigen Nachlaßverfahren eine Ortsbesichtigung in Hamburg oder die Vernehmung eines in Berlin wohnenden Zeugen als notwendig erweist.)

a) Ein zulässiges Rechtshilfeersuchen *setzt* also *voraus:* Es muß sich um eine einzelne Maßnahme in einem anhängigen Verfahren beim örtlich und sachlich zuständigen Gericht handeln, deren Vornahme durch das ersuchende Gericht an sich rechtlich zulässig, tatsächlich aber unmöglich oder unzweckmäßig (Ermessen!) ist (vgl. auch RGZ 115, 368). Das ersuchte Gericht muß zur Vornahme der betreffenden Maßnahme *an sich sachlich zuständig* sein (OLG Hamm, JMBl. NRW 61, 247). Das ist es nicht, wenn die Maßnahme kraft Gesetzes oder nach der Natur der Sache nur von dem ersuchenden Gericht selbst vorgenommen werden kann (z. B. Auswahl eines Vormundes; Erlaß von Entscheidungen).

Wenn hingegen nur das *ersuchte,* nicht aber das ersuchende Gericht zur Vornahme der betreffenden Maßnahme *sachlich zuständig* ist, liegt kein Rechtshilfeersuchen, sondern ein Ersuchen um *Beistandschaft* vor.

b) Das Ersuchen ist an das Amtsgericht zu richten, in *dessen Bezirk* die Amtshandlung vorgenommen werden soll (§ 157 GVG). Das Ersuchen darf nur abgelehnt werden, wenn die vorzunehmende Handlung nach dem Recht des ersuchten Gerichtes verboten ist (§ 158 II GVG). Das ist insbesondere der Fall, wenn es sachlich unzuständig ist. Bei örtlicher Unzuständigkeit hat es hingegen das Ersuchen unmittelbar an das zuständige Gericht *weiterzuleiten* (§ 158 II 2 GVG).

Im übrigen ist eine Ablehnung des Ersuchens nicht statthaft (§ 158 I GVG). Das ersuchte Gericht hat also insbesondere *nicht* zu überprüfen, ob das beim ersuchenden Gericht anhängige Verfahren *gesetzmäßig* ist, ob die ersuchte Maßnahme für dieses Verfahren auch *notwendig* oder auch nur *zweckmäßig* ist, oder ob nicht das ersuchende Gericht sie besser selbst vornehmen soll.

c) Wird das Ersuchen abgelehnt oder ihm entgegen § 158 II GVG stattgegeben, so entscheidet das dem *ersuchten* Gericht *übergeordnete OLG.* Dessen Beschluß ist mit der Beschwerde an den BGH *anfechtbar,* aber nur dann, wenn es die Rechtshilfe für unzulässig erklärt hat und das ersuchende Gericht einem anderen OLG-Bezirk angehört (§ 159 GVG).

2. Die Unterstützung zwischen Gerichten und Verwaltungsbehörden bezeichnet man nicht als Rechtshilfe, sondern als *Amtshilfe.* Bei der von Amts wegen vorzunehmenden Sachverhaltsaufklärung (§ 12 FGG) ist diese Amtshilfe für die fG-Gerichte von besonderer Bedeutung. Man denke nur an die Unterstützung des Vormundschaftsgerichtes durch die Jugendämter (§ 43 I 1 JWG).

3. Der Rechtshilfeverkehr mit dem *Ausland* ist weitgehend durch Staatsverträge geregelt. Am bedeutsamsten ist hier das Haager Übereinkommen über den Zivilprozeß von 1954 (BGBl. II, 1958, 576) mit AG von 1958 (BGBl. I, 939), das in der Bundesrepublik seit 1960 (BGBl. II, 1959, 1388) in Kraft ist und damit das Haager Abkommen von 1905 (RGBl. 1909, 410) abgelöst hat. Ohne vertragliche Grundlage vollzieht sich der Rechtshilfeverkehr heute noch mit einer Reihe von Ostblockstaaten, aber auch mit den USA.

4. *Interzonale* Rechtshilfe wird heute grundsätzlich geleistet, jedoch ohne Aktenversendung. Da in der DDR heute die Aufgaben weitgehend

besonderen Verwaltungsbehörden anvertraut sind, gilt § 194 FGG entsprechend (Näheres bei Keidel, § 2 Rz. 3).

§ 7. Ausschluß und Ablehnung von Amtspersonen

Literatur: Bötticher, Die Gleichheit vor dem Richter, 1954; Habscheid, Ausschluß und Ablehnung des Richters und Rechtspflegers in der fG, Rpfleger 64, 200; Habscheid, Die Zivilrechtspflege im Spannungsfeld verfassungsrechtlicher Grundsätze, JR 58, 361 ff.; Zimmermann und Keidel, Sind in Sachen einer eingetragenen Genossenschaft deren Mitglieder kraft Gesetzes von der Mitwirkung als Richter, Rechtspfleger oder Urkundsbeamter der Geschäftsstelle ausgeschlossen, Rpfleger 57, 9.

Niemand darf *Richter* in eigener Sache sein. Der Richter muß unparteiisch sein. Darauf müssen die Parteien vertrauen können. Diese allgemeinen Prinzipien rechtsstaatlicher Justiz finden sich in allen Verfahrensarten. Allerdings sind die Regelungen unterschiedlich ausgefallen (s. einerseits §§ 41, 42 ZPO, 54 VwGO, 22—24 StPO und andererseits § 6 FGG). Die FGG-Regelung genügt heutigen rechtsstaatlichen Anforderungen, insbesondere den aus Art. 97 I, 101 I 2 GG abzuleitenden Forderungen, nicht mehr. Sie ist der zivilprozessualen Regelung anzugleichen. Im einzelnen:

I. Ausschluß vom Richteramt kraft Gesetzes

1. Gemäß § 6 FGG ist ein Richter von der Ausübung seines Amts ausgeschlossen:

a) In Sachen, in denen er selbst beteiligt ist (§ 6 I Nr. 1, 1. Hs. FGG). Gemeint ist hier der *formell* am Verfahren Beteiligte (unten § 8 V 2). Das ist unmittelbar einleuchtend. Denn niemand kann Richter in eigener Sache sein.

Beispiel: Hat ein OLG-Präsident einen Antrag auf Befreiung von der Vorlage eines Ehefähigkeitszeugnisses gem. § 10 EheG als Justizverwaltungsbehörde abgelehnt, so ist er im Anfechtungsverfahren nach §§ 23 ff. EGGVG Beschwerdegegner und kann nicht in seiner Eigenschaft als Senatsvorsitzender bei der Entscheidung mitwirken (BGH, FamRZ 63, 556, mit Anm. v. Habscheid, FamRZ 64, 83, und Habscheid, Rpfleger 64, 200).

b) In Sachen, in denen er zu einem Beteiligten im Verhältnis eines Mitberechtigten oder Mitverpflichteten steht (§ 6 I Nr. 1, 2. Hs. FGG). Diesen Mitberechtigten oder Mitverpflichteten bezeichnen wir in unserer heutigen Terminologie als den *materiell* Beteiligten (unten § 8 V 2), der nicht auch schon formell am Verfahren beteiligt ist. Das ist jeder, dessen Rechtsstellung durch die gerichtliche Entscheidung unmittelbar betroffen werden kann (so jetzt auch Habscheid, Rpfleger 64, 200). Auch diese Regelung leuchtet unmittelbar ein, denn auch hier würde der Richter noch in eigener Sache entscheiden.

Beispiele: In einer Erbscheinssache ist der Richter Mitglied der Erbengemeinschaft; in einer Registersache Mitglied der OHG oder KG. Mitgliedschaft in einer beteiligten juristischen Person hingegen (AG, GmbH z. B.) bedeutet keine eigene materielle Beteiligung, weil die juristische Person — per definitionem — rechtlich selbständig ist und ihre Rechte und Pflichten nicht mit denen ihrer Mitglieder identisch sind. Wegen der mittelbaren Interessiertheit des Richters *kann* in diesem Fall aber eine Ablehnung (unten II, III) berechtigt sein. Weitere Beispiele bei ZIMMERMANN und KEIDEL, Rpfleger 57, 9, 10.

c) in Sachen seines Ehegatten, auch wenn die Ehe nicht mehr besteht (§ 6 I Nr. 2 FGG), oder

d) in Sachen einer Person, mit der er in gerader Linie oder im 2. Grade der Seitenlinie verwandt oder verschwägert ist (§ 6 I Nr. 3 FGG), oder

e) in Sachen, in denen er als Vertreter eines Beteiligten bestellt oder als gesetzlicher Vertreter eines solchen aufzutreten berechtigt ist (§ 6 I Nr. 4 FGG).

Die Ausschlußgründe (z. B. materielle Beteiligung: Nr. 1, 2. Hs.; Vertretungsmacht: Nr. 4; nicht hingegen Ehe: Nr. 2) müssen z. Zt. des Verfahrens *noch bestehen*. Doch kommt anderenfalls (z. B. wegen früherer Vertretungstätigkeit) Ablehnung wegen Befangenheit in Betracht (unten II, III).

2. § 6 I FGG entspricht § 41 Nr. 1—4 ZPO. § 41 Nr. 5 und 6 ZPO ordnen außerdem noch einen Ausschluß des Rechtes an in Sachen, in denen er als Zeuge oder Sachverständiger vernommen ist (Nr. 5) und in Sachen, in denen er in einer früheren Instanz oder in einem Schiedsverfahren bei dem Erlaß der angefochtenen Entscheidung mitgewirkt hat (Nr. 6), sofern es sich nicht um die Tätigkeit eines beauftragten oder ersuchten Richters gehandelt hat. Diese Ausschlußgründe fehlen in § 6 I FGG zu Unrecht. Richterliche Rechtsfortbildung muß zu einer Angleichung an die ZPO-Regelung führen.

Ein dringendes Bedürfnis dafür wird allgemein empfunden (s. Bericht der Reformkommission, S. 378). Eine gewandelte rechtsstaatliche Anschauung verlangt heute in der fG nach gleichen Sicherheiten gegen Richterwillkür wie in der ZPO und VwGO. Die Unvoreingenommenheit und Unparteilichkeit ist nicht mehr gewährleistet, wenn er in derselben Sache Zeuge oder Sachverständiger ist oder wenn er in der Rechtsmittelinstanz seine eigene Entscheidung auf ihre Berechtigung nachprüfen soll. Eine *Berechtigung* für die geforderte Analogie ergibt sich aus Art. 97 I GG. Dem dort ausgesprochenen Gebot des unabhängigen Richters ist auch in der Ausgestaltung der einzelnen Verfahrensgesetze Rechnung zu tragen (BÖTTICHER, aaO, S. 19). Das GG garantiert die Unabhängigkeit des Richters um seiner Unparteilichkeit willen. Man kann in dem Gebot der richterlichen Unabhängigkeit eine Vorstufe des noch höheren Gebotes der richterlichen Unparteilichkeit sehen. Darum gebietet Art. 97 GG auch, typische Einflußelemente auf die richterliche Unparteilichkeit auszuschalten. Das ist der Sinn des § 41 Nr. 5 und 6 ZPO. Er muß daher — auch ohne Gesetzesänderung — schon de lege lata — für die fG anwendbar sein. In einem neueren Spezialverfahren sind die Ausschließungs- und Ablehnungsgründe der ZPO denn auch für entsprechend anwendbar erklärt (§ 11 LwVG), also nicht nur für die echten Streitsachen im Landwirtschaftsrecht, sondern für alle Angelegenheiten nach dem LwVG.

A. A. die h. M.: OLG Hamm, MDR 50, 495 (Vertragshilfeverfahren); PIKART-HENN, S. 61; KEIDEL, 8. Aufl., § 6 Rz. 11; JANSEN § 6 Anm. 3; SCHLEGELBERGER, § 6 Rz. 10.

Dagegen im Ergebnis wie hier: LENT-HABSCHEID, § 12 I 2 und HABSCHEID, JR 58, 362; Rpfleger 64, 200; neuerdings auch KEIDEL, 9. Aufl., § 6 Rz. 11; Bedenken auch bei BAUR, § 8 I 1; s. auch BGH, FamRZ 63, 556.

II. Selbstablehnung des Richters

1. Auch wenn keine der gesetzlichen Ausschlußgründe vorliegen, kann der Richter sich seiner Amtsausübung enthalten, wenn er sich für befangen hält (§ 6 II 1 FGG). Bei Auslegung dieser Vorschrift ist ebenfalls möglichst eine Angleichung an die rechtsstaatlich einwandfreie Regelung der ZPO zu suchen (s. auch Bericht der Reformkommission, S. 378).

a) Demgemäß ist eine Befangenheit einmal dann anzunehmen, wenn der Richter sich *tatsächlich selbst* in seiner inneren Entscheidungsfreiheit beeinträchtigt fühlt (Ermessensfrage). Auf diesen Fall eingeschränkt hat die Rspr. den § 6 II 1 FGG bisher ausgelegt (SchlHOLG, SchlHA 57, 343; BayObLGZ 54, 64; ferner PIKART-HENN, S. 62). Zu Unrecht.

b) Wie in § 48 ZPO soll der Richter auch dem Standpunkt der Beteiligten Rechnung tragen. Wenn *für sie* bei vernünftiger Betrachtungsweise *Anlaß* besteht, seiner Unparteilichkeit zu mißtrauen, muß der Richter sich selbst ablehnen (str.; a. A.: die zu a) Genannten; wie hier: BAUR, § 8 III; KEIDEL, § 6 Rz. 25; LENT-HABSCHEID, § 12 III 2; SCHLEGELBERGER, § 7 Rz. 12 ; JANSEN, § 12 Anm. 9).

2. Eine *Anfechtung* der Ablehnung mit der Beschwerde kommt allerdings *nicht* in Betracht, denn in beiden Fällen handelt es sich um eine höchstpersönliche *Ermessens*entscheidung des Richters, die sich ihrer Natur nach einer Überprüfung durch die höhere Instanz entzieht.

III. Ablehnung des Richters durch die Beteiligten

1. Anders als die ZPO (§§ 42 ff.) und VwGO (§ 54) *lehnt* das FGG in § 6 II 2 FGG ein *Ablehnungsrecht* der Beteiligten ausdrücklich *ab* (Ausnahme: § 11 LwVG).

a) Auch diese Regelung genügt rechtsstaatlichen Erfordernissen nicht mehr. Sie ist mit dem Grundgesetz unvereinbar und daher nichtig (BVerfG, JZ 67, 283). § 6 II 2 FGG war das Ergebnis einer Anschauung, die in den Beteiligten lediglich Objekte staatlicher Fürsorgetätigkeit sah. Man befürchtete außerdem Verfahrensverzögerung und damit eine Gefährdung des Fürsorgezwecks der staatlichen Tätigkeit, wenn man den Beteiligten ein Ablehnungsrecht gewähren würde.

b) Diese Ansichten sind *überholt.* Fürsorgetätigkeit des Staates in fG-Verfahren erfolgt (auch) um des Einzelnen willen. Er ist darum nicht nur Objekt, sondern *Subjekt* des *Verfahrens* (unten § 17). Daß sich trotz Gewährung eines Ablehnungsrechtes untragbare Verfahrensverzögerungen vermeiden lassen, beweist die ZPO. Unaufschiebbare Amtshandlungen darf auch der abgelehnte Richter noch während des Ablehnungsverfahrens vornehmen (§ 47 ZPO). Es wäre also wünschenswert, die ZPO-Regelung über die Richterablehnung (§§ 42 ff.) für die fG entsprechend anzuwenden.

2. Die Berechtigung hierzu läßt sich aus Art. 101 I 2 GG herleiten. Er garantiert dem Rechtsuchenden, daß die richterliche Tätigkeit von einem nichtbeteiligten Dritten ausgeübt wird, der den Verfahrensbeteiligten neutral gegenübersteht. Aus diesem Grunde muß auch im Verfahren der fG im Einzelfall ein Richter, der nicht die Gewähr der Unparteilichkeit bietet, von der Ausübung seines Amtes ausgeschlossen sein oder abgelehnt werden können. Die Möglichkeit der Selbstablehnung des Richters nach § 6 II 1 FGG reicht nicht aus, um diesen Anforderungen gerecht zu werden. Denn dies bietet keine Gewähr, daß die Beteiligten auch wirklich einen unbefangenen und neutralen Richter erhalten. Die Verfahrensbeteiligten müssen auch die Möglichkeit haben, einen Richter abzulehnen, wenn die Gefahr besteht, daß dieser nicht unparteiisch in der Sache entscheidet. Aus diesem Grunde ist § 6 II 2 FGG verfassungswidrig (so BVerfG, NJW 67, 1123; BGH, JZ 67, 65 m. krit. Anm. v. Baur).

Die Verfassungswidrigkeit des § 6 II 2 FGG folgt auch aus Art. 97 I GG. Er gewährleistet den Verfahrensbeteiligten, daß sie ihr Recht vor einem auch innerlich wirklich unabhängigen Richter finden. Hiermit ist es aber unvereinbar, wenn nur der einzelne Richter darüber entscheiden soll, ob er sich selbst für befangen hält, wenn es dagegen den Beteiligten verwehrt ist, eine Gerichtsentscheidung darüber herbeizuführen, ob bei dem Richter Befangenheit zu besorgen ist.

An Stelle des verfassungswidrigen und damit nichtigen § 6 II 2 FGG sind die §§ 42 ff. ZPO entsprechend anzuwenden (so auch Habscheid, Rpfleger 64, 200; Keidel, § 6 Rz. 27; so neuerdings auch der BGH, NJW 67, 155, der in streitigen Verfahren der fG die §§ 42 ff. ZPO entsprechend anwendet; dagegen aber noch: Pikart-Henn, S. 61; Schlegelberger, § 7 Rz. 12; Jansen, § 7 Anm. 10 OLG Hamm, MDR 50, 495; OLG Stuttgart, RzW 52, 232; ORG Berlin, RzW 57, 16; KG, NJW 64, 778; OLG Köln, OLGZ 66, 350, das § 6 II 2 FGG jedenfalls bei normalen Fürsorgeangelegenheiten der herkömmlichen fG für anwendbar erklärt).

Damit erübrigt sich der teilweise unternommene Versuch, das Selbstablehnungsrecht des Richters (§ 6 II 1 FGG) zu einer weitgefaßten Pflicht auszubauen, um so einen gewissen Ersatz für das fehlende Ablehnungsrecht der Beteiligten zu schaffen (Lent-Habscheid, § 12 I 2, III 1; auch Baur, § 8 III). Er geht im Grunde immer noch von der Objektstellung der Beteiligten im Verfahren aus. Er kann sein Ziel auch nicht erreichen, weil die Selbstablehnung eine höchstpersönliche Ermessensentscheidung des Richters ist, die sich ihrer Natur nach der Überprüfung in der Beschwerdeinstanz entzieht (SchlHOLG, SchlHA 57, 343).

Die Besorgnis der Befangenheit muß sich allerdings gegen den *einzelnen* Richter richten und auf die *konkrete* Sachlage gegründet sein, sonst ist sie nicht „vernünftig". Für die Geltendmachung allgemeiner Bedenken gegen die *gesetzliche* Regelung der Gerichtsbesetzung ist § 43 II ZPO nicht der rechte Platz (BGH, DNotZ 62, 612).

IV. Verstöße gegen die Ausschluß- und Ablehnungsregeln

1. Ein kraft Gesetzes *ausgeschlossener* Richter hat sich jeder Amtshandlung zu enthalten. An seine Stelle tritt der nach dem Geschäftsverteilungsplan vorgesehene Stellvertreter oder, wenn ein solcher fehlt, das durch das übergeordnete Gericht gemäß § 5 I 2 FGG bestimmte Gericht. Handlungen des ausgeschlossenen Richters sind zwar mit der Beschwerde anfechtbar, aber wirksam (§ 7 FGG). Der Gesetzgeber setzt sie den Handlungen eines örtlich unzuständigen Richters gleich. Auf das zur örtlichen Unzuständigkeit Gesagte (oben § 6 IV 4) kann also verwiesen werden.

2. Für den durch sich selbst oder die Beteiligten *abgelehnten* Richter gilt das Vorstehende entsprechend, insbesondere ist § 7 FGG entsprechend anzuwenden. Das ist gesetzlich zwar nicht ausdrücklich bestimmt, rechtfertigt sich aber mit dem arg. a maiore ad minus.

V. Ausschluß und Ablehnung sonstiger Amtspersonen

1. Für die Ausschließung und Ablehnung des *Rechtspflegers* gilt das für den Richter Gesagte entsprechend. Über die Ablehnung des Rechtspflegers entscheidet der Richter (§ 9 RpflG).

2. Der Ausschluß von *Urkundsbeamten der Geschäftsstelle* ist — anders als in der ZPO (§ 49) oder der StPO (§ 31) — in der fG nicht allgemein geregelt. Ein Ausschluß findet daher nur dort statt, wo das Gesetz ihn ausdrücklich anordnet; s. z. B. § 4 II HRegVfg. und die unten (5.) aufgeführten Sonderregelungen für Urkundspersonen, ferner landesrechtliche Regelungen.

3. Für Ausschluß und Ablehnung eines *Gerichtsvollziehers* gilt ausschließlich Landesrecht. Nach NdsFGG ist z. B. § 6 FGG entsprechend anzuwenden (Art. 3 II). Hingegen erklären etwa § 155 GVG für entsprechend anwendbar: §§ 76 PrAGGVG; 35 BayAGGVG; 8 II HessFGG.

4. Bezüglich des Ausschlusses oder der Ablehnung des *Notars* bei der Urkundstätigkeit nach § 16 BNotO siehe unten § 53 III 2 a, bezüglich sonstiger Urkundspersonen siehe unten § 52 II 2 c.

3. KAPITEL

Die Beteiligten

§ 8. Der Beteiligte

Literatur: Göppinger, Einige Fragen aus dem Bereich der fG, Justiz 67, 124; Keidel, Die Beeidigung Beteiligter im Verfahren der fG, JZ 54, 564; ders., Anm. z. OLG Hamm (24. 4. 56); Rpfleger 56, 245; Hw. Müller, Verfahrensbeteiligte in der fG, NJW 54, 868; Nothdurft, Der Begriff des Beteiligten in der fG, Leipzig 1925; Platschner, Der Begriff des Beteiligten in der fG und seine Bedeutung, Erlanger Diss. 1953; Unger, Rechtsmittel im Verfahren der fG nach Reichsrecht, ZZP 34, 233, 281 ff.; Zimmermann, Behörden als Beteiligte im Verfahren der fG, Rpfleger 58, 209.

I. Allgemeines

Jedes gerichtliche Verfahren ist ausgerichtet auf die Klärung oder Regelung der Rechtsverhältnisse bestimmter Rechtssubjekte. Zur Wahrung ihrer behaupteten oder vermuteten Rechte muß diesen Rechtssubjekten die Möglichkeit gegeben sein, sich an den Verfahren zu *beteiligen.* Dieser elementare Grundsatz gilt für alle Verfahren. Auch das FGG verwendet den Begriff des Beteiligten ausdrücklich oder sinngemäß an zahlreichen Stellen (z. B. §§ 6, 13, 13 a, 15, 16, 41, 86, 89—97, 127, 132, 150—155, 164—166, 168). Eine Definition des Begriffes fehlt indessen. Sie ist jedoch notwendig, um die Verfahrenssubjekte (also die Beteiligten) von anderen im Verfahren herangezogenen Personen (z. B.: Auskunftspersonen, Zeugen) unterscheiden zu können. Nur einem Beteiligten kann z. B. das Recht zur Richterablehnung, die Antragsbefugnis, das Beschwerderecht, das Armenrecht zustehen, nur einem Beteiligten können Kosten auferlegt werden. In jeder Phase des Verfahrens ist die Beteiligtenstellung für die Gewährung von Rechten und Pflichten bedeutsam.

Im Zivilprozeß ist die Bestimmung der Verfahrenssubjekte i. d. R. recht einfach. Es sind Kläger und Beklagte. Ihre Parteistellung leitet sich rein formal aus der bloßen Tatsache der Klageerhebung ab (formeller Parteibegriff). Ob sie wirklich Träger der materiellen Rechte sind, um die sie streiten (sog. Sachlegitimation), ist allein für die Begründetheit der Klage von Bedeutung. In der fG hingegen liegen die Dinge etwas komplizierter.

II. Formell Beteiligte

Natürlich kennt auch die fG einen formellen Parteibegriff, nur daß wir hier nicht von Parteien, sondern von Beteiligten sprechen. So findet sich etwa in den echten Streitsachen — um das Pferd beim Schwanze aufzuzäumen — vielfach eine dem Zivilprozeß entsprechende Sachlage. Grundsätzlich folgt hier die Beteiligtenstellung rein formal aus der Antragstellung: Antragsteller und Antragsgegner entsprechen dem Kläger und Beklagten im Zivilprozeß. Aber auch der Miterbe — um ein Beispiel aus den Antragsverfahren des klassischen fG-Bereichs zu nennen —, der gemäß § 86 FGG die Vermittlung der Nachlaßauseinandersetzung beantragt, ist sicherlich an diesem Auseinandersetzungsverfahren formell beteiligt. Und weiter, wer in einem Amtsverfahren zur Wahrung seiner Rechte vom Gericht zugezogen wird oder sich mit Zustimmung des Gerichts von sich aus beteiligt, wie z. B. die Eltern im Fürsorgeerziehungsverfahren, ist formell an diesen Verfahren beteiligt. So können wir vorläufig schon *definieren:*

Formell beteiligt ist jede Person, die zur Wahrung ihrer wirklichen oder vorgeblichen Rechte am Verfahren tatsächlich teilnimmt oder gegen die sich das Verfahren richtet oder die später vom Gericht zugezogen wird.

Indessen kommen wir mit diesem formellen Beteiligtenbegriff in der fG nicht aus:

III. Materiell Beteiligte

1. Der formelle Beteiligtenbegriff gibt nur Auskunft darüber, wer tatsächlich am Verfahren bereits formell beteiligt ist. Aber es muß ein Kriterium dafür geben, wer denn am Verfahren überhaupt beteiligt werden *kann,* wer sich beteiligen *darf.* Hier versagt die Parallele zum Zivilprozeß. Wer Rechtssubjekt eines Amtsverfahrens ist, läßt sich aus dem Formalakt einer Antragstellung nicht ableiten, weil es dort eben eines Antrages nicht bedarf. Aber auch in den Antragsverfahren des klassischen fG-Bereichs kann der Formalakt der Antragstellung kein ausreichendes Kriterium für die Beteiligtenstellung sein. Wenn bei einer Mehrheit von Nachlaßberechtigten nur ein Erbe Antrag auf Erteilung eines Erbscheines stellt (§ 2353 BGB), so muß es offenbar eine Möglichkeit geben, die anderen Berechtigten an diesem Erbscheinsverfahren zu beteiligen, und es muß ein Kriterium vorhanden sein, mit dessen Hilfe sich eben die Beteiligtenstellung bestimmen läßt. Aber selbst in den echten Streitsachen, wo wir für gewöhnlich ein dem Zivilprozeß entsprechendes Streitverhältnis sich gegenüber stehender Beteiligter haben, reicht der formelle Beteiligtenbegriff nicht aus. So bestimmt etwa § 43 IV Nr. 2 WEG ausdrücklich, daß im Streit eines Wohnungseigentümers mit dem Verwalter über dessen Rechte und Pflichten bei der Verwaltung des gemeinschaftlichen Eigentums (§§ 43 I Nr. 2, 27 WEG) *alle* Wohnungseigentümer beteiligt sind.

Welches Kriterium ist in diesen und anderen, gesetzlich nicht geregelten Fällen für das Beteiligungsrecht maßgebend?

2. Da es ein formales Kriterium nicht sein kann, muß es ein *materielles*, d. h. ein aus den materiellen Rechtsverhältnissen geschöpftes *Kriterium* sein. Dem formellen Beteiligtenbegriff der fG liegt im Regelfall ein materieller Beteiligtenbegriff zugrunde, von dem er hergeleitet wird. Dieser materielle Beteiligtenbegriff wird durch die Überlegung bestimmt, daß der Verfahrenszweck auf die Klärung oder Regelung der Rechtsverhältnisse einzelner Rechtssubjekte gerichtet ist. Das Rechtschutzgebot bestimmt dann, daß diesen Rechtssubjekten eine Beteiligtenstellung zu gewähren ist. Dabei kann man nicht nur darauf abstellen, wessen Rechtsverhältnisse durch das Verfahren wirklich verändert werden. Das zeigt sich erst am Verfahrensende bei der Entscheidung. Wer Beteiligter ist, muß schon während des Verfahrens feststehen. Daher kann man definieren:

Materiell beteiligt sind alle Personen, deren Rechte und Pflichten durch das Verfahren unmittelbar beeinflußt werden *können.*

3. Die Möglichkeit bloßer *Interessen*beeinträchtigung reicht hingegen für die Annahme einer materiellen Beteiligung nicht aus. Es muß sich um subjektive Rechte oder Pflichten handeln. Nur in Ausnahmefällen gestattet das Gesetz einem materiell nicht Beteiligten zur Wahrung eigener privater Interessen (z. B. nach §§ 57 FGG, 16 II c VersdhG) oder zur Wahrung öffentlicher Interessen (z. B. §§ 54, 126 FGG) sich formell am Verfahren zu beteiligen, insbesondere durch Antragstellung und Beschwerdeeinlegung das Verfahren in Gang zu bringen.

Instruktive Beispiele zur Abgrenzung von materiell beteiligten und bloß interessierten Personen: BGH, FamRZ 60, 229; BGH, JZ 62, 112 m. Anm. v. Baur; BGH, NJW 53, 1660; BayObLGZ 60, 110 und 332; OLG Hamm, DNotZ 55, 253; OLG Düsseldorf, DNotZ 66, 112 und ausführlich unten § 29 II 3.

IV. Der Beteiligtenbegriff in den einzelnen Verfahren

1. In *Amtsverfahren* steht der Begriff des materiell Beteiligten im Vordergrund. Formell Beteiligter kann grundsätzlich nur werden, wer materiell Beteiligter ist.

a) Wenn z. B. das Vormundschaftsgericht der Mutter wegen eines angeblichen schlechten Lebenswandels gemäß § 1666 BGB das Sorgerecht entziehen will, so sind neben der Mutter auch das Kind und der Vater materiell beteiligt. Formell Beteiligte werden sie entweder dadurch, daß das Gericht sie zum Verfahren hinzuzieht oder daß sie von sich aus, sich mit „Anträgen" (die aber im Amtsverfahren nur Anregungen sein können) in das Verfahren einschalten. Wenn hingegen ein interessierter Nachbar ebenfalls „Anträge" stellt, so wird er dadurch keineswegs zum formellen Verfahrensbeteiligten. Denn ihm fehlt die materielle Beteiligung. Seine „Anträge" sind Anregungen, denen das Gericht nachgehen kann, aber nicht nachgehen muß.

b) Ausnahmsweise kann in Amtsverfahren jemand die Stellung eines formell Beteiligten erlangen, *ohne* materiell Beteiligter zu sein. Das ist dann der Fall, wenn das Gericht jemand irrtümlich in das Verfahren einbezieht, der in Wirklichkeit materiell gar nicht beteiligt ist. So wenn etwa im Beispiel zu a) die Tante für die Mutter des Kindes gehalten wird. Ebenso wie im Zivilprozeß jemand für die Dauer des Streites um seine Parteifähigkeit als parteifähig angesehen wird (BGHZ 24, 94; ROSENBERG, § 42 III 4), so muß auch in der fG im Streit um die materielle Beteiligung jemand die Stellung eines formell Beteiligten zugebilligt werden, damit er die Möglichkeit hat, insoweit seine Rechte zu wahren (KEIDEL, § 6 Rz. 14 m. w. Nachw.).

2. In *Antragsverfahren* ist die formelle Beteiligung nicht so stark von der materiellen Beteiligung abhängig wie in den Amtsverfahren. Formell Beteiligter ist hier *jeder*, der einen Antrag stellt, mag er nun materiell Beteiligter sein oder nicht; die formelle Beteiligtenstellung ist also unabhängig davon, ob der Antrag zulässig und begründet ist.

Allerdings steht die *Antragsbefugnis*, mag sie nun im Gesetz ausdrücklich geregelt sein oder nicht, grundsätzlich *nur* den *materiell* Beteiligten zu. Solange ein Antragsberechtigter von seinem Antragsrecht noch keinen Gebrauch gemacht hat, ist er zwar materiell, aber noch nicht formell Beteiligter.

In besonderen Fällen gewähren die fG-Gesetze ein Antragsrecht auch an materiell nicht Beteiligte (s. oben III 3). I. d. R. handelt es sich da um Behörden oder öffentlichrechtliche Körperschaften, denen aus *öffentlichen* Interessen die Wahrung privater Interessen mit übertragen ist.

So können nach § 126 FGG die Industrie- und Handelskammern zur Verhütung unrichtiger Eintragungen bei den Registergerichten Anträge stellen. Nach § 54 FGG kann das Vormundschaftsgericht das Grundbuchamt um die Eintragung einer Sicherungshypothek auf dem Grundstück eines Vormunds ersuchen. Weitere Antragsrechte einer Behörde ergeben sich z. B. aus § 65 I 2 JWG; § 6 I 3 der 40. DVO zum UmstG; § 32 LwVG; §§ 45 I, 47 II, 49 II PStG (Einzelheiten bei ZIMMERMANN, Rpfleger 58, 209, 211 ff.; BGHZ 31, 92).

Manchmal gestattet das Gesetz auch eine formelle Beteiligung zur Wahrung *eigener privater* Interessen, z. B. nach § 16 II c VerschG aE. oder durch Verleihung der Beschwerdebefugnis nach § 57 I FGG (s. insbesondere Abs. I Nr. 9: „jeder, der ein berechtigtes Interesse hat, diese Angelegenheit wahrzunehmen").

3. Im *Beschwerdeverfahren* herrscht der Begriff des formell Beteiligten durchaus vor. Der Beschwerdeführer ist immer formell Beteiligter (OLG Oldenburg, Rpfleger 58, 381; BGHZ 31, 92). Denn seine Beschwerde bestimmt gerade den Verfahrensgegenstand und über sie *muß* entschieden werden. Das gilt auch dann, wenn ihm ganz offensichtlich die Beschwerdebefugnis fehlt und seine Beschwerde aus diesem Grunde ganz offensichtlich unzulässig ist.

Da die Beschwerdebefugnis — außer bei Zurückweisung eines Antrags (§ 20 II FGG) — allerdings (wie die Antragsbefugnis) ein materielles Kriterium ist (nämlich: welcher von den erstinstanzlich Beteiligten durch die Entscheidung tatsächlich in seinen Rechten betroffen ist, s. unten § 29 II 1), setzt auch der formelle Beteiligtenbegriff regelmäßig einen materiell Beteiligten voraus.

4. Die *echten Streitsachen* entwickeln ihren Beteiligtenbegriff in Parallele zu den ihnen benachbarten Verfahrensordnungen. Also knüpfen die privatrechtlichen Streitsachen an den Parteibegriff der ZPO, die öffentlichrechtlichen Streitsachen an den Beteiligtenbegriff der VwGO an, mit dem Ergebnis, daß in beiden Arten von Streitverfahren grundsätzlich der formelle Beteiligtenbegriff gilt: Der Formalakt der Antragstellung bestimmt, daß Antragsteller und Antragsgegner die (formell) Beteiligten des Verfahrens sind.

Die Zwitterstellung der echten Streitsachen zeigt sich aber auch hier darin, daß eine Ergänzung durch den materiellen Beteiligtenbegriff in gewissen Fällen stattfindet, nämlich überall dort, wo die unmittelbaren Wirkungen der Entscheidung sich auf Dritte erstrecken. Ein Beispiel aus dem Wohnungseigentumsverfahren wurde (oben III 1) schon erwähnt. Ein weiteres Beispiel ist das Verfahren über die Umstellung einer Hypothek nach § 6 der 40. DVO zum UmstG: Beteiligt (und zwar materiell beteiligt) ist hier jeder, dessen Rechtsstellung durch die Umstellung beeinflußt werden kann, also neben dem ohnehin auch formell beteiligten Gläubiger und Schuldner der Grundstückeigentümer (BayObLGZ 50, 424) oder der Nießbraucher der hypothekarisch gesicherten Forderung (BayObLGZ 50, 448; NJW 51, 527), auch das Finanzamt als Vertreter des betroffenen Steuerfiskus. Ähnlich sind im Hausratsteilungsverfahren neben den streitenden Eheleuten beteiligt: der Vermieter der Ehewohnung, der Grundstückseigentümer, der Dienstherr u. a. (§ 7 HausratsVO).

5. Das *Urkundswesen* kennt nur einen Begriff des formell Beteiligten. § 168 S. 2 FGG bestimmt, „als Beteiligter ist derjenige anzusehen, dessen Erklärung beurkundet werden soll". Wer keine Erklärung in der Urkunde abgibt, ist auch nicht Beteiligter, mag er durch die beurkundete Erklärung auch in seiner Rechtsstellung betroffen werden. Dabei kommt es darauf an, wer die Erklärung tatsächlich abgibt, nicht, für wen er handelt (RGZ 49, 129). Vom Beteiligten zu unterscheiden sind die bei der Beurkundung „mitwirkenden Personen" (§§ 174, 176 I Nr. 2, 177 III FGG).

V. Begriffsverwendung in den einzelnen Normen

1. Wie eingangs (I) bereits gesagt, verwenden die fG-Gesetze den Beteiligtenbegriff an vielen Stellen, aber keineswegs einheitlich. Es muß daher für jede einzelne Norm, gesondert nach ihrem Sinn und Zweck, untersucht werden, ob sie den materiell Beteiligten oder den formell Beteiligten oder beide meint. Diese Untersuchung ist nicht hier, sondern an der jeweiligen Stelle vorzunehmen, wo der Beteiligtenbegriff bedeutsam wird. Es ist daher insbesondere hinzuweisen auf die Erörterung des Beteiligtenbegriffs bei der Vertretung (§ 10 III), bei der Abgrenzung zum Zeugen (§ 16 III 5 c), beim Anspruch auf rechtliches Gehör (§ 17 III 3, 4), bei der Bekanntmachung (§ 20 II 2), im Beschwerdeverfahren (§ 31 II 1), im Verfahren der weiteren Beschwerde (§ 33 IV 1); bei der Kostenerstattungspflicht nach § 13 a FGG (§ 35 II 1) und im Armenrecht (§ 37 I 1). Nur *ein Sonderfall*

muß hier aufgegriffen werden, weil er schon oben unter Vorwegnahme der Ergebnisse dieser Paragraphen erläutert worden ist.

2. Das ist *§ 6 I Nr. 1 FGG* (s. oben § 7 I 1 a, b). Nach dieser Vorschrift ist ein *Richter,* der gleichzeitig Beteiligter ist, kraft Gesetzes von der Ausübung seines Richteramtes in dieser Sache *ausgeschlossen.* Zweck der Bestimmung ist es, jede Gefährdung der Objektivität des Richters zu vermeiden und die richterliche Unparteilichkeit sicherzustellen. Niemand soll Richter in eigener Sache sein. Aus diesem Normzweck ergibt sich, daß der Beteiligtenbegriff weitgefaßt werden muß (BayObLGZ 50/51, 340; Kössler, ZZP 40, 30). Nicht nur der formell, sondern auch der materiell beteiligte Richter ist von seinem Amt ausgeschlossen, denn, um das Erbscheinsverfahren als Beispiel zu nehmen, ein Richter, der Miterbe ist, ist in seiner Objektivität gleichermaßen gefährdet, ob er nun selbst einen Erbscheinsantrag stellt und damit formell Beteiligter wird oder die Antragstellung einem Miterben überläßt und damit nur materiell Beteiligter bleibt. Demzufolge ist § 6 I Nr. 1 FGG oben dahin ausgelegt worden, daß er in seiner ersten Modalität („in Sachen, in denen er selbst beteiligt ist") jeden formell Beteiligten meint, mag er nun gleichzeitig auch materiell Beteiligter sein oder nicht, während er mit seiner zweiten Modalität („in Sachen, in denen er zu einem Beteiligten im Verhältnis eines Mitberechtigten oder Mitverpflichteten steht") jeden materiell Beteiligten meint, der noch nicht formell beteiligt ist.

§ 9. Partei- und Prozeßfähigkeit

Literatur: Arnold, Erfahrungen mit und Gedanken zu § 1800 Abs. II BGB n. F., FamRZ 63, 484; Böning, Zwangsunterbringung volljähriger Mündel, NJW 60, 1374; Helmut Keidel, Der Grundsatz des rechtlichen Gehörs im Verfahren der fG, Kölner Diss. 1965, S. 83—111; Keidel, Aus der Rspr. zur fG, JZ 53, 273; ders., Zur Verfahrensfähigkeit geschäftsunfähiger Volljähriger in der fG, Rpfleger 67, 323; Nothdurft, Der Begriff des Beteiligten in der fG, 1925; Platschner, Der Begriff der Beteiligten in der fG und seine Bedeutung, Erlanger Diss. 1953; Röhl, Prozeßfähigkeit Geisteskranker, JZ 56, 309; Zimmermann, Behörden als Beteiligte im Verfahren der fG, Rpfleger 58, 209.

I. Parteifähigkeit

Im vorhergehenden § 8 hat sich gezeigt, daß die fG einen doppelten Beteiligtenbegriff — den materiellen und den formellen — kennt und daß für das jeweilige Verfahren aus dem Zusammenhang ermittelt werden muß, wer denn im *konkreten* Fall Beteiligter ist. Jetzt ist noch die abstrakte Frage zu klären, wer denn überhaupt die *Fähigkeit* besitzt, Beteiligter zu werden.

Üblicherweise bezeichnet man in Anlehnung an den Zivilprozeß diese *Beteiligtenfähigkeit* als *Parteifähigkeit*, obwohl die fG keine Parteien, sondern nur Beteiligte kennt. Da der Begriff sich jedoch eingebürgert hat, soll er der einheitlichen Terminologie wegen auch hier beibehalten werden.

1. Die Parteifähigkeit (= Beteiligtenfähigkeit) läßt sich ohne Schwierigkeiten aus dem oben herausgearbeiteten Beteiligtenbegriff ableiten. An einem fG-Verfahren kann sich grundsätzlich formell nur beteiligen, wer auch materiell Beteiligter ist. Das ist jeder, der durch die Entscheidung in seinen Rechten oder Pflichten betroffen werden kann. Beteiligter kann also nur sein, wer überhaupt Träger von Rechten und Pflichten ist. Rechtsträgerschaft aber setzt *Rechtsfähigkeit* voraus (was sich nach materiellem — bürgerlichem oder öffentlichem — Recht beurteilt). Also ist parteifähig, wer rechtsfähig ist; rechtsfähig sind alle natürlichen und juristischen Personen.

2. Meist wird dieses Ergebnis durch Analogie zu § 50 I ZPO begründet (Baur, § 13 A I; Lent-Habscheid, § 15 I 1). Dessen bedarf es jedoch nicht. Es ergibt sich schon unmittelbar und einleuchtend aus der Interpretation des Beteiligtenbegriffs (Keidel, § 13 Rz. 36; Pikart-Henn, S. 71; BGH, WM 59, 141, 143). Eine Analogie zu § 50 ZPO wie zu vielen anderen ZPO-Regeln scheint allenfalls begründet für die echten Streitsachen. Hier ist es sogar angebracht, entsprechend § 50 II ZPO den nicht rechtsfähigen Vereinen passive Parteifähigkeit zuzubilligen. Für die übrigen fG-Bereiche kommt das indessen nicht in Betracht, weil die rein passive Parteifähigkeit ihrer Natur nach ein Zwei-Parteien-Streitverhältnis voraussetzt, an dem es hier fehlt. Ähnlich kann man den nicht rechtsfähigen Personenhandelsgesellschaften (OHG und KG) in entsprechender Anwendung des § 124 HGB Parteifähigkeit nur für die echten Streitsachen zuerkennen, nicht aber für die übrigen fG-Verfahren (h. M., aber sehr str. im Hinblick auf das Erbscheinsverfahren wegen der Erbfähigkeit der OHG, KG, s. Nothdurft, aaO, S. 117; Schlegelberger, § 13 Rz. 4). Als Beteiligte können in diesen Fällen nur in Erscheinung treten für den nichtrechtsfähigen Verein die Gesamtheit seiner Mitglieder, für die Personenhandelsgesellschaften die Gesellschafter selbst.

3. Eine *Ausnahme* besteht allerdings von dem Grundsatz Parteifähigkeit = Rechtsfähigkeit. In einer Reihe von Vorschriften des öffentlichen Rechts ist *Behörden*, die keine eigene Rechtspersönlichkeit besitzen, sondern lediglich organisatorische Glieder einer übergeordneten Körperschaft darstellen, die Fähigkeit zugesprochen, sich an Verfahren — auch an fG-Verfahren — zu beteiligen. Es hatte sich als zweckmäßig erwiesen, die jeweils mit der Sache befaßte einzelne Behörde an Stelle des gesamten anonymen Verwaltungsapparates als Verfahrensbeteiligte erscheinen zu lassen.

So stehen etwa dem Jugendamt in Jugendwohlfahrtssachen Antrags- und Beschwerderechte zu (§§ 57 II, 65 I 2 JWG); in Personenstandssachen der Aufsichtsbehörde des Standesbeamten (§§ 45, 47, 49 PStG); s. im einzelnen Zimmermann, Rpfleger 58, 209, 211 ff.; BGHZ 31, 92.

4. Parteifähigkeit ist *Verfahrensvoraussetzung*. Ihr Mangel macht das Verfahren oder die weitere Beteiligung der Nicht-Parteifähigen am Verfahren unzulässig.

II. Prozeßfähigkeit

Ist damit geklärt, wer überhaupt fähig ist, Beteiligter zu sein, so ist weiter zu fragen, welcher Beteiligte denn fähig ist, *allein* in einem Verfahren aufzutreten und *selbständig* die erforderlichen *Verfahrenshandlungen* vor- oder entgegenzunehmen.

Man könnte hier von der „Verfahrensfähigkeit" sprechen. Der einheitlichen Terminologie halber lassen wir es aber bei der herrschenden Übung, die aus der ZPO den Begriff der „Prozeßfähigkeit" übernommen hat.

1. Die fG-Gesetze regeln in einer Reihe von *Einzelfällen* zwar wer ausnahmsweise auch *noch* prozeßfähig sein kann (s. dazu 4.). Der hierbei vorausgesetzte *Grundsatz* selbst ist aber *nicht* normiert. Ihn gilt es zu finden. Woher er abzuleiten ist, ist umstritten.

Die h. M. will die Vorschriften des BGB über die Geschäftsfähigkeit (§§ 104 ff.) entsprechend anwenden (Keidel, § 13 Rz. 28; Schlegelberger, § 13 Rz. 7; Röhl, JZ 56, 309; BGH, NJW 61, 1397; OLG Frankfurt, DNotZ 65, 482). Eine Mindermeinung tritt für eine Analogie zu der Regelung der ZPO für die Prozeßfähigkeit (§ 52 ZPO) ein (Lent-Habscheid, § 15 II 2; wohl auch Baur, § 13 B II). Der Streit ist heftiger, als die Diskrepanz der Ergebnisse es vermuten läßt (so auch Baur, aaO). Beide Analogien führen zu dem Ergebnis, daß der Geschäftsfähige auch prozeßfähig und der Geschäftsunfähige auch prozeßunfähig ist. Damit ist der Meinungsstreit auf die Behandlung der beschränkt Geschäftsfähigen reduziert. Aber auch hier stimmen beide Meinungen im Ergebnis weitgehend miteinander überein, insbesondere deshalb, weil die h. M. gerade den kritischen Teil der Vorschriften über die Geschäftsfähigkeit für nicht analogiefähig hält, die Analogie also nur mit äußerster Vorsicht zieht. Im Ergebnis wird eine beschränkte Prozeßfähigkeit grundsätzlich abgelehnt, für den beschränkt Geschäftsfähigen hat im allgemeinen sein Vertreter im Verfahren zu handeln.

2. Auch hier empfiehlt sich vor einer Parteinahme in dem Meinungsstreit der Versuch, aus der *Natur* des *fG-Verfahrens* die *Maßstäbe* abzuleiten, die an die Prozeßfähigkeit anzulegen sind. Danach ist zu sagen:

Das fG-Verfahren dient der Klärung oder Regelung materieller Rechtsverhältnisse. Daher sind auch die einzelnen Verfahrenshandlungen, mögen sie unmittelbar auch nur auf die Ingangsetzung, Förderung, Verzögerung oder Beendigung des Verfahrens selbst gerichtet sein, im Endzweck jedenfalls ebenfalls auf die Klärung oder Regelung der materiellen Rechtsverhältnisse gerichtet. Daher ist es sinnvoll, die Fähigkeit, im *prozessualen Raum* wirksam zu handeln, von der Fähigkeit abhängig zu machen, im *materiellen Raum* wirksam zu handeln. Kurz gesagt: die Prozeßfähigkeit von der Geschäftsfähigkeit abhängig zu machen. Dabei muß jedoch auf die *öffentlichrechtliche Natur* des Verfahrens Rücksicht genommen werden. Sie erfordert Zügigkeit, Klarheit und Sicherheit des Verfahrensverlaufs. Diesen Prinzipien würde die Anerkennung einer beschränkten Prozeßfähigkeit in Analogie zu der beschränkten Geschäftsfähigkeit der BGB-Regelung widersprechen, weil sie viel zu schwerfällig wäre. Die für den Regelfall zu fordernde Bedingungsfeindlichkeit der öffentlichrechtlichen Verfahrenshandlungen steht einer Analogie zu § 108 BGB (schwebende Unwirksamkeit der Handlung des beschränkt Geschäftsfähigen bis zur Entscheidung des Vertreters über die Genehmigung) entgegen. Aber auch eine Analogie zu § 107 BGB würde erhebliche Verfahrensverzögerungen bedingen, weil der Richter vor jeder erheblichen Verfahrenshandlung des beschränkt Geschäftsfähigen nachzuprüfen hätte, ob eine Einwilligung des gesetzlichen Vertreters hierzu vorliegt. Die öffentlichrechtliche Natur des Verfahrens fordert also eine Einschränkung unseres Ausgangspunktes: Prozeßfähigkeit setzt voraus, daß der Beteiligte im rechtsgeschäftlichen Bereich nicht nur wirksam, sondern auch *selbständig* handeln kann. Aus diesem Grund ist im Ergebnis die *analoge Anwendung* des § 52 ZPO gerechtfertigt: „Eine Person ist insoweit prozeßfähig, als sie sich durch Verträge selbständig verpflichten kann."

Die h. M. kommt im wesentlichen zum selben Ergebnis, indem sie einen Teil der kritischen Vorschriften für nicht analogiefähig ansieht (nämlich §§ 108—111 BGB und § 107 bezüglich der rechtlich vorteilhaften Geschäfte) und die Analogie zu § 107 BGB in wenig klarer Weise praktisch auf nicht mehr genannte Ausnahmefälle beschränkt, indem sie aus den §§ 1626, 1629, 1633, 1793, 1897 BGB folgert, daß für die in der Geschäftsfähigkeit Beschränkten regelmäßig ihre gesetzlichen Vertreter handeln müssen (s. Keidel, § 13 Rz. 29 m. w. Nachw.).

3. *Folgerungen.* a) Der Geschäftsunfähige ist prozeßunfähig (BGHZ 15, 262). Beschränkt sich die Geschäftsunfähigkeit auf bestimmte Lebensbereiche (*Teil*geschäftsunfähigkeit), so fehlt *insoweit* die Prozeßfähigkeit (häufiges Beispiel: begrenzte Gebrechlichkeitspflegschaft; s. BGHZ 18, 184; BGH, FamRZ 61, 367; BayObLG, FamRZ 65, 341).

b) Der voll Geschäftsfähige ist auch prozeßfähig. Ist ein beschränkt Geschäftsfähiger nach bürgerlichem Recht befähigt, in einem abgegrenzten Gebiet wirksam selbständig zu handeln (Teilgeschäftsfähigkeit), so ist er insoweit auch prozeßfähig.

Das gilt unter den Voraussetzungen der §§ 112, 113 BGB für das Erwerbsgeschäft oder das Dienst- oder Arbeitsverhältnis eines Minderjährigen. Es trifft auch zu bei der minderjährigen Ehefrau und Mutter für diejenigen Rechte, die das Gesetz ihr schon vor Volljährigkeit zur Ausübung überläßt (vgl. z. B. §§ 1673 II, 1707, 1729 III, 1748 II BGB).

4. *Ausnahmen.* Der oben (zu II 1) herausgearbeitete Grundsatz (Prozeßfähigkeit = Geschäftsfähigkeit) erleidet Ausnahmen. Es gibt Verfahren, in denen dem *Rechtsschutzbedürfnis* des nicht geschäftsfähigen Beteiligten durch eine gesetzliche Vertretung nicht voll Genüge getan wird oder in denen es der Vorstellung von der menschlichen Würde (Art. 1 GG) und dem daraus abgeleiteten Recht auf Gehör (Art. 103 I GG, dazu unten § 17) widerspricht, den nicht Geschäftsfähigen als ein zwar durch einen gesetzlichen Vertreter vertretenes, aber noch nicht selbst mithandelndes Objekt des

Verfahrens zu sehen. Das sind solche Verfahren, die auf einen besonders intensiven Eingriff in den persönlichen Lebensbereich abzielen. Man kann sagen: Je intensiver der Eingriff in die Persönlichkeitssphäre ist, den das Verfahren erlaubt, umso stärker ist die Prozeßfähigkeit auszudehnen bis zu dem Punkt, wo jegliche Verständigungsmöglichkeit mit dem Beteiligten unmöglich ist, damit der Beteiligte die Möglichkeit hat, *selbst* seine wichtigsten Persönlichkeitsrechte zu wahren. Hier ist es nicht angängig, ihn ohne ein Mindestmaß an eigener Initiative zum Gegenstand des Verfahrens zu machen. In diesem Sinne finden sich einige Ausnahmen von dem obigen Grundsatz bereits im Gesetz (a), andere sind von der Rechtsprechung in Aktualisierung des Grundrechtsschutzes herausgearbeitet worden (b).

a) Der wichtigste *gesetzlich geregelte* Fall ist § 59 FGG. Danach hat ein Minderjähriger, der das 14. Lebensjahr vollendet hat (also eine gewisse Verstandesreife schon besitzt), in allen seine Person betreffenden Angelegenheiten (also nicht in rein vermögensrechtlichen Angelegenheiten: BayObLGZ 12, 218) das Recht, selbständig Beschwerde einzulegen. Gleiches Recht steht dem über 14 Jahre alten Mündel zu in allen Angelegenheiten, in denen seine Anhörung gesetzlich vorgeschrieben ist, § 59 I 2 FGG (Anhörungsgebot wohl als zwingendes Indiz für die Wichtigkeit der Angelegenheit gedacht), sowie gegen einen die Fürsorgeerziehung oder die vorläufige Fürsorgeerziehung anordnenden Beschluß (§§ 65 III 2, IV, 67 II JWG). § 59 FGG gewährt außerdem dem Volljährigen, aber unter Vormundschaft stehenden Mündel ein selbständiges Beschwerderecht, wenn er nicht geschäftsunfähig ist.

In diesen Fällen entsteht die Frage, ob sich die Rechte des nicht voll Geschäftsfähigen mit der Einlegung der Beschwerde *erschöpfen.* Eine solche Beschränkung würde aber das Beschwerderecht für ihn wertlos machen. Er muß auch sein Recht *im Verfahren selbst* verfolgen können. Daher erstreckt sich seine Prozeßfähigkeit auch auf die Vornahme aller Prozeßhandlungen im Beschwerdeverfahren (Prozeßhandlungsfähigkeit; vgl. KG, OLGZ 66, 587). Nach § 63 FGG steht ihm in diesem Rahmen auch die weitere Beschwerde zu mit der Folge, daß er auch im Verfahren der weiteren Beschwerde alle Prozeßhandlungen selbständig vornehmen kann. Hingegen ist aus der Fähigkeit zur selbständigen *Beschwerde*einlegung *nicht* die Befugnis abzuleiten, ein erstinstanzliches Verfahren durch selbständige *Antrag*stellung in Gang zu setzen (h. M.: Keidel, § 59 Rz. 2; Jansen, § 59 Anm. 1; a. A.: Baur, § 13 B II 3; Unger, ZZP 37, 437). § 59 ist nämlich eine Ausnahmevorschrift und durch das dort gewährte Rechtsmittel ist der Rechtsschutz des nicht voll Geschäftsfähigen ausreichend gewährleistet. Die Möglichkeit, Anregungen an das Vormundschaftsgericht zu richten, bleibt natürlich unbenommen.

In einem besonderen Fall gewährt aber auch das Gesetz dem unverheirateten Minderjährigen ohne Rücksicht auf sein Lebensalter schon für die erste Instanz ein

*Antrags*recht: Nach § 1612 II 2 BGB kann das Kind beim Vormundschaftsgericht beantragen, den Beschluß seiner Eltern über den zu gewährenden Unterhalt zu ändern (s. ERMAN-WAGNER, § 1612 Anm. 4). Die Prozeßfähigkeit erstreckt sich auch hier über die Antragsfähigkeit hinaus auf die Durchführung des Verfahrens selbst sowie auch auf die Rechtsmittelverfahren. Ein weiterer Sonderfall ist § 56 I FGG mit § 3 BGB: Der über 18 Jahre alte Minderjährige kann seine Volljährigkeitserklärung selbst beantragen.

b) Die Rspr. hat in einer Reihe weiterer Fälle einem nicht voll Geschäftsfähigen ein *selbständiges Beschwerderecht,* gegebenenfalls auch schon ein *Antragsrecht* zuerkannt mit der Folge, daß er dann auch für die Durchführung des Beschwerde- bzw. Antragsverfahrens *prozeßfähig* ist. So ist der Betroffene im Unterbringungsverfahren, auch wenn er geschäftsunfähig ist, zur Stellung von Anträgen und zur Einlegung von Rechtsmitteln berechtigt. Gleiches gilt für das Verfahren über die Genehmigung zur Anstaltsunterbringung von Mündeln gemäß § 1800 II BGB (mit § 55 a FGG) und für das Verfahren nach dem FreihEntzG und in landesrechtlichen Verwahrungsverfahren.

Dazu: ARNOLD, FamRZ 63, 484; HAMPEL, FamRZ 63, 537; MAUNZ-DÜRIG, Art. 103 I Rz. 91; Art. 104 Rz. 31; OLG Düsseldorf, FamRZ 63, 528; KG, NJW 61, 2115; BayObLG, NJW 64, 550; J. BAUAMNN, Unterbringungsrecht, 1966.

BVerfG 10, 302 (306) hat als allgemeinen Grundsatz der Rechtsordnung hervorgehoben, daß auch Entmündigte und Geisteskranke für Verfahren, in denen es um Maßnahmen wegen ihres Geisteszustandes geht, zur Wahrung ihrer Rechte prozeßfähig sein müssen. Nach BGHZ 35, 1 (vgl. auch KG, FamRZ 60, 503; ferner OLG Hamm, JMBl. NRW 64, 272) steht dem Volljährigen, auch wenn er geschäftsunfähig ist, gegen die Anordnung einer Gebrechlichkeitspflegschaft (§ 1910 II, III BGB) sowie gegen die Auswahl des Pflegers (BayObLG, FamRZ 65, 341) das Recht zur selbständigen Beschwerde bzw. weiteren Beschwerde zu (anders noch BGHZ 15, 262). Nach KG, FamRZ 61, 451, kann ein Geschäftsunfähiger die Anordnung der Pflegschaft beantragen und gegen die Ablehnung Beschwerde einlegen. Nach OLG Hamm (JMBl. NRW 62, 48) soll aber die Aufhebung der Pflegschaft nach § 1920 BGB nicht von ihm selbständig beantragt werden können. Diese Auffassung wird wohl noch revidiert werden müssen (s. jetzt dazu auch KG, FamRZ 66, 321). Überhaupt ist die Entwicklung noch keineswegs abgeschlossen (weitere Nachweise bei HELMUT KEIDEL, aaO, S. 89 bis 100). Die Rspr. wird wohl noch in einer Reihe von weiteren Fällen die Grenzen der Prozeßfähigkeit ausdehnen nach Maßgabe des Grundsatzes: Je stärker die Eingriffsmöglichkeiten in die Persönlichkeitssphäre, um so geringer die Anforderung an die Prozeßfähigkeit (s. auch KEIDEL, Rpfleger 67, 325 f.).

In diesen Fällen gilt der Ausschluß des Beschwerderechts für den Geschäftsunfähigen durch § 59 II FGG also nicht. Die Vorschrift ist insoweit wegen Verstoßes gegen Art. 1 III, 103 I GG verfassungswidrig und darum nichtig (OLG Düsseldorf, FamRZ 63, 528; KG, FamRZ 61, 494; BayObLGZ 61, 332). Umstr. ist hingegen, ob man nicht für die Gewährung der Verfahrensfähigkeit an Kinder in diesen Angelegenheiten eine feste Altersgrenze wie die des § 59 II FGG (14 Jahre) setzen soll (Teilproblem der sog. „Grundrechtsmündigkeit"). M. E. kann man hier schlecht feste Grenzen ziehen, wenn man sie auf der anderen Seite beim Geisteskranken (§ 59 II FGG!) fallen läßt. Es taucht dann die Frage der Bestellung eines besonderen Verfahrenspflegers auf, wo der Geisteskranke oder das Kind infolge Unreife zur selbständigen Ausübung seiner Verfahrensrechte, insbesondere der Wahrnehmung des rechtlichen Gehörs (s. unten § 17 III 4) nicht in der Lage ist (zum ganzen: Riedel, § 65 JWG, Anm. 10 b; Hampel, FamRZ 63, 537; Maunz-Dürig, Art. 19 III GG, Rz. 20 ff.).

c) In all den vorliegenden Fällen (a) und (b) hat die Gewährung des Antrags- oder Beschwerderechts den Sinn eines *zusätzlichen Rechtsschutzes* für den Nichtgeschäftsfähigen. Darum wird die Berechtigung des *gesetzlichen Vertreters* zur Antragstellung oder Beschwerdeeinlegung *nicht* berührt (BGHZ 35, 1, 5). Die Gewährung der Prozeßfähigkeit an den nicht voll Geschäftsfähigen soll ihn nur von seinem Vertreter unabhängig machen, nicht aber soll sie den Vertreter ausschalten. Daher können unter Umständen Vertreter und Vertretener selbständig *nebeneinander* Beschwerde einlegen. Die Unwirksamkeit oder Rücknahme der einen Beschwerde berührt dann die andere Beschwerde nicht.

d) Die Gewährung eines selbständigen Beschwerderechtes an das Mündel setzt voraus, daß ihm *Gelegenheit* zur *Ausübung* verschafft wird. Darum müssen die anfechtbaren Verfügungen des Vormundschaftsgerichts ihm ebenfalls neben seinem gesetzlichen Vertreter *bekanntgemacht* werden.

5. *Sonderfälle: Offenbarungseid und Beurkundung.* a) Die Leistung des Offenbarungseides (z. B. nach §§ 259, 260, 1006, 1057 S. 2 BGB) und die Abgabe eidesstattlicher Erklärungen (z. B. nach § 2356 BGB) hat immer der gesetzliche Vertreter vorzunehmen (h. M., Baur, § 13 B II 4 a; Schlegelberger, § 13 Rz. 7; Lent-Habscheid, § 15 III 4). Das folgt aus der besonderen Bedeutung dieser Erklärung und den Mißbrauchsgefahren, die mit ihnen verbunden sind. In diesen Fällen fordert der Rechtsschutz des nicht Geschäftsfähigen gerade umgekehrt als oben (II 4) möglichst enge Grenzen für die Prozeßfähigkeit.

Das verkennt Keidel (§ 15 Rz. 46), wenn er dem Gericht die Befugnis gewähren will, analog § 455 II ZPO von dem Minderjährigen, der über 16 Jahre alt ist, die Abgabe einer eidesstattlichen Erklärung zu verlangen. Man sollte in diesen Fällen besser von „Eidesfähigkeit" statt von „Prozeßfähigkeit" sprechen.

b) Für den Sonderfall der *Beurkundung* ist der oben (zu II 2) entwickelte Grundsatz der *Prozeßfähigkeit nicht* zu verwenden. Bei der Beurkundung geht es darum, einer materiell-rechtlichen Erklärung die aus unterschiedlichen Gründen geforderte Form zu geben. Hier ist das wichtigste die abzugebende Erklärung; sie ist der Körper, dem durch die Beurkundung nur das äußere Kleid verliehen wird. Daher muß die Frage, wessen Erklärungen beurkundungsfähig sind, nach den für die abzugebende Erklärung maßgebenden Regeln beantwortet werden. Das sind die BGB-Regeln über die Geschäftsfähigkeit (§§ 104 ff. BGB). Danach sind die Willenserklärungen eines voll Geschäftsfähigen wirksam, also beurkundungsfähig; die Willenserklärung eines Geschäftsunfähigen unwirksam (§ 105 I BGB), also nicht beurkundungsfähig. Die Willenserklärungen eines beschränkt Geschäftsfähigen sind wirksam, wenn sie mit Einwilligung des gesetzlichen Vertreters abgegeben sind (§ 107 BGB) oder können wirksam werden, wenn der gesetzliche Vertreter sie nachträglich genehmigt (§ 108 BGB). Daraus folgt zunächst, daß die Willenserklärungen eines in der Geschäftsfähigkeit Beschränkten dann beurkundungsunfähig sind, wenn sie wegen verweigerter Einwilligung des gesetzlichen Vertreters unwirksam sind. In den anderen beiden Fällen sind sie entweder wirksam oder können wirksam werden, wenn ihnen die erforderliche Form verliehen wird; dann darf die Wirksamkeit oder das Wirksamwerden des Hauptgegenstandes, also der Erklärung, nicht an der Verweigerung der Hilfestellung der Formgebung scheitern: Sie sind beurkundungsfähig.

Schwierigkeiten ergeben sich hier bei der *Kostenfrage.* Bei Inanspruchnahme einer Urkundsperson entstehen die Beurkundungsgebühren kraft öffentlichen Rechts. Aber die Kostenlast trifft den in der Geschäftsfähigkeit Beschränkten nur, wenn sein gesetzlicher Vertreter in die Beurkundung eingewilligt oder sie nachträglich genehmigt hat (Minderjährigenschutz). Im Normalfall kann die Urkundsperson sich hier dadurch helfen, daß sie zunächst Klärung der Kostenfrage verlangt, praktisch wird das dadurch geschehen, daß die Einwilligung des gesetzlichen Vertreters nachgewiesen wird. U. U. ist aber auch ein anderer Kostenschuldner (z. B. eine Vertragspartei) vorhanden, dann spielt der Minderjährigenschutz für die Urkundsperson keine Rolle. In dringenden Fällen darf die Urkundsperson wegen der ungeklärten Kostenfrage die Beurkundung nicht ablehnen, weil sie Trägerin eines öffentlichen Amtes ist (vgl. für den Notar § 1 BNotO).

6. Die Prozeßfähigkeit ist eine *Prozeßhandlungsvoraussetzung.* Ihr Fehlen macht die vorgenommene Verfahrenshandlung unwirksam. Der Mangel kann jedoch durch Genehmigung des gesetzlichen Vertreters oder des prozeßfähig gewordenen Beteiligten rückwirkend geheilt werden, wenn die Genehmigung noch während der Verfahrensdauer erteilt wird. Das ist für den Zivilprozeß nach dem Grundgedanken der §§ 551 Nr. 5, 579 Nr. 4 ZPO fast allgemein anerkannt (Rosenberg, § 43 III 2; RGZ 110, 228, 231) und muß auch für die fG gelten (Baur, § 13 B III; Lent-Habscheid, § 15 II 4; teilweise a. A.: OLG Frankfurt, DNotZ 65, 482 m. abl. Anm. von Baur). Für den Prozeßunfähigen muß sein gesetzlicher Vertreter handeln (unten § 10 I).

§ 10. Vertretung, Beistandschaft, Prozeßstandschaft

Literatur: Beitzke, Familienrecht, 13. Aufl. 1966; Dölle, Familienrecht II, 1965; Gernhuber, Familienrecht, 1964; Habscheid, Die Vertretungsbefugnisse der Notare in Angelegenheiten der vorsorgenden Rechtspflege, NJW 64, 1502.

I. Gesetzliche Vertretung

1. Da *prozeßunfähige* Personen selbst keine wirksamen Verfahrenshandlungen vornehmen können, müssen das ihre gesetzlichen Vertreter für sie besorgen. Das sind bei ehelichen Kindern in der Regel ihre *Eltern* (§ 1626 BGB); ausnahmsweise ein *Vormund,* der unter den Voraussetzungen des § 1773 BGB zu bestellen ist (Ausschluß des elterlichen Vertretungsrechtes oder ungeklärter Familienstand). Gesetzlicher Vertreter der unehelichen Kinder ist in der Regel das Jugendamt als Amtsvormund (§ 40 JWG), ausnahmsweise die volljährige Mutter (§ 1707 II BGB).

Ein *Vormund* muß auch für *Volljährige* auftreten, wenn sie entmündigt (§ 1896 BGB) oder unter vorläufige Vormundschaft (§ 1906 BGB) gestellt sind.

Unter den diversen Voraussetzungen der §§ 1909 ff. und 1961 BGB wird die gesetzliche Vertretung von *Pflegern* wahrgenommen. Hiernach besteht auch die Möglichkeit einer Pflegschaft für Geschäftsfähige, also *prozeßfähige* Personen (z. B. §§ 1910, 1911 BGB). Nach dem oben (§ 9 II 4) über den verstärkten Persönlichkeitsschutz Gesagten wird man hier annehmen müssen, daß die Pflegschaft die Prozeßfähigkeit nicht berührt. Für echte Streitsachen allerdings erscheint es geboten, § 53 ZPO entsprechend anzuwenden. Danach ist der grundsätzlich prozeßfähige Pflegling für das Verfahren, in dem er durch einen Pfleger vertreten wird, prozeßunfähig.

2. Der Grundsatz der *Gesamtvertretung* ehelicher Kinder durch *beide Elternteile* (BVerfG, NJW 59, 1483) kann zu Schwierigkeiten führen.

a) Was ist zu tun, wenn die Eltern sich *nicht* auf eine gemeinsame Vertretungshandlung *einigen* können? Das BVerfG hat mit § 1629 I BGB auch den Lösungsversuch des § 1628 BGB für nichtig erklärt. Die Rspr. muß die Lücke füllen. Es bleibt nur die Anrufung des Vormundschaftsgerichts übrig. Doch ist sie im Hinblick auf Art. 6 II GG („zuvörderst" die Eltern selbst!) nur in Angelegenheiten zulässig, die für das Kind *wichtig* sind (s. z. B. LG Stuttgart, NJW 61, 27; Gernhuber, § 50 II 3). Sein Eingriff in die Elternrechte soll aber so gering wie möglich sein. Daher hat es keine Sachentscheidung an Stelle der Eltern zu treffen, sondern nur zu entscheiden, welcher Elternteil in diesem Fall ausnahmsweise allein zur Entscheidung und Vertretung des Kindes berechtigt ist (sog. „Kompetenz-Kompetenz": AG Hamburg, FamRZ 61, 123; OLG Frankfurt, FamRZ 61, 125; Lange, NJW 61, 1891).

b) Wie ist es, wenn ein Elternteil an der Mitwirkung bei der Vertretung *tatsächlich verhindert* ist, weil er abwesend ist? Nach § 1678 I BGB übt in diesem Fall der andere Elternteil die elterliche Gewalt allein aus.

Die Eltern können natürlich — sofern die Voraussetzungen des § 1678 I BGB nicht vorliegen — auch dadurch vorsorgen, indem der eine den anderen Elternteil bevollmächtigt, für ihn aufzutreten (BayObLG, FamRZ 61, 176). I. d. R. wird eine natürliche oder vereinbarte Aufgabenteilung eintreten (s. auch GERNHUBER, FamRZ 65, 228). Ohne entsprechende Vollmacht des anderen Teils kann ein Elternteil immer noch allein unter der Bedingung handeln, daß der andere nachträglich genehmigt. Ein solcher Schwebezustand wird zumindest in vermögensrechtlichen Angelegenheiten zulässig sein, nicht aber in personenrechtlichen. Nach BGHZ 30, 306 ist ein Adoptionsvertrag ungültig, den ein Elternteil allein abschließt und den der andere erst nachträglich genehmigt.

Ausnahmsweise kann bei *Gefahr in Verzug* ein Elternteil das Kind allein vertreten, ohne daß es einer nachträglichen Genehmigung durch den abwesenden Elternteil bedarf. Insoweit ist § 1454 BGB analog anwendbar (LENT-HABSCHEID, § 17 I 2).

3. In den Fällen, in denen ein nach allgemeinen Regeln verfahrensunfähiger Beteiligter wegen der zu erwartenden schwerwiegenden Eingriffe in seinen Persönlichkeitsbereich ausnahmsweise rechtlich verfahrensfähig (s. oben § 9 II 4 b), tatsächlich aber (wegen seines Geisteszustandes, seiner Unreife oder der sonst zu erwartenden Gesundheitsgefährdung) nicht in der Lage ist, seine Verfahrensrechte selbständig sinnvoll auszuüben, stellt sich die Frage, ob ihm nicht zur Wahrnehmung dieser Rechte — gegebenenfalls neben seinem gesetzlichen Vertreter — ein spezieller Verfahrenspfleger zu bestellen ist. Das Problem wird vor allem im Hinblick auf das Genehmigungsverfahren nach § 1800 Abs. II BGB erörtert (s. HAMPEL, FamRZ 62, 514; BayObLG, FamRZ 62, 39; JANSEN, § 55 Anm. 8). M. E. ist bis zu einer sinnvollen gesetzlichen Regelung zumindest dann, wenn zwischen dem Verfahrensunfähigen und seinem gesetzlichen Vertreter ein Interessenkonflikt besteht (s. KEIDEL, § 13 Rz. 31 a), die Bestellung eines Verfahrenspflegers die unbequeme, aber notwendige Konsequenz aus Art. 1 Abs. III, 103 I GG (str.). S. auch § 5 II 2 FreihEntzG und die entsprechenden Unterbringungsgesetze der Länder.

II. Gewillkürte Vertretung

Die Beteiligten „*können* sich durch Bevollmächtigte vertreten lassen". Aus dieser Bestimmung des § 13 S. 2 FGG lassen sich mehrere Schlüsse ziehen.

1. Die Beteiligten *können* auch selbst vor Gericht handeln (Postulationsfähigkeit). Ein *Anwaltszwang* wie in § 78 ZPO ist *nur* für *Ausnahmefälle* angeordnet:

a) Die *Beschwerdeschrift*, mit der die weitere Beschwerde eingelegt wird, muß von einem Rechtsanwalt *unterzeichnet* sein (§ 29 I 2 FGG). Der Sinn der Bestimmung ist leicht einzusehen: Das Obergericht soll vor der völlig unqualifizierten Verwendung des Rechtsmittels durch Laien geschützt werden, denen die Beurteilung, ob eine Rechtsverletzung (alleiniger Beschwerdegrund: § 27 FGG) vorliegt, erfahrungsgemäß schwer fällt; darum ist die Mitwirkung des Anwalts auf die Unterzeichnung der Beschwerdeschrift beschränkt; im *Verfahren* der weiteren Beschwerde selbst besteht *kein* Anwaltszwang.

Darum bedarf es auch des Anwalts nicht, wenn die weitere Beschwerde mit Erklärung zu Protokoll der Geschäftsstelle (Beratung durch Urkundsbeamten) oder durch eine Behörde oder durch einen Notar eingelegt wird, der für den Beschwerdeführer bereits in erster Instanz einen Antrag gestellt hat (§ 29 I 3 FGG). S. unten § 33 III 1 und 4.

b) In *Landwirtschaftssachen* müssen sich die Beteiligten im Rechtsbeschwerdeverfahren vor dem BGH durch einen Rechtsanwalt vertreten lassen (§§ 26, 28, 29 LwVG). Der Grund ist der gleiche wie oben für die Einlegung der weiteren Beschwerdeschrift. Ebensowenig wie dort muß hier der Rechtsanwalt beim BGH zugelassen sein, es kann jeder Rechtsanwalt sein. Gleiches gilt für §§ 14 III, 34 II, 47 WBG.

2. Im übrigen ist eine Vertretung durch Bevollmächtigte im fG-Verfahren zwar nicht notwendig, aber grundsätzlich zulässig. *Ausnahmsweise* ist sie *unzulässig:*

a) „soweit das *Gericht* das persönliche Erscheinen *anordnet*" (§ 13 S. 2 FGG). Da der Richter in fG-Sachen oft die Möglichkeit eines bedeutsamen Eingriffs in den Persönlichkeits- oder Vermögensbereich der Beteiligten erwägen muß, muß er die Möglichkeit haben, sich im Wege der Amtsermittlung (§ 12 FGG) und im unmittelbaren Kontakt mit den Beteiligten, ohne Zwischenschaltung eines Mittelsmannes, ein unmittelbares Bild machen zu können. Das hindert den Beteiligten aber nicht, im Anhörungstermin in Begleitung seines Bevollmächtigten zu erscheinen, der hier die Funktion eines Beistandes hat, und sich im übrigen Verfahren weiterhin von dem Bevollmächtigten vertreten zu lassen.

b) soweit sie durch *Gesetz* ausdrücklich *ausgeschlossen* ist. Hier muß man allerdings unterscheiden:

aa) In einer Reihe von Fällen ist die Vertretung ausgeschlossen, weil es sich um *höchstpersönliche Erklärungen* handelt, die nur von dem Beteiligten selbst *abgegeben* werden können.

Das trifft z. B. zu auf die Errichtung oder den Widerruf eines Testaments (§§ 2064, 2254 BGB), seine Rücknahme aus der amtlichen Verwahrung (§ 2256 II 2 BGB); den Abschluß oder die Aufhebung eines Erbvertrages (§§ 2274, 2290 BGB) oder eines Erbverzichtvertrages (§§ 2347 II, 2351, 2352 S. 3 BGB); bestimmte Erklärungen bei der Anmeldung zum Handelsregister (z. B. §§ 7, 8 II, 57 GmbHG). Das Gesetz spricht in diesen Fällen meist davon, die Erklärung müsse „persönlich" erfolgen.

bb) In einer anderen Gruppe von Fällen will das Gesetz nur sicherstellen, daß die zur Frage stehende *Entscheidung* von dem Beteiligten *selbst getroffen* wird. Ob er sie dem Erklärungsempfänger gegenüber dann auch selbst *erklärt,* ist demgegenüber zweitrangig. Das Gesetz formuliert hier i. d. R., die Erklärung könne nicht „durch einen Vertreter" erfolgen. Diese Vorschriften hat die h. M. nach ihrem Sinn mit Recht einschränkend dahin ausgelegt, daß sie nur eine Stellvertretung „im Willen" ausschließen wollten. Eine Stellvertretung „in der Erklärung" ist hingegen zulässig. Der Beteiligte muß seine Entscheidung selbst treffen, aber erklären kann sie für ihn sein Vertreter. Zur Vermeidung von Mißbräuchen und Unklarheiten bedarf es in diesen Fällen allerdings einer Spezialvollmacht, in der der Inhalt der abzugebenden Erklärung von vorneherein so genau festgelegt ist, daß keine Zweifel über den Willen des Vollmachtgebers entstehen können (BGHZ 5, 344 zu § 1750 BGB a. F.). In diesen Fällen ist die Bevollmächtigung des Vertreters unselbständiger Teil des vorzunehmenden Rechtsgeschäftes; daher bedarf sie ausnahmsweise (entgegen § 167 II BGB) der für das Rechtsgeschäft vorgesehenen Form (Bosch, DNotZ 51, 166).

Beispiele: § 1728 BGB (Antrag auf und Einwilligung in Ehelichkeitserklärung); §§ 2282 I, 2296 I BGB (Anfechtung und Rücktritt vom Erbvertrag); §§ 1748 II 1, 1758 a (Einwilligung in Adoption).

3. Hinsichtlich der *Person* des Bevollmächtigten enthalten die fG-Gesetze keine besonderen Anforderungen. Bevollmächtigter kann also grundsätzlich jedermann sein, also nicht nur der im Gerichtsbezirk zugelassene Anwalt, ja es braucht überhaupt kein Anwalt zu sein.

a) Allerdings muß das Gericht die Möglichkeit haben, in Ausübung der *Sitzungspolizei* einen geordneten Verfahrensablauf sicherzustellen. Daher kann das Gericht analog § 157 II ZPO *ungeeignete* Bevollmächtigte, denen die Fähigkeit zum mündlichen und schriftlichen Vortrag fehlt, durch unanfechtbare Anordnung den weiteren Vortrag untersagen (OLG Stuttgart, RdL 57, 244; str.).

b) Hingegen bestehen keine Bedenken, *beschränkt geschäftsfähige* Personen, die in eigenen Angelegenheiten also nicht prozeßfähig sind, als Vertreter zuzulassen, ihnen insoweit also die Prozeßfähigkeit zuzuerkennen (h. M., Keidel, § 13 Rz. 11; Schlegelberger, § 13 Rz. 18; Jansen, § 13 Anm. 5). Das wird neuerdings z. T. bestr. (Baur, § 15 A III 1; Lent-Habscheid, § 17 II 2 c; Lukes, ZZP 69, 141 ff.).

Die Mindermeinung erkennt an, daß sich die Vollmachterteilung auch im fG-Verfahren grundsätzlich nach §§ 164 ff. BGB richtet. Sie will aber § 165 BGB (Vertretung durch beschränkt Geschäftsfähige)durch analoge Anwendung des § 79 ZPO ausschließen. Dafür besteht indessen keine Veranlassung. Das Kriterium für die Zuerkennung der Prozeßfähigkeit ist, ob der Betreffende rechtsgeschäftlich selbständig handeln kann (oben § 9 II 2). Ein beschränkt Geschäftsfähiger kann das zwar nicht in eigenen, wohl aber als Vertreter in fremden Angelegenheiten. Der fG-Richter kann ungeeignet erscheinende Minderjährige als Bevollmächtigte ausschließen. Er ist dabei nicht nur auf den § 157 II ZPO angewiesen, dessen analoge Anwendung im fG-Verfahren umstritten ist (Keidel, § 13 Rz. 23 m. w. Nachw.).

Er kann sich auch des § 13 S. 2 FGG (Anordnung des persönlichen Erscheinens) bedienen. Die Streitfrage hat indessen keine allzu große praktische Bedeutung.

c) *Juristische Personen* sind als Verfahrensbevollmächtigte nicht zulässig (KG, WM 56, 736; 62, 828). Meist wird aber (Auslegung) eine Bevollmächtigung des gesetzlichen Vertreters der juristischen Person gewollt sein (BGH LM LVO § 12 Nr. 4.)

4. Für *Erteilung, Umfang* und *Widerruf* der Vollmacht gelten die §§ 167 ff. BGB. Im Grundsatz bedarf es danach *keiner Form.* Im praktischen Ergebnis regelmäßig aber doch. Einmal deshalb, weil sie in mehreren Spezialbestimmungen gefordert wird (z. B. § 12 II 1 HGB, §§ 1945 II 1, 1955 S. 2 BGB, wo sogar öffentlich beglaubigte Form gefordert wird). Zum anderen vor allem aber deshalb, weil das Gericht die Vollmacht von Amts wegen zu prüfen hat und aus diesem Grunde regelmäßig Schriftform fordern wird. Nach § 13 S. 3 FGG kann jeder Beteiligte oder das Gericht sogar die Vorlage einer öffentlich beglaubigten Vollmacht verlangen.

a) Einem *Notar* wird in einer Reihe von Fällen (z. B. §§ 71, 129, 147, 159, 161 FGG) der Vollmachtsnachweis erleichtert. Wenn er die zur Eintragung erforderliche Erklärung beurkundet oder beglaubigt hat, „gilt" (Vermutung!) er als ermächtigt, die Eintragung in öffentliche Bücher zu beantragen. Zurücknehmen kann der Notar aber nur Anträge, die er selbst (wenn auch im Namen des Beteiligten), nicht aber, die der Beteiligte persönlich gestellt hat (SchlHOLG, SchlHA 59, 197; OLG Braunschweig, DNotZ 61, 413; str., a. A.: Hieber, DNotZ 56, 172).

b) Der *Umfang* der Vollmacht richtet sich nach dem Inhalt der Vollmacht. Die §§ 81—83 ZPO sind nicht entsprechend anwendbar. Eine Vollmacht kann nur für eine einzelne Prozeßhandlung, sie kann aber auch für das gesamte Verfahren ausgestellt werden. Wegen der Zustellung an Bevollmächtigte s. OLG Frankfurt, RdL 59, 307 und unten § 20 II 1 b.

c) Soweit eine geschäftsbeschränkte oder geschäftsunfähige Person ausnahmsweise selbst im Verfahren handeln darf (oben § 9 II 4), hat sie auch das Recht, sich durch eine Person ihres Vertrauens vertreten zu lassen (u. U. neben ihrem gesetzlichen Vertreter) und kann diese insoweit wirksam bevollmächtigen (KG, NJW 61, 2115, FamRZ 62, 482).

5. Prozeßhandlungen eines *vollmachtlosen Vertreters* sind unzulässig. In Amtsverfahren können sie — selbstverständlich nach pflichtgemäßer Prüfung (§ 12 FGG) — einfach unbeachtet bleiben. In Antragsverfahren müssen sie als unzulässig zurückgewiesen werden, ebenso im Beschwerdeverfahren (OLG Hamm, RdL 52, 190). Im übrigen hat das Gericht die Vollmacht — außer im Fall des § 29 LwVG — von Amts wegen zu prüfen (analog § 88 II 2 ZPO) und wird aus diesem Grunde regelmäßig einen schriftlichen Vollmachtnachweis fordern (s. oben II 4). Solange er fehlt, ist das Gericht berechtigt, den Bevollmächtigten zurückzuweisen (mag er auch in Wirklichkeit Vollmacht besitzen). Das Gericht kann allerdings

auch jemand unter der Auflage, innerhalb einer bestimmten Frist seine Vollmacht nachzuweisen, vorläufig als Vertreter zulassen, mag ihm gegenwärtig auch die Vollmacht selbst oder ihr Nachweis fehlen (KGJ 24 A 148). Wenn Aussichten für die Erbringung des Vollmachtnachweises bestehen, wird das Gericht auf Grund seiner Fürsorgepflicht regelmäßig hierfür eine Frist setzen müssen (KEIDEL, § 13 Rz. 15 m. w. Nachw.).

III. Beistandschaft

Die Beteiligten können auch mit Beiständen erscheinen (§ 13 S. 1 FGG). Der Beistand ist kein Vertreter. Er erscheint neben dem Beteiligten und unterstützt ihn nur. Sein Vortrag hat nur dann Bedeutung, wenn der Beteiligte ihn sich zu eigen macht (s. auch § 90 ZPO). Die erforderlichen Prozeßhandlungen muß der Beteiligte selbst vornehmen. Die Beistandschaft hat heute keine große Bedeutung mehr.

IV. Vertretung und Beistandschaft

Eine Vertretung oder Beistandschaft im Verfahren ist nur für den Beteiligten denkbar, der tatsächlich am Verfahren teilnimmt. § 13 FGG hat also den Begriff des *formell Beteiligten* im Auge. Wer allerdings sich formell beteiligen darf, hängt in aller Regel von der materiellen Beteiligung ab (oben § 8 III).

V. Verfahrensstandschaft

Für den Zivilprozeß wird — entsprechend der materiellrechtlichen Ermächtigung — das Institut der Prozeßstandschaft anerkannt. Darunter versteht man die prozessuale Geltendmachung fremder Rechte in eigenem Namen. Soweit sie nicht unmittelbar auf *Gesetz* beruht (z. B. § 265 ZPO; §§ 335, 432, 1011, 1368, 1422, 2039 BGB), wird sie als *(gewillkürte)* Prozeßstandschaft zugelassen, wenn die Zustimmung bzw. Ermächtigung des Rechtsträgers und ein eigenes schutzwürdiges Interesse des Klägers an der Geltendmachung des fremden Rechts vorliegt (BGHZ 4, 153, 30, 162). Wegen der Sachverwandtschaft der echten Streitsachen mit den zivilprozessualen Streitigkeiten ist es berechtigt, für ihren Bereich das Institut zu übernehmen, wobei es dann zweckmäßig als Verfahrensstandschaft bezeichnet werden könnte (s. BayObLG, NJW 65, 1484). In § 27 II Nr. 5 WEG ist sie sogar gesetzlich vorgesehen (OLG Hamburg, MDR 66, 146); doch ist zweifelhaft, ob dort nicht nur Verfahrensvollmacht gemeint ist (s. BÄRMANN, WEG, § 27 II e).

§ 11. Mehrfachbeteiligungen

Literatur: HABSCHEID, Nebenintervention und Streitverkündung im echten Streitverfahren der fG, Rpfleger 57, 228; NOTHDURFT, Der Begriff der Beteiligten in der fG (1925), S. 121 ff. und die Literatur zu § 8.

Wenn oben in § 8 gesagt worden ist, daß im Zivilprozeß und im Verwaltungsprozeß der formelle Parteibegriff herrscht (daß also die Parteistellung allein durch den Formalakt der Klageerhebung bzw. Antragstellung fixiert wird), so bedarf das noch der Ergänzung, daß auch in jenen Verfahren in Ausnahmefällen ein materieller Parteibegriff eine Rolle spielen kann. Wer nämlich notwendiger Streitgenosse, Nebenintervenient bzw. Beigeladener sein kann, bestimmt sich grundsätzlich nach den zugrunde liegenden materiellen Rechtsverhältnissen. Wie steht es mit der Übernahme dieser Rechtsfiguren auf die fG, die darüber keine Bestimmungen enthält? Macht die Tatsache, daß der Beteiligtenbegriff der fG ohnehin wesentlich materiell bestimmt ist, die Übernahme dieser Randfiguren der streitigen Gerichtsbarkeit überflüssig?

I. Die einfache Streitgenossenschaft

Die einfache Streitgenossenschaft hat mit dieser Fragestellung allerdings noch nichts zu tun. Bei ihr handelt es sich ganz einfach darum, daß mehrere selbständige Verfahren aus Zweckmäßigkeitsgründen dergestalt locker miteinander verbunden werden, daß Verhandlung, Beweisaufnahme und Entscheidungsfällung zeitlich und räumlich gemeinsam erfolgen (§§ 59—61 ZPO). Das sieht dann so aus, daß auf der einen Seite mehrere Kläger oder auf der anderen Seite mehrere Beklagte oder auf beiden Seiten jeweils mehrere Parteien erscheinen. Irgendeine sachliche Bedeutung für die einzelnen miteinander verbundenen Rechtsstreite hat das nicht. Sie können jederzeit wieder voneinander getrennt werden; die Prozeßhandlung eines Streitgenossen hat für den anderen keinerlei Bedeutung; die Beweisaufnahme wird getrennt ausgewertet; die Entscheidungen können unterschiedlich ausfallen.

Eine solche einfache Streitgenossenschaft kennt auch die fG. Praktisch findet sie sich bei ihr sogar häufiger als im Zivilprozeß, weil die fG nicht auf den Zwei-Parteien-Streit zugeschnitten ist, sondern auf die Regelung eines Lebensverhältnisses, an dem vielfach mehrere materiell beteiligt sind (Beispiel in Nachlaßsachen: Erbengemeinschaft). Wenn mehrere materiell Beteiligte sich auch formell an einem Verfahren beteiligen, so liegt ein Fall einfacher Streitgenossenschaft vor.

II. Die notwendige Streitgenossenschaft

Die notwendige Streitgenossenschaft ist aber einer der Fälle, in denen im Zivilprozeß ein materieller Parteibegriff auftaucht (s. § 62 ZPO). Ihre nach den zugrunde liegenden materiellen Rechtsverhältnissen zu bestimmenden Voraussetzungen sind, daß entweder schon die Klage nur gemeinschaftlich durch oder gegen die mehreren Streitgenossen erhoben werden kann, oder daß doch zumindest die Entscheidung notwendig einheitlich für oder gegen alle Streitgenossen gefällt werden muß (ROSENBERG, § 95 I).

Die gleichen Voraussetzungen finden sich auch bei einer Reihe von Mehrfachbeteiligungen in der fG. Notwendige gemeinsame Antragstellung findet sich sogar recht häufig. So muß z. B. der Antrag auf Anordnung der Nachlaßverwaltung von sämtlichen Miterben gestellt werden (§ 2062 BGB); auch die Anmeldung zum Vereinsregister muß durch sämtliche Vorstandsmitglieder erfolgen (§§ 59, 67, 71, 74 II BGB). In diesen Fällen kann auch die Entscheidung nur einheitlich ausfallen. Aber auch ohne die Voraussetzung notwendiger gemeinsamer Antragstellung gibt es eine Reihe von Fällen, in denen die Entscheidung auf Antrag eines formell Beteiligten notwendig mit Rechtskraft für und gegen alle materiell Beteiligten wirkt (z. B. bei Streitigkeiten nach § 43 WEG gem. § 45 II 2 WEG oder im Verfahren der 40. DVO zum UmstG gem. § 6 III 5).

Da also in der fG insoweit gleiche Voraussetzungen vorliegen, fragt sich, ob hier auch die gleichen Folgen anzunehmen sind wie in der ZPO (s. § 62 ZPO). Die h. M. lehnt es ab (BGHZ 3, 214; BGH, RdL 61, 17; BGH WM 62, 283; BayObLGZ 61, 81; SCHLEGELBERGER, § 20 Rz. 36).

Dagegen wenden sich vor allem BAUR (§ 14 I 2), LENT-HABSCHEID (§ 16 I 2 b) und auch KEIDEL (§ 22 Rz. 8): § 62 ZPO wolle die Einheitlichkeit der Entscheidung in der Sache ermöglichen. Darum dürfe eine Terminversäumung durch einen Streitgenossen für ihn keine nachteiligen Folgen haben, sonst wäre die Einheitlichkeit der Entscheidung nicht mehr gewährleistet. Dieser Gedanke müsse aber auch für die fG gelten.

Diese Ansicht bedarf der Einschränkung. § 62 ZPO setzt die Existenz eines Versäumnisverfahrens voraus. Ein solches kennt die fG grundsätzlich nicht (s. unten § 15 II). Wenn ein Beteiligter säumig ist, so fordert die Amtsmaxime Vertagung des Termins. Im neuen Termin kann die zuvor säumige Partei dann die erforderliche Prozeßhandlung selbst vornehmen. Insoweit besteht im Regelfall kein Bedürfnis für die analoge Anwendung des § 62 ZPO. In Sonderfällen kann ein solches Bedürfnis sich allerdings ergeben, wenn dem säumigen Beteiligten durch Fristablauf Nachteile drohen, die in einem neuen Termin nicht mehr zu beseitigen wären. Hier ist allerdings die entsprechende Anwendung des § 62 ZPO gerechtfertigt. Für die echten privatrechtlichen Streitsachen muß man sie ohnehin fordern. Für die öffentlichrechtlichen Streitsachen ist das entsprechende Institut der notwendigen Beiladung (§ 65 II VwGO) anzuerkennen.

III. Nebenintervention und Streitverkündung

Nebenintervention und Streitverkündung haben als wesentliche Voraussetzung einen Rechtsstreit zwischen zwei Personen, dessen Entscheidung materieller Rechtskraft fähig ist. Ihr Ziel ist die Erstreckung der Rechtskraft für oder gegen einen Dritten. Schon nach den hier genannten Voraussetzungen ist es klar, daß eine Verwendung dieser Rechtsfiguren im klassischen fG-Bereich kaum in Betracht kommt. Streitverhältnis und materielle Rechtskraft sind — zusammengenommen — als typische Kennzeichen auf die echten Streitsachen beschränkt. Für diese besteht allerdings ein Bedürfnis, Nebenintervention und Streitverkündung zuzulassen. Es gibt nämlich Fälle, in denen der Verfahrensausgang für die Rechtsbeziehungen eines Verfahrensbeteiligten zu einem Dritten bedeutsam ist, ohne aber zugleich den Dritten unmittelbar in seinen Rechten zu berühren, so daß er mangels materieller Beteiligung nicht formell am Verfahren beteiligt werden könnte, wenn es nicht die Streithilfe oder die Streitverkündung zur Herbeiführung der Interventionswirkung gäbe. In § 8 II VHG ist die analoge Anwendung der §§ 66—74 ZPO auch ausdrücklich vorgesehen (dazu BGHZ 16, 378, 380). Für andere Fälle hat sie die Rechtsprechung anerkannt (SchlHOLG, RdL 55, 174 und BGHZ 38, 110 = ZZP 77, 305 m. abl. Anm. v. FENN für Abfindungsansprüche gem. §§ 12, 13 HöfeO). Aufgabe der Rechtslehre ist es, über diese bisher singulären Entscheidungen des Gesetzgebers und der Rechtsprechung hinaus für alle echten Streitsachen wegen ihrer strukturellen Gleichartigkeit die Anerkennung von Nebenintervention und Streitverkündung zu fordern (LENT-HABSCHEID, § 16 II und HABSCHEID, Rpfleger 57, 289; FENN, ZZP 77, 305; a. A. BAUR, § 14 II).

IV. Die Beiladung

Die Beiladung ist für die VwGO etwa das Pendant zur Nebenintervention und Streitverkündung der ZPO. Ihr durch die andere Verfahrensgestaltung bedingter technischer Unterschied ist lediglich, daß sie von Amts wegen erfolgt und damit zugleich die Rechtskrafterstreckung auf den Beigeladenen zur Folge hat (§ 65 I VwGO). Für sie gilt das oben für die Nebenintervention und Streitverkündung Gesagte in der Richtung entsprechend, daß ihre analoge Anwendung in den öffentlich-rechtlichen Streitsachen geboten ist.

V. Die Hauptintervention

Die Hauptintervention ist so typisch auf den Zivilprozeß zugeschnitten, daß für sie in den fG-Verfahren kein Raum ist. Das entspricht allgemeiner Meinung.

4. KAPITEL

Die Ausgestaltung des Verfahrens

§ 12. Allgemeines zur Ausgestaltung des Verfahrens

Literatur: JANSEN, Wandlungen im Verfahren der fG, Tübingen 1964; WEBER, Zur Methodik des Prozeßrechts, Studium Generale 1960, 183 ff.; Bericht der Kommission zur Vorbereitung einer Reform der Zivilgerichtsbarkeit, Bonn 1961, S. 285 ff.; ferner die Literatur zu § 17.

I. Aufgabe der Rechtswissenschaft

Jedes Verfahren bedarf bestimmter Verfahrensregeln, die sicherstellen, daß der Verfahrensablauf rechtsstaatlichen Anforderungen genügt, die insbesondere garantieren, daß materiell gleichliegende Fälle auch formell gleich behandelt werden (Willkürverbot!). Im Gegensatz zur ZPO hat das FGG für den Verfahrensablauf nur einige Grundzüge festgelegt. Sie allein reichen nicht aus, um innerhalb der vielfältigen Verfahrenstypen der fG und angesichts der weitreichenden materiellen Entscheidungsfreiheit des fG-Richters einen gleichmäßigen, rechtsstaatlich gesicherten Ablauf von sachlich gleichliegenden Fällen zu garantieren. Neuere Spezialgesetze, wie etwa das LwVG, sind zwar bemüht, für einzelne Verfahrensbereiche durch eingehende Vorschriften einen gleichgeordneten Ablauf zu sichern. Doch insgesamt besteht hier für Wissenschaft und Rspr. die noch längst nicht gelöste Aufgabe, eine Verfahrensordnung für die fG herauszuarbeiten, die soweit wie nötig die Vielfalt der Verfahrenstypen berücksichtigt, soweit aber wie möglich einheitliche Verfahrensregeln aufweist und insgesamt ein festes Gerippe für den Verfahrensablauf bietet, das zwischen Zweckmäßigkeit und Rechtsstaatlichkeit im gleichen Maße ausbalanciert ist (s. auch Bericht der Reformkommission, aaO, insb. S. 368 ff.; BAUR, § 16 I). Diese Aufgabe läßt sich nicht einfach durch analoge Anwendung von Vorschriften anderer Verfahrensordnungen, also entweder der ZPO oder der VwGO, lösen; vielmehr muß von den allgemeinen Rechtsgrundsätzen ausgegangen werden, die für die Verfahrensgestaltung überhaupt in Frage kommen. Durch Abwägung und Abstimmung der verschiedenen gleich- oder gegenläufigen Prinzipien muß für jede Verfahrensart der fG unter Berücksichtigung ihres typischen Zwecks herausgearbeitet werden, wie dieses Verfahren im einzelnen aussehen soll. Dafür hat die Rspr. die Kasuistik zu liefern, aus der die Wissenschaft die einheitlichen Linien ableiten kann. Die Ergebnisse mögen dann unter Umständen so sein, daß einzelne Verfahrensregeln der ZPO oder VwGO in der Tat analog angewandt werden können. Grundsätzlich ist aber die Regelung des Ablaufs der fG-Verfahren selbständig von den allgemeinen Rechtsgrundsätzen her zu durchdenken und zu bestimmen. Das Ziel ist dabei, eine Typisierung und Verfestigung der Verfahrensabläufe zu erreichen. Bei der großen Bandbreite der fG-Verfahren (von den klassischen Fürsorgesachen bis zu den modernen echten Streitsachen) wird sich zeigen, daß die Prinzipien in den einzelnen fG-Verfahren mit unterschiedlicher Stärke zur Anwendung kommen. Es gibt kaum ein Prinzip, das für fG-Verfahren überhaupt keine Geltung, und umgekehrt kaum ein Prinzip, das für alle fG-Verfahren gleichmäßige Geltung beanspruchen könnte. Es muß in sorgfältiger Abwägung zu den anderen Prinzipien jeweils herausgearbeitet werden, in welchem Maße jedes einzelne Prinzip in jedem einzelnen Verfahren zur Geltung kommt. Demgemäß sind als Ergebnis der Abwägung die einzelnen Verfahrensregeln zu formulieren.

II. Verfahrensregeln der fG und Grundgesetz

Der Einfluß des Verfassungsrechts ist besonders zu berücksichtigen. Der verstärkte Persönlichkeitsschutz des Grundgesetzes wirkt sich auch auf das Verfahrensrecht aus. Den Verfahrensbeteiligten stehen heute mehr Rechte zu, als der patriarchalisch denkende fG-Gesetzgeber um die Jahrhundertwende ihnen einräumen zu müssen glaubte. Zwar ist das spezielle Grundrecht des rechtlichen Gehörs (Art. 103 I GG) inzwischen auch für die fG recht gut ausgebaut, aber z. T. wird immer noch zu wenig beachtet, daß es sich bei Art. 103 I GG nur um die spezielle Ausprägung eines allgemeinen Gebotes für jedes staatliche Handeln handelt, nämlich, die Würde der menschlichen Person zu beachten (Art. 1 III GG). Allgemein zeigt schon die Zuweisung zahlreicher neuer Antragsverfahren zum fG-Bereich deutlich eine Schwerpunktverlagerung von der Amts- auf die Privatinitiative. Aber selbst wo die Aufgabenstellung die gleiche geblieben ist, wie in den klassischen Fürsorgeverfahren, müssen die Aufgaben heute mit einer anderen inneren Einstellung durchgeführt werden. Es muß der Grundsatz stärker beachtet werden, daß die Verfahrensziele mit so viel Zwang wie nötig, und so viel Achtung vor der menschlichen Würde wie möglich zu erreichen sind. Die Beachtung dieses Grundsatzes wird zwangsläufig dazu führen müssen, daß die aus patriarchalischem Staatsdenken gewährten Freiheiten des fG-Richters für die Verfahrensausgestaltung zugunsten einer stärkeren Rechtsstellung der Verfahrensbeteiligten eingeschränkt werden müssen (Jansen, aaO, S. 1 ff.).

§ 13. Verfahrenseinleitung und Verfahrensgegenstand

Literatur: Habscheid, Der Streitgegenstand im Zivilprozeß und im Streitverfahren der fG, 1956.

Im Zivilprozeß gilt für die Verfahrenseinleitung und i. d. R. auch für den Verfahrensgegenstand die Dispositionsmaxime, d. h., daß ein Verfahren nur auf Antrag einer Partei eingeleitet werden kann und daß der Verfahrensgegenstand durch diesen Antrag in Verbindung mit den zu seiner Begründung vorgetragenen Tatsachen (Substantiierungstheorie: h. M., ROSENBERG, § 91 II 2 b) bestimmt wird. In den fG-Verfahren liegen die Dinge etwas komplizierter.

I. Verfahrenseinleitung

1. Für einen erheblichen Teil der fG-Angelegenheiten, insbesondere aus dem klassischen Bereich, gilt die *Offizialmaxime,* d. h., daß diese Verfahren *von Amts wegen* eingeleitet werden. Eines Antrags seitens der Beteiligten bedarf es nicht. Ein Amtsverfahren ist nur einzuleiten, wenn die gesetzlichen Voraussetzungen dafür vorliegen. Wenn nicht, so kann das Gericht auch durch „Anträge", Gesuche oder Eingaben nicht zur Verfahrenseinleitung gezwungen werden. Umgekehrt kann das Gericht aber auch dann, wenn die gesetzlichen Voraussetzungen vorliegen, durch irgendwelche Vereinbarungen der Beteiligten (z. B. Vereinbarung der Schiedsgerichtsbarkeit) nicht von der Verfahrenseinleitung abgehalten werden.

„Anträge" haben lediglich den Wert von Anregungen für das Gericht, tätig zu werden. Sie sind *rechtlich* bedeutungslos und das Gericht braucht — anders als im Antragsverfahren — nicht über sie zu entscheiden (BayObLGZ 58, 171, 175). *Praktisch* sind sie allerdings von erheblicher Bedeutung (s. OLG Braunschweig, MDR 62, 132). Denn der fG-Richter besitzt keinen eigenen Ermittlungsapparat. Ob die rechtlichen Voraussetzungen für die Einleitung eines Amtsverfahrens vorliegen, erfährt er regelmäßig durch Hinweise von außen, also von interessierten Privatpersonen oder von Behörden. Diese Sachlage hat das Gesetz anerkannt und für einzelne fG-Angelegenheiten, insbesondere im Vormundschaftsrecht, dadurch institutionalisiert, daß es bestimmten, besonders gut informierten Behörden eine Anzeigepflicht auferlegt oder gar ein Recht gewährt hat, „Anträge" zu stellen.

So z. B.: Die Anzeigepflicht des Standesbeamten (§ 48 FGG), des Jugendamtes (§ 47 JWG mit § 49 FGG und §§ 1850, 1851 BGB, ferner § 1694 BGB), des Prozeßgerichts (§ 50 FGG), im übrigen s. oben § 8 IV 2 b.

2. Für zahlreiche, vor allem neuerlich der fG zugewiesene Verfahren gilt die *Dispositionsmaxime.* Es ist der Entscheidung der Beteiligten anheimgestellt, ob das Gericht in ihren Angelegenheiten tätig werden soll. Die Verfahrenseinleitung setzt einen *Antrag* voraus.

Wer *antragsberechtigt* ist, wurde oben schon erörtert (§ 8 IV 2 b). Aber auch über Anträge von nicht antragsberechtigten Personen muß das fG-Gericht — anders als in den Amtsverfahren — in den Antragsverfahren formell entscheiden (um sie als unzulässig abzuweisen).

Wie im Zivilprozeß ist auch im fG-Verfahren für die Antragstellung ein *Rechtsschutzbedürfnis* erforderlich (OLG München, DNotZ 54, 314 mit

Anm. von BAUR; OLG Celle, RdL 55, 143; BayObLG 58, 13; OLG Köln, FamRZ 67, 58; str.), vor allem bei Feststellungsanträgen entsprechend § 56 ZPO im Landwirtschaftsverfahren (BGH, MDR 53, 669; RdL 61, 13). Wenn es ausnahmsweise fehlt, ist der Antrag als unzulässig zu verwerfen (unten § 19 II 2 a).

Im Regelfall bedarf ein Antrag keiner besonderen *Form* (Einzelheiten unten § 14 III 2). Über den *Inhalt* des Antrags sagt das FGG — anders als die ZPO (§ 253) — ebenfalls nichts. Darum bedürfen Anträge keiner besonderen Fassung. Es reicht aus, wenn der Antrag inhaltlich so bestimmt ist, daß das Gericht erkennen kann, was der Antragsteller sachlich überhaupt begehrt (KEIDEL, JZ 55, 707). Das allerdings ist für ein sinnvolles Verfahren auch notwendig.

Bei Unklarheiten oder leicht behebbaren Hindernissen darf das Gericht den Antrag nicht sogleich zurückweisen. Seine Fürsorgepflicht — ähnlich wie die des ZPO-Richters nach § 139 ZPO — gebietet dem fG-Richter, dem Antragsteller Gelegenheit zur Beseitigung dieser Unklarheiten und Hindernisse zu geben, gegebenenfalls durch Zwischenverfügung analog § 18 GBO (unten § 19 II 1 b).

Eventualanträge sind zulässig und auch recht häufig, insbesondere im Erbscheinsverfahren (RGZ 156, 172; SchlHOLG, SchlHA 53, 30).

Ebensowenig wie eine bestimmte Fassung ist auch eine *Begründung* des Antrages notwendig. Auch insoweit unterscheidet sich das FGG von der ZPO.

3. Ob ein Verfahren *von Amts wegen* oder *auf Antrag* zu eröffnen ist, bestimmt das *Gesetz.* Nach der ursprünglichen gesetzgeberischen Konzeption waren die Amtsverfahren die Regel, die Antragsverfahren die Ausnahme. Daher ist immer ausdrücklich bestimmt, wenn ein Antrag zu Verfahrenseinleitung erforderlich ist. Alle Verfahren, für deren Einleitung keine besonderen Bestimmungen vorliegen, sind Amtsverfahren.

Maßgebend für die gesetzgeberische Entscheidung, ob Amts- oder Antragsverfahren, war die jeweilige Stärke des *öffentlichen Interesses* an einer fürsorgerischen Regelung der betreffenden Angelegenheit. Je mehr das öffentliche Interesse im Vordergrund steht, um so eher ist der Gesetzgeber geneigt, ein Amtsverfahren einzurichten. Je geringer das öffentliche Interesse, um so eher kann der Gesetzgeber den Beteiligten die Entscheidung darüber überlassen, ob eine gerichtliche Regelung ihrer Angelegenheiten erforderlich ist. Dabei kann die unterschiedliche Einschätzung der Stärke des öffentlichen Interesses leicht zur Zuweisung engverwandter Angelegenheiten in verschiedene Verfahren führen (Beispiel: § 1671 BGB: Amtsverfahren — § 1672 BGB: Antragsverfahren; § 1960 II BGB: Amtsverfahren — § 1961 BGB: Antragsverfahren).

Beispiele für *Amtsverfahren:* Die meisten Vormundschaftsachen (z. B. Maßnahmen zur Gefahrenabwehr bei Kindern nach § 1666 BGB). Beispiele für *Antragsverfahren* sind vor allem alle echten Streitsachen (oben § 4 II), auch die Urkundsgeschäfte, die meisten Register- und Handelssachen (z. B. §§ 59 BGB, 160 GenG, 14 HGB mit §§ 132—140 FGG), außerdem viele Nachlaßsachen (z. B. Erbscheinerteilung: § 2353 BGB; Erteilung eines Testamentsvollstreckerzeugnisses:

§ 2368 BGB; Entlassung des Testamentsvollstreckers: § 1981 BGB; Vermittlung der Nachlaßauseinandersetzung: § 86 FGG).

II. Die Bestimmung des Verfahrensgegenstandes

1. In den *Amts*verfahren entscheidet das Gericht nicht nur darüber, *ob* überhaupt ein Verfahren einzuleiten ist, sondern auch, mit welchem *Ziel* dieses Verfahren durchzuführen ist. Auch insoweit ist das Gericht Herr des Verfahrens: Auch insoweit gilt die *Offizialmaxime*. Das Gericht bestimmt also den Verfahrensgegenstand. Es kann ihn während des Verfahrens nach pflichtgemäßem Ermessen verändern, und zwar sowohl einschränken als auch erweitern.

So kann das Vormundschaftsgericht bezüglich eines Jugendlichen, den es für verwahrlost hält, ein Verfahren einleiten, das die Anordnung einer Erziehungsbeistandschaft nach § 57 I, II JWG anstrebt. Wenn es sich im Laufe des Verfahrens als erforderlich und zweckmäßig erweist, kann das Gericht aber stattdessen die Unterbringung des Jugendlichen in einer geeigneten Familie anordnen (§ 1666 I 2 BGB) oder aber auch weitergehen und Fürsorgeerziehung anordnen (§ 64 JWG), wenn sie notwendig erscheint.

Die *Grenze* für eine solche Veränderung des Verfahrensgegenstandes durch das Gericht dürfte dort liegen, wo dann inhaltlich ein völlig neues Verfahren, u. U. sogar gegen andere Beteiligte, entsteht. In diesen Fällen ist das Gericht gehalten, das alte Verfahren auch formell einzustellen und formell das neue zu beginnen (Baur, § 17 II 2; zu eng LG Essen, FamRZ 62, 174 mit Anm. v. Göppinger).

Wo ein Verfahren *teils* von Amts wegen, *teils* auf Antrag zu eröffnen ist (oben § 13 I 3), dominiert ebenfalls die Offizialmaxime; das Gericht ist an die Anträge nicht gebunden, weil es ja auch ohne sie einschreiten könnte, kann daher auch bei wechselnden Voraussetzungen den Verfahrensgegenstand ändern. Beispiel: Das gerade erwähnte Verfahren zur Bestellung eines Erziehungsbeistandes für einen Minderjährigen (§ 57 II 1 JWG).

2. In den *Antragsverfahren* bestimmen hingegen die Beteiligten mit dem Antrag nicht nur die Verfahrens*eröffnung*, sondern auch den *Verfahrensgegenstand*. Hier sind sie die „Herren" des Verfahrens. Auch insoweit gilt die *Dispositionsmaxime*.

a) Das Gericht darf bei seiner Entscheidung über einen zulässigen Antrag *nicht hinausgehen*. § 308 ZPO (ne eat iudex ultra petita partium) gilt auch in der fG und zwar sowohl für alle Antragsverfahren des klassischen Bereichs als auch für die echten Streitsachen.

Allerdings ist *nicht jeder beliebige* Antrag *zulässig*, ebensowenig wie in der ZPO oder in der VwGO. In den sogenannten Regelungsstreitigkeiten (dazu Bötticher, Festschrift für Lent, 1957, S. 89, 95 ff.) können die Beteiligten nur den Gegenstand *umreißen*, den das Gericht zu regeln hat, nicht aber den *Inhalt* der Regelung genau vorschreiben.

So kann etwa nach §§ 1, 8 HausratsVO nur beantragt werden, das Gericht möge den Hausrat der geschiedenen Eheleute, soweit sie sich über ihn nicht geeinigt haben, „gerecht und zweckmäßig" verteilen. Hier ist einerseits ein *Teil*antrag, der nur eine Regelung bezüglich einzelner Gegenstände des streitigen Hausrats anstrebt, unzulässig und darum zurückzuweisen. Umgekehrt darf das Gericht aber auch nicht über den zulässigen Antrag *hinaus* noch solche Hausratsgegenstände in seine Regelung einbeziehen, über die bereits eine Einigung vorliegt. Denn durch den (zulässigen) Antrag ist der Verfahrensgegenstand *festgelegt:* Nämlich die gerechte und zweckmäßigste Verteilung des (noch) umstrittenen Hausrats. Im Rahmen dieses Antrags hat das Gericht allerdings nach pflichtgemäßem Ermessen zu entscheiden, was gerecht und zweckmäßig ist, und insoweit können die Beteiligten nur unverbindliche Vorschläge unterbreiten (BGHZ 18, 143; BayObLGZ 56, 153, 157; BayObLG, MDR 65, 513).

Zum Teil sieht man in dem Antrag nach §§ 1, 8 HausratsVO nur einen reinen *Verfahrensantrag* (= Antrag auf Eröffnung des Verfahrens) und in den Vorschlägen über die Verteilung des Hausrats im einzelnen erst die eigentlichen *Sachanträge* (= Anträge, in einem bestimmten Sinn zu entscheiden) und kommt dann zu der Behauptung, in diesem Fall sei das Gericht an die Anträge der Beteiligten *nicht* gebunden (Baur, § 17 IV 1 a; Keidel, § 12 Rz. 9; Jansen, § 20 Anm. 8; OLG Hamm, NJW 54, 1686 und JMBl. NRW 61, 123). Mir scheint diese Unterteilung in Verfahrens- und Sachantrag nicht glücklich. Reine Verfahrensanträge, die nur auf die Eröffnung, nicht aber auch auf den Abschluß eines Verfahrens durch Entscheidung gerichtet sind, gibt es nicht. Auch der Antrag nach §§ 1, 8 HausratsVO will eine Sachentscheidung (Regelung), nur läßt er *im Rahmen* des Verfahrensgegenstandes dem Gericht Entscheidungsspielraum.

Das gleiche gilt für die Regelungsstreitigkeit in den Verfahren nach §§ 43 ff. WEG (dazu unzutreffend OLG Frankfurt, NJW 61, 324) und nach § 6 der 40. DVO zum UmstG (dazu BayObLGZ 60, 361, 365). Ähnliches gibt es übrigens auch außerhalb der Regelungsstreitigkeiten, nämlich in Vormundschaftssachen (s. § 1672 BGB: Regelung der elterlichen Gewalt bei getrennt lebenden Eheleuten) und sogar im Zivilprozeß (Klage auf Leistungsbestimmung nach billigem Ermessen des Gerichts: § 315 III 2 BGB).

b) Ob das Gericht mit seiner Entscheidung, wenn schon nicht über den Antrag hinaus gehen, so doch hinter ihm *zurückbleiben* darf, ob es also dem Antrag auch nur teilweise stattgeben darf, läßt sich *nicht einheitlich* beantworten. Zum Teil geht es. So z. B. beim Antrag des Zugewinngläubigers, ihm gem. § 1383 BGB bestimmte Gegenstände aus dem Vermögen des Zugewinnschuldners zu übertragen. Zum Teil ist es aber nicht möglich. Das Nachlaßgericht kann z. B. im Erbscheinsverfahren den Erbschein nur so ausstellen wie beantragt oder aber es muß den Antrag im ganzen zurückweisen (BGH, NJW 62, 42; BayObLGZ 58, 109, 116).

3. Wenn das fG-Gericht in einer Antragssache erkennt, daß hier *auch* die Voraussetzungen eines Amtsverfahrens vorliegen, so kann es das Amtsverfahren unmittelbar anschließen.

Beispiel: Im Antragsverfahren nach § 1672 BGB über die Zuteilung der elterlichen Gewalt an einen der getrennt lebenden Elternteile ergibt sich, daß wegen Kindesgefährdung Maßnahmen von Amts wegen nach § 1666 BGB notwendig sind. Doch muß das Gericht für das neue Verfahren prüfen, ob hier alle Verfahrensvoraussetzungen, insbesondere die örtliche Zuständigkeit vorliegt (OLG HAmm, FamRZ 66, 242).

4. Über die Bestimmung des Verfahrensgegenstandes hinaus haben die Beteiligten im Antragsverfahren noch *weitergehende Dispositionsbefugnisse.*

a) Ihr *Umfang* ist für die einzelnen Verfahren *unterschiedlich.* Fast allgemein gilt, daß der Antragsteller während des ganzen Verfahrens einen Antrag noch ändern kann, sowohl einschränken, als auch ausweiten. Das Verbot der Klageänderung (§ 264 ZPO) ist nicht entsprechend anwendbar, auch nicht für die echten Streitsachen (BAUR, § 17 IV 2; str.; a. A. LENT-HABSCHEID, § 19 I 1 d). Auf die Dispositionsakte, die zu einer Verfahrensbeendigung führen können, wie z. B. Klagerücknahme, Vergleich, Erledigungserklärung usw., ist unten § 18 einzugehen.

b) Einen Dispositionsakt besonderer Art stellt die Vereinbarung eines *Schiedsverfahrens* dar, weil damit nämlich die gerichtliche Zuständigkeit überhaupt ausgeschlossen wird. Die langumstrittene Zulässigkeit einer solchen Schiedsgerichtsabrede wird seit BGHZ 6, 248 (gegen RGZ 138, 128) grundsätzlich in gleichem Umfang bejaht, in dem man eine Verfahrensbeendigung durch gerichtlichen Vergleich zuläßt (dazu unten § 18 III), also für echte Streitsachen (HABSCHEID, ZZP 66, 188; BÄRMANN, § 43 WEG Anm. VIII).

§ 14. Verfahrensgestaltung

Literatur: ECHTERHÖLTER, Die Europäische Menschenrechtskonvention in der juristischen Praxis, JZ 56, 142, 145 ff.; HABSCHEID, Grundfragen der fG, Rpfleger 57, 164; KEIDEL, Zur Praxis der Wiedereinsetzung in den vorigen Stand nach § 22 II FGG, Rpfleger 57, 173; ZIMMERMANN, Die freie Gestaltung des Verfahrens der fG, Rpfleger 67, 329.

I. Amtsbetrieb

Das Verfahren *formal in Gang zu halten* und fortzuführen, insbesondere die *Zustellungen* durchzuführen, ist Aufgabe des Gerichtes. Nur dieser *Amtsbetrieb* gewährleistet eine schnelle und zweckmäßige Abwicklung der fG-Verfahren. Selbst im Zivilprozeß, in dem im übrigen das Parteiinteresse und die Parteiinitiative weit stärker im Vordergrund stehen als in der fG, hat sich für die formale Verfahrensweiterführung der Parteibetrieb als unzweckmäßig erwiesen und ist durch nachträgliche Gesetzesänderung weitgehend durch den Amtsbetrieb abgelöst worden.

II. Form der Verhandlung

1. Für die *Form der Verhandlung* enthält das FGG keine allgemeinen Regeln.

a) Art. 6 I der Konvention zum Schutze der Menschenrechte und Grundfreiheiten von 4. 11. 1950 (BGBl. II, 1952, 685, 953) ordnet zwar für alle gerichtlichen Verfahren *öffentliche mündliche Verhandlung* an. Nach allgemeiner Ansicht sind damit aber nur die gerichtlichen Verfahren für bürgerlichrechtliche Streitigkeiten und für Strafsachen gemeint (OLG Celle, MDR 60, 697; ECHTERHÖLTER, JZ 56, 145), nicht jedoch auch Verfahren der fG (BayObLG, NJW 61, 270; MDR 65, 392). Darum kann der fG-Richter im allgemeinen nach seinem pflichtgemäßem (nicht freiem) Ermessen zwischen *schriftlichem* und *mündlichem* Verfahren *wählen*. Maßstab ist die Erforderlichkeit für die Sachaufklärung (§ 12 FGG, dazu unten § 15 I) und das Gebot der Gewährung rechtlichen Gehörs (unten § 17 III 6). In der Praxis herrscht das schriftliche Verfahren vor. Wo allerdings im Rahmen eines fG-Verfahrens ein echter Interessenwiderstreit zwischen den Beteiligten vorliegt, kann eine mündliche Verhandlung praktischer sein, weil hier durch Gegenüberstellung der Beteiligten eine raschere Sachaufklärung möglich scheint.

Deshalb ist für einen Teil der echten Streitsachen spezialgesetzlich eine mündliche Verhandlung auch ausdrücklich vorgeschrieben oder muß doch auf Antrag der Beteiligten angeordnet werden (z. B. § 14 VHG; § 13 II HausratsVO; § 15 LwVG; Art. 67 II b AmREG; Art. 59 BrREG; § 44 I WEG). Jedoch können die Beteiligten wie im Zivilprozeß (§ 128 II ZPO) auf sie verzichten (OLG Hamburg, RzW 60, 16 für Art. 59 BrREG).

b) Der Grundsatz der *Öffentlichkeit* des Verfahrens (§ 169 GVG; sowie Art. 6 I der Konvention zum Schutz der Menschenrechte und Grundfreiheiten von 1950, aaO) setzt naturgemäß eine obligatorische mündliche Verhandlung voraus und kann darum für das fG-Verfahren nicht gelten (BayObLG, MDR 65, 392 und NJW 61, 270). Denn wenn es dem fG-Richter überhaupt freisteht, ob er eine mündliche Verhandlung anberaumen will, dann braucht das mündliche Verfahren, wenn er es wählt, nicht öffentlich zu sein. Sondervorschriften: Art. 59 BrREG; Art. 67 AmREG.

c) Der Grundsatz der *Unmittelbarkeit* (s. dazu für den Zivilprozeß: ROSENBERG, § 64 I 1) gilt in den fG-Verfahren nur in abgeschwächter Form. Man versteht unter Unmittelbarkeit, daß das Gericht die Verhandlungen mit den Beteiligten (ihre mündliche oder schriftliche Anhörung) und die Ermittlungen (Beweiserhebungen) *selbst* führt, ohne Zwischenschaltung eines anderen Richters oder einer anderen Behörde. Im Gegensatz zur ZPO (s. § 355 ZPO) enthält das FGG hierfür keine besondere Bestimmung. Wie weit unmittelbare Verhandlung und Ermittlung erforderlich ist, bestimmt sich daher nach dem Gebot der amtlichen Sachverhaltsaufklärung (§ 12 FGG) und dem Recht der Beteiligten auf Gehör. (Einzelheiten unten § 15 I 3, § 16 I 5.) Ein Sonderfall ist die formelle Beweiserhebung entsprechend der ZPO (§ 15 FGG); hier gilt auch der Unmittelbarkeitsgrundsatz der ZPO (unten § 16 III).

d) Auch die *Konzentrations-* oder *Beschleunigungsmaxime* gilt zwar im fG-Verfahren, muß sich aber den Besonderheiten der jeweiligen Verfahrensgestalt anpassen. Natürlich soll der fG-Richter Verzögerungen vermeiden und ein Verfahren so schnell wie möglich zum Abschluß bringen. Aber bei den sehr unterschiedlichen Strukturen und Zielen der einzelnen fG-Verfahren kommt der Grundsatz in sehr differenzierter Weise zur Geltung. So ist etwa ein Registereintragungsverfahren in ganz anderer Weise zu führen als eine Vormundschaftssache.

Als allgemeine Regel kann man hier allenfalls herausstellen, daß vermeidbare Verzögerungen auch zu vermeiden sind. Ein Verstoß gegen diese Regel bedeutet aber noch keine Verletzung des Grundsatzes des rechtlichen Gehörs, obwohl beide Grundsätze sich berühren (BayVerfGH, DÖV 63, 583; MENDLER, NJW 61, 2103).

e) Die *Gerichtssprache* ist *deutsch* (§§ 8 FGG, 184 GVG). Für die Verhandlung mit fremdsprachigen, tauben oder stummen Personen gelten die Bestimmungen des GVG (§§ 185—191) mit den sich aus § 9 FGG ergebenden Abweichungen (§ 8 FGG).

f) Die *Sitzungspolizei* übt der Richter, bei einem Richterkollegium (Kammer, Senat) der Vorsitzende, nach näherer Maßgabe der §§ 176—183 GVG aus (§ 8 FGG).

g) *Akteneinsicht kann* (also Ermessensfrage!) jedermann gestattet werden, der ein „berechtigtes Interesse" glaubhaft macht. Das gleiche gilt für die *Erteilung von Abschriften* (§ 34 FGG). Einzelheiten bei KEIDEL, zu § 34. Die Vorschrift gilt für jeden *Dritten*. Davon zu unterscheiden ist das Akteneinsichts*recht* der Beteiligten und ihr Recht auf Erteilung von Abschriften als Ausprägung ihres Rechts auf Gehör (unten § 17 III 6).

III. Form der einzelnen Verfahrenshandlungen

Auch für sie fehlen weithin allgemeine Vorschriften.

1. a) Für die *Verfahrenshandlungen des Gerichts* fehlt im Gegensatz zur ZPO eine klare Systematik. Die Terminologie des FGG ist willkürlich und unbrauchbar (dazu unten § 19 I 2). Sachlich kann man die *gerichtlichen Verrichtungen* (Oberbegriff) nach dem Vorgang von BAUR (§ 22 B I) einteilen in das vorwiegend *passive* Verhalten einerseits, wie z. B. die Entgegennahme von Erklärungen (Anfechtungs- und Ausschlagungserklärungen in Erbschaftssachen nach §§ 1945, 1955, 1956 BGB) und in das eigentliche gerichtliche *Handeln* andererseits. Dieses gerichtliche Handeln kann man wiederum unterteilen in einerseits die *Urkundstätigkeit* (§§ 167—184 FGG, wie sie auch ein Notar vornehmen kann) und andererseits die gerichtlichen Handlungen im Verlaufe eines Verfahrens. Bei diesen *Verfahrenshandlungen* lassen sich weitere Untergruppen bilden:

(1) Handlungen rein *tatsächlicher* Art (Leitung einer mündlichen Verhandlung, s. § 14 II 1 a; Vornahme einer formlosen mündlichen Anhörung eines Beteiligten, s. § 17 III 6; Beweiserhebung, s. § 16 II, III) und

(2) gerichtliche *Entscheidungen.* Entscheidungen können sein: Zwischenentscheidungen oder Endentscheidungen. Die *Zwischenentscheidungen* (s. § 19 II 1) sind: a) verfahrensleitende Anordnungen (Terminsfestsetzung, Beweisanordnung usw.); b) Zwischenverfügungen analog § 18 GBO; c) Vorbescheide; d) einstweilige Anordnungen; e) Zwischenstreitentscheidungen.

Die Endentscheidungen (s. § 19 II 2) können sein: a) Verfahrensendentscheidungen oder b) Sachendentscheidungen.

b) *Besondere Formvorschriften* existieren naturgemäß für die Beurkundung von Rechtsgeschäften (§§ 167 ff. FGG), vor allem von Einigungen (§§ 53 a I, 91, 93, 99 FGG, 13 III HausratsVO, 14 II WEG), außerdem für einige besondere Formen der gerichtlichen Entscheidungen (im einzelnen unten § 19 III). Im übrigen gibt es Formvorschriften weder für die tatsächlichen Verfahrenshandlungen des Gerichts, noch für die übrigen gerichtlichen Verrichtungen. Es empfiehlt sich aber immer, alle im Verfahren ergehenden Anordnungen schriftlich niederzulegen und über die tatsächlichen Verfahrenshandlungen zumindest einen Aktenvermerk anzulegen. Das entspricht den Grundsätzen eines geordneten Verfahrens.

Das gilt insbesondere, wenn das Gericht eine mündliche Verhandlung oder Beweisaufnahme durchgeführt hat. Die strengen Protokollvorschriften der §§ 159 bis 164 ZPO gelten zwar nicht (Ausnahme: § 15 VI LwVG). Soweit das Gericht aber Verhandlungs- oder Beweisergebnisse für die Entscheidung verwerten will, muß es sie doch in geeigneter Form schriftlich festlegen, einmal aus rechtsstaatlichen Rücksichten auf die Beteiligten, zum anderen aber vor allem, weil das an die Tatsachenfeststellung der Vorinstanz gebundene Rechtbeschwerdegericht sonst keine Möglichkeit zur Prüfung hat, ob diese Tatsachenfeststellungen rechtsfehlerfrei (§ 27 FGG) zustande gekommen sind. Das Gericht hat die Wahl zwischen einer förmlichen Protokollierung (BGHZ 14, 381), einem Aktenvermerk (BayObLG, MDR 65, 392) oder erst einer Wiedergabe in den Entscheidungsgründen (BayObLGZ 50/51, 640). Im letzten Fall sind aber mit Rücksicht auf § 27 FGG nicht nur die Ergebnisse der Beweiswürdigung mitzuteilen, sondern auch die gewürdigten Fakten, z. B. Zeugenaussagen (OLG Celle, MDR 65, 585, s. unten §§ 31 III 1 und 2; 33 IV 3). Darum geht dies nur, wenn die Entscheidung von denselben Richtern gefällt wird, die die Verhandlung und Beweisaufnahme durchgeführt haben, während im übrigen ein Richterwechsel möglich ist (unten § 16 I 8 b).

2. *Verfahrenshandlungen der Beteiligten* sind Anträge und sonstige Erklärungen.

a) Als *allgemeine Formvorschrift* findet sich für sie nur § 11 FGG, der bestimmt, daß sie zu *Protokoll* der Geschäftsstelle eines *jeden* Amtsgerichtes eingelegt werden können. Damit sind andere Formen für Anträge und Erklärungen *nicht* ausgeschlossen. § 11 FGG hebt nur eine Form hervor, die deshalb besonders zweckmäßig ist, weil der Urkundsbeamte der Geschäftsstelle die oft ungewandten Beteiligten bei der Protokollierung beraten und unterstützen kann, so daß ihre Anträge und Erklärungen möglichst sinnvoll und sachgerecht abgefaßt werden (BGH, Rpfleger 57, 346). Daneben steht es den Beteiligten aber frei, ihre Anträge auch in anderer Form vorzubringen. Sie können sie selbst schriftlich abfassen und bei Gericht einreichen. Sie können sie aber auch unmittelbar vor dem Richter erklären, der dann darüber einen Aktenvermerk oder ein förmliches Protokoll anlegt (s. oben III 1 b).

b) Für bestimmte Erklärungen bestehen einige *Einschränkungen* dieser allgemeinen Formfreiheit, zunächst hinsichtlich des Empfängers:

aa) Manche Anträge können zu Protokoll *nur* des *zuständigen* Gerichtes erklärt werden. Das gilt vor allem für Anmeldungen in Registersachen (§§ 128, 147, 159, 161 FGG; 24 HRegVfg.). Beschwerden können nur von der *Geschäftsstelle* eines der *Instanzgerichte* protokolliert werden (§§ 21 II, 29 I, S. 1 FGG). Eine von der Geschäftsstelle eines unzuständigen Gerichts protokollierte Beschwerde kann aber als normale Beschwerdeschrift angesehen werden und wird wirksam, wenn sie innerhalb einer etwaigen Beschwerdefrist zum zuständigen Gericht gelangt. Zur Beschwerdeform im einzelnen unten §§ 30 I 3, 33 III 3.

bb) Für eine Reihe von Erklärungen ist bestimmt, daß für ihre Entgegennahme der Richter oder der Rechtspfleger oder der Notar zuständig ist. Daher können sie *nur vor* diesen Personen abgegeben werden.

cc) Die gerade genannten Erklärungen sind weitgehend mit denen identisch, für deren Abfassung *besondere Formen* vorgeschrieben sind (i. d. R. öffentliche Beglaubigungen, § 129 BGB). Das sind einmal die zu beurkundenden Rechtsgeschäfte, zum anderen aber vor allem die Erklärungen in Registersachen (z. B. § 12 HGB, §§ 77, 1560 BGB; § 11 GenG u. a.).

c) Soweit für verfahrensrechtliche Erklärungen *Schriftform* vorgeschrieben ist, war früher umstritten, ob § 126 BGB analog auf sie anwendbar sei (Erfordernis eigenhändiger Unterschrift). Das wird heute allgemein mit Recht abgelehnt. Denn das Schriftformerfordernis für verfahrensrechtliche Erklärungen dient dem Zweck, einen Nachweis für Inhalt, Herkunft und Ernstlichkeit der Erklärung zu liefern. Die Unterschrift kann natürlich ein gewichtiges Indiz hierfür sein, ist aber nicht unbedingt dazu erforderlich. Wenn sich Inhalt, Herkunft und Ernstlichkeit der Erklärung anderweitig einwandfrei feststellen lassen, ist eine schriftliche Erklärung auch ohne eigenhändige Unterschrift wirksam.

Sie kann daher auch mittels Telegramm oder Fernschreiben (OLG Hamm, NJW 61, 2225) erfolgen. Die telefonische Durchsage eines Telegramms von der Post an die Geschäftsstelle des Gerichts wahrt eine etwaige Frist (BGH, NJW 53, 24; OLG Neustadt, NJW 52, 271). Weitergehend muß man sogar genügen lassen, daß das Telegramm telefonisch *aufgegeben* wurde (s. BGH, NJW 66, 1077 zu § 36 PatG).

d) Soweit *Protokollform* zulässig ist, gibt es dafür keine bestimmten Formvorschriften in der FGG. Mindestanforderungen sind: Angabe von Ort, Zeit und Person des Erklärenden, Unterschrift des Urkundsbeamten (nicht des Erklärenden), denn der Urkundsbeamte trägt die Verantwortung für die richtige Abfassung des Protokolls (BayObLGZ 31, 89).

IV. Unterbrechung, Aussetzung, Ruhen des Verfahrens

Das fG-Verfahren drängt seiner Natur nach i. d. R. auf *schnelle Abwicklung*. Unterbrechung, Aussetzung oder Ruhen des Verfahrens kommen nur in Ausnahmefällen in Betracht. Das FGG selbst enthält für sie keine bestimmten Vorschriften.

1. Eine *Unterbrechung* des Verfahrens analog §§ 239 ff. ZPO wird nur in Ausnahmefällen anzunehmen sein. Konkurseröffnung (§ 240 ZPO) oder Nacherbfolge (§ 242 ZPO) werden kaum eine Unterbrechung zur Folge haben können (OLG Oldenburg, RdL 54, 278; BayObLGZ 60, 110; SchlHOLG, SchlHA 61, 332). Ein bedeutsamer Unterbrechungsgrund scheint allein, und auch er nur in Antragsverfahren, das Ableben eines Beteiligten zu sein. Wenn das Verfahren von den oder gegen die Erben fortzusetzen ist, muß bis zur Erklärung der Erbfolge eine Verfahrensunterbrechung stattfinden (OLG Celle, RzW 60, 492; PIKART-HENN, S. 81; str.; a. A.: BayObLG, DNotZ 63, 732; KEIDEL, § 12 Rz. 50 m. w. Nachw.; BAUR, § 18 II 3).

Wenn allerdings — wie häufig — eine Verfahrensfortsetzung gegen die Erben nicht in Betracht kommt, hat der Tod nicht die Unterbrechung, sondern die Beendigung des Verfahrens zur Folge. Es hat sich in der Hauptsache erledigt (BGH, MDR 61, 925). Dazu unten § 18 IV.

2. Von der automatisch eintretenden Unterbrechung ist die *Aussetzung* des Verfahrens zu unterscheiden, die das Gericht nach pflichtgemäßem Ermessen auf Grund einer Interessenabwägung anordnen kann (nicht muß). I. d. R. wird das öffentliche oder private Interesse an der Fortführung des Verfahrens überwiegen. Das gilt insbesondere für streitige private oder öffentlichrechtliche Vorfragen (unten § 15 IV). Der fG-Richter hat sie selbst zu klären und kann die Beteiligten nicht auf den Prozeßweg verweisen. Nur wenn über jene Fragen bereits ein Zivil- oder Verwaltungsprozeß anhängig ist, kann analog § 148 ZPO (der insoweit einen allgemeinen Rechtsgedanken enthält) eine Aussetzung des fG-Verfahrens zweckmäßig sein, wie insbesondere im Erbscheinsverfahren, wenn über das Erbrecht bereits ein Rechtsstreit schwebt (KG, JFG 35 A 110). Doch wird in Antragssachen eine Aussetzung gegen den Willen des Antragstellers i. d. R. nicht in Betracht kommen (SCHLEGELBERGER, § 12 Rz. 34; s. aber BayObLG, MDR 64, 930). Auch die besondere Eilbedürftigkeit des fG-Verfahrens kann einer Aussetzung entgegenstehen (BayObLGZ 56, 303/316). Entscheidend ist jeweils die Interessenabwägung im Einzelfall. Immer aber darf die Aussetzung nur der anderweitigen Klärung der gegenwärtigen Sachlage dienen, nicht dem Abwarten der künftigen Entwicklung (KG, JFG 23, 101; Sonderfall: § 68 JWG, dazu OLG Düsseldorf, NJW 62, 1840).

Für Sonderfälle hat das FGG weitergehend ein Aussetzungsrecht (§§ 127, 159, 161 FGG, dazu BayObLG, MDR 63, 509; § 11 III VHG; § 68 JWG) oder sogar eine Aussetzungspflicht (§ 95 FGG) vorgesehen. Darüber hinaus muß eine Aussetzung natürlich erfolgen, wenn einer der im Verfassungsrecht vorgesehenen Gründe vorliegt, also insbesondere Art. 100, 126 GG (dazu KEIDEL, § 12 Rz. 47 m. w. Nachw.).

3. Das *Ruhen* des Verfahrens ist vom Gericht entsprechend § 251 ZPO in echten Streitsachen dann anzuordnen, wenn die Beteiligten dies beantra-

gen und die Anordnung aus besonderen Gründen zweckmäßig erscheint, insbesondere wegen Schwebens von Vergleichsverhandlungen (LENT-HABSCHEID, § 22 III 3).

4. Die *Gerichtsferien* (§ 199 GVG) sind für das fG-Verfahren, einschließlich der echten Streitsachen (SCHEUING, AnwBl. 53, 196), ohne Einfluß (§ 10 FGG). Nach dieser Vorschrift kann die Bearbeitung von Vormundschafts- und Nachlaßsachen während der Gerichtsferien aber unterbleiben, soweit kein Bedürfnis für eine Beschleunigung besteht. Im übrigen sind während der Gerichtsferien die Ferienzivilkammern und Ferienzivilsenate (§ 201 GVG) auch für die Bearbeitung der fG-Angelegenheiten zuständig.

§ 10 FGG sagt nämlich nur, daß die fG-Sachen während der Gerichtsferien *weiter* zu führen sind. Er besagt aber nicht, daß für sie während der Gerichtsferien trotz Bildung von Ferienkammern und -senaten die *Geschäftszuständigkeit* der *ordnungsgemäßen* Spruchkammern bestehen bleiben soll. Mit dieser kühnen aber sachnotwendigen Auslegung des § 10 FGG hat BGHZ 9, 30 (unter Aufgabe der Auffassung in BGHZ 6, 193) erhebliche Schwierigkeiten der Geschäftsverteilung aus dem Weg geräumt.

V. Fristen

Fristen werden gemäß § 17 FGG nach den §§ 187—193 BGB berechnet. Es gibt — wie in der ZPO — *gesetzliche* und *gerichtliche* Fristen. Manche Fristen dienen lediglich der Regelung des Geschäftsgangs, so die meisten gerichtlichen Fristen (z. B. Frist zur Vornahme der angekündigten Beschwerdebegründung), aber auch manche gesetzlichen Fristen (z. B. § 1671 III 1 BGB: BayObLG, NJW 63, 589 und NJW 64, 1134; BGH, JZ 66, 100, str.). Das Gericht darf erst nach Ablauf einer solchen Frist entscheiden *(Wartefristen)*, muß aber die etwaigen nach Fristablauf erfolgenden Erklärungen der Beteiligten bei seiner Entscheidung gleichwohl noch berücksichtigen. Viel Fristen sind jedoch *Ausschlußfristen*, deren Versäumung einen Rechtsverlust zur Folge hat (z. B. §§ 22 I, 29 II, 91 III, 93 II 1, 99 I, 132, 140, 159 FGG; 1996 BGB). Die gerichtlichen Fristen beginnen mit der *Bekanntmachung* der entsprechenden gerichtlichen Verfügung gem. §§ 16 II, III FGG (unten § 20 II). Der Fristablauf für eine Handlung ist gehemmt, solange über die hierfür erforderliche und in einem anderen Verfahren beantragte gerichtliche Genehmigung noch nicht entschieden ist (OLG Frankfurt, FamRZ 66, 259).

VI. Wiedereinsetzung in den vorigen Stand

Wer eine Ausschlußfrist versäumt hat, kann Wiedereinsetzung in den vorigen Stand beantragen. Das gilt insbesondere für die sofortige Beschwerde (§ 22 II FGG) und die sofortige weitere Beschwerde (§ 29 IV mit § 22 II FGG). Nach dem Vorbild dieser Vorschrift sind eine Reihe anderer

Fälle gleich geregelt (z. B. §§ 92, 93 II 2, 99 II, 137, 140, 159 FGG; 1996 BGB; 7, 32 WBG; 40 IV BRAO, dazu BGH, NJW 64, 2109).

1. Voraussetzung ist, daß der Beteiligte *ohne* sein *Verschulden verhindert* war, die Frist einzuhalten (§ 22 II 1 FGG). Verschulden des Vertreters ist — wie in der ZPO (§ 232) — dem Beteiligten als eigenes Verschulden anzurechnen (§ 22 II 2 FGG).

Für den *Verschuldensbegriff* ist § 276 BGB (Verletzung der verkehrserforderlichen Sorgfalt) maßgebend (h. M.: BGH, JR 55, 101; BayObLG, JR 64, 147; KEIDEL, § 22 Rz. 18 m. w. Nachw.). Zum Teil will man allerdings in Anlehnung an § 233 ZPO (Verhinderung durch „Naturereignisse und andere unabwendbare Zufälle") „äußerste Sorgfalt" fordern (SCHLEGELBERGER, § 22 Rz. 10; PIKART-HENN, S. 83, 117, und die ältere Rspr., noch BayObLGZ 53, 22; s. aber auch BGH, VersR 64, 1250). Das widerspricht dem Wortlaut des § 22 II FGG. Doch dürfte der Unterschied in der Formulierung größer sein als in der Sache. In der Praxis wird nicht so heiß gegessen wie gekocht.

§ 22 II FGG läßt *jedes* Ereignis als Hinderungsgrund gelten, sofern es nur *unverschuldet* ist, auch Rechtsirrtum oder Gesetzesunkenntnis, u. U. auch fehlende oder falsche Rechtsmittelbelehrung (BayObLGZ 63, 278; OLG Frankfurt, RdL 61, 18; KG, NJW 66, 1417), ferner Vertrauen auf Auskünfte eines Rechtskundigen (OLG Frankfurt, MDR 53, 116), sofern er nicht der eigene Vertreter ist (§ 22 II 2 FGG), Armut (BGHZ 16, 1; BGH, JZ 57, 187). Ob die verkehrserforderliche Sorgfalt verletzt ist, beurteilt sich nach der *konkreten* Sachlage und den *persönlichen* Umständen. Die Rspr. muß daher notwendig kasuistisch bleiben. Wer z. B. in letzter Minute seinen Schriftsatz beim Gericht einwerfen will, kann bei einem größeren Gericht mit einem Nachtbriefkasten rechnen, nicht aber bei einem kleineren (BGHZ 23, 307; BGH, MDR 60, 223). An einen Rechtskundigen sind höhere Anforderungen zu stellen als an einen Laien (BSG, NJW 56, 1495, 1814).

2. Der Wiedereinsetzungs*antrag* muß binnen *zwei Wochen* nach Beendigung des Hindernisses gestellt werden (§ 22 II 1 FGG), spätestens aber innerhalb eines Jahres seit Fristablauf (§ 22 II 4 FGG), mag das Hindernis auch noch fortbestehen (BGH, VersR 53, 105; Ausnahme: Armenrechtsverfahren: BGH, NJW 62, 1823).

Die Zwei-Wochen-Frist *beginnt* in dem Augenblick zu laufen, in dem das Hindernis tatsächlich entfällt oder nur noch infolge Verschuldens des Beteiligten weiterbesteht (BGHZ 4, 389). Innerhalb dieser zwei Wochen muß auch die *versäumte Erklärung* nachgeholt werden, und zwar entweder zusammen mit dem Wiedereinsetzungsantrag oder gesondert. Ist auch die Wiedereinsetzungsfrist versäumt, so ist Wiedereinsetzung in sie zur Beantragung der Wiedereinsetzung in die Hauptausschlußfrist schon logisch unmöglich (BGH, VersR 64, 1250), denn diese zweite Fristversäumnis ist voraussetzungsgemäß immer schuldhaft.

Für den Wiedereinsetzungsantrag bestehen — wie auch sonst (oben III 2) — keine besonderen *Formvorschriften* (BayObLGZ 51, 353). Er kann daher auch schlüssig aus dem sonstigen Vorbringen, etwa aus dem verspäteten Vorbringen der versäumten Erklärung, herausgelesen werden (BayObLGZ 59, 167; OLG Frankfurt, RdL 59, 215).

3. Der Antragsteller muß — in Abweichung von § 12 FGG — den Wiedereinsetzungs*grund* selbst *glaubhaft* machen (dazu unten § 16 IV), soweit er nicht offenkundig ist. Hierfür gilt die Zwei-Wochen-*Frist* des § 22 II 1 FGG *nicht* (h. M.: BGH, NJW 62, 202; JANSEN, § 22 Anm. 8). Die abw. Meinung (SCHLEGELBERGER, § 22 Rz. 12 und z. T. BAUR, § 30 B II 2 a) findet im Gesetzeswortlaut keine Stütze.

4. Das Gericht *entscheidet* über den Wiedereinsetzungsantrag durch Beschluß, entweder *gesondert* oder in den *Gründen* der *Sachentscheidung*. Vor einer stattgebenden Entscheidung ist grundsätzlich ein etwaiger Beschwerdegegner zu hören (BVerfG, NJW 58, 2011). Wird die Wiedereinsetzung gewährt, so ist das Verfahren so fortzuführen, als ob eine Fristversäumnis nicht vorgelegen hätte.

5. Für die *Anfechtung* muß man unterscheiden:

War die Entscheidung über den Wiedereinsetzungsantrag mit der *Sachentscheidung verbunden*, so ist sie nur zusammen mit jener und in gleichem Umfang wie jene anfechtbar (s. KEIDEL, § 22 Rz. 43).

War über den Wiedereinsetzungsantrag *gesondert* entschieden, so ist er auch gesondert anfechtbar, aber nur soweit das Gesetz ein Rechtsmittel gewährt. I. d. R. besteht eine Anfechtungsmöglichkeit, soweit auch die Sachentscheidung anfechtbar wäre. Z. B.: Entscheidung über die Wiedereinsetzung wegen Fristversäumnis bei sofortiger Erstbeschwerde: Sofortige weitere Beschwerde (§ 22 II 3 FGG). Hingegen kein weiteres Rechtsmittel gegen die Entscheidung über die Wiedereinsetzung wegen Fristversäumnis bei der sofortigen weiteren Beschwerde (RG, HRR 29, Nr. 129). Soweit Anfechtung gegeben ist, ist sie sowohl gegen die *positive* wie gegen die *negative* Entscheidung statthaft.

§ 15. Die Beschaffung der Entscheidungsgrundlagen

Literatur: ENGELS, Umfang der Bindung des fG-Richters an Entscheidungen des Prozeßrichters, Kölner Diss. 1938; GÖPPINGER, Einige Fragen aus dem Bereich der fG, Justiz 67, 124; LANG, Untersuchungsgrundsatz und Verhandlungsmaxime im Verwaltungsprozeß, VerwArch. 61, 60 ff.; und Lit. zu § 23.

I. Grundsatz

1. Mit Entscheidungsgrundlage sind die für die Entscheidung erheblichen *Tatsachen* gemeint. Im Zivilprozeß obliegt die Einführung des Tatsachenstoffes in den Prozeß den Parteien durch Behauptung und gegebenenfalls Beweisangebot für bestrittene Behauptungen. Es gilt i. d. R. die *Verhandlungsmaxime*, der „oberste Grundsatz der ZPO“ (so RGZ 151, 98). Die fG hingegen wird vom Grundsatz der *Amtsermittlung* (auch Untersuchungsgrundsatz, Inquisitionsmaxime, Grundsatz der amtlichen Wahrheitserforschung genannt) beherrscht. Gemäß § 12 FGG hat das Gericht „von Amts wegen die zur Feststellung der Tatsachen erforderlichen Ermittlungen zu veranstalten und die geeignet erscheinenden Beweise aufzuneh-

men". Das gilt für *alle* Verfahren, auch für Antragsverfahren (s. aber unten III 1), auch für die echten Streitsachen (s. aber unten III 2 a) und das Beschwerdeverfahren (unten § 31 II 2, 3), nicht hingegen für das Rechtsbeschwerdeverfahren (unten § 33 IV 3), weil es keine Tatsacheninstanz ist. Unabhängig davon, ob und was die Beteiligten vortragen, hat das Gericht also von sich aus in *eigener Verantwortung* zu entscheiden, welche Tatsachenfragen aufklärungsbedürftig sind und in welcher Weise diese Aufklärung zu erfolgen hat. Allerdings kann das Gericht *nicht* nach *freiem* Belieben verfahren, sondern hat sich bei der Sachaufklärung an *bestimmte Regeln* zu halten, deren Verletzung zur Anfechtung seiner Entscheidung berechtigt.

2. Für den *Umfang der Ermittlungen* bestimmt § 12, daß sie „erforderlich" sein müssen. Was „erforderlich" ist, sagt der Zweck des konkreten Verfahrens (BGH, NJW 63, 1972) und ergibt sich aus den Tatbestandsmerkmalen der im Verfahren anzuwendenden Normen.

Als selbstverständliche *Folge* ergibt sich daraus, daß eine Tatsachenfrage in einem Verfahren bedeutsam und darum aufklärungsbedürftig, in einem anderen Verfahren aber bedeutungslos und darum unaufgeklärt bleiben kann. So gehört z. B. bei Beurkundung von Rechtsgeschäften zu den Prüfungspflichten des beurkundenden Richters oder Notars die Frage, ob keine Tatsachen vorliegen, die der *Wirksamkeit* des zu beurkundenden Rechtsgeschäfts entgegenstehen. Die Nützlichkeit des Rechtsgeschäftes für die Beteiligten ist im Beurkundungsverfahren hingegen i. d. R. uninteressant. Wenn nun ein solches Rechtsgeschäft von einem Vormund dem Vormundschaftsgericht zur Genehmigung vorgelegt wird, so ist gerade umgekehrt das Ziel des Genehmigungsverfahrens auf die Prüfung gerichtet, ob das Geschäft für das Mündel sinnvoll und vorteilhaft ist, während seine *Wirksamkeit* nicht untersucht zu werden braucht (offensichtliche Unwirksamkeitsgründe sind natürlich zu beachten: BayObLGZ 63, 1, 7).

3. Auch die Frage, wieweit das fG-Gericht die Verhandlung mit den Beteiligten *selbst* führen und die Ermittlungen *selbst* veranstalten muß *(Unmittelbarkeitsgrundsatz)*, bestimmt sich nach der Zweckdienlichkeit für die jeweilige Sachaufklärung (§ 12 FGG) und der Verpflichtung, den Beteiligten rechtliches Gehör (dazu unten § 17 III) zu gewähren. Soweit diese Gebote es gestatten, kann der Richter sich Mittelspersonen bedienen (OLG Neustadt, FamRZ 64, 275). In Betracht kommen vor allem das Jugendamt in Vormundschaftssachen, die Industrie- und Handelskammer in Handels- und Registersachen, sowie der ersuchte und beauftragte Richter.

Ihre Einschaltung hängt von der konkreten Sachlage ab. Mehr als Kasuistik kann dazu hier nicht wiedergegeben werden. Je bedeutsamer eine Sachfrage oder je wichtiger der persönliche Eindruck für die Beurteilung der Beweisfrage ist, um so weniger wird die Einschaltung von Mittelspersonen zulässig sein, z. B. grundsätzlich nicht für die Anhörung der Beteiligten (OLG Braunschweig, MDR 49, 622; OLG Karlsruhe, ZblJR 55, 56). Nur für den beauftragten Richter gilt eine Ausnahme. Er ist bei den Kollegialgerichten (wie übrigens auch im Zivilprozeß) in der Praxis durchaus zur Regel geworden (s. BGH, NJW 53, 1547, zurückhaltender aber OLG Hamburg, NJW 53, 1554). Der Kommissionsbericht (S. 382 f.) schlägt eine entsprechende gesetzliche Regelung vor (s. jetzt schon § 16 LwVG und für das formelle Beweisverfahren unten § 16 III am Anfang).

Auch bei Einschaltung einer Zwischenperson muß die Unmittelbarkeit jedenfalls in dem Sinn gewahrt bleiben, daß das Gericht ihr die Tatsachenfeststellung nicht zur *selbständigen* Erledigung übertragen darf. Es muß die mitgeteilten Ergebnisse immer selbst kritisch prüfen und würdigen (OLG Braunschweig, MDR 49, 622; OLG Frankfurt, FamRZ 60, 73; KG, FamRZ 60, 500; BAUR, § 20 IV).

4. Ähnlich wie der Richter im Zivilprozeß hat auch der fG-Richter eine bestimmte *Reihenfolge* seiner Ermittlungen einzuhalten. Gedanklich vorrangige Fragen sind grundsätzlich auch vorrangig zu klären. Insbesondere sollen die Verfahrensvoraussetzungen aufgeklärt sein, bevor sachlichrechtliche Fragen näher erörtert werden. Der Richter darf keine, u. U. kostspielige Erhebung zur Klärung von Sachfragen machen, solange er nicht geprüft und festgestellt hat, daß er überhaupt zur Entscheidung in dieser Sache zuständig ist. Die Konzentrationsmaxime kann es allerdings, besonders in eilbedürftigen Sachen, gebieten, die Prüfung mehrerer logisch voneinander abhängiger Fragen gleichzeitig einzuleiten (s. auch unten § 27). Insgesamt richtet sich die fG-Praxis hinsichtlich der Reihenfolge der zu prüfenden Fragen aber stärker nach dem Gesichtspunkt der Zweckmäßigkeit als dies in anderen Verfahrensordnungen geschieht. Doch zeigen sich auch für den Zivilprozeß neuerlich beachtliche Stimmen, die eine Auflockerung verlangen, s. vor allem BRUNS, AcP 151, 191; RIMMELSPACHER, Zur Prüfung von Amts wegen im Zivilprozeß, 1966; GRUNSKY, ZZP 80 (1967).

II. Folgerungen

Aus dem Grundsatz der amtlichen Wahrheitserforschung ergibt sich, daß das Gericht i. d. R. an ein bestimmtes *Verhalten der Beteiligten* bei der Sachaufklärung *nicht gebunden* ist, und daß demgemäß die Beteiligten *keine Dispositionsbefugnis* über die Tatsachengrundlage haben. Die Beteiligten brauchen überhaupt keine bestimmten Tatsachen zu behaupten oder Beweise für sie anzubieten (keine Behauptungslast, keine Beweisführungslast). Wo sie es tun, ist das Gericht nicht daran gebunden. Es kann mit seinen Ermittlungen hinter dem Sachvortrag der Beteiligten zurückbleiben oder aber über ihn hinausgehen, je nachdem, was der Verfahrenszweck und die anzuwendenden Normen gebieten. Daher können auch *Geständnis* und *Nichtbestreiten* von Tatsachenbehauptungen eines etwaigen Gegners — anders als im Zivilprozeß (§§ 138 III, 288 ZPO) — den Richter nicht binden (BayObLGZ 60, 514; BayObLG, FamRZ 62, 474). Gleiches gilt für Anerkenntnis und Verzicht (dazu unten § 18 II). Wo er Zweifel an der Existenz einer unbestrittenen Tatsache hat, muß er sich Gewißheit verschaffen. Es gilt, ohne Einschränkung die materielle Wahrheit zu erforschen. Darum gibt es in der fG grundsätzlich auch *keine Versäumnisverfahren* (s. aber unten III 2 c). Auch wenn ein Beteiligter in einem Termin ausbleibt, darf der fG-Richter die von seinem Gegner vorgebrachten Tatsachen nur dann als wahr behandeln, wenn dies seiner Überzeugung entspricht.

III. Ausnahmen

1. Eine Reihe von fG-Verfahren laufen in der Praxis so ab, als gelte für sie nicht der Amtsermittlungs-, sondern der Verhandlungsgrundsatz. Doch handelt es sich hierbei nur um *scheinbare Ausnahmen,* die sich durch ihre besondere Struktur erklären.

Für viele Antragsverfahren ist der Grundsatz der Amtsermittlung kein logisch zwingendes Gebot. Je stärker das private Interesse der Beteiligten das öffentliche Interesse an der Durchführung des jeweiligen Verfahrens überragt, um so weniger bedarf es einer Sachverhaltsaufklärung von Amts wegen. Bei etwaiger Gegnerstellung der Beteiligten sorgt der Interessenwiderstreit — insbesondere wenn ein erfahrener Richter den Disput in die rechten Bahnen lenkt (§ 139 ZPO analog) — in natürlicher Weise dafür, daß die Beteiligten schon von sich aus alle erheblichen Tatsachen vortragen und die in Frage kommenden Beweise dafür anbieten.

Oft wird der Richter davon ausgehen können, daß zugestandene oder nicht bestrittene Tatsachen eben deshalb nicht bestritten werden, weil auch die Gegenseite sie für wahr hält, so daß auch er sie für wahr halten kann, wenn keine sonstigen Anzeichen dagegen sprechen. Wenn umgekehrt ein Beteiligter eine Tatsache, die ihm günstig wäre und normalerweise bekannt sein müßte, nicht vorträgt, so kann das Gericht bei Nichtvorliegen von Gegengründen daraus schließen, daß sie auch nicht existiert.

Dennoch gilt auch für diese Verfahren das Prinzip der Amtsermittlung (§ 12 FGG). Jedoch ist es durch die Praxis auf den Rang eines subsidiären Grundsatzes gedrückt worden. Zur Amtsermittlung wird es nur noch kommen, wenn die Beteiligten ausnahmsweise eine erhebliche Tatsache nicht vorgetragen haben oder wenn der Richter ausnahmsweise ihrem übereinstimmenden Vortrag mißtraut oder wenn er noch einen weiteren als die angebotenen Beweise für umstrittene Tatsachen sieht. Dabei sind aber — wie gesagt — je nach der Stärke des öffentlichen Interesses am Verfahren erhebliche Unterschiede festzustellen.

2. Es gibt jedoch auch einige *echte Ausnahmen* vom Grundsatz der Amtsermittlung.

a) Für *echte Streitsachen* besteht weitergehend eine echte prozessuale *Förderungspflicht* (besser *Förderungslast*) der Beteiligten. Sie verpflichtet die Beteiligten zwar *nicht* zum vollständigen Vortrag *aller* erheblichen Tatsachen (wie § 138 I ZPO). Aber sie steht neben der gerichtlichen Amtsermittlungspflicht wie die Mitwirkungspflicht der Beteiligten nach § 86

VwGO (dazu REDEKER-v. OERTZEN, § 86 VwGO, Anm. 10). Die Beteiligten haben *gemeinsam* mit dem Gericht an der Sachaufklärung mitzuwirken.

Das Gericht kann sich im wesentlichen auf die Aufklärung des Streitstoffs beschränken. Kommen die Beteiligten ihrer Förderungslast — trotz entsprechender Möglichkeit und Aufforderung durch das Gericht — nicht nach, so braucht das Gericht seinerseits von sich aus keine umfangreichen Ermittlungen anzustellen. Zu Sachermittlungen ohne jeden Hinweis der Beteiligten ist es nicht verpflichtet (BGHZ 16, 383; BayObLG, FamRZ 59, 504; KG, RzW 60, 64; SchlHOLG, WM 61, 127). Umgekehrt enthebt der übereinstimmende Sachvortrag der Beteiligten aber auch hier das Gericht nicht jeder Prüfungspflicht. Es kann zwar — und das wird die Regel sein — in freier Würdigung aus Geständnis und Nichtbestreiten Schlüsse auf die Wahrheit der vorgebrachten Behauptungen ziehen. Bindungswirkung haben aber Geständnis und Nichtbestreiten — anders als nach §§ 288, 138 III ZPO — ebensowenig wie im Verwaltungsprozeß (s. EYERMANN-FRÖHLER, § 86 Rz. 3; a. A. BAUR, § 18 III 2 b bb β). Bei Zweifeln muß der Richter um nähere Aufklärung bemüht sein (BayObLG, FamRZ 62, 474). Auch ein Versäumnisverfahren gibt es nicht (OLG Hamm, RdL 60, 102).

Amtsermittlungspflicht des Gerichts und Förderungslast der Beteiligten verdrängen einander eben nicht, sondern stehen gleichberechtigt nebeneinander.

b) In einigen *Antrags*verfahren besteht für den Antragsteller sogar eine *echte Darlegungs- und Beibringungslast*. So muß er etwa im Erbscheinsverfahren eine Reihe von Tatsachen vortragen und einige von ihnen urkundlich nachweisen (§§ 2354—2356 BGB). Andere Fälle finden sich bei Nachlaß- und Gesamtgutsauseinandersetzung (§§ 87 II, 99 FGG), beim Antrag auf Setzung einer Inventarfrist (§ 1994 II BGB), bei der Anmeldung zur Eintragung ins Handelsregister (§ 12 HGB). Im Umfang dieser Beibringungslast ist die Amtsermittlung eingeschränkt oder gilt doch nur subsidiär weiter (z. B. bei § 2358 BGB). S. ferner: §§ 21—23 WBG; 9 VHG; 45 mit 5 PStG; 18, 31, 33 a, 41 VerschG.

c) Im Sonderfall der §§ 91 III und 93 II kennt das FGG für das Nachlaßauseinandersetzungsverfahren sogar eine *Versäumniswirkung*.

IV. Prüfung von Vorfragen

Literatur: S. unten zu §§ 22, 23.

Vorfragen, gleichviel, ob solche des privaten oder des öffentlichen Rechts, sind grundsätzlich vom fG-Richter *selbständig* zu prüfen und zu entscheiden (BGH, NJW 52, 742; KG, NJW 60, 633). Für die Ermittlung, die er dazu anzustellen hat, gilt nichts Besonderes. Nur in Ausnahmefällen kann er das fG-Verfahren aussetzen, um die Klärung der Vorfragen in einem anderen, schon anhängigen Verfahren abzuwarten (oben § 14 IV 2). Wenn hingegen über diese Vorfragen bereits eine Entscheidung von anderer Seite vorliegt, so kann der fG-Richter u. U. an sie gebunden sein. Die Frage der Bindungswirkung hat neuerlich durch die Untersuchung von SCHLOSSER

(Gestaltungsklagen und Gestaltungsurteile, 1966) erhebliche Förderung erfahren (s. auch NIKISCH, Die Bindung der Gerichte an gestaltende Gerichtsentscheidungen und Verwaltungsakte). Sie kann hier in ihrer vollen Breite nicht erörtert werden. Nach herkömmlicher Anschauung muß man unterscheiden:

1. *Verwaltungsakte* binden den fG-Richter auf jeden Fall, wenn sie rechtsgestaltender Natur sind (z. B. Ernennung zum Beamten). Denn der *Gestaltungseffekt* wirkt inter omnes. Andere Verwaltungsakte, mögen sie nur feststellender oder leistungsanordnender Natur sein, haben eine gleiche Bindungswirkung für den fG-Richter jedoch nur dann, wenn dies ausnahmsweise im Gesetz ausdrücklich vorgesehen ist (wie etwa in § 901 RVO) oder sich eindeutig aus der gesetzlichen Kompetenzverteilung hinsichtlich der Prüfung bestimmter Fragen ergibt. Im übrigen hat der fG-Richter nur die „Tatbestandswirkung“ der Verwaltungsakte zu beachten (BGHZ 9, 129; JESCH, aaO, S. 58). Darunter versteht man, daß sich an die bloße Existenz des Verwaltungsakts rechtliche Nebenwirkungen knüpfen, weil das Vorliegen eines solchen Akts Tatbestandsmerkmal einer (meist materiellrechtlichen) Norm ist (unten § 23, 4).

Überhaupt *kein* „Bindungsproblem“ taucht aber bei den Bescheinigungen gemäß § 1 IV HeimkG und dem Flüchtlingsausweis nach §§ 15, 16 BVFG auf. Denn sie sind gar keine Verwaltungsakte, auch keine Beurkundungen von Verwaltungsakten, sondern öffentliche Beweisurkunden i. S. des § 418 ZPO (zu deren Beweiskraft unten § 16 III 4 b). So OLG Hamm, NJW 56, 1567; BETTERMANN, NJW 56, 386; 57, 27; a. A. OLG Bremen, NJW 56, 1721; BayObLG, NJW 57, 1364.

2. Für die Bindung des fG-Richters an *Entscheidungen* der Verwaltungsgerichte gelten grundsätzlich die gleichen Maßstäbe wie für seine Bindung an Entscheidungen der *ordentlichen Gerichte* in bürgerlichrechtlichen Streitigkeiten und in anderen fG-Angelegenheiten (BGHZ 8, 139; BayObLGZ 58, 349). In Zweifelsfällen wird man den Umfang der Bindungswirkung durch Abwägung zweier gegensätzlicher Prinzipien bestimmen müssen, nämlich einmal des Grundsatzes, daß der fG-Richter in eigener Verantwortung die materielle Wahrheit zu erforschen hat (§ 12 FGG) und zum anderen des Grundsatzes, daß im öffentlichen Interesse divergierende Gerichtsentscheidungen möglichst zu vermeiden sind (BAUR, § 2 B IV 3 b). Im Regelfall hat sich das Ergebnis dieser Abwägung bereits in der Anerkennung der materiellen Rechtskraft von Gerichtsentscheidungen niedergeschlagen. Grundsätzlich bestimmt ihr Umfang auch den Umfang der Bindung anderer Gerichte an die ergangene Entscheidung. Hiernach kann man unterscheiden:

a) *Gestaltungsurteile* der Verwaltungs-, Zivil- und fG-Gerichte binden auch den fG-Richter (OLG Celle, Nds. Rpfl. 62, 138). Das ist, wie schon bei den Verwaltungsakten, selbstverständlich, weil sie die Rechtslage gestalten, also mit Wirkung für und gegen jedermann verändern.

Beispiel: Nach der Ehescheidung durch das Prozeßgericht hat das Vormundschaftsgericht über die Verteilung der elterlichen Gewalt zu entscheiden (§ 1671 BGB). Die Berechtigung der Scheidung hat er nicht mehr zu überprüfen, sondern als geschehen hinzunehmen. Dagegen ist das Nachlaßgericht im Erbscheinsverfahren auch dann zur Nachprüfung der *Anordnung* der Testamentsvollstreckung berechtigt, wenn gemäß § 2200 BGB bereits ein Testamentsvollstrecker *ernannt* worden ist (JANSEN, NJW 66, 332; a. A. OLG Hamburg, NJW 65, 1968).

b) Bei *sonstigen* Entscheidungen der Verwaltungs-, Zivil- oder fG-Gerichte, also bei *Leistungs- und Feststellungsentscheidungen* (zu welchen auch die *klagabweisenden* Entscheidungen zählen, weil sie feststellen, daß die rechtlichen Voraussetzungen für eine Gestaltung oder Leistung nicht vorliegen), wirkt die *materielle Rechtskraft,* sofern sie überhaupt gegeben ist (dazu unten § 22) nur *inter partes.* Demzufolge ist es schwieriger, die Bindungswirkung dieser Entscheidungen für den fG-Richter zu beurteilen. Klar ist die Sachlage, wo das Gesetz *ausdrücklich* eine Bindung anordnet.

So z. B. in § 16 HGB die Bindung des Registerrichters an die Verurteilung eines Gesellschafters zur Mitwirkung bei der Anmeldung der Gesellschaft. Hier hat das Registergericht das wirksame Zustandekommen der Gesellschaft nicht mehr zu überprüfen (KGJ 53, 91). Oder: Der Vormundschaftsrichter ist bei der Entscheidung über die Verteilung der elterlichen Gewalt gem. § 1671 BGB nicht nur an das (gestaltende) Scheidungsurteil, sondern auch an einen etwaigen (nur feststellenden) Alleinschuldspruch im Urteilstenor §§ 52, 53 EheG) auch dann gebunden, wenn im Scheidungsprozeß unter Ausnutzung der Verhandlungsmaxime das Vorbringen der Eheleute insoweit erkennbar bewußt unvollständig war: § 1671 III 2 BGB (OLG Frankfurt, FamRZ 62, 171; OLG Neustadt, FamRZ 64, 91; OLG Oldenburg, FamRZ 65, 335; und früher: BGHZ 3, 52; 24, 181; a. A. OLG Karlsruhe/Freiburg, JZ 59, 365).

Eine Bindungswirkung im Umfang der materiellen Rechtskraft ist *weiterhin* zu bejahen, wenn an dem fG-Verfahren *nur die Parteien* des bereits früher entschiedenen Rechtsstreites beteiligt sind. Das folgt aus dem Wesen der materiellen Rechtskraft (RGZ 158, 156). Wenn sie auch persönlich relativ, also auf diese beiden Parteien beschränkt ist, so hat sie doch insofern sachlich absolute Wirkung, als die entschiedene Rechtsfrage für alle Lebensbeziehungen dieser beiden Personen außer Streit sein soll, damit also auch für die in der fG zu ordnenden Lebensbeziehungen dieser beiden Personen außer Streit sein soll. Damit bindet sie auch den fG-Richter, soweit sie reicht (nämlich in bezug auf die Entscheidung über den Verfahrensgegenstand, nicht auch hinsichtlich der Begründung, s. unten § 23, 1 und 2). Das gilt nicht nur für die echten Streitsachen wegen ihrer Ähnlichkeit mit einem zivilprozessualen Rechtsstreit, sondern für alle fG-Verfahren.

Das beliebteste *Beispiel* hierfür ist das Erbscheinsverfahren. Wenn A gegen B ein rechtskräftiges Feststellungsurteil des Inhalts erstritten hat, daß er, A, Erbe sei, dann ist der Nachlaßrichter in einem nachfolgenden Erbscheinsverfahren an diese Entscheidung gebunden, wenn nur A oder B als Erbe in Betracht kommen, also die einzigen materiellen und formellen Beteiligten des Erbscheinsverfahrens sind.

Der Nachlaßrichter muß an A den Erbschein erteilen, auch wenn er Zweifel an der Richtigkeit des Feststellungsurteils hat.

Wenn hingegen an dem fG-Verfahren außer den Parteien des vorausgegangenen Rechtsstreites *noch andere Personen* beteiligt sind, dann ist der fG-Richter bei der Prüfung der Vorfrage in bezug auf diese Beteiligten an die Entscheidung *nicht* gebunden, weil sie bezüglich dieser Beteiligten auch keine materielle Rechtskraft hat.

Am *Beispiel* unseres Erbscheinsfalles bedeutet das praktisch: Wenn außer A und B auch noch C als Erbe in Betracht kommt, dann darf der fG-Richter zwar B immer noch keinen Erbschein erteilen, weil ihn insoweit das zwischen A und B ergangene Feststellungsurteil bindet. Er muß den Erbschein aber auch nicht an A erteilen; wenn er auf Grund eigener Prüfung zu der Überzeugung kommt, daß C der Erbe sei, so kann er diesem den Erbschein erteilen.

c) Soweit *keine* Bindung infolge der Gestaltungswirkung oder der materiellen Rechtskraft eintritt, kann aber immer noch die *Tatbestandswirkung* einer Entscheidung — ebenso wie die erwähnte Tatbestandswirkung von Verwaltungsakten (oben IV 1) — zu beachten sein.

Beispiel für die Bindung des fG-Richters an die Tatbestandswirkung einer fG-Entscheidung: BayObLGZ 58, 329, 333.

3. Soweit nach diesen Regeln eine Bindung des fG-Richters anzuerkennen ist, besteht sie auch dann, wenn der vorliegende Verwaltungsakt oder das vorliegende Urteil *Rechtsfehler* enthält (OLG Hamburg, NJW 65, 1968). Diese berechtigen die Betroffenen nur zur *Anfechtung*. Solange die fehlerhafte Entscheidung nicht auf Grund der Anfechtung aufgehoben worden ist, ist sie voll wirksam und ebenso zu beachten wie ein fehlerfreies Urteil. Wenn allerdings der Verwaltungsakt bereits angefochten ist oder gegen das Urteil bereits ein Rechtsmittel eingelegt ist, wird es vielfach zweckmäßig und zulässig sein, daß der fG-Richter sein Verfahren analog § 148 ZPO solange *aussetzt*, bis über die Rechtsmittel in anderen Verfahren entschieden worden ist. Eine solche Aussetzung ist mit der gleichen Begründung zulässig, wie im umgekehrten Fall, wenn über die Vorfrage zwar noch nicht entschieden, aber bereits ein anderweitiger Rechtsstreit anhängig ist (s. oben § 14 IV 2).

Ausnahmsweise entfalten Verwaltungsakte und Gerichtsurteile dann *keine Bindungswirkung*, wenn sie *nichtig* sind. Eine solche Nichtigkeit wird *selten* vorliegen. In dieser Richtung hat der fG-Richter vorliegende Verwaltungsakte und Gerichtsurteile stets zu überprüfen, ob sie nicht in einem solchen Maße rechtsfehlerhaft sind, daß „ihnen die Nichtigkeit auf der Stirn geschrieben steht" (unten § 24).

§ 16. Insbesondere das Beweisverfahren

Literatur: Barnstedt, RdL 59, 144; *ders.*, Die eidliche Vernehmung eines Beteiligten im Verfahren der fG, DNotZ 58, 470; Habscheid, Anm. zu OLG Neustadt, JZ 62, 417; Jansen, Wandlungen im Verfahren der fG, 1964, S. 29 ff.; Kühn, Ist im Bereich der fG die eidliche Vernehmung des Antragstellers zulässig?, SJZ 49, 581; Vogel, Die Verteilung des Hausrats durch den Richter nach der Verordnung v. 21. 10. 1944, JR 49, 430; Peters, Der sog. Freibeweis im Zivilprozeß, 1962.

I. Die Grundsätze des Beweisverfahrens

Die Grundsätze des Beweisverfahrens wurden z. T. schon in den vorhergehenden Paragraphen dargestellt. Das war unvermeidlich, weil in der fG — anders als im Zivilprozeß — eine besondere Trennung zwischen Verhandlung und Beweiserhebung nicht vorgesehen ist. Sie gehen — auch in der praktischen Handhabung — vielfach ineinander über. Das FGG gewährt dem Richter nach bisher weit verbreiteter Ansicht für seine Ermittlungstätigkeit weitgehend *freie Hand.* In neuerer Zeit verstärkt sich jedoch der Eindruck, daß diese großen Freiheiten des Gerichts gewisser Stabilisierungsregeln und Einschränkungen zugunsten einer erweiterten Rechtsstellung der Verfahrensbeteiligten bedürfen (s. auch Jansen, aaO, S. 29 ff.). *Oberster Grundsatz* für die Ermittlungstätigkeit des Gerichts ist § 12: „Das Gericht hat von Amts wegen die zur Feststellung der Tatsachen erforderlichen Ermittlungen zu veranstalten und die geeignet erscheinenden Beweise aufzunehmen." Hieraus läßt sich, vorbehaltlich der oben § 15 III angegebenen Ausnahmen, im einzelnen ableiten:

1. *Beweisgegenstand* sind wie in allen anderen gerichtlichen Verfahren *Tatsachen.* Wenn ausländisches Recht anzuwenden ist (wie häufig in Vormundschafts- oder Nachlaßsachen) oder Gewohnheitsrecht oder Statuten, dann muß der Richter dieses Recht, falls es ihm unbekannt ist, ebenfalls von Amts wegen ermitteln.

Man sollte die Ermittlung der anwendbaren Rechtssätze jedoch nicht mit der Ermittlung von Tatsachen gleichsetzen, wie das häufig geschieht. Auch im Zivilprozeß ist die Ermittlung fremden Rechts keine echte Beweiserhebung. § 293 ZPO ist nur unglücklich formuliert (s. Dölle, Festschrift für Nikisch, S. 185; Baumbach-Lauterbach, § 293 Anm. 2). Wenn sich das fremde Recht nicht ermitteln läßt, so ist nicht etwa nach Beweislastgrundsätzen, sondern nach deutschem Recht zu entscheiden (Dölle, aaO, S. 192).

2. *Beweisbedürftig* sind die Tatsachen, deren Feststellung dem Gericht für die Anwendung der einschlägigen Normen *erforderlich* erscheint. Hierüber entscheidet das Gericht nach seiner Überzeugung in eigener Verantwortung. Anders als im Zivilprozeß ist die Beweiserhebung des Gerichts nicht auf *streitige* Tatsachen beschränkt. Die Beteiligten haben keine Dispositionsbefugnis über den Tatsachenkomplex. Ein bestimmtes Parteiverhalten, wie Nichtbestreiten, Geständnis, Säumnis kann eine gewisse Indizwirkung haben. Aber es vermag das Gericht bei der Sachverhaltsaufklärung von Amts wegen nicht zu binden (oben § 15 II, III).

Offenkundige Tatsachen wird das Gericht so wenig wie in anderen Verfahren als beweisbedürftig ansehen, mögen sie nun allgemeinkundig, gerichtskundig oder nur aktenkundig (dazu KG, JR 56, 387) sein. Es muß allerdings auch sie in die Verhandlung einführen, wenn es sie verwerten will (rechtliches Gehör!, unten § 17 III 5 a).

3. Eine *Beweisführungslast* der Beteiligten (auch subjektive, formale Beweislast genannt) gibt es in der fG grundsätzlich nicht, auch nicht in echten Streitsachen (Hochmuth, RzW 57, 51). Die Beteiligten brauchen keine Beweise anzutreten, weil der Grundsatz der Amtsermittlung (§ 12) gilt (KG, NJW 63, 766). Nur in einigen Ausnahmefällen ist den Beteiligten in begrenztem Umfang eine echte Beibringungslast auferlegt (oben § 15 III 2 und unten IV).

4. Eine *Feststellungslast* (auch objektive, materielle Beweislast genannt) gibt es hingegen auch in der fG. Das wird gelegentlich bestritten, weil man die Feststellungslast mit der Beweisführungslast verwechselt, irregeleitet durch den Oberbegriff „Beweislast" (so OLG Neustadt, JZ 62, 417 m. Anm. von Habscheid).

a) Beweisführungslast bedeutet die Last, Beweise anzutreten. Feststellungslast sagt hingegen, zu wessen Lasten es geht, wenn eine erhebliche Tatsache nicht festgestellt werden kann. Die Beweisführungslast muß (wo es sie gibt, wie z. B. in der ZPO) das Gericht also vor der Beweisanordnung prüfen, die Feststellungslast hingegen nach einer etwaigen, aber unzureichenden Beweiserhebung. Eine Feststellungslast gibt es in jedem Verfahren, auch in den Verfahren mit Untersuchungsgrundsatz (a. A. Baur, § 16 V), weil jedes Verfahren zum Abschluß kommen muß und dieser Abschluß i. d. R. in einer Entscheidung besteht, die auf Grund bestimmter Normen ergeht. Wenn trotz Ausschöpfung aller Ermittlungsmöglichkeiten ungewiß bleibt, ob die tatsächlichen Voraussetzungen einer bestimmten Norm vorliegen, kann das Gericht sich nicht mit einer non liquet-Erklärung begnügen, sondern muß die aus der Nichtanwendbarkeit der Norm folgenden Konsequenzen ziehen, u. U. also einen Antrag zurückweisen, oder eine beabsichtigte Maßnahme unterlassen (BayObLG, NJW 63, 158). Wer die Feststellungslast trägt, ergibt sich demnach aus den anzuwendenden *Normen*. Sie ist also materiellrechtlicher Natur, wenn es um materiellrechtliche Normen geht und prozessualer Natur, wenn es um die Anwendung prozessualer Normen geht.

b) Für *Antragsverfahren* hat der Gesetzgeber die Feststellungslast nach dem Grundsatz verteilt, daß derjenige sie trägt, zu dessen Gunsten die in Frage stehende Norm anzuwenden wäre. Das ist in der Regel der Antragsteller. Von diesem Grundsatz gibt es jedoch Ausnahmen. Aus verschiedenen Gründen (typische Beweisschwierigkeiten der einen, typische Beweiserleichterungen der anderen Seite, oder typische Unwahrscheinlichkeit eines bestimmten Standpunktes z. B.) hat der Gesetzgeber die Feststellungslast durch

Tatsachen- oder Rechtsvermutungen verkürzt (z. B. § 8 II HausratsVO; 9 I und II, 44 II VerschG) und sie für außergewöhnliche oder leichter von ihm aufzuklärende Umstände demjenigen aufgebürdet, für den die Anwendung der betreffenden Norm ungünstig wäre. Die Rechts- und Tatsachenvermutungen muß der fG-Richter solange beachten, bis er auf Grund seiner Ermittlungen vom Gegenteil überzeugt ist.

Im Erbscheinserteilungs- oder -einziehungsverfahren trägt z. B. (unabhängig von seiner jeweiligen Beteiligtenrolle, ob Antragsteller oder Antragsgegner) derjenige, der ein Erbrecht in Anspruch nimmt, die Feststellungslast für die das Erbrecht *begründenden* Tatsachen, derjenige, der es bestreitet, die Feststellungslast für die das Erbrecht *hindernden* (OLG Neustadt, MDR 61, 601) oder *vernichtenden* Tatsachen, insbesondere für Grund und Wirksamkeit der Testamentsanfechtung (BGH, NJW 63, 1972; KG, NJW 63, 766; BayObLG, NJW 63, 158); der Anfechtungsgegner hingegen wiederum für die der Wirksamkeit der Anfechtung entgegenstehende ausnahmsweise Kenntnis des Erblassers vom Anfechtungsgrund (BayObLG, NJW 64, 205).

c) In den *Amtsverfahren* scheint gegen das Vorhandensein einer Feststellungslast zu sprechen, daß hier die Beteiligten, wenn überhaupt mehrere vorhanden sind, sich typischerweise nicht in Streitstellung einander gegenüber stehen. Dennoch gibt es hier eine Feststellungslast, und zwar trägt sie regelmäßig der Staat. Sie wirkt sich dahin aus, daß der fG-Richter eine bestimmte Maßnahme nur dann anordnen darf, wenn er von dem Vorliegen der tatsächlichen Voraussetzungen derjenigen Norm überzeugt ist, die den betreffenden Eingriff erlaubt oder gebietet. Solange der Richter nicht voll überzeugt ist, muß er die Maßnahme unterlassen. Häufig sieht dann aber eine andere Norm die Vornahme einer milderen Maßnahme vor.

5. Das Gericht hat die Beweise so weit *selbst* aufzunehmen, als dies zur Sachaufklärung erforderlich ist (abgeschwächtes Unmittelbarkeitsprinzip). Soweit das Gericht sich eines Mittlers bedient, muß es dessen Ergebnisse auf ihren Wahrheitsgehalt kritisch überprüfen (im einzelnen oben § 15 I 3). Der Unmittelbarkeitsgrundsatz gilt aber im förmlichen Beweisverfahren (unten III am Anfang).

6. Die Auswahl der *Beweismittel* hat der fG-Richter nach pflichtgemäßem Ermessen zu treffen. Er hat „die *geeignet* erscheinenden Beweise aufzunehmen". An Beweisanträge der Beteiligten ist er dabei nach h. M. nicht gebunden (KG, NJW 55, 229). Gegen die Ablehnung von Beweisanträgen ist die Beschwerde nicht statthaft (OLG Schleswig, SchlHA 66, 152). Auch die Frage, ob das Gericht stets das *unmittelbarste* Beweismittel heranziehen muß oder ob z. B. auch Zeugen vom Hören-sagen, Niederschriften von Beweisaufnahmen in anderen Verfahren, die von einem Sachverständigen bei der Vorbereitung seiner Gutachtens durch Befragung von Auskunftspersonen ermittelten Tatsachen (dazu BayObLG, NJW 62, 2012) verwerten darf, beurteilt sich nicht nach starren Regeln (wie z. B. §§ 250 ff. StPO), sondern nach der Erforderlichkeit für die Sachaufklärung im konkreten Fall unter Berücksichtigung des Rechts der Beteiligten auf

Gehör. Dabei hat das Gericht dann nach seinem pflichtgemäßen Ermessen die Wahl zwischen einem freien Beweisverfahren (dazu unten II) oder einem förmlichen, an die ZPO angelehnten Beweisverfahren (§ 15 FGG, dazu unten III). Denn § 15 FGG regelt nur die *Form* für bestimmte Beweisaufnahmen, nicht aber die zulässigen Beweismittel (Keidel, § 15 Rz. 3).

7. Das Gericht hat die zur Feststellung der Tatsachen „*erforderlichen* Ermittlungen zu veranstalten". Damit ist eine erschöpfende Beweisaufnahme angeordnet. Das Gericht hat die Beweiserhebung soweit auszudehnen, bis es die zur Feststellung der erheblichen Tatsachen notwendige Überzeugung gewonnen hat oder bis alle in Betracht kommenden Erkenntnisquellen erschöpft sind. Erst dann darf es seine Entscheidung fällen. Das gilt auch im Erbscheinseinziehungsverfahren (BGH, NJW 63, 1972 gegen BayObLG, NJW 63, 158).

Beispiele für den Umfang der Ermittlungspflicht: in Amtsverfahren: OLG Düsseldorf, MDR 60, 852; in Antragssachen: KG, NJW 61, 2066; in echten Streitsachen: BayObLG, FamRZ 59, 504; in Registersachen (nur beschränktes sachliches Prüfungsrecht!): BayObLG, MDR 63, 509.

8. Das Beweisverfahren dient der „*Feststellung* der Tatsachen".

a) Wie die Feststellung zu erfolgen hat, sagt § 12 FGG unmittelbar nicht. Darum ist der fG-Richter an bestimmte Beweiswürdigungsregeln nicht gebunden. Es gilt wie in allen deutschen Verfahrensordnungen der Grundsatz freier richterlicher Beweiswürdigung und freier richterlicher Überzeugungsbildung, wie er in § 186 ZPO niedergelegt ist (KG, WM 56, 1361).

Wo außerdem in fG-Verfahren Fragen der Schadensermittlung und -berechnung auftauchen, gilt darüber hinaus der Grundsatz der freien richterlichen Schadensschätzung (§ 287 ZPO analog). Das wird in erster Linie in den echten Streitverfahren der Fall sein (s. für Rückerstattungsverfahren: KG, RzW 60, 158), muß aber auch für die anderen Verfahren gelten. Auch § 287 II ZPO (freie Schätzung der Forderungshöhe bei unverhältnismäßigen Beweisschwierigkeiten) ist in der fG entsprechend anwendbar.

b) Die Tatsachenfeststellung muß *nicht* durch *dieselben* Richter erfolgen, die die Ermittlungen geführt und an einer eventuellen mündlichen Verhandlung teilgenommen haben. Ein Richterwechsel stört also insoweit nicht. § 309 ZPO setzt *obligatorische* mündliche Verhandlung voraus und gilt darum nicht für die fG (BayObLG, MDR 65, 392; OLG Frankfurt, RzW 52, 87; Baur, § 18 II 2; s. jedoch oben § 14 III 1 b).

9. Die sich aus § 12 FGG ergebenden Pflichten sind *Amtspflichten*, die dem fG-Richter allen gegenüber obliegen, deren Belange nach der Natur der vorzunehmenden Amtsgeschäfte berührt werden. Ihre Verletzung kann also Amtshaftung begründen, sofern die weiteren Voraussetzungen des § 839 BGB mit Art. 34 GG vorliegen (BGH, VersR 61, 507). Zunächst muß jedoch versucht werden, diese Pflichtverstöße im Rechtsmittelverfahren zu korrigieren.

II. Das freie Beweisverfahren

Das freie Beweisverfahren ist in § 12 FGG dadurch anerkannt, daß dem fG-Richter übertragen wird, die „ihm geeignet erscheinenden Beweise“ aufzunehmen. Da es elastischer und bequemer als das förmliche Beweisverfahren ist, erfolgt die Sachaufklärung in fG-Verfahren weitgehend im freien Beweisverfahren.

1. Freibeweisverfahren bedeutet, daß einmal keine Begrenzung auf bestimmte Beweis*mittel* besteht, und daß zum anderen für die Beweisaufnahme keine bestimmte *Form* vorgeschrieben ist, der fG-Richter kann jeden ihm geeignet erscheinenden Gegenstand als Beweismittel verwenden (Personen, Sachen, Akten anderer Gerichte oder Behörden, Tonbandaufnahmen usw.). Das kann jeweils in der Form geschehen, die dem Gericht nach der Sachlage als die zweckmäßigste erscheint. Das Gericht braucht eine Auskunftsperson nicht formell als Zeugen zu vernehmen, es kann sich mit der bloßen Anhörung begnügen (KG, FamRZ 59, 509, 511). Ebenso kann es Behörden um Auskünfte oder um eigene Ermittlung ersuchen. Dann muß es allerdings diese Ermittlung selbst kritisch überprüfen (oben § 15 I 3). Es kann sogar ausnahmsweise die von einem Gutachter ermittelten und in seinem Gutachten verwendeten Auskünfte verwerten, ohne die Auskunftspersonen direkt zu hören (BayObLG, NJW 62, 2012; s. jedoch oben I 6.

2. Der fG-Richter kann auch *eigenes privates Wissen* verwerten, ohne daß ein entsprechender Tatsachenvortrag der Beteiligten vorliegt. Allerdings bestehen hier Grenzen. Der Richter muß sein Wissen in den Prozeß einführen, indem er es den Beteiligten bekannt gibt und ihnen so rechtliches Gehör gewährleistet (Art. 103 I GG; BVerfG 10, 177). Wenn aber einer der Beteiligten die Tatsachen bestreitet, von denen der Richter private Kenntnis zu haben meint, darf er sein privates Wissen nicht verwerten. Zwar entscheidet grundsätzlich das Gericht in eigener Verantwortung und ohne an Verhalten der Beteiligten (insbesondere Bestreiten) gebunden zu sein darüber, ob und wie welche Tatsachen noch aufklärungsbedürftig sind. Wenn er sich aber bei seiner Überzeugungsbildung ausschließlich auf sein eigenes privates Wissen stützt, vereinigt er in sich die Funktion eines Zeugen und eines Richters. Damit ist die richterliche Objektivität und der Grundsatz der Unabhängigkeit des Richters gefährdet. Darum muß die Verwertung des eigenen privaten Wissens hier unterbleiben. Es kann hingegen verwertet werden, wenn die Beteiligten die fraglichen Tatsachen nicht bestreiten (Lent-Habscheid, § 21 I 3; Schlegelberger, § 12 Rz. 25; Keidel, § 12 Rz. 100; str.; a. A. Baur, § 18 II 1).

3. Das freie Beweisverfahren hat einen Nachteil. Dem Gericht stehen, im Gegensatz zum förmlichen Beweisverfahren (unten III 2 b), *keine Zwangsmittel* zur Verfügung, um seine Ermittlungen gegen eventuelle Widerstände durchzusetzen. Weder die Beteiligten noch andere Personen sind zu Auskünften verpflichtet. Will das Gericht sie erzwingen, so muß es zum förmlichen Beweisverfahren übergehen.

III. Die förmlichen Beweismittel

Die förmlichen Beweismittel, wie sie in der ZPO geregelt sind, kann der fG-Richter an Stelle des freien Beweisverfahrens verwenden. Das wird *geboten* sein, wenn die Benutzung der *förmlichen* Beweismittel eine bessere Sachverhaltsaufklärung erwarten läßt, als das freie Beweisverfahren. Darüber hat der Richter nach *pflichtgemäßem* (nicht freiem) *Ermessen* zu entscheiden (KG, NJW 61, 2066; Jansen, aaO, S. 30).

Wenn z. B. die Auskunftspersonen eine formlose Auskunft verweigern, kann eine vollständige Aussage nur auf dem Wege der Zeugenvernehmung erzwungen werden. Zur Prüfung der Testierfähigkeit eines Verstorbenen kann eine fernmündliche Auskunft nicht genügen, dazu bedarf es eines förmlichen Sachverständigengutachtens (KG, NJW 61, 2066; BGH, NJW 63, 1972). Ferner wird der Richter das förmliche Beweisverfahren wählen, wenn von der Sachfrage besonders schwerwiegende Entscheidungen abhängen und er eine Beeidigung herbeiführen möchte, oder wenn zwischen den Beteiligten Streit über den Tatsachenkomplex herrscht und zur Aufklärung eine Vernehmung eines Beteiligten erforderlich ist. Vor allem in den echten Streitsachen mit ihren starken Parallelen zum Zivilprozeß drängt sich das förmliche Beweisverfahren in den Vordergrund (OLG Celle, NdsRpfl. 60, 81).

Allerdings erklärt § 15 I FGG nur die Vorschriften der ZPO über den Beweis durch *Zeugen* (unten 1), *Sachverständige* (unten 2) und *Augenschein* (unten 3) für entsprechend anwendbar. Nicht erwähnt sind die Vorschriften über den Beweis durch *Urkunden* (unten 4) und durch *Parteivernehmung* (unten 5), ferner nicht die „allgemeinen Vorschriften über die Beweisaufnahmen“ (§§ 355—370 ZPO). Die Rechtsentwicklung ist über diese Einschränkung inzwischen hinweggegangen. Nach heute ganz h. M. ist auch der Beweis durch Urkunden und durch Vernehmung der Beteiligten wie in der ZPO zulässig. Wieweit die §§ 355—370 ZPO entsprechend anwendbar sind, ist im einzelnen allerdings noch nicht restlos geklärt.

Die Tendenz geht jedoch auf eine mindest teilweise Analogie. So wird zwar die Notwendigkeit eines besonderen Beweisbeschlusses (§§ 358 ff. ZPO) für das fG-Verfahren bis heute allgemein verneint. Andererseits wächst aber beständig die Zahl derer, die etwa die Anerkennung des Grundsatzes der Parteiöffentlichkeit (§ 357 ZPO) auch für das Beweisverfahren der fG fordern (dazu unten § 17 IV), dessen Konsequenz die vorherige Benachrichtigung der Beteiligten vom Beweistermin ist (Jansen, § 15 Anm. 3 a; a. A. Baur, § 20 III 1 a). Auch der Grundsatz der Unmittelbarkeit der Beweisaufnahme (§ 355 ZPO) gilt (Keidel, § 15 Rz. 5 m. w. Nachw.). Anderenfalls wäre es sinnlos, daß § 15 I 1 FGG die entsprechende Anwendung der Ausnahmevorschriften zu diesem Prinzip anordnet (§§ 372 II, 375, 402, 405 ZPO: Beweisaufnahme durch beauftragten oder ersuchten Richter). Für das Landwirtschaftsverfahren s. sogar § 16 I LwVG (dazu BGH, NJW 59, 1324).

Umgekehrt sind von den in § 15 I FGG genannten Vorschriften diejenigen unanwendbar, die mit den Prinzipien der fG in Widerspruch stehen, z. B. §§ 371, 373, 403 (Beweisantretung); 379 (Vorschußpflicht); 391, 402 (Parteiverzicht auf Beeidigung); 399 (Verzicht auf vorgeschlagene Zeugen) ZPO. Soweit gegen Anordnungen im Beweisverfahren sofortige Beschwerde zulässig ist, richtet sich das Beschwerdeverfahren nach §§ 19, 22 FGG (s. z. B. BayObLGZ 57, 134; OLG Hamburg, RzW 56, 298; OLG Düsseldorf, NJW 59, 821 und unten 1 a).

1. Für den *Zeugenbeweis* gelten die §§ 373—401 ZPO entsprechend (§ 15 I FGG).

a) *Zeuge* kann grundsätzlich *jeder* sein, der nicht formell oder materiell Beteiligter ist (s. unten 5 und 6). Der Zeuge ist entsprechend § 377 ZPO zu laden (OLG Düsseldorf, JMBl. NRW 56, 91). Er ist verpflichtet, zu erscheinen, auszusagen und auf Verlangen des Gerichts seine Aussage zu beschwören. Sein Erscheinen kann durch (wiederholte: KG, JZ 60, 446) Ordnungsstrafen erzwungen werden (§§ 380, 381 ZPO), ebenso seine Aussage, wenn er sie grundlos verweigert (§ 390 ZPO). Jedoch steht ihm unter den besonderen Voraussetzungen der §§ 383 ff. ZPO ein Zeugnisverweigerungsrecht wegen naher persönlicher Beziehungen zu einer Partei zu, über das die in § 383 I Nr. 1—3 genannten Personen nach § 383 II zu belehren sind (SchlHOLG, SchlHA 56, 327). Das in § 383 ZPO gewährte Zeugnisverweigerungsrecht wegen naher persönlicher Beziehungen zu einer Partei gilt im fG-Verfahren entsprechend wegen solcher Beziehungen zu einem Beteiligten. Da diese Vorschrift verhindern will, daß der Zeuge in einen Pflichtenwiderstreit gerät, ist der Beteiligtenbegriff weit zu fassen: Er umfaßt den formell und den materiell Beteiligten. Kommt es zu einem Streit über die Rechtmäßigkeit einer Zeugnisverweigerung, so muß das Gericht formell darüber entscheiden (§ 387 ZPO), allerdings nicht durch Zwischenurteil, sondern in der für die fG üblichen Beschlußform. Zuvor müssen die formell Beteiligten zur Wahrung des Rechts auf Gehör (unten § 17 III) benachrichtigt (§ 386 IV ZPO) und gehört (§ 387 I ZPO) werden (h. M.; Keidel, § 15 Rz. 21; str.; a. A. Schlegelberger, § 15 Rz. 15). Der Beschluß ist mit sofortiger Beschwerde anfechtbar, und zwar vom Zeugen, wenn sein Verweigerungsrecht nicht anerkannt wurde, anderenfalls von dem Beteiligten (§ 387 III ZPO: BayObLGZ 56, 389; OLG Düsseldorf, NJW 59, 821).

b) Die *Beeidigung* der Zeugen steht abweichend von § 391 ZPO im Ermessen des fG-Richters. Jedoch sind die in §§ 393, 402 ZPO genannten Personen auch im fG-Verfahren eidesunfähig (§ 15 I 2 FGG).

2. Ein förmlicher *Sachverständigenbeweis* entsprechend §§ 402—414 ZPO wird in fG-Verfahren seltener erhoben als in zivilprozessualen Streitigkeiten.

a) Er kann bei besonders schwerwiegenden Maßnahmen erforderlich werden, wie etwa der Einweisung in eine Fürsorgeanstalt oder in eine Heil- und Pflegeanstalt, wenn der psychische oder der Geisteszustand des Einzuweisenden schwierig zu beurteilen ist. Aber auch über wirtschaftliche Fragen etwa kann der Vormundschaftsrichter sich ein förmliches Gutachten erstatten lassen, wenn die Vornahme einer schwierigen wirtschaftlichen Transaktion zu genehmigen ist; ebenso bei der Beurteilung der Testierfähigkeit eines Verstorbenen (KG, NJW 61, 2066).

b) Die Vorschriften über den *Zeugenbeweis* sind auf den Sachverständigenbeweis weitgehend anwendbar (§ 402 ZPO). Ein Beteiligter kann nicht gleichzeitig Sachverständiger sein. Der Sachverständige hat aus den gleichen Gründen wie ein Zeuge das Recht zur Verweigerung des Gutachtens (§ 408 ZPO). Allerdings besteht eine Gutachtenpflicht nur unter den besonderen Voraussetzungen des § 407 ZPO. Wenn sie jedoch besteht, kann der Sachverständige auch durch Ordnungsstrafen gezwungen werden, das Gutachten zu erstatten (§ 409 ZPO). Die Auswahl des Sachverständigen ist Sache des Gerichts (§§ 12 FGG, 404 I ZPO; OLG Braunschweig, NdsRpfl. 61, 278). Wichtig ist, daß ein Sachverständiger aus gleichen Gründen wie ein Richter abgelehnt werden kann (§ 406 mit §§ 41, 42 ZPO). Das beweist deutlich die andersartige Stellung des Sachverständigen gegenüber dem Zeugen: Er ist Richtergehilfe, der dem Richter spezielles Erfahrungswissen vermitteln soll. Darum ist es auch gerechtfertigt, daß der Richter den Streit über die Berechtigung einer Ablehnung ohne vorherige mündliche Verhandlung entscheiden kann (§ 406 IV ZPO). Der Sachverständige kann den Beschluß, der der Ablehnung stattgibt, nicht anfechten, wohl aber steht den Beteiligten im umgekehrten Fall die sofortige Beschwerde zu (§ 406 V ZPO), die er auch noch weiter verfolgen kann, wenn inzwischen die Hauptentscheidung ergeht (KG, NJW 65, 1086). Über die Beeidigung eines Sachverständigen entscheidet das Gericht nach seinem Ermessen (§ 15 I 2 FGG).

3. Der *Beweis durch Augenschein* (§§ 371—372 a ZPO) ist in vielen Fällen ein brauchbares Beweismittel. Ob Tonbandaufnahmen auch Gegenstand des Augenscheins (so Pleyer, ZZP 69, 322) oder Urkunden sind (so Siegert, NJW 57, 691), ist str. Das Gericht kann bei der Augenscheinseinnahme Sachverständige hinzuziehen (§ 372 ZPO). Für den Legitimationsfeststellungsbeschluß nach § 1721 BGB ist vor allem die in § 372 a ZPO gewährte Möglichkeit bedeutsam, zur Feststellung der Abstammung Blutgruppenuntersuchungen oder andere körperliche Untersuchungen vornehmen zu können (s. z. B. BayObLG, MDR 60, 683). Diese Art des Augenscheins kann ausnahmsweise sogar erzwungen werden. Zum Ausgleich sind dafür die Vorschriften über das Zeugnisverweigerungsrecht (§§ 386—390 ZPO) entsprechend anwendbar.

4. Die Vorschriften der ZPO über den *Urkundenbeweis* sind in § 15 I FGG zwar nicht mitaufgeführt. Nach heute ganz h. M. ist aber eine vorsichtige Analogie gerechtfertigt (Keidel, § 15 Rz. 7; Baur, § 20 III 6; BayObLGZ 60, 366; BayObLG, MDR 61, 154; a. A. Barnstedt, RdL 59, 144). Im allgemeinen wird der Urkundenbeweis seltener sein als in der ZPO. Andererseits spielen in speziellen fG-Verfahren (z. B. Nachlaßsachen) gerade Urkunden eine große Rolle.

a) Naturgemäß kennt die fG dieselben *Arten* von Urkunden wie der Zivilprozeß: *öffentliche* und *private* Urkunden. Die Urkunden können dadurch zur Verwertung des Gerichts gelangen, daß ein Beteiligter oder ein Dritter sie vorlegt. Das Gericht kann die *Vorlage anordnen.* Es hat aber *keine* Möglichkeit, sie zu *erzwingen* (JANSEN, § 15 Anm. 3 b). Es bleibt hier einem interessierten Beteiligten überlassen, sich aus eigener Kraft, evtl. im Wege eines Zivilprozesses die Urkunde vom Gegner oder einem Dritten zu beschaffen, um sie dem Gericht vorzulegen. Die §§ 420—434 ZPO über die Vorlagepflicht passen für die fG nicht. Urkunden, die sich im Besitz eines anderen Gerichts oder einer Behörde befinden, kann das Gericht zu Beweiszwecken anfordern.

b) Welche *Beweiskraft* den Urkunden im fG-Verfahren zuzumessen ist, ist umstr. M. E. muß man unterscheiden: Für *öffentliche Urkunden* gilt die Vermutung der Echtheit (§ 437 ZPO) und die Vermutung, daß der beurkundete Vorgang sich wie angegeben abgespielt hat (§ 415 ZPO). Diese beiden Vorschriften geben nur einen allgemeinen Rechtsgrundsatz wieder. Die Urkunden wurden von einer dazu autorisierten öffentlichen Behörde zu dem Zweck geschaffen, ihnen diese Beweiskraft jedermann gegenüber zu verleihen, nicht nur für den Zivilprozeß. Darum muß die Beweiskraft auch für das fG-Verfahren gelten. *Privaturkunden* hingegen können gleiche Beweiskraft nicht für sich in Anspruch nehmen. Die §§ 416, 439 ZPO sind nicht anwendbar. Über ihre Echtheit und inhaltliche Wahrheit hat der fG-Richter gemäß § 12 FGG, § 286 ZPO in eigener Verantwortung und freier Beweiswürdigung zu entscheiden.

5. Obwohl in § 15 FGG nicht erwähnt, ist die förmliche *Vernehmung der Beteiligten,* insbesondere ihre *eidliche* Vernehmung, auch im fG-Verfahren zulässig.

a) Das läßt sich mit folgender Überlegung rechtfertigen: Die ursprüngliche Fassung der ZPO kannte nur den zugeschobenen Parteieid (Eideszuschiebung), der eine freie richterliche Beweiswürdigung ausschloß. Ein solches Beweisverfahren paßte in der Tat nicht für die fG, darum verwies § 15 FGG zu Recht nicht auf diese Vorschriften. Die Novelle 1933 hat jedoch den althergebrachten Parteieid durch die Vorschriften über die Parteivernehmung (§§ 445—479 ZPO) ersetzt, die in Parallele zum Zeugenbeweis das Wissen der Parteien der freien richterlichen Beweiswürdigung zugänglich machen wollen. Die entsprechende Anwendung dieser Vorschriften ist durch § 15 nicht ausgeschlossen, sondern beurteilt sich nach dem allgemeinen, sonst geltenden Grundsatz, daß die unvollständig geregelte Verfahrensordnung der FGG sinnvoll und gegebenenfalls durch Heranziehung passender Vorschriften anderer Verfahrensordnungen soweit zu ergänzen ist, als dafür ein Bedürfnis besteht.

Der BGH (BGHSt 5, 111 und 10, 272) hat neben anderen, nicht stichhaltigen formalen Argumenten hiergegen allerdings vorgebracht, der Gesetzgeber habe durch REinhG v. 12. 9. 1950 (BGBl. 455, 501) den § 15 FGG geändert. Da er bei dieser Gelegenheit die analoge Anwendung der §§ 415 ff. ZPO nicht geboten habe, müsse man annehmen, daß er sie auch nicht gewollt habe. Das Argument schlägt nicht durch. 1950 wurde aus *bestimmtem* Anlaß § 15 FGG dahin ergänzt, daß auch die ZPO-Vorschriften über den *Augenscheinsbeweis* anwendbar seien. Mehr war *nicht* gewollt, insbesondere war eine vollständige Neufassung und Klärung des § 15 FGG nicht beabsichtigt. Die Rechtslage ist daher offen.

Die analoge Anwendung der ZPO-Vorschriften entscheidet sich danach, ob für sie bei der Frage der Parteivernehmung ein *Bedürfnis* besteht; das ist in der Tat der Fall. Der fG-Richter hat zwar im freien Beweisverfahren die Möglichkeit, die Beteiligten formlos anzuhören. Bei einer förmlichen Vernehmung, insbesondere unter Eid, obliegt den Beteiligten eine erhöhte Wahrheitspflicht, die durch strafrechtliche Sanktionen (§§ 154 ff. StGB) gesichert ist. Das verstärkt die Chancen der Wahrheitsfindung gegenüber einer bloßen formlosen Anhörung. Mit der heute ganz h. M. ist daher gegen die Ansicht des BGH (aaO; s. ferner: OLG Hamm, JMBl. NRW 63, 120; VOGEL, JR 49, 432; JANSEN, § 15 Anm. 3 c) die Vernehmung der Beteiligten, insbesondere auch die eidliche Vernehmung, in fG-Verfahren als zulässig anzusehen.

(KÜHN, SJZ 49, 581; KEIDEL, JZ 54, 564; BARNSTEDT, DNotZ 58, 470; KEIDEL, § 15 Rz. 35; LENT-HABSCHEID, § 21 II 7; BAUR, § 20 III 5; BayObLG, NJW 52, 789, NJW 60, 2287, FamRZ 62, 474; BayObLGZ 61, 132; SchlHOLG, SchlHA 55, 203; s. aber für das Wertpapierbereinigungsverfahren: OLG Düsseldorf, WM 63, 678.)

b) Allerdings kommt für eine Analogie *nur* § 448 ZPO (Parteivernehmung *von Amts wegen*) in Betracht. Die §§ 445—447 ZPO setzen einen *Beweisführer* voraus, den es im Amtsverfahren der fG nicht gibt. Die Beteiligtenvernehmung soll auch nur als ultima ratio zur Anwendung kommen, wenn andere Beweismittel nicht ausreichen (Grundgedanke des § 450 II ZPO; OLG Stuttgart, NJW 52, 943; BayObLG, FamRZ 62, 474). Die Vernehmung des Beteiligten gleicht im wesentlichen der Vernehmung eines Zeugen (§ 451 ZPO). Über die Beeidigung entscheidet das Gericht entsprechend § 15 I FGG (nicht § 452 ZPO!) nach freiem Ermessen. Für die Beteiligten besteht weder ein Zwang zur Aussage noch zur Beeidigung. Aus einer Weigerung kann das Gericht aber in freier Würdigung Schlüsse ziehen (§ 453 ZPO). Eine Beteiligtenvernehmung ist nicht nur in den echten Streitsachen, sondern in allen Verfahren der fG zulässig.

6. Bei der *Abgrenzung*, ob jemand als *Zeuge* oder als *Beteiligter* zu vernehmen ist, kann es zu Schwierigkeiten kommen.

a) Im Zivilprozeß ist der Grundsatz „niemand kann Zeuge in eigener Sache sein" dahingehend durchbrochen und ergänzt worden, daß niemand Zeuge sein kann, der als Partei zu *vernehmen* ist. Seine Umkehrung lautet: Jeder kann als Zeuge vernommen werden, der nicht als Partei vernommen werden kann. Mit diesem Ergänzungssatz ist eine lückenlose Erfassung des Wissens aller möglichen Auskunftspersonen gewährleistet. Damit ist erreicht, daß das Wissen einer Partei, die aus besonderen Gründen nicht als Partei vernommen werden kann, doch noch über den Weg der Zeugenvernehmung verwertet werden kann. Ebenso ist u. U. eine Nichtpartei, die nicht als Zeuge vernommen werden kann, im Wege der Parteivernehmung heranzuziehen. Dieser Grundsatz findet sich u. a. in § 455 ZPO ausgeprägt. Der gesetzliche Vertreter einer prozeßunfähigen Partei ist, obwohl nicht Partei, doch als Partei zu vernehmen (§ 455 I). Dafür ist umgekehrt der Prozeßunfähige, obwohl Partei, als Zeuge zu vernehmen (Umkehrschluß aus § 455 II: BGHZ 42, 230; BGH, DB 65, 1513; ROSENBERG, § 119 II 1). Allerdings *Ausnahme* von der *Ausnahme:* Die über 16 Jahre alte oder beschränkt geschäftsfähige oder durch einen Pfleger vertretene Partei ist wiederum als Partei zu vernehmen.

b) Gleiches muß auch für die fG gelten. Beteiligte sind grundsätzlich als Beteiligte zu vernehmen, Nichtbeteiligte als Zeugen. Jedoch gilt auch hier die *Ergänzung*, daß ein Beteiligter, der für die Beteiligtenvernehmung ausscheidet, als Zeuge vernommen werden kann und umgekehrt. Darum ist § 455 ZPO entsprechend anwendbar.

c) BAUR will (§ 12 IV 5) aus dem Ergänzungsgrundsatz außerdem noch den Schluß ziehen, daß alle nur *materiell, nicht auch formell,* Beteiligten als *Zeugen* zu vernehmen seien. Seine Prämisse ist dabei, daß eine Beteiligtenvernehmung voraussetze, daß der Beteiligte bereits formell am Verfahren beteiligt sei. Diese Prämisse ist m. E. nicht zwingend. Materiell Beteiligte können in jeder Phase des Verfahrens beitreten oder zugezogen werden und dadurch zu formell Beteiligten werden. Indem das Gericht einen materiell Beteiligten zur Beteiligtenvernehmung heranzieht, wird er zugleich auch zum formell Beteiligten. Das Problem fällt in sich zusammen.

Die Lösung hat außerdem den Nachteil, daß ein materiell Beteiligter auf dem Umweg über die Zeugenvernehmung zu einer Aussage gezwungen werden kann, die er als Beteiligter nicht abgeben müßte und für die ihm die Zeugnisverweigerungsgründe des § 383 Nr. 1—3 ZPO ihrer Natur nach nicht zur Seite stehen. Der Hinweis, daß sich der materiell Beteiligte der Zeugenvernehmung jederzeit dadurch entziehen könne, daß er sich formell am Verfahren beteiligt, beweist nur die Richtigkeit der hier vorgetragenen Ansicht. Wie hier die h. M. (KEIDEL, § 15 Rz. 31; JANSEN, § 15 Anm. 4; OLG Hamm, JMBl. NRW 63, 120; LENT-HABSCHEID, § 15 IV 4; SCHIEDERMAIR, AcP 154, 447; BayObLG, NJW 60, 2287).

IV. Glaubhaftmachung

Die fG läßt an verschiedenen Stellen die Glaubhaftmachung von Tatsachen genügen, i. d. R., wo es um den Nachweis verfahrensrechtlich bedeutsamer Umstände geht (z. B. §§ 22 II, 34, 78, 85, 92, 93, 137, 156 FGG; § 14 FGG mit § 118 I 1 ZPO; 1953 III 2, 1994, 2010, 2228, 2264 BGB). Glaubhaft gemacht ist eine Tatsache, wenn sie mit erheblicher Wahrscheinlichkeit dargetan ist (BGHZ 8, 183). Die Glaubhaftmachung stellt im gewissen Sinn eine Ausnahme vom Amtsermittlungsgrundsatz (§ 12 FGG) dar. Sie obliegt den Beteiligten als echte Last. Bestimmte Mittel sind dafür nicht vorgeschrieben. Sie können dafür die Beweismittel des Vollbeweises wie auch jedes andere Mittel benutzen. § 15 II FGG hebt zudem noch ausdrücklich hervor, daß auch eine eidesstattliche Versicherung eines Beteiligten (nicht aber eines Bevollmächtigten: BayObLGZ 61, 4, 10; KG, JR 53,

265, 307) zulässig ist. In der Praxis ist sie das häufigste Mittel der Glaubhaftmachung.

§ 17. Die Rechte und Pflichten der Beteiligten

Literatur: ADOLF ARNDT, Das rechtliche Gehör, NJW 59, 6 und 1297; BAUR, Der Anspruch auf rechtliches Gehör, AcP 153, 393; DÜRIG, Der Grundsatz von der Menschenwürde, AöR 81, 117; HABSCHEID, Zivilrechtspflege im Spannungsfeld verfassungsrechtlicher Grundsätze, JR 58, 361; HENCKEL, Sanktionen bei Verletzung des Anspruchs auf rechtliches Gehör, ZZP 77, 321; JANSEN, Wandlungen im Verfahren der fG, Tübingen 1964; HELMUT KEIDEL, Der Grundsatz des rechtlichen Gehörs im Verfahren der fG, Kölner Diss. 1965; LERCHE, Zum „Anspruch auf rechtliches Gehör", ZZP 78, 1 ff.; MAUNZ-DÜRIG, Komm. z. GG, 1964, zu Art. 1 und 103 I; RÖHL, Das rechtliche Gehör, NJW 53, 1531; NJW 64, 273; VON WINTERFELD, Das Verfassungsprinzip des rechtlichen Gehörs, NJW 61, 849; ZEUNER, Der Anspruch auf rechtliches Gehör, Festschrift f. NIPPERDEY I, 1965, 1013.

I. Allgemeines

Die Rechte der Beteiligten bei der Verfahrens*eröffnung* (Antragsrecht, Bestimmung des Verfahrensgegenstandes) wurden schon erörtert (§ 13). Auf die Rechte der Beteiligten bei und zur Verfahrens*beendigung* (z. B. durch Antragsrücknahme, Vergleich) wird im folgenden § 18 einzugehen sein. Hier geht es um die Rechtsstellung der Beteiligten *im Verfahren selbst.*

Ihr ist im FGG wenig Beachtung geschenkt. Das erklärt sich aus dem patriarchalischen Standpunkt des damaligen Gesetzgebers, der den Einzelnen in erster Linie als Objekt seiner Fürsorge ansah und darum den Verfahrensverlauf aus der Sicht des Staates bzw. des Richters sah (s. auch die ältere Literatur, z. B. RAUSNITZ, FGG, 1900, § 12 Anm. 21). Inzwischen hat sich ein tiefgreifender Wandel angebahnt (JANSEN, aaO, S. 1 ff.). Die verstärkte Beachtung der menschlichen Würde (Art. 1 I 2 GG) führt auch in der fG zu einer Neuorientierung der Rechtsstellung der Beteiligten. Der Ausbau der Lehre vom rechtlichen Gehör (Art. 103 I GG, dazu unten III) steht dabei im Vordergrund, ist aber nur ein Teilproblem. Wenn der Einzelne wirklich nicht mehr bloß als Objekt des Verfahrens, sondern als ein aktiv an diesem Verfahren beteiligtes Subjekt anerkannt werden soll, wie das BVerfG in seiner umfangreichen Respr. zu Art. 103 I GG immer wieder betont, bedarf seine Rechtsstellung in jeder Hinsicht der Überprüfung. Wie weit dabei der Grundsatz der Amtsermittlung noch Raum läßt für eine aktive Beteiligung des Einzelnen am Verfahren, ist noch klärungsbedürftig. Hier kann nur der derzeitige Stand angedeutet werden: Welche Hauptrechte und -pflichten den Beteiligten zustehen. Dabei sind zunächst besonders hervorzuheben:

II. Die Pflichten und Lasten im Verfahren

1. Eine *Wahrheitspflicht* obliegt auch den Beteiligten des fG-Verfahrens. § 138 I ZPO enthält insoweit einen allgemeinen Rechtsgrundsatz. Er gilt nicht nur für die echten Streitsachen, sondern auch für die klassischen Antragsverfahren, auch für die Amtsverfahren (LENT-HABSCHEID, § 19 IV 3; KEIDEL, § 12 Rz. 28; BayObLGZ 50/51, 640, 642). Die Beteiligten müssen i. d. R. nichts vortragen (§ 12 FGG!), aber wenn sie es tun, muß ihr Vortrag wahr sein.

Da der fG-Richter allerdings von Amts wegen die Wahrheit zu ermitteln und etwa durch einen übereinstimmenden Parteivortrag nicht gebunden werden kann, hat Verletzung der Wahrheitspflicht im fG-Verfahren nicht eine solche Bedeutung wie im Zivilprozeß. Die Sanktionen sind jedoch im Prinzip die gleichen. Sind vermögensrechtliche Interessen mit im Spiel, so kann in der bewußten Herbeiführung einer unrichtigen Entscheidung ein strafbarer Prozeßbetrug liegen (§ 263 StGB).

2. Wo das Privatinteresse das öffentliche Interesse an der Verfahrensdurchführung überwiegt, also zumindest in den echten Streitsachen, haben die Beteiligten auch eine prozessuale *Förderungspflicht* (besser: Förderungslast). Zwar besteht keine Förderungslast i. S. des § 138 I ZPO, wonach die Beteiligten zum *vollständigen* Vortrag aller erheblichen Tatsachen „verpflichtet" sind. Dem steht der Grundsatz der Amtsermittlung (§ 12 FGG) entgegen, der auch in echten Streitsachen gilt. Förderungslast bedeutet hier, daß die Beteiligten neben der Amtsermittlung durch das Gericht das Verfahren zu fördern, also *gemeinsam* mit dem Gericht zur Sachaufklärung beizutragen haben. Einzelheiten s. oben § 15 III 2 a.

3. Von dieser allgemeinen Förderungslast zu unterscheiden sind verschiedene Fälle, in denen den Beteiligten weitergehend die alleinige *Beibringungslast* (Darlegungs- und Beweisführungslast) für bestimmte Tatsachenkomplexe obliegt. Während die allgemeine Förderungslast neben dem Grundsatz der Amtsermittlung besteht, verdrängt diese spezialgesetzlich geregelte Beibringungslast den § 12 FGG. Die Beteiligten haben insoweit die alleinige Verantwortung für die Sachverhaltsaufklärung. Einzelheiten s. oben § 15 III 2 b.

III. Das Recht auf Gehör

1. Das FGG enthält *keine allgemeine Regelung* des rechtlichen Gehörs. Für eine Reihe besonders schwerwiegender Eingriffe ist durch verstreute Einzelvorschriften die Anhörung der Betroffenen, unter Umständen mit gewissen Einschränkungen (z. B. § 1827 BGB: „soweit tunlich") angeordnet, aber auch hier ohne Systematik, wie etwa die unterschiedliche Regelung der gleichartigen Fälle der §§ 2227, 1886 BGB beweist. Wie schon der Gesetzgeber (Denkschrift zum Entwurf eines FGG, Materialien, Bd. 7, S. 37), so haben Rspr. und Rechtslehre mindestens bis 1950 die Frage der Gehör-

gewährung vorwiegend unter dem Gesichtspunkt der Zweckdienlichkeit für die Sachaufklärung (§ 12 FGG) gesehen und sie demgemäß (wie jene) in das Ermessen des Gerichts gestellt (so noch BGH, NJW 53, 1587; SCHLEGELBERGER, 7. Aufl., 1956, § 12 Anm. 19; anders aber schon LENT, Grundriß, 1922, § 8 IV). In der Tat wird der Grundsatz der Amtsermittlung i. d. R. die Anhörung der Beteiligten gebieten. Darum geht es hier aber nicht. § 12 FGG bestimmt die Ermittlungspflichten des Gerichts. Davon scharf zu unterscheiden ist die Frage, ob nicht dem einzelnen Beteiligten in seiner Eigenschaft als Verfahrenssubjekt ein *Anspruch* auf Mitwirkung bei der Rechts- und Wahrheitsfindung im Verfahren zusteht, ob er nicht — unabhängig von der Erforderlichkeit der Sachverhaltsfeststellung — ein subjektives Recht auf Gehör im Verfahren hat (gute Unterscheidung bei OLG Stuttgart, NJW 63, 1161).

2. Ein solches Recht der Beteiligten auf Gehör wird *heute* unter dem Einfluß des Art. 103 I GG und seiner Interpretation durch das BVerfG für die fG-Verfahren *allgemein anerkannt* (a. A. nur noch SCHLEGELBERGER, aaO), wenngleich viele Einzelheiten noch klärungsbedürftig sind.

Insbesondere BVerfG 5, 9 (22); 7, 53 (58); 7, 275 (279); 9, 89 (95); 9, 261 (266); 10, 274 (283); 13, 132 (144); 15, 214 (218); NJW 65, 1171.

Und speziell für das fG-Verfahren: BVerfG E 19, 49, (51), BGHZ 35, 1 (8); KG, NJW 54, 1410; BayObLGZ 56, 51, 114, 360; 63, 335 (338); OLG Hamm, MDR 56, 687; OLG Celle, NdsRpfl. 61, 245; OLG Stuttgart, NJW 63, 1161.

Der Versuch BETTERMANNs (Festschrift für LENT, 1957, S. 42), den Geltungsbereich des Art. 103 I GG auf die Bereiche der fG zu beschränken, die Rspr. im materiellen Sinne sind, ist nicht durchgedrungen, der Rspr.begriff des Art. 103 I GG ist traditionell zu verstehen und erstreckt sich auf alle Verfahren, in denen durch Einschaltung gerade des unabhängigen Richters erhöhte rechtsstaatliche Garantien gegeben werden sollten. Darum gilt Art. 103 I GG für alle gerichtlichen fG-Verfahren, ja darüber hinaus auch für Rechtspflegeakte, weil sie „im Vorfeld" der Rechtsprechung liegen (zum ganzen s. o. § 5 V). Übrigens ist die Gewährung rechtlichen Gehörs — wenn auch mit gewissen Einschränkungen — inzwischen weitgehend auch schon für das Verwaltungsverfahren anerkannt (MAUNZ-DÜRIG, Art. 103, Rz. 92 ff.; BVerwG, NJW 65, 1450; VerwRspr. 16, 280).

a) Dabei hat Art. 103 I GG kein neues Recht geschaffen, sondern nur ein schon bestehendes, allerdings zeitweise ungenügend beachtetes Recht *neu normiert* und in den Rang eines Grundrechtes erhoben. Sein *Geltungsgrund* liegt in der unantastbaren menschlichen Würde (Art. 1 GG), deren verfassungsrechtlicher Reflex es lediglich ist (DÜRIG, AöR 81, 117 (129); MAUNZ-DÜRIG, Art. 103 I, Rz. 5, 6).

Mit der menschlichen Würde ist es unvereinbar, daß die Obrigkeit über den Kopf des Einzelnen hinweg über seine Rechte entscheidet, ihn zum Objekt staatlichen Handelns degradiert. Die menschliche Würde gebietet, dem Beteiligten ein Minimum an Mitwirkungsrechten bei der Wahrheits- und Rechtsfindung in seinen Angelegenheiten zu gewähren.

Darum gilt Art. 103 I GG für alle gerichtlichen Verfahren, auch für Verfahren mit Untersuchungsgrundsatz (BVerfG 7, 53; 10, 177 (182); NJW 60, 31). Die neueren Gesetze zur fG erwähnen denn auch das rechtliche Gehör ausdrücklich (z. B. §§ 22, 31 II VerschG; 14 VHG; 13 II HausratsVO; 14 II LwVG; sowie die Vorschriften, die mündliche Verhandlung anordnen). Der Kommissionsbericht (S. 380 f.) schlägt eine generelle gesetzliche Regelung vor.

b) Art. 103 I GG garantiert nur ein *Minimum* an rechtlichem Gehör. Dessen Ausgestaltung im einzelnen ist in erster Linie Sache der jeweiligen *Verfahrensordnungen.* Soweit diese spezielle Regelungen enthalten, sind sie, gegebenenfalls nach verfassungskonformer Auslegung, zunächst heranzuziehen. Soweit die Einzelvorschriften die Minimalgarantie des Art. 103 I GG allerdings unterschreiten, sind sie verfassungswidrig und darum nichtig. Die infolge Nichtigkeit oder Fehlens verfahrensrechtlicher Bestimmungen gegebenen Lücken sind durch direkte Anwendung des Art. 103 I GG auszufüllen. Insoweit ist Art. 103 I GG nicht nur Grundrechtsgarantie, sondern auch eine objektive verfahrensrechtliche Vorschrift, eine unmittelbare Anspruchsnorm für die Beteiligten (BVerfG 7, 53 (56); 9, 89 (96); NJW 65, 1171 BayObLGZ 61, 29).

3. Schaut man sich daraufhin die *Einzelvorschriften* des FGG und seiner Nebengesetze an, soweit sie die Anhörung erwähnen (Aufzählung bei HELMUT KEIDEL, aaO, S. 202—235), so kann man mehrere *Gruppen* unterscheiden:

a) Bestimmungen, die die Anhörung von Personen und Behörden vorschreiben, die weder formell noch materiell am Verfahren beteiligt, aber typischerweise über den erheblichen Tatsachenkomplex gut *informiert* sind.

Z. B.: Verwandte und Verschwägerte (§§ 1847 I, 1862 I 2 BGB); das Jugendamt (§§ 1779 I, 1847 I, 1862 I 2 BGB; 48 I, 50 II 3, 57 III, 65 II 1 JWG; 3 IV 4 KGG; die Industrie- und Handelskammer (§ 33 III AktG).

Diese Vorschriften geben keinen Anspruch auf Gehör. Sie haben mit unserem Problem nichts zu tun, sondern sind Ausführungsbestimmungen zu § 12 FGG und befehlen die Anhörung ausschließlich als Mittel zur Sachaufklärung.

Wenn allerdings den genannten Auskunftspersonen oder Behörden in der Angelegenheit ein Antrags- oder Beschwerderecht eingeräumt ist (z. B. §§ 57 FGG; 50 I 1, 65 I JWG) und sie davon Gebrauch machen, so werden sie auch zu formell Beteiligten. Dann steht ihnen — wie jedem formell Beteiligten — auch ein Recht auf Gehör zu (BGH, NJW 64, 2107; OLG Hamm, BB 64, 1197; aber vorher nicht: unzutreffend daher OLG Hamm, OLGZ 66, 235).

b) Bestimmungen, die zwingend eine Anhörung der *Beteiligten* vorschreiben. Bei den älteren von ihnen (s. auch Denkschrift zum Entwurf des FGG, S. 37) hatte der Gesetzgeber zwar ebenfalls lediglich die Verpflichtung der Gerichte zur Sachaufklärung (§ 12 FGG) im Auge, nicht aber das Recht der Beteiligten auf Gehör. Einer verfassungskonformen Auslegung in Richtung auf einen subjektiven Anspruch der Beteiligten steht aber hier nichts im Wege.

Beispiele: §§ 141—144, 159 FGG und die meisten neueren Gesetze nach Inkrafttreten des GG (z. B. §§ 14 II 1 LwVG; 65 II 1 JWG; 22, 31 II, 33 a III 1 VerschG; 47 S. 2 PStG).

c) *Sollvorschriften.* Auch bei ihnen steht nichts im Wege, sie verfassungskonform als zwingende Vorschriften auszulegen.

Beisp.: §§ 1687 III, 1800 II 1, 1836 II, 1996 III, 2227 II, 2360 II BGB.

d) Bestimmungen, die das Anhörungsgebot *einschränken.* Bei ihnen ist zu prüfen, ob eine verfassungskonforme Auslegung dahin, daß von der Anhörung bei Vorliegen *über*wiegender Interessen abgesehen werden kann, noch mit ihrem Wortlaut verträglich ist.

Das ist z. B. der Fall bei § 1695 I 2 BGB („aus schwerwiegenden Gründen", gemeint sind: *schwerer* wiegende Gründe); § 21 des 1. StARegG („soweit nicht zwingende Gründe entgegenstehen"); § 57 III JWG („sind zu hören, soweit sie erreichbar sind"); § 5 II 1 FreihEntzG (wenn für Gesundheitszustand des Anzuhörenden nachteilig).

Das ist hingegen nicht mehr möglich bei so allgemeinen Formulierungen wie „soweit tunlich" (z. B. §§ 1687 III, 1827 II, 1996 III, 2216 II 3, 2227 II, 2360 III BGB) oder „wenn es ohne erhebliche Verzögerungen und ohne unverhältnismäßige Kosten geschehen kann" (§§ 2200 II BGB; 2 III 3, 3 II 3 RelKEG).

Scheitert eine verfassungskonforme Auslegung, so ist die Einschränkung (aber nur sie) verfassungswidrig und darum nichtig.

4. Der *Anspruch* auf rechtliches Gehör steht — wie schon angedeutet (oben 3 a, b) — nur den *Beteiligten* zu. Nach dem Zweck des Art. 103 I GG ist der Beteiligtenbegriff weit zu fassen (s. BVerfG 13, 132 und NJW 64, 1412: „derjenige, der als Partei *oder in ähnlicher Stellung* beteiligt ist). Alle möglicherweise von der Entscheidung Betroffenen sollen ihre Rechte wahren können, also alle *materiell* Beteiligten, auch wenn sie sich formell nicht am Verfahren beteiligen. Darüber hinaus steht das Recht aber auch jedem *nur formell* Beteiligten zu (BGH, NJW 64, 2107). Denn wenn das Gesetz einem materiell Unbeteiligten Antrags- oder Beschwerderechte einräumt, hat dies nur einen Sinn, wenn jener dadurch zu einem vollberechtigten Verfahrenssubjekt wird. Im übrigen hat jeder, der im Antragsverfahren einen Antrag stellt, oder sonst vom Gericht in ein Verfahren hineinbezogen wird, das Recht, eben zur Klärung seiner Beteiligtenstellung gehört zu werden (s. oben § 8 IV 1 und 2).

Für Verfahrensunfähige nimmt das Recht i. d. R. ihr gesetzlicher Vertreter wahr. Wo besonders schwerwiegende Eingriffe in die Persönlichkeitssphäre zu erwarten stehen, bleibt der nach allgemeinen Regeln Verfahrensunfähige ausnahmsweise verfahrensfähig und kann sein Recht auf Gehör (gegebenenfalls neben seinem gesetzlichen Vertreter) selbst ausüben (zur Grenze des Grundsatzes des rechtl. Gehörs vgl. BayObLG, NJW 67, 1235). Sofern er infolge seiner geistigen oder körperlichen Beschaffenheit oder Jugend nicht dazu in der Lage ist, ergibt sich das

Problem der Bestellung eines besonderen Verfahrenspflegers (gegebenenfalls neben dem gesetzlichen Vertreter zur Ausübung des Rechts auf Gehör (dazu im einzelnen oben §§ 9 II 4; 10 I 3).

5. Das rechtliche Gehör ist in *allen* Verfahren der fG zu gewähren, auch im Änderungsverfahren nach § 18 FGG (s. unten § 21), im Beschwerdeverfahren (s. unten § 31 II 6) und im Verfahren der weiteren Beschwerde (s. unten § 33 IV 1), und zwar grundsätzlich *vor* jeder Entscheidung. Das Recht auf Gehör *umfaßt:*

a) den Anspruch auf Gewährung, notfalls Verschaffung, einer Gelegenheit zur *Kenntnisnahme* des gesamten Verfahrensstoffes, den das Gericht einer Entscheidung zugrunde legen möchte, also aller Tatsachen, auch der gerichtsbekannten (BVerfG, NJW 60, 31), und Beweisergebnisse sowie der tatsächlichen und rechtlichen Ausführungen der anderen Beteiligten (BVerfG 1, 418, st. Rspr.);

b) den Anspruch auf Gewährung einer Gelegenheit zur eigenen *Stellungnahme* zu allen Tatsachen und Rechtsfragen des Verfahrens und zur Stellung der erforderlichen Anträge in angemessener Frist.

Darum muß eine angekündigte Begründung eines Antrages (einer Beschwerde) abgewartet, notfalls hierfür Frist gesetzt werden (BVerfG 4, 190, st. Rspr.). Das Gericht muß das gesamte Vorbringen der Beteiligten, soweit es als irgendwie erheblich angesehen werden kann (also kein Mißbrauch durch Querulanten!), bei seiner Entscheidung berücksichtigen, und zwar bis zum Erlaß dieser Entscheidung (BayVerfGH, MDR 63, 367), nicht bloß bis zur Absetzung des Urteilsentwurfs (s. dazu unten § 20 I).

Da jeder Beteiligte das Recht hat, erneut zum Vorbringen des Gegners Stellung zu nehmen, wird das rechtliche Gehör im schriftlichen Verfahren zur Beendigung des Schriftsatzwechsels zweckmäßigerweise demjenigen zuletzt gewährt, der unterliegen wird.

c) Das Recht auf Gehör erstreckt sich — wie schon angedeutet — auch auf *Rechtsfragen.* Denn die Verfahrenssubjekte haben das Recht, nicht nur an der Wahrheits-, sondern auch an der Rechtsfindung mitzuwirken. Darum haben sie ein Recht zu eigenen Rechtsausführungen und zur Kenntnisnahme von Rechtsausführungen des Gegners, auch wenn alle Tatsachen feststehen. Darum hat auch der Gegner der weiteren Beschwerde ein Recht auf Gehör.

Hingegen besteht kein Anspruch auf ein „Rechtsgespräch" des Gerichts mit dem Beteiligten. Rechtshinweise des Gerichts sind oft zweckmäßig und analog § 139 ZPO vielfach geboten, aber nicht von Art. 103 I GG gefordert (BVerfG, NJW 65, 147; BayVerfGH, NJW 64, 2295; a. A. Adolf Arndt, NJW 59, 6, 1297; JZ 63, 65; zum Ganzen jetzt Lerche, ZZP 78, 1, 9 ff.).

6. Die *Form der Anhörung* ist in Art. 103 I GG nicht bestimmt (nur Mindestgarantie: BVerfG 1, 418, 429). Soweit daher nicht Sondervorschriften (oder besondere Gründe) mündliche Verhandlung (z. B. §§ 44 II

WEG, 14 VHG, 13 II HausratsVO) oder doch mündliche Anhörung (§ 5 FreihEntzG) vorschreiben, genügt schriftliches Verfahren. Im einzelnen:

a) *Kenntnis* vom Verfahrensstoff kann der Beteiligte durch *Akteneinsicht* erlangen, die das Gericht regelmäßig gestatten *muß* (verfassungskonforme Auslegung des § 34 FGG). Sofern sie für den Beteiligten unmöglich oder unzumutbar ist (z. B. wegen Krankheit, Auslandsaufenthalt), muß das Gericht insbesondere von Beweisaufnahmen oder Sachverständigengutachten *Abschriften* erteilen. Reicht auch das nicht (z. B. wegen des geringen Bildungsgrades des Beteiligten) zu seiner Information aus, so ist *mündliche Erörterung* des Tatsachenmaterials geboten. Ob bei formeller Beweisaufnahme (oben § 16 III) darüber hinaus stets *Parteiöffentlichkeit* zu gewähren ist, ist noch umstr. (unten IV).

b) Die eigene *Stellungnahme* des Beteiligten muß mindestens schriftlich möglich sein. Wenn aber ein (ungewandter oder geisteskranker) Beteiligter zu schriftlichen Äußerungen nicht ausreichend in der Lage ist, ist mündliche Anhörung geboten (Maunz-Dürig, Art. 103 I, Rz. 72).

c) Im übrigen hat das Gericht die Form der Anhörung nach *pflichtgemäßem Ermessen* zu wählen und hierbei zu beachten, daß die beste und sicherste Art jedenfalls die mündliche Verhandlung ist, die in Zweifelsfällen vorzuziehen ist (z. B. wenn bei Anordnung einer Gebrechlichkeitspflegschaft die Verständnisfähigkeit des möglicherweise Gebrechlichen noch unklar ist).

7. Das Recht auf Gehör ist ein *unabdingbares* Recht. Aber Einschränkungen hinsichtlich seiner *Ausübung* sind möglich. Das BVerfG (E 9, 89, 95) hat anerkannt, daß legitime Gegeninteressen vorhanden sein können, die gegen das Interesse des Betroffenen an vorheriger Anhörung abzuwägen sind. Es handelt sich um eine Frage der Güter- und Prinzipienabwägung. Gebieten einmal überwiegende Interessen eine Beschränkung der Ausübung des rechtlichen Gehörs, so gebietet aber andererseits der Grundsatz der Verhältnismäßigkeit einen möglichst geringen Eingriff, gegebenenfalls Gewährung des rechtlichen Gehörs in einer anderen, nicht störenden Form oder seine Nachholung in einem Nachverfahren.

a) Hauptfall der Gehörseinschränkung sind die *einstweiligen Anordnungen.*

Sie sind für die fG-Verfahren nur in Einzelfällen ausdrücklich geregelt (z. B. in §§ 24 III, 53 a III, 55 a III FGG; 44 III WEG; 13 HausratsVO; 12 VHG), aber allgemein zulässig (unten § 19 II 1 d). Voraussetzung ist ein dringendes Bedürfnis für ein sofortiges Einschreiten, das ein Abwarten bis zur endgültigen Entscheidung nicht gestattet, weil die endgültige Maßregel zu spät kommen könnte (BayObLGZ 61, 262). Erforderlich werden sie vor allem in Vormundschaftssachen, um akute Gefahren von einem Kind abzuwehren.

aa) Wenn in einem solchen Fall die vorherige Anhörung eines Betroffenen den Zweck der einstweiligen Maßnahme gefährden würde, so hat die

Anhörung ausnahmsweise zu unterbleiben (BGH, NJW 64, 2107). Ob das der Fall ist, ist eine Rechts-, keine Ermessensfrage (str.: a. A. OLG Stuttgart, NJW 63, 1161).

Die vorherige Anhörung darf vor allem unterbleiben wegen der mit ihr verbundenen Verzögerung (große *Eilbedürftigkeit:* z. B. sofortiger Entzug des Personensorgerechts, wenn Verbrechen des Vaters am Kind zu befürchten sind) oder wegen der Vereitelungsgefahr (*Überraschungswirkung:* z. B. Wegnahme des Kindes, das man verbergen will).

bb) In solchen Fällen ist die Anhörung auf Verlangen des Betroffenen sobald wie möglich in einem Nachverfahren nachzuholen, und zwar möglichst noch in derselben Instanz (z. B. in einem Abänderungsverfahren nach § 18 I FGG), wenn das nicht geht, dann im Beschwerdeverfahren.

Der Zivilprozeß gewährt bei einstweiligen Anordnungen (Arrest, einstweilige Verfügung) ein Nachverfahren in derselben Instanz (§ 924 ZPO). Wünschenswert wäre das auch für die fG-Verfahren. Da hier aber schon die einstweiligen Anordnungen selbst nicht geregelt sind, fehlt auch eine Regelung des Nachverfahrens (s. aber § 11 II 2 mit § 10 I FreihEntzG).

b) Auch in anderen Fällen können *schwerer wiegende* Gegeninteressen ausnahmsweise zu einer Ausübungsbeschränkung des Rechts auf Gehör führen. Hier ist jeweils wieder der Grundsatz der Verhältnismäßigkeit zu beachten. Z. B. hat eine *persönliche* Anhörung des Betroffenen selbst zu unterbleiben, wenn sie mit Gefahren für seine Gesundheit verbunden wäre (z. B. Anhörung zu einem Gutachten über Geisteszustand im Freiheitsentziehungsverfahren; s. auch § 5 II 1 FreihEntzG). Dann muß aber ein gesetzlicher Vertreter gehört, notfalls zu diesem Zweck bestellt werden (s. auch OLG Hamm, JMBl. NRW 62, 199). Ähnlich kann die im Interesse eines Beteiligten erforderliche Wahrheitsermittlung den Ausschluß eines anderen Beteiligten vom Beweistermin für die Dauer der Vernehmung des ersten Beteiligten oder eines Zeugen gebieten (z. B. Vernehmung des Kindes über vermutete Verbrechen des Vaters am Kinde in Abwesenheit des Vaters). Hier ist dem anderen Betroffenen aber nachher das Beweisergebnis mitzuteilen (Vorbild: § 247 I StPO).

Nicht hingegen dürfen bloß zum *Schutz von Auskunftspersonen* vor Belästigungen Beweisergebnisse vor dem Beteiligten geheim gehalten oder auch nur ihm der Name der Auskunftspersonen vorenthalten werden (JANSEN, Anm. zu OLG Frankfurt, EJF B II Nr. 32; anders vielfach die ältere Rspr.). Zum Sonderproblem des § 2360 III BGB s. KG, NJW 63, 880 einerseits; OLG Köln, NJW 62, 1727 andererseits; offengelassen bei BGH, NJW 63, 1972.

8. Die *Verletzung* des Rechts auf Gehör ist ein Verfahrensfehler und berechtigt zur Anfechtung mit den gesetzlich vorgesehenen Rechtsbehelfen und Rechtsmitteln, gegebenenfalls zur Verfassungsbeschwerde (§ 90 I BVerfGG), eröffnet aber keinen außerordentlichen, im Gesetz nicht zugelassenen Beschwerdeweg (BGH LM § 24 LwVG; NJW 57, 713; str.). Im Be-

schwerdeverfahren als einer zweiten Tatsacheninstanz kann der Mangel i. d. R. durch Nachholung geheilt werden (BVerfG 5, 9, 22; BayObLGZ 58, 257). Nur bei besonders schwerwiegenden Verstößen, die in ihrer Wirkung einem Instanzverlust gleichkommen, empfiehlt sich Aufhebung und Zurückverweisung (Einzelheiten unten § 29 II 4, 5). Im Verfahren der weiteren Beschwerde als einer reinen Rechtsbeschwerde ist eine Nachholung des rechtlichen Gehörs — außer zu Rechtsfragen — nicht möglich. Darum muß aufgehoben und zurückverwiesen werden, wenn die Entscheidung auf dem Verfahrensverstoß beruhen kann (BayObLGZ 63, 335; KG, RzW 64, 19). Einzelheiten unten § 33 IV 4.

IV. Das Recht auf Parteiöffentlichkeit bei formeller Beweisaufnahme

1. Die Beteiligten haben ein Recht, der Beweisaufnahme im formellen Beweisverfahren (dazu oben § 16 III) beizuwohnen und Fragen an die Zeugen und Sachverständigen zu stellen. Diese Ansicht setzt sich immer mehr durch (BayObLG, NJW 67, 1867; KEIDEL, § 12 Rz. 97; anders aber noch BAUR, § 16 IV, 20 III 1 a, 2 b; OLG Frankfurt, FamRZ 62, 173, ausgehend von RGZ 63, 275).

2. Soweit allerdings das Recht auf Parteiöffentlichkeit aus dem *Recht auf Gehör* (Art. 103 I GG) abgeleitet wird (so HABSCHEID, Rpfleger 57, 171; LENT-HABSCHEID, § 19 IV 2; JANSEN, aaO, S. 37 ff.; ADOLF ARNDT, JZ 63, 67), bestehen gegen die *Begründung* Bedenken. Art. 103 I GG ist nur eine Minimalgarantie und schreibt keine besondere Form des rechtlichen Gehörs vor (BayVerfGH, NJW 62, 531; BVerfG 1, 418, 429). Je nach der konkreten Situation *kann* Art. 103 I GG zwar rechtliches Gehör gerade in Form der Parteiöffentlichkeit gebieten, aber keineswegs immer.

Es wird betont, nur die persönliche Gegenwart des Beteiligten im Beweistermin und seine Möglichkeit zu sofortiger Fragestellung könne zur völligen Ausschöpfung der Erkenntnisquelle führen (also Argumentation aus § 12 FGG!) und werde allein der Aktivstellung des Verfahrenssubjekts gerecht, das sich in jeder Phase des Verfahrens orientieren und an der Wahrheitsermittlung beteiligen können müßte. Auch der persönliche Eindruck von der Glaubwürdigkeit eines Zeugen sei eine entscheidungserhebliche Tatsache. Ohne Gewährung der Parteiöffentlichkeit im Beweistermin bliebe sie dem Beteiligten vorenthalten, was auf eine Verletzung des rechtlichen Gehörs hinausliefe.

Wäre das Argument richtig, wäre nicht einsichtig, warum dann nicht ebenso bei formloser Anhörung eines Zeugen im Wege des Freibeweises Parteiöffentlichkeit zu gewähren wäre. Dort aber fordert sie bisher kaum jemand (s. aber z. B. STANDINGER-GÖPPINGER, § 1666 Rz. 348).

3. Das Recht auf Parteiöffentlichkeit im formellen Beweisverfahren folgt jedoch aus Bestimmungen des *einfachen Verfahrensrechts.* Zwar ist in § 15 I 1 FGG die allgemeine Vorschrift des § 357 ZPO (Anwesenheitsrecht bei Beweisaufnahme) nicht ausdrücklich für anwendbar erklärt (s. oben § 16 III am Anfang), wohl aber § 397 ZPO, nach dem die Parteien dem

Zeugen und Sachverständigen Fragen vorlegen lassen dürfen. Ein solches Fragerecht setzt Anwesenheit des Beteiligten oder eines Verfahrensbevollmächtigten im Beweistermin und deshalb Ladung zu diesem Termin voraus. Das Fragerecht ist keineswegs Ausfluß der Verhandlungsmaxime (wie RGZ 63, 275 noch meinte), sondern durchaus neben der Untersuchungsmaxime sinnvoll, wie z. B. § 97 VwGO beweist (KG, NJW 62, 2114).

§ 18. Verfahrensbeendigung

Literatur: Bonin, Der Prozeßvergleich, 1957; Göppinger, Die Erledigung des Rechtsstreits in der Hauptsache, 1958; Habscheid, Schiedsverfahren und fG, ZZP 66, 188; Josef, Der Vergleich im echten Streitverfahren der fG, Gruchot 48, 557; Keidel, Der gerichtliche Vergleich vor dem Landwirtschaftsgericht und das Urkundsmonopol der Notare, DNotZ 52, 103; 54, 342; Hw. Müller, Der Vergleich im Verfahren der fG, JZ 54, 17; Munding, Vergleiche im Verfahren der fG, Frankfurter Diss. 1957; Staehlin, Vergleiche im Erbscheinsverfahren, DFG 42, 71; Süss, Die Wirkungsgrenzen des Anerkenntnisses im deutschen Zivilprozeßrecht, 1921; Zimmermann, Die Kostenentscheidung in Angelegenheiten der fG nach Erledigung der Hauptsache, Rpfleger 54, 171; *ders.*, Kostenentscheidungen nach § 13 a FGG, Rpfleger 58, 69, 72.

Den regulären Abschluß des Verfahrens bildet auch in der fG eine *Entscheidung* (unten § 19). Ausnahmsweise kann auch ein *Dispositionsakt* eines oder aller *Beteiligten* das Verfahrensende herbeiführen. Das trifft allerdings nur für die *Antrags*verfahren zu. In den *Amts*verfahren gilt wie für die Verfahrenseinleitung und die Bestimmung des Verfahrensgegenstandes auch für die Verfahrensbeendigung ausnahmslos die Offizialmaxime. In den Antragssachen hingegen ist auch für das Verfahrensende die *Dispositionsmaxime* von Bedeutung. Der Grundsatz gilt hier zwar nicht ausnahmslos, seine Stärke richtet sich nach der Art des jeweiligen Verfahrens. Je stärker in dem einzelnen Verfahren das private Interesse im Vordergrund steht, um so größeren Raum wird der Dispositionsbefugnis der Beteiligten gewährt. Am stärksten ist sie demnach in den echten Streitsachen. Sie gilt aber auch für die klassischen Antragssachen.

Wichtig ist, daß in den Verfahren, die scheinbar teils auf Antrag, teils von Amts wegen zu eröffnen sind (oben § 13 I 1, II 1) ein Dispositionsakt der Beteiligten keine unmittelbare rechtliche Bedeutung für den Verfahrensfortgang hat. So ist etwa das Vormundschaftsgericht durch die Zurücknahme eines nach § 65 I JWG gestellten Antrags des Jugendamtes auf Anordnung der Fürsorgeerziehung nicht an der Fortsetzung des Verfahrens gehindert (OLG Celle, ZblJR 58, 148; BayObLGZ 61, 318).

Im einzelnen kann ein Verfahren außer durch eine Entscheidung aus folgenden Gründen seine Beendigung finden:

I. Zurücknahme des Antrags

1. Sie ist zulässig in *allen* Antragsverfahren (BGH, NJW 59, 1323). Bei teilbarem Verfahrensgegenstand ist eine teilweise Antragsrücknahme zulässig (OLG München, WM 52, 596). Zur Rücknahme berechtigt ist jeder Antragsteller. Wenn mehrere Beteiligte nur zur gemeinsamen Antragstellung berechtigt sind (notwendige Streitgenossenschaft, oben § 11 II), werden alle Anträge unzulässig, wenn auch nur einer seinen Antrag zurücknimmt. Hat hingegen jeder ein selbständiges Antragsrecht, so ist die Rücknahme eines Antrages für die Behandlung der Anträge der anderen Beteiligten ohne Bedeutung.

a) Die Rücknahme ist zulässig, bis eine Entscheidung formell rechtskräftig geworden ist (BGH, NJW 59, 1323; BayObLG, DNotZ 63, 732; z. T. abweichend BAUR, § 21 II 2 c, der eine Rücknahme in der Zeit zwischen Erlaß und Rechtskraft einer Entscheidung nur bei den echten Streitsachen analog § 271 III 1 ZPO für zulässig hält). Nach Erlaß einer gerichtlichen Entscheidung kann die Rücknahme mittels Einlegung der Beschwerde (oder Erinnerung) erklärt werden (OLG Hamm, RdL 61, 205).

b) Die Rücknahme ist dem *Gericht gegenüber* zu *erklären.* Einer besonderen Form bedarf sie nicht. Die Zustimmung eines etwaigen Antragsgegners ist anders als bei § 271 I ZPO nicht erforderlich (OLG Hamm, RdL 60, 102; 61, 205). Ein zurückgenommener Antrag kann, sofern nicht irgendwelche Fristen verstrichen sind, jederzeit wieder neu gestellt werden.

Die Verfahrenskosten trägt der Antragsteller nach § 2 Nr. 1 KostO (unten § 35 I); die außergerichtlichen Kosten anderer Verfahrensbeteiligter kann das Gericht ihm nach § 13 a FGG auferlegen (unten § 35 II).

2. Im *Amts*verfahren kommt eine Antragsrücknahme naturgemäß nicht in Betracht. Soweit hier „Anträge" gestellt sind, haben sie nur den Wert einer Anregung für die Amtstätigkeit des Gerichts. Aus der Rücknahme eines solchen „Antrags" kann das Gericht aber tatsächliche Schlüsse ziehen, z. B. daß irgendwelche zu regelnden Streitigkeiten beendet sind.

II. Anerkenntnis und Verzicht

1. Das *Anerkenntnis* ist vom *Geständnis* zu unterscheiden. Das Geständnis bezieht sich auf die von der Gegenseite vorgebrachten Tatsachenbehauptungen (oben § 15 II, III; § 16 I 2); das Anerkenntnis auf den geltend gemachten Rechtsanspruch (ROSENBERG, § 131 I 2). Es kommt daher überhaupt nur in Betracht, wo der Verfahrensgegenstand ein vom Antragsteller geltend gemachtes subjektivs Recht ist, also nur für *echte Streitsachen.* Dabei muß man unterscheiden, ob das Anerkenntnis vom Antragsgegner gegenüber dem Antragsteller oder gegenüber dem Gericht erklärt wird.

a) Die Erklärung *gegenüber dem Antragsteller* ist ein privatrechtliches Angebot zum Abschluß eines schuldrechtlichen Anerkenntnisvertrages im Sinne des § 781 BGB *(privatrechtliches Anerkenntnis),* kann also nur das

Bestehen eines Schuldverhältnisses zum Gegenstand haben. Es führt zwar nicht automatisch zur Verfahrensbeendigung, ist aber auch für den Verfahrensausgang nicht bedeutungslos. Der fG-Richter hat die Tatsache, daß die Parteien hier über ihre materiellen Rechte disponiert haben, zu beachten und im Rahmen der Amtsermittlung (§ 12 FGG) frei zu würdigen. Oft wird dadurch die Sache entscheidungsreif und das Gericht kann durch Beschluß das Verfahren beenden.

b) Das *gegenüber dem Gericht* erklärte Anerkenntnis ist hingegen eine einseitige Verfahrenshandlung, mit der der Antragsgegner erklärt, daß er das geltend gemachte subjektive Recht nicht bestreiten wolle *(verfahrensrechtliches Anerkenntnis)*. Trotz § 12 FGG bestehen keine Bedenken, in echten Streitsachen hierauf § 307 ZPO entsprechend anzuwenden. Das Gericht muß dem Antrag ohne nähere Prüfung seiner materiellrechtlichen Begründetheit stattgeben, weil es im Rahmen der Dispositionsfreiheit des Beklagten liegt, ob er sich wehren will und ein öffentliches Interesse an seiner Verteidigung von Amts wegen (gegen seinen Willen) nicht besteht.

Ob im Einzelfall ein Anerkenntnis oder ein Geständnis erklärt ist, ist eine — oft schwierige — Auslegungsfrage.

2. Für den *Verzicht* gilt in umgekehrter Richtung das zuvor Gesagte entsprechend. Er kommt nur in Betracht, wo verzichtbare subjektive Rechte geltend gemacht werden, also nur in echten Streitsachen. Die Erklärung des Antragstellers gegenüber dem Antragsgegner ist ein *privatrechtlicher* Verzicht auf das materielle Recht, der vom Gericht im Rahmen seiner Amtsermittlung frei zu würdigen ist. Die Erklärung gegenüber dem Gericht ist eine einseitige Verfahrenshandlung *(verfahrensrechtlicher Verzicht)*. Sie führt, wenn der Beklagte dies beantragt, zur Abweisung des Antrags ohne nähere Sachprüfung (§ 306 ZPO entsprechend).

Ob im Einzelfall ein verfahrensrechtlicher Verzicht auf das Recht oder nur eine Rücknahme des gestellten Antrages (oben I 1) gewollt ist, ist eine — oft schwierige — Auslegungsfrage.

III. Vergleich

1. Eine Verfahrensbeendigung durch *Verfahrensvergleich* der Beteiligten kennt auch die fG in einer Reihe von Fällen. Man muß unterscheiden zwischen einem *privatrechtlichen* und einem *Verfahrensvergleich* (Prozeßvergleich). Ein privatrechtlicher Vergleich (§ 779 BGB) ist zur Beseitigung von Streit oder Ungewißheit über die materiellrechtlichen Rechtsverhältnisse überall in dem Umfang zulässig, in dem die Beteiligten über diese Rechtsverhältnisse wirksam verfügen können. Dieser Vergleich ist rein materiellrechtlicher Natur. Der Verfahrensvergleich hat demgegenüber eine Doppelnatur. Er ist ein materiellrechtlicher Vergleich in verfahrensrechtlichen Formen, ist demnach zugleich auch eine Verfahrenshandlung mit

der Wirkung *unmittelbarer Verfahrensbeendigung*. Wieweit er in der fG zulässig ist, ist umstritten.

2. In einer Reihe echter Streitsachen ist ein Prozeßvergleich durch *Spezialbestimmungen* ausdrücklich zugelassen (z. B. § 14 VHG; §§ 16, 19, 20 II, 31 LwVG; §§ 13 III, 16 III HausratsVO; §§ 44 II, 45 III WEG; 53 a I FGG für Zugewinnausgleichssachen). Z. T. will man die Zulässigkeit des Prozeßvergleichs auf diese gesetzlich geregelten Fälle beschränken (Baur, § 21 III 3 b; Lent-Habscheid, § 22 II 3). Die Verwandtschaft der echten Streitsachen mit den im Zivilprozeß oder Verwaltungsprozeß abzuhandelnden Rechtsstreitigkeiten fordert indessen eine Anerkennung des Prozeßvergleichs im gleichen Umfang wie dort, auch wenn eine spezielle gesetzliche Regelung dafür fehlt.

OLG Hamm, JMBl. NRW 50, 99; Müller, JZ 54, 17; Keidel, DNotZ 54, 342; Schönke, JZ 53, 341; noch weitgehend: Munding, aaO, S. 32 ff., 39 ff.; OLG Celle, Rpfleger 54, 246 ff.: auch für andere Antragssachen.

a) Für *Abschluß* und *Wirkung* des Vergleichs gilt weitgehend das gleiche wie im Zivilprozeß (s. Rosenberg, § 128). In den Vergleichsabschluß können auch Dritte mit einbezogen werden (Müller, JZ 54, 17); ein Vergleich kann sogar zugunsten eines nicht mitwirkenden Dritten abgeschlossen werden (Jauernig, JZ 60, 10). Danach ist selbstverständlich, daß auch materiell Beteiligte, die bisher nicht formell beteiligt waren, mitwirken dürfen. Bei notwendiger Streitgenossenschaft müssen alle Beteiligten mitwirken (Baur, § 21 III 2 a). Für die *Form* des Vergleichs bestehen z. T. besondere Vorschriften (z. B. §§ 15 VI, 20 LwVG; 13 III HausratsVO; 44 II WEG). Soweit solche fehlen, ist ein Protokoll entspr. §§ 159 ff. ZPO anzulegen. Mit Vergleichsabschluß ist das Verfahren beendet. Streit über die Wirksamkeit des Vergleichs ist, soweit Vergleichs- und Verfahrensgegenstand identisch sind, in demselben Verfahren der fG, das wieder aufzunehmen ist, zu klären. Soweit der Vergleichsgegenstand über den Verfahrensgegenstand hinausgeht, ist im Zivilprozeß zu entscheiden (str.: wie hier Keidel, Vorb. §§ 8—18 Rz. 31; demgegenüber treten Baur (§ 21 III 2 d) und Müller (JZ 54, 20) für eine Schlichtung des Streits im Zivilprozeß, Jansen (§ 12 Anh. I 2) für eine Schlichtung im fG-Verfahren ein). Verzichten die Beteiligten auf ihre Rechte aus dem Vergleich, so entfallen dadurch nicht dessen verfahrensrechtliche Wirkungen, so daß das durch den Vergleich beendete Verfahren nicht fortgesetzt werden kann (so für den Zivilprozeß: BGHZ 41, 310; a. A. Clasen, NJW 65, 382).

b) Soweit spezielle fG-Vorschriften einen Prozeßvergleich zulassen, sprechen sie auch gleichzeitig aus, daß er *Vollstreckungstitel* nach den Vorschriften der ZPO sei. Ob die darüber hinaus in den echten Streitsachen geschlossenen Prozeßvergleiche allgemein Vollstreckungstitel sein können, ist umstr. (ablehnend die h. M.: BGH, NJW 54, 1886; Baur, § 21 III 3 b;

Lent-Habscheid, § 22 II 3; OLG München, ZZP 66, 233 m. zust. Anm. v. Rosenberg; u a.). Wie schon die Frage, ob überhaupt Prozeßvergleiche ohne ausdrückliche Regelung in echten Streitsachen zulässig sind, so muß auch ihre Eigenschaft als Vollstreckungstitel aus ihrer inneren Verwandtschaft mit den bürgerlich-rechtlichen und öffentlich-rechtlichen Streitigkeiten beantwortet werden, und zwar dahin, daß sie Vollstreckungstitel i. S. des § 794 I Nr. 1 ZPO sind (Müller, JZ 54, 17, 19; Keidel, Vorbem. zu § 8 Rz. 29 und DNotZ 54, 342; Munding, aaO, S. 64 ff.; im Ergebnis auch weitgehend: Schönke, JZ 53, 341; Jansen, § 12 Anh. I 2).

Soweit im übrigen eine Zuständigkeit des Gerichts zur Beurkundung nach §§ 167 ff. FGG und damit zur Protokollierung des Vergleichs nach §§ 175 ff. FGG gegeben ist, kann auch § 794 I Nr. 5 ZPO entspr. angewandt werden. Da sich mithin auf dogmatisch vertretbare Weise eine Vollstreckungsfähigkeit der fG-Verfahrensvergleiche nach ZPO-Vorschriften begründen läßt, fehlt für die analoge Anwendung des § 33 FGG (dazu unten § 36) jedes Bedürfnis (Munding, aaO, S. 67 ff.). § 33 FGG gilt nur für gerichtliche Verfügungen.

In solchen Verfahren, in denen die Beteiligten *keine* Dispositionsbefugnis über den Verfahrensgegenstand besitzen, kann ihre Einigung u. U. aber vom Gericht seiner Entscheidung zugrunde gelegt werden, eventuell auch einfach in der Weise, daß das Gericht seine Billigung dieser Einigung erklärt und ihre Einhaltung befiehlt. Beispiele sind Einigungen der Eltern in Verfahren nach §§ 1671, 1634 BGB (s. OLG Frankfurt, NJW 64, 307).

3. *Außerhalb der echten Streitsachen* kommt ein *Prozeß*vergleich in der fG allerdings *nicht* in Betracht. Es steht den Beteiligten aber frei, *privat*rechtliche Vergleiche über ihre materiellen Rechte und Pflichten zu schließen, soweit ihre materiellrechtliche Dispositionsfreiheit reicht. Diese Vergleiche können eine *mittelbare Wirkung* auf die fG-Verfahren haben, und zwar in dem Maß, in dem der Vergleichsgegenstand mit dem Verfahrensgegenstand identisch ist. Denn soweit die materiellrechtliche Verfügungsbefugnis der Beteiligten reicht, können sie natürlich auch über den Verfahrensgegenstand disponieren. Das wird in Antragssachen häufig der Fall sein, muß es aber nicht.

a) Z. B. können die Beteiligten in einem Erbstreit sich wirksam darüber vergleichen, wem die aus dem Erbfall erwachsenen Vermögensrechte *zustehen* sollen. Trotzdem hat ein solcher Vergleich für das Erbscheinsverfahren keine Bedeutung. Denn in diesem ist die Frage zu klären, wer zunächst einmal tatsächlich Erbe geworden *ist*. Darüber können die Beteiligten natürlich nachträglich nicht mehr disponieren. Darum muß das Gericht ungerührt von dem Vergleich gemäß § 2358 BGB nach eigener Überzeugung über das Bestehen des Erbrechts entscheiden, solange der Erbscheinsantrag nicht zurückgenommen ist (BayObLGZ 29, 208).

b) In *Amts*verfahren hat ein privatrechtlicher Vergleich i. d. R. *keine* Bedeutung, weil die Beteiligten hier über den Verfahrensgegenstand nicht disponieren können. Doch kann hier ein Vergleich als Entscheidungsgrundlage immerhin gewisse Bindungen äußern, so vor allem im Verfahren nach § 1671 BGB. Er macht zwar die gerichtliche Entscheidung nicht überflüssig (dazu BayObLG, FamRZ 64, 71, 310; 66, 247), ist aber für ihren Inhalt verbindlich, wenn das Kindeswohl nicht entgegensteht (§ 1671 II BGB). Soweit die Beteiligten in *Antrags*sachen mit dem Vergleich über den Verfahrensgegenstand verfügt haben, kann dies außerdem *mittelbar* zum Verfahrensende führen, und zwar entweder dadurch, daß auf Grund des Vergleichs der Antrag zurückgenommen wird, wozu es keiner besonderen Form bedarf, weshalb in der Mitteilung des Vergleichsabschlusses an das Gericht vielfach die Erklärung der Antragsrücknahme zu finden sein wird, aber nicht sein muß. Wird trotz des Vergleichs der Antrag nicht zurückgenommen, so muß der Antrag i. d. R. zurückgewiesen werden, weil er nunmehr unbegründet ist.

4. Soweit die Beteiligten über den Verfahrensgegenstand disponieren und sich vergleichen können, ist auch ein *Schiedsvertrag* zulässig. Denn wenn die Beteiligten dem Gericht seine Zuständigkeit nachträglich durch Vergleich entziehen können, ist nicht einzusehen, warum sie die Entscheidung nicht von vornherein einem privaten Schiedsgericht übertragen können (BGHZ 6, 248 gegen RGZ 133, 128; HABSCHEID, ZZP 66, 188; oben § 13 II 4 b).

IV. Die Erledigung der Hauptsache

Die Erledigung der Hauptsache kann in *allen* fG-Angelegenheiten zu einem Verfahrensende führen, sowohl in den *Amts-* wie in den *Antragsangelegenheiten,* auch noch im *Beschwerde*verfahren (unten § 29 II 3 d) und im Verfahren der *weiteren Beschwerde* (GÖPPINGER, FamRZ 60, 253, 259). Der *Begriff* bestimmt sich weitgehend nach gleichen Grundsätzen wie im Zivilprozeß (§ 91 a ZPO) und im Verwaltungsprozeß (§ 161 VwGO) (s. im folgenden 1). Nur für die *Wirkung* und *Feststellung* der Erledigung sind in der fG Differenzierungen je nach Art des Verfahrens geboten (dazu unten 2).

1. Eine Erledigung der Hauptsache *liegt vor,* wenn nach Verfahrensbeginn Umstände eintreten, durch die der Verfahrensgegenstand wegfällt, die Durchführung des Verfahrens also sinnlos wird. Wann das der Fall ist, läßt sich bei der unterschiedlichen Struktur der fG-Verfahren nicht einheitlich sagen, sondern nur nach ihrem jeweiligen Sinn und Zweck beurteilen (BayObLG, NJW 64, 1326).

Beispiele sind: In *Antragsverfahren* etwa Tod eines Ehegatten im Hausratsverfahren (LG Münster, ZblJR 48, 185) oder der Tod des Hofübergebers während des Genehmigungsverfahrens, wenn der Übernehmer zum Hoferben berufen ist (BGH, MDR 61, 125; s. auch BayObLG, NJW 65, 397); im *Beschwerdeverfahren* und Verfahren der weiteren Beschwerde gegen die Bewilligung des Auseinandersetzungszeugnisses nach § 9 EheG die Wiederverheiratung der Mutter (OLG Karlsruhe, FamRZ 62, 197) oder im Beschwerdeverfahren gegen die Anordnung der (vorläufigen) Verwahrung der Tod oder die Entlassung des Verwahrten (OLG Hamm, JMBl. NRW 59, 62; BayObLG, NJW 64, 1326); in *Amtsverfahren* der Tod des Kindes oder der Wegfall der Gefährdung im Verfahren gemäß § 1666 BGB.

Die Zurücknahme eines Antrags führt schon unmittelbar das Verfahrensende herbei, ist also ein eigener Verfahrensbeendigungsgrund (oben I). Es ist daher zumindest ungenau, in der Antragsrücknahme einen Grund zur Erledigung der Hauptsache zu sehen, wie das aber häufig geschieht (z. B. BayObLGZ 56, 425; KG, WM 57, 337; KEIDEL, § 20 a Rz. 7). Ähnlich ungenau ist es, im Rechtsmittelverfahren von der Erledigung des Rechtsmittels (so BayObLG, MDR 62, 997; OLG Hamburg, NJW 60, 2151), statt von der Erledigung des Gegenstandes des Rechtsmittelverfahrens zu sprechen (s. Habscheid, NJW 60, 2132).

2. Noch nicht ausreichend geklärt ist, *wie* die Erledigung der Hauptsache in den einzelnen Verfahren zum Verfahrensende führen kann. Klarheit besteht lediglich über die *Amtsverfahren.* Hier herrscht ausschließlich der Amtsermittlungsgrundsatz (§ 12 FGG). Darum hat hier das Gericht von Amts wegen zu prüfen und festzustellen, ob die Hauptsache sich erledigt hat. Dann ist das Verfahren damit beendet. Eine etwaige Erledigungserklärung der Beteiligten ist für das Gericht nicht bindend (BayObLGZ 58, 222). Einer abschließenden Entscheidung des Gerichts bedarf es nicht. Über die etwaige Erstattung außergerichtlicher Kosten entscheidet das Gericht nach Billigkeit (§ 13 a FGG).

3. In den *Antragsverfahren,* insbesondere in den echten Streitsachen, ist hingegen das *Verfahren zu Fest*stellung der Erledigung der Hauptsache umstr. Zwar gilt auch für diese Verfahren der Grundsatz der *Amtsermittlung* (§ 12 FGG). Daneben steht aber auch den Verfahrensbeteiligten, und zwar nicht nur für die echten Streitsachen, in unterschiedlichem Umfang eine gewisse *Dispositionsbefugnis* hinsichtlich des Verfahrensgegenstandes, des Verfahrensendes und eventuell auch des Verfahrensstoffes zu (s. oben §§ 13 II 2—4; 15 III). Überlagert die Dispositionsbefugnis der Beteiligten hier den Amtsermittlungsgrundsatz so stark, daß die Erledigung der Hauptsache wie im Zivilprozeß *nur auf Erklärung* der Beteiligten hin zum Verfahrensende führt?

Interessant ist, daß im Verwaltungsprozeß, wo eine ähnliche Koppelung von Amtsermittlungsgrundsatz und Dispositionsbefugnis der Beteiligten besteht, nach anfänglichem Schwanken sich die Ansicht durchgesetzt hat, daß das Gericht ohne entsprechende Erledigungserklärung der Beteiligten von Amts wegen eine Verfahrensbeendigung durch Erledigung der Hauptsache nicht feststellen kann, daß eine übereinstimmende Erledigungserklärung der Parteien das Gericht aber bindet. Für die fG-Angelegenheiten wird man *differenzieren* müssen:

a) Soweit den Beteiligten eine *Dispositionsbefugnis* auch hinsichtlich des Verfahrens*endes* zusteht, steht nichts im Wege, ihnen die Beendigung des Verfahrens auch in der Weise zu überlassen, daß sie übereinstimmend die Hauptsache für erledigt erklären. Diese Erledigungserklärung ist für das Gericht *bindend.* Es hat nicht nachzuprüfen, ob materiell wirklich eine Erledigung eingetreten ist, sondern sich auf eine Kostenentscheidung nach § 13 a FGG (Billigkeit!) zu beschränken. Das gilt nicht nur für die echten Streitsachen (s. für diese: Zimmermann, Rpfleger 54, 171; 58, 72; Müller-Tochtermann, NJW 59, 421; OLG Celle, NdsRpfl. 60, 226), sondern mit gleichem Recht für alle Verfahren, in denen die Beteiligten befugt sind, durch Rücknahme des Antrags eine Verfahrensbeendigung herbeizuführen. Z. T. wird die Ansicht vertreten, daß in den echten Streitsachen das Gericht außerdem auch noch von Amts wegen eine etwaige Erledigung der Hauptsache festzustellen habe (KEIDEL, § 20 a Rz. 7; JANSEN, § 20 a Anm. 4) oder daß jedenfalls in den Antragssachen die Erledigung immer nur von Amts wegen zu beachten und festzustellen sei (s. LENT-HABSCHEID, § 22 II 5 d bb). M. E. besteht für diese Tätigkeit von Amts wegen kein Bedürfnis. Denn durch die Erledigung der Hauptsache ist der Antrag unzulässig oder unbegründet geworden. Nimmt der Antragsteller ihn nicht zurück oder erklärt nicht aus diesem Anlaß Erledigung der Hauptsache, so hat das Gericht den Antrag zurückzuweisen.

b) In den echten Streitsachen mit einer Gegnerstellung der Beteiligten gestattet die Parallele zum Zivilprozeß außerdem noch die Möglichkeit, daß der *Antragsteller einseitig* die Hauptsache für erledigt erklärt. In diesem Fall hat das Gericht *von Amts wegen* zu prüfen, *ob* materiell eine Erledigung eingetreten ist. Das muß es gegebenenfalls durch *Beschluß feststellen.* Zugleich hat es über die etwaige Erstattung außergerichtlicher Kosten gemäß § 13 a FGG zu entscheiden.

Zweifelhaft ist, ob dabei eine *einseitige* Erledigungserklärung voraussetzt, daß der Antrag *vor* dem erledigenden Ereignis jedenfalls zulässig und begründet war. Im Zivilprozeß scheint eine Mittelmeinung sich allmählich durchzusetzen, die dahin geht, daß die vor Erledigung gegebene Unzulässigkeit oder Unbegründetheit der Klage jedenfalls dann beachtlich ist, wenn der Beklagte aus berechtigtem Interesse seinen Klagabweisungsantrag weiterhin aufrecht erhält (wenn also die Voraussetzung einer negativen Feststellungsklage dieses Inhalts gegeben wäre, BGH, NJW 65, 537 m. w. Nachw.). Diese Mittelmeinung wird man auch für die fG übernehmen können.

5. KAPITEL

Die gerichtlichen Entscheidungen

§ 19. Arten und Formen der gerichtlichen Entscheidungen

Literatur: BAUR, Anm. zu BayObLG, JZ 58, 542; FIRSCHING, Unzulässiger Vorbescheid im Erbscheinsverfahren, NJW 55, 1540; JOSEF, Auslagenvorschüsse als Bedingung der Beweisaufnahme und Beschwerde gegen Zwischenverfügungen der fG, ZZP 32, 297; Hw. MÜLLER, Die Bedeutung von Zustellungsmängeln in der fG, JR 52, 160; *ders.*, Vorläufige Anordnungen im Bereich der fG, JR 54, 52 ff.; SCHLOSSER, Gestaltungsklagen und Gestaltungsurteile, 1966; SIEGERT, Die Rechtskraftfähigkeit der Entscheidungen in der fG, ZZP 54, 435.

I. Allgemeines

1. Ein fG-Verfahren kann *ausnahmsweise* mit einem *Dispositionsakt* der Beteiligten enden (oben § 18). *Üblicherweise* schließt das Verfahren aber mit einer gerichtlichen *Entscheidung* ab. Im Verlauf eines Verfahrens kann es außerdem zu „Zwischenentscheidungen" verschiedenster Art kommen. Diese End- und Zwischenentscheidungen stellen das Hauptkontingent der gerichtlichen Verrichtungen dar (oben § 14 III 1). Sie sollen im folgenden näher betrachtet werden.

2. Die ZPO hat eine klare Systematik und eine verläßliche Terminologie für die Arten gerichtlicher Entscheidungen: Urteile, Beschlüsse, Verfügungen. In der FGG und z. T. auch in ihren Nebengesetzen hat der Gesetzgeber hingegen für die gerichtlichen Entscheidungen die verschiedenartigsten Bezeichnungen verwandt, ohne daß dem eine sinnvolle Einteilung zugrunde liegt. So finden wir im FGG beliebig nebeneinander die Ausdrücke „gerichtliche Verfügung" (§§ 16, 19—22, 24, 31, 51 usw.), „Anordnungen" (§§ 13, 24, 33, 36), „Maßregeln" (§§ 44, 74), „Verrichtungen" (§§ 35, 43, 72), „gerichtliche Handlungen" (§ 7), aber auch „Entscheidungen" (§§ 19 II, 20 a, 24 III, 25—30), „Beschlüsse" (§§ 67, 68, 84). Anerkanntermaßen handelt es sich hier um ein schönes Beispiel gesetzgeberischer Planlosigkeit. Statt des aussichtslosen Versuchs, hier nachträglich einen Ordnungsgedanken nachzuweisen, ist es besser, eine Darstellung der möglichen Arten von Entscheidungen zu geben.

II. Die Arten der gerichtlichen Entscheidungen

Sie lassen sich einteilen in *End*entscheidungen und *Zwischen*entscheidungen (s. auch unten § 28 I 3).

1. Als *Zwischenentscheidungen* kann man (ähnlich wie Baur, § 22 B I) alle die gerichtlichen Anordnungen bezeichnen, die im Verlauf des Verfahrens ergehen, ohne zur Verfahrensbeendigung zu führen. Zu ihnen zählen:

a) Die *verfahrensleitenden Anordnungen.* Sie fördern das Verfahren, ohne i. d. R. den Verfahrensgegenstand oder die Rechte der Beteiligten zu berühren (Beispiel: Terminfestsetzungen, Ladungen, Beweisanordnungen, Aktenanforderungen und alle rein innerdienstlichen Anweisungen). Doch können sie auch bereits in die Rechtsstellung eines Beteiligten eingreifen (z. B. wenn die Beweisanordnung sich gegen ihn richtet und etwa von ihm Vorlage einer Urkunde verlangt). Weitere Einzelheiten noch unten § 28 I 1 g und I 3 a.

b) *Zwischenverfügungen analog § 18 GBO.* Das sind solche Anordnungen, mit denen einem Antragsteller aufgegeben wird, leicht behebbare Hindernisse zu beseitigen, die seinem Antrag entgegenstehen. Der Erlaß einer solchen Zwischenverfügung ist nur in § 18 GBO ausdrücklich vorgeschrieben (s. hierzu Habscheid, NJW 67, 225). Die richterliche Fürsorgepflicht (§ 12 FGG, § 139 ZPO analog) gebietet ihre Anwendung jedoch für das gesamte fG-Gebiet. Kommt der Antragsteller der „hindernisbeseitigenden Zwischenverfügung“ nicht nach, wird sein Antrag zurückgewiesen.

Beispiel: Auflage der Änderung eines Adoptionsvertrages, dessen Bestätigung beantragt ist (BGHZ 25, 163). Ferner: KG, DNotZ 55, 408; FamRZ 57, 185; 61, 386; OLG Hamm, NJW 60, 870, 872.

c) *Vorbescheide.* Das sind solche Entscheidungen, in denen das Gericht ankündigt, es werde in der Hauptsache in einem bestimmten Sinn entscheiden, sofern nicht die Betroffenen diesen Vorbescheid binnen bestimmter Frist mit der Beschwerde anfechten werden. Hier wird — anders als bei den vorgenannten (b) Auflagenverfügungen — keine Änderung oder Vervollständigung der tatsächlichen Entscheidungsgrundlage durch die Betroffenen mehr erwartet, sondern eine Überprüfung der eigenen Rechtsansicht durch das Beschwerdegericht vor Erlaß der Sachentscheidung erhofft. Ein Bedürfnis für solche Vorbescheide meint man vor allem in den Verfahren auf Erteilung von Erbscheinen und Testamentsvollstreckerzeugnissen zu verspüren, weil nach Erteilung der Zeugnisse wegen ihrer Publizitätsfunktion Beschwerde nur noch mit dem beschränkten Ziel der Einziehung eingelegt werden kann (unten § 28 I 1 f) und vor Einziehung schwerwiegende Nachteile eintreten können. Solche Vorbescheide sind indessen *gesetzwidrig.* Die Hauptsache ist entscheidungsreif. Darum *muß* (§ 300 I ZPO analog) die Endentscheidung ergehen. Der Erlaß eines Vorbescheides ist ein Trick, mit dem praktisch die Anfechtung eines Entwurfs der Endentscheidung erreicht wird, weil der Richter insgeheim seiner eigenen Rechtsauffassung mißtraut (KG, NJW 55, 1071 m. zust. Anm. von BAUR; auch BayOBLG, JZ 58, 542 m. Anm. von BAUR, a. A. FIRSCHING, NJW 55, 1540; BGHZ 20, 256, wenigstens für besondere Fälle).

d) *Einstweilige Anordnungen.* Sie dienen der vorläufigen Regelung einzelner Verfahrenspunkte oder der vorläufigen Rechtssicherung bis zur Endentscheidung. Vereinzelt sind sie ausdrücklich vorgesehen (z. B. §§ 44, 53 a II, 55 a FGG; 67 JWG; 13 HausratsVO; 12 VHG). Unabhängig davon erlaubt jedoch die Freiheit des fG-Richters bei der Verfahrensgestaltung einstweilige Anordnungen überall dort, wo ein dringendes Bedürfnis für ein sofortiges Einschreiten besteht und ein Abwarten nicht zugemutet werden kann, weil die endgültige Entscheidung zu spät kommen könnte (BayObLGZ 61, 261). Das wird vor allem häufig in Vormundschaftssachen der Fall sein.

Ein Antrag ist nicht erforderlich (SchlHOLG, RdL 58, 213). Doch muß in Antragsverfahren die Hauptsache schon anhängig sein (OLG Nürnberg, RdL 62, 20), nicht bloß ein Armenrechtsverfahren (SchlHOLG, SchlHA 60, 292). Bei Anordnung der vorläufigen Fürsorgeerziehung (§ 67 I JWG) muß außer bei Gefahr im Verzug wegen der mit der Anordnung verbundenen tiefen Eingriffe in die Rechte der Eltern und des Minderjährigen die endgültige Fürsorgeerziehung wenigstens wahrscheinlich sein (BayObLG, FamRZ 58, 471; KG, FamRZ 65, 52 unter Aufgabe von KG, JFG 23, 12). BayObLG, FamRZ 63, 661 fordert im Unterbringungsverfahren sogar *erhebliche* Wahrscheinlichkeit der Unterbringung. Die einstweilige Anordnung darf niemals weiter gehen als die im endgültigen Verfahren zulässige Entscheidung.

e) *Zwischenstreitentscheidungen* analog § 303 ZPO, mit denen über das Vorliegen einer Prozeßvoraussetzung (analog § 275 ZPO) oder über den Grund des Anspruchs (analog § 304 ZPO) vorweg entschieden wird. Solche Zwischenstreitentscheidungen wird man mit Baur (§ 22 B I 2 d) zumindest in echten Streitsachen für zulässig halten. In den übrigen Antrags- und Amtsverfahren wird für sie nur selten ein Bedürfnis bestehen. Wenn ein solches gegeben ist, bestehen angesichts der richterlichen Freiheit für die Verfahrensgestaltung aber keine Bedenken gegen ihre Zulassung.

Beispiele: Zwischenentscheidung über Zuständigkeit (OLG Hamm, RzW 51, 81); über Grund des Anspruches (OLG Frankfurt, RzW 56, 3); Beschluß nach § 13 I LwVG (BGH, JZ 58, 482). Aber unzulässig: Zwischenentscheidung über Aktivlegitimation (OLG Celle, RdL 58, 159).

2. *Endentscheidungen* können ergehen als *Teil*endentscheidungen oder als *Voll*endentscheidungen. Mit den Teilendentscheidungen wird nur über einen Teil des Verfahrensgegenstandes entschieden. Sie sind ausdrücklich zugelassen etwa in Art. 67 II AmREG; 59 BrREG (dazu ORG Herford, RzW 57, 45); § 15 VHG; im Landwirtschaftsverfahren (dazu BGH, RdL 58, 315). Aber auch in den übrigen Bereichen der fG bestehen gegen sie keine Bedenken. Normalerweise wird aber mit einer Endentscheidung das gesamte Verfahren erledigt. Sie kann sein eine Verfahrensentscheidung (a) oder eine Sachentscheidung (b).

a) Eine *Verfahrensentscheidung* ergeht, wenn sich im Verlauf eines Verfahrens herausstellt, daß eine Verfahrensvoraussetzung fehlt und das Verfahren also unzulässig ist. Das ist von Amts wegen zu prüfen.

Für Amtsverfahren wird teilweise (z. B. Baur, § 22 B III 2) die Ansicht vertreten, daß Verfahrensentscheidungen hier keine Bedeutung zukäme. Es gibt indessen auch dort eine Reihe von Verfahrensvoraussetzungen (z. B. deutsche Gerichtsbarkeit, Parteifähigkeit). Entdeckt der Richter erst im Laufe des Verfahrens, daß sie fehlen, so entspricht es einem geordneten Verfahrensverlauf, daß er hier formell mit einer Entscheidung das Verfahren abschließt und diese den Beteiligten bekannt gibt. Für die Antragsverfahren ist als Verfahrensvoraussetzung insbesondere das Vorliegen eines wirksamen Antrags (BayObLGZ 56, 387, 425), der Antragsbefugnis und des Rechtsschutzbedürfnisses für den Antrag (s. oben § 13 I 2) bedeutsam. Bei den echten Streitsachen gelten grundsätzlich die gleichen Verfahrensvoraussetzungen wie in der ZPO bzw. in der VwGO.

b) *Sachentscheidungen* können negativ oder positiv sein. *Negative* Sachentscheidungen ergehen in *Antrags*verfahren, wenn ein Antrag unbegründet ist (dann wird er zurückgewiesen), in *Amts*verfahren, wenn sich erweist, daß die Voraussetzungen für die geplante Maßnahme nicht vorliegen (dann wird das Verfahren eingestellt). *Positive* Entscheidungen sind in Amts- wie in Antragsverfahren i. d. R. *rechtsgestaltender* Natur (z. B. Volljährigkeitserklärung, Entmündigung, Bestellung eines Vormundes, Anordnung der Fürsorgeerziehung, Entziehung des Personensorgerechts, Anordnung der Nachlaßfürsorge), ausnahmsweise können sie auch einmal einen *Leistungsbefehl* enthalten (z. B. Anordnung der Herausgabe von Kindern: § 1634; vor allem aber in echten Streitsachen) oder eine *Feststellung* treffen (z. B. Bewilligung der Erteilung eines Erbscheins oder Feststellung des Ruhens der elterlichen Gewalt gemäß § 1674 BGB).

III. Formen der Entscheidung

1. Die fG kennt nicht die kunstvolle Unterscheidung der ZPO in Urteile, Beschlüsse und Verfügungen. Die Entscheidungen im fG-Verfahren ergehen einheitlich als *Beschlüsse*, und zwar unabhängig davon, ob eine mündliche Verhandlung stattgefunden hat oder nicht oder ob sie sogar zwingend vorgeschrieben war (z. B. § 15 I LwVG).

Nur wenn ausnahmsweise (Regelfall: Erstinstanz = Amtsgericht, oben § 6 III 1) ein Richterkollegium zuständig ist, sollte man einer klaren Unterscheidung wegen die verfahrensleitenden Anordnungen des Vorsitzenden der Kammer (Landgericht) oder des Senats (Oberlandesgericht) (z. B. eine Terminsfestsetzung) als *Verfügung* bezeichnen.

2. Eine bestimmte *Form* ist für die Beschlüsse grundsätzlich nicht vorgeschrieben (Ausnahmen unten 3). An sich könnten sie daher sogar mündlich ergehen. Doch entspricht es in diesem Fall einem geordneten Verfahrensgang, daß der Richter sie dann wenigstens durch einen kurzen Vermerk aktenkundig macht (BayObLGZ 58, 207). Mittelbar zwingt i. d. R. § 16 FGG den Richter, seinen Beschluß schriftlich zu fixieren. Denn nur ein Schriftstück kann zugestellt werden (§ 16 II FGG) und nur von einem schriftlich niedergelegten Beschluß kann eine Abschrift erteilt werden (§ 16 III 2). Darum genügt die bloße Unterzeichnung der Niederschrift nicht, in der die Eltern im Verfahren nach § 1671 BGB ihre Vereinbarung i. S. des Abs. II erklärt haben (BayObLG, FamRZ 66, 247).

3. Auch eine *schriftliche Begründung* ist i. d. R. nicht vorgeschrieben. *Ausnahmen* sind vorgesehen in § 25 FGG für die Entscheidung des Beschwerdegerichts (dazu unten § 31 III 3), in § 65 III 1 JWG für den Beschluß über die Fürsorgeerziehung, ferner in §§ 60 BGB, 3 III GenRegVO, 6 I FreihEntzG, und fast durchweg in den neueren echten Streitsachen (z. B. §§ 15 I VHG; 44 IV WEG; 21 I LwVG; 31 I WBG; 23 I, 26 HausratsVO; 41 I, 91 V BRAO). Das Fehlen der vorgeschriebenen Begründung stellt in diesen Fällen einen Gesetzesverstoß dar, der im Rechtsmittelverfahren zur Aufhebung und zur Rückverweisung führt.

a) Aber auch soweit eine schriftliche Begründung ausdrücklich nicht vorgeschrieben ist, ist sie dringlichst zu empfehlen, vor allem bei ablehnenden Entscheidungen (BVerfG, NJW 57, 297; KG, FamRZ 60, 500; LG Mannheim, NJW 64, 1137) und bei Eingriffen in die Persönlichkeitssphäre (KG, FamRZ 66, 239). Sie entspricht der Vorstellung von einem geordneten Verfahren und wird geboten durch die Rücksicht auf die Beteiligten. Schon aus praktischen Erwägungen sollte der Richter die Begründung schriftlich niederlegen, um unbegründetes Mißtrauen und unnütze Beschwerden zu verhindern. Lediglich bei verfahrensleitenden Anordnungen wird sie sich erübrigen. Doch die Praxis ist auch im übrigen z. T. noch recht großzügig und stellt die Begründung vielfach ins Ermessen des Gerichts (BayObLGZ 28, 34; OLG Celle, VersR 52, 112; s. jetzt aber für ZPO-Beschlüsse: OLG Celle, MDR 66, 513 und für Entscheidungen der fG: BayObLG, NJW 67, 1867).

b) Soweit übrigens eine Begründungspflicht besteht, ist doch wiederum für die *äußere Fassung* des Beschlusses nichts gesagt. Die strengen Formalien des § 313 ZPO gelten für die fG nicht. Der Beschluß sollte aber mindestens enthalten: die Angabe der mitwirkenden Richter, die Voranstellung des Entscheidungstenors vor die Gründe, in den Gründen eine gesonderte Sachdarstellung einschließlich einer etwaigen Beweiswürdigung. Eine förmliche Trennung von Tatbestand und Entscheidungsgründen hingegen ist nicht erforderlich.

§ 20. Erlaß, Bekanntmachung, Wirksamwerden und formelle Rechtskraft

Literatur: JOSEF, Erlassung (Abfassung) und Bekanntmachung der Entscheidung im Verwaltungsrecht, JW 25, 1602; SIEGERT, Die Rechtskraftfähigkeit der Entscheidungen der fG, ZZP 54, 435; sowie die Literatur zu § 22.

I. Erlaß der gerichtlichen Entscheidung

1. Jede Entscheidung hat ein Geburtsdatum. Der Zeitpunkt, zu dem sie *existent* wird, ist in mancher Hinsicht bedeutsam. Im Zivilprozeß ist das Gericht von diesem Augenbick an seine Entscheidung gebunden (§ 318 ZPO), während es bis dahin seinen Entwurf beliebig verändern kann. In der fG kann das Gericht zwar die meisten seiner Entscheidungen auch noch ändern, nachdem sie existent geworden sind, aber nur unter den Voraussetzungen des § 18 I FGG. Zur Änderung der in § 18 FGG genannten Entscheidung ist es zudem gar nicht mehr berechtigt (unten § 21). Der Zeitpunkt, an dem eine Entscheidung existent wird, muß daher bestimmbar sein. Man bezeichnet ihn als den *Erlaß*. Eine Entscheidung ist erlassen, wenn das Gericht sie aus seiner Verfügungsgewalt *entlassen* hat, wenn sie also mit Willen des Gerichts der Außenwelt übergeben wird.

a) Für Entscheidungen, die *verkündet* werden (§ 16 III FGG, unten II 1 a), ist die Bestimmung des Erlaßzeitpunktes unproblematisch. Er liegt in der Verkündung. Es reicht aus, daß die Entscheidungsformel ohne die Gründe dem Beteiligten verkündet wird (BGHZ 16, 159; str. früher).

b) Schwieriger und umstr. ist die Frage bei den Entscheidungen zu beantworten, die *nicht verkündet* werden.

Am einfachsten kommt man zu einem Ergebnis, wenn man den „Geburtsvorgang" der Entscheidung nachverfolgt. Zunächst bildet der Einzelrichter auf Grund seiner Überlegungen oder das Kollegium auf Grund der Beratung und Abstimmung einen Entschluß (§ 8 FGG mit §§ 192—198 GVG). Dieser wird schriftlich niedergelegt und mit Gründen versehen. Dies ist die Abfassung. Sodann wird der Entwurf von dem oder den Richtern unterschrieben. Schließlich wird er in den Geschäftsgang des Gerichts gegeben. Bis hierher handelt es sich noch ausschließlich um Vorgänge des internen Geschäftsbetriebes des Gerichts. Der Richter hat tatsächlich noch die Möglichkeit (und darauf kommt es an), den Urteilsentwurf zurückzuziehen und beliebig zu ändern (Eccius in Gruchot 43, 634; RGZ 57, 284).

Erst in dem Augenblick, in dem der Urkundsbeamte der Geschäftsstelle Ausfertigungen oder Abschriften der Entscheidung dem Gerichtswachtmeister oder der Post zur Zustellung übergibt, hat der Richter keine sichere Möglichkeit mehr, die Entscheidung zurückzuziehen. Seine tatsächliche Verfügungsgewalt endet; die Entscheidung ist erlassen (BGHZ 12, 252 BayObLGZ 64, 69; Jansen, § 18 Anm. 1; h. M.).

Das Datum der Übergabe an die Post ist durch Absendevermerk der richterlichen Ausführungsverfügung zu Beweiszwecken zu notieren (§ 16 II 2 FGG). Daß der Absender nach der Postordnung theoretisch noch das Recht hätte, seine Sendung anhalten zu lassen, kann für die Frage der Beendigung der tatsächlichen Verfügungsgewalt getrost außer Acht gelassen werden.

2. Manche meinen, den Zeitpunkt des Erlasses noch *später* legen zu müssen (Lent-Habscheid, § 24 I 2; Baur, § 23 A 2; anders offenbar aber § 29 A II 3 a). Er solle immer mit der *Bekanntmachung* identisch sein, bei Bekanntmachungen nach § 16 II FGG also erst mit dem Zugang des Schriftstücks beim Adressaten. Dagegen bestehen Bedenken. Bei formloser Bekanntmachung (§ 16 II 2 FGG) läßt sich der genaue Zeitpunkt des Zugangs und damit des Erlasses gar nicht bestimmen. Welcher Zeitpunkt soll im übrigen gelten, wenn die Entscheidung mehreren Beteiligten zuzustellen ist? Ist sie dann u. U. mehrfach erlassen?

II. Bekanntmachung der Entscheidung

Das Gericht hat seine Beschlüsse, soweit sie nicht nur für den inneren Dienstbetrieb bestimmt sind (KG, NJW 55, 1233), den unten zu 2. näher bezeichneten Personen in den zu 1. beschriebenen Formen bekannt zu machen.

1. § 16 FGG sieht *drei Arten* der Bekanntmachung vor:

a) gegenüber *Anwesenden* durch *Verkündung zu Protokoll* (§ 16 III FGG). Diese Bekanntmachungsform ist grundsätzlich immer zulässig, soweit nicht Spezialvorschriften ausdrücklich Ausnahmen vorsehen (z. B. §§

1995 II BGB; 67 II 2 JWG; 24 II, 25 VerschG, die zwingend Zustellung erfordern). Die Bekanntmachung kann sofort in einem Verhandlungstermin erfolgen oder in einem gesondert angesetzten späteren „Verkündungstermin". Sie geschieht durch wörtliche Aufnahme der mündlich eröffneten Entscheidung in das Protokoll (zur Form s. auch BayObLGZ 58, 244, 247). Dem Bekanntmachungsempfänger ist auf Verlangen eine Abschrift der Entscheidung zu erteilen (§ 16 III 2 FGG);

b) gegenüber *Abwesenden* durch *Zustellung* nach den für die Zustellung von Amts wegen geltenden Vorschriften der ZPO (§§ 208—213 ZPO), wenn mit der Bekanntmachung der Lauf einer Frist (gesetzlichen oder gerichtlichen) beginnen soll (§ 16 II 1);

Die Geschäftsstelle des Gerichts (§ 209 ZPO) hat eine beglaubigte Abschrift des Beschlusses (§ 210 ZPO) dem Gerichtswachtmeister oder der Post zur Zustellung zu übergeben (§ 211 ZPO). Da die FGG eine Prozeßvollmacht mit gleicher Wirkung wie der Zivilprozeß nicht kennt (arg. e. § 13 FGG), hat der fG-Richter anders als nach § 176 ZPO die Wahl, ob er an einen Beteiligten oder an seinen Bevollmächtigten zustellen lassen will (str., z. T. a. A. JANSEN, § 16 Anm. 7 d). In echten Streitsachen gilt § 176 ZPO allerdings entsprechend (BGH, NJW 53, 222). Ein Verstoß gegen die zwingenden Formvorschriften der ZPO (über Zustellungsmängel s. BayObLGZ 58, 309) macht die Bekanntmachung unwirksam, jedoch ist Heilung entsprechend § 187 ZPO möglich (OLG Celle, NdsRpfl. 59, 241). Fehlt bei der Zustellung eine notwendige Rechtsmittelbelehrung, so wird die Rechtsmittelfrist nicht in Lauf gesetzt (BGHZ 14, 179). Öffentliche Zustellung nach §§ 203 ff. ZPO ist außer bei § 89 FGG zulässig (BGH, NJW 53, 625).

c) im übrigen gegenüber *Abwesenden,* wenn keine Frist in Lauf zu setzen ist, durch *einfache mündliche oder schriftliche Mitteilung,* deren nähere Form die Landesjustizverwaltung bestimmt (§ 16 II 2).

I. d. R. genügt einfacher oder eingeschriebener Brief, in dem eine Abschrift des Beschlusses oder auch nur eine kurze Nachricht übersandt wird. *Bundesrechtlich* ist nur ein Aktenvermerk über die Ausführung der Bekanntmachungsverfügung gefordert (§ 16 II 2: Sollvorschrift; zur Erläuterung s. BayObLGZ 58, 204; 62, 101). Dem Richter steht es natürlich frei, auch in diesen Fällen die förmliche Zustellung anzuordnen.

2. § 16 regelt nur, wem der Beschluß *mindestens* bekannt zu machen ist, um wirksam zu werden. *Bekanntmachungsaddressaten* in diesem Sinn sind nach § 16 I diejenigen, für welche der Beschluß seinem Inhalt nach bestimmt ist.

In manchen Fällen sagt das *Gesetz ausdrücklich, wer* damit gemeint ist (z. B. §§ 51 II, 52, 67 II FGG; 1828 BGB; 6 FreihEntzG). In den meisten Fällen hingegen muß aus dem Inhalt des jeweiligen Beschlusses ermittelt werden, „für wen er bestimmt ist". Das kann recht schwierig sein, weil die fG keinen eng abgegrenzten Parteibegriff wie die ZPO hat, sondern an einem fG-Verfahren ein mehr oder minder großer Kreis von Personen formell oder materiell beteiligt sein kann (oben § 8). Offenbar hat § 16 die

Gefahren für die Wirksamkeit eines Beschlusses, die sich durch Übergehen eines Beteiligten bei der Bekanntmachung ergeben können, dadurch einschränken wollen, daß er die Bekanntmachungspflicht auf einen besonders interessierten und für das Gericht übersehbaren Teil der Beteiligten begrenzt hat. Angesichts der großen Verschiedenheit der fG-Verfahren war es unmöglich, einen zugleich objektiven und präzisen Maßstab anzugeben. Darum muß nach § 16 I — recht vage — aus dem Inhalt des jeweiligen Beschlusses ermittelt werden, für wen er bestimmt ist. *Wer ist das?*

a) In den Antrags- und Beschwerdesachen zumindest der *Antrags- und Beschwerdeführer.*

b) In den echten Streitsachen wird man darüber hinaus noch den *Antrags- und Beschwerdegegner* dazurechnen.

c) In den Fällen, in denen eine *sofortige* Beschwerde gegeben ist, *alle Beschwerdeberechtigten,* weil erst die förmliche Zustellung die Rechtsmittelfrist in Lauf setzt, deren Ablauf die formelle Rechtskraft herbeiführt, an die erst die Wirksamkeit des Beschlusses in diesen Fällen geknüpft ist.

d) Darüber hinaus lassen die *weiteren Gruppen* von Bekanntmachungsaddressaten sich objektiv nur schwer beschreiben.

Vielfach werden sie definiert als diejenigen materiell Beteiligten, die durch den Beschluß in ihren Rechten unmittelbar betroffen werden (z. B. Baur, § 12 IV 6 b; Lent-Habscheid, § 14 IV 5). Das wird in etwa damit begründet, wenn materiell Beteiligte eines fG-Verfahrens alle die Personen seien, die durch die Entscheidung in ihren Rechten und Pflichten betroffen werden könnten, und § 16 I eine Auswahl aus diesem Beteiligtenkreise vorschreibe, so sei es sinnvoll, sie auf die Personen zu beschränken, bei denen das für ihre Beteiligtenstellung maßgebliche Risiko sich verwirklicht hat, bei denen also die Entscheidung tatsächlich unmittelbar in ihre Rechtssphäre eingreift.

Die Schwierigkeiten bei dieser Ansicht liegen darin, den *unmittelbar* betroffenen von dem bloß *mittelbar* betroffenen Beteiligten einwandfrei zu scheiden, zumal dieser Begriff mit jenem des unmittelbar in seinem Recht Betroffenen (als Voraussetzung der Beschwerdebefugnis; s. unten § 29 II 3 c) nicht identisch, sondern enger sein soll (s. auch nachfolgend 3). Wenn in einer Pflegschaftsanordnung ein Pfleger ernannt wird, ist der Beschluß nur dem Pfleger bekannt zu machen, nicht auch dem Pflegling (BayObLG, FamRZ 58, 384; KG, NJW 58, 1926). Ist hier wirklich der Pflegling nur mittelbar Betroffener des Beschlusses? Es bleibt doch wohl nichts anderes übrig, als nach dem Inhalt jedes einzelnen Beschlusses zu prüfen, „für wen er bestimmt ist“ (so auch BGHZ 6, 232; KG, WM 65, 1166 f.; Unger, ZZP 34, 233; Keidel, § 16 Rz. 10).

3. Über den in § 16 I FGG genannten Personenkreis hinaus hat das Gericht unter Umständen auch *noch anderen Beteiligten* seinen Beschluß bekannt zu machen. Das folgt aus seiner Fürsorgepflicht (SchlHOLG, SchlHA 56, 24; Baur, § 23 B II 3 a; Keidel, § 16 Rz. 13).

Maßstab ist, daß das Gericht den Beteiligten im Rahmen seiner Möglichkeiten die Wahrung ihrer berechtigten Belange eröffnet. So wird es auch einen mit einfacher Beschwerde anfechtbaren Beschluß allen ihm bekannten Beschwerdeberechtigten mitteilen müssen.

III. Wirksamwerden der Entscheidung

Das Wirksamwerden ist rechtlich zu *unterscheiden* von dem Erlaß und der Bekanntmachung eines Beschlusses und kann tatsächlich zu einem anderen Zeitpunkt eintreten. Mit Wirksamkeit bezeichnet man die Fähigkeit eines Beschlusses, die materiell- oder verfahrensrechtlichen Wirkungen auszulösen, zu deren Herbeiführung er nach seinem Inhalt geeignet und bestimmt ist (BGHZ 16, 159). Erlaß bedeutet, daß der Beschluß selbst rechtliche Existenz erlangt. Wirksamwerden bedeutet, daß er die nach dem Gesetz mit ihm verbundenen Wirkungen entfaltet. Diese müssen auf einen Erfolg gerichtet sein, der über die bloße Weiterführung des Verfahrens hinausragt.

Diese Wirkungen können gemäß der Breite der fG-Verfahren sehr unterschiedlicher Art sein. Sie können unmittelbar in einer Rechtsänderung (Rechtsgestaltung) liegen, z. B. Entlassung eines Testamentsvollstreckers (KG, DNotZ 55, 649). Sie können auch in der Anordnung oder Erlaubnis einer rechtsändernden oder in einer sonst rechtswirksamen Handlung liegen wie z. B. in Anordnungen an den Inhaber der elterlichen Gewalt (§§ 1667 II, 1668 BGB) und in allen vollstreckungsfähigen Beschlüssen (z. B. Herausgabe eines Kindes: § 1632 II BGB, dazu unten § 36).

Wenn — wie meistens — die Wirksamkeit eines Beschlusses zeitlich erst nach seinem Erlaß eintreten soll, so besteht für die Zwischenzeit schwebende Unwirksamkeit. Sind in einem Beschluß mehrere Entscheidungen enthalten, so kann analog § 139 BGB die Unwirksamkeit einer Entscheidung die Unwirksamkeit aller zur Folge haben (BayObLGZ 61, 229).

1. *In der Regel* wird ein Beschluß wirksam mit der *Bekanntmachung* an denjenigen, für den er seinem Inhalt nach bestimmt ist (§ 16 I FGG).

Bei mehreren *Bekanntmachungsaddressaten* muß man unterscheiden: Ist der Beschluß nach seinem Inhalt für jede Person trennbar, so tritt die Wirksamkeit für jede Person zu dem Zeitpunkt ein, in dem ihr der Beschluß bekannt gemacht wird. U. U. wird der gesamte Beschluß dann also zu verschiedenen Zeiten wirksam. Hat der Beschluß hingegen einen einheitlichen, untrennbaren Inhalt, so wird er grundsätzlich erst wirksam mit der Bekanntmachung an den letzten Zustellungsaddressaten (OLG Schleswig, RdL 55, 257; Schwulst, NJW 56, 106; OLG Hamm, JMBl. NRW 58, 103). S. unten § 32 I 3 a.

2. In *Ausnahmefällen* kann die Wirksamkeit eines Beschlusses zu einem anderen Zeitpunkt als dem der Bekanntmachung eintreten. Dieser Zeitpunkt liegt teils früher, teils später.

a) In manchen Fällen tritt die Wirksamkeit einer für mehrere Personen bestimmten Entscheidung trotz untrennbaren Inhalts *schon* mit der Bekanntmachung an *eine* von ihnen für alle ein: §§ 51, 52, 56 a I, 67 FGG.

Teilweise ist für diese Vorverlegung der Wirksamkeit das besonders starke Schutzbedürfnis und die Dringlichkeit einer raschen Regelung maßgebend (z. B. §§ 51, 52), teilweise sind aber auch andere Gründe maßgebend.

b) *Eintragungsverfügungen* werden wirksam mit der Vornahme der *Eintragung* in das Register. Denn darin liegt bereits ihr Vollzug. Die außerdem i. d. R. noch erforderliche *Bekanntmachung* der Eintragung dient nur Informationszwecken. Wirkungen für den Rechtsverkehr hat sie nur in Sonderfällen, in denen die Gutglaubensfunktion des Registers bis zur Bekanntmachung der Eintragung hinausgeschoben ist (z. B. §§ 15 HGB, 66 BGB).

Nicht immer genügend beachtet wird hier, daß die gerichtliche Entscheidung, um deren Wirksamkeit es geht, die *Eintragungsverfügung* ist. Die Eintragung selbst ist ein rein tatsächlicher Vorgang, der Vollzug der vorausgegangenen Verfügung (s. unten § 28 I 1 e).

c) Der Beschluß, in dem die *Erteilung* eines *Erbscheins* oder *Testamentsvollstreckerzeugnisses bewilligt* wird, wird erst wirksam mit Vollziehung, also erst mit Erteilung des Erbscheins.

Hierfür gilt ähnliches, wie für die Eintragungsverfügungen. Die Bekanntmachung des Anordnungsbeschlusses dient nur Informationszwecken, sie kann seinen Vollzug nicht ersetzen. Der Vollzug erfolgt durch Aushändigung der Urschrift oder einer Ausfertigung des Erbscheins (BayObLGZ 60, 152, 192, 267, 501; JANSEN, § 84 Anm. 3; h. M.; a. A.: FIRSCHING, NJW 55, 1540; s. unten § 28 I 1 f.).

d) Recht oft wird das Wirksamwerden einer Entscheidung *hinausgeschoben* und an den Eintritt der formellen Rechtskraft (unten IV) geknüpft: z. B. in §§ 26, 53 I, 53 a II, 55 a I, 56 II, 56 b, 56 c I, 82 II FGG; 29, 40 VerschG; 57 III EheG; 45 II WEG; 16 I HausratsVO; 16 I VHG; 8 FreihEntzG; 31 III 1, 49 I PStG (weitere Fälle bei KEIDEL, § 16 Rz. 15).

Der *Grund* für das Hinausschieben der Wirksamkeit ist darin zu finden, daß diese Beschlüsse besonders tiefgreifende Wirkungen für die Persönlichkeits- oder Vermögenssphäre der Betroffenen anordnen, die z. T. nur schwer oder gar nicht mehr rückgängig gemacht werden können. Darum soll den Betroffenen zuvor Gelegenheit gegeben werden, im Rechtsmittelverfahren die Berechtigung dieser Beschlüsse überprüfen zu lassen. Die notwendige Elastizität des fG-Verfahrens wird dadurch wiederhergestellt, daß in einigen Fällen das erlassende Gericht bei Gefahr in Verzug (z. B. §§ 53 II, 82 II FGG) und in allen Fällen das Beschwerdegericht nach seinem pflichtgemäßen Ermessen (§§ 26, 52 FGG) die sofortige Wirksamkeit des Beschlusses anordnen kann.

e) Einen Sonderfall bildet schließlich § 1829 I 2 BGB. Die *vormundschaftsgerichtliche Genehmigung* oder *Verweigerung* eines Rechtsgeschäftes wird nicht schon mit der Bekanntmachung an den Vormund, sondern erst durch Mitteilung durch den Vormund an den Geschäftsgegner wirksam.

Der Grund ist klar: Schutzfunktion zugunsten des Mündels. Dem Vormund soll noch eine weitere zusätzliche Überlegungsfrist eingeräumt werden. Wenn er jetzt noch seine Ansicht ändert, kann er trotz vormundschaftsgerichtlicher Genehmigung von dem Geschäft noch Abstand nehmen, indem er die Mitteilung an den Geschäftsgegner unterläßt (BGH, JR 64, 260).

Der Genehmigungsbeschluß wird also *erlassen* mit Absendung durch das Gericht (oben I 1), *bekanntgemacht* mit Zugang beim Vormund und *wirksam* durch Mitteilung an den Geschäftsgegner (§ 1828 BGB — § 1829 I BGB). Erfährt der Vormund nach der Absendung, aber vor Zugang schon informell von der Genehmigung und teilt sie dem Geschäftsgegner mit, so wird sie schon jetzt *wirksam vor* der *Bekanntmachung* (BayObLG, MDR 63, 502!), obwohl auf diese nicht verzichtet werden kann (BayObLGZ 60, 276!).

f) In einzelnen Fällen kann die bereits eingetretene Wirksamkeit einer Entscheidung durch Einlegung der *Beschwerde* oder durch gerichtliche Anordnung im Hinblick auf die Beschwerdeeinlegung wieder *gehemmt* werden (dazu unten §§ 31 I, III; 32 I 2 c).

IV. Formelle Rechtskraft der Entscheidung

1. In einigen Vorschriften der FGG findet sich der Ausdruck „Rechtskraft" (z. B. in §§ 26, 31, 53 I, 53 a IV, 98, 141 IV). Hier ist immer die formelle Rechtskraft gemeint, also die *Unanfechtbarkeit* des Beschlusses. Er kann mit Rechtsmitteln nicht mehr angefochten werden; das im Instanzenzug vorgeordnete Gericht ist nicht mehr berechtigt, den Beschluß zu überprüfen.

Auf diese Wirkung beschränkt sich die formelle Rechtskraft. Dadurch unterscheidet sie sich klar von der *Wirksamkeit* (oben III), von der *materiellen Rechtskraft,* deren Voraussetzung sie ist (unten § 22), von der *Bindung* anderer Gerichte und Behörden an den fG-Beschluß (unten § 23), von der Bindung des erlassenen Gerichts an seine eigene Entscheidung (*Unabänderlichkeit:* unten § 21). Umstr. ist, ob die formelle Rechtskraft diese Unabänderlichkeit notwendig zur Folge hat (dazu unten § 21 II 3 b, c).

2. Die formelle Rechtskraft *tritt ein:*

a) bei erstinstanzlichen Entscheidungen, gegen die ein Rechtsmittel überhaupt nicht zulässig ist, mit ihrem *Erlaß;*

Beispiele: Zuständigkeitsbestimmung nach § 5 II FGG; Entscheidungen in öffentlich-rechtlichen Streitsachen nach Art. 7 FamRÄndG von 1961 und §§ 23 ff. EGGVG (allerdings Vorlagepflicht beachten!); ferner verfahrensleitende Anordnungen (ausführlicher unten § 28 I 1 g und h).

Da diese Beschlüsse von Natur aus unanfechtbar sind, kann die formelle Rechtskraft schon vor der Bekanntmachung und dem Wirksamwerden eintreten (BGH, NJW 55, 503).

b) bei Entscheidungen, die mit der *einfachen* (also unbefristeten) Beschwerde anfechtbar sind, i. d. R. mit dem *Erlaß* der *Entscheidung* der *letzten Instanz.* Da für die einfache Beschwerde keine zeitlichen Grenzen bestehen, kann also, wenn die Beteiligten von ihrem Rechtsmittel keinen Gebrauch machen, eine Entscheidung noch nach Jahren der formellen Rechtskraft ermangeln. Ausnahmsweise kann sie jedoch ohne Erschöpfung des Instanzenzugs eintreten, wenn die Beteiligten auf das Beschwerderecht verzichten (dazu unten § 30 II 1) oder es verwirkt haben (dazu unten § 30 II 2);

c) bei Beschlüssen, die mit *sofortiger* oder *sofortiger weiterer Beschwerde* anfechtbar sind (dazu unten §§ 32 I, 33 III 5), kann außer aus den vorgenannten Gründen formelle Rechtskraft auch noch durch ungenutzten *Ablauf* der Beschwerde*frist* eintreten.

Bei *mehreren* Beschwerdeberechtigten läuft grundsätzlich für *jeden* eine *gesonderte* Beschwerdefrist. Sie kann bei zeitlich ungleicher Zustellung zu verschiedenen Zeiten beginnen (dazu oben III 1). Wenn ein Beschluß nach seinem Inhalt von jedem gesondert angefochten werden kann, so kann der Verlust eines Beschwerderechts durch einen einzelnen (durch Verzicht, Verwirkung, Fristablauf) dazu führen, daß der Beschluß diesem Beteiligten gegenüber unanfechtbar wird, während die anderen ihn noch anfechten können (KEIDEL, § 31 Rz. 1; SCHLEGELBERGER, § 16 Rz. 7; und ausführlicher unten § 32 I 3).

3. Über den Eintritt der Rechtskraft ist auf Antrag ein *Rechtskraftzeugnis* auszustellen (§ 31 FGG). Zuständig ist immer die Geschäftsstelle des Gerichts erster Instanz. Antragsberechtigt ist jeder materiell Beteiligte, gleichgültig ob er auch formell beteiligt war. Die Verweigerung des Zeugnisses ist mit der Erinnerung angreifbar, über die der Richter (nicht der Rechtspfleger: § 25 III RpflG) des Gerichtes erster Instanz zu entscheiden hat.

§ 21. Abänderbarkeit der Entscheidungen

Literatur: BÖTTICHER, Abänderbarkeit und Rechtskraft im Funktionsbereich der fG, JZ 56, 582 ff.; GÄBELEIN, Grenzen der Abänderbarkeit nach § 18 I FGG, Frankfurter Diss. 1951; *ders.*, Zur Abänderbarkeit von Entscheidungen, JZ 55, 260; HABSCHEID, Grundfragen der fG, Rpfleger 57, 164 ff., 171 ff.; JOSEF, Abänderungsverlangen und Beschwerde sowie Zeitpunkt des für die beschwerdegerichtliche Entscheidung maßgeblichen Sachverhalts, ZBlFG 11, 613 ff.; MAGEN, Die reformatio in peius in der fG, Frankfurter Diss. 1951; MÜNZEL, Zur Änderung rechtskräftiger Entscheidungen in der Wertpapierbereinigung, NJW 52, 721; ROTHE, Möglichkeiten und Schranken der Abänderung von Entscheidungen in der fG, Kieler Diss. 1964.

I. Allgemeines

1. Eine Entscheidung kann unrichtig sein. Dagegen können die Beteiligten sich mit Rechtsmitteln wehren. Das übergeordnete Gericht kann die fehlerhafte Entscheidung dann korrigieren. Kann darüber hinaus das erkennende Gericht selbst seine eigene Entscheidung nachträglich im selben Verfahren abändern und berichtigen, weil das u. U. einfacher und zweckmäßiger ist als die Durchführung eines formellen Rechtsmittelverfahrens? Oder fordern Gründe der Staatsautorität und der Rechtssicherheit eine Bindung des

Gerichts an seine eigene, einmal erlassene Entscheidung? Also: roma locuta — causa finita, jedenfalls für diese Instanz?

Die übrigen deutschen gerichtlichen Verfahrensordnungen haben sich grundsätzlich für eine Bindung des Richters an seine eigene Entscheidung ausgesprochen: S. vor allem §§ 318 ZPO; 46 II ArbGG; 173 VwGO und in der StPO ein ungeschriebener, selbstverständlicher Rechtssatz.

Davon gibt es nur einige, eng begrenzte Ausnahmen, vorwiegend für Entscheidungen auf Grund eines summarischen Verfahrens: z. B. Versäumnisverfahren (§§ 338, 342 ZPO), Vorbehaltsurteile, insbesondere im Urkunden- und Wechselprozeß (§§ 600, 302 ZPO), Arrestprozeß (§§ 924, 925 ZPO), aber auch allgemein bei Beschlüssen (§ 571 ZPO).

Das FGG geht in § 18 von dem umgekehrten Grundsatz aus: Das Gericht kann eine ungerechtfertigte Entscheidung nachträglich noch ändern. Damit bekennt sich das FGG zu einem elastischen Verfahren und rückt in bemerkenswerte Nähe zum Verwaltungsverfahren. Allerdings bestehen vom Grundsatz des § 18 I 1 FGG erhebliche Ausnahmen, die — statistisch gesehen — den Grundsatzfällen fast die Waage halten (unten II).

2. Von dem Problem der Korrektur einer *von Anfang an unrichtigen Entscheidung* ist die Frage zu trennen, ob eine zunächst richtige Entscheidung wegen *nachträglicher Veränderung* der tatsächlichen Verhältnisse geändert werden kann (unten III).

3. Zu beachten ist, daß die Tragweite des § 18 FGG, aber auch die Problematik der Abänderbarkeit wegen nachträglicher Veränderung der Sachlage (oben 2.) durch zahlreiche *Spezialregelungen* im BGB sowie in anderen Gesetzen erheblich eingeschränkt wird. Diese Spezialnormen knüpfen z. T. an andere Voraussetzungen als § 18 FGG an und kennen nicht immer dessen Schranken. Teils gestatten sie nur eine Änderung wegen nachträglicher Veränderung der tatsächlichen Verhältnisse (z. B. §§ 1382 BGB, 45 IV WEG), teils erlauben sie auch unterschiedslos dazu eine Änderung wegen ursprünglicher Fehler der Entscheidung (z. B. § 1696 I BGB, dazu BayObLG, NJW 64, 2306 m. w. Nachw.; ferner §§ 1844 I, 2227 BGB). Meistens handelt es sich um Maßnahmen mit Dauerwirkung.

Zu nennen sind hier insbesondere folgende Vorschriften: §§ 1382, 1696, 1836, 1844 I, 1908 III, 1988, 2227, 2361 I BGB; 45 WEG; 37 LVO; 17 VHG; 17 HRegVfg.; 75 II JWG, 136 FGG.

4. Keine Frage der Entscheidungsänderung im oben genannten Sinn ist die *Berichtigung von Schreibfehlern, Rechenfehlern* und anderen *offenbaren Unrichtigkeiten.* Hier geht es nur darum, die schriftliche Fassung des Richterspruchs mit dem erkennbar gewollen Inhalt in Übereinstimmung zu bringen. Das ist in analoger Anwendung des § 319 ZPO jederzeit zulässig (BayObLGZ 50/51, 342). Aus dem gleichen Grunde kann eine Tatbestandsberichtigung analog § 320 ZPO erfolgen (OLG Celle, RdL 55, 333;

BayObLG, NJW 65, 1438 und OLG Hamm, NJW 67, 1619 für Beschwerdeentscheidung: § 25 FGG). Schließlich ist entspr. § 321 ZPO auch eine Entscheidungsergänzung zu gestatten, wenn ein Sachantrag oder Kostenpunkt übergangen ist. Allerdings kann hier über die Fristen Streit entstehen (s. OLG München, RzW 53, 102; Einzelheiten bei JANSEN, § 18 Anm. 10; KEIDEL, § 18 Rz. 57—62).

II. Abänderung einer unrichtigen Entscheidung

1. Nach § 18 I 1 FGG kann das Gericht grundsätzlich eine Entscheidung nachträglich abändern, wenn sie sich als *ungerechtfertigt* erweist.

Die Abänderung erfolgt in Fortführung *desselben* Verfahrens, in einer Art Anhangsverfahren. Auch eine völlig entgegengesetzte Verfügung ist technisch noch „Abänderung". Zu unterscheiden davon ist eine abweichende Entscheidung in einem *neuen* Verfahren. Diese ändert nicht die Erstverfügung, sondern den durch die Erstverfügung gestalteten Zustand (BÖTTICHER, JZ 56, 584, 586).

Als ungerechtfertigt kann eine Verfügung erscheinen infolge eines Wechsels der Rechtsauffassung, infolge einer nachträglichen abweichenden Würdigung des unveränderten Sachverhaltes, aber auch durch die nachträgliche Entdeckung von Tatsachen, die schon bei Erlaß der ersten Entscheidung vorhanden waren (str.; a. A. LENT-HABSCHEID, § 27 III 6 b; § 28 IV 4, der bezüglich dieser Tatsachen mit dem Institut der Präklusion arbeitet). Ein Wechsel der Rechtsauffassung kann auch auf einem allgemeinen Wandel der Rspr. beruhen (OLG Bremen, MDR 54, 179); doch können sich bei länger zurückliegenden Entscheidungen aus Gründen der Rechtssicherheit Bedenken ergeben (OLG Frankfurt, JZ 60, 93).

Das Gericht ist nach dem Wortlaut des § 18 zur Abänderung *berechtigt*, nach seinem Sinn aber auch dazu *verpflichtet*, wenn die Voraussetzungen vorliegen (BAUR, § 24 B I 2; KEIDEL, § 18 Rz. 4). Die Änderung erfolgt, außer im Fall des § 18 I 1 2. Hs. *von Amts wegen*. Anlaß kann eine Gegenvorstellung der Betroffenen sein. Insbesondere bei Beschwerdeeinlegung hat das Gericht zu prüfen, ob es der Beschwerde nicht durch Änderung seiner Entscheidung abhelfen will (KG, RJA 11, 82; s. unten § 30 I 2). Vor der Abänderung ist jedoch ein etwaiger Gegner zu hören (Hw. MÜLLER, NJW 60, 21, 709).

2. Abänderungs*befugt* ist nur das *Gericht erster Instanz* und nur für seine eigenen Entscheidungen. Sachliche Entscheidungen des Beschwerdegerichts sowie eigene Entscheidungen, soweit sie auf einer sachlichen Entscheidung des Beschwerdegerichts beruhen, darf es nicht abändern (KG, FamRZ 59, 259; NJW 55, 1074; s. unten § 31 III 2).

Wenn ausnahmsweise eine Sache an ein anderes Gericht abgegeben wird (z. B. nach §§ 46, 75 FGG oder auf ein anderes Gericht gemäß § 5 FGG übergeht, so geht allerdings auch die Abänderungsbefugnis mit über (KG, OLGRspr. 38, 3; Keidel, § 18 Rz. 6).

Das Beschwerdegericht darf seine Entscheidung nicht mehr abändern; seine Entscheidungsbefugnis ist mit Erlaß der Beschwerdeentscheidung erschöpft (h. M.: RGZ 70, 236; BayObLGZ 51, 342; KG, OLGZ 66, 608; a. A. LG Bonn, MDR 56, 45; auch OLG Hamm, NJW 54, 288).

Hiervon zu unterscheiden ist die Frage, ob das Beschwerdegericht auf eine neue Beschwerde hin von seinem früheren Erkenntnis abweichen darf. Das ist zu bejahen, denn es handelt sich um eine neue Entscheidung in einem neuen Verfahren (KG, NJW 55, 1074; Jansen, § 18 Anm. 5).

3. Der Grundsatz des § 18 I 1 1. Hs. FGG kennt erhebliche *Ausnahmen:*

a) Soweit in *Antragssachen* der Antrag zurückgewiesen worden ist, darf die Änderung nur auf Antrag erfolgen (§ 18 I 1 2. Hs. FGG).

Baur (§ 24 B II 1) sieht den Grund dieser Norm im „Verbrauch" des Antrags. Das erscheint zweifelhaft. Der Änderungsantrag eröffnet kein neues, sondern ermöglicht die Fortsetzung gerade des alten Verfahrens. Er ist darauf gerichtet, in Abänderung der ersten Verfügung dem alten Antrag stattzugeben. Der alte Antrag war also nicht verbraucht. § 18 I 1 2. Hs. beruht wohl eher auf der Überlegung, daß in diesen Angelegenheiten die Privatinitiative bestimmt, ob eine Sachentscheidung ergehen soll. Hat das Gericht eine Sachentscheidung abgelehnt, so bleibt es wiederum dem Willen der Beteiligten überlassen, ob in Abänderung der alten Verfügung eine Sachentscheidung ergehen soll.

Der Antrag kann mit der Maßgabe eingelegt werden, daß er als Beschwerde aufzufassen ist, wie auch umgekehrt jede Beschwerde dahin ausgelegt werden kann, daß sie einen Abänderungsantrag enthält (unten § 30 I 2 und 4 c).

b) An Entscheidungen, die mit der *sofortigen Beschwerde* anfechtbar sind, ist das Gericht gebunden (§ 18 II FGG). Ob die Beschwerde tatsächlich eingelegt wird, ist gleichgültig. Es handelt sich um Verfahren, in denen die Rechtssicherheit einen möglichst schnellen Verfahrensabschluß wünschenswert erscheinen läßt. Darum sind einerseits für die Rechtsmittel Fristen gesetzt, andererseits ist das erkennende Gericht an seine Entscheidung gebunden. Hierher zu rechnen sind vor allem die neueren Verfahren, die der fG zugewiesen worden sind.

aa) Gegen den klaren Gesetzeswortlaut machte die Rspr. für Legitimationsfeststellungsbeschlüsse nach § 31 PStG eine Ausnahme und gestattet mit unzulänglicher Begründung eine Abänderung des formell rechtskräftigen Beschlusses wegen nachträglich bekanntgewordener Tatsachen (BGH, NJW 57, 1067; OLG Karlsruhe, Rpfleger 54, 316; BayObLG, MDR 58, 930), wovon OLG Frankfurt (JZ 60, 93) bei längerem Zeitablauf „aus Gründen der Rechtssicherheit" wiederum abrücken wollte: ein Salto rückwärts, den man bei Beachtung des § 18 II FGG hätte vermeiden können (Rothe, aaO, S. 149 f.). Das Problem hat inzwischen seine Bedeutung verloren, weil Legitimationsfeststellungsbeschlüsse infolge der Neufassung des § 1721 BGB auch materiell rechtskräftig werden und so gegen Abänderungen wegen nachträglich bekanntgewordener Tatsachen endgültig gefeit sind (s. jetzt OLG Hamm, NJW 65, 2307).

bb) Eine *Ausnahme* von der *Ausnahme* des § 18 II FGG stellt § 67 II 3 JWG dar: Eine Änderung der vorläufigen Anordnung der Fürsorgeerziehung ist trotz der Möglichkeit einer sofortigen Beschwerde zulässig. Grund: Eine provisorische Entscheidung über ein höchstpersönliches Rechtsgut muß im Interesse des Betroffenen jederzeit neuen Tatsachen- oder Rechtserkenntnissen angepaßt werden können. Weiterer Sonderfall: §§ 136, 139 FGG (Ordnungsstrafverfahren).

c) Nach h. M. hat auch die *formelle Rechtskraft* einer Entscheidung die Bindung des erkennenden Gerichts zur Folge (Baur, § 24 B II 3; Keidel, § 18 Rz. 23; s. jedoch ebenda § 31 Rz. 23; Pikart-Henn, S. 103; Schlegelberger, § 18 Rz. 5). Da die formelle Rechtskraft nach ihrem Sinn und Zweck das Verfahren abschließen soll, kann auch einer Fortsetzung eben dieses Verfahrens durch das erkennende Gericht nicht mehr möglich sein.

Das gilt indessen nicht für Entscheidungen, die schon von Gesetzes wegen unanfechtbar sind (KG, KGJ 29 A 104), wie z. B. einstweilige Anordnungen in Hausratssachen (OLG Hamm, Rpfleger 58, 155 m. Anm. von Keidel). Hier ist eine Änderung nach § 18 I möglich. Ebenso z. B. bei Entscheidungen nach §§ 5, 46, 47, 76, 132, 146, 164 FGG.

d) Für die Änderungsbefugnis des erstinstanzlichen Gerichts gilt das *Verbot* der *„reformatio in peius"* grundsätzlich *nicht*. Eine Änderung kann daher auch zum Nachteil der Betroffenen erfolgen (KG, NJW 55, 229; Baur, § 24 B III 4; h. M.). Für die Amtsverfahren ist das offensichtlich richtig. Für die Antragsverfahren mag man insoweit Zweifel haben, als hier die Dispositionsbefugnis der Beteiligten über den Verfahrensstoff reicht (s. dazu oben § 13 II 2).

4. Die Abänderungsbefugnis besteht dem Grundsatz nach *zeitlich unbeschränkt* (Keidel, § 18 Rz. 23; Baur, § 24 B III). Dazu gibt es *Ausnahmen:*

a) Eine Reihe von Entscheidungen sind aus Gründen der Rechtssicherheit und des Verkehrsschutzes nicht mehr abänderbar, sobald sie *„Außenwirkungen"* (dazu OLG Frankfurt, NJW 64, 1864) erzeugt haben: z. B. §§ 44 a II, 44 b II (Befreiung von Eheverboten nach Eheschluß); 55 I (Vormundschaftsgerichtliche Genehmigung eines Rechtsgeschäfts nach Mitteilung an den Dritten); 55 II (Ersetzung der Zustimmung zur Ehelichkeitserklärung nach Ehelichkeitserklärung).

b) Aus ähnlichen Gründen (Schutz des öffentlichen Glaubens) sind *Eintragungsverfügungen* in Registersachen nach Vollzug (also nach erfolgter Eintragung) nicht mehr abänderbar. Danach können Fehler nur in einem besonderen Berichtigungsverfahren beseitigt werden, z. B. nach §§ 142 ff., 147, 159, 161 FGG. Ähnlich kann ein Erbschein nach Erteilung nicht mehr gemäß § 18 abgeändert, sondern nur noch eingezogen oder für kraftlos erklärt werden (§ 2361 BGB s. aber KG, OLGZ 66, 612).

c) Zur Wahrung der Autorität der letztinstanzlichen Gerichte ist in § 29 III FGG bestimmt, daß sowohl erstinstanzliches als auch Landgericht ihre Änderungsbefugnis verlieren, sobald weitere Beschwerde eingelegt ist.

Bei *einfacher* Beschwerde hingegen besteht im Gegenteil nicht nur ein Recht, sondern auch die Pflicht des erstinstanzlichen Gerichts, der Beschwerde abzuhelfen (oben II 1). Diese Änderungsbefugnis besteht bis zur Entscheidung des Beschwerdegerichts (s. auch OLG Hamm, JMBl. NRW 59, 176).

5. Änderungsentscheidungen haben grundsätzlich keine rückwirkende Kraft (allgemeine Ansicht; KEIDEL, § 18 Rz. 40; BAUR, § 24 B V).

a) Das ist in § 32 FGG für den Fall ausdrücklich ausgesprochen, daß eine Verfügung aufgehoben wird, durch die jemand die Fähigkeit oder die Befugnis zur Vornahme eines Rechtsgeschäfts oder zur Entgegennahme einer Willenserklärung erlangt hat. War also jemand zu Unrecht für volljährig erklärt (§ 56 FGG) oder zum Vormund, Pfleger, Nachlaßverwalter, Liquidator usw. bestellt worden, so bleiben die zwischenzeitlich von ihm oder ihm gegenüber vorgenommenen Rechtsgeschäfte wirksam. § 32 beruht auf der Wertentscheidung, daß das *Vertrauen des Rechtsverkehrs* auf den Bestand der gerichtlichen Entscheidung schutzwürdig sei. Dieser *Grundgedanke* beansprucht allgemeine Geltung.

LENT-HABSCHEID (§ 27 IV 2) weist zusätzlich mit Recht darauf hin, daß eine Bejahung der Rückwirkung die abgeänderte Entscheidung in bedenkliche Nähe zu den nichtigen Entscheidungen rücken und so erhebliche Rechtsunsicherheit schaffen würde.

b) Nur wo *ausnahmsweise keine schutzwerten Interessen* des Rechtsverkehrs vorhanden sind, kann eine beschränkte Rückwirkung bejaht werden. Das ist z. B. in §§ 61 FGG, 115 BGB geschehen. Wird die (ungerechtfertigte) Anordnung einer vorläufigen Vormundschaft über einen Volljährigen wieder aufgehoben, so werden die zwischenzeitlich von oder gegenüber dem Volljährigen vorgenommenen Rechtsgeschäfte gültig. Diese Bestimmung dient den Interessen sowohl des Volljährigen als auch seiner Geschäftspartner. Interessen des Rechtsverkehrs stehen nicht entgegen.

Zu beachten ist, daß nur bezüglich der von und gegenüber dem Volljährigen vorgenommenen Rechtsgeschäfte Rückwirkung angeordnet ist. Die von dem vorläufigen Vormund für ihn vorgenommenen Rechtsgeschäfte bleiben trotz Aufhebung der Vormundschaft ebenfalls wirksam gemäß §§ 32 FGG, 115 I 2 BGB. Eventuelle Kollisionen sind nach BGB-Regeln zu lösen (s. STAUDINGER-COING, § 115 Anm. 2; Einzelheiten sehr str.).

III. Abänderbarkeit wegen nachträglich veränderter Verhältnisse

1. Trotz verdienstvoller Einzeluntersuchungen (BÖTTICHER, JZ 56, 582; GÄBELEIN, JZ 55, 261; jetzt auch ROTHE, aaO) ist die Frage noch nicht befriedigend geklärt, ob und in welchem Umfang wegen nachträglicher Veränderung der tatsächlichen Verhältnisse („facta supervenientia") eine zunächst richtige Entscheidung in *demselben* Verfahren *abgeändert* oder in einem *neuen* Verfahren durch eine *abweichende Verfügung* ihrer Wirkung beraubt werden kann. Teils meint man, neue Tatsachen könnten nur in einer

neuen Entscheidung in einem neuen Verfahren berücksichtigt werden (s. Habscheid, Rpfleger 57, 164 und Lent-Habscheid, § 27 III; Pikart-Henn, D III 7 g). Teils will man die Abänderungsbefugnis nach § 18 (mit den Schranken des Abs. II) auch auf die neuen Tatsachen erstrecken, daneben aber allerdings u. U. auch noch ein neues Verfahren zulassen (Bötticher, JZ 56, 582; Jansen, § 18 Anm. 3, 7; KG, NJW 55, 1074). Die weit überwiegende Meinung spricht von „Abänderung", will aber die Schranke des § 18 II FGG nicht anwenden und läßt nicht immer klar erkennen, ob Abänderung in demselben Verfahren oder abweichende Entscheidung (Neugestaltung) in einem neuen Verfahren gemeint ist (z. B. Baur, § 24 C; BayObLG, MDR 62, 997).

In der Tat wird in vielen Fällen der Unterschied praktisch bedeutungslos sein. Abgesehen aber von der theoretischen Bedeutung für die Klärung der systematischen Grundlagen der immer noch sehr pragmatisch gehandhabten FGG kann die Frage auch des öfteren praktische Bedeutung gewinnen, z. B. für Rangfragen in Registersachen.

Das Problem stellt sich nur bei bestimmten Fallgruppen. Wo es um die Regelung oder Feststellung der Rechtsfolgen eines in der Vergangenheit liegenden Tatbestandes geht (z. B. Rückerstattung, Wertpapierbereinigung) oder um die Beurteilung einer einmaligen gegenwärtigen Situation, können die entscheidungserheblichen Umstände allenfalls bei der Entscheidung übersehen werden (dazu oben II 1), naturgemäß aber sich nicht mehr nachträglich ändern. Bedeutsam kann die Frage nur werden, wo mit der Entscheidung Rechtsgestaltung für die Zukunft angestrebt wird, insbesondere wo Maßnahmen mit Dauerwirkung angeordnet werden. Hier kann die zukünftige Entwicklung anders verlaufen, als es der Richter eingeschätzt hat.

2. Ob der *Gesetzgeber* mit § 18 auch die Abänderung wegen facta supervenientia erfassen *wollte,* erscheint zweifelhaft. Bötticher (JZ 56, 582) überschätzt insoweit wohl die Eindeutigkeit der Entwicklungsgeschichte dieser Norm. Jedenfalls ist ihm aber darin zuzustimmen, daß praktische und theoretische Erwägungen *für* die Anwendung des § 18 sprechen.

Eine Beschwerde kann auch auf neu eingetretene Tatsachen gestützt werden (§ 23 FGG). Die Abänderung der erstinstanzlichen Entscheidung durch die Beschwerdeentscheidung erfolgt in demselben Verfahren, weil das Beschwerdeverfahren die Fortsetzung der ersten Instanz ist (BayObLG, FamRZ 64, 310). Soll die Befugnis und Pflicht des erstinstanzlichen Richters, der Beschwerde gemäß § 18 I FGG abzuhelfen, nur auf die Fälle beschränkt sein, in denen alte, bisher nicht berücksichtigte Tatsachen vorgebracht werden? Das wäre unzweckmäßig und unpraktisch, vor allem in den nicht seltenen Fällen, in denen erst alte und neue Tatsachen gemeinsam eine Abänderung rechtfertigen würden. Bei der Parallelvorschrift des § 571 ZPO ist anerkannt, daß sich hier das Abhilferecht auch auf facta supervenientia erstreckt. § 18 FGG stellt aber nur eine dem Grundsatz des Amtsbetriebes angepaßte Abwandlung des § 571 ZPO dahin dar, daß es zur Abänderung einer Beschwerde nicht bedarf (Bötticher, JZ 56, 582; Jansen, § 18 Anm. 3; KG, RJA 11, 257).

3. Sehr viele der vom fG-Richter angeordneten zukunftswirksamen Maßnahmen, insbesondere soweit sie persönliche oder gewichtige wirtschaftliche Angelegenheiten regeln, sind allerdings mit *sofortiger Beschwerde* anfechtbar. Darum steht hier einer Abänderbarkeit im selben Verfahren die Schranke des § 18 II FGG entgegen. Hier ist dann die Frage aufzuwerfen, ob das Gericht wegen der facta supervenientia in einem *neuen Verfahren* durch eine neue Entscheidung die Rechtsverhältnisse abweichend von seiner Erstverfügung gestalten darf.

a) Wie eingangs schon betont (oben I 3), ist die Tragweite des Problems durch zahlreiche *Spezialregeln* erheblich eingeschränkt.

Gelegentlich bestimmen diese, daß bei Wegfall der maßgeblichen Voraussetzungen oder bei Eintritt wesentlicher Umstände die Wirkung der Erstverfügung *automatisch erlischt* (z. B. §§ 1882, 1908 III, 1921 III BGB). In anderen Fällen ist eine ausdrückliche *Aufhebungsverfügung* (mit konstitutiver Wirkung!) vorgesehen (z. B. §§ 1919, 1921 I und II, 1884 BGB). Sehr oft findet sich die Formulierung, daß eine Änderung oder Aufhebung der Erstverfügung vorzunehmen ist, „wenn sich die Verhältnisse nach der Entscheidung *wesentlich geändert* haben" (z. B. §§ 1382 VI BGB; 45 IV WEG; 17 HausratsVO; 17 VHG; 37 IV LwVG).

b) Diesen und zahlreichen weiteren Bestimmungen (s. bei Jansen, § 18 Anm. 3; Keidel, § 18 Rz. 28 ff.) liegt ein *allgemeiner Rechtsgedanke* zugrunde, der sich sogar in § 323 ZPO für die sonst wesentlich strengere ZPO wiederfindet: Daß bei den in die Zukunft wirkenden gerichtlichen Anordnungen (Maßnahmen von Dauerwirkung) eine wesentliche Änderung der entscheidungserheblichen Umstände das Gericht zu einer „Abänderung" (korrekt: zu einer *abweichenden Neugestaltung* durch eine neue Entscheidung) berechtigt und verpflichtet. Wie weit in der fG allerdings neben den bestehenden zahlreichen Spezialregeln für die Anwendung dieses Grundgedankens noch ein Bedürfnis besteht, bedürfte einer eingehenden Einzeluntersuchung. Zu weit geht jedenfalls Jansen (§ 18 Anm. 7), der jenseits der Sondervorschriften eine Berücksichtigung der facta supervenientia nur im engen Rahmen des § 18, einschließlich des Absatz II, zulassen will.

c) Daß für Neuentscheidung in Antragssachen ein neuer Antrag notwendig ist, ist selbstverständlich, weil hier ein neues Verfahren eingeleitet wird. Einer entsprechenden Anwendung des § 18 I 2 bedarf es also nicht (a. A. offenbar Lent-Habscheid, § 27 III 5 c).

d) Soweit *Neugestaltung* in einem neuen Verfahren erfolgt, steht natürlich die *formelle Rechtskraft* des alten Verfahrens *nicht* entgegen, da sie nur eine Wiederaufrollung *jenes* Verfahrens verhindern will. § 18 II FGG ist auf das neue Verfahren also auch *nicht* entsprechend anwendbar.

Auch soweit die alte Entscheidung in *materieller Rechtskraft* erwachsen ist, ändert dies i. d. R. eine Neuentscheidung nicht. Denn infolge der wesentlichen

Änderung der entscheidungserheblichen Umstände ist der *Gegenstand* des neuen mit dem des alten Verfahren nicht identisch (unten §§ 22 I 4 c).

Für die Anwendung unseres Grundsatzes ist ein Unterschied zwischen den *klassischen fG-Sachen* und den *echten Streitsachen* nicht zu machen (teilw. a. A.: BAUR, § 24 C II 2, der bei echten Streitsachen § 323 ZPO analog anwenden will).

§ 22. Materielle Rechtskraft

Literatur: BÖTTICHER, Kritische Beiträge zur Lehre von der materiellen Rechtskraft im Zivilprozeß, Berlin 1930; BÖTTICHER, Abänderbarkeit und Rechtskraft im Funktionsbereich der fG, JZ 56, 582; FENGE, Die materielle Rechtskraft in der fG, Marburger Diss. 1958; HABSCHEID, Der Streitgegenstand im Zivilprozeß und im Streitverfahren der fG, Bielefeld 1956; LENT, Sachliche Rechtskraft der Gestaltungsurteile, ZZP 61, 279; LORENZ, Die materielle Rechtskraft und die Entscheidungen in der fG, Münchner Diss. 1954; MÜNZEL, Zur Änderung rechtskräftiger Entscheidungen in der Wertpapierbereinigung, NJW 52, 721; ROTHE, Möglichkeiten und Schranken der Abänderung von Entscheidungen in der fG, Kieler Diss. 1964; SIEGERT, Rechtskraftfähigkeit der Entscheidungen in der fG, ZZP 54, 512; ZENNER, Die objektiven Grenzen der Rechtskraft, 1959.

I. Grundsätzliches

1. Unabänderlichkeit bedeutet Unwiderruflichkeit im selben Verfahren. Formelle Rechtskraft heißt Unanfechtbarkeit im Instanzenzug. Demgegenüber sichert die materielle Rechtskraft die *Maßgeblichkeit des Inhalts* einer formell rechtskräftigen und unabänderlichen Entscheidung für neue Verfahren derselben Beteiligten vor denselben oder anderen Gerichten und Behörden (ROSENBERG, § 146 I; BÖTTICHER, Kritische Beiträge, S. 128 ff.; KEIDEL, § 31 Rz. 18). Sie bewirkt also die Bindung der Gerichte im späteren Verfahren an den Inhalt der ersten Entscheidung, soweit Verfahrensgegenstand und Beteiligte identisch sind.

a) Das *Wesen* der materiellen Rechtskraft ist für die ZPO umstr. (s. SCHÖNKE-SCHRÖDER-NIESE, § 73; A. BLOMEYER, Zivilprozeßrecht, § 88 II, III; ROSENBERG, § 148 II m. w. Nachw.). Nach der (überholten) materiellen Theorie hat die Entscheidung unmittelbaren Einfluß auf die materielle Rechtslage. Nach den heute herrschenden prozessualen Theorien hat sie nur die verfahrensrechtliche Wirkung, entweder daß jede neue Verhandlung und Entscheidung über denselben Gegenstand unzulässig ist (ROSENBERG, aaO), oder daß sie zwar (bei Vorhandensein eines Rechtsschutzbedürfnisses) zulässig ist, daß aber im neuen Verfahren keine Entscheidung mit abweichendem Inhalt ergehen darf (STEIN, HELLWIG). Der ersten Version der prozessualen Theorie ist auch für die fG zu folgen, weil sie die Verwirrung schaffende Verquickung mit dem Rechtsschutzbedürfnis meidet.

b) Danach hat die materielle Rechtskraft *zwei Wirkungen:* Als ein von Amts wegen zu beachtendes Prozeßhindernis steht sie jeder neuen Verhandlung und Entscheidung über denselben Verfahrensgegenstand entgegen. Wenn sich die entschiedene Rechtsfrage in einem späteren Verfahren nur als

Vorfrage stellt, so muß der Inhalt der ersten Entscheidung ungeprüft übernommen werden (ROSENBERG, § 148 II).

2. Die materielle Rechtskraft ist eines der Hauptprobleme der ZPO, aber auch anderer Verfahrensordnungen, z. B. des Strafprozesses. Das FGG und seine Nebengesetze kennen keine allgemeine Bestimmung zur materiellen Rechtskraft. Wo von Rechtskraft die Rede ist, ist die formelle gemeint (s. oben § 20 IV 1). Es ist streitig, ob die Bejahung der materiellen Rechtskraft mit dem *Wesen der fG* überhaupt *verträglich* ist. Das wird

a) teils grundsätzlich *verneint* (z. B. SCHLEGELBERGER, 6. Aufl., § 16 Rz. 8; UNGER, ZZP 37, 497 f.; MÜNZEL, ZZP 66, 369, 373; RGZ 124, 322, 324; wohl auch LENT, 3. Aufl., § 18 IV, der aber dann widersprüchlich den Grundsatz „ne bis in idem" einführt);

b) nur für *echte Streitsachen bejaht* wegen ihrer Verwandtschaft mit der ZPO (z. B. LENT-HABSCHEID, § 28 II 7, IV; SCHLEGELBERGER, 7. Aufl., § 16 Rz. 18 a; JANSEN, § 31 Anm. 9; OLG Hamm, DNotZ 53, 201);

c) teils grundsätzlich *bejaht* (z. B. SIMÉON-DAVID, S. 108, 120; Kamm ZZP 44, 84 f., 112; SIEGERT, ZZP 54, 435, 446 f.);

d) die h. M. nimmt einen *differenzierenden Standpunkt* ein und entscheidet von Fall zu Fall, ob ein Bedürfnis nach endgültiger Befriedigung in der entschiedenen Rechtsfrage besteht (so vor allem die Rspr. des KG in JFG 23, 360 f.; KGJ 37, 182 f.; 39, 41 f.; BGHZ 6, 258; ROTHE, aaO, S. 158; KEIDEL, § 31 Rz. 18 m. w. Nachw.; im Ergebnis auch BAUR, § 25).

3. Der differenzierenden Meinung ist *zuzustimmen*. Angesichts der verschiedenartigen materiellen Grundlagen der Verfahren ist eine einheitliche Einstellung nicht möglich. Es muß auf den Gegenstand der Entscheidung abgestellt werden (BÄRMANN, AcP 154, 374, 408).

Auch die Anordnung der materiellen Rechtskraft für die Entscheidungen der ZPO (§ 322) ist nicht einer Begriffsnotwendigkeit, sondern Zweckmäßigkeitsüberlegungen entsprungen (ROSENBERG, § 148 I 2). Darum muß auch für die fG vom Zweck der Institution her geprüft werden, wo für sie ein Bedürfnis besteht. Der Zweck der materiellen Rechtskraft ist es, die Maßgeblichkeit der getroffenen Regelung für die Zukunft zu sichern (s. oben I 1). Wie weit hierfür ein Bedürfnis besteht, ist durch Abwägung der für den jeweiligen Fall maßgeblichen Prinzipien zu ermitteln. Wo im Endergebnis das Interesse am Rechtsfrieden und der Rechtssicherheit größer erscheint als das (meist dem Fürsorgebedürfnis entsprungene) Interesse an individueller Gerechtigkeit und ständiger Möglichkeit zur Fehlerkorrektur, ist eine materielle Rechtskraft anzuerkennen. Zur Frage der dogmatisch erwünschten Bildung von Fallgruppen siehe unten III.

4. Soweit materielle Rechtskraft zu bejahen ist, können ihre *Grenzen* weitgehend in analoger Anwendung der §§ 322 f. ZPO bestimmt werden.

a) Danach beschränkt sich die Rechtskraftwirkung in *persönlicher Beziehung* auf die formell Beteiligten (§ 325 ZPO) und eventuell ihre Rechtsnachfolger (KG, NJW 58, 389). Ausnahmsweise können einzelne Bestimmungen eine ausdrückliche Erstreckung auf Dritte oder Wirkung „inter omnes“ vorsehen (so z. B. § 6 III 4 der 40. DVO z. UmstG; dazu BGHZ 5, 259; BAUR, § 25 II 2).

b) In *sachlicher Hinsicht* schließt die Rechtskraftwirkung nur ein neues Verfahren über *denselben* Verfahrensgegenstand aus. Der Verfahrensgegenstand wird gebildet durch Sachverhalt und Rechtsfrage. Bei gleichbleibendem Sachverhalt darf dieselbe Rechtsfrage für dieselben formell Beteiligten nicht neu geprüft werden. Dabei gehören nach h. M. zum gleichbleibenden Sachverhalt alle im Zeitpunkt der ersten Entscheidung *objektiv* vorhandenen Tatsachen, auch diejenigen, die dem Gericht nicht bekannt waren (ROSENBERG, § 150 III 2; BAUR, § 25 II 2 b). Vorausgesetzt wird natürlich, daß dem Gericht mindestens der Sachverhaltskern bekannt war, sonst liegt ein völlig neuer Sachverhalt und damit ein völlig neues Verfahren vor.

A. A. ist HABSCHEID (Streitgegenstand, S. 291 f. und LENT-HABSCHEID, § 28 I 3). Nach ihm ergreift die Rechtskraft nur die dem Gericht *bekannten* Tatsachen. Für die nicht bekannten will er (wenigstens für die echten Streitsachen) *Präklusion* annehmen, soweit sie von den Beteiligten schuldhaft nicht vorgetragen sind. Ähnlich, aber zurückhaltender PIKART-HENN, S. 100.

c) Nicht mehr *derselbe* Sachverhalt liegt vor (und damit auch nicht mehr derselbe Verfahrensgegenstand), wenn sich die entscheidungserheblichen Umstände nachträglich wesentlich ändern. Darum steht hier die materielle Rechtskraft einem neuen Verfahren wegen „facta supervenientia“ nicht entgegen (oben § 21 III 3 d; LENT-HABSCHEID, § 27 III 6; a. A. BAUR, § 25 I 4 b).

d) Die Wirkungen der materiellen Rechtskraft können unter Umständen wie im Zivilprozeß durch den Einwand arglistiger Erschleichung oder den Einwand des Rechtsmißbrauchs durchbrochen werden (dazu BAUMGÄRTEL, ZZP 69, 89 f.; BGH, LM Nr. 10 zu § 826 BGB (a. F.); KEIDEL, § 31 Rz. 24).

II. Einzelheiten

Insgesamt hat die materielle Rechtskraft in der fG bei weitem *nicht* die *Bedeutung* wie im Zivilprozeß. Der Fürsorgecharakter vieler Angelegenheiten führt dazu, daß in ihnen das Bedürfnis nach überprüfbarer Sachgerechtigkeit das Interesse an einer endgültigen Fixierung einer getroffenen Regelung überwiegt (Vormundschaftssachen z. B.). Infolge der Begrenzung der Rechtskraftwirkung auf die formell Beteiligten ist zudem ein bisher nur materiell Beteiligter nicht gehindert, die Rechtsfrage neu aufzuwerfen. Diese Möglichkeit wird im Ergebnis das Bedürfnis der bisher formell Beteiligten nach endgültiger Fixierung der Entscheidung oft erheblich mindern und so zu einer Verneinung der materiellen Rechtskraft führen. Im folgenden sollen einige weitere Punkte erörtert werden, die nach allgemeiner oder umstrittener Ansicht der Bejahung materieller Rechtskraft von fG-Entscheidungen entgegenstehen.

1. Voraussetzung für die materielle Rechtskraft einer Entscheidung ist nach allgemeiner Ansicht, daß sie *formell rechtskräftig* und *unabänderlich* i. S. des § 18 FGG ist. Da diese Voraussetzungen bei dem überwiegenden Teil der fG-Entscheidungen nicht vorliegen (s. oben §§ 20 IV, 21), scheiden sie für die Bejahung der materiellen Rechtskraft aus.

Es fehlt das Bedürfnis für eine Bindung der Gerichte späterer Verfahren an den Inhalt einer Entscheidung, wenn diese Entscheidung vom erkennenden Gericht selbst (§ 18) oder auf Beschwerde hin vom übergeordneten Gericht hin noch geändert werden kann. Mit Anerkennung der zeitlich unbegrenzten Anfechtbarkeit und Änderbarkeit hat der Gesetzgeber mittelbar zu erkennen gegeben, daß der Inhalt dieser Entscheidung noch nicht für alle Zukunft maßgeblich sein soll.

2. Soweit die Entscheidungen formell rechtskräftig und unabänderlich werden (und das ist ja bei allen wichtigen der Fall), sind sie vorwiegend *rechtsgestaltender Natur*. Für sie ist umstr., ob sie in materieller Rechtskraft erwachsen können.

a) Das wird z. T. im Hinblick auf die Gestaltungswirkung verneint (Bötticher, Kritische Beiträge, S. 24 f.; Rosenberg, § 146 II 2; Jansen, § 31 Anm. 9).

Gestaltungswirkung bedeutet hier, daß der durch die Entscheidung gestaltete Rechtszustand ganz einfach deshalb Wirkung inter omnes hat, weil er existent ist und an die Stelle des bisherigen Rechtszustandes getreten ist (oben § 15 IV 1, 2 a). Wenn z. B. jemand zum Vormund bestellt wird, dann *ist* er von diesem Zeitpunkt ab Vormund. Die obige Meinung geht davon aus, daß neben dieser Gestaltungswirkung kein Bedürfnis für die Annahme einer materiellen Rechtskraft der Entscheidung bestehe.

b) Dagegen ist indessen einzuwenden: Gestaltungswirkung bedeutet nur, daß der durch die Entscheidung gestaltete Rechtszustand von jedermann zu beachten ist, *solange* er besteht. Sie schützt aber nicht dagegen, daß der durch die erste Entscheidung geschaffene Zustand durch eine neue, abweichende Entscheidung wieder umgestaltet wird. Darum geht es aber gerade. Dagegen schützt nur, wenn man anerkennt, daß in der gestaltenden Entscheidung zugleich die *Feststellung* enthalten ist, daß die Rechtsgestaltung auch *zu Recht* erfolgt ist, und wenn man diese Feststellung in materieller Rechtskraft erwachsen läßt. Dann nur ist die Gefahr eines Widerspruchs durch eine inhaltlich abweichende zweite Entscheidung gebannt.

Ergebnis: Rechtsgestaltende Entscheidungen können neben der Gestaltungswirkung bei Vorliegen der sonstigen Voraussetzungen die Wirkung materieller Rechtskraft haben (im Ergebnis ebenso: Baur, § 25 I 2; Lent, ZZP 66, 267; Lent-Habscheid, § 28 II 2; Fenge, aaO, S. 51 f.; Rothe, aaO, S. 159 f.; neuestens Schlosser, Gestaltungsklagen und Gestaltungsurteile, 1966, S. 406 ff.).

3. Die gerade zitierten Stimmen wollen allerdings überwiegend einer gestaltenden Entscheidung nur dann materielle Rechtskraft zugestehen, wenn ein privates Gestaltungs*recht* eines Beteiligten bestanden hat. Denn Gegenstand der Feststellungswirkung bei der materiellen Rechtskraft könne denknotwendig nur ein subjektives Recht einer Partei gegen die andere sein und das gelte sowohl für die feststellenden sowie für die gestaltenden Entscheidungen.

Damit würde für die meisten Entscheidungen der fG die materielle Rechtskraft zu verneinen sein, weil das Gericht i. d. R. nicht auf Grund eines subjektiven Rechts der Beteiligten, sondern in Erfüllung einer staatlichen Pflicht auf Grund objektiver Normen, oft nach pflichtgemäßem Ermessen, entscheidet.

Indessen: Jene Ansicht wird selbst für den Zivilprozeß zunehmend in Zweifel gezogen (jetzt wieder SCHLOSSER, aaO, S. 366 ff.). Daß die materielle Rechtskraft immer solche Arten von Entscheidungen voraussetzt, ist so wenig denknotwendig wie das ganze Institut. Die Annahme der materiellen Rechtskraft beruht nicht auf begriffslogischen, sondern auf rechtspraktischen Überlegungen. Sie soll die Gefahr widersprechender Entscheidungen verhindern, wo ein durch Prinzipienabwägung ermitteltes Bedürfnis für eine Fixierung der Entscheidung über den Verfahrensgegenstand besteht (s. oben I 3). Der Verfahrensgegenstand besteht aus Rechtsfrage und Sachverhalt. Rechtsfrage *kann* sein, ob ein *subjektives Recht* eines Beteiligten besteht. Rechtsfrage kann aber im übrigen ebensogut sein, ob die Voraussetzungen einer vom Gericht anzuordnenden Maßnahme oder auszusprechenden Rechtsgestaltung *objektiv* vorliegen. Rechtsfrage kann sogar sein, ob die Voraussetzungen für eine pflichtgemäße Ausübung des richterlichen Ermessens vorliegen. Wenn in solchen Fällen ein Bedürfnis für Endgültigkeit der Entscheidung besteht, bestehen keine logischen Bedenken gegen die Bejahung der materiellen Rechtskraft. Es ist nur eine rechtspraktische Frage, ob ein solches Bedürfnis dafür zu bejahen ist (im Ergebnis wie hier FENGE, aaO, S. 78; ROTHE, aaO, S. 163 f.).

4. Nur um materielle Rechtskraft, nicht um Gestaltungswirkung, kann es sich bei Entscheidungen handeln, mit denen der Antrag auf Erlaß einer Gestaltungsentscheidung aus sachlichen Gründen abgelehnt wird. Diese *Negativ*entscheidungen enthalten, ebenso wie die Ablehnung einer positiven Feststellungs- oder Leistungsentscheidung, *nur* die *Feststellung*, daß die materiellrechtlichen Voraussetzungen für ihren Erlaß nicht vorliegen.

III. Fälle mit materieller Rechtskraft

1. Nach alledem wird man zunächst eine Fallgruppe nennen können, für die heute weitgehend unbestritten ist, daß bei ihr Sachentscheidungen in materieller Rechtskraft erwachsen können. Das sind die *echten Streitsachen*. Bei ihnen rechtfertigt schon — ungerührt von den (oben II) an-

gedeuteten Meinungsverschiedenheiten — regelmäßig ihre Sachnähe zur ZPO bzw. VwGO die Übernahme des Instituts der materiellen Rechtskraft.

Für einige Sonderfälle ist sogar ausdrücklich (wenn auch mit unterschiedlicher Formulierung, dazu BAUR, § 25 II 1) die materielle Rechtskraft von Entscheidungen vorgeschrieben. So z. B. in §§ 45 II 2 WEG, 6 II 5 der 40. DVO z. UmstG (dazu BGH, NJW 52, 742; BayObLG, MDR 60, 1020), 16 I 2 HausratsVO.

2. Eine Systematisierung der übrigen Fälle von materieller Rechtskraft in der fG ist bisher nicht geglückt (aber vgl. den Versuch bei BAUR, § 25 III 2). Es muß daher auf die kasuistische Aufzählung der Kommentare verwiesen werden (s. z. B. KEIDEL, § 31 Rz. 20 ff.), in der Hoffnung, daß einzelwissenschaftlichen Untersuchungen hier die Schaffung einer Typologie gelingt.

Dazu bietet sich zumindest schon einmal eine Fallgruppe an: Jene Entscheidungen, die die Grundlage für die Begründung solcher Rechte für Beteiligte oder Dritte beschaffen, die nur noch sehr schwer oder gar nicht mehr rückgängig zu machen sind, wie z. B. Genehmigung von Rechtsgeschäften (Grundgedanke des § 55 FGG); Bestätigung von Erbauseinandersetzungen usw. (s. OLGRspr. 37, 246; BAUR, § 25 III 1; KEIDEL, § 31 Rz. 20).

3. LENT-HABSCHEID, § 28 III 2, möchte die materielle Rechtskraft auf echte Streitsachen beschränken, in den anderen Fällen (oben 2) aber u. U. das Rechtsschutzbedürfnis für ein zweites Verfahren verneinen. Damit glaubt er die resignierte und „unfruchtbare" Kasuistik der h. M. vermieden zu haben.

Das ist nicht recht einsichtig. Die Verweigerung eines neuen Verfahrens wegen fehlenden Rechtsschutzbedürfnisses statt wegen der materiellen Rechtskraft der ersten Entscheidung bedeutet doch nur eine Umfirmierung desselben Ergebnisses. Ob ein Rechtsschutzbedürfnis vorliegt, ist ebenfalls wieder von Fall zu Fall zu prüfen. Auf den engen Zusammenhang des speziellen Prozeßhindernisses der materiellen Rechtskraft mit der allgemeinen Prozeßvoraussetzung des Rechtsschutzbedürfnisses weist HABSCHEID selbst hin.

§ 23. Bindungswirkungen

Literatur: BAUR, Anm. zu BGH, FamRZ 57, 122 (124); BÖTTICHER, Die Bindung der Gerichte an Entscheidungen anderer Gerichte, in „Hundert Jahre deutsches Rechtsleben", Bd. I, Karlsruhe 1960, S. 511 ff.; GÖTZ, Urteilsmängel und innerprozessuale Bindungswirkung, Frankfurter Diss. 1956; GÖTZ, Die innerprozessuale Bindungswirkung von Urteilen im Zivil-, Arbeits- und Verwaltungsprozeß, JZ 59, 681; JESCH, Die Bindung des Zivilrichters an Verwaltungsakte, Erlangen 1956; JOSEF, Rspr. und Rechtslehre in der Frage über die wechselseitige Einwirkung von Entscheidungen in der fG und in der streitigen Gerichtsbarkeit, ZZP 40, 285; KÖNIG, Die Bindung des Richters an präjudizielle Urteile anderer Gerichte, Freiburger Diss. 1934; NIKLISCH, Die Bindung der Gerichte an gestaltende Gerichtsentscheidungen und Verwaltungsakte, 1965; SCHLOSSER, Gestaltungsklagen und Gestaltungsurteile, 1966; ferner die Literatur zu § 22.

Zu den bisher erörterten Eigenschaften einer Entscheidung im fG-Verfahren kann noch eine weitere hinzutreten: ihre Verbindlichkeit für die

Verwaltungsbehörden und Gerichte anderer Gerichtszweige. Diese Bindungswirkung ist weitgehend ein Ausfluß der materiellen Rechtskraft oder der Gestaltungswirkung (s. § 22), jedoch nicht völlig mit ihnen identisch (BAUR, FamRZ 57, 125). Darum bedarf sie hier einer gesonderten, kurzen Erörterung. Für sie gilt weitgehend das gleiche, was oben (im Zusammenhang mit der Prüfung von Vorfragen: § 15 IV) schon in umgekehrter Richtung über die Bindung des fG-Richters an die Entscheidungen von Behörden und anderen Gerichten gesagt worden ist.

1. Soweit Entscheidungen der fG in *materieller Rechtskraft* erwachsen, ist diese Rechtskraftwirkung auch von Verwaltungsbehörden und Gerichten anderer Gerichtszweige zu beachten (h. M.; a. A. offenbar teilweise ROSENBERG, § 13 III 2 c).

Der *Umfang* der Bindungswirkung bestimmt sich nach dem Umfang der materiellen Rechtskraft (BAUR, § 25 II 2): in *persönlicher* Hinsicht also nur auf diejenigen, die formell am fG-Verfahren beteiligt waren (§ 325 ZPO analog); in *sachlicher* Hinsicht auf die Entscheidung über den Verfahrensgegenstand (Rechtsfrage und Sachverhalt), nicht auch auf die Begründung (§ 322 I ZPO analog).

Wenn z. B. das Gericht gemäß § 43 WEG dem Wohnungseigentümer A die Vermietung seiner Eigentumswohnung untersagt, so ist nur dieses Verbot verbindlich, nicht auch die Auslegung des Wohnungseigentümerstatuts, mit der das Verbot begründet worden ist.

2. Bei *gestaltenden* Entscheidungen, gleichviel, ob sie auch in materieller Rechtskraft erwachsen oder nicht (dazu oben § 22 II 2), bemißt sich die Bindungswirkung nach dem Gestaltungseffekt (BGHZ 24, 47; BÖTTICHER, aaO, S. 519 ff.; ferner RGZ 81, 206).

Da die Entscheidung die Rechtslage konstitutiv verändert, ist der durch sie geschaffene Zustand von jedermann, auch von den Gerichten einfach deshalb zu beachten, weil er nun ein Teil der Rechtswirklichkeit ist (oben § 15 IV 1, 2 a).

Bei Bestellung eines Vormundes, Pflegers, Testamentsvollstreckers (s. RGZ 137, 341; BGHZ 25, 240), Vorstandes nach § 29 BGB (s. BGHZ 24, 47) erlangen diese die Stellung eines gesetzlichen Vertreters und *haben* darum Vertretungsmacht, die von jedem Gericht zu beachten ist.

Verbindlich ist aber auch hier wiederum nur der konstitutive Teil der Verfügung, also die angeordnete Rechtsänderung, nicht die für die Anordnung maßgebenden Gründe.

Bei Entzug der Personensorge nach § 1666 BGB wegen schuldhafter Verletzung des Unterhaltsrechts oder Trunksucht ist der Verlust des Sorgerechts beachtlich. Die angenommenen Gründe hingegen sind für das Prozeßgericht in einem etwaigen Unterhaltsprozeß des Kindes gegen seinen Vater oder in einem Scheidungsprozeß der Eltern nicht verbindlich.

3. Für einzelne echte Streitverfahren ist durch *Sondervorschriften* die Bindungswirkung der Entscheidungen ausdrücklich hervorgehoben:

Z. B. §§ 16 I 2 HausratsVO; 6 II 5 der 40. DVO z. UmstG; 4 IV und 60 II WBG (dazu kritisch MÜNZEL, NJW 52, 721, 724); 25, 2 UmstErgG (dazu KG, WM 59, 1270); 35 II UmwG. Diese Bestimmungen sind rein deklaratorischer Natur. Die mit ihnen angestrebte Bindungswirkung ergibt sich schon aus der materiellen Rechtskraft oder der Gestaltungswirkung der Entscheidungen. Die Bestimmungen hätte man besser weggelassen. Denn ihre ungenaue Formulierung (i. d. R. ohne Einschränkung „binden die Gerichte und Verwaltungsbehörden") haben nur zur Verwirrung über den Umfang ihrer Bindungswirkung geführt (s. dazu JANSEN, § 16 Anm. 4; BAUR, § 2 B VI 3 a cc; MÜNZEL, NJW 52, 721, 724).

So hat BGHZ 5, 259 angenommen, daß die Bindungswirkung der Entscheidung im Umstellungsverfahren nach § 6 III 5 der 40. DVO z. UmstG sich auch auf die Beurteilung der Vorfrage über den Bestand der der Hypothek zugrunde liegenden Forderung erstrecke. Dagegen mit Recht BayObLG, NJW 51, 721; OLG Hamm, MDR 53, 47.

4. *Sonstige* Entscheidungen in der fG, also solche ohne Gestaltungswirkung und ohne materielle Rechtskraft, zeigen i. d. R. *keine* Bindungswirkung, doch muß immer aus der konkreten gesetzlichen Lage geprüft werden, ob und inwieweit nicht doch eine Bindung gewollt ist.

Das gilt insbesondere, wenn bestimmte Rechtsgeschäfte (vor allem im Vormundschafts- und Landwirtschaftsrecht) zunächst gerichtlicher Genehmigung (Bestätigung) und anschließend der Eintragung in ein öffentliches Register bedürfen, wie z. B. die Adoption (§§ 1741 BGB, 30 I PStG). Hier hat das Vormundschaftsgericht vor seinem Bestätigungsbeschluß (§ 1754 BGB) die Rechtswirksamkeit des Adoptionsvertrages in formeller und materieller Hinsicht umfassend zu prüfen. Aus der für eine wirksame verwaltungsnotwendigen Funktionsteilung und der in mancher Hinsicht übergeordneten Stellung des Vormundschaftsgerichts (Anweisungsrecht nach § 45 PStG!) folgt, daß der Standesbeamte vor der Eintragung des Randvermerks nach § 30 I PStG diese Prüfung nicht noch einmal wiederholen darf, sofern sich aus den vorzulegenden Urkunden nicht ernste Zweifel an der Wirksamkeit des Vertrages ergeben (BGH, FamRZ 57, 122 m. zust. Anm. von BAUR; BGH, FamRZ 58, 317; str.)

U. U. ist aber die *Tatbestandswirkung* der Entscheidung zu beachten. Unter Tatbestandswirkung ist hierbei zu verstehen, daß sich an die bloße Existenz der Entscheidung zivilrechtliche Nebenwirkungen anknüpfen, weil das Vorliegen einer solchen Entscheidung zum Tatbestandsmerkmal einer (meist materiellrechtlichen) Norm gehört (ROSENBERG, § 164 II 3; BayObLGZ 58, 329, 333).

So bindet die Erteilung eines Erbscheins das Prozeßgericht nicht in der Beurteilung der Frage, wer wirklicher Erbe ist, wie sich aus § 2362 BGB ergibt. Der Erbscheinserteilung kommt aber Tatbestandswirkung insofern zu, als der Besitz des (unrichtigen) Erbscheins nach § 2366 BGB konstitutives Tatbestandsmerkmal für den gutgläubigen Erwerb einer Nachlaßsache vom Scheinerben ist.

5. Voraussetzung einer Bindungswirkung ist selbstverständlich, daß die Entscheidung überhaupt *wirksam* ist. Die anderen Gerichte und Behörden

können und müssen sie also daraufhin überprüfen, ob sie ausnahmsweise wegen schwerwiegender Fehler nichtig ist. Bloße Anfechtbarkeit beeinträchtigt hingegen die Bindungswirkung der Entscheidung nicht (BGHZ 24, 47; BGH, FamRZ 60, 483). Dazu der folgende § 24.

§ 24. Fehlerhafte Entscheidungen

Literatur: HABSCHEID, Fehlerhafte Entscheidungen im Verfahren der fG, NJW 66, 1787; ERNST VON HIPPEL, Untersuchungen zum Problem des fehlerhaften Staatsakts, 1924; JAUERNIG, Das fehlerhafte Zivilurteil, Frankfurt/M. 1958; *ders.*, Wirksame Urteile der Friedensgerichte, NJW 60, 1885; W. JELLINEK, Der fehlerhafte Staatsakt und seine Wirkungen, 1908; KISCH, Unwirksame Urteile, LZ 23, 625; LENT, Anm. z. Beschluß des BayObLG, ZZP 64, 311, 314; WURZER, Nichturteil und nichtiges Urteil, Breslau 1927.

I. Allgemeines

Eine Entscheidung kann Mängel haben. Dann stellt sich die Frage, ob sie deswegen nichtig oder zwar anfechtbar, aber wirksam ist. Dieses oben (§§ 6, 7) schon an verschiedenen Einzelfällen erörterte Problem muß hier vor der Behandlung des Rechtsmittelsystems noch einmal im Zusammenhang aufgegriffen werden.

1. Die Frage der Nichtigkeitsgründe ist für alle gerichtlichen und auch das Verwaltungsverfahren gleich bedeutsam und viel erörtert (für das Zivilurteil: JAUERNIG, aaO; für Verwaltungsakte: EYERMANN-FRÖHLER, Anhang zu § 42 VwGO Rz. 1—21; für die fG: HABSCHEID, NJW 66, 1787). Eine vergleichende Untersuchung für alle Verfahren steht noch aus.

2. Das FGG enthält keine allgemeine Regelung für die Folgen von Entscheidungsmängeln, nur einige Einzelbestimmungen (z. B. §§ 7, 32, 170, 171). Eine präzise, subsumtionsfähige und zugleich für alle Fälle passende Regel dürfte sehr schwierig zu finden sein.

In der ZPO müssen selbst schwerste Verstöße mit einer besonderen Nichtigkeitsklage oder -beschwerde (§§ 579, 577 II 3) geltend gemacht werden. Darum ist hier die automatische Nichtigkeit einer Entscheidung eine ganz seltene Ausnahme (ROSENBERG, § 73 II 2; BGHZ 14, 39; 17, 118; BAG, JZ 66, 72). Für die fG kann nichts anderes gelten (HABSCHEID, aaO). Das gebietet einerseits der Schutz des Rechtsverkehrs. Dieser vertraut darauf, daß die in einem mit besonderen Sicherheitsgarantien ausgestatteten gerichtlichen Verfahren ergehenden Entscheidungen wirksam sind. Wer mit einem durch entsprechende gerichtliche Urkunden ausgewiesenen Vormund oder Erben Geschäfte abschließt, ist i. d. R. gar nicht in der Lage, zu überprüfen, ob die Bestellung des Vormundes oder die Erteilung des Erbscheins mit Mängeln irgendwelcher Art behaftet ist. Auf der anderen Seite gewährt den von einer mangelhaften Entscheidung Betroffenen ein gut ausgebautes Rechtsmittelsystem (oft sogar *unbefristete* Beschwerde) die Möglichkeit der Fehlerkorrektur durch das Instanzgericht (unten §§ 26 ff.). Hinzu kommt noch die weitgehende Abänderungsbefugnis des erkennenden Gerichts nach § 18 I FGG und die Möglichkeit eines neuen Verfahrens bei den Entscheidungen, die nicht in materieller Rechtskraft erwachsen (oben § 21).

Darum besteht nur ein geringes Bedürfnis, als Folge eines Mangels die Nichtigkeit einer Entscheidung anzuerkennen. Die Tendenz geht denn auch dahin, die Nichtigkeitsgründe auf besonders schwerwiegende Fälle zu beschränken (LENT-HABSCHEID, § 25 I 1; BayObLGZ 62, 274).

3. Es kommen zwei Gruppen von Nichtigkeitsgründen in Betracht: Verletzung von *Verfahrensvorschriften* und Verletzung von *sachlich-rechtlichen Vorschriften.* Materiellrechtliche Mängel führen zu einer unrichtigen Entscheidung. Bei Verfahrensverstößen hingegen ist die Entscheidung zwar fehlerhaft zustande gekommen, kann inhaltlich aber durchaus richtig sein (s. ROSENBERG, § 73 I 1; BAUR, § 27 B).

4. Nichtigkeit bedeutet, daß der Entscheidung die *Wirkung fehlt.* Sie ist unbeachtlich. Gleichwohl liegt der Tatbestand einer Entscheidung vor. Zudem besteht ein anerkennenswertes Bedürfnis der Betroffenen zur Beseitigung dieses Scheins. Nichtige Entscheidungen müssen nicht, können aber mit Rechtsmitteln angefochten werden. Dann ist das Beschwerdegericht zu ihrer Beseitigung verpflichtet. Das mindert noch die Bedeutung der Grenzziehung zwischen anfechtbaren und nichtigen Entscheidungen (BAUR, § 27 A; ROSENBERG, § 73 IV 1; LENT, ZZP 64, 314; RGZ 133, 220; BayObLG, NJW 65, 397; OLG Frankfurt, NJW 63, 594).

5. Von den nichtigen sind die *Nicht-Entscheidungen* zu unterscheiden. Von ihnen spricht man, wenn gar kein Gericht, sondern an seiner Stelle z. B. ein Notar oder eine Verwaltungsbehörde „entschieden" hat. Hat etwa die Verwaltungsbehörde an Stelle des Landwirtschaftsgerichts eine Genehmigung nach KRG Nr. 45 Art. IV, VI erteilt, so liegt keine Gerichtsentscheidung, sondern ein Verwaltungsakt, und zwar ein nichtiger, vor (OLG Frankfurt, NJW 53, 1559; s. auch BayObLGZ 51, 637). Zweifelhaft ist, wie die Entscheidungen eines Gremiums einzustufen sind, das nach dem Gesetz ein Gericht sein sollte, aber nicht den Mindestanforderungen des GG für ein Gericht entsprach (s. dazu JAUERNIG, NJW 60, 1885).

II. Lösungsmöglichkeiten

1. Eine allgemeine Bestimmung über die Folge von Verstößen gegen prozessuale oder materiellrechtliche Vorschriften fehlt. Der Ausbau eines vollwertigen Rechtsmittelsystems zeigte aber an, daß das Gesetz auch für die fG (wie für die ZPO, VwGO, StPO) in der Regel von der Gültigkeit fehlerhafter Entscheidungen ausgeht. Die Frage ist nur, ob und wann Mängel so schwerwiegend sind, daß die Beseitigung fehlerhafter Entscheidungen nicht der Privatinitiative des Betroffenen überlassen werden kann und Nichtigkeit die allein angemessene Sanktion ist.

Zur Behandlung von Verstößen gegen materiellrechtliche Vorschriften haben sich, insbesondere im Hinblick auf die unrichtige Bestellung eines Vormundes, Pflegers, Testamentsvollstreckers usw. bereits bei den Vorarbeiten zum FGG (dazu SCHLEGELBERGER, § 7 Rz. 7) drei Meinungen herausgebildet:

a) Die *„Nichtigkeitstheorie"* nimmt Nichtigkeit einer Entscheidung an, die unter Verletzung zwingender materiellrechtlicher Normen ergangen ist.

b) Die *„Gültigkeitstheorie"* tritt für die Gültigkeit aller fehlerhaften Entscheidungen ein, soweit nicht aus der gesetzlichen Norm oder ihrem systematischen Zusammenhang eindeutig die Nichtigkeitsfolge abzulesen ist.

c) Die *„Vermittlungstheorie"* will danach unterscheiden, ob die Gesetzesverletzung durch das Gericht bewußt (dann Nichtigkeit) oder irrtümlich (dann Anfechtbarkeit) geschehen ist.

2. Diese Theorien vermögen die auftauchenden Streitfragen nicht befriedigend zu lösen. Sie berücksichtigen nicht gebührend die Lehre vom fehlerhaften Urteil.

a) Die „Vermittlungstheorie" ist nicht praktikabel und bringt erhebliche Rechtsunsicherheit mit sich. Selbst einer begründeten Entscheidung kann man i. d. R. nicht ansehen, ob der Richter das Gesetz vorsätzlich oder fahrlässig falsch angewendet hat. Die Bestellung eines Vormundes oder Pflegers ergeht zudem üblicherweise ohne Begründung. Es fehlt also an jeder „Evidenz" des Nichtigkeitsgrundes.

b) Demgegenüber zeigt die „Nichtigkeitstheorie" zwar die nötige Klarheit, berücksichtigt aber nicht ausreichend die Schutzinteressen des Rechtsverkehrs, der sich auf den Bestand gerichtlicher Entscheidungen verläßt. Sie würde für die fG den Bereich der Nichtigkeitsgründe noch viel weiter ausdehnen, als es selbst für das rechtsstaatlich weniger gesicherte Verwaltungsverfahren angenommen wird (dazu EYERMANN-FRÖHLER, Anhang § 42 Rz. 1—21) und vermag die Widersprüche zu § 18 FGG nicht zu erklären.

c) Der von der h. M. (BAUR, § 27 B II; SCHLEGELBERGER, § 7 Rz. 7) vertretenen Gültigkeitstheorie haften diese Mängel zwar nicht an; sie kann sich zudem auf § 32 FGG berufen. Aber auch sie vermag nicht zu erklären, warum prozessuale Fehler, die selbst ein Urteil nichtig oder im Wege des Wiederaufnahmeverfahrens vernichtbar machen, im Verfahren der fG unbeachtlich bleiben sollen. Darüber hinaus behandelt § 32 lediglich die materielle Rechtsfolge, nicht aber den Bestand der gerichtlichen Entscheidung.

3. HABSCHEID (NJW 66, 1787 ff.) hat nunmehr überzeugend dargetan, daß auf fehlerhafte Entscheidungen im Verfahren der fG die *Grundsätze vom fehlerhaften Urteil* anzuwenden sind (ebenso KEIDEL, § 7 Rz. 24 Fußnote 3). Die Grundsätze der Lehre vom fehlerhaften Staatsakt können dagegen nicht herangezogen werden, da es sich bei der Fehlerhaftigkeit von Entscheidungen im Verfahren der fG um eine prozessuale Frage handelt, die aus den Prozeßgesetzen heraus beantwortet werden muß (HABSCHEID, NJW 66, 1789; a. A. JANSEN, NJW 66, 331 f.). Im einzelnen ergibt sich — im Anschluß an HABSCHEID — folgendes:

III. Fehlerhafte Entscheidungen in echten Streitsachen

Das *echte Streitverfahren der fG* entspricht im wesentlichen dem Zivilprozeß (s. oben § 4 II). Diese Gleichsetzung führt dazu, daß auf fehlerhafte streitentscheidende Beschlüsse im Verfahren der fG *die Grundsätze,* die für *fehlerhafte Urteile* im Zivilprozeß entwickelt wurden, entsprechend anzuwenden sind. Grobe Verstöße durch Verletzung von prozessualen oder materiellrechtlichen Vorschriften sind daher nach den Grundsätzen über die Wiederaufnahme des Verfahrens (§§ 578 ff. ZPO) zu beurteilen (Baur, § 25 II 2 d). Wird dem Wiederaufnahmebegehren stattgegeben, so hebt der neue Beschluß die erste Entscheidung in der Regel mit rückwirkender Kraft auf. Bei Entscheidungen, durch welche die Fähigkeit oder die Befugnis zur Vornahme eines Rechtsgeschäfts verliehen wurde (vgl. §§ 1365 II, 1452 BGB) entfällt dagegen die rückwirkende Kraft der aufhebenden Verfügung; im Interesse der Rechtssicherheit müssen die zwischenzeitlich abgeschlossenen Rechtsgeschäfte bestehen bleiben. Bis zur Aufhebung der fehlerhaften Entscheidung im Wiederaufnahmeverfahren ist diese materiell rechtskräftig.

IV. Fehlerhafte Entscheidungen im rechtsfürsorgerischen Bereich

1. Die Anwendung der Grundsätze vom fehlerhaften Urteil führt auch bei fehlerhaften Entscheidungen im rechtsfürsorgerischen Bereich der fG zu angemessenen Ergebnissen. Ihre Anwendung rechtfertigt sich aus dem Umstand, daß auch im Verfahren der fG — wie im Zivilprozeß, aber im Gegensatz zum Verwaltungsverfahren — die Entscheidungen durch einen *unabhängigen Richter* und unter *Einhaltung eines gesetzlich vorgeschriebenen Verfahrens* ergehen. Die Beurteilung der Fehlerhaftigkeit nach den Grundsätzen vom nichtigen Verwaltungsakt ist dagegen nicht möglich. Denn der richterlichen Entscheidung im Zivilprozeß wie im Verfahren der fG kommt im Verhältnis zum Verwaltungsakt eine erhöhte Bestandskraft zu. Nach den Grundsätzen der Lehre vom fehlerhaften Urteil sind Entscheidungen in Verfahren der fG beim Vorliegen formeller oder materieller Mängel im Zweifel gültig.

2. Bei *Verletzung von Verfahrensvorschriften* greift im Zweifel nur Anfechtbarkeit Platz.

a) Die wichtigsten der hier in Betracht kommenden Verstöße, nämlich die *Verstöße* gegen die *Zuständigkeitsordnung* und gegen die Regeln über den *Ausschluß* und die *Ablehnung* von *Amtspersonen* wurden schon behandelt (oben §§ 6, 7).

Es kann verwiesen werden wegen der Überschreitung der Rechtswegzuständigkeit auf § 6 II 4 (Anfechtbarkeit), der sachlichen Zuständigkeit auf § 6 III 3 (Anfechtbarkeit), der örtlichen Zuständigkeit auf § 6 IV 4 a, c (Anfechtbarkeit), der funktionellen Zuständigkeit auf § 6 V 3, § 6 V 2 b, c (z. T. Nichtigkeit, z. T. Anfechtbarkeit), des Amtsbezirks auf § 6 IV 5 (Anfechtbarkeit), der internationalen und interzonalen Zuständigkeit auf § 6 VI 4, VII (Anfechtbarkeit).

Es kann ferner verwiesen werden wegen der Folgen der Mitwirkung einer ausgeschlossenen oder abgelehnten Amtsperson (Richter, Rechtspfleger, Urkundsbeamter, Gerichtsvollzieher, Notar) auf § 7 IV—V 1—4 (Anfechtbarkeit) und wegen der speziellen Regelung im Beurkundungswesen auf § 52 II 2 c (z. T. Nichtigkeit).

b) Weitere Mängel in der richterlichen Gewalt oder Person, für die die Folge der Nichtigkeit in Erwägung gezogen wird, sind:

aa) Das Fehlen der *deutschen Gerichtsbarkeit.* Bei Überschreiten der Grenzen der deutschen Gerichtsbarkeit ist Nichtigkeit der ergangenen Entscheidung anzunehmen (LENT-HABSCHEID, § 25 II 8; ROSENBERG, § 73 IV 2 a).

bb) *Vorschriftswidrige Besetzung des Gerichts* (z. B.: Landwirtschaftsgericht entscheidet ohne landwirtschaftliche Beisitzer: §§ 2 II, 20 LwVG). Die Vorschriften über Geschäftsverteilung und Besetzung des Gerichts sollen das Recht auf den unabhängigen und objektiven Richter sichern. Wenn schon konkrete Zweifel in die richterliche Objektivität beim Fall des ausgeschlossenen Richters nur Anfechtbarkeit seiner Entscheidung zur Folge haben (oben § 7 IV), dann darf erst in diesem Fall keine Nichtigkeit eintreten. Auch die ZPO sieht in diesem Mangel einen Anfechtungs-, keinen Nichtigkeitsgrund (§§ 551 Nr. 1, 579 I Nr. 1). Die abw. A. von SCHLEGELBERGER (§ 7 Rz. 11) ist überholt (dagegen BAUR, § 27 B I 2; KEIDEL, § 7 Rz. 42).

cc) *Körperliche Gebrechen* eines Richters (Blindheit, Taubheit) begründen einen Verfahrensmangel überhaupt nur dann, wenn sie den Richter im konkreten Fall in seiner Beteiligung an dem Verfahren behindern. Dann gilt das gleiche wie bei vorschriftswidriger Besetzung des Gerichts (h. M.: JANSEN, § 7 Anm. 7; BGHSt 4, 193). Bei *geistigen* Gebrechen (Geschäftsunfähigkeit) des Richters nimmt die h. M. hingegen Nichtigkeit der Entscheidung an (KEIDEL, § 7 Rz. 43 m. w. Nachw.). Auch hier ist indessen zu erwägen, ob man nicht entsprechend wie bei vorschriftswidriger Besetzung des Gerichts verfahren soll (so JANSEN, § 7 Anm. 7; RG, JW 28, 821). Die gleiche Erwägung wäre bei einer durch eine Straftat erzwungenen Entscheidung anzustellen (für Nichtigkeit aber: BGH, NJW 52, 1289).

c) Eine dritte Gruppe von Verfahrensverstößen schließlich umfaßt Fälle, in denen die *verfahrensrechtliche Stellung der Beteiligten* nicht ausreichend beachtet worden ist. Hier kann man es i. d. R. der Initiative der Beteiligten überlassen, sich mit Rechtsmitteln zu wehren. Für die Annahme von Nichtigkeit der Entscheidung besteht kein Grund.

aa) *Mangelnde Vertretung* eines Beteiligten wird — da in der fG i. d. R. Anwaltszwang nicht besteht — praktisch nur infolge Verletzung materiellrechtlicher Vertretungsvorschriften vorkommen. Diesen Mangel, der in der Entscheidung selbst überhaupt nicht sichtbar und damit für den Rechtsverkehr überhaupt nicht erkennbar wird, sieht heute niemand mehr als so schwerwiegend an, daß seinetwegen Nichtigkeit der Entscheidung gefordert wird (s. BAUR, § 27 B I 3 a; LENT-HABSCHEID, § 25 II 10).

bb) Die Verletzung des Anspruchs auf *rechtliches Gehör* schließlich ist eine jener typischen Verfahrensmängel, die lediglich zur Anfechtung der Entscheidung berechtigen. Über die Sanktionen bei diesem Verfahrensverstoß jetzt auch HENKEL, ZZP 77, 321, und oben § 17 III 8.

cc) Wird die Durchführung des Verfahrens vom Vorliegen eines Antrags abhängig gemacht, so führt — ebenso wie ein Urteil ohne Klage nichtig ist (VGH München, NJW 59, 1988 m. zust. Anm. v. HABSCHEID) — auch das Fehlen des Antrags im Antragsverfahren der fG i. d. R. zur

Nichtigkeit der Entscheidung (HABSCHEID, NJW 66, 1795). Wo diese Folge nicht Platz greifen soll, gibt das Gesetz dies ausdrücklich zu erkennen (vgl. §§ 65 JWG, 13 GBO, 56 FGG).

So ist die Ehelichkeitserklärung ohne Antrag (§ 1723 BGB) nichtig. Dagegen ist die Volljährigkeitserklärung gültig (§ 56 FGG).

3. Auch bei *Verletzung sachlich rechtlicher Vorschriften* ist i. d. R. von der Gültigkeit der fehlerhaften Entscheidung auszugehen. Sie kann nur im Wege der Anfechtung (Änderung) korrigiert werden. Nur ausnahmsweise ist — entsprechend den Grundsätzen vom fehlerhaften Urteil — Nichtigkeit einer Entscheidung anzunehmen, wenn sich diese Folge aus der *Einzelnorm* oder der *Gesetzessystematik* eindeutig ergibt.

Das ist insbesondere der Fall:

a) wenn das Gesetz anordnet, daß bei *Wegfall* bestimmter Voraussetzungen eine Verfügung ihre Wirksamkeit verlieren soll; dann ist daraus zu schließen, daß die Wirkungen erst gar nicht eintreten sollen, wenn die Voraussetzungen von *vornherein fehlen.* Das materielle Recht nimmt der erlassenen Entscheidung sofort ihre Wirksamkeit.

So endet die angeordnete Vormundschaft über einen Minderjährigen *automatisch,* wenn er volljährig wird (§ 1882 mit § 1773 BGB). Folglich ist die irrtümliche Anordnung einer Vormundschaft über einen nicht entmündigten (§ 1896 BGB) Volljährigen von vornherein nichtig (BGH, MDR 64, 310; a. A. für Amtsvormundschaft nach § 46 JWG: BayObLG, MDR 63, 53). Der gleiche Schluß läßt sich aus § 1885 BGB für die Bestellung eines Entmündigten zum Vormund ziehen, der durch die Terminologie des § 1780 BGB noch unterstützt wird („kann nicht" gegenüber sonst „soll nicht" in §§ 1781, 1782, 1784 BGB u. ä.) und für die Anordnung der vorläufigen Vormundschaft über einen Volljährigen bei Fehlen des Entmündigungsantrages (§§ 1908 I, 1906 BGB).

Wo hingegen ausdrücklich angeordnet ist, daß bei Wegfall der Voraussetzungen eine Verfügung ausdrücklich *aufzuheben* ist, wie z. B. bei der Pflegschaft (§§ 1909—1921 BGB) ist zu schließen, daß das Fehlen der dort genannten Voraussetzungen die Anordnung der Pflegschaft anfechtbar, aber nicht nichtig macht.

Ein Beispiel ist auch § 75 JWG, in dem sich *beide* Fallgruppen *vereint* finden: Abs. I (die freiwillige Erziehungshilfe und die Fürsorgeerziehung *enden* mit der Volljährigkeit), aber Abs. II (die freiwillige Erziehungshilfe oder die Fürsorgeerziehung ist *aufzuheben,* wenn ihr Zweck erreicht ist).

b) wenn die Entscheidung auf eine *tatsächlich* oder *rechtlich unmögliche Rechtsfolge* gerichtet ist. Denn Unmögliches kann auch nicht das Gesetz, auch nicht der Richter befehlen. Die Entscheidung ist wirkungslos, „ein Schlag in die Luft".

So z. B. die Anordnung einer Vormundschaft über einen Toten (BayObLGZ 61, 189, 193); die Ernennung eines Testamentsvollstreckers, wenn bereits alle Testamentsvollstreckeraufgaben ausgeführt sind (BGHZ 41, 23); die gesetzlich überhaupt nicht vorgesehene Zustimmung zu einem Rechtsgeschäft; die Eintragung einer Hypothek am Bruchteil eines Grundstücks, der gar nicht in dem Anteil eines Miteigentümers besteht (§ 1114 BGB: KGJ 23 A 230); die Entziehung der Rechtsfähigkeit eines nichtrechtsfähigen Vereins, weil er weniger als 3 Mitglieder hat (§§ 73 BGB, 160 a FGG).

c) wenn eine Entscheidung ohne die vom Gesetz ausdrücklich als notwendig bezeichnete Einwilligung ergeht.

So ist die Anordnung der Volljährigkeit eines Minderjährigen, dessen Einwilligung nach § 4 I BGB nicht vorlag, nichtig, denn eine Volljährigkeitserklärung kommt — im Interesse des Schutzes des Minderjährigen — gegen dessen Willen nicht in Betracht. Dagegen ist die Volljährigkeitserklärung dann nicht nichtig, sondern lediglich fehlerhaft, wenn sie zwar mit Einwilligung des Minderjährigen erfolgt ist, aber nicht das „Beste des Minderjährigen" fördert (§ 5 BGB).

§ 25. Anerkennung von ausländischen Entscheidungen und Entscheidungen aus der DDR

Literatur: S. zu § 6 VI; ferner: GEIMER, Zur Prüfung der Gerichtsbarkeit und der internationalen Zuständigkeit bei der Anerkennung ausländischer Urteile, 1966; JAREK, Abänderung und Aufhebung sowjetzonaler gerichtlicher Entscheidungen durch Gerichte der Bundesrepublik, FamRZ 56, 296; KLAUS MÜLLER, Zum Begriff der „Anerkennung" von Urteilen in § 328 ZPO, ZZP 79, 119 ff.; SCHÄFER, Die Anerkennung ausländischer Akte freiwilliger Gerichtsbarkeit, Diss., Mainz 1968.

I. Auslandsentscheidungen

Über die gegenseitige Anerkennung von Entscheidungen hat die Bundesrepublik mit einer Reihe von Staaten *Abkommen* geschlossen, z. B. mit der Schweiz, Italien, Belgien, Österreich, Großbritannien. Soweit keine solchen Abkommen vorliegen, beurteilt sich die Anerkennung ausländischer Entscheidungen nach *folgenden Grundsätzen:*

1. Ausländische Entscheidungen in fG-Angelegenheiten sind *grundsätzlich anzuerkennen* (BayObLG, NJW 59, 1038; noch recht vorsichtig BGH, NJW 56, 262).

Voraussetzung ist natürlich, daß die Entscheidungen nach dem Recht des ausländischen Staates überhaupt wirksam zustande gekommen sind. Ferner können sie nur mit der Wirkung anerkannt werden, die ihnen das ausländische Recht selbst beimißt. Beispiel: Erbscheine können in Holland von Notaren unter weniger strengen Bedingungen erteilt werden als in der Bundesrepublik, haben dort aber auch nur eine geringere Wirkung. Bei Anerkennung können sie in der Bundesrepublik natürlich keine stärkeren Wirkungen als in Holland entfalten.

2. Die Einschränkungen des *§ 328 I ZPO* sind nur für ausländische *Streit*entscheidungen gedacht (BGHZ 20, 323, 329). Die Vorschrift kann daher in ihrer Gesamtheit nicht unmittelbar angewendet werden, auch nicht für echte Streitsachen. Jedoch basieren einige ihrer Bestimmungen auf allgemeinen Grundgedanken, die auch für Entscheidungen in fG-Angelegenheiten Geltung beanspruchen und daher im Ergebnis doch zu einer ent-

sprechenden Anwendung dieser Bestimmungen führen (BayObLG, NJW 59, 1038; DÖLLE, Deutscher Notartag 1961, S. 41). Danach ist die Anerkennung ausländischer Entscheidungen ausnahmsweise zu versagen:

a) Wenn die ausländische Entscheidung mit dem deutschen ordre public oder dem Zweck deutscher Gesetze in Widerspruch stehen würde (§ 328 I 4 ZPO; Art. 30 EGBGB).

Z. B.: Die Entscheidung ist im Ausland von einer Behörde erlassen worden, die den deutschen fG-Gerichten funktionell nicht adäquat ist.

b) In Angelegenheiten, die zur ausschließlichen Zuständigkeit der deutschen Gerichte gehören (§ 328 I Nr. 1 ZPO).

Beispiel: Todeserklärung deutscher Staatsbürger nur durch deutsche Gerichte (§ 15 VerschG): OLG Frankfurt, JZ 62, 119.

c) Wenn die ausländische Entscheidung in Ehe- oder Familiensachen den Mindestanforderungen der einschlägigen Bestimmungen des EGBGB nicht genügt (§ 328 I Nr. 3 ZPO).

Beispiel: Während eines in Deutschland anhängigen Ehescheidungsprozesses zwischen deutschen Eheleuten überträgt ein französisches Gericht der Mutter das Sorgerecht über das (ebenfalls deutsche) Kind, was mit § 1666 BGB im Widerspruch steht (Art. 19 EGBGB). S. OLG Köln, JZ 61, 527 m. Anm. v. SCHNORR v. CAROLSFELD.

d) Hingegen wird die „Verbürgung der Gegenseitigkeit" (§ 328 I Nr. 5 ZPO) schon für den Zivilprozeß wegen des „Retorsionsgedankens" als rechtspolitisch verfehlt angesehen. Darum fehlt für eine Analogie jedes Bedürfnis (BayObLG, NJW 59, 1038; DÖLLE, aaO, S. 41).

e) Die Verletzung des rechtlichen Gehörs (§ 328 I Nr. 2 ZPO) kann — je nach Art — ein *unterschiedlich* schwerer Mangel der Entscheidung sein. Darum ist ihretwegen ein *automatisches* Versagen der Anerkennung nicht gerechtfertigt. Bei besonders gravierenden Verstößen wird ein Widerspruch mit dem deutschen ordre public zu bejahen sein (LENT-HABSCHEID, § 30 I 2 d).

3. a) Ein besonderes Anerkennungs*verfahren* besteht nicht. Über die Anerkennung ist als Vorfrage von Amts wegen in dem jeweiligen Verfahren zu entscheiden, in dem sie akut ist.

b) Anderes muß aber gelten, wenn die fG-Angelegenheit im Ausland zur Zuständigkeit des Prozeßgerichts gehört und darum über sie vom Prozeßgericht entschieden worden ist.

Das gilt z. B. für die Sorgerechtsregelung, die in verschiedenen Staaten (z. B. Frankreich: Art. 302 cc; Schweiz: Art. 156 ZGB) im Scheidungsurteil erfolgt.

In diesen Fällen greift Art. 7 § 1 FamRÄndG von 1961 ein. Die Entscheidung wird nur anerkannt, wenn die Landesjustizverwaltung auf Antrag förmlich festgestellt hat, daß die Voraussetzungen für die Anerkennung vorliegen. Das Anerkennungsverfahren erstreckt sich auch auf die im Scheidungsurteil enthaltene Sorgerechtsregelung (BEITZKE, Festschrift f. H. LEHMANN, 1956, S. 502 ff.).

4. Eine Abänderung ausländischer Entscheidungen durch deutsche Gerichte wurde bislang vielfach abgelehnt (s. RGZ 116, 194; RIEZLER, Internationales Zivilprozeßrecht, S. 205). Dagegen hat u. a. JAREK (FamRZ 56, 296) beachtenswerte Bedenken vorgebracht. Es steht jedem souveränen Staat frei, ob er ausländische Entscheidungen für seinen Bereich überhaupt anerkennen will. Darum steht es ihm auch frei, die ausländische Entscheidung nur teilweise oder in modifizierter Form anzuerkennen. Nicht anders ist es aber, wenn für die betreffende Angelegenheit eine inländische Entscheidung ergeht, die von der ausländischen abweicht, sie für das Inland „abändert". Voraussetzung ist natürlich, daß dafür die inländischen Bedingungen, insbesondere auch die deutsche nationale Zuständigkeit, vorliegen.

S. auch LENT-HABSCHEID, § 30 I 4; AG Singen, FamRZ 59, 363; SCHWIMANN, FamRZ 59, 325.

II. Entscheidungen aus der DDR

1. Für sie gilt das zuvor Gesagte entsprechend. Denn ungeachtet der politischen Anerkennungsfragen ist die in der DDR ausgeübte Staatsmacht eine fremde Staatsmacht (BEITZKE, MDR 54, 321).

2. Vor allem bei politisch motivierten Sorgerechtsregelungen hat sich hier des öfteren die Versagung der Anerkennung wegen Verstoßes gegen den ordre public der BRD (Art. 30 EGBGB) als notwendig erwiesen.

Z. B.: KG, NJW 61, 677; OLG Hamm, JMBl. NRW 61, 174; BayObLG, FamRZ 59, 122; s. ferner BGHZ 21, 306, 313; OLG Celle, NJW 55, 24.

6. KAPITEL

Die Rechtsmittel

§ 26. Allgemeines

Literatur: JOSEF, Zur Abgrenzung der Dienstaufsichtsbeschwerde im Verfahren der fG, ZBlFG 5, 163 ff.; UNGER, Die Rechtsmittel im Verfahren der fG nach Reichsrecht, ZZP 34, 233; 36, 1; 37, 401; 38, 501 ff.; 39, 40; 41, 143; 42, 104.

I. Rechtsmittel

1. Als *Rechtsmittel* bezeichnet man diejenigen Rechtsbehelfe der Beteiligten, mit denen sie die Nachprüfung einer ihnen ungünstigen Entscheidung durch ein Gericht *höherer Instanz* verlangen können. Wesentliches

Merkmal eines Rechtsmittels ist also der *Devolutiveffekt.* Kein notwendiges, sondern nur ein mögliches weiteres Kennzeichen eines Rechtsmittels ist hingegen der *Suspensiveffekt,* d. h. die Kraft, die Wirkung der angefochtenen Entscheidung bis zum Ende des Rechtsmittelverfahrens *aufzuschieben.*

2. Die *ZPO* kennt entsprechend ihren verschiedenen *Formen* von Entscheidungen (oben § 19 I 2) auch verschiedene Rechtsmittel: Gegen die wichtigen Entscheidungen (Endurteile) Berufung (§ 511) und Revision (§ 545); gegen die weniger wichtigen (zahlreiche Beschlüsse und ausnahmsweise einige Urteile, dazu ROSENBERG, § 132 I 3 c) Beschwerde (§ 567) und gegebenenfalls weitere Beschwerde (§ 568 II).

Die *fG* kennt nur *eine Form* der Entscheidung *(Beschlüsse)* und auch nur eine Form des Rechtsmittels: *Beschwerde* (gegen erstinstanzliche Entscheidungen: § 19 FGG) und *weitere Beschwerde* (gegen Entscheidungen der zweiten Instanz: § 27 FGG). Beide Beschwerdeformen sind im Grundsatz unbefristet (einfache Beschwerde); in allen wichtigeren Fällen jedoch befristet (sofortige Beschwerde, unten § 32 I).

Sowohl in der ZPO als in der fG fehlt den Rechtsmitteln regelmäßig der Suspensiveffekt, in der ZPO, weil sie meist für vorläufig vollstreckbar erklärt werden (§§ 704, 708 ff.); in der fG kraft Gesetzes (§ 24 I FGG, dazu oben § 20 II, III und unten § 31 I).

II. Sonstige Rechtsbehelfe

1. Neben der Beschwerde kennt die fG noch einige Rechtsbehelfe *ohne Devolutiveffekt,* also solche Anfechtungsrechte, mit denen die Beteiligten eine Überprüfung gerichtlicher Entscheidungen *in derselben Instanz* verlangen können. Solche Rechtsbehelfe sind der *Einspruch* nach §§ 132, 140, 159 FGG und im Vorverfahren nach der LöschVO v. 31. 1. 1962 (BGBl. I, 67, Art. 5 I, III) und der *Widerspruch* im Amtslöschungsverfahren nach §§ 141, 142, 144, 147, 159, 161 FGG sowie gegen die Dispache nach § 155 FGG. Hierher zu rechnen ist auch der *Antrag auf Wiedereinsetzung in den vorigen Stand* wegen Fristversäumung (z. B. nach §§ 22 II, 29 IV, 92, 99 I, 137 FGG; s. oben § 14 VI). Ein praktisch sehr bedeutsamer Rechtsbehelf ist schließlich die *Erinnerung* gegen Entscheidungen des Rechtspflegers gemäß § 10 RpflG; weniger wichtig ist die Erinnerung gegen Entscheidungen des Urkundsbeamten der Geschäftsstelle gemäß § 25 III RpflG.

2. Gegen die Entscheidung des *Rechtspflegers* ist im gleichen Umfang *Erinnerung* zulässig, wie gegen sie Beschwerde gegeben wäre, wenn der Richter sie gefällt hätte. Wenn also gegen die Entscheidung des Richters keine Beschwerde, sondern ein Rechtsbehelf (Einspruch, Widerspruch) gegeben wäre, dann ist dieser Rechtsbehelf zunächst beim Rechtspfleger einzulegen. Erst seine Entscheidung darüber unterliegt der Erinnerung an den Richter. Außer bei sofortiger Erinnerung (§ 10 I 2 RpflG) hat der Rechtspfleger zunächst pflichtgemäß zu prüfen, ob er der Erinnerung abhelfen will (§ 10 II RpflG). Gegen die Entscheidung des Richters steht dem

Beteiligten dann die Beschwerde zu. Erinnerung kann auch in der Weise eingelegt werden, daß sie zugleich als (bedingte) Beschwerde für den Fall gilt, daß der Richter der Erinnerung nicht abhelfen will (§ 10 IV). S. im übrigen oben § 6 V 2 c und JÜRGEN ARNDT, Komm. z. RpflG, 1957, zu § 10; KEIDEL, § 19 Rz. 52—65.

III. Dienstaufsichtsbeschwerde

Kein Rechtsbehelf im dargelegten Sinn ist die *Dienstaufsichtsbeschwerde,* obwohl die heutige Beschwerde sich historisch aus ihr entwickelt hat (s. WETZELL, System des ordentlichen Civilprozesses, Leipzig 1878, S. 813). Sie richtet sich gegen das persönliche Verhalten des Richters (oder einer sonstigen Amtsperson), sei es, daß er während des Verfahrens ein mit seinen Amtspflichten unvereinbares Benehmen gezeigt hat (z. B. Beleidigung in der mündlichen Verhandlung, Verfahrensverschleppung, Ablehnung der Beurkundung „aus Zeitmangel"), sei es, daß er sich bei einer Entscheidung von unsachlichen Motiven hat leiten lassen. Die Dienstaufsichtsbeschwerde richtet sich nicht an das Gericht, sondern an den Dienstherrn (z. B. Landgerichtspräsidenten). Ihre Behandlung erfolgt nicht in einem Gerichts-, sondern in einem Verfahren der *Justizverwaltung.* Beruht eine Entscheidung außer auf rechtlichen auch auf unsachlichen Erwägungen, so wird dadurch die Beschwerdemöglichkeit nicht ausgeschlossen (KGJ 44, 88).

IV. Überblick über die Beschwerdeverfahren

1. Die Vorschriften des FGG über das *Verfahren* der Beschwerde und der weiteren Beschwerde finden sich in den §§ 19—30. Danach besteht im Regelfall folgender Instanzenzug: erstinstanzliches Gericht — Amtsgericht; Beschwerdegericht — Landgericht (§ 19 II); Gericht der weiteren Beschwerde — Oberlandesgericht (§ 28 I FGG), das bei drohender Rechtsprechungsdivergenz die weitere Beschwerde dem Bundesgerichtshof vorzulegen hat (§ 28 II FGG). Die Einzelheiten und zahlreichen Ausnahmen von dieser Regelung des Instanzenzuges wurden oben (§ 6 III) schon erörtert. Die Beschwerde eröffnet eine zweite volle Tatsacheninstanz (§ 23 FGG) wie die Beschwerde und Berufung in der ZPO. Die weitere Beschwerde hingegen ist eine reine Rechtsbeschwerde (§ 27 FGG), vergleichbar mit der Revision in der ZPO und anders als die weitere Beschwerde in der ZPO (s. § 568 II ZPO).

Besondere Schwerpunkte bei der Erörterung des Rechtsmittelsystems der FGG werden sein: Der Begriff der anfechtbaren Verfügung (§ 19 FGG, unten § 28); die Beschwerdeberechtigung (§ 20 FGG, unten § 29); die Zulässigkeit der gesetzlich nicht geregelten Anschlußbeschwerde (unten § 32 II); der Umfang der Entscheidungsbefugnis des Beschwerdegerichts und der weiteren Beschwerde (reformatio in peius? — unten §§ 31 II 5); Umfang der Ermessenskontrolle auf Grund weiterer Beschwerde (unten § 33 IV 5).

2. Von den Regeln der §§ 19—30 FGG bestehen zahlreiche *Ausnahmen* auf Grund von *Sondervorschriften* in den fG-Nebengesetzen. Teils sehen diese Abweichungen nur in einzelnen Punkten vor, teils stellen sie eine mehr oder minder umfassende Sonderregelung des gesamten Beschwerdeverfahrens dar (z. B. in Landwirtschaftssachen). Dann ist es Auslegungsfrage, wie weit die §§ 19 ff. FGG subsidiär noch anwendbar sind (Baur, § 28 VII).

Abweichende Regelungen können z. B. getroffen sein für: Die Form der Beschwerdeeinlegung (z. B. §§ 34 II, 47 WBG: nur Beschwerdeschrift beim Landgericht); für die Beschwerdefrist (z. B. § 25 LwVG: ein Monat); für die Beschwerdesumme (z. B. § 14 I 2 HausratsVO: 300 DM); für die Zulassung der Beschwerde durch die Vorinstanz (z. B. § 14 III 2 KostO), die übrigens in der anfechtbaren Entscheidung selbst ausgesprochen sein muß (KG, DNotZ 61, 217); für die Vertretung der Beteiligten (z. B. § 29 LwVG: Anwaltszwang); für den Instanzenzug und die Prüfungsbefunde der Instanzgerichte (z. B. §§ 27 IV, 29 V, 42 III—V BRüG). Die meisten Sondervorschriften finden sich für die echten Streitsachen. S. die umfangreichen Zusammenstellungen bei Keidel, Vorbem. 1—10 vor § 19; Jansen, Vorbem. 2—4 vor § 19.

3. Ausnahmsweise gibt es außerdem in einigen fG-Angelegenheiten die *sofortige Beschwerde* nach den Bestimmungen der *ZPO*, nämlich bei Auflösung einer eingetragenen Genossenschaft wegen verminderter Mitgliedszahl (§ 80 II GenG) oder wegen Nichtzugehörigkeit zu einem Prüfungsverband (§§ 54 II, 54 a II GenG). Bis 1964 gehörten hierher auch noch einige Vereinsregisterangelegenheiten nach §§ 60 II, 71 II, 73 I BGB (geändert durch VereinsG v. 5. 8. 1964). Dieses unerfreuliche Durcheinander beruht darauf, daß das FGG erst nach den materiellrechtlichen Bestimmungen fertiggestellt worden ist und die Gesetze nicht mehr völlig aufeinander abgestimmt worden sind.

Wegen der eindeutigen Gesetzeslage gelten für das Beschwerdeverfahren die *Regeln der ZPO* (§§ 567 ff.). *Sachlich* handelt es sich jedoch um fG-Angelegenheiten. Darum richten sich nach der fG die Beschwerdeberechtigung (§ 20: KG, RJA 12, 240); der Instanzenzug (auch §§ 28 II, 199 I 2 FGG: RGZ 84, 158); für die Kosten gilt nicht das GKG, sondern die KostO (BayObLGZ 55, 8). Zum Sonderfall der Rechtsmittel im Armenrechtsverfahren: unten § 37 III.

§ 27. Zulässigkeit und Begründetheit der Beschwerde

I. Das Verhältnis von Zulässigkeit und Begründetheit

Wenn eine Beschwerde Erfolg haben soll, muß sie nicht nur *begründet*, sondern zunächst einmal *zulässig* sein. Wie jedes Rechtsmittel, so kennt auch die fG-Beschwerde bestimmte *Zulässigkeitsvoraussetzungen*. Sie sind vergleichbar (aber nicht identisch) mit den Verfahrensvoraussetzungen etwa im Antragsverfahren erster Instanz (oben §§ 15 I 4, 19 II 2 a). Wie jene kann man auch sie als *Sachentscheidungsvoraussetzungen* bezeichnen, weil das Beschwerdegericht nur dann befugt ist, in der Sache selbst (d. h. über die Begründetheit der Beschwerde) zu entscheiden, wenn sie gegeben sind. Darum ist die Zulässigkeit einer Beschwerde vor ihrer Begründetheit zu prüfen. Der Grundsatz vom Vorrang der Zulässigkeitsprüfung vor der Sachentscheidung ist weithin anerkannt, wird aber in der Praxis der fG nicht sehr streng gehandhabt (s. z. B. OLG München, JZ 52, 726 mit abl. Anm. v. BAUR).

II. Zulässigkeit der Beschwerde

In den §§ 19 ff. FGG finden sich Bestimmungen über die Zulässigkeitsvoraussetzungen der Beschwerde. Dieser Katalog ist nicht vollständig, außerdem von Ausnahmen in den fG-Nebengesetzen durchbrochen, vor allem aber teilweise ungenau formuliert. Darum bedürfen die Einzelheiten gesonderter Erörterung in den folgenden Paragraphen dieses Buches. Hier soll nur ein Überblick gegeben werden:

1. Die Beschwerde ist an sich statthaft gegen Verfügungen (= „Entscheidungen“, oben § 19 I, II) des Gerichts erster Instanz (§ 19 I FGG). Trotz ihres weiten Wortlauts meint die Vorschrift keineswegs jede Verfügung; der Begriff bedarf näherer Erläuterung. Im übrigen ist jedoch die Statthaftigkeit der Beschwerde grundsätzlich an keine weiteren Voraussetzungen geknüpft (BGH, LM § 20 a FGG Nr. 1). Nur in Sonderfällen wird sie von der Erreichung eines bestimmten Beschwerdewertes (z. B. § 20 a II FGG) oder von der ausdrücklichen Zulassung durch die Vorinstanz abhängig gemacht. Zum Ganzen unten § 28.

2. Wer beschwerde*befugt* ist, wollte § 20 FGG sagen. Das ist anerkanntermaßen mißglückt, u. a. deshalb, weil in Abs. I Zulässigkeit und Begründetheit miteinander verquickt werden. Darum gehört die Beschwerdebefugnis zu den umstrittensten Begriffen der fG. Dazu unten § 29.

3. An die *Einlegung* der Beschwerde stellt das FGG nur geringe Anforderungen. Nach § 21 I FGG kann sie sowohl beim iudex a quo, als auch beim iudex ad quem eingelegt werden. Eine *Vertretung* durch einen *Anwalt* wird nicht gefordert. Die *Form* der Beschwerde richtet sich nach § 21 FGG. Ein bestimmter *Inhalt* oder auch nur ein bestimmter *Antrag* sind nicht erforderlich. Es muß nur der *Wille* erkennbar sein, eine Abänderung der angefochtenen Verfügung zu erreichen. Zum Ganzen unten § 30, dort auch zur *Zurücknahme* der Beschwerde und zum *Verlust* des Beschwerderechts durch Verzicht oder Verwirkung.

4. Die Beschwerde ist i. d. R. *unbefristet*, Ausnahme: die sofortige Beschwerde (§ 22 I FGG). Bei ihr vor allem taucht die Frage auf, ob ein Beteiligter sich nach Verlust des eigenen Beschwerderechts durch Fristablauf

noch der vom Gegner eingelegten Beschwerde anschließen kann. Dazu unten § 31.

III. Begründetheit der Beschwerde

Die Beschwerde kann auf neue Tatsachen und Beweise gestützt werden (§ 23 FGG). Sie eröffnet also eine zweite volle Tatsacheninstanz. Die Überprüfung des Beschwerdegerichts darf sich nicht darauf beschränken, ob die erstinstanzliche Verfügung im Zeitpunkt ihres Erlasses richtig war, sondern muß dahin gehen, ob im Zeitpunkt der Beschwerdeentscheidung ein Beschluß mit diesem Inhalt (noch) ergehen kann. Im Rahmen der Begründetheit der Beschwerde ist also — bezogen auf den Jetztzeitpunkt — zu prüfen, ob alle Verfahrensvoraussetzungen und welche materiellrechtlichen Voraussetzungen für eine Sachentscheidung gegeben sind. Dazu unten § 31.

§ 28. Die beschwerdefähigen Entscheidungen

Literatur: Göppinger, Zur Frage der Anfechtbarkeit von Zwischenentscheidungen, insbesondere einstweiligen Anordnungen, im Hausratsverfahren, JR 62, 47 ff.; Kissel, Gibt es eine Untätigkeitsbeschwerde im Rahmen der fG?, ZZP 69, 3; Lindacher, Untätigkeitsbeschwerde im Verfahren der fG, DRiZ 65, 198; ferner die Literatur zu § 19.

Erste Voraussetzung für die Zulässigkeit einer Beschwerde ist, daß sie gegen Entscheidungen von der Art des angefochtenen Beschlusses überhaupt vorgesehen ist, daß sie also *an sich statthaft* ist. Nach § 19 I FGG findet das Rechtsmittel der Beschwerde statt gegen „die Verfügungen“ (dazu unten I) „des Gerichts“ (dazu unten II) „erster Instanz“ (dazu unten III).

I. „Die Verfügungen“

1. Nicht jedes Verhalten des Gerichts ist eine Verfügung (= Entscheidung) im Sinne des § 19 FGG. Insbesondere zählen nicht hierher die tatsächlichen Verrichtungen (oben § 14 III 1 a) und die rein *internen Verfügungen* (oben § 19 II 1 a). Im einzelnen:

a) Ein rein passives Verhalten, also das *Untätigbleiben* des Gerichts, ist keine Entscheidung. Es gibt hiergegen keine „Untätigkeitsbeschwerde“, auch nicht aus Art. 19 IV GG, denn das fG-Verfahren ist schon ein Rechtsweg (Lindacher, DRiZ 65, 198; a. A. Kissel, ZZP 69, 3). Hier kann nur eine Dienstaufsichtsbeschwerde helfen, gegebenenfalls Verfassungsbeschwerde nach § 90 BVerfGG, bei Verzögerungsschaden: allenfalls Amtshaftungsklage.

Es muß allerdings sorgfältig geprüft werden, ob nicht in dem Schweigen des Gerichts etwa eine stillschweigende Ablehnung eines (z. B. mehrfach vorgelegten)

Antrags liegt. Eine solche Entscheidung ist — auch ohne Vorliegen eines Aktenvermerks — beschwerdefähig (s. auch Keidel, § 19 Rz. 37).

b) Die bloße *Entgegennahme* einer Erklärung (z. B. einer Erbschaftsausschlagung) ist ebenfalls keine Entscheidung (str.), anders aber die Verweigerung der Entgegennahme. Sie ist anfechtbar (Baur, § 29 A II 1 b).

c) Keine Entscheidung enthält auch die bloße *Meinungsäußerung*, wie sie in der unverbindlichen Beantwortung einer Anfrage oder sonst in der Mitteilung einer Rechtsansicht liegen kann, auch wenn daraus zu erkennen ist, wie das Gericht über einen vorliegenden Antrag entscheiden wird. Diese Entscheidung muß abgewartet werden (OLG Hamburg, OLGRspr. 32, 413; SchlHOLG, RdL 55, 257; KG, OLGZ 65, 320). Daher ist die Bemängelung eines erst im Entwurf vorgelegten Gesellschaftsbeschlusses noch nicht anfechtbar (KGJ 25 A 247).

Anders ist es jedoch, wenn in einem „Vorbescheid" mitgeteilt wird, daß ein vorliegender Antrag in einem bestimmten Sinne beschieden werden muß (dazu unten I 3 c). Die Abgrenzung dieser „Vorbescheide" zu den unverbindlichen Belehrungen über künftige Stellungnahme des Gerichts (s. KG, Recht 18 Nr. 1051) ist in der Praxis nicht immer leicht. Als Kennzeichen eines „Vorbescheides" (wenn man ihn überhaupt für zulässig hält, dazu oben § 19 II 1 c) wird man fordern müssen, daß er eine Frist für Beschwerdeeinlegung setzt.

d) *Beurkundungen* sind gerichtliche Verrichtungen, aber keine Entscheidungen. Im Rahmen einer Urkundsangelegenheit können allerdings Entscheidungen ergehen (z. B. Verweigerung der Erteilung einer Ausfertigung). Diese ist dann anfechtbar (KGJ 20 A 259).

e) Bei *Eintragungen* in Register muß man unterscheiden: die Eintragungsverfügung — die Eintragung selbst. Die Eintragung selbst ist keine Entscheidung, sondern der Vollzug einer Entscheidung, nämlich der Eintragungsverfügung (Jansen, § 19 Anm. 1; OLG Hamm, DNotZ 50, 63). Darum ist eine Beschwerde gegen sie unzulässig. Die Eintragungsverfügung hingegen enthält zwar eine Entscheidung, aber sie ist zunächst ein Internum des Gerichts, eine den inneren Dienst betreffende Anweisung an den Urkundsbeamten (KG, JFG 4, 245; 5, 271). Nach außen tritt sie erst mit der Eintragung in Erscheinung, dann aber ist sie gleich vollzogen und kann darum nicht mehr rückgängig gemacht werden (zu den internen Verfügungen unten g; zu den vollzogenen Entscheidungen unten I 4). An Stelle des so fehlenden Rechtsmittels sehen die §§ 142, 143, 147, 159, 161 FGG für das Handels-, Genossenschafts-, Vereins- und Güterrechtsregister zur Korrektur unzulässiger Eintragungen ein besonderes Amtslöschungsverfahren vor, das eine erschöpfende Regelung darstellt, Beschwerden gegen eine Eintragung sind daher i. d. R. als Anregungen zur Einleitung eines Amtslöschungsverfahrens aufzufassen (KG, JFG 1, 261; Jansen, § 19 Anm. 1; Keidel, § 19 Rz. 3). In Schiffsregistersachen sieht § 75 II SchiffsRegO die gleiche Regelung vor wie § 71 GBO (dazu Henke-Mönch-Horber, GBO, 7. Aufl., § 71 Anm. 7).

Ausnahmsweise ist entgegen dem zuvor Gesagten eine Eintragungsverfügung doch mit der Beschwerde anfechtbar, nämlich dann, wenn das Gericht sie vor dem Vollzug (also der Eintragung) den Beteiligten bekanntgemacht hat (Schlegelberger, § 19 Rz. 3; OLG Hamm, DNotZ 54, 92).

f) Für die *Erteilung* und *Einziehung* eines Erbscheins (oder Testamentsvollstreckerzeugnisses) gilt ähnliches wie für die Registereintragungen. Nicht die Erteilung bzw. Einziehung des Erbscheins, sondern die Anordnungen hierzu sind die gerichtlichen Entscheidungen (Jansen, § 84 Anm. 3; BayObLGZ 60, 192, 267, 501). Nur gegen sie ist eine Beschwerde denkbar. Vor ihrem Vollzug (durch Erteilung bzw. Einziehung) ist sie auch statthaft, sofern die Anordnung den Beteiligten bekanntgemacht worden ist (Jansen, § 84 Anm. 5; Keidel, § 84 Rz. 3). Nach der Erteilung bzw. Einziehung des Erbscheins ist die Beschwerde hingegen mit dem Ziel der Aufhebung der gerichtlichen Anordnung nicht mehr statthaft, weil die vollzogene Entscheidung wegen der Gutglaubenswirkungen des Erbscheins (§ 2366 BGB) nicht mehr rückwirkend beseitigt werden kann.

Eine Beschwerde ist hier nur noch mit dem Ziel zulässig, das Beschwerdegericht möge das Nachlaßgericht anweisen, den erteilten Erbschein wieder einzuziehen bzw. einen neuen Erbschein zu erteilen (BGH, NJW 63, 1972). Denn das ist sachlich das gleiche, als wenn zunächst Antrag auf Einziehung des erteilten Erbscheins gem. § 2361 BGB, bzw. (nach Einziehung eines Erbscheins) Antrag auf Erteilung eines neuen Erbscheins gem. § 2353 BGB beim Nachlaßgericht gestellt, von diesem abgelehnt worden und wie die ablehnende Verfügung dann mit der Beschwerde angefochten worden wäre. Darum können auch diejenigen Miterben Beschwerde gegen die Erteilung eines Erbscheins einlegen, die an der Antragstellung nicht beteiligt waren (BGHZ 30, 220). Zum Ganzen s. Jansen, § 84 Anm. 5; Keidel, § 84 Rz. 3, 20.

g) Keine Verfügungen i. S. des § 19 I FGG sind schließlich die sog. *verfahrensleitenden Anordnungen,* soweit sie für den internen Geschäftsbetrieb des Gerichts bestimmt sind und nicht in die Rechte der Beteiligten eingreifen. Solche *internen Verfügungen,* wie man sie vielfach auch nennt (z. B. Baur, § 29 A II 1 a cc), sind etwa: Anordnung der Beiziehung von Akten, Terminsfestsetzung, Ladungsverfügung, auch die an den Urkundsbeamten oder Registerführer gerichtete Anweisung zur Erteilung eines Erbscheins oder Vornahme einer Registereintragung (oben e und f). Wenn eine solche Anordnung allerdings an die Außenwelt tritt, sei es durch Vollzug, sei es schon vorher durch Bekanntmachung an die Beteiligten, so wird gegen sie die Beschwerde statthaft, sofern sie die Rechte eines Beteiligten berührt, wie z. B. eine Beweisanordnung, mit der einem Beteiligten die Vorlage einer Urkunde aufgegeben wird (Baur, aaO; jedoch ist gegen die Ablehnung von Beweisanträgen die Beschwerde nicht statthaft (OLG Schleswig, SchlHA 66, 152).

h) In Ausnahmefällen ist abweichend von § 19 I FGG die *Anfechtbarkeit* einer Verfügung ausdrücklich *ausgeschlossen* worden, z. B. in §§ 5 II, 20 a I, 46 II 2, 47 II 3, 67 III, 76 I, 132 II, 146 III, 148 II 2, 164 II FGG (s. oben § 20 IV 2 a).

Trotzdem ist die Beschwerde gegen eine Entscheidung zuzulassen, wenn sie sich nur formell auf eine dieser Normen stützt, in Wirklichkeit aber jeder Grundlage entbehrt und inhaltlich dem Gesetz völlig fremd ist. Ein schwerer Verfahrensfehler genügt aber für eine solche Annahme noch nicht. Die Abgrenzung im einzelnen ist schwierig: BGH, JZ 58, 482 m. Anm. v. BAUMGÄRTEL u. w. Nachw.; BayObLG, NJW 61, 1582.

2. Im übrigen umfaßt der allgemein gehaltene Begriff der anfechtbaren Verfügung i. S. des § 19 I FGG *jede sachliche Entschließung* des Gerichts. Dazu zählen nicht nur die *End*entscheidungen, sondern — grundsätzlich anders als in der ZPO — auch alle *Zwischen*endentscheidungen (BAUR, § 29 A II 2 a; BGHZ 16, 177).

a) Weder an die *Form* noch an die *Bezeichnung* der Entscheidung werden dabei besondere Anforderungen gestellt. Daher ist auch eine mündliche Entscheidung anfechtbar, selbst wenn über sie kein Aktenvermerk angelegt worden ist, obwohl das Gesetz für sie Schriftform vorgesehen hat (OLG Colmar, RJA 2, 151; SCHLEGELBERGER, § 19 Rz. 10), und gleichgültig, ob sie dabei als Anordnung, Beschluß, Maßregel oder sonstwie bezeichnet worden ist. Die Entscheidung muß nur *existent* sein. Darum ist sie noch nicht anfechtbar, so lange sie noch nicht *erlassen,* also mit Willen des Gerichts an die Außenwelt gelangt ist (dazu oben § 20 I). Und sie ist nicht mehr anfechtbar, wenn sie bereits gemäß § 18 I FGG vom erstinstanzlichen Gericht *aufgehoben* worden ist, sei es auch erst auf die eingelegte Beschwerde hin (BayObLGZ 62, 230). Denn danach liegt ein anfechtbarer Gegenstand nicht mehr vor. *Nicht* hingegen ist erforderlich, daß die Entscheidung auch schon *wirksam* ist, wie die Fälle gerade beweisen, in denen die Wirksamkeit an den Eintritt der formellen Rechtskraft geknüpft ist (oben § 20 III).

b) Auch der *Inhalt* der Entscheidung ist für die Statthaftigkeit der Beschwerde gleichgültig. Sie ist sowohl gegen *positive* Entscheidungen statthaft wie gegen die *Ablehnung* von Anträgen und Gesuchen, gleichviel, ob diese nun in einem Amts- oder Antragsverfahren gestellt sind, und gleichviel, ob sie sich dabei auf verfahrensrechtliche oder materiellrechtliche Gründe stützen (SCHLEGELBERGER, § 19 Rz. 6).

c) Die *teilweise Anfechtung* einer Entscheidung ist statthaft, wenn darin über mehrere Verfahrensgegenstände oder einen teilbaren Verfahrensgegenstand entschieden worden ist (BGHZ 18, 143; KEIDEL, § 21 Rz. 7), doch ist str., ob das nur für Antragsverfahren gilt (bejahend BayObLGZ 60, 412; KEIDEL, § 21 Rz. 7; verneinend BayObLGZ 56, 53). Eine Kostenentscheidung ist nur zusammen mit der in der Hauptsache ergangenen Entscheidung anfechtbar, es sei denn, daß in der Hauptsache keine Entscheidung getroffen worden ist (§ 20 a FGG).

3. Gegen die *Zwischenentscheidungen* kann zwar, muß aber nicht gesondert Beschwerde eingelegt werden. Sie können auch zusammen mit der Endentscheidung angefochten werden; also keine Präklusionswirkung der Nichteinlegung. Die Beschwerde gegen die Endentscheidung kann damit begründet werden, sie beruhe auf der fehlerhaften Zwischenentscheidung. Nach Erlaß der Endentscheidung fehlt das Rechtsschutzbedürfnis für eine gesonderte Beschwerde gegen eine Zwischenentscheidung (KEIDEL, § 19 Rz. 7; BAUR, § 29 A II a dd). Die Weiterverfolgung einer vorher eingelegten (weiteren) Beschwerde ist jedoch möglich (BayObLGZ 62, 11; KG, NJW 65, 1086). In einigen *Sonderfällen* der echten Streitsachen ist die gesonderte Beschwerdemöglichkeit gegen Zwischenentscheidungen ausgeschlossen (§§ 18 II VHG, 14 HausratsVO, 44 III WEG).

Es gibt verschiedene Formen der Zwischenentscheidungen (dazu näher oben § 19 II 1 und BAUR, § 29 A II 2). Die Beschwerde ist insbesondere statthaft:

a) gegen *verfahrensleitende Anordnungen* nur, soweit sie in die Rechtsposition eines Beteiligten eingreifen wie z. B. die Anordnung des persönlichen Erscheinens oder der Vorlage von Urkunden, aber nicht, soweit sie allein den inneren Dienstbetrieb des Gerichts betreffen, wie z. B. die Auswahl der Blätter für Bekanntmachungen aus dem Genossenschaftsregister (KGJ 31 A 367; ferner OLG Hamburg, RzW 57, 108. S. im übrigen oben I 1 g).

b) gegen *Zwischenverfügungen* analog § 18 GBO, mit denen einem Antragsteller aufgegeben wird, leicht behebbare Hindernisse zu beseitigen, die seinem Antrag entgegenstehen, widrigenfalls sein Antrag zurückgewiesen werden (Beispiel: BGHZ 25, 163; OLG Hamm, FamRZ 66, 456).

c) gegen *Vorbescheide,* wie z. B. die Ankündigung des Nachlaßgerichts, es werde den beantragten Erbschein erteilen, sofern nicht dieser Vorbescheid in bestimmter Frist mit der Beschwerde angefochten werde.

Solche Vorbescheide sind zwar unzulässig (str., s. oben § 19 II 1 c). Nachdem BGHZ 20, 256 sie jedoch in beschränktem Umfang gebilligt hat, muß man mit ihnen rechnen und den Beteiligten gegen sie die Beschwerde gestatten, deretwegen sie ja ausschließlich erlassen werden. Kein Vorbescheid in diesem Sinne ist die Androhung einer Ordnungsstrafe nach § 132 I FGG (OLG Hamm, OLGZ 65, 225).

d) gegen *einstweilige Anordnungen,* wie sie in der fG auch ohne ausdrückliche gesetzliche Regelung zur vorläufigen Rechtssicherung in einem Verfahren allgemein zulässig sind. In einigen echten Streitsachen, nämlich bei der Gruppe der Regelungsstreitigkeiten (s. oben § 4 II), ist die Beschwerdemöglichkeit allerdings ausdrücklich ausgeschlossen (§§ 53 a III FGG; 18 II VHG; 44 III WEG; auch 13 IV mit 14 I HausratsVO; str., dazu KG,

JR 65, 425; OLG Hamm, Rpfleger 58, 155; HOFFMANN-STEPHAN, HausratsVO, 2. Aufl., § 13 Anm. 1; a. A. BAUR, § 30 IV).

Diese Sondervorschriften sind jedoch wie § 707 II 2 ZPO einschränkend dahin auszulegen, daß Anfechtung doch möglich ist, wenn die (positive oder negative) Entscheidung des Gerichts über den Antrag auf einem Rechtsirrtum beruht.

e) gegen *Zwischenstreitentscheidungen*, mit denen über eine Vorfrage vorab entschieden wird, z. B. über eine Verfahrensvoraussetzung (etwa örtliche Zuständigkeit: OLG Hamm, RzW 51, 81) oder den Grund des Anspruchs in echten Streitsachen (etwa in Aufwertungsverfahren: OLG Frankfurt, RzW 56, 3). Beschwerde ist hier statthaft, weil ein Teil der Endentscheidung vorweggenommen wird (BGH, MDR 56, 404).

4. Die Beschwerde ist *nicht mehr* statthaft, wenn die Wirkungen einer Entscheidung so *endgültig eingetreten* sind, daß sie auch durch Aufhebung der Entscheidung nicht mehr beseitigt werden können.

Hauptbeispiele hierfür sind die oben (I 1 e und f) schon erwähnten Fälle der Registereintragungen und der Erteilung oder Einziehung von Erbscheinen und anderen Zeugnissen mit Publizitätswirkung. Aber es gibt auch andere Fälle: Gegen die Ermächtigung zur Einberufung einer Hauptversammlung ist die Beschwerde nicht mehr statthaft, wenn die Hauptversammlung stattgefunden hat (OLG München, JFG 20, 303; s. auch insoweit zutreffend: OLG Hamm, OLGZ 66, 235).

5. Wenn die Entscheidung durch Veränderung der Sach- oder Rechtslage ihre *Bedeutung verloren* hat, ist eine Beschwerde ebenfalls unzulässig. Hier handelt es sich jedoch nicht mehr um eine Frage der Statthaftigkeit, sondern des fehlenden Rechtsschutzbedürfnisses bzw. der weggefallenen „Beschwer" wegen Erledigung der Hauptsache (dazu oben § 18 IV).

Beispiele: Keine Beschwerde mehr wegen Unzuständigkeit des Gerichts, wenn die Sache an das zuständige Gericht abgegeben ist (OLG Hamburg, RzW 51, 148); oder gegen die Bestellung des Vormundes, wenn die Vormundschaft inzwischen aufgehoben worden ist (KG, OLGRspr. 2, 499); oder gegen die Anordnung der (vorläufigen) Verwahrung nach der Entlassung (BayObLG, NJW 64, 1326 unter Aufgabe von BayObLGZ 56, 425, 466; OLG Hamm, JMBl. NRW 59, 267); oder gegen die Anordnung der Erteilung eines Auseinandersetzungszeugnisses nach § 9 EheG, wenn die Mutter inzwischen geheiratet hat (OLG Karlsruhe, FamRZ 62, 197).

6. Im Regelfall bestehen keine weiteren besonderen Voraussetzungen für die Statthaftigkeit der Beschwerde. In einer Reihe von Fällen jedoch, insbesondere in vielen echten Streitsachen ist sie von der Erreichung eines bestimmten *Beschwerdewerts* oder von der ausdrücklichen *Zulassung durch die Vorinstanz* abhängig gemacht.

a) Eine *Beschwerdesumme* ist etwa vorgesehen in § 20 a II FGG für die isolierte Kostenentscheidung (50 DM); ferner in §§ 14 HausratsVO (300 DM); 24 LwVG; 45 I WEG (50 DM); 36, 40 VerschG.

Umstritten ist, ob der Beschwerdewert entsprechend §§ 511 a III, 546 III ZPO vom Beschwerdeführer glaubhaft gemacht werden muß (so KG, FamRZ 60,

241; Rpfleger 61, 159) oder aber gemäß § 12 FGG vom Beschwerdegericht von Amts wegen ermittelt werden muß (so BayObLGZ 59, 472).

b) Die *Zulassung* der Beschwerde durch die Vorinstanz ist teilweise für den Fall vorgesehen, daß der Beschwerdewert nicht erreicht wird (wie in § 14 HausratsVO), teilweise aber auch in anderen Fällen (z. B. § 24 LwVG).

Die Zulassung muß in der anfechtbaren Entscheidung selbst ausgesprochen sein (KG, DNotZ 61, 217) und gilt nur für den Beteiligten, für den sie ausdrücklich ausgesprochen ist (BGH, RdL 51, 139). Eine nachträgliche Zulassung ist nur im Wege der Berichtigung des Beschlusses analog § 319 ZPO möglich (BGHZ 20, 188; Bentzien, NJW 59, 1214), nicht hingegen durch Ergänzungsurteil nach § 321 ZPO (BGH, NJW 66, 931 für Zivilprozeß).

II. „des Gerichts"

Die Beschwerde ist unmittelbar statthaft nur gegen Entscheidungen des *Richters.* Diejenigen des Rechtspflegers und des Urkundsbeamten der Geschäftsstelle müssen zuvor mit dem Rechtsbehelf der Erinnerung angegriffen werden. Erst wenn der Richter des Amtsgerichts der Erinnerung nicht stattgibt, ist Beschwerde möglich. Im einzelnen oben § 26 II 2 und Keidel, § 19 Rz. 51—65; J. Arndt, RpflG, Anm. zu § 10 RpflG.

III. „erster Instanz"

1. § 19 I FGG setzt Entscheidungen des Gerichts *erster Instanz* voraus. Das ist i. d. R. das Amtsgericht, in manchen Fällen das Landgericht (z. B. §§ 64, 143 I FGG; im einzelnen oben § 6 III).

2. Umstr. ist die Behandlung der *Zwischenentscheidungen,* die das *Beschwerdegericht* während des Beschwerdeverfahrens erläßt, wie z. B. Aussetzungsbeschlüsse, Verweigerung des Armenrechts, vor allem aber *einstweilige Anordnungen* gem. § 24 III FGG.

Sie sind keine Entscheidungen i. S. des § 27 FGG, weil dort nur die auf die Beschwerde ergehenden Entscheidungen *über* den Beschwerdegegenstand gemeint sind (KG, NJW 57, 1197; OLG Düsseldorf, MDR 50, 354). Darum findet weitere Beschwerde gegen sie nicht statt. Sie sind andererseits aber doch im Rahmen eines Beschwerdeverfahrens von dem für die Beschwerde zuständigen Gericht erlassen, darum auch keine Entscheidungen des Gerichts erster Instanz i. S. des § 19 I FGG. Mithin sind Zwischenentscheidungen des Beschwerdegerichts im Beschwerdeverfahren i. d. R. unanfechtbar, sofern nicht spezialgesetzlich ausdrücklich gegen sie ein Rechtsmittel zugelassen ist, wie z. B. auf Grund Verweisungen in §§ 14, 15 FGG die Entscheidungen nach §§ 127, 372 a II, 380 III, 387 III, 390 III, 406 V, 409 III ZPO (h. M.; Jansen, § 19 Anm. 2; Baur, § 29 A II 4 b).

Das ist str.: Teilweise will man analog § 19 I FGG Erstbeschwerde gegen solche Zwischenentscheidungen des Beschwerdegerichts zulassen, die „in so erheblichem Maße in die Rechte Beteiligter eingreifen, daß ihre selbständige Anfechtbarkeit *unbedingt* geboten ist", so KEIDEL, § 19 Rz. 18—20; BayObLGZ 53, 56; OLG Celle, ZblJR 58, 472.

§ 29. Die Beschwerdebefugnis

Literatur: BAUR, Zur „Beschwer" im Rechtsmittelverfahren des Zivilprozesses, Festschrift f. LENT 1957, S. 1 ff.; FLATTEN, Beschwerdeberechtigung im Verfahren der fG und Klagebefugnis im Verwaltungsprozeß, StukommVw. 1965, 279; FURTNER, Die Beschwerdeberechtigung nach dem FGG, JZ 61, 529; ders., Die Beschwerdeberechtigung nach § 20 FGG, DNotZ 66, 7; KAMM, Beschwerdeberechtigung in der fG und Klagebefugnis im Verwaltungsprozeß, JuS 61, 146; LÜKE, Die Abgrenzung der Klagebefugnis im Verwaltungsprozeß, AöR n. F. 45, 186.

I. § 20 I FGG ist Verfahrensvoraussetzung

1. Soweit keine Sondervorschriften eingreifen (dazu unten III—IV), regelt sich die Beschwerdebefugnis nach § 20 I FGG. Die Vorschrift bestimmt, daß jedem die Beschwerde zusteht, „dessen Recht durch die Verfügung beeinträchtigt ist". Sie ist unglücklich gefaßt. Die Formulierung, „die Beschwerde *steht zu*", deutet darauf hin, daß es sich hier um eine *Verfahrensvoraussetzung* handelt, nämlich um die Regelung der Rechtsmittel*befugnis*. Die dafür genannte Voraussetzung, daß „dessen Recht durch die Verfügung *beeinträchtigt* ist", deutet darauf aber hin, daß es hier um die *sachliche Berechtigung* des Rechtsmittels geht, also um seine *Begründetheit*. Denn unter einer Rechtsbeeinträchtigung versteht man im Sprachgebrauch üblicherweise einen rechtswidrigen Angriff auf das Recht. Eine darauf abzielende Verfügung ist demnach unrichtig, eine gegen sie erhobene Beschwerde *begründet*. Demzufolge haben sich denn auch verschiedene Meinungen darüber herausgebildet, was mit einer Beschwerde zu tun sei, wenn die Beschwerdebefugnis fehle:

a) Sie sei als *unbegründet* zurückzuweisen: z. B. RG, RJA 5, 9; OLG Hamm, NJW 54, 288; BayObLGZ 51, 402; 53, 40 (45);

b) Sie sei als *unzulässig* zu verwerfen: h. M.; z. B. BAUR, § 29 A III 1; JANSEN, § 20 Anm. 4; SCHLEGELBERGER, § 20 Rz. 1; FURTNER, JZ 61, 529; LÜKE, AöR n. F. 45, 188; KAMM, JuS 61, 146; LENT-HABSCHEID, § 32 I 2; BGHZ 11, 66 (68); BGH, NJW 53, 1666; BGH, FamRZ 56, 379 (381); BGH, MDR 63, 39;

c) KEIDEL will danach *differenzieren* (KEIDEL, § 20 Rz. 3), ob die Beschwerdebefugnis schon aus Gründen des Verfahrensrechts zu verneinen sei (dann unzulässig) oder aus Gründen des materiellen Rechts (dann unbegründet); ähnlich PIKART-HENN, S. 123; s. auch JOHANNSEN, Anm. zu BGH, LM Nr. 2 zu § 20 FGG.

Die Diskussion leidet zum Teil darunter, daß man zunächst die Voraussetzungen des § 20 I FGG zu klären versucht und danach dann die Frage beantworten will, welche Rechtsfolgen das Fehlen der Voraussetzungen hat. Richtiger ist es, zunächst nach dem Zweck der Norm zu fragen und von dort her den unklaren Wortlaut zu interpretieren.

2. Der *Zweck* des § 20 I FGG ist es, *Popularbeschwerden* auszuschließen. Die Vorschrift will regeln, *wer* zur Einlegung der Beschwerde *befugt* ist, nicht aber, unter welchen Voraussetzungen die Beschwerde *begründet* ist (Hahn-Mugdan, Materialien, Bd. 7, S. 122; Lüke, AöR 45, 187). § 20 I FGG verfolgt mithin das gleiche Ziel wie § 42 I VwGO. Der Parallelbegriff ist nicht die Aktivlegitimation (s. dazu Rosenberg, § 45 I 2), sondern die Klagebefugnis der VwGO. Die Beschwerdebefugnis ist darum wie jene Klagebefugnis *Verfahrensvoraussetzung*, bei deren Fehlen das Rechtsmittel als unzulässig zu verwerfen ist. Diese Ansicht setzt sich immer mehr durch (BGH, MDR 63, 39).

a) Die Notwendigkeit für die Regelung des § 20 I FGG wie des § 42 II VwGO leuchtet unmittelbar ein, wenn man die Sachlage mit derjenigen im Zivilprozeß vergleicht. Dort läßt sich die Frage, wer befugt sein soll, die Sache der höheren Instanz zur Nachprüfung zu unterbreiten, leicht mit Hilfe formeller Kriterien bestimmen. Es gibt nur zwei Parteien (formeller Parteibegriff). Ihre Beschwerdebefugnis richtet sich nach ihrem Beschwerdebedürfnis. Dieses bestimmt sich nach dem formellen Begriff der Beschwer (= Differenz zwischen Antrag und Entscheidung, jedenfalls im Grundsatz, Einzelheiten bei Baur, aaO, S. 1 f.). Das fG-Verfahren hingegen kennt neben dem Begriff des formellen auch noch den des nur materiell Beteiligten (oben § 8). Nicht jeder aus dem u. U. sehr zahlreichen Beteiligtenkreis hat ein anzuerkennendes Bedürfnis zur Anfechtung der Entscheidung. Es muß also ein einschränkendes Kriterium für seine Beschwerdebefugnis gefunden werden. Ein formelles Kriterium wie die Beschwer in der ZPO findet sich in den Amtsverfahren überhaupt nicht, in den Antragsverfahren jedenfalls nicht für den Antragsgegner. Demnach muß es ein materielles Kriterium sein. § 20 I FGG glaubt, es in der „Rechtsbeeinträchtigung durch die Verfügung" gefunden zu haben. Leider ist die Formulierung mißglückt.

b) Es läge nun nahe, bei der Sinninterpretation des § 20 I FGG am *Begriff des materiell Beteiligten* anzuknüpfen. Er wurde oben (§ 8 III 2) als derjenige definiert, der durch die zu fällende Entscheidung in seinen Rechten betroffen sein *kann*. Nachdem die Entscheidung nun gefällt ist, könnte man als Beschwerdebefugten denjenigen Beteiligten ansehen, bei dem sich diese Gefahr verwirklicht hat, der also durch die Entscheidung tatsächlich in seinen Rechten betroffen *ist*, wobei die Frage, ob das zu Recht oder zu Unrecht geschehen ist, eine Frage der Begründetheit der Beschwerde wäre. Das ist in der Tat im Grundsatz der Ausgangspunkt der h. M. Ob er ganz richtig ist, wird sich unter II. zeigen.

3. Die Frage, ob die Beschwerdebefugnis zur Zulässigkeit oder zur Begründetheit der Beschwerde gehört, spielt in der *Praxis nicht* immer eine *so große Rolle* wie in der theoretischen Diskussion. Sie kann offen bleiben, wenn die Beschwerdebefugnis gegeben ist. Wenn sie nicht gegeben ist, wird sie gleichwohl von vielen Gerichten mit Hilfe eines ungenau formulierten Tenors offen gelassen. Sie ist aber

auf jeden Fall bedeutsam etwa bei § 24 II Nr. 2 LwVG, nach dem die Rechtsbeschwerde ohne Zulassung durch die Vorinstanz nur insoweit zulässig ist, „soweit es sich um die Unzulässigkeit der Beschwerde handelt“, sowie für den Kostenansatz nach § 41 LwVG.

II. Die Voraussetzungen des § 20 I FGG

1. § 20 I fordert die *Beeinträchtigung* eines Rechts. Unter Beeinträchtigung versteht man einen rechtswidrigen Eingriff (Unger, ZZP 36, 108, 111). Steht er fest, ist die Unrichtigkeit der angefochtenen Verfügung erwiesen. Darum geht es aber nicht, sondern um die Festlegung, wer *berechtigt* ist, diese Unrichtigkeit geltend zu machen (s. oben I 2). Deshalb ist insoweit eine einschränkende Auslegung der Vorschrift erforderlich.

a) Die h. M. hat den wertneutralen Ausdruck *„betroffen sein“* gewählt und versteht darunter die tatsächliche Einbuße, die tatsächliche Verkürzung eines Rechts durch die Verfügung. Ob diese tatsächliche Verschlechterung der Rechtsstellung mit dem Gesetz in Einklang oder im Widerspruch steht, ist dann eine Frage der Begründetheit der Beschwerde und der Sachprüfung des Beschwerdegerichts (s. Lent-Habscheid, § 32 II 2; Lüke, AöR 45, 181, 194; Kamm, JuS 61, 148). Andere Formulierungen meinen sachlich dasselbe. So z. B.: Beschwerdeberechtigt sei jeder, in dessen Rechtsposition durch die Entscheidung ein „Minus“ eingetreten sei (Baur, § 29 A III 1), oder jeder, dessen Recht beeinträchtigt wäre, wenn die angefochtene Entscheidung ungerechtfertigt wäre (Keidel, § 20 Rz. 2; Schlegelberger, § 25 Rz. 3; Jansen, § 20 Anm. 2).

b) Dieser Ausgangspunkt *deckt sich* mit unserer obigen Überlegung (I 2 b): Materiell Beteiligter ist jeder möglicherweise Betroffene; beschwerdebefugt ist von diesen Beteiligten derjenige, der von der Entscheidung dann tatsächlich betroffen ist.

2. Dieses Betroffensein in seinem Recht muß nach der h. M. *feststehen*, sonst ist die Beschwerde unzulässig (Furtner, JZ 61, 527; Lent-Habscheid, § 32 II; Jansen, § 20 Anm. 2 m. w. Nachw.; KG, OLGRspr. 6, 346).

a) In der Tat ist so i. d. R. eine klare Trennung zwischen Zulässigkeit und Begründetheit der Beschwerde leicht möglich.

Beispiele: Dem Vater ist nach der Ehescheidung die elterliche Gewalt übertragen worden (§ 1671 BGB). Dadurch ist die Mutter tatsächlich betroffen, darum beschwerdebefugt. Ob die Entscheidung des Vormundschaftsgerichts zu Recht erfolgte, ergibt sich bei der Prüfung der Begründetheit der zulässig eingelegten Beschwerde, gehört also zur Sachprüfung. Wenn eine Pflegschaft aufgehoben wird, dann richtet sich die Zulässigkeit der vom Pfleger gegen den Aufhebungsbeschluß eingelegten Beschwerde danach, ob ihm ein Recht auf sein Amt zustand, das dann von der Entscheidung betroffen wäre. Hingegen gehört zur Begründetheit die Frage, ob die Aufhebung sachlich berechtigt war (s. BGH, NJW 53, 1666: Beschwerde unzulässig, weil Pfleger *kein* Recht auf sein „fremdnütziges“ Amt hat; zweifelhaft, anders: KG, MDR 66, 149).

b) In manchen Fällen würde allerdings die Untersuchung, ob der Beschwerdeführer in einem Recht wirklich betroffen ist, die *ganze Sachprüfung vorwegnehmen.*

Beispiel: Wenn X gegen die Anordnung der Erteilung eines Erbscheins an Y Beschwerde mit der Begründung einlegt, das Nachlaßgericht habe die vorliegenden widersprüchlichen Verfügungen von Todes wegen falsch ausgelegt, so ist hier die Prüfung, ob der Beschwerdeführer durch die Erbscheinserteilung in seinem Erbrecht betroffen ist, identisch mit der Prüfung, ob die angefochtene Entscheidung sachlich (inhaltlich) richtig ist.

Den Kritikern der h. M. ist zuzugeben, daß eine derartige Vorwegnahme der Sachentscheidung in der Zulässigkeitsprüfung der Struktur des Verfahrensrechts widerspricht (unrichtig daher OLG Frankfurt, NJW 65, 2306 m. abl. Anm. v. DUNZ). Eine Verfahrensvoraussetzung soll nur festlegen, *wann* eine Sachentscheidung *zulässig* ist, *nicht* aber sie bereits *beinhalten* (BAUMGÄRTEL, ZZP 67, 424, 430 f.). Daraus ist jedoch nicht der Schluß zu ziehen, daß in diesen Fällen die Beschwerdebefugnis zur Begründetheit gehört, sondern es sind umgekehrt, nachdem einmal der Charakter der Beschwerdebefugnis als eine Verfahrensvoraussetzung erkannt ist (oben I), die Anforderungen an den Nachweis dieser Voraussetzung so zu erleichtern, daß das Schwergewicht der Beschwerdeentscheidung bei der Sachprüfung bleibt und der Sinn der Verfahrensvoraussetzung (nämlich: Ausschaltung der Popularbeschwerde) erreicht wird.

Das Problem stellt sich in anderen Verfahrensordnungen in ähnlicher Weise, wo immer ein materielles Kriterium gleichzeitig Element der Zulässigkeit eines Rechtsmittels und der materiellen Rechtsanwendung ist. In aller Regel wird der Konflikt dann dadurch gelöst, daß für die Zulässigkeit die Anforderungen an Darlegung und Feststellung dieses Kriteriums erleichtert werden (LÜKE, AöR 45, 191 f.). Z. T. will man in unserem Fall die Beschwerdebefugnis bejahen, wenn der Beschwerdeführer eine Rechtsbeeinträchtigung *schlüssig vorträgt,* wenn er also im Beispielsfall Tatsachen dartut, aus denen sich sein Erbrecht ergibt. Die Frage, ob dieses Vorbringen richtig sei, gehöre dann zur Sachprüfung (s. LÜKE, AöR 45, 191 f.; DEUBNER, JuS 61, 129, 130; wohl auch BAUR, § 29 A III 2 a Beispiel 4 und KEIDEL, § 20 Rz. 2, beide aber in einem gewissen Widerspruch zu ihren sonstigen Ausführungen).

Abgesehen von dem Bedenken, ob sich diese Forderung mit der Untersuchungsmaxime (§ 12 FGG) verträgt, ist vor allem gegen diese Ansicht einzuwenden, daß sie ohne Anwaltszwang von den rechtlich i. d. R. unbewanderten Beteiligten gerade in den hier meist recht schwierigen Rechtsfragen keinen rechtlich schlüssigen Vortrag verlangen kann.

c) Der BGH will (MDR 63, 39), wenn ich ihn recht verstehe, sich damit begnügen, daß der Beschwerdeführer soviel vorträgt, daß sich daraus immerhin die *ernsthafte Möglichkeit* einer Rechtsbeeinträchtigung ergibt. Damit würde er an die Möglichkeitstheorie anschließen, wie sie auch im Verwaltungsprozeß zu § 42 II VwGO vertreten wird (s. BVerwG, DVBl. 60, 601; EYERMANN-FRÖHLER, § 42 Rz. 85; ULE, § 42 Anm. III 1), wo ja auch die Untersuchungsmaxime gilt (ähnlich schon früher wohl UNGER, ZZP 36, 107 und OETKER, ZZP 45, 557; KG, OLGRspr. 12, 199).

Wenn der Zweck der Verfahrensvoraussetzung der Beschwerdebefugnis wirklich darin liegt, die Möglichkeit einer Popularbeschwerde auszuschließen, dann scheint dieser Zweck mit der Darlegung der ernsthaften Möglichkeit einer Rechtsbeeinträchtigung des Beschwerdeführers erreicht. Eine solche, im rechtlichen Sinn nicht notwendig schlüssige Darlegung erscheint wie im Verwaltungsprozeß auch dem rechtlich ungewandten Beschwerdeführer zumutbar und auch mit der Untersuchungsmaxime verträglich. Der Ansicht des BGH ist daher zuzustimmen.

d) *Ergebnis:* Im Regelfall ist die Beschwerde nur zulässig, wenn feststeht, daß der Beschwerdeführer in einem Recht wirklich betroffen ist. Nur wenn die Zulässigkeitsprüfung sich mit der Sachprüfung decken würde, genügt für die Zulässigkeit der Beschwerde, wenn der Beschwerdeführer die ernsthafte Möglichkeit dartut, daß er in einem Recht betroffen ist.

Mehr braucht der Beschwerdeführer andererseits aber auf keinen Fall vorzubringen. LENT-HABSCHEID (§ 32 II 3) verlangt zwar zusätzlich noch die Rechtsbehauptung, daß die angefochtene Verfügung rechtswidrig sei. Das ist indessen gegenüber der h. M. kein zusätzliches Erfordernis. Denn die Behauptung soll nach LENT-HABSCHEID auch schlüssig erfolgen können. Dann ist sie aber stets in dem Begehren auf Abänderung der angefochtenen Verfügung enthalten. Denn eine Entscheidung, die man für richtig hält, will man nicht abändern lassen.

3. Der Beschwerdeführer muß nach § 20 I in einem *Recht* betroffen sein. Wenn ausnahmsweise die Anforderungen an den Nachweis der Beschwerdebefugnis erleichtert sind (oben 2), so muß doch die ernsthafte Möglichkeit des Betroffenseins sich immer noch gerade auf ein *Recht* beziehen.

a) Die Berührung bloßer rechtlicher, wirtschaftlicher, ideeller oder sonstiger *Interessen* genügt nicht. Das war schon die Ansicht des Gesetzgebers (s. HAHN-MUGDAN, Materialien, Bd. 7, S. 40) und folgt auch aus einem Gegenschluß aus § 57 FGG, nach dem ausnahmsweise die Berührung bloßer Interessen zur Beschwerdeeinlegung legitimiert. Erst recht genügt nicht ein rein theoretisches Interesse an der Klärung einer Rechtsfrage (RGZ 18, 172).

b) Es muß ein *subjektives Recht* des Beschwerdeführers sein, das betroffen ist. Darunter versteht man eine Rechtsmacht, die dem einzelnen durch die Rechtsordnung verliehen ist, seinem Zweck nach ein Mittel zur Befriedigung menschlicher Interessen (ENNECCERUS-NIPPERDEY, Bd. 1, § 72). Das Recht kann personenrechtlicher, schuldrechtlicher oder erbrechtlicher Art sein; es kann auch seine Grundlage im öffentlichen Recht haben (JANSEN, § 20 Anm. 1). Nach BGHZ 3, 203 ist darunter auch eine rechtlich gesicherte Anwartschaft zu rechnen, wie z. B. die des einzigen wirtschaftsfähigen Abkömmlings auf den Anfall des Hofes (s. aber auch BGH, JZ 62, 250).

Beispiele: Die Entziehung des Sorgerechts nach § 1666 BGB betrifft den Vater in einem Familienrecht. Nach Entzug des Sorgerechts hingegen berühren weitere

Maßnahmen des Vormundschaftsgerichts bezüglich der Personensorge (z. B. Bestellung eines Vormundes) den Vater nur noch in seinen Interessen und können von ihm nicht mit der Beschwerde angegriffen werden (BGH, NJW 56, 1755). Anders jedoch, wenn die elterliche Gewalt nur wegen tatsächlicher Verhinderung ruht (BayObLG, JZ 62, 124). Mit der Anerkennung von Anwartschaften als subjektiven Rechten i. S. des § 20 I (wie z. B. für die Stellung des Schlußerben: BGHZ 37, 319) wird allerdings die Grenzlinie zu den bloßen rechtlich geschützten Interessen flüssig. S. z. B. zur Beschwerdebefugnis des Pflichtteilsberechtigten gegen die Ablehnung der Ernennung eines Testamentsvollstreckers: KG, NJW 63, 1553.

c) Dabei genügt nicht irgendeine Rechtsberührung; der Beschwerdeführer muß *unmittelbar* in einem Recht betroffen sein (BGHZ 16, 177; KG, FamRZ 64, 325; OLG Karlsruhe/Freiburg, FamRZ 56, 252). Es reicht auch nicht, daß der Beschwerdeführer eine andere Rechtsauffassung hinsichtlich der Begründung hat. Ein subjektives Recht kann nur vom Ergebnis der Entscheidung, nicht von ihrer Begründung betroffen sein (OLG Hamburg, MDR 53, 180; BayObLGZ 62, 230; BayObLG, NJW 64, 1326; aber BayObLGZ 64, 173).

d) Die Rechtsbeeinträchtigung muß schon zur Zeit des Erlasses der angefochtenen Entscheidung eingetreten sein und noch zur Zeit der Beschwerdeentscheidung vorliegen.

Hat sich der Verfahrensgegenstand insoweit erledigt (dazu oben §§ 28 I 5 und 18 IV), so kommt eine Fortsetzung des Beschwerdeverfahrens analog §§ 113 I 4 VwGO, 131 I 2 SGG mit dem neuen Ziel der *Feststellung*, daß die inzwischen „erledigte" Entscheidung rechtswidrig gewesen sei und den Beschwerdeführer in seinen Interessen beeinträchtigt habe, nicht in Betracht, mag diese Feststellung für den Beschwerdeführer auch wegen ihrer präjudiziellen Wirkung für ein anderes Verfahren (z. B. Amtshaftung; Kostenerstattung) von Interesse sein. In *diesem* Verfahren mit *diesem* Verfahrensgegenstand fehlt jedenfalls das Rechtsschutzbedürfnis (BayObLGZ, NJW 64, 1326; OLG Hamm, JMBl. NRW 59, 267; OLG Düsseldorf, MDR 57, 492; BGH, NJW 52, 1758). Darum ist die Beschwerde als unzulässig zu verwerfen, sofern nicht der Beschwerdeführer von sich aus die Erledigung erklärt (dazu oben § 18 IV).

4. Umstr. ist, ob unter subjektive Rechte in § 20 I FGG nur *materielle* (private oder öffentliche) Rechte zu zählen sind oder ob dazu auch ein *allgemeines Recht* des Beteiligten „auf richtige Besorgung seiner Angelegenheiten, auf gerechte und sachgemäße Gestaltung und Abgrenzung seines Rechtskreises", kurz ein allgemeines Recht auf sachgemäße Behandlung seiner Angelegenheit gehört, so daß schon dessen Verletzung zur Anfechtung legitimiert.

a) Die h. M. bejaht das Letztere unter Berufung auf Unger (Schlegelberger, § 20 Rz. 2 f.; Keidel, § 20 Rz. 7, jeweils mit w. Nachw.; Furtner, DNotZ 66, 7 ff.; OLG Bremen, JZ 57, 350 m. abl. Anm. v. Lent; OLG Hamm, OLGZ 66, 235).

Unger (ZZP 36, 108 f.; ZZP 39, 66) hatte allerdings den Rechtsschutzanspruch im Auge, ein umfassendes Recht, das die Wahrung der materiellen Rechte mit einbegreifen sollte. Die h. M. hingegen will das Recht auf sachgemäße Behandlung als eines von *vielen* subjektiven Rechten begreifen, also als ein formelles neben den vielen materiellen Rechten.

b) Es ist *abzulehnen,* daß ein solches allgemeines Recht auf sachgemäße Behandlung besteht, zumindest, daß es zur Anfechtung i. S. des § 20 I FGG legitimiert (ebenso BAUR, § 29 A III 3 a; LENT-HABSCHEID, § 32 III 1; BGHZ 1, 267).

Der Zweck des § 20 I FGG ist die Klärung, wer zur Beschwerdeeinlegung befugt ist. Die Vorschrift ist damit eine Ausprägung des allgemeinen Rechtsschutzbedürfnisses. Die Befugnis ist also demjenigen zuzugestehen, der zur Wahrung seiner Angelegenheiten ein Bedürfnis zur Anfechtung hat. Gewiß hat unter Umständen der einzelne Beteiligte subjektive Verfahrensrechte (z. B. rechtliches Gehör, oben § 17 III). Aber diese subjektiven Verfahrensrechte haben ebenso wie das objektive Verfahrensrecht nur eine Hilfsfunktion. Sie sollen der richtigen Gestaltung des materiellen Rechts dienen. Sie sind Sicherungen, mit denen erreicht werden soll, daß eine richtige Entscheidung gefällt wird, durch die keine materiellen Rechte beeinträchtigt werden. Wo im Ergebnis die Entscheidung materielle Rechte gar nicht berührt, kann nicht entscheidend sein, *wie* die Entscheidung zustande gekommen ist. Wer in seiner materiellen Rechtsstellung vom *Ergebnis* der Entscheidung nicht betroffen ist, hat kein Bedürfnis, Unkorrektheiten im Verfahrensverlauf überprüfen zu lassen. Die Beschwerde steht dem Beteiligten nicht als Hüter des objektiven Rechts zu (sonst müßte man die Popularbeschwerde zulassen), sondern zur Wahrung seiner sachlichen Rechte (BAUR, aaO).

5. Von dieser Frage, *welche* Rechtsberührung zur Beschwerdeeinlegung *legitimiert,* ist die Frage zu trennen, ob auf Grund einer von einem befugten Beschwerdeführer eingelegten Beschwerde eine Entscheidung *schon deshalb aufzuheben* ist, weil im Verlauf des Verfahrens ein Verfahrensverstoß — unter Umständen auch die Verletzung eines Verfahrensrechts eines Beteiligten — erfolgt ist (so anscheinend OLG Hamm, FamRZ 66, 241), oder im Grundsatz *nur dann,* wenn sie für den Inhalt der Entscheidung *kausal* geworden ist. Das ist eine Frage der Sachprüfung, der *Begründetheit* der Beschwerde, was — wie BAUR (§ 29 A III 3 a) mit Recht hervorhebt — nicht immer klar von der Frage nach der Beschwerdebefugnis (oben 4) getrennt gesehen wird.

So führt etwa FURTNER (JZ 61, 526) als Beispiel an, daß bei der Auswahl eines Pflegers für eine auf Vermögenssorge beschränkte Pflegschaft die nahen Verwandten übergangen worden seien. Wolle man hier nicht ein Recht der Verwandten und des Mündels auf ordnungsgemäße Besorgung ihrer Angelegenheiten anerkennen, so sei niemand beschwerdebefugt. Indessen: Das Mündel ist durch die Pflegerbestellung tatsächlich in seinem Recht betroffen. Das reicht zur Beschwerdelegitimation aus. Ob der *richtige* Pfleger bestellt worden ist, gehört zur Sachprüfung (BayObLG, FamRZ 65, 341). Im übrigen vgl. LG Mannheim, MDR 63, 596.

a) Wegen des Sachzusammenhangs soll die aufgeworfene Frage, obwohl sie zur *Begründetheit* der Beschwerde gehört, an dieser Stelle gleich mitbehandelt werden. Ausgangspunkt für die Lösung muß wieder die Erkenntnis von der Hilfsfunktion des Verfahrensrechts sein (oben 4). Die Regeln des Verfahrensrechts sollen nur eine richtige Behandlung und Gestaltung des materiellen Rechts garantieren. Daher kann im Grundsatz ein Verfahrensverstoß nur dann eine Beschwerde begründen, wenn er für den Inhalt der Beschwerdeentscheidung kausal geworden ist (BGHZ 1, 267, 269; BGH, RdL 56, 249; BAUR, § 29 A III 3 b).

Das ist auch die Einstellung der ZPO. So kann etwa die Verletzung der örtlichen Zuständigkeit die Berufung überhaupt nicht (§ 512 a ZPO), die Verletzung der sachlichen Zuständigkeit sie nur im begrenzten Maße (§ 10 ZPO) begründen (wohlgemerkt auch hier *begründen*, nicht *zulässig* machen).

b) Nun ist die Kausalität zwischen einem Verfahrensverstoß und dem Inhalt einer Entscheidung oft *schwierig nachzuweisen.* Daher erleichtert § 551 ZPO für die *Revision* bei besonders schweren Verfahrensverstößen (absolute Revisionsgründe) diesen Nachweis durch eine unwiderlegliche Vermutung (z. B. bei ordnungswidriger Besetzung des Gerichts, Nr. 1). Die Vorschrift ist für die weitere Beschwerde der fG entsprechend anwendbar (§ 27 S. 2 FGG).

Für die *Berufung* fehlt es in der ZPO an solchen Vermutungen. Dafür bestimmt § 539 ZPO, daß bei *wesentlichen Verfahrensmängeln* das Berufungsgericht die Entscheidung aufheben und die Sache an das Gericht 1. Instanz zurückverweisen *kann.* Ein wesentlicher Mangel des erstinstanzlichen Verfahrens liegt vor, wenn in diesem Verfahren solche Fehler unterlaufen sind, daß es nicht als ausreichende Grundlage der Entscheidung angesehen werden kann. § 539 ZPO enthält einen sinnvollen *Grundgedanken.* Darum ist die Vorschrift in der fG entsprechend für die Erstbeschwerde anwendbar (so auch BAUR, § 29 A III 3 b).

c) *Ergebnis:* Verfahrensverstöße sind nur für die *Begründung* der Beschwerde bedeutsam. Sie müssen grundsätzlich für den *Inhalt* der Entscheidung *kausal* sein. Bei schweren Mängeln *kann* das Beschwerdegericht die angefochtene Entscheidung aufheben und die Sache an die erste Instanz zu neuer Verhandlung und Entscheidung zurückverweisen.

III. Besonderheiten im Antragsverfahren

1. § 20 II FGG erfordert für Antragsverfahren ausnahmsweise eine *formelle Beschwer:* Soweit ein Antrag zurückgewiesen ist, ist nur der Antragsteller beschwerdebefugt.

Die Vorschrift ist allerdings — wie im Grundbuchrecht — erweiternd dahin auszulegen, daß dort, wo von mehreren Antragsberechtigten nur einer den Antrag gestellt hat, auch die anderen zur Beschwerde gegen die Zurückweisung befugt sind.

Eine andere Auslegung wäre Förmelei (FURTNER, JZ 61, 527; FIRSCHING, DNotZ 60, 640, 646; a. A. JANSEN, § 20 Anm. 8; s. aber auch BGHZ 30, 220).

2. Umstr. ist, ob § 20 II die formelle Beschwer *zusätzlich* zu der materiellen Beschwer des § 20 I fordert (s. h. M.: KEIDEL, § 20 Rz. 96; KG, WM 60, 1422) oder *an dessen Stelle* (so früher KGJ 23 A 195; UNGER, ZZP 37, 406). Der h. M. ist zuzustimmen. § 20 II ist als Einschränkung zu § 20 I gedacht.

3. Heftig umstr. ist weiterhin, ob das *formelle* Kriterium des § 20 II (= formelle Divergenz zwischen Antrag und Entscheidung) nach seinem Sinn für *alle* Entscheidungen im Antragsverfahren gelten soll, ob also jemand mangels formeller Beschwer unrichtige und ihn materiell betreffende Entscheidungen nicht angreifen kann, wenn sie auf seinen Antrag hin ergangen sind (so BAUR, § 29 A III 2 e; dagegen grundsätzlich SCHLEGELBERGER, § 20 Rz. 7; KEIDEL, § 20 Rz. 99, jeweils m. Nachw.).

Es geht dabei um die Frage, ob man die *Verantwortung* des einzelnen für eine richtige Antragstellung über sein *Bedürfnis* nach einer sachlich richtigen Gestaltung seiner Angelegenheiten stellen will. Richtigerweise wird man differenzieren müssen (so auch JANSEN, § 20 Anm. 8; SCHLEGELBERGER, § 20 Rz. 7).

In den Verfahren, in denen der Antragsteller nur einen Verfahrensantrag, nicht aber einen förmlichen Sachantrag stellen muß (wie in den meisten Vormundschaftssachen, auch im Hausratsverfahren), reicht es aus, wenn der Antragsteller materiell beschwert ist. Das gleiche gilt für die Verfahren, in denen zwar ein genau formulierter Antrag gestellt werden muß, deren Gegenstand aber nicht der Verfügung der Beteiligten unterliegt (wie im Erbscheinsverfahren; so KG, NJW 1960, 1158). In den übrigen Verfahren (z. B. im Vertragshilfeverfahren und im Verfahren nach dem LwVG, dazu BGHZ 1, 267) ist eine formelle Beschwer des Antragstellers erforderlich.

4. In einigen Fällen wird als formelle Beschwer das Erreichen eines Beschwerdewerts gefordert (oben § 28 I 6 a).

IV. Beschwerdeberechtigung in Sonderfällen

§ 20 FGG gilt für alle Bereiche der fG, soweit nicht eine abweichende Regelung getroffen ist.

1. Die bedeutsamste findet sich für *Vormundschaftssachen* in §§ 57 bis 59 FGG. § 57 *erweitert* den Kreis der Beschwerdebefugten um bestimmte Personengruppen, bei denen ausnahmsweise die Beeinträchtigung bloßer *Interessen* (statt der *Rechts*berührung nach § 20) ausreicht. Diese Erweiterung dient teils den Interessen der Beschwerdebefugten, vor allem jedoch ist die Beschwerdebefugnis zur Wahrung der Interessen des Mündels gewährt. Am weitesten geht dabei § 57 Nr. 9 FGG, der bezüglich Entscheidungen über das persönliche Wohl des Mündels jedermann die Beschwerdebefugnis gewährt, „der ein berechtigtes Interesse hat, diese Angelegenheit wahr-

zunehmen" (s. OLG Bremen, OLGZ 66, 455, wonach der Vater eines unehelichen Kindes, der mit dem Kinde und der Mutter in einer familienähnlichen Gemeinschaft lebt, in Angelegenheiten des Kindes beschwerdebefugt ist).

2. In einer Reihe von Fällen ist *Behörden* und öffentlichrechtlichen Körperschaften auch *ohne eigene* materielle Beteiligung zur Wahrnehmung des öffentlichen Interesses an den betreffenden Angelegenheiten eine Beschwerdebefugnis eingeräumt. Diese Behörden und Körperschaften sind bei Ausübung des Beschwerderechts *formell* (nicht auch materiell) Beteiligte. Meist ist ihnen auch schon für die erste Instanz ein Antragsrecht gewährt (oben § 8 IV 2 b). Zur Frage der Parteifähigkeit der Behörden s. ferner oben § 9 I 3).

Beispiele: Die Industrie- und Handelskammer nach § 126 FGG; das Jugendamt nach §§ 65 IV, 67 II (dazu BGH, NJW 64, 2107), 68 II JWG; die Verwaltungsbehörde in Verwahrungssachen nach §§ 7 II mit 6 II d FreihEntzG und den entspr. Landesgesetzen; das Bundesaufsichtsamt für das Kreditwesen nach §§ 43 III KWG v. 1961 (BGBl. I, 881).

Ohne spezielle gesetzliche Regelung haben aber auch Behörden ein Beschwerderecht nur, wenn bei ihnen die Voraussetzungen des § 20 I FGG vorliegen (KG, FamRZ 64, 325). Ausführlich zum Ganzen: ZIMMERMANN, Rpfleger 58, 209.

§ 30. Einlegung und Rücknahme der Beschwerde, Verlust des Beschwerderechts

Literatur: BAUMGÄRTEL, Verwirkung prozessualer Befugnisse im Bereich der ZPO und des FGG, ZZP 67, 423 ff., 446 ff.; KEIDEL, Zur Verwirkung des Beschwerderechts im fG-Verfahren, Rpfleger 60, 240; SIEGERT, ZZP 54, 437.

I. Einlegung und Rücknahme

1. Der Beschwerdeberechtigte kann das Beschwerderecht grundsätzlich *selbst* ausüben. Anwaltszwang besteht nicht. Natürlich kann er aber, wenn er will, sich durch einen Bevollmächtigten vertreten lassen (§ 13 S. 2 FGG, oben § 10 II 1).

a) Steht einem *Notar* in Fällen, in denen er Erklärungen der Beteiligten beurkundet oder beglaubigt hat, eine vermutete Vollmacht zu (z. B. nach §§ 71, 129, 147, 159, 161 FGG, 25 SchiffsRegVfg.), so erstreckt sich diese auch auf die Beschwerdeeinlegung (h. M.: KEIDEL, § 21 Rz. 19; a. A. BayObLGZ 4, 215). S. oben § 10 II 4 a.

b) Für *Verfahrensunfähige* handeln ihre gesetzlichen Vertreter. In besonderen Fällen (z. B. § 59 FGG) wird dem Verfahrensunfähigen aber die Möglichkeit gewährt, neben seinem gesetzlichen Vertreter selbständig Beschwerde einzulegen (Einzelheiten oben § 10 I 3). Bei Einlegung der Beschwerde durch einen gesetzlichen Vertreter ist immer sorgfältig zu prüfen, ob sie im Namen des Verfahrensunfähigen oder im eigenen Namen des Vertreters erfolgt ist, etwa auf Grund eines Beschwerderechts nach § 57 FGG (Beispielsfälle: BGH, NJW 53, 1666; BayObLG, MDR 62, 57; KG, FamRZ 62, 482; OLGZ 65, 375).

2. Die Beschwerde kann nach Wahl des Beschwerdeführers sowohl beim Gericht, das die anzufechtende Verfügung erlassen hat *(iudex a quo)* wie auch beim Beschwerdegericht *(iudex ad quem)* eingelegt werden, und zwar (anders als in § 569 ZPO) ohne Rücksicht auf die Dringlichkeit der Sache (s. aber § 34 II WBG, dazu BGH, WM 60, 973). Eine bei einem anderen Gericht eingelegte Beschwerde wird erst wirksam, wenn sie einem der hierfür zuständigen Gerichte zugeleitet wird. Das Gericht der angefochtenen Verfügung kann, wenn die Beschwerde bei ihm eingelegt wird, dieser auch gleich selbst *abhelfen* (§ 18 I FGG). Es kann in der Beschwerde den erforderlichen Antrag nach § 18 I 1, Hs. 2 erblicken. Zur Prüfung, ob die Voraussetzungen für eine Abänderung vorliegen, ist es nicht nur berechtigt, sondern verpflichtet (oben § 21 II 1 c). Wird die Beschwerde hingegen beim Beschwerdegericht eingelegt, so *kann* dieses, muß aber nicht, die Beschwerde mit der Anregung zur Stellungnahme und evtl. Abhilfe dem erstinstanzlichen Gericht zuleiten.

3. Die Beschwerde kann *nach Wahl* des Beschwerdeführers eingelegt werden (§ 21 II FGG):

a) durch Einreichung einer *Beschwerdeschrift.* Hierfür ist keine bestimmte Form vorgeschrieben, auch nicht die Bezeichnung als Beschwerdeschrift (BGH, NJW 53, 624). Unterschrift ist daher nicht erforderlich, auch nicht bei Behörden. Es muß nur erkennbar sein, von wem die Beschwerdeschrift stammt, und daß sie keinen Entwurf, sondern eine ernstliche abgeschlossene Willensäußerung darstellt (s. auch oben § 14 III 2, unten § 32 I 3 b).

Daher ist die Einlegung durch Telegramm (OLG Frankfurt, WM 51, 480) möglich, auch die durch Fernschreiben (OLG Hamm, NJW 61, 2225). Ein Telegramm kann sowohl fernmündlich aufgegeben als auch fernmündlich zunächst von der Post an das Gericht durchgesprochen werden (BGH, NJW 66, 1077). Darüber hat das Gericht dann eine Niederschrift zu fertigen (BGH, NJW 53, 25). Direkter telefonischer Anruf des Beschwerdeführer beim Gericht hingegen ist keine Beschwerdeschrift. Wohl aber kann der zuständige Urkundsbeamte der Geschäftsstelle hierüber ein Protokoll anlegen (RÖTELMANN, Rpfleger 53, 251).

Eingereicht ist die Beschwerdeschrift mit der Empfangnahme durch einen Beamten, der zur Vornahme des Eingangsvermerks befugt ist (OLG Hamm, Rpfleger 58, 313).

b) zu *Protokoll* des Urkundsbeamten der Geschäftsstelle des Gerichts, dessen Verfügung angefochten wird, oder der Geschäftsstelle des Beschwerdegerichts. Der Urkundsbeamte hat für sachgerechte Abfassung des Protokolls Sorge zu tragen und darum hat er dies zu unterschreiben, nicht der Beschwerdeführer. Denn der Urkundsbeamte hat hier die Aufgabe eines Beistandes für das rechtssuchende Publikum. Darum ist die Protokollierung der Beschwerde durch den iudex a quo oder iudex ad quem mit dessen Stellung unverträglich (BGH, NJW 57, 990; OLG Hamm, MDR 66, 766). Nach h. M. soll dieses Protokoll jedoch als Beschwerdeschrift gelten können, wenigstens bei der Beschwerde, bei der weiteren Beschwerde steht § 29 I 2 FGG entgegen (BGH, LM Nr. 4 zu § 29 FGG).

Auch bei *sonstigen Mängeln* kann ein Protokoll über die Beschwerde als Beschwerdeschrift gelten, wenn es die hierfür erforderlichen Voraussetzungen erfüllt: z. B. wenn die Unterschrift des Urkundsbeamten fehlt oder wenn das Protokoll von der Geschäftsstelle eines anderen Gerichts aufgenommen worden ist (s. oben § 14 III 2).

4. Für den *Inhalt* der Beschwerde enthält das Gesetz keine bestimmten Anforderungen.

a) Eine *Bezeichnung* als Beschwerde ist nicht erforderlich, ebensowenig ein genau formulierter Antrag oder eine Begründung, die allerdings beigefügt werden kann (§ 23 FGG) und abgewartet werden muß, wenn sie angekündigt ist (BayObLGZ 30, 12). In gewissen Fällen muß für die Zulässigkeit die Möglichkeit einer Rechtsbeeinträchtigung dargetan sein (oben § 29 II 2 b—d).

Mindesterfordernisse einer Beschwerde sind, daß erkennbar sind: der Beschwerdeführer, die angefochtene Verfügung und der Wille nach Abänderung dieser Verfügung (BGH, NJW 53, 623; Baur, § 29 B III).

b) Bei *teilbaren* oder mehreren *selbständigen* Verfahrensgegenständen kann die Beschwerde — zumindest im Antragsverfahren (str. für Amtsverfahren) — auf einen dieser Gegenstände oder einen Teil desselben beschränkt werden (oben § 28 I 2 c).

c) Eine *Eventualbeschwerde,* also eine für den Fall der Ablehnung eines Antrags oder einer anderen Beschwerde eingelegte Beschwerde ist — wie alle bedingten Verfahrenshandlungen — grundsätzlich unzulässig. Nur ein Abänderungsantrag nach § 18 I 1 2. Hs. FGG und die Erinnerung nach § 10 IV RpflG können mit der Maßgabe eingelegt werden, daß sie im Fall ihrer Ablehnung als Beschwerde anzusehen seien (oben §§ 21 II 3 a; 26 II 2).

5. Eine *Rücknahme* der Beschwerde ist möglich, solange die Beschwerdeentscheidung noch nicht *erlassen* ist. Vollmacht zur Einlegung der Beschwerde berechtigt im Zweifel auch zur Zurücknahme. Das gilt auch für die vermutete Vollmacht des Notars (oben I 1 a). Die Zurücknahme bedarf keiner bestimmten Form, muß aber unbedingt sein. Sie ist dem Gericht (Beschwerdegericht oder Vorinstanz) gegenüber zu erklären, nicht einem Mitbeteiligten. Eine Anfechtung oder ein Widerruf der Rücknahmeerklä-

rung ist wegen ihres Charakters als einer Verfahrenshandlung wirkungslos (BayObLG, FamRZ 65, 539). Die Beschwerde kann aber erneut wieder eingelegt werden, wenn die Rücknahme nicht einen Verzicht enthielt.

II. Verlust des Beschwerderechts

1. Ein *Verzicht* auf das Beschwerderecht ist nur in § 22 II LwVG erwähnt, aber allgemein zulässig.

a) Durch Verzicht geht das Beschwerde*recht* unter. Er kann vor wie nach Erlaß der anfechtbaren Entscheidung erklärt werden, und zwar grundsätzlich gegenüber dem Gericht, in echten Streitsachen auch gegenüber dem „Gegner" durch einseitige Erklärung oder im Rahmen einer Verzichtsvereinbarung (JANSEN, § 21 Anm. 9; OLG Celle, RdL 62, 99; str.; a. A. LENT-HABSCHEID, § 33 I 4 b). Im ersteren Fall ist eine trotzdem eingelegte Beschwerde ohne weiteres unzulässig, was von Amts wegen zu beachten ist. Im letzteren Fall besteht für den Gegner eine (verzichtbare) verfahrensrechtliche Einrede (BGH, ZZP 66, 148). Zum Unterschied zwischen verfahrensrechtlichem und privatrechtlichem Verzicht oben § 18 II 2.

b) Der Unterschied zwischen *Verzicht* und *Rücknahme* besteht darin, daß der Verzicht das ganze Beschwerde*recht* betrifft, die Rücknahme hingegen sich nur auf die konkret eingelegte Beschwerde, das einzelne Rechtsschutz*gesuch* bezieht. In der Praxis ist angesichts der Formfreiheit eine Unterscheidung oft schwierig. Es muß von Fall zu Fall sorgfältig geprüft werden, was gewollt ist (JANSEN, § 21 Anm. 8; BayObLGZ, FamRZ 65, 539). Eine Vermutung, daß die Rücknahme im Zweifel auch einen Verzicht enthalte (so SCHLEGELBERGER, § 27 Anm. 7) besteht nicht (h. M.; KEIDEL, § 19 Rz. 79).

2. Da bei der einfachen Beschwerde *keine Frist* für die Einlegung besteht, kann sie grundsätzlich jederzeit erklärt werden. Doch kann ihr der von Amts wegen zu beachtende Einwand der *Verwirkung* des Beschwerderechts entgegenstehen; allerdings ist damit vorsichtig zu verfahren (näheres BAUMGÄRTEL, ZZP 67, 423; KEIDEL, Rpfleger 60, 240; SCHWOERER, FamRZ 60, 516; 62, 29).

Die *Praxis* hilft sich mit dem Verwirkungseinwand des öfteren, insbesondere bei Beschwerden, die nach sehr langer Zeit eingelegt werden (z. B. OLG Hamm, Rpfleger 66, 211; OLG Frankfurt, JZ 60, 93; dazu oben § 21 II 3 b aa). OLG Neustadt, NJW 58, 836 warnt aber mit Recht davor, auf diesem Wege stillschweigend doch eine Beschwerdefrist einzuführen. Zum Zeitablauf müssen immer noch besondere Umstände hinzukommen, um den Verwirkungseinwand zu rechtfertigen (BGH, MDR 65, 564). Der Kommissionsbericht (S. 387) empfiehlt zur Abhilfe eine Ausdehnung der Rechtsmittelbefristung.

Der Verwirkungseinwand kann auch entstehen, wenn der Beschwerdeführer die Beschwerde unter Umständen zurückgenommen hat, die in einem etwaigen Beschwerdegegner das Vertrauen darauf geweckt haben, daß der damit eingetretene Zustand bestehen bleiben werde (BAUMGÄRTEL, aaO, S. 444).

§ 31. Beschwerdeverfahren und Beschwerdeentscheidung

Literatur: Bachof, Beurteilungsspielraum, Ermessen und unbestimmter Rechtsbegriff im Verwaltungsrecht, JZ 55, 97; Fenn, Die Anschlußbeschwerde im Zivilprozeß und im Verfahren der fG, Bielefeld 1961; Josef, Die reformatio in peius in der fG, ZZP 33, 518; Magen, Die reformatio in peius in der fG, Frankfurter Diss. 1951; Mattern, Miterledigung von vorinstanzlichen Prozeßresten, JZ 60, 385; Riedel, Verbot der reformatio in peius?, RdL 52, 143; Zimmermann, Verbot der reformatio in peius in der fG, Rpfleger 59, 251 ff.

I. Wirkungen der Beschwerdeeinlegung

1. Die Beschwerde hat grundsätzlich *keine* aufschiebende Wirkung (keinen *Suspensiveffekt*). Das erstinstanzliche Gericht darf also trotz Beschwerdeeinlegung eine angefochtene Verfügung durchführen, sofern die Durchführung erforderlich ist. *Ausnahmen* sind:

a) Verfügungen, durch die eine *Strafe* festgesetzt worden ist (§ 24 I FGG). Bis zur Einlegung der Beschwerde kann die Strafe jedoch vollstreckt werden.

b) die Fälle, in denen das Gericht erster Instanz oder das Beschwerdegericht den *Vollzug* der Entscheidung *ausgesetzt* haben (§§ 24, II, III 2. Hs. FGG). Diese Entscheidung kann das Gericht von Amts wegen nach pflichtgemäßem *Ermessen* fällen. Maßstab ist, ob Gefahr besteht, daß die Vollzugsfolgen nicht mehr oder nur sehr schwer rückgängig zu machen sind, so daß eine Aufhebung im Beschwerdeverfahren nicht mehr sinnvoll wäre. Natürlich geht das nicht, wo die rechtlichen Wirkungen der Verfügung unmittelbar mit dem Wirksamwerden eintreten (z. B. bei Genehmigung eines Rechtsgeschäftes, bei Volljährigkeitserklärung).

c) *zwei* Gruppen der Entscheidungen, die mit der *sofortigen* Beschwerde anfechtbar sind (unten § 32 I 2 b und c).

2. Das Beschwerdegericht kann darüber hinaus auch nach pflichtgemäßem Ermessen gemäß § 24 III FGG *einstweilige Anordnungen anderer Art erlassen.* Es kann aber nicht den Vollzug seiner eigenen Entscheidung aussetzen. Im Fall der Bestätigung der Annahme an Kindes Statt schließt § 68 S. 2 FGG ebenfalls eine einstweilige Anordnung aus. Die einstweiligen Anordnungen des Beschwerdegerichts sind nur dann ihrerseits mit der Beschwerde anfechtbar, wenn dies ausdrücklich in Spezialgesetzen zugelassen ist (oben § 28 III 2).

II. Das Beschwerdeverfahren

Für das Beschwerdeverfahren gelten weitgehend *die gleichen Grundsätze* wie für das *erstinstanzliche* Verfahren, denn es ist eine „zweite Erstinstanz“ (Baur, § 29 C I). Im einzelnen:

1. *Beteiligter* ist in jedem Fall der Beschwerde*führer,* in Antragsverfahren auch der Antrags*gegner,* wenn es ähnlich wie im Zweiparteiensystem

einen solchen gibt, wie z. B. oft im Erbscheinsverfahren und in den echten Streitsachen. Im übrigen ist der *materielle* Beteiligtenbegriff maßgebend (dazu oben § 8 III). Danach ist materiell Beteiligter jeder, der durch eine Entscheidung in seinen Rechten betroffen werden kann, genau wie im erstinstanzlichen Verfahren. Hinzu kommt, wem das *Gesetz* ausdrücklich noch eine *formelle* Beteiligtenstellung einräumt (oben § 8 IV 2 b; § 29 IV 2).

2. Das Beschwerdegericht hat *von Amts wegen* zunächst zu prüfen, ob alle *Zulässigkeitsvoraussetzungen* der Beschwerde vorliegen, und die hierzu erforderlichen Ermittlungen von Amts wegen anzustellen (OLG Düsseldorf, AnwBl. 65, 177), auch soweit ausnahmsweise ein Beschwerdewert gefordert wird (oben § 28 I 6 a) und ermittelt werden muß (BayObLGZ 59, 472; a. A. KG, NJW 61, 1028, das Glaubhaftmachung verlangt). Nur in besonderen Fällen der Beschwerdebefugnis obliegt dem Beschwerdeführer eine begrenzte Darlegungslast (oben § 29 II 2 b—d). Leidet die Beschwerde an einem leicht *zu beseitigenden Mangel* (z. B. Unklarheiten über Umfang der Anfechtung), so hat das Gericht dem Beschwerdeführer Gelegenheit zur Beseitigung des Mangels zu geben (oben § 19 II 1 b). Fehlt eine Zulässigkeitsvoraussetzung, so ist die Beschwerde als unzulässig zu verwerfen. Im einzelnen oben § 27 II und unten § 31 III 1 a.

3. Nach Bejahung der Zulässigkeit hat das Gericht in die *Sachprüfung* einzutreten.

Hierzu *können* die Beteiligten neue Tatsachen und Beweise vorbringen (ius novorum), und zwar (über den Wortlaut des § 23 FGG hinaus) nicht nur der Beschwerdeführer, sondern *auch* die *anderen* Beteiligten, und nicht nur bei Einlegung der Beschwerde, sondern bis zum *Ende* des Beschwerdeverfahrens (anders als in § 529 II, III ZPO).

Jedoch *müssen* die Beteiligten *nichts* vortragen. Auch in der Beschwerdeinstanz gilt der Grundsatz der *Amtsermittlung* (§ 12 FGG). Das Beschwerdegericht hat sich nicht darauf zu beschränken, die Gründe der angefochtenen Entscheidung nachzuprüfen, sondern es hat das *gesamte* Sach- und Rechtsverhältnis, wie es sich zur Zeit seiner Entscheidung darstellt, seiner Beurteilung zu unterziehen (BGHZ 14, 398; BGHZ 25, 96; BGHZ 36, 348; KG, NJW 65, 1086). Zu diesem Zweck kann es, falls erforderlich, die erstinstanzlichen Ermittlungen *wiederholen*, es kann nach pflichtgemäßem Ermessen auch *weitere* Ermittlungen anstellen, neue Beweisthemen und Beweismittel aufgreifen (OLG Stuttgart, ZblJR 61, 304). Allerdings darf es dabei nicht über den durch die angefochtene Verfügung umrissenen *Verfahrensgegenstand* hinausgehen, ihn weder erweitern, noch einschränken, noch gar „auswechseln" (OLG Köln, NJW 63, 541). Diese *Grenzen* charakterisieren doch seine Stellung als Rechtsmittelgericht. Der Ausdruck „zweite Erstinstanz" gilt nur innerhalb der Grenzen des Verfahrensgegenstandes, wie er in der ersten Instanz festgelegt worden ist.

4. Mit diesen durch den Verfahrensgegenstand gezogenen Grenzen hängt die weitere Frage zusammen, ob das Beschwerdegericht bei seiner Entscheidung an den *Antrag* des Beschwerdeführers *gebunden* ist oder ob es auch über ihn hinausgehen kann. Da von der Antwort der Umfang der Ermittlungen des Beschwerdegerichts abhängt, ist sie schon hier (und nicht erst bei der Behandlung der Beschwerdeentscheidung) zu suchen. Sie lautet: „Ne eat iudex ultra petita partium." Das Gericht ist gebunden.

a) Für *Antragsverfahren* ist das allgemeine Ansicht (Baur, § 29 C I 4). Der Antrag bestimmt hier den Verfahrensgegenstand, darum kann das Beschwerdegericht nicht über ihn hinausgehen. Das gleiche gilt für die *echten Streitsachen* (z. B. BGH, RdL 52, 246, 248; s. oben § 13 II 2).

b) Für die *Amtsverfahren* hingegen ist es umstritten.

Gegen die Beschränkung auf den Antrag z. B.: Keidel, § 25 Rz. 4; Lent-Habscheid, § 34 II 2; *für* eine Beschränkung; Baur, § 29 C I 4; Schlegelberger, § 25 Rz. 11.

Der Beschwerdeführer kann — anders als in der ersten Instanz — sowohl *Anfang* wie *Ende* des Beschwerdeverfahrens bestimmen. Das zeigt, daß bei Durchführung des Beschwerdeverfahrens auch in Amtssachen nicht das öffentliche, sondern das private Interesse überwiegt. Darum muß dem Beschwerdeführer auch eine Dispositionsbefugnis hinsichtlich des *Umfangs* der Nachprüfung eingeräumt werden. Im übrigen ist auch an § 18 FGG die Kompetenzverteilung zwischen erster und zweiter Instanz abzulesen. Könnte das Beschwerdegericht über den Antrag hinausgehen, so würde dies praktisch eine Änderung der erstinstanzlichen Entscheidung und nicht nur eine Beschwerdeentscheidung sein. Die Abänderungsbefugnis steht aber nur der Erstinstanz zu.

Der *Einwand*, daß ein *bestimmter* Antrag nicht gestellt zu werden braucht, ist nicht stichhaltig. Es ist richtig, daß in den meisten Fällen der Beschwerdeführer keinen genau formulierten Antrag stellt (oben § 30 I 4 a). Dann will er die Entscheidung in vollem Umfang aufgehoben wissen und unser Problem stellt sich gar nicht. Wenn der Beschwerdeführer aber einen bestimmten, beschränkten Antrag formuliert, ist nicht einzusehen, warum er das Gericht nicht damit hinsichtlich des Umfangs seiner Nachprüfung binden können soll.

5. Gerade ging es darum, ob das Beschwerdegericht *zum Vorteil* des Beschwerdeführers von dessen Antrag abweichen, ihm also *mehr* zusprechen kann als beantragt *(ne ultra petita?)*. Nun stellt sich die umgekehrte Frage, ob das Beschwerdegericht etwa — natürlich im Rahmen des Verfahrensgegenstandes — die Erstentscheidung *zum Nachteil* des Beschwerdeführers abändern kann *(reformatio in peius?)*. Auch diese Frage ist str.

a) Die bisher noch h. M. will *differenzieren: Verbot* der reformatio in peius in den Verfahren, in denen Parteiinteressen überwiegen. *Zulässigkeit* der reformatio in peius, wo öffentliche Interessen im Vordergrund stehen. Dabei wird das Parteiinteresse als überwiegend angesehen in echten Streitsachen (BGH, JZ 56, 372 m. Anm. v. Habscheid; BayObLG, FamRZ 65, 513); in Amtsverfahren hingegen das öffentliche Interesse (OLG Celle, FamRZ 56, 288). Bei Antragssachen will man von Fall zu Fall entscheiden (nur Lent-Habscheid, § 34 III 3 a, möchte sie wie Streitsachen behandeln).

So z. B.: BGH, RdL 52, 246, 248; BayObLG, NJW 66, 1322; KG, NJW 52, 229; Keidel, § 19 Rz. 90; Jansen, § 19 Anm. 6; Pikart-Henn, S. 127; Riedel, RdL 52, 143; Zimmermann, Rpfleger 59, 251; unklar: Schlegelberger, § 25 Rz. 12.

b) Demgegenüber setzt sich eine immer stärker werdende Meinung für ein *Verbot* der reformatio in peius in *allen* Verfahren ein: Unger, ZZP 41, 147; Schiedermair, AcP 154, 449; Baur, § 29 C I 5; Fenn, aaO, S. 205 f. Ihr ist *zuzustimmen.* § 536 ZPO gilt sinngemäß.

Daß ein überwiegendes öffentliches Interesse nicht unbedingt die reformatio in peius im Rechtsmittelverfahren gebieten muß, beweist das Beispiel des Strafprozesses, in dem sie unbestritten verboten ist. Dem Argument, daß dort eben das Gebot der Rechtsstaatlichkeit den Schutz des Angeklagten vor unerwünschten Nachteilen in der Rechtsmittelinstanz verlange, ist entgegenzuhalten, daß in den fG-Verfahren bisher die Rechtsstaatlichkeit nicht immer gebührende Beachtung erfahren hat (s. allerdings die Argumente von Riedel, RdL 52, 143). Im übrigen muß bezweifelt werden, ob im Beschwerdeverfahren der fG überhaupt das öffentliche Interesse die gleiche Bedeutung hat wie in der ersten Instanz. Dagegen spricht — wie oben II 4 b schon dargelegt —, daß die zweite Instanz anders als die erste bei den Amtsverfahren, um die es ja vor allem geht, hinsichtlich Anfang und Ende der Dispositionsfreiheit des Beschwerdeführers unterliegt.

Ein weiteres Argument lautet, es sei widersprüchlich, einerseits das Beschwerdegericht gemäß § 12 FGG zur vollen Sachaufklärung zu verpflichten, ihm aber andererseits eine dementsprechende Entscheidung zu verbieten, wenn das Ermittlungsergebnis auf eine dem Beschwerdeführer nachteilige Abänderung der Erstentscheidung hinführe. Dagegen ist zu sagen, daß § 12 FGG auch in echten Streitsachen und allen Antragssachen gilt. Trotzdem verwendet die h. M. dort das Argument nicht. Mit Recht, denn das Verbot der reformatio in peius begrenzt eben den Umfang der Amtsermittlung und der Entscheidung in der Beschwerdeinstanz. Zu wiederholen ist auch das oben (II 4 b) schon gebrachte Argument, daß eine Zulassung der reformatio in peius praktisch eine Anwendung des § 18 FGG in der Beschwerdeinstanz darstellen würde, der aber nur für die erste Instanz gedacht ist. Die Zulassung einer dem Beschwerdeführer nachteiligen Abänderung der Erstentscheidung steht mit der Grundstruktur des Rechtsmittelverfahrens in Widerspruch.

6. Der Grundsatz des *rechtlichen Gehörs* gilt auch für das Beschwerdeverfahren (BVerfG 6, 12; 19, 49, 51; BayObLGZ 63, 335; oben § 17 III 5).

Dem *Beschwerdeführer* ist immer rechtliches Gehör zu gewähren. Es reicht wieder aus die Gewährung der Gelegenheit zur Kenntnis- und Stellungnahme, die nicht notwendig mündlich erfolgen muß und notfalls durch Fristsetzung beschleunigt werden kann (BVerfG 7, 239).

Dem *Beschwerdegegner* muß jedenfalls dann die gleiche Gelegenheit gewährt werden, wenn die Vorentscheidung *aufgehoben* oder *abgeändert* werden soll, und zwar unabhängig davon, ob das Beschwerdevorbringen neue Tatsachen und Beweismittel enthält (BGH, NJW 64, 2107). Denn durch Gewährung des rechtlichen Gehörs soll der Beteiligte auch vor Überraschungsentscheidungen geschützt werden (BVerfG, NJW 64, 293; KG, NJW 54, 1410; OLG Celle, NdsRpfl. 61, 245).

Hingegen ist eine Anhörung des Beschwerdegegners — jedenfalls zur Wahrung des rechtlichen Gehörs — nicht unbedingt notwendig, wenn die Beschwerde sowieso *verworfen* oder *zurückgewiesen* werden soll. Jedoch ist auch in diesen Fällen die Anhörung ratsam, weil sonst eine erfolgreiche weitere Beschwerde zur Zurückverweisung führen kann (JANSEN, § 12 Anm. 7).

III. Die Beschwerdeentscheidung

Das Beschwerdeverfahren kann ausnahmsweise mit einem *Dispositivakt* der Beteiligten enden, für den das oben (§ 18) für die Erstinstanz Gesagte entsprechend gilt. I. d. R. schließt das Verfahren jedoch mit einer *Entscheidung* des Beschwerdegerichts ab.

1. Für den *Inhalt* dieser Entscheidung, also den *Tenor*, fehlt es an einer besonderen Vorschrift in der fG.

a) Ergibt sich die Unzulässigkeit der Beschwerde, so ist sie als *unzulässig* zu *verwerfen.*

b) Ist eine Beschwerde zulässig, aber unbegründet, so wird sie als *unbegründet zurückgewiesen.*

Unbegründet ist eine Beschwerde *auch dann,* wenn die Entscheidung der Vorinstanz zum Zeitpunkt der Beschwerdeentscheidung nur *im Ergebnis richtig* ist, wenn also zwar deren Begründung unrichtig ist, sie aber mit anderer Begründung, sei es aus anderen Rechtsgründen oder auf Grund neuer Tatsachen, aufrechterhalten werden kann (Grundgedanke des § 563 ZPO). Wird die Vorentscheidung nur wegen gewandelter Rechts- oder Sachlage aufrechterhalten, so hat die Beschwerdeentscheidung jedoch keine rückwirkende Kraft (KG, JFG 14, 445).

c) Erweist sich schließlich eine Beschwerde als zulässig und begründet, so *ändert* das Beschwerdegericht i. d. R. die angefochtene Entscheidung entsprechend (teilweise oder ganz) *ab.* Das Beschwerdegericht trifft also im Regelfall *selbst* die erforderliche Sachentscheidung.

Die *Tenorierung* ist nicht einheitlich. In Süddeutschland wird *„unter Aufhebung"* der Vorentscheidung die neue Sachentscheidung gefällt, im übrigen Deutschland meist *„unter Abänderung"* der Vorentscheidung. Das Letztere ist vorzuziehen, weil es die Kontinuität der Verhandlung von Erstinstanz und Beschwerdegericht betont. Auch eine völlig entgegengesetzte Beschwerdeentscheidung ergeht technisch „in Abänderung" der Vorentscheidung. So auch § 536 ZPO.

d) Ist ausnahmsweise das *Amtsgericht* zur Vornahme bestimmter Rechtshandlungen *ausschließlich* sachlich zuständig, so kann bei begründeter Beschwerde das Beschwerdegericht diese Maßnahme nicht selbst treffen. Hier hebt es die angefochtene Entscheidung auf und *weist* das Amtsgericht an, die Maßnahmen vorzunehmen (z. B. Ernennung, Entlassung eines Vormundes; Erteilung, Einziehung, Kraftloserklärung eines Erbscheins; Eintragung in ein Register).

e) Endlich kann das Beschwerdegericht die angefochtene Entscheidung aufheben und die Sache zur anderweitigen Verhandlung und Entscheidung an die Vorinstanz *zurückverweisen.* Das ist zwar im FGG nicht ausdrücklich vorgesehen, aber nach allgemeiner Ansicht zulässig (BGH, RdL 52, 69; KG, NJW 55, 1074; BAUR, § 29 D III 3 b). Voraussetzung ist entweder, daß das Erstgericht zu den Sachfragen überhaupt *noch keine Stellung* genommen hat, etwa weil es einen Antrag schon aus (unzutreffenden) verfahrensrechtlichen Gründen zurückgewiesen hat, oder daß das Vorverfahren an so wesentlichen Verfahrensmängeln gelitten hat, daß es *nicht als ausreichende Grundlage* für eine Sachentscheidung angesehen werden kann (z. B. völlig unzureichende Sachaufklärung). Hier würde der Beschwerdeführer durch Behebung des Mangels in der Beschwerdeinstanz Gefahr laufen, für eine Sachentscheidung eine *Instanz zu verlieren* (BayObLGZ 54, 128, 131). Darum hat das Beschwerdegericht entsprechend dem Grundgedanken der §§ 538, 539 ZPO nach pflichtgemäßem Ermessen aufzuheben und zurückzuverweisen. Ohne diese Voraussetzungen *muß* das Beschwerdegericht aber grundsätzlich selbst in der Sache entscheiden (BayObLGZ 64, 6; BayObLG, NJW 67, 1235; OLG Hamm, NJW 66, 1080).

2. In den letzten beiden Fallgruppen (1 d und e) ist das *Erstgericht* an die der Beschwerdeentscheidung zugrunde liegende Beurteilung der Rechts- und Tatfrage *gebunden* (BayObLGZ 62, 47). Wird die nunmehr vom Erstgericht gefällte Entscheidung erneut mit der Beschwerde angegriffen, so ist *auch* das *Beschwerdegericht* an die tragende Rechtsauffassung seiner ersten Beschwerdeentscheidung gebunden (BGHZ 15, 122; auch BVerwG, JZ 58, 11).

Jedoch beschränkt sich die Bindungswirkung der Beschwerdeentscheidung auf die *tragenden Rechtsgründe,* erfaßt nicht die obiter dicta (UNGER, ZZP 41, 164). Sie gilt außerdem nur für das *konkrete Verfahren,* nicht für ein neues Verfahren, und auch nur unter der Voraussetzung, daß sich die Sach- oder Rechtslage nicht wesentlich ändert (KEIDEL, § 25 Rz. 8). Das *Verbot der reformatio in peius* gilt für das Verfahren in der *Erst*instanz nach Zurückverweisung *nicht,* weil der erste Beschluß aufgehoben und gar nicht mehr existent ist (BAUR, § 29 D III 3 b bb).

3. Die Entscheidung des Beschwerdegerichts ergeht *in Form* eines schriftlichen, mit Gründen versehenen *Beschlusses* (§ 25 FGG und § 27 S. 2 FGG mit § 561 ZPO).

Eine formelle Trennung von Tatbestand und Entscheidungsgründen ist nicht erforderlich. Gleichwohl muß der Beschluß inhaltlich den festgestellten Sachverhalt, die Beweiswürdigung (OLG Celle, MDR 65, 585), einschließlich einer Würdigung des erheblichen Vorbringens der Beteiligten

(BayObLGZ 61, 81), und die Angabe der tragenden rechtlichen Gründe enthalten.

Das erfordert einerseits die Rücksicht auf die Beteiligten. Das ist vor allem aber auch im Hinblick auf das Gericht der weiteren Beschwerde notwendig, das an die tatsächlichen Feststellungen des Beschwerdegerichts gebunden ist und die Rechtsanwendung auf den festgestellten Sachverhalt nur dann auf Rechtsfehler hin kontrollieren kann, wenn ihm dieser Sachverhalt und die maßgeblichen Entscheidungsgründe vorliegen (OLG Düsseldorf, WM 59, 675; 64, 647; s. im übrigen oben § 19 III).

Der Beschluß muß mindestens — wie in der ZPO (s. BGH, NJW 53, 664) — vom Kammervorsitzenden unterschrieben sein.

4. Die *Bekanntmachung* der Beschwerdeentscheidung erfolgt in gleicher Weise wie die der Entscheidung erster Instanz (oben § 20 II). Für die Form der Bekanntmachung gelten also § 16 II und III FGG. Bekanntmachungsadressaten sind nicht nur die in § 16 I genannten Personen, sondern alle, die durch die Beschwerdeentscheidung in einem Recht beeinträchtigt sind. Die Bekanntmachung kann nicht dem erstinstanzlichen Richter übertragen werden (UNGER, ZZP 39, 90; 41, 174).

5. Auch für das *Wirksamwerden* der Beschwerdeentscheidung gelten grundsätzlich die gleichen Regeln wie für die Entscheidung der ersten Instanz (oben § 20 III). Die Beschwerdeentscheidung wird also i. d. R. mit der *Bekanntmachung* gem. § 16 FGG wirksam.

a) In den Fällen der *sofortigen* weiteren Beschwerde (unten § 32 I) ist *ausnahmsweise* ihre Wirksamkeit an den Eintritt der *formellen Rechtskraft* geknüpft (§ 26 S. 1 FGG). Die formelle Rechtskraft tritt dann — anders als sonst (s. oben § 20 IV 1 und 2) — erst ein, wenn die Rechtsmittelfrist für den letzten Beteiligten verstrichen ist (KEIDEL, § 26 Rz. 3).

b) Das Beschwerdegericht kann jedoch — auf Antrag oder von Amts wegen nach pflichtgemäßem Ermessen — in den zu a) erwähnten Fällen die *sofortige Wirksamkeit* der Beschwerdeentscheidung *anordnen* (§ 26 S. 2 FGG), und zwar gleichzeitig mit dieser, aber auch noch nach dieser Entscheidung (UNGER, ZZP 41, 176).

Diese Anordnung ist *unanfechtbar*, muß aber, um wirksam zu werden, ihrerseits gemäß § 16 FGG bekanntgemacht werden. Nach Einlegung der *weiteren Beschwerde* (gegen die Hauptentscheidung) kann das Gericht der weiteren Beschwerde sie überspielen, indem es gemäß §§ 29 IV, 24 II FGG mit einer einstweiligen Anordnung die sofortige Wirksamkeit wieder herstellt.

c) Eine Anordnung nach § 26 S. 2 FGG ist durch § 68 S. 2 FGG für Entscheidungen über die Annahme an Kindes Statt ausdrücklich *ausgeschlossen*. Sie ist ferner unzulässig für alle die Fälle, in denen kraft *besonderer* Vorschrift die Wirksamkeit der Entscheidung vom Eintritt der formellen Rechtskraft abhängig gemacht ist (s. die Aufzählung oben § 20 III 2 d).

Jedoch sehen *einige* dieser Sondervorschriften ihrerseits wieder vor, daß bei *Gefahr in Verzug* doch sofortige Wirksamkeit angeordnet werden kann (z. B. §§ 53 II, 82 II FGG).

§ 32. Sofortige Beschwerde und Anschlußbeschwerde

Literatur: Baur, Ist die Anschlußberufung (Anschlußrevision) ein Rechtsmittel? Festschrift für Fragistas, Thessaloniki 1966, S. 359; Bötticher, Anm. zu BAG AP Nr. 3 zu § 89 ArbGG und Bespr. von Fenn, AcP 162, 174; Fenn, Die Anschlußbeschwerde im Zivilprozeß und im Verfahren der fG, 1961; Göppinger, Zur Zulässigkeit der Anschlußbeschwerde, JR 64, 12; Hw. Müller, Gibt es die Rechtseinrichtung der Anschlußbeschwerde? JR 54, 212; Walsmann, Die Anschlußberufung, Leipzig 1928.

I. Sofortige Beschwerde

1. Die Beschwerde ist i. d. R. *unbefristet*, kann also jederzeit, auch noch nach längerer Zeit eingelegt werden. Nur bei bestimmten Entscheidungen muß sie „sofort", d. h. innerhalb einer kurz bemessenen *Frist* erhoben werden (darum „sofortige" Beschwerde).

a) Es handelt sich um Fälle, in denen das Bedürfnis nach Rechtssicherheit entweder auf eine rasche Klärung in diesem Verfahren oder sogar auf eine endgültige Befriedigung in der Sache drängt und so den Wunsch nach unbeschränkter Gerechtigkeitskontrolle überwiegt. Das wird erreicht einerseits durch das *Abänderungsverbot* für die Erstinstanz (§ 18 II FGG, oben § 21 II 3 b) und andererseits durch *Anfechtungsverbot* nach Fristablauf für die Beteiligten.

Beispiele finden sich in Vormundschaftssachen (z. B. nach §§ 56, 56 b, 56 c, 60, 68 FGG); in Nachlaßsachen (§§ 76 f., 80 ff., 96, 99 FGG); in Registersachen (§§ 139, 141—144, 147 f., 159 ff. FGG) und vor allem in fast allen neueren Streitsachen (z. B. §§ 14 HausratsVO; 18 VHG; 4 III, 32 III WBG).

b) Eine erschöpfende Aufzählung der mit der sofortigen Beschwerde anfechtbaren Entscheidungen ist hier unmöglich (Einzelheiten bei Keidel, § 22 Rz. 1). Im Gesetz ist jeweils *angegeben*, wann sofortige Beschwerde stattfindet. *Ohne* spezialgesetzliche Regelung ist sofortige Beschwerde außerdem überall *dort* zulässig, wo die *Wirksamkeit* einer Entscheidung an den Eintritt der *formellen Rechtskraft* geknüpft ist. Das ist nur für Vormundschaftssachen ausgesprochen (§ 60 I Nr. 6 FGG), beansprucht aber allgemeine Geltung. Denn sonst wäre die Wirksamkeit solcher Entscheidungen praktisch unbegrenzt hinausgeschoben. Das wäre unsinnig. Die Verknüpfung von Wirksamkeit und formeller Rechtskraft setzt voraus, daß Zweifelsfragen im Rechtsmittelverfahren rasch geklärt werden. Die Beschwerde ist auch dann befristet, wenn in besonderen Fällen (z. B. §§ 53 II, 55 a FGG) das Gericht die sofortige Wirksamkeit der Entscheidung anordnen kann und anordnet (BGH, NJW 64, 2304; str.).

c) Die Befristung gilt grundsätzlich nur für *End*entscheidungen (natürlich auch Teilendentscheidungen). Vorbereitende *Zwischen*entscheidungen in diesen Verfahren sind hingegen, sofern überhaupt (dazu oben § 28 III 2), bis zum Erlaß der Endentscheidung unbefristet anfechtbar. Die Einzelheiten, insbesondere bei den präjudiziellen Zwischenentscheidungen, sind umstr. Dazu KEIDEL, JZ 53, 303 und BAUR, § 30 A IV; BGHZ 25, 166.

d) Die *Dauer* der Beschwerdefrist beträgt i. d. R. zwei Wochen (§ 22 I 1 FGG), ausnahmsweise einen Monat (§§ 26 I, 40 VerschG; 34 WBG; 86 Ausführungsgesetz z. Abkommen über deutsche Auslandsschulden; Art. 62 REAO Berlin-West) oder drei Monate (§§ 31 VI, 47 IX AuslWBG).

2. Für die *Einlegung*, das *Verfahren* und die *Entscheidung* gelten bei der sofortigen Beschwerde dieselben Grundsätze wie für die einfache Beschwerde (oben §§ 30, 31). Nur folgende *Besonderheiten* kommen hinzu:

a) Dem erstinstanzlichen Gericht ist — außer bei Sachverhaltsänderung nach der Entscheidung (BayObLG, MDR 62, 997) — eine Änderung seiner Verfügung untersagt, selbst wenn keine Beschwerde eingelegt ist (§ 18 II FGG, oben § 21 II 3 b).

b) Bei einigen Entscheidungen hat die sofortige Beschwerde ausnahmsweise — wie bei der Ordnungsstrafverfügung (oben § 31 I 1 a) — aufschiebende Wirkung (§§ 65 IV, 66 III, 75 V JWG; 42 II 2, 91 VI, VII BRAO; 111 IV BNotO; 58 I WEG, dazu BÄRMANN, § 58 Anm. IV).

c) Bei anderen Entscheidungen ist außerdem in Abweichung von § 16 I FGG der Eintritt der Wirksamkeit ausdrücklich auf den Zeitpunkt der formellen Rechtskraft hinausgeschoben worden (oben § 20 III 2 d). Da die Beschwerde hier den Eintritt der Rechtskraft hemmt, hat sie auch in diesen Fällen aufschiebende Wirkung.

Beispiele: §§ 26, 53 I, 53 a II, 55 a I, 56 II, 82 II, 97, 98, 141 IV, 158 FGG; 16 I HausratsVO; 8 FreihEntzG.

Ausnahme von der *Ausnahme:* In Sonderfällen kann das Gericht doch die sofortige Wirksamkeit der Verfügung anordnen, z. B. nach §§ 26 S. 2, 53 II, 55 a II FGG; 30 II LwVG; 8 S. 2 FreihEntzG.

Von den Fällen b) und c) abgesehen gilt aber § 24 I FGG auch für die sofortige Beschwerde: Sie hat i. d. R. keinen Suspensiveffekt.

d) Die Beschwerde*entscheidung* wird, wenn gegen sie weitere sofortige Beschwerde zulässig ist (unten § 33 III 5), erst mit formeller Rechtskraft wirksam (§ 26 S. 1 FGG). Jedoch kann das Beschwerdegericht die sofortige Wirksamkeit anordnen (§ 26 S. 2 FGG), wenn nicht — wie in den gerade erwähnten Fällen (oben 2 c) — spezialgesetzlich die Wirksamkeit bis zur formellen Rechtskraft hinausgeschoben ist. Für diese Fälle gilt § 26 S. 2 FGG nicht. Im einzelnen oben § 31 III 5.

3. Im Zusammenhang mit der Befristung ist zu *beachten:*

a) Die *Frist beginnt* mit Bekanntmachung gem. § 16 FGG an den Beschwerdeführer (§ 22 I 2 FGG), bei mehreren Beschwerdeberechtigten für jeden gesondert mit der Bekanntmachung an ihn, bei zeitlich verschiedener

Bekanntmachung also u. U. zu verschiedenen Zeitpunkten (oben § 20 III 1). Ausnahmsweise sehen einen einheitlichen Fristbeginn für alle Beschwerdeberechtigten vor die §§ 66 II, 77 III FGG; 24 III VerschG. Die Beschwerde kann jedoch auch schon vor der Bekanntmachung, nicht aber vor dem Erlaß der Entscheidung eingelegt werden (RGZ 29, 341).

Die Frist beginnt jedoch nur bei *ordnungsgemäßer* Bekanntmachung, also nicht, wo die zwingend vorgeschriebene Begründung oder Rechtsmittelbelehrung (z. B. nach §§ 21 I 2, 25 LwVG) fehlt (BGH, RdL 54, 244; BayObLGZ 60, 110, 119). In diesen Fällen ist auch § 516 ZPO nicht anwendbar.

b) Die *Frist* ist *gewahrt*, wenn die ordnungsgemäße Beschwerde noch in der Frist in den Verfügungsbereich des empfangszuständigen Beamten gelangt. Die Begründung kann jederzeit nachfolgen. Der Beschwerdeführer muß jedoch innerhalb der Beschwerdefrist namhaft gemacht sein (BGHZ 8, 299).

Telefonische Durchsage eines Telegramms genügt, wenn darüber ein Protokoll angelegt wird (BGHZ, JZ 53, 179; NJW 60, 1310; oben §§ 14 III 2, 30 I 3), ebenso Einwurf in den dafür bestimmten Nachtbriefkasten (s. oben § 14 VI).

c) Eine verspätet eingelegte Beschwerde ist als *unzulässig* zu verwerfen. Jedoch kann unter den Voraussetzungen des § 22 II FGG Wiedereinsetzung in den vorigen Stand beantragt werden (oben § 14 VI). Gerichtliche Fristverlängerung ist nicht möglich (oben § 14 V).

II. Anschlußbeschwerde

1. *Beispiel* (nach Baur, § 30 A V): Im Vertragshilfeverfahren hatte der Schuldner Herabsetzung der Forderung von 1200 auf 500 DM beantragt. Das Landgericht hat nur auf 900 DM herabgesetzt. Gegen die teilweise Abweisung seines Antrags wendet sich der Schuldner mit der sofortigen Beschwerde. Kann der Gläubiger, der sich mit der Entscheidung an sich zufrieden geben wollte, und für den die Beschwerdefrist bereits abgelaufen ist, sich dem Beschwerdeverfahren noch anschließen und seinerseits seinen Antrag auf Abweisung des gesamten Vertragshilfeantrags des Schuldners im Beschwerdeverfahren erneuern?

2. Unter einem „*Anschlußrechtsmittel*" versteht man die Befugnis des Rechtsmittelgegners, sich dem vom Rechtsmittelführer eröffneten und noch nicht beendeten Rechtsmittelverfahren anzuschließen und über die Abwehr des gegnerischen Rechtsmittelangriffs hinausgehende Anträge zu stellen mit dem Ziel, daß die angefochtene Entscheidung zugunsten des Rechtsmittelgegners und damit zum Nachteil des Rechtsmittelführers geändert wird. Die Anschließung ist — entgegen der h. M. (BGH, MDR 65, 564) — ein echtes Rechtsmittel, denn sie hat den Devolutiveffekt zur Folge (Baur, Festschrift Fragistas, S. 366 ff.). Sie bewirkt eine neue Entscheidung über den Teil des Verfahrensgegenstandes, der ohne die Möglichkeit der Anschließung in Rechtskraft erwachsen wäre. Durch die Anschließung wird auch dieser Teil des Verfahrensgegenstandes in die Rechtsmittelinstanz „devolviert". Die

Rechtskraft ist gehemmt, solange sich eine Partei dem Rechtsmittel der anderen Partei anschließen kann.

Ihre praktische Bedeutung hat die Anschließung vor allem in Form der *unselbständigen* Anschließung, d. h. dann, wenn dem Rechtsmittelgegner (z. B. wegen Verzicht oder Fristablauf, also vor allem bei der sofortigen Beschwerde wie im Eingangsbeispiel) ein eigenes Rechtsmittel nicht mehr zur Verfügung steht. Während das Rechtsmittel des Beschwerdeführers dem Beschwerdegericht zunächst nur eine (durch das Verbot der reformatio in peius) beschränkte Entscheidungsbefugnis eröffnete, erweitert die Anschließung des Beschwerdegegners an dieses Rechtsmittel die Entscheidungsbefugnis des Beschwerdegerichts, indem sie nun auch die Möglichkeit einer Entscheidung zum Nachteil des Beschwerdeführers bringt und so die Waffengleichheit zwischen den Beteiligten wieder herstellt.

3. In den §§ 22 II, 28 LwVG ist für *alle* Verfahren in *Landwirtschaftssachen* die Anschließung an Beschwerde und weitere Beschwerde ausdrücklich zugelassen. *Im übrigen* finden sich weder im FGG noch in den fG-Nebengesetzen — ebensowenig wie für die Beschwerde der ZPO und VwGO — eine Regelung der Anschließung.

Ob eine Anschlußbeschwerde in Analogie zu der Regelung der Anschlußberufung und -revision in der ZPO (§§ 521 ff., 556) und VwGO (§§ 127, 141) zu bejahen ist, ist in der fG ebenso *umstr.* wie für die ZPO. Zum Meinungsstand für die *ZPO* s. Fenn, aaO, S. 25 ff. (Literatur überwiegend zustimmend, Rspr. schwankend). In der *fG* wird

a) die Anschlußbeschwerde insbesondere *abgelehnt* von: Jansen, § 22 Anm. 4; Schlegelberger, § 22 Rz. 6; Schultzenstein, ZZP 31, 21; und der Rspr.: BGHZ 19, 196 = JZ 56, 372; BGH, WM 64, 275; RGZ 120, 274; BayObLGZ 50/51, 481 und 541; BayObLG, FamRZ 65, 513; KG, NJW 58, 106; OLG Hamburg, JR 63, 226;

b) die Zulassung der Anschlußbeschwerde, wenn auch meist nur für echte Streitsachen, *gefordert* von: Baur, § 30 A V; Bärmann, § 45 Anm. I; Keidel, § 22 Rz. 7; Peters, MDR 52, 140; Hw. Müller, JR 54, 212; Habscheid, JZ 56, 372 und Lent-Habscheid, § 34 IV; Bötticher, Anm. zu BAG AP Nr. 3 zu § 89 ArbGG und AcP 162, 174; Fenn, aaO, bes. S. 210; Göppinger, JR 64, 12. De lege ferenda wird die Anschlußbeschwerde gefordert vom Kommissionsbericht, S. 393 f.; Jansen, § 22 Anm. 4.

c) Mit der zweiten Meinung ist die Zulässigkeit der Anschlußbeschwerde zu *bejahen*, und zwar nicht nur für echte Streitsachen, sondern für *alle* Verfahren, in denen sich Beteiligte in *Gegnerstellung* gegenüberstehen. Hingegen folgt aus der Rechtsnatur der Anschließung als eines angriffsweisen Antrags im Anschluß an ein fremdes Rechtsmittel, daß sie im Verhältnis von *Streitgenossen* untereinander *nicht* in Betracht kommen (a. A. Baur, § 30 A V), „Gegnerschaft" ist notwendig.

4. *Gegen* eine Analogie zu den ZPO-Regeln für die Anschlußberufung und -revision wird vor allem geltend gemacht (s. insbesondere BGHZ 19, 196):

Im Interesse der Rechtssicherheit könnten nur die vom Gesetzgeber ausdrücklich zugelassenen Rechtsmittel anerkannt werden (numerus clausus der Rechtsmittel). Darüber hinaus fehle es an der ersten Voraussetzung einer Analogie, nämlich an einer Gesetzeslücke. Denn die §§ 19 ff. FGG stellten eine eingehende, lückenlose Regelung der Beschwerde dar. Obwohl die Problematik altbekannt sei, habe der Gesetzgeber die Anschließung nur für das LwVG von 1953 geregelt (§§ 22 II, 28). Im Umkehrschluß könne man annehmen, daß er sie für die anderen fG-Verfahren nicht gewollt habe. Schließlich bringe eine Analogie Rechtsunsicherheit hinsichtlich des Zeitpunktes mit sich, bis zu dem die Anschließung möglich sein solle. In Ermangelung einer obligatorischen mündlichen Verhandlung für die Beschwerde und des Begründungszwangs für die weitere Beschwerde fehle es an den für die Anschlußberufung und -revision maßgeblichen Zeitpunkten.

5. Diese Argumente sind *widerlegbar* (zum Folgenden s. vor allem Fenn aaO und Baur, Festschr. Fragistas, aaO).

a) Zwar besteht regelmäßig für Rechtsmittel ein *numerus clausus,* aber auch für das Patentstreitverfahren hat RGZ 158, 1 ff. in entsprechender Anwendung der ZPO-Regeln die Anschlußberufung zugelassen. Warum soll die Anschließung für andere Verfahren dann nicht analogiefähig sein?

b) Die §§ 19 ff., 22 ff., 27 ff. FGG enthalten im übrigen keine *lückenlose Regelung* der Beschwerde. Rücknahme der Beschwerde, Verzicht auf sie, Verbot der reformatio in peius, um nur einige Beispiele zu nennen, sind nicht geregelt, trotzdem heute anerkannt.

Speziell für die Anschließung ist hier eine *unbewußte Gesetzeslücke* festzustellen. FGG-Beschwerde und ZPO-Beschwerde haben sich historisch aus derselben Wurzel entwickelt, der *querela simplex* des Gemeinen deutschen Verfahrensrechts. Diese war eine Dienstaufsichtsbeschwerde gegen den Richter wegen Justizverweigerung. Es handelt sich also um ein einseitiges Verfahren ohne Beschwerdegegner, bei erfolgreicher Beschwerde wurde die Sache an den Erstrichter zurückverwiesen zur Neuentscheidung. Darum kannte dieses Verfahren weder ein Verbot der reformatio in peius (denn Zurückverweisung! s. oben § 31 III 2) noch eine Anschließung (denn kein Beschwerdegegner!). Bei der Regelung der ZPO- und FGG-Beschwerde ist der Gesetzgeber noch ersichtlich von dem gemeinrechtlichen Vorbild ausgegangen (Fenn, aaO, S. 186). Darum sah er *kein Bedürfnis* für die Regelung der Anschließung. Inzwischen hat sich die Sachlage *geändert.* Die Bedeutung des Beschwerdegegners auch im fG-Beschwerdeverfahren ist erkannt. Das Verbot der reformatio in peius ist anzuerkennen (oben § 31 II 5). Damit besteht auch ein Bedürfnis für die Zulassung der Anschließung an die Beschwerde durch den Beschwerdegegner. Denn das Schlechterstellungsverbot und die Anschließung sind zwei einander ergänzende Prinzipien, die aus demselben Grundsatz erwachsen, nämlich der Dispositionsbefugnis der Beteiligten im Beschwerdeverfahren (dazu oben § 31 II 4 b). Das Verbot der reformatio in peius schützt den Beschwerdeführer vor Nachteilen auf Grund *seiner* Beschwerdeeinlegung. Wenn aber der Beschwerdegegner gewichtige Gegeninteressen hat, dann soll ihm die Anschließung die Möglichkeit geben, zum Schutz *seiner* Interessen dem Beschwerdegericht die volle Entscheidungsgewalt über den ganzen Verfahrensgegenstand wieder zu geben.

c) Das gleiche Ziel könnte der Beschwerdegegner durch „rein vorsorglich“ eingelegte Beschwerde innerhalb der Beschwerdefrist erreichen. Die Überlegung, daß eine Zulassung der Anschließung solche vorsorglichen Rechtsmittel überflüssig macht, ist ein prozeßökonomisches Argument für die Bejahung der Anschlußbeschwerde, das man im Gegensatz zu BGHZ 19, 196 miterwägen soll.

d) Die Anschließung ist *fast in allen Verfahren* anerkannt, z. B. im Zivilprozeß, Verwaltungsprozeß, im arbeitsgerichtlichen und sozialgerichtlichen Verfahren (s. FENN, aaO, S. 153). Das spricht dafür, daß es sich hier um ein *allgemeines Prinzip* des deutschen Verfahrensrechts handelt. Das Bestreben von Praxis und Wissenschaft sollte aber dahin gehen, eine Angleichung der zersplitterten deutschen Verfahrensordnungen herbeizuführen, soweit dies möglich ist. In unserem Fall hier ist es möglich!

e) Dagegen läßt sich aus §§ 22 II, 28 LwVG *kein Umkehrschluß* ziehen. Die Problematik der Anschlußbeschwerde war nach RGZ 120, 276 für die FGG zum Ruhen gekommen. Erst PETERS (MDR 52, 140) hatte sie wieder aufgeworfen. Das hatte prompt zur Anerkennung der Anschließung im LwVG von 1953 geführt. Keineswegs hat aber der Gesetzgeber in der vorher erfolgten Zuweisung anderer Angelegenheiten zur fG und in den verschiedenen Änderungsgesetzen zum FGG bewußt die Anschließung nicht geregelt, weil er sie nicht anerkennen wollte.

f) Wenn man die Anschließung im Grundsatz für berechtigt hält, können schließlich *technische Konstruktionsschwierigkeiten* hinsichtlich des letztmöglichen Zeitpunktes *kein Argument* gegen die Zulassung sein. Übrigens enthalten die meisten Verfahrensgesetze, die die Anschließung vorsehen, keine ausdrücklichen Bestimmungen über den letztmöglichen Zeitpunkt für die Anschließung. Auch für die ZPO können sich übrigens bezüglich der Anschlußberufung die gleichen Schwierigkeiten ergeben wie in der fG, wenn nämlich nach §§ 128 II, 523 ZPO auf mündliche Verhandlung verzichtet worden ist und Entscheidung im schriftlichen Verfahren ergeht. Diese Schwierigkeiten sind hier wie dort jedoch überwindbar (s. auch BGH, JZ 66, 70 für das gleichliegende Problem des letztmöglichen Zeitpunkts für Erhebung einer Abänderungsklage im schriftlichen Verfahren). Die Anschließung ist Ausfluß der Dispositionsmaxime. Darum ist sie solange zulässig, wie eine Dispositionsbefugnis der Beteiligten besteht. Diese besteht im Beschwerdeverfahren der fG immer bis zum *Erlaß der Entscheidung* (BayObLGZ 64, 69). Das gilt auch für die Verfahren, in denen auf Antrag mündliche Verhandlung angeordnet werden kann. Diese mündliche Verhandlung der fG hat die gleiche Bedeutung wie die obligatorische mündliche Verhandlung in der ZPO (insoweit a. A. LENT-HABSCHEID, § 34 IV 2 c).

6. Die Anschließung, auch die sog. unselbständige, setzt — entgegen der h. M. — eine Beschwer des Anschließenden voraus (BAUR, Festschr. FRAGISTAS, S. 369). Ohne Beschwer fehlt für die Anschließung das Rechtsschutzbedürfnis. Es wäre zudem ein Verstoß gegen das Gebot der Gleichbehandlung im Prozeß, wenn man den Beschwerdeführer und den Anschließenden insoweit unterschiedlich behandeln würde.

Der Anschließende hat im Beschwerdeverfahren die gleichen Rechte, die er haben würde, wenn er die „normale" Beschwerde eingelegt hätte. Er hat also mehr Rechte, als ihm als bloßem Beschwerdegegner, aber nicht mehr als ihm als selbständigem Beschwerdeführer, zuständen.

§ 33. Die weitere Beschwerde

Literatur: HANACK, Der Ausgleich divergierender Entscheidungen in der oberen Gerichtsbarkeit, 1962; HENKE, Die Tatfrage, 1966; HERMING-HAUSEN, Vorlagebeschlüsse, DRiZ 58, 79; KUCHINKE, Grenzen der Nachprüfbarkeit tatrichterlicher Würdigung und Feststellungen in der Revisionsinstanz, Bielefeld 1964; Hw. MÜLLER, Sprungrechtsbeschwerde in der fG, ZZP 67, 120 ff.; *ders.*, Das Behördenprivileg bei Einlegung der weiteren Beschwerde in der fG, Rpfleger 60, 141; *ders.*, Das Vorlageverfahren in der fG, ZZP 66, 245; OELLRICH, Zur Revisibilität der Beweiswürdigung, NJW 54, 532.

I. Allgemeines

Die weitere Beschwerde eröffnet eine dritte Instanz, allerdings — ähnlich der Revision (§ 549) und anders als die weitere Beschwerde (§ 568 II) nach der ZPO — keine neue Tatsacheninstanz; sie ist eine reine *Rechtsbeschwerde*. Ein neuer selbständiger Beschwerdegrund braucht in der Entscheidung des Beschwerdegerichts (anders als bei der ZPO-Beschwerde) nicht enthalten zu sein. *Zuständig* ist nach § 28 I FGG im Regelfall das Oberlandesgericht, in Bayern allein das Bayrische Oberste Landesgericht, in Rheinland-Pfalz allein das OLG Zweibrücken (Abweichungen und Einzelheiten oben § 6 III 1). Für die Zulässigkeit, Einlegung und das Verfahren der weiteren Beschwerde gelten weitgehend, d. h. soweit im folgenden nichts Besonderes gesagt ist, die *gleichen Grundsätze* wie für die *Erstbeschwerde* (§ 29 IV FGG). Die weitere Beschwerde ist begründet (nicht zulässig, wie § 27 FGG fälschlich sagt), wenn die angefochtene Entscheidung des Beschwerdegerichts auf einer Gesetzesverletzung beruht. Zuvor muß aber die Zulässigkeit der weiteren Beschwerde geprüft werden.

II. Zulässigkeit der weiteren Beschwerde

Bei der Zulässigkeit sind wiederum die Frage der beschwerdefähigen Entscheidung (1.) und der Beschwerdebefugnis (2.) zu unterscheiden.

1. Die weitere Beschwerde ist statthaft *gegen Entscheidungen des Beschwerdegerichts* (§ 27 S. 1 FGG). Der Begriff der beschwerdefähigen Entscheidung ist hier *enger* auszulegen als bei der Erstbeschwerde (Baur, § 31 A II 2). Darunter sind zu rechnen die *End*entscheidungen, auch Teilendentscheidungen (gleichgültig welchen Inhalts) und *solche Zwischenentscheidungen,* die in ihrer Wirkung einer Sachentscheidung gleichkommen, also z. B. eine Zwischenstreitentscheidung (über einen für die Endentscheidung präjudiziellen Streitpunkt) oder ein Aussetzungsbeschluß dann, wenn durch ihn die Entscheidung praktisch für längere Zeit verweigert wird (SchlHOLG, JR 50, 27). Im übrigen sind Zwischenentscheidungen grundsätzlich nicht mit der weiteren Beschwerde anfechtbar (Einzelheiten str., s. Baur, § 31 A II). Zwischenentscheidungen, die das Beschwerdegericht selbst im Laufe des Beschwerdeverfahrens erläßt, sind ohnehin keine Beschwerdeentscheidungen i. S. des § 27 FGG (KG, NJW 60, 1625: oben § 28 III 2).

a) Einer *Beschwerdesumme* oder der *Zulassung* durch die Vorinstanz bedarf es i. d. R. nicht, außer wenn ausdrücklich angeordnet, wie z. B. nach § 24 LwVG.

b) Die weitere Beschwerde ist in bestimmten Fällen, in denen das OLG erstes Beschwerdegericht ist, ausdrücklich ausgeschlossen: z. B. nach §§ 64, 143 II 1 FGG; 29 I EGGVG; anders aber nach § 18 III VHG; § 24 LwVG.

2. Für die *Beschwerdebefugnis* gilt grundsätzlich das gleiche wie bei der Erstbeschwerde (§§ 29 IV mit 20 FGG). Die weitere Beschwerde ist *immer gegeben,* wenn die Erstbeschwerde des Beschwerdeführers, aus welchem Grund auch immer, keinen vollen Erfolg gehabt hat (KG, FamRZ 62, 331). Außerdem steht die weitere Beschwerde auch demjenigen Beteiligten zu, der von seinem Recht zur Erstbeschwerde keinen Gebrauch gemacht hat (BGH 5, 52). Hat er allerdings die sofortige Beschwerde durch Fristversäumung verloren, so hat dies auch den Verlust der weiteren sofortigen Beschwerde zur Folge, es sei denn, daß die Beschwerdeentscheidung einen neuen selbständigen Beschwerdegrund enthält (BGHZ 3, 214; BayObLGZ 61, 82).

III. Einlegung und Rücknahme der weiteren Beschwerde, Verlust des Beschwerderechts

1. Für die *Ausübung* des Rechts der weiteren Beschwerde gilt grundsätzlich das gleiche wie für die Erstbeschwerde (oben § 30 II 1). *Anwaltszwang* besteht auch hier nicht, außer für die Unterzeichnung der Beschwerdeschrift (unten 3 a) und für das Rechtsbeschwerdeverfahren in Landwirtschaftssachen vor dem BGH (§ 29 LwVG). Dazu oben § 10 II 1 b).

2. Die weitere Beschwerde kann *wahlweise* nach § 29 I FGG beim Gericht der *ersten* Instanz, beim *Beschwerde*gericht oder beim Gericht der *weiteren Beschwerde* eingelegt werden. Einlegung bei anderen Gerichten ist in keinem Fall wirksam (BGH, FamRZ 65, 319, gegen OLG Frankfurt, NJW 60, 1625). Die Vorinstanzen sind zur Abänderung nicht befugt (§ 29

III FGG), es sei denn, daß sich nach der Entscheidung die tatsächlichen Verhältnisse ändern (BayObLG, MDR 62, 997).

3. Wie die Erstbeschwerde kann auch die weitere Beschwerde in *Form* einer *Beschwerdeschrift* oder zu *Protokoll* des Urkundsbeamten der Geschäftsstelle eines der drei zuständigen Gerichte (oben 2) eingelegt werden (§§ 29 IV und 21 II FGG).

a) Die *Beschwerdeschrift* muß allerdings von einem *Anwalt* unterzeichnet sein (§ 29 I 2 FGG, dazu schon oben § 10 II 1 a). Da es im Verfahren der weiteren Beschwerde nur um reine Rechtsfragen geht, soll die Einschaltung des rechtskundigen Anwalts, der mit seiner Unterschrift die Verantwortung für den Inhalt der Beschwerdeschrift übernimmt, als „Sieb" (BAUR, § 31 B II) das Gericht vor der Einlegung völlig aussichtsloser Rechtsbeschwerden schützen (bei der Protokollierung hat der Urkundsbeamte die gleiche Funktion, oben § 30 I 3 b). Darum bedarf es der Zuziehung eines Anwalts nicht, wenn die weitere Beschwerde von einer *Behörde* oder von einem *Notar* eingelegt wird, der in dieser Angelegenheit schon in der ersten Instanz als Bevollmächtigter des jetzigen Beschwerdeführers einen Antrag gestellt hat (§ 29 I 3 FGG). Zum Begriff der Behörde s. ZIMMERMANN, Rpfleger 60, 141 und BGHZ 40, 225.

b) Die *Protokollierung* der mündlich eingelegten Beschwerde kann wiederum nur durch den zuständigen Urkundsbeamten, nicht durch den Richter erfolgen, sonst ist sie unwirksam (oben § 30 I 3 b). Anders als bei der Erstbeschwerde können vorschriftswidrige Protokolle nicht als Beschwerdeschrift behandelt werden, weil ihnen die Unterschrift des Rechtsanwalts fehlt.

4. Für den *Inhalt* bestehen ebensowenig wie bei der Erstbeschwerde (oben § 30 I 4) besondere Vorschriften. Die weitere Beschwerde bedarf weder eines besonders formulierten Antrags noch einer Begründung (Ausnahme: § 26 II LwVG), auch nicht der Rüge einer bestimmten Gesetzesverletzung (OLG Celle, NJW 61, 417). Auf neue Tatsachen und Beweise kann die weitere — anders als die erste — Beschwerde nicht gestützt werden (§ 27 S. 2 FGG mit § 561 ZPO).

5. Für die Einlegung der weiteren Beschwerde besteht grundsätzlich *keine Frist*. Ausnahmsweise ist *sofortige* weitere Beschwerde gegeben (§ 29 II FGG), wenn bereits die Entscheidung erster Instanz mit der sofortigen Beschwerde anfechtbar war (oben § 32 I 1 a—b) oder wenn das Beschwerdegericht auf einfache Beschwerde hin eine Entscheidung erlassen hat, die mit der sofortigen Beschwerde anfechtbar wäre, wenn das Gericht erster Instanz sie erlassen hätte (BGHZ 30, 132). Die Beschwerdefrist beträgt zwei Wochen (ausnahmsweise einen Monat: §§ 25 LwVG, 26 VerschG, dazu BGHZ 30, 56 und oben § 32 I 1 d). Bei Fristversäumung kommt Wiedereinsetzung in den vorigen Stand in Betracht (§§ 29 IV, 22 II FGG, oben § 14 VI). Darüber entscheidet das Gericht der weiteren Beschwerde unanfechtbar (RG, HRR 29 Nr. 129).

6. Für die *Rücknahme* der weiteren Beschwerde und den *Verzicht* auf das Beschwerderecht bedarf es — anders als für die Einlegung der Beschwerde — nicht der Mitwirkung eines Anwalts, auch keiner sonstigen Form. Eine trotz Rücknahme erlassene Entscheidung ist unwirksam und kann zurückgenommen werden (BayObLG, NJW 66, 458). Für die Verwirkung gilt das gleiche wie bei der Erstbeschwerde (oben § 30 II 2).

IV. Das Verfahren der weiteren Beschwerde

1. *Beteiligter* im Verfahren der weiteren Beschwerde ist zunächst der Beschwerdeführer, daneben der Beschwerdegegner, soweit ein solcher vorhanden ist (also in echten Streitsachen und in vielen Antragssachen). Im übrigen gilt auch hier der gleiche Begriff des materiell Beteiligten wie im Verfahren der ersten Beschwerde (oben § 31 II 1, anders BAUR, § 31 C IV). Ihnen ist wieder rechtliches Gehör zu gewähren wie im Beschwerdeverfahren (oben § 31 II 6), das hier jedoch im wesentlichen auf die Gelegenheit zu Ausführungen zu Rechtsfragen beschränkt ist (unten 3).

2. Das Gericht der weiteren Beschwerde muß sich bei Nachprüfung und Entscheidung im Rahmen des *Verfahrensgegenstandes* und des *Antrages* des Beschwerdeführers halten. Eine *reformatio in peius* ist verboten. Jedoch kann das Verbot durchbrochen werden, wenn der Beschwerdegegner sich der weiteren Beschwerde anschließt. Die *Anschließung* ist (außer im Sonderfall des § 28 LwVG) bis zum Erlaß der Entscheidung möglich. Es gilt das gleiche wie oben § 32 II.

3. Bei der *Prüfung*, ob die Beschwerde begründet ist, ist das Gericht der weiteren Beschwerde an die *Tatsachenfeststellungen* des Beschwerdegerichts *gebunden* (§ 27 S. 2 FGG mit § 561 II ZPO). Darum muß die Beschwerdeentscheidung, wenn auch keinen formalen Tatbestand, so doch eine Angabe des festgestellten Sachverhalts mit einer Beweiswürdigung enthalten (oben § 31 III 3). Neue Tatsachen und Beweise können i. d. R. nicht mehr in das Verfahren eingeführt werden (§ 27 S. 2 FGG mit § 561 I ZPO). Jedoch gibt es einige *Ausnahmefälle:*

a) Zur Feststellung, ob *Verfahrensvorschriften* verletzt worden sind, z. B. die Regeln über die örtliche Zuständigkeit (BayObLG, FamRZ 62, 164), insbesondere aber, ob die Tatsachenfeststellung selbst in rechtlich einwandfreier Weise (§ 286 ZPO) und vollständig (§ 12 FGG) erfolgt ist, kann das Gericht der weiteren Beschwerde selbst Ermittlungen anstellen (BGH, RdL 55, 244): § 27 S. 2 mit §§ 561 I 2, 561 II, 554 III Nr. 2 b, c ZPO.

b) Tatsachen, durch die sich das Verfahren in der *Hauptsache ganz* (OLG Karlsruhe, FamRZ 62, 197) oder *teilweise* (OLG Köln, FamRZ 64, 524) *erledigt* (dazu Näheres oben § 18 IV 1), sind zu berücksichtigen.

c) Ebenso gebietet die Prozeßökonomie die Berücksichtigung solcher Tatsachen, die eine *Wiederaufnahme des Verfahrens* (unten § 34) rechtfertigen würden. Es wäre unsinnig, eine Entscheidung herbeizuführen, von der jetzt schon gewiß wäre, daß sie keinen Bestand haben würde (OLG Celle, RzW 58, 59). Das gleiche gilt für solche neuen Tatsachen und Beweismittel, die die Einleitung eines neuen Verfahrens über denselben Gegenstand (oben § 21 III) rechtfertigen würden (KG, WM 64, 1255).

d) Wenn *ohnehin* aus *anderen Rechtsgründen* eine Aufhebung der angefochtenen Entscheidung erfolgen müßte und *neue,* erhebliche Tatsachen *feststehen,* so gebietet die Prozeßökonomie hier, sie jetzt schon zu berücksichtigen (BGHZ 35, 135; BGH, NJW 55, 1070).

4. Das Gericht hat zu prüfen, ob die Beschwerde *begründet* ist. Das ist sie, wenn die angefochtene Entscheidung auf einer *Verletzung des Gesetzes* beruht (§ 27 S. 1 FGG).

a) Eine Gesetzes*verletzung* liegt vor, wenn eine Rechtsnorm gar nicht oder nicht richtig angewendet worden ist (§ 27 S. 2 FGG mit § 550 ZPO).

Gesetz in diesem Sinn ist *jede Rechtsnorm,* auch Gewohnheitsrecht, auch eine Sollvorschrift (OLG Hamm, JMBl. NRW 61, 17). Die Rechtsnorm kann materiellrechtlicher oder verfahrensrechtlicher Natur sein.

Eine Gesetzesverletzung kann insbesondere auch in einem *Verstoß* gegen die *verfahrensrechtlichen Regeln* für die *Tatsachenfeststellung* liegen (z. B. fälschliche Vernehmung eines Beteiligten als Zeugen: BayObLGZ 60, 267). Ein Verstoß gegen § 12 FGG liegt vor, wenn der Sachverhalt unvollständig aufgeklärt ist. § 286 ZPO ist verletzt, wenn bei der Beweiswürdigung erhebliche Beweismittel nicht beachtet, Erfahrungssätze oder „Denkgesetze" verkannt worden sind (KG, WM 64, 647).

b) Die angefochtene Entscheidung muß auf der Gesetzesverletzung *beruhen* (§ 27 S. 1 FGG), müßte also ohne die Gesetzesverletzung anders ausgefallen sein.

Diese *Kausalität* ist oft schwierig festzustellen, insbesondere bei Verletzung von Verfahrensvorschriften. Deshalb wird sie nach §§ 27 S. 2 FGG mit 551 ZPO bei besonders *schwerwiegenden Verfahrensverstößen* vermutet *(absolute Beschwerdegründe).*

Nämlich nach § 551 ZPO bei: Vorschriftswidriger Besetzung des Gerichts (Nr. 1); Mitwirkung eines abgelehnten oder ausgeschlossenen Richters (Nr. 2, 3); Verstoß gegen Zuständigkeitsregeln (Nr. 4); mangelnder Vertretung eines Beteiligten (Nr. 5, wenig praktisch, s. aber KG, WM 60, 1017; BGH, LM § 41 p PatG Nr. 11); völliger oder teilweise fehlender Begründung der Beschwerdeentscheidung (Nr. 7; dazu KG, FamRZ 60, 71). Keine Rolle spielt Nr. 6 (Verletzung der Vorschriften über Verfahrensöffentlichkeit), da für das fG-Verfahren Öffentlichkeit nicht vorgeschrieben ist (oben § 14 II 2).

Im übrigen ist bei Verfahrensverstößen nach anerkannter Rspr. die Kausalität mit der angefochtenen Entscheidung schon dann zu bejahen, wenn die ernsthafte *Möglichkeit* einer anderen Entscheidung ohne diese Gesetzesverletzung gegeben ist, z. B. regelmäßig bei Verletzung des Rechts auf Gehör (KG, NJW 62, 2114).

c) Liegt eine Gesetzesverletzung vor und beruht die Entscheidung auf ihr, so ist die weitere Beschwerde *dennoch* unbegründet, falls der Tenor der angefochtenen Entscheidung aus *anderen Rechtsgründen richtig* ist (§ 27 S. 2 FGG mit § 563 ZPO). Denn das Gericht der weiteren Beschwerde hat die Gesetzmäßigkeit der angefochtenen Entscheidung nach *allen* Richtungen hin zu überprüfen (OLG Stuttgart, FamRZ 59, 296).

5. Erhebliche Schwierigkeiten bereitet in der Praxis die Frage, wieweit eine Rechtskontrolle bei *Ermessensentscheidung* und Verwendung *unbestimmter Rechtsbegriffe* möglich ist.

a) *Ermessensnormen* sind vor allem viele „Kann-Vorschriften" der fG (Aufzählung bei KEIDEL, § 27 Rz. 26—26 e), z. B.: § 1844 BGB: Anordnung der Sicherheitsleistung; § 1792 I BGB: Bestellung eines Gegenvormunds. Hier ist dem Tatrichter nach Sinn und Zweck der Norm für die Anordnung bestimmter Maßnahmen ein unüberprüfbarer Ermessensspielraum *(Handlungsermessen)* eingeräumt, in dessen Rahmen zwar eine Entscheidung die zweckmäßigste, aber mehrere Entscheidungen noch „richtig" sein können. Die Befugnis des Gerichts der weiteren Beschwerde ist auf die Prüfung von *Gesetzes*verletzungen durch das Vordergericht beschränkt, erstreckt sich daher *nicht* auf *Zweckmäßigkeitsfragen.* Darum kann die angefochtene Entscheidung nur auf *Ermessenfehler* hin überprüft werden.

Ein Ermessensfehler kann wie im Verwaltungsrecht (s. § 114 VwGO) bestehen in (a) einer Ermessens*überschreitung* oder (b) einer Ermessens*unterschreitung* (sei es, daß das Gericht seinen Ermessensspielraum überhaupt nicht erkannt hat, weil es sich irrtümlich für gebunden glaubte, sei es, daß es irrtümlich nicht vorhandene Beschränkungen des Ermessensspielraums angenommen hat (dazu KG, NJW 61, 78), oder schließlich im (c) Ermessens*mißbrauch* (die Entscheidung hält sich objektiv zwar im Ermessensspielraum, beruht aber subjektiv auf sachwidrigen Erwägungen).

Im übrigen kann natürlich geprüft werden, ob die *Tatsachenbasis* für die Ermessensausübung durch das Vordergericht *richtig festgestellt* und verwertet worden ist (dazu oben 4 a; BGH, WM 57, 523).

b) *Unbestimmte Rechtsbegriffe* räumen demgegenüber dem Gericht kein Handlungsermessen ein, sondern sind, wenn auch unpräzis gefaßte und ausfüllungsbedürftige, so doch subsumtionsfähige Begriffe, wobei die Subsumtion allerdings mit einer rechtlichen Wertung zu verbinden ist.

Beispiele: „Wirtschaftsfähigkeit" in § 6 V HöfeO (BGH, MDR 53, 733); „Gefahr im Verzug" in § 67 JWG (OLG Karlsruhe, ZblJR 58, 269); das „Beste des Minderjährigen" in § 5 BGB (KG, FamRZ 60, 500); „das Wohl des Kindes" in § 1666 BGB.

Ob die festgestellten Tatsachen oder diese unbestimmten Rechtsbegriffe richtig subsumiert worden sind, ist vom Gericht der weiteren Beschwerde grundsätzlich *voll nachprüfbar* (OLG Hamburg, FamRZ 59, 255; KG, FamRZ 60, 500).

Doch bedürfte es einmal einer eingehenden Prüfung, ob nicht bei manchen Normen wie im Verwaltungsrecht (dazu BACHOF, JZ 55, 97: OBER-

MAYER, NJW 63, 1177) nach ihrem Sinn und Zweck entsprechend dem unüberprüfbaren Ermessensspielraum ein für das Rechtsbeschwerdegericht unüberprüfbarer *Beurteilungsspielraum* besteht (dazu JANSEN, § 27 Anm. 4; s. jetzt grundlegend für den Zivilprozeß: HENKE, Die Tatfrage, 1966).

V. Vorlageverfahren

1. Zur Sicherung einer einheitlichen Rechtsprechung muß das OLG eine weitere Beschwerde in gewissen Fällen dem BGH unter Darlegung seiner Rechtsansicht zur Entscheidung vorlegen, wenn eine *„Rechtsprechungsdivergenz"* (BAUR, § 31 C V) droht (§ 28 II FGG).

a) Gefahr muß bestehen in bezug auf die Auslegung irgendeiner (formellen oder materiellen) *reichs-* oder *bundesrechtlichen* Vorschrift, die eine fG-Angelegenheit betrifft. Auch bei äußerlich verschiedenen Vorschriften besteht Vorlagepflicht, wenn sie auf demselben Rechtsgrundsatz basieren (BGHZ 25, 163).

b) Die Divergenz *droht, wenn* das OLG von den tragenden Gründen (nicht bloß in bezug auf obiter dicta, BGH, NJW 54, 1933) einer Entscheidung abweichen will, die ein anderes OLG in einem *fG-Verfahren* auf weitere Beschwerde hin (nicht in einem sonstigen Verfahren oder auf Erstbeschwerde hin: KG, NJW 60, 1817) erlassen hat oder die der BGH, das RG (BGHZ 5, 344), der OGH Köln (BGHZ 8, 23, denn § 28 FGG ist weit auszulegen!) in *irgendeinem* Verfahren (auch ZPO, StPO: BGH, MDR 53, 612) gefällt hat.

Keine Vorlagepflicht besteht bei Divergenz zwischen verschiedenen *Senaten* desselben OLG (OLG Köln, MDR 48, 408) oder zwischen dem BayObLG und bayrischen OLGen (BayObLG, JZ 59, 492). Eine OLG-Entscheidung ist ferner unbeachtlich, wenn eine BGH-Entscheidung vorliegt (BGHZ 15, 121).

2. Durch die Vorlage wird die *Zuständigkeit des BGH* nicht nur für die Entscheidung über die Rechtsfrage begründet, sondern auch für die Entscheidung über die weitere Beschwerde selbst (§ 28 III FGG). Er tritt an Stelle des vorliegenden OLG.

3. Für *Verstöße* gegen die Vorlagepflicht gibt es *keine Sanktion.* Die pflichtwidrig gefällte OLG-Entscheidung ist gleichwohl gültig. Die *Schwierigkeiten* der Institution der Vorlagepflicht liegen darin begründet, daß es an vollständigen Entscheidungssammlungen fehlt. Nur die veröffentlichten Entscheidungen sind erfaßbar, aber selbst über sie ist ein vollständiger Überblick nicht zu erlangen. Zudem ist die Veröffentlichungspraxis der Gerichte sehr unterschiedlich (zum Problem: HANACK, Der Ausgleich divergierender Entscheidungen der oberen Gerichtsbarkeit, 1962).

VI. Entscheidung über die weitere Beschwerde

1. Die Entscheidung über die weitere Beschwerde kann (§ 29 IV FGG: wie bei Erstbeschwerde, oben § 31 III 1) lauten:

a) Bei *erfolgloser* Beschwerde: *Verwerfung* als unzulässig oder *Zurückweisung* als unbegründet;

b) Bei *erfolgreicher* Beschwerde: Die angefochtene Entscheidung wird *abgeändert* (wenn auch ohne weitere Feststellungen der Sachverhalt entscheidungsreif ist, s. OLG Hamm, FamRZ 60, 288); i. d. R. aber: Die angefochtene Entscheidung wird *aufgehoben* und die Sache wird zu neuer Verhandlung und Entscheidung an das Beschwerdegericht (oder auch an das Gericht erster Instanz) *zurückverwiesen.*

Das letztere ist insbesondere erforderlich, wenn die Vorinstanz überhaupt noch nicht zu Sachfragen Stellung genommen hat (weil es die Beschwerde als unzulässig verworfen hat) oder so schwere Verfahrensfehler vorliegen, daß das Verfahren nicht als ausreichende Grundlage für die Beschwerdeentscheidung angesehen werden kann, oder schließlich, wenn weitere Ermittlungen noch erforderlich sind.

Die *Vorinstanzen* sind bei ihrer neuen Entscheidung an die Rechtsansicht des Gerichts der weiteren Beschwerde *gebunden,* ebenso wie dieses selbst, wenn erneut in derselben Sache weitere Beschwerde eingelegt wird (BGH, LM § 28 FGG Nr. 14; selbst dann, wenn infolge Änderung der Geschäftsverteilung nunmehr ein anderer Senat zuständig ist (BVerwG, NJW 66, 798).

2. Für *Form* und *Bekanntmachung* der Entscheidung gilt das gleiche wie bei der Erstbeschwerde (§ 29 IV FGG, oben § 31 III 3 und 4). Da der festgestellte Sachverhalt der Beschwerdeentscheidung für das Gericht der weiteren Beschwerde verbindlich ist, braucht er allerdings nicht wiederholt zu werden, es kann auf ihn verwiesen werden. Außer bei Zurückverweisung tritt mit Erlaß der Entscheidung über die weitere Beschwerde *formelle Rechtskraft* ein.

§ 34. Wiederaufnahme des Verfahrens

Literatur: Gaul, Grundlagen des Wiederaufnahmerechts und die Ausdehnung der Wiederaufnahmegründe, Bielefeld 1956; Hw. Müller, Wiederaufnahme in Angelegenheiten der fG, DNotZ 53, 184 ff.

I. Allgemeines

Die Wiederaufnahme des Verfahrens ist im FGG nicht geregelt. Die entsprechende Anwendung der ZPO-Regeln (§§ 578 ff.) ist umstr.

1. Z. T. wird sie völlig *abgelehnt* (z. B. BayObLGZ 50/51, 412, 420).

2. Die wohl h. M. will die entsprechende Anwendung der §§ 578 ff. ZPO jedenfalls für *echte Streitsachen* (und gegebenenfalls sonstige Verfahren, deren Entscheidung in *materieller Rechtskraft* erwachsen) zulassen (z. B. Baur, § 32 I; Jansen, § 18 Anm. 12; Pikart-Henn, S. 138; vor allem die Rspr.: OLG Hamm, DNotZ 53, 201; BayObLGZ 60, 354; KG, WM 62, 178; OLG Celle, RdL 57, 77; KG, NJW 67, 163).

3. Eine ständig zunehmende Meinung plädiert für die entsprechende Anwendung der ZPO-Regeln in *allen* fG-Verfahren, *sofern* alle anderen Rechtsbehelfe der fG versagen und keine Sondervorschriften (wie z. B. § 37 III, IV LVO) Platz greifen. Vor allem Hw. Müller, DNotZ 53, 184; Habscheid, FamRZ 57, 109, 113 und Lent-Habscheid, § 25 III; Keidel, § 18 Rz. 63; Schlegelberger, Rz. 7 vor § 19.

II. Zulässigkeit der Wiederaufnahme des Verfahrens

1. Der *letzten* Meinung ist *zuzustimmen.* Bei den Wiederaufnahmegründen der ZPO handelt es sich einmal um besonders schwere verfahrensrechtliche Verstöße (§ 579), zum anderen um strafbare Beeinflussung des sachlichen Urteilsinhalts (§ 580 Nr. 1—5) oder sonstige falsche Urteilsgrundlagen (Nr. 6, 7). Diese Mängel schienen dem ZPO-Gesetzgeber so schwerwiegend, daß er es für unerträglich hielt, wenn eine mit ihnen behaftete Entscheidung trotz Erschöpfung der ordentlichen Rechtsmittel Bestand haben würde.

2. Wenn selbst die wesentlich strengere und stärker auf Rechtssicherheit gegenüber der Einzelfallgerechtigkeit bedachte ZPO in jenen Umständen Gründe für die Wiederaufnahme eines abgeschlossenen Verfahrens sieht, dann muß erst recht in der sehr viel elastischeren und auf möglichst hohe Sachgerechtigkeit bedachten fG in gleichen Fällen ein Bedürfnis für die Verfahrenswiederaufnahme anerkannt werden. Das FGG als Rahmengesetz gewährt auch Raum für eine sachgerechte Ausfüllung mit jener Institution.

3. Darum ist die Zulässigkeit der Wiederaufnahme des Verfahrens nicht auf die echten Streitsachen und sonstige Entscheidungen mit materieller Rechtskraft zu beschränken, sondern unter den Voraussetzungen der §§ 579, 580 ZPO muß eine Möglichkeit zur Beseitigung des Mangels gewährt werden. Denn wo die Entscheidung nicht einmal die Rechtssicherungsfunktion der materiellen Rechtskraft hat, ist das Bedürfnis nach Einzelfallgerechtigkeit ja gerade in noch viel stärkerem Maße schon vom Gesetz selbst anerkannt.

4. *Voraussetzung* dafür ist natürlich (Rechtsschutzbedürfnis!), daß alle anderen Rechtsbehelfe der fG versagen, daß also die Beschwerdemöglichkeiten (§§ 19 ff. FGG) erschöpft sind, eine Abänderung nach § 18 nicht mehr möglich ist und eine Wiedereinsetzung in den vorigen Stand nicht gewährt werden kann. Eine Abänderung wegen veränderter Umstände (dazu oben § 21 III) kommt bei den Gründen der §§ 579, 580 ZPO ohnehin nicht in Betracht.

5. Für das *Verfahren* der Wiederaufnahme gelten die §§ 578 ff. ZPO entsprechend. Dazu im einzelnen Hw. Müller, DNotZ 53, 184.

7. KAPITEL

Kosten, Vollstreckung, Armenrecht

§ 35. Kosten

Literatur: LAUTERBACH, Kostengesetze, 15. Aufl., 1966; KORINTENBERG-ACKERMANN-WENZ, Kostenordnung, 4. Aufl., 1958; TSCHISCHGALE, Kostentragung und Kostenerstattung im Verfahren nach dem FGG, Rpfleger 61, 97; ZIMMERMANN, Die Statthaftigkeit der weiteren Beschwerde im Kostenfestsetzungsverfahren der fG, Rpfleger 60, 360; ders., Die Kostenentscheidung in Angelegenheiten der fG nach Erledigung der Hauptsache, Rpfleger 54, 171; ders., Kostenentscheidungen nach § 13 a FGG, Rpfleger 58, 69.

Wie im Zivilprozeß muß man unterscheiden zwischen der Kostenschuld gegenüber dem Staat (Gerichtskosten) und der Kostenerstattungspflicht gegenüber einem anderen Verfahrensbeteiligten.

I. Gerichtskosten

Die *Gerichtskosten* (Gebühren und Auslagen) sind in fG-Angelegenheiten i. d. R. nach der KostO v. 25. 11. 1935 (i. d. Neufass. v. 26. 7. 1957, BGBl. I, 960) zu erheben (§ 1 KostO). Sondervorschriften sind z. B. §§ 20 HausratsVO; 34 VerschG; 47 WEG; 47 LwVG; 44 VHG.

1. Der *Kostenschuldner* ergibt sich unmittelbar aus der KostO. Ein gerichtlicher Ausspruch über die Kostentragungspflicht ist daher grundsätzlich nicht notwendig (Ausnahmen: z. B. §§ 33, 138 FGG; 20 HausratsVO). Kostenschuldner ist in Antragssachen jeder, der die Tätigkeit des Gerichts veranlaßt hat (§ 2 Nr. 1 KostO), im Amtsverfahren jeder, dessen Interessen wahrgenommen werden (§ 2 Nr. 2 KostO). Hinzu kommen in Sonderfällen nach § 3 KostO einige weitere Kostenschuldner. Die öffentliche Hand genießt gewisse Gebührenfreiheiten (§ 11 KostO). Mehrere Kostenschuldner haften als Gesamtschuldner (§§ 5, 6 KostO).

2. Die Berechnung der Kosten (der *Kostenansatz*) erfolgt durch den zuständigen Kostenbeamten (Urkundsbeamten) der Geschäftsstelle des Gerichts, bei dem die Angelegenheit anhängig ist bzw. zuletzt anhängig war. Die Kosten eines Rechtsmittelverfahrens werden bei dem mit dem Rechtsmittel befaßten Gericht angesetzt (§ 14 I KostO). Die Gebühren werden an Hand der allgemeinen Vorschriften der §§ 32—35 KostO in Verbindung mit den besonderen Vorschriften für die einzelnen fG-Angelegenheiten (§§ 36—139 KostO) auf der Grundlage des Geschäftswertes der jeweiligen Angelegenheit berechnet (§ 18 KostO). Der Geschäftswert kann an Hand der §§ 18—30, 39—41 KostO auf Antrag oder bei Bedürfnis von Amts wegen durch beschwerdefähigen Beschluß festgesetzt werden (§ 31 KostO).

Gegen den Kostenansatz gibt es Erinnerung des Kostenschuldners bzw. der Staatskasse (§ 14 II KostO). Entscheidungen über die Erinnerung sind mit der

Beschwerde nach §§ 567 II, III, 568, 569—575 ZPO anfechtbar (§ 14 III 1 KostO). Gegen die Beschwerdeentscheidung ist weitere Beschwerde nach näherer Maßgabe des § 14 III 2—4 KostO zulässig.

II. Kostenerstattung

1. Die *Erstattung* der einem anderen *Verfahrensbeteiligten* erwachsenen Kosten (Gerichtskosten sowie sonstige außergerichtliche Kosten, vor allem also Anwaltskosten) ist erst 1957 bundeseinheitlich geregelt worden durch Einfügung des § 13 a I FGG. Nach dieser Vorschrift *kann* das Gericht anordnen, daß ein Verfahrensbeteiligter den anderen Verfahrensbeteiligten deren Kosten, soweit sie zur zweckentsprechenden Erledigung der Angelegenheit notwendig waren, ganz oder teilweise zu erstatten hat (§ 13 a I 1 FGG). Wenn ein Beteiligter Kosten durch ein unbegründetes Rechtsmittel oder durch grobes Verschulden veranlaßt hat, so *müssen* ihm sogar die Kosten auferlegt werden (§ 13 a I 2 FGG). Im einzelnen sind dabei die Vorschriften der §§ 91 I 2, 102—107 ZPO entsprechend anzuwenden (§ 13 a II FGG).

Einen Kostenerstattungsanspruch hat grundsätzlich nur, wer auch formell am Verfahren beteiligt war (BGHZ 31, 92) und nicht das gleiche Ziel verfolgte wie der potentielle Kostenschuldner (BayObLGZ 58, 221). Bei Zurücknahme einer zulässigen Beschwerde ist eine billige Kostenverteilung nach § 13 a I 1 FGG möglich (BGHZ 28, 117). Bei unzulässiger Beschwerde hingegen muß Kostenerstattung immer nach § 13 a I 2 FGG erfolgen (BGHZ 31, 92)!

Eine isolierte Anfechtung der Kostenentscheidung (ohne gleichzeitige Anfechtung der Entscheidung in der Hauptsache) ist unzulässig (§ 20 a I FGG). Nur wenn eine Entscheidung in der Hauptsache nicht ergangen ist (wie vor allem bei Erledigung der Hauptsache), ist sofortige Beschwerde gegen die Kostenentscheidung möglich, sofern der Wert des Beschwerdegegenstandes 50 DM übersteigt (§ 20 a II FGG). Die Entscheidung des Vormundschaftsgerichts über die Bewilligung einer Vergütung an den Vormund oder Pfleger (§ 1836 BGB) ist keine Kostenentscheidung i. S. des § 20 a FGG, daher mit der einfachen Beschwerde anfechtbar (BGH, LM § 20 a Nr. 1 FGG).

Von der gerichtlichen Entscheidung über die Kostentragungspflicht ist der hierauf ergehende Kostenfestsetzungsbeschluß im Kostenfestsetzungsverfahren (§§ 13 a II FGG mit 103—107 ZPO) zu unterscheiden. Er ist mit der sofortigen Erinnerung anfechtbar (BayObLGZ 58, 41; JANSEN, NJW 58, 908).

2. § 13 a FGG gilt für alle fG-Angelegenheiten (Amts- und Antragsverfahren), soweit nicht bundesrechtliche *Sondervorschriften* bestehen (§ 13 a II FGG).

In verschiedenen Verfahren ist die Kostenerstattung ausdrücklich ausgeschlossen: z. B. §§ 20 VGH; 14 FGG mit 118 a ZPO (Armenrechtsverfahren); 59 IX WBG; 83 I, 88 IV HeimkG.

In anderen Verfahren ist sie hingegen — z. T. mit anderen Voraussetzungen als in § 13 a FGG — spezialgesetzlich zugelassen: z. B. §§ 20 S. 2 HausratsVO; 34 VerschG; 47 WEG; 26 FreihEntzG; 45 LwVG; 47 UmstErgG.

§ 36. Vollstreckung

Literatur: NUSSBAUM, Richterliche Zwangsgewalt in der freiwilligen Gerichtsbarkeit, ZZP 29, 440.

I. Die vollstreckbaren Entscheidungen

1. Unter Vollstreckung versteht man die *zwangsweise Durchsetzung* (Vollzug) eines an einem Verfahren Beteiligten (oder eine Auskunftsperson, z. B. Zeugen) gerichteten Leistungsbefehls, der in einer gerichtlichen *Entscheidung* enthalten ist.

Nur in *Ausnahme*fällen kann ein vollstreckbarer Titel ohne gerichtliche Hilfe entstehen, so die vollstreckbare Ausfertigung einer notariellen Kostenrechnung, die ein Notar sich selbst erteilen kann (§§ 154 f. KostO); s. ferner die Vollstreckungstitel i. S. des § 794 ZPO.

a) Zwischen der Vollstreckung im *Zivilprozeß* und der in der *fG* besteht sowohl hinsichtlich der *Bedeutung* als auch der *Vollstreckungsarten* ein großer Unterschied.

Im Zivilprozeß mündet das Erkenntnisverfahren typischerweise in ein Leistungsurteil, das grundsätzlich vollstreckbar ist, wenn es nicht freiwillig erfüllt wird. Für die Vollstreckung bietet das 8. Buch der ZPO eine ausgebaute Regelung. In der fG hingegen bedürfen (s. unten 2) die meisten Entscheidungen *keiner* Vollstreckung. Die Vollstreckung ist in einem einzigen Paragraphen (§ 33 FGG) geregelt, von einigen Sondervorschriften abgesehen.

Im Zivilprozeß geht es darum, daß ein Gläubiger mit staatlicher Hilfe einen privaten Anspruch gegen seinen Schuldner zwangsweise durchsetzt. § 33 FGG ist zugeschnitten auf die Erzwingung eines im öffentlichen Interesse gebotenen Verhaltens (positive Handlung, Unterlassen einer eigenen Handlung, Duldung einer fremden Handlung), auf das ein Verfahrensbeteiligter i. d. R. keinen privaten Anspruch hat (Ausnahmen unten 3).

Die ZPO bietet, je nach Art der gebotenen Leistung, die unterschiedlichsten Vollstreckungsmittel an. § 33 FGG kennt nur drei Zwangsmittel: I. d. R. die Ordnungsstrafe, gegebenenfalls noch unmittelbaren Zwang und Offenbarungseid.

b) § 33 FGG gibt keine Befugnis, jemand eine Verpflichtung aufzuerlegen. Er setzt den Bestand einer wirksamen, vollzugsfähigen Entscheidung voraus (KG, NJW 58, 2071; LG Darmstadt, FamRZ 58, 332). Darum gehören Erörterungen über den Umfang der Entscheidungsbefugnis der fG-Gerichte nicht hierher.

2. Eine Vollstreckung findet in der fG nur in beschränktem Umfange statt. *Voraussetzung* der Vollstreckung nach § 33 FGG ist nämlich:

a) daß überhaupt eine *Entscheidung* vorliegt. Darum gehören, fast überflüssig zu erwähnen, hierher weder Beurkundungen, Entgegennahme von Erklärungen und sonstige tatsächliche Verrichtungen des Gerichts (dazu oben § 14 III 1 a) noch vollstreckbare Vergleiche der Beteiligten (dazu oben § 18 III 2 b);

b) daß die Entscheidung einen *Leistungsbefehl* enthält. Darum sind die rein *gestaltenden* Entscheidungen nicht vollstreckbar. Denn sie befehlen nicht, sondern führen eine Rechtsänderung unmittelbar herbei. Sie stellen die überwiegende Zahl der fG-Entscheidungen dar.

Beispiele: Volljährigkeitserklärung (§ 56 FGG); Genehmigung nach §§ 55, 55 a FGG; Bestellung eines Vormundes, Pflegers, Testamentsvollstreckers.

Hierher rechnet auch die Bewilligung von Vergütungen für den Vormund nach § 1836 BGB, für den Pfleger nach § 1915 BGB. Die Bewilligung schafft erst den Anspruch des Vormunds, Pflegers (Gestaltung!), spricht aber keinen Leistungsbefehl aus. Darum bleibt dem Vormund (Pfleger) die Erwirkung eines Leistungsurteils und gegebenenfalls dessen Vollstreckung nach ZPO überlassen (RGZ 127, 103).

Ebenfalls keinen Leistungsbefehl enthalten die *feststellenden* Entscheidungen (z. B. § 51 FGG: Feststellung, daß ein Elternteil an der Ausübung der elterlichen Gewalt tatsächlich verhindert ist; § 31 PStG: Legitimationsfeststellung).

Hierher rechnet auch die Festsetzung der Höhe des vom Mündel an Verwandte und Verschwägerte geschuldeten Auslagenersatzes (§ 1847 II BGB) sowie die Festsetzung der Höhe der Vergütung für den Nachlaßverwalter (§ 1987 BGB) und für den Verwahrer (§ 165 II FGG). In diesen Fällen besteht (anders als bei der Vergütungsbewilligung nach § 1836 BGB) bereits ein Vergütungs- bzw. Ersatzanspruch. Die fG-Entscheidung stellt lediglich die Höhe des geschuldeten Betrages fest, ohne aber zugleich seine Leistung zu befehlen. Es bleibt wieder dem Gläubiger überlassen, im Zivilprozeß ein Leistungsurteil und gegebenenfalls dessen Vollstreckung zu erwirken.

c) daß der Leistungsbefehl sich gegen einen *Verfahrensbeteiligten* (oder eine *Auskunftsperson,* z. B. Zeugen) richtet. Darum sind innerdienstliche Verfügungen, etwa Eintragungsverfügungen und ähnliche Anordnungen, die sich an den Urkundsbeamten der Geschäftsstelle, den Gerichtsvollzieher oder sonstige Mitglieder des Gerichts selbst richten, nicht nach § 33 FGG zu vollstrecken. Sie enthalten zwar auch Leistungsbefehle und bedürfen noch des Vollzugs (Eintragung, z. B.). Ihre Durchsetzung wird aber im Weigerungsfall mit Mitteln der Behördenorganisation (Dienstaufsicht) erzwungen.

Entsprechendes gilt für Rechtshilfe- oder Amtshilfeersuchen an andere Gerichte und Behörden (z. B. Aktenanforderungen).

d) daß der an einen Privaten gerichtete Leistungsbefehl überhaupt *vollstreckungsfähig* ist.

So sind etwa nicht vollstreckungsfähig Empfehlungen an den Vormund in Erziehungsfragen (OLG Celle, ZblJR 54, 114); die Auferlegung von Sicherheitsleistungen für das verwaltete Kindesvermögen (§ 1668 BGB); Zwischenverfügungen analog § 18 GBO, mit denen einem Antragsteller die Beseitigung von Hindernissen aufgegeben wird (dazu oben § 19 II 1 b). In diesen Fällen kann der Leistungsbefehl nicht erzwungen werden, seine Nichtbefolgung hat dann aber andere Rechtsnachteile für den Betreffenden zur Folge (z. B. Entziehung des Amtes, der elterlichen Gewalt, Zurückweisung des Antrags). Der Beschluß muß inhaltlich zweifelsfrei und bestimmt sein, so vor allem bei Verkehrsregelungen nach § 1634 BGB: KG, FamRZ 66, 317; OLG Hamm, FamRZ 66, 254; OLG Stuttgart, FamRZ 66, 256.

3. Bei einer Reihe von Entscheidungen, die einen vollstreckungsfähigen Leistungsbefehl enthalten, kommt schließlich nur eine *Vollstreckung* in entsprechender Anwendung der *ZPO-Vorschriften* in Betracht, weil der Leistungsbefehl hier private Ansprüche betrifft, an deren Durchsetzung kein überwiegendes öffentliches Interesse besteht, so daß ihre zwangsweise Durchsetzung dem privaten Bemühen des Gläubigers überlassen bleiben kann.

a) Hierzu zählen in erster Linie Entscheidungen aus dem Bereich der *echten Streitsachen*. Meistens ist die entsprechende Anwendung der ZPO-Regeln für die Vollstreckung ausdrücklich vorgeschrieben.

So z. B.: §§ 53 a IV FGG (Zugewinnausgleichsachen); 45 III WEG (dazu Bärmann, § 45 Anm. IV); 16 III HausratsVO; 12 V, 14 S. 2, 16 II VHG; 16 FreihEntzG; Art. 65, 68 AmREG; Art. 57 BrREG.

Soweit eine ausdrückliche Verweisung ausnahmsweise fehlt, gebietet die Sachgleichheit der echten Streitsachen mit den ZPO-Angelegenheiten eine Vollstreckung nach ZPO-Vorschriften.

Zu beachten ist, daß die Entscheidungen in echten Streitsachen vielfach *Doppelcharakter* haben: Gestaltungsentscheidungen verbunden mit einem Leistungsbefehl, der der Verwirklichung der Konsequenzen dient, die sich aus der Rechtsgestaltung ergeben. Ein anschauliches Beispiel bildet das Hausratsteilungsverfahren.

b) Aber auch für einige *materielle* fG-Angelegenheiten ist Vollstreckung nach Vorschriften der ZPO ausdrücklich vorgeschrieben.

Z. B. für Vereinbarungen und Auseinandersetzungen in Teilungssachen (§§ 98, 99 FGG), für eine rechtskräftig bestätigte Dispache (§ 158 II FGG) u. a. Auch in den oben (I 2 b) erwähnten Fällen der Bewilligung oder Festsetzung von Vergütungen oder Auslagenersatz (§§ 1836, 1915, 1847 II, 1987 BGB; 165 II FGG) hätte der Einfachheit halber ein Leistungsbefehl beigefügt und seine Vollstreckung nach ZPO-Vorschriften angeordnet werden können. Z. T. sind diese Beschlüsse auf Grund der Ermächtigung des § 200 FGG durch Landesgesetze auch ausdrücklich

(z. B. Art. 6 NdsFGG von 1958; Art. 133 II BayAG z. GVG von 1956) zu Vollstreckungstiteln i. S. der ZPO-Vollstreckungsregeln erklärt worden.

c) Wenn Zwangsvollstreckung nach den Vorschriften der ZPO vorgeschrieben ist, so richtet sich grundsätzlich die gesamte Vollstreckung nach jenen Vorschriften. Jedoch können sich bei der entsprechenden Anwendung Besonderheiten daraus ergeben, daß es sich sachlich doch um fG-Angelegenheiten handelt oder daß in Einzelfällen Sondervorschriften bestehen.

4. Für eine Vollstreckung von Amts wegen nach § 33 FGG bleiben hiernach *relativ wenig fG-Titel* übrig. Vornehmlich handelt es sich dabei um Entscheidungen aus dem Gebiete

a) des *Vormundschaftswesens.*

Beispiele sind Anordnungen an den Vormund nach §§ 1837 ff. BGB, z. B. Gebote zur Auskunftserteilung (§ 1839), zur jährlichen Rechnungslegung (§ 1840), zur Vorlage einer Schlußrechnung bei Entlassung (§ 1892), zur Rückgabe der Bestallungsurkunde (§ 1893). Entsprechendes gilt für Anordnungen gegenüber den verschiedenen Pflegern (§ 1915 BGB).

Von den Anordnungen gegenüber den Inhabern der elterlichen Gewalt sind hervorzuheben: Bestimmungen über die Verkehrsregelung nach § 1634 BGB; das Gebot zur Unterbringung eines gefährdeten Kindes in einer geeigneten Familie (§ 1666 I 2 BGB) und vor allem das Gebot an den einen Elternteil, das Kind an den anderen Elternteil herauszugeben (§ 1632 II BGB).

Obwohl im Fall des § 1632 II BGB auch ein privatrechtlicher Herausgabeanspruch des einen Elternteils gegeben ist, ist wegen des erhöhten öffentlichen Interesses am Wohl des Kindes das Vormundschaftsgericht sowohl zur Entscheidung als auch zur amtswegigen Vollstreckung der Herausgabeanordnung zuständig. Auf Grund von BGHZ 19, 185 ist das jetzt im Gesetz ausdrücklich ausgesprochen (§ 1632 II i. d. F. des GleichberG v. 1957). Für eine Herausgabeklage vor dem Streitrichter fehlt das Rechtsschutzbedürfnis.

b) des *Nachlaßwesens.*

Beispiele sind etwa das Gebot zur Ablieferung eines Testaments (§§ 2259 BGB, 83 FGG) oder das Gebot zur Rückgabe eines unrichtigen Erbscheins zum Zwecke der Einziehung (§ 2361 BGB).

Die Einziehung des unrichtigen Erbscheins ist wiederum ein Fall, in dem zugleich ein privater Anspruch besteht, der sogar zur Klage vor dem Streitrichter berechtigen würde (§ 2362 BGB). Wegen des sich damit überlagernden starken öffentlichen Interesses kann hier aber zugleich oder stattdessen das Nachlaßgericht von Amts wegen Einziehung anordnen und nach § 33 FGG erzwingen.

c) des *Registerwesens.*

Beispiele hier sind vor allem die Gebote zur Vornahme bestimmter Anmeldungen zur Registereintragung (z. B. §§ 78 BGB, 14 HGB, 160 GenG), aber auch das Gebot an den Geschäftsführer, dem Kommanditisten oder stillen Gesellschafter auf dessen Antrag hin die Bilanz mitzuteilen, die Geschäftsbücher vorzulegen oder sonstige Aufklärung zu verschaffen (§§ 166 III, 338 III HGB).

Auch in diesen letzten Fällen geht es wieder um die Durchsetzung privatrechtlicher Ansprüche. Allerdings kann man bei ihnen nicht sagen, daß ihre Erkenntnis und Vollstreckung dem fG-Richter deshalb anvertraut worden ist, weil daran ein besonders starkes öffentliches Interesse besteht. Dagegen spricht schon, daß der fG-Richter die Entscheidung hier nur auf Antrag fällt. Diese Angelegenheiten wären besser der streitigen Gerichtsbarkeit und der Vollstreckung nach der ZPO überwiesen worden.

II. Die Durchführung der Vollstreckung

Die Vollstreckung nach § 33 FGG erfolgt *von Amts wegen.* Anders als in der ZPO führt das *erkennende Gericht* selbst die Vollstreckung durch, ein besonderes Vollstreckungsgericht ist nicht vorhanden. Vollstreckungsvoraussetzung ist ein wirksamer, bestimmt formulierter (dazu LG Bonn, MDR 64, 1014) Titel, in dem jemand die Vornahme einer unvertretbaren (d. h. ausschließlich von seinem Willen abhängigen) Handlung oder die Unterlassung einer bestimmten Handlung oder die Duldung einer fremden Handlung geboten ist.

1. Das reguläre Mittel zur zwangsweisen Durchsetzung einer gerichtlichen Anordnung ist der mittelbare Zwang: die *Ordnungsstrafe* nach § 33 I FGG.

Wegen der mangelnden Harmonisierung der fG-Bestimmungen wird die Ordnungsstrafe als Zwangsmittel auch noch zusätzlich in einer Reihe einzelner Vorschriften genannt, z. B. in §§ 1788, 1837 BGB, 14, 37 HGB. Die §§ 132 ff. FGG sehen darüber hinaus eine eingehende Spezialregelung des Ordnungsstrafverfahrens für Registersachen vor.

a) Die Ordnungsstrafe soll nicht begangenes Unrecht sühnen, sondern die Befolgung einer gerichtlichen Anordnung erzwingen. Daher ist sie keine Kriminal-, sondern eine *Beugestrafe.* Sie dient der Beugung eines ungehorsamen Willens und setzt mithin Verschulden voraus (h. M.: Keidel, § 33 Rz. 19; str.; so jetzt aber auch für § 890 ZPO OLG Hamm, MDR 65, 585) und kann nur gegen natürliche Personen verhängt werden. Soweit es um die Durchsetzung einer Anordnung gegen eine juristische Person geht, muß die Ordnungsstrafe darum gegen deren zuständige Organe gerichtet sein.

b) Das Ordnungsstraf*verfahren* erfolgt in mehreren Akten: Androhung, Festsetzung, Eintreibung.

Die Ordnungsstrafe muß zunächst *angedroht* werden (§ 33 III 1 FGG). Das kann in der vollstreckbaren Entscheidung selbst oder in einer gesonderten Androhungsverfügung geschehen, die dann aber ebenfalls nach § 16 FGG bekannt gemacht werden muß. Ein Verstoß gegen die Entscheidung braucht nicht zu besorgen, er darf nur nicht ausgeschlossen sein (KG, FamRZ

66, 317; OLG Karlsruhe, FamRZ 67, 228). Möglich sind nur Geldstrafen bis zu 1000 DM, keine Freiheitsstrafen, auch keine Ersatzfreiheitsstrafen (§ 33 III 2).

Kommt der Beteiligte der Verfügung nach, bevor die Strafe festgesetzt ist, so ist der Zweck der Androhung erreicht. Die Straffestsetzung unterbleibt, die Androhungsverfügung wird aufgehoben.

Das gilt unbeschränkt jedoch nur, wo eine positive Handlung gefordert war. Zuwiderhandlungen gegen Unterlassungs- oder Duldungspflichten können rückwirkend nicht mehr beseitigt werden. Der Beteiligte kann sich nur noch für die Zukunft ordnungsgemäß verhalten. Tut er das, so kann das Gericht nach seinem Ermessen von einer Straffestsetzung absehen.

Kommt der Beteiligte trotz Strafandrohung dem staatlichen Leistungsbefehl nicht nach, so kann das fG-Gericht die Ordnungsstrafe festsetzen, muß es aber nicht (§ 33 I 1 FGG). Es darf die Höhe des angedrohten Betrages dabei nicht überschreiten, wohl aber unterschreiten. Zugleich hat es dem Beteiligten die Kosten des Ordnungsstrafverfahrens aufzuerlegen (§ 33 I 2 FGG).

Die Eintreibung ist Justizverwaltungssache und erfolgt im Wege des Verwaltungszwangs nach der Justizbeitreibungsordnung v. 11. 3. 37 (RGBl. I, 291) i. d. F. vom 26. 7. 57 (BGBl. I, 861) i. V. m. der Anordnung über die Einforderung und Beitreibung von Vermögensstrafen und Verfahrenskosten v. 15. 2. 56 (BAnz. Nr. 42 S. 1) i. d. F. v. 7. 9. 57 und 1. 12. 58 (BAnz. Nr. 240).

Bei fortdauerndem Ungehorsam ist *unbeschränkte Wiederholung* der Bestrafung möglich (nach § 1788 II BGB allerdings nur zweimal). Der Straffestsetzung muß aber jedesmal eine Androhung vorausgehen.

Der *Rechtsmittelschutz* im Ordnungsstrafverfahren ist besonders stark ausgeprägt. Bereits gegen die Androhung ist Beschwerde zulässig, weil sie den Beteiligten bereits in seinen Rechten betrifft (BayObLGZ 25, 182). Der Festsetzungsbeschluß kann dann aber noch einmal gesondert mit der Beschwerde angefochten werden, die ausnahmsweise aufschiebende Wirkung hat (§ 24 I FGG).

2. Nach § 33 II kann auch *Gewalt (unmittelbarer Zwang)* zur Durchsetzung einer Anordnung angewendet werden, die auf die Herausgabe einer Sache oder einer Person oder die Vorlage einer Sache oder eine sonstige Handlung gerichtet ist, die ohne Gewalt nicht erreicht werden kann. Voraussetzung ist eine besondere Vollstreckungsanordnung, die aber in der verpflichtenden gerichtlichen Entscheidung oder in einer Androhungsverfügung mit enthalten sein kann. Eine vorherige Androhung soll zwar i. d. R. erfolgen, kann aber — etwa in Eilfällen oder bei Befürchtung der Vollstreckungsvereitelung — unterbleiben (§ 33 III 2 FGG). Zur Durchführung der Vollstreckungsanordnung kann der Vollstreckungsbeamte sich polizeilicher Hilfe bedienen (§ 33 II 2 FGG).

Wichtigstes Beispiel ist die Erzwingung der Herausgabe eines Kindes gemäß einer Entscheidung nach § 1632 II BGB (dazu BGHZ 19, 185; OLG Frankfurt, MDR 53, 741; BayObLG, Rpfleger 64, 84; oben I 4 a), aber auch die Erzwingung der Verpflichtung, sich von einem Sachverständigen untersuchen zu lassen (BayObLG, NJW 67, 685).

3. Wird die herauszugebende Sache oder Person nicht vorgefunden, so bleibt als letztes Mittel nur die Vorladung des Beteiligten zum *Offenbarungseid* (§ 33 II 5 FGG). Für das Offenbarungseidsverfahren gelten die §§ 883 II, III, 900 I, 901 f., 904—910, 913 ZPO entsprechend (§ 33 II 6 FGG). Wichtig ist, daß danach die Eidesleistung durch Haft bis zu 6 Monaten erzwungen werden kann.

III. Vollstreckung ausländischer Entscheidungen und Vollstreckung im Ausland

1. *Ausländische* Entscheidungen in fG-Angelegenheiten sowie solche Entscheidungen aus der DDR können in der Bundesrepublik vollstreckt werden. Voraussetzung dafür ist ihre Anerkennung (oben § 25). Diese richtet sich in erster Linie nach den etwa abgeschlossenen Staatsverträgen. Im übrigen ist über sie als Vorfrage von dem zur Vollstreckung zuständigen Gericht zu entscheiden. Eines besonderen Vollstreckungsurteils analog § 722 ZPO bedarf es nicht. Für eine solche Analogie besteht kein Bedürfnis. Denn der für die Vollstreckung zuständige und mit der Sache vertraute fG-Richter kann die Überprüfung der ausländischen Entscheidung (als Vorfrage vor der Vollstreckungsanordnung) besser und zweckmäßiger vornehmen als der Prozeßrichter, dem die Materie fremd ist (Lent-Habscheid, § 37 II; Keidel, § 33 Rz. 58; a. A. BGH, LM § 722 ZPO Nr. 1).

2. Die Vollstreckung deutscher fG-Entscheidungen *im Ausland* richtet sich in erster Linie nach den etwa bestehenden Staatsverträgen, sonst nach dem einschlägigen ausländischen Recht.

§ 37. Armenrecht

Auch in fG-Angelegenheiten sollen wirtschaftlich Schwache nicht durch Armut in ihren Rechtsschutzmöglichkeiten beeinträchtigt werden. Das folgt letztlich aus dem verfassungsrechtlich garantierten Recht auf Gehör (Art. 103 I GG). Die §§ 114—127 ZPO sind daher entsprechend anzuwenden (§ 14 FGG).

I. Voraussetzungen und Verfahren

1. Die Armenrechtsbewilligung setzt voraus, a) daß der Betreffende ohne Gefährdung des eigenen oder des Unterhalts seiner Familie sich nicht an dem Verfahren beteiligen könnte *(Armut)* und b) daß die Rechtsverfol-

gung und -verteidigung hinreichende Aussicht auf Erfolg bietet und nicht mutwillig ist *(Erfolgsaussichten)*. Unter diesen Voraussetzungen besteht für jede *natürliche Person* ein Anspruch auf Gewährung des Armenrechts (§ 114 I), die bereits formell am Verfahren beteiligt ist oder sich beteiligen möchte.

§ 14 FGG mit § 114 I ZPO geht also von einem *formellen* Beteiligtenbegriff aus, der allerdings i. d. R. wiederum eine materielle Beteiligung voraussetzt. Denn ohne materielle Beteiligung werden für den, der sich beteiligen will, keine Erfolgsaussichten bestehen (z. B. keine Antragsbefugnis, keine Beschwerdebefugnis; anders aber bei dem, der sich gerade gegen eine unberechtigte Einbeziehung in das Verfahren wehren will).

Die Armenrechtsbewilligung an juristische Personen und Parteien kraft Amtes (z. B. Testamentsvollstrecker) steht im Ermessen des Gerichts (§ 114 II, III).

2. Der Arme muß unter Beifügung eines Armutszeugnisses (§ 118 II) beim Gericht der Hauptsache einen Antrag stellen (§ 118 I). Dabei müssen die Erfolgsaussichten — abweichend von § 12 FGG! — vom Antragsteller *dar*gelegt (§ 118 III) und auf Verlangen des Gerichts *glaubhaft* gemacht werden (§ 118 I 1). Das gleiche gilt für die allgemeinen wie die besonderen Verfahrensvoraussetzungen (z. B. § 24 I 1 LwVG: BGHZ 26, 38).

Das Gericht kann ein besonderes Bewilligungsverfahren einleiten und in diesem freibeweisliche Ermittlungen anstellen (§ 118 a I ZPO). Es soll den Gegner des Hauptverfahrens hören, muß dies aber nicht, weil er nicht Beteiligter dieses Verfahrens ist (Jansen, NJW 63, 1594; Bettermann, JZ 62, 675; str.; a. A. BayVerfGH, JZ 62, 673).

II. Bewilligung

1. Das Armenrecht kann für alle Arten von Verfahren gewährt werden (Amts-, Antragsverfahren, echte Streitsachen). Die Bewilligung erfolgt für jede Instanz gesondert (§ 119 I), in höherer Instanz unter erleichterten Voraussetzungen (§ 119 II) und grundsätzlich nur für die Zukunft.

Bei verzögerter Entscheidung trotz rechtzeitiger Antragstellung kann ausnahmsweise Rückwirkung auf den Zeitpunkt angeordnet werden, zu dem ordnungsgemäß hätte entschieden werden müssen (RGZ 152, 221; Jansen, § 115 ZPO Anm. 1), keinesfalls aber auf den Zeitpunkt vor Eingang des Armenrechtsgesuchs (BayObLG, FamRZ 62, 474).

2. Die Bewilligung des Armenrechts *umfaßt:*

a) die einstweilige Befreiung von der Entrichtung rückständiger und zukünftiger Gerichtskosten und gerichtlicher Auslagen (§ 115 I Nr. 1, 2) und damit auch von der Verpflichtung zu etwaiger Vorschußleistung (§ 8 KostO);

b) die Beiordnung eines Rechtsanwalts, soweit ausnahmsweise Anwaltszwang besteht (§ 115 I Nr. 3), wie z. B. nach § 29 LwVG (im übrigen oben § 10 II 1).

Str. ist, ob auch ein Recht auf Anwaltsbeiordnung zur Unterzeichnung der Beschwerdeschrift bei der weiteren Beschwerde (§ 29 I 2 FGG) besteht oder ob der Beteiligte sich hier auf die Möglichkeit einer Protokollierung durch die Geschäftsstelle (§ 29 IV mit § 21 I FGG) verweisen lassen muß. (Für Anwaltsbeiordnung: BAUR, § 34 III 2; KEIDEL, § 14 Rz. 15; dagegen die Rspr.: OLG Hamm, JMBl. NRW 61, 212; OLG Düsseldorf, WM 52, 723 und JANSEN, § 14 Anm. 3.) M. E. besteht kein unbedingter Anspruch, sondern nur unter der Voraussetzung des § 116 I, daß im *konkreten* Fall die Anwaltsbeiordnung *erforderlich* ist. Erforderlich ist sie etwa wegen großer Entfernung zwischen Wohnsitz und zuständigem Gericht. Zum Begriff der Erforderlichkeit s. im übrigen OLG Düsseldorf, JMBl. NRW 61, 212.

Das Gericht hat auch die Möglichkeit, dem armen Beteiligten statt eines Anwalts einen sonstigen Rechtskundigen (Referendar oder andere Justizbeamte) beizuordnen (§ 116 II).

3. Bei Wegfall der Voraussetzungen kann das Armenrecht jederzeit entzogen (§ 121), bei Besserung der wirtschaftlichen Verhältnisse kann Kostennachzahlung verlangt werden (§ 125).

III. Rechtsmittel

1. Die Bewilligung des Armenrechts ist unanfechtbar (§ 127 S. 1). Gegen die Verweigerung oder den Entzug des Armenrechts durch das *Gericht 1. Instanz* findet Beschwerde statt (§ 127 S. 2, 1. Hs.). Entsprechendes gilt für die Anwaltsbeiordnung (§§ 116 III 1; 116 a II 1; 116 b III 1—3).

2. Gegen die Verweigerung und den Entzug des Armenrechts durch das *Berufungsgericht* ist im Zivilprozeß die Beschwerde ausgeschlossen (§ 127 S. 2, 2. Hs.), desgleichen immer die weitere Beschwerde (§ 127 S. 3). Entsprechendes ist für die Anwaltsbeiordnung bestimmt: §§ 116 III 2; 116 a II 1, 2, 2. Hs.; 116 b III 3, 4. Die entsprechende Anwendung dieser Vorschriften auf das fG-Armenrechtsverfahren ist neuerlich vor allem auf Grund der Ausführungen JANSENS (§ 127 ZPO Anm. 2 und 3) heftigst umstr.

a) Die noch h. M. lehnt eine Analogie ab und will die §§ 19 ff., 27 ff. FGG anwenden, also sowohl Erstbeschwerde als auch weitere Beschwerde zulassen (KEIDEL, § 14 Rz. 43; BAUR, § 34 III 3; PIKART-HENN, S. 146; BayObLG, MDR 65, 1000).

b) JANSEN (aaO) will differenzieren: Zwar keine weitere Beschwerde, aber wenigstens Erstbeschwerde (als Tatsachenbeschwerde) gegen Entscheidungen des Beschwerdegerichts (s. auch KG, NJW 65, 920; NJW 67, 1237 m. w. Nachw.).

c) Z. T. hält man sich aber an den Wortlaut des § 127 S. 2 2. Hs. und S. 3 und schließt neben der weiteren Beschwerde auch die Erstbeschwerde gegen Entscheidungen des Beschwerdegerichts aus (OLG Celle, NJW 63, 1786; SchlHOLG, SchlHA 65, 19; OLG Hamm, NJW 64, 1530).

d) Der letzten Meinung ist zu folgen. Nach allgemeiner und zutreffender Ansicht gelten zwar für die *Ausgestaltung* des Beschwerdeverfahrens nicht die §§ 567 ff. ZPO, sondern die §§ 19 ff., 27 ff. FGG. Aber demgegenüber stellen § 127 S. 2 und 3 ZPO ihrerseits im Rahmen des ZPO-Beschwerdesystems eine Sonderregelung dar. Die Einführung dieser beiden Vorschriften durch die NotVO vom 6. 10. 1931 beabsichtigte nicht nur eine Angleichung des Beschwerdesystems im Nebenverfahren an das Beschwerdesystem im Hauptverfahren, sondern vor allem auch ganz generell eine Einschränkung der Rechtsmittel im Armenrechtsverfahren. Daran hat das REinhG v. 12. 9. 1950 (BGBl. I, 455), das im übrigen weitergehende Beschränkungen der Kriegszeit beseitigt hat, nichts geändert. Dieser zweite Zweck der Sonderregelung im Armenrechtsverfahren kann bei entsprechender Anwendung nicht unberücksichtigt bleiben. Zwar kann das Beschwerdeverfahren selbst nach §§ 19 ff. FGG ausgestaltet werden. Aber für die Frage, *wann* überhaupt eine Beschwerde und weitere Beschwerde gegeben ist, muß der klare Wortlaut des § 127 S. 2 2. Hs. und S. 3 ZPO maßgebend sein.

Besonderer Teil

8. KAPITEL

Die Fürsorgeverfahren

In diesem Kapitel werden nur diejenigen Verfahren behandelt, deren *Hauptmerkmal* der Fürsorgezweck ist.

§ 38. Fürsorgeverfahren vor dem Vormundschaftsgericht

I. Die Vormundschaften

Literatur: BERGMANN, Internationales Ehe- und Kindschaftsrecht; BOSCHAN, Der Vormundschaftsrichter und seine Abteilung, 3. Aufl. 1943; ders., Die Vormundschaft, Handbuch für den Vormund, 1956; BRAND/HENSEL, Die Vormundschafts-, Familienrechts- und Fürsorgeerziehungssachen in der gerichtlichen Praxis, 2. Aufl., 1963; FIRSCHING, Handbuch der amtsgerichtlichen Praxis, Bd. 5, Familienrechts- und andere Rechtsgebiete in der freiwilligen Gerichtsbarkeit, 2. Aufl., 1962; MÖHRING-V. SELZAN, Vermögensverwaltung in Vormundschafts- und Nachlaßsachen, 1963; SCHNITZERLING, Die vormundschaftlichen Erziehungsaufgaben, 1929.

1. Quellen. Das Vormundschafts- und Pflegschaftsrecht wird im wesentlichen im BGB (§§ 1773—1921) und im JWG vom 11. August 1961 (BGBl. I, 1206, ber. 1875 — §§ 37 ff.) geregelt. Hinzu kommen Spezialgesetze für einzelne Angelegenheiten, so das Gesetz über die religiöse Kindererziehung vom 15. 7. 1921 (RGBl. 939, 1263). Da die Materie im allgemeinen im Familienrecht des BGB dargestellt wird, braucht hier nur ein kurzer Überblick unter besonderer Berücksichtigung der verfahrensrechtlichen Bestimmungen des FGG gegeben zu werden. Das FGG enthält in seinem allgemeinen Teil und im 2. Abschnitt einzelne die materiellen und verfahrensrechtlichen Bestimmungen des BGB ergänzenden Regeln.

2. Vormundschaft über eheliche Kinder mit Vermögensverwaltung. Maßgebend hierfür sind materiellrechtlich die §§ 1773 ff. BGB (s. auch Art. 23 EGBGB, §§ 8—10 ZuständigkeitsergänzungsG) sowie die §§ 35—64 FGG. Das Vormundschaftsgericht hat von Amts wegen gemäß § 1774 BGB die Vormundschaft anzuordnen, wenn die Voraussetzungen des § 1773 BGB vorliegen. Danach erhält ein Minderjähriger dann einen Vormund, wenn er nicht unter elterlicher Gewalt steht, wenn die Eltern weder in den die Person noch in den das Vermögen betreffenden Angelegenheiten zur Vertretung des Minderjährigen berechtigt sind und schließlich, wenn der Familienstand des Minderjährigen nicht zu ermitteln ist. Um dem Gericht die Kenntnis von einem sein Einschreiten erfordernden Sachverhalt zu geben, sieht das FGG in den §§ 48—50 eine Mitteilungspflicht des Standesbeamten, Jugendgerichts und der Gerichte überhaupt vor. Ist die Vormundschaft angeordnet, so wird ein Vormund bestellt. Dabei haben die Eltern des Mündels das Recht, einen Vormund zu benennen (§ 1776 BGB). Sie können jedoch unter den Voraussetzungen des § 1778 BGB (vgl. auch § 46 JWG) übergangen werden. Wird die Vormundschaft nicht dem nach § 1776 BGB Benannten übertragen, so wählt das Vormundschaftsgericht den Vormund nach Anhörung des Jugendamtes als Gemeindewaisenrat (§§ 1779 BGB, 47 I 1 JWG) aus. Der Auserwählte kann zur Übernahme der Vormundschaft durch Ordnungsstrafe angehalten werden (§ 1788 BGB). Der Vormund erhält eine Bestallungsurkunde (§ 1791 BGB). Wenn mit der Vormundschaft eine Vermögensverwaltung verbunden ist, so soll ein Gegenvormund bestellt werden, der darauf zu achten hat, daß der Vormund die Vormundschaft pflichtgemäß führt. Dies gilt jedoch nicht, wenn die Verwaltung nicht erheblich ist oder wenn die Vormundschaft von mehreren Vormündern gemeinschaftlich zu führen ist (§§ 1792, 1799 BGB). Dem Vormundschaftsgericht obliegen gegenüber dem Vormund Fürsorge- und Aufsichtspflichten (§§ 1837 ff. BGB). Die Vormundschaft endigt mit dem Wegfall der in § 1773 BGB bestimmten Voraussetzungen (§ 1882 BGB).

3. Die Amtsvormundschaft. Die Amtsvormundschaft unterscheidet sich von der normalen Vormundschaft nur hinsichtlich der Person des Vormunds. Bei der Amtsvormundschaft ist Vormund das Jugendamt; zu unterscheiden ist die kraft Gesetzes eintretende Amtsvormundschaft nach § 40 JWG (zur Verfassungsmäßigkeit von § 40 JWG vgl. OLG Hamm, FamRZ 62, 437) bei der Geburt eines unehelichen Kindes von der durch Verfügung des Vormundschaftsgerichts eintretenden Vormundschaft nach § 46 JWG unter den Voraussetzungen des § 1773 BGB. Zu der von der Amtsvormundschaft zu unterscheidenden Vereinsvormundschaft vgl. § 53 JWG.

4. Vormundschaft über Volljährige. Die Vormundschaft über Volljährige tritt nicht kraft Gesetzes ein. Sie wird vielmehr vom Vormundschaftsgericht von Amts wegen angeordnet. Auf sie finden nach § 1897 BGB grundsätzlich die für die Vormundschaft über Minderjährige geltenden Vorschriften Anwendung. Ein Volljähriger erhält nur dann einen Vormund, wenn er entmündigt ist (§ 1896 BGB). Die Vormundschaft kann auch eine vorläufige sein. Das Entmündigungsgericht muß nach § 657 ZPO das Vormundschaftsgericht benachrichtigen, sobald es Fürsorgemaßnahmen für erforderlich hält. Dieses kann die vorläufige Vormundschaft anordnen, wenn sie zur Abwendung einer erheblichen Gefährdung der Person oder des Vermögens des Volljährigen als erforderlich angesehen wird (§ 1906 BGB). Sobald der Entmündigungsbeschluß selbst eingegangen ist (wegen der Zustellung s. §§ 661, 683 ZPO), ist die endgültige Vormundschaft einzurichten, also der Vormund zu bestellen, zu verpflichten und gegebenenfalls zum Bericht aufzufordern. Bis zur Einrichtung der endgültigen Vormundschaft bleibt die vorläufige Vormundschaft bestehen. Hinsichtlich der Bestellung eines Gegenvormundes vgl. § 1904 BGB. Stirbt das Mündel, so kann der Vormund auch um Beantragung der Nachlaßpflegschaft angegangen werden.

II. Die Pflegschaft

Literatur: BOSCHAN, Die Pflegschaft, Handbuch für den Vormund, 1956.

Auch die Pflegschaft ist ein Ausdruck staatlicher Fürsorgetätigkeit. Sie ist der Vormundschaft nachgebildet. Die gesetzliche Regelung ist in den §§ 1909 ff. BGB, Art. 23 EGBGB, §§ 35, 37—42 FGG, §§ 8, 10, 20—22 ZuständigkeitsergänzungsG enthalten. Als Unterarten der Pflegschaft sind zu nennen: die Ergänzungspflegschaft, Gebrechlichkeitspflegschaft, Abwesenheitspflegschaft, Pflegschaft für Leibesfrucht, Pflegschaft für unbekannte Beteiligte und Pflegschaft für ein Sammelvermögen (§§ 1909—1914 BGB). Die Pflegschaft darf nur in den vom Gesetz vorgesehenen Fällen angeordnet werden. Bezüglich der Einzelheiten muß auf die Kommentare und Lehrbücher zum BGB verwiesen werden. Nach § 1915 BGB finden auf die Pflegschaft die Vorschriften, die für die Vormundschaft gelten, grundsätzlich entsprechende Anwendung. In stärkerem Umfang jedoch als der Vormund hat sich der Pfleger nach den Anordnungen des Vormundschaftsgerichts zu richten, soweit keine anderweitige gesetzliche Regelung besteht. Spezialnormen gelten für die Beendigung der Pflegschaft (§§ 1918—1921 BGB).

III. Die Beistandschaft

Die Bestellung eines Beistands erfolgt auf Antrag des Elternteils, dem die elterliche Gewalt oder die Sorge für die Person oder das Vermögen des Kindes allein zusteht (vgl. §§ 1685 ff. BGB). Keine Rolle spielt es dabei, aus welchen Gründen der Elternteil die elterliche Gewalt allein ausübt. Auf seinen Antrag hin wird dem Elternteil ein Beistand bestellt, der die Stellung eines Gegenvormundes hat (vgl. § 1691 BGB). Der Beistand hat innerhalb seines Wirkungskreises nach § 1686 BGB denjenigen, dem die elterliche Gewalt allein zusteht, bei der Ausübung der elterlichen Gewalt zu unterstützen. Im übrigen richtet sich der Pflichtenkreis des Beistandes nach der Bestellung. Die Aufhebung der Beistandschaft soll nur mit Zustimmung des Elternteils erfolgen, dem der Beistand bestellt ist (§ 1692 BGB). Jedoch ist auch eine ohne Zustimmung erfolgte Aufhebung wirksam. Die Beistandschaft braucht nicht auf einzelne Angelegenheiten beschränkt zu sein. Der Beistand kann auch für alle Angelegenheiten mit oder ohne Vermögensverwaltung bestellt werden.

IV. Genehmigungen des Vormundschaftsgerichts

Einen breiten Raum in der Tätigkeit des Vormundschaftsgerichts nehmen die Genehmigungen ein.

1. Genehmigungen bei bestehender Vormundschaft. Hier kommen zunächst vermögensrechtliche Genehmigungen in Betracht. Eine Genehmigung des Vormundschaftsgerichts ist außer in den Fällen, in denen sie die des Gegenvormundes ersetzen muß, nur bei allen wichtigen Geschäften vorgeschrieben; dies bedeutet eine Einschränkung der Selbständigkeit des Vormundes. Größte Bedeutung haben die Genehmigungen des Vormundschaftsgerichts für Grundstücksgeschäfte (§ 1821 BGB). Zu den sonstigen Geschäften, zu deren Ausführung der Vormund der Genehmigung des Vormundschaftsgerichts bedarf, vgl. § 1822 BGB. Besonders sind hier zu erwähnen die Genehmigung zur Erbausschlagung (§ 1822 Ziff. 2 BGB) und die Genehmigung von Lehrverträgen (§ 1822 Ziff. 6 BGB).

2. Sonstige Genehmigungen. Außerhalb einer bestehenden Vormundschaft sind insbesondere die Genehmigungen, die die Eltern zu einzelnen Rechtsgeschäften nach § 1643 BGB einholen müssen, zu erwähnen. Ferner ist die Genehmigung des Vormundschaftsgerichts erforderlich, wenn der gesetzliche Vertreter den Minderjährigen zum selbständigen Betrieb eines Erwerbsgeschäftes ermächtigt (§ 112 BGB).

V. Die Familienrechtssachen

Literatur: GÖPPINGER, Beschränkung der elterlichen Gewalt, 1964; LÖFFLER-KOWALEWSKI, Ehemündigkeit und Volljährigkeit, 1961; LUKES, Einwilligung zur Eheschließung, StAZ 62, 30; SCHNITZERLING, Grundrechtliche Grenzen bei Maßnahmen nach § 1666 BGB, RDJ 63, 18; TIEDE-BURGE-WINGEN, Kommentar zum Kindergeldgesetz, Loseblatt-Ausgabe 1954.

Nach Art. 6 GG darf der Staat in die Selbstverantwortung der Familie nur dann eingreifen, wenn ein Fürsorgebedürfnis vorliegt und der Eingriff im Interesse der Familie liegt. Der Staat bedient sich bei der Erfüllung dieser Fürsorgepflichten u. a. auch der Gerichtsbarkeit, insbesondere der Zivilgerichte in Verfahren der streitigen und der fG. Soweit solche familienrechtlichen Angelegenheiten der fG zugewiesen sind, spricht man von Familienrechtssachen (so PIKART-HENN, S. 147).

1. Maßnahmen vor der Eheschließung. Als Fürsorgemaßnahmen des Vormundschaftsgerichts vor der Eheschließung sind beispielsweise zu nennen: die Volljährigkeitserklärung (§§ 3—5 BGB, Art. 7 EGBGB, §§ 56, 196 FGG); die Befreiung vom Ehehindernis der mangelnden Ehemündigkeit (§ 1 II EheG); hierzu zählt auch die Ersetzung der Einwilligung des gesetzlichen Vertreters und des Sorgeberechtigten in die Eheschließung des gesetzlich Vertretenen (§ 3 III EheG). Schließlich sei noch die Erteilung des Heiratsscheins zur Wiederheirat genannt (vgl. § 9 EheG).

2. *Maßnahmen nach der Eheschließung.* Hier sind zunächst die durch das Vormundschaftsgericht nach § 1666 BGB zu treffenden (einstweiligen) Sorgemaßnahmen bei Gefährdung des Wohls des Kindes zu nennen. Es kann dabei entweder das Recht zur Bestimmung des Aufenthaltes oder das Personensorgerecht entzogen werden. Das Vormundschaftsgericht ist jedoch bei seinem Eingreifen, insbesondere bei ehrlosem oder unsittlichem Verhalten des Sorgeberechtigten, nicht auf Maßnahmen aus dem reinen Bereich des Personensorgerechts beschränkt. Es kann vielmehr, soweit erforderlich, auch durch Ge- oder Verbote einer das Kindeswohl gefährdenden Verletzung der Pflicht zur Sorge für die Person des Kindes entgegenwirken (vgl. OLG Hamm, JMBl. NRW 62, 243). Zu den Fürsorgemaßnahmen des Vormundschaftsgerichts nach Eheschließungen zählen im Verhältnis der Ehegatten zueinander die Angelegenheiten des ehelichen Güterrechts während bestehender Ehe nach §§ 1363—1563 BGB.

3. *Maßnahmen nach Auflösung der Ehe.* Eine der wichtigsten Maßnahmen des Vormundschaftsgerichts nach Auflösung der Ehe hinsichtlich des Eltern-Kind-Verhältnisses ist die Regelung der elterlichen Gewalt. Wenn die Ehe der Eltern geschieden ist, so bestimmt das Vormundschaftsgericht nach § 1671 BGB, welchem Elternteil die elterliche Gewalt über ein gemeinschaftliches Kind zustehen soll. (Entsprechendes gilt nach § 1672 BGB für ein nicht nur vorübergehendes Getrenntleben der Ehegatten.) Der Elternteil, dem die elterliche Gewalt übertragen wird, erhält grundsätzlich sowohl die Personen- wie die Vermögensfürsorge einschließlich der Vertretung des Kindes (§ 1626 II BGB). Das Vormundschaftsgericht hat auch das Recht, den persönlichen Verkehr mit dem Kinde zu regeln (§ 1634 II BGB, vgl. auch § 48 II JWG). Als Fürsorgemaßnahme des Vormundschaftsgerichts im Verhältnis der Ehegatten zueinander nach Auflösung der Ehe sei die Untersagung der Führung des Ehenamens durch die Frau nach Scheidung der Ehe genannt (§ 57 EheG). Die Vorschrift ist mit dem Gleichberechtigungsgrundsatz vereinbar (BGHZ 21, 301; BGH, NJW 56, 1837).

4. *Unterstützung des elterlichen Gewaltinhabers.* Nach § 1631 II BGB hat das Vormundschaftsgericht die Eltern auf Antrag bei der Kindeserziehung durch geeignete Maßregeln zu unterstützen. Folgende Maßnahmen kommen dabei etwa in Betracht: Vorladungen, Ermahnungen und Überwachung. Aber auch die Verwahrung eines ehelichen Kindes z. B. bei Erziehungsschwierigkeiten und die Entscheidung über den Antrag auf zwangsweise Zurückführung des Kindes gehört in diesen Zusammenhang (vgl. OLG Köln, NJW 52, 547). Weiter kommt in Betracht die Erteilung der Ermächtigung an den elterlichen Gewaltinhaber, den Minderjährigen in einer Erziehungsanstalt unterzubringen; dies ist von der gemäß

§ 1666 I 2 BGB zulässigen Unterbringung in einer Erziehungsanstalt und von der Fürsorgeerziehung zu unterscheiden (vgl. ERMAN-RONKE, § 1631 Bem. 3 f.). Schließlich ist in diesem Zusammenhang noch die Unterstützung eines Elternteils bei der religiösen Kindererziehung zu erwähnen (vgl. §§ 3 II, 7, 9, 10 RelKErzG).

5. Erziehungsbeistandschaft, freiwillige Erziehungshilfe, Fürsorgeerziehung

a) Vorläuferin der *Erziehungsbeistandschaft* war die Schutzaufsicht nach §§ 56—61 RJWG. Die Erziehungsbeistandschaft kann im Gegensatz zu der Beistandschaft des BGB (§§ 1685 ff. BGB) von Amts wegen angeordnet werden (§ 57 JWG). Der Erziehungsbeistand hat den Personensorgeberechtigten bei der Erziehung zu unterstützen (§ 58 JWG). Voraussetzung der Anordnung ist nach § 55 JWG zunächst eine Schädigung oder Gefährdung der geistigen, seelischen oder leiblichen Entwicklung des Minderjährigen. Hinzukommen muß, daß die Anordnung der Erziehungsbeistandschaft zur Abwendung der Gefahr oder zur Beseitigung des Schadens geboten ist und ausreichend erscheint, d. h. daß weitergehende Maßnahmen nicht erforderlich sind. Der Erziehungsbeistand wird gemäß § 56 JWG in erster Linie durch das Jugendamt bestellt. Wenn die Voraussetzungen des § 55 JWG und der Antrag des Personensorgeberechtigten vorliegen, so ist das Jugendamt zur Bestellung verpflichtet (für die Wiederaufhebung vgl. § 61 II JWG). Subsidiär kann die Erziehungsbeistandschaft auch auf Antrag jedes Personensorgeberechtigten oder des Jugendamtes durch das Vormundschaftsgericht angeordnet werden, wenn die Tatbestandsmerkmale des § 55 JWG vorliegen und gleichwohl eine Erziehungsbeistandschaft nicht nach § 56 JWG angeordnet wird (§ 57 JWG). Schließlich kann die Erziehungsbeistandschaft noch im Strafverfahren durch das Jugendamt angeordnet werden (§§ 9, 12 JGG).

b) Die *freiwillige Erziehungshilfe* ist im Rahmen des Jugendwohlfahrtsrechts erstmals in der Novelle von 1961 bundesgesetzlich geregelt. Durch die freiwillige Erziehungshilfe sollen über die Beistandschaft hinausgehende Maßnahmen wie z. B. die Fürsorgeerziehung verhindert werden. Voraussetzung ist aber (§ 62 JWG), daß die Personensorgeberechtigten bereit sind, die Erziehungshilfe aktiv zu fördern (z. B. durch teilweise Überlassung ihrer Sorgerechte). Die freiwillige Erziehungshilfe wird auf schriftlichen Antrag der Personenberechtigten durch das Landesjugendamt gewährt (§§ 63, 72 JWG). Das Nähere über die Ausführung ist landesrechtlich geregelt (§ 74 JWG). Die freiwillige Erziehungshilfe endet mit der Volljährigkeit. Über die Aufhebung der freiwilligen Erziehungshilfe vgl. § 75 JWG.

c) Die *Fürsorgeerziehung* kommt als äußerstes Erziehungsmittel nur in Betracht, wenn keine anderen Erziehungsmöglichkeiten gegeben sind (§ 64 JWG). Sie ist gegenüber der Erziehungsbeistandschaft der schärfere Eingriff in das Sorgerecht der Erziehungsberechtigten und dient der Beseitigung oder

Verhinderung einer Verwahrlosung des Jugendlichen. Das Gesetz unterscheidet die vorläufige Fürsorgeerziehung bei Gefahr im Verzuge (§ 67 JWG) und die endgültige Fürsorgeerziehung (§§ 64 ff. JWG). Das Vormundschaftsgericht wird auf Antrag oder von Amts wegen tätig. Den Antrag kann das Jugendamt, das Landesjugendamt sowie jeder Personensorgeberechtigte stellen (§ 65 JWG). Erforderlich ist entsprechend dem Amtsermittlungsgrundsatz (§ 12 FGG) die persönliche Anhörung bzw. Vernehmung der Eltern, Verwandten, Arbeitgeber, Lehrer, Ärzte usw. und die Heranziehung aller erreichbaren Aktenvorgänge anderer Behörden und Amtsstellen. Die beiden Arten der Fürsorgeerziehung sind in der Wirkung gleich. Die Fürsorgeerziehung (auch die vorläufige Fürsorgeerziehung) endet mit der Volljährigkeit oder dem Tod des Minderjährigen. Aufgehoben wird sie grundsätzlich durch das Vormundschaftsgericht bei Erreichen des Zweckes oder anderweitiger Sicherstellung (§ 75 II, IV JWG). Die Aufhebung erfolgt von Amts wegen oder auf Antrag.

6. Maßnahmen nach dem Kindergeldgesetz. Nach § 3 des Gesetzes über die Gewährung von Kindergeld und die Errichtung von Familienausgleichskassen (Kindergeldgesetz vom 13. November 1954, BGBl. I, 333) bestimmt das Vormundschaftsgericht, wenn sowohl Vater und Mutter als auch die Adoptiv- und Pflegeeltern anspruchberechtigt sind, wer zum Empfang des Kindergeldes berechtigt ist. Den dazu erforderlichen Antrag können das Jugendamt oder jede sonstige Person, die ein berechtigtes Interesse hat und dies nachweist, stellen. Weiter kann nach § 8 II des KindergeldG das Vormundschaftsgericht bestimmen, daß das Kindergeld an eine andere Person oder eine andere Stelle als den Berechtigten ausbezahlt wird, sofern das Wohl des Kindes dies erfordert. So kann das Vormundschaftsgericht beispielsweise bestimmen, daß das Geld an das Heim oder die Erziehungsanstalt, in der der Minderjährige untergebracht ist, ausbezahlt wird.

VI. Behörden

§ 35 FGG bestimmt als Vormundschaftsgericht die Amtsgerichte. Auf Grund des Rechtspflegergesetzes wurde die Zuständigkeit zwischen Richter und Rechtspfleger geändert. Nunmehr sind gemäß § 3 I Ziff. 2 a RpflG dem Rechtspfleger die Vormundschaftssachen im Sinne des 2. Abschnittes des FGG übertragen. Ausgenommen sind die in den §§ 12—18 a RpflG erschöpfend aufgeführten Angelegenheiten, die dem Richter vorbehalten bleiben. Der Rechtspfleger tritt, soweit er zuständig ist, an die Stelle des Richters. Es besteht keine Möglichkeit, aus dem Wesen der fG oder der Art der Tätigkeit (z. B. entscheidende, gestaltende, fürsorgende Tätigkeit) einen zusätzlichen Vorbehalt zu § 12 RpflG zu konstruieren und dadurch die Zuständigkeit des Rechtspflegers einzuschränken, es sind jedoch die Einschränkungen der §§ 4, 5 RpflG zu beachten. Auch die Jugendrichter können im Rahmen des § 34 II JGG vormundschaftliche Erziehungsaufgaben ausüben.

An Stelle des Vormundschaftsgerichts kann in Vormundschafts- und Pflegschaftssachen und für die Beistandschaft im Falle des § 1690 BGB der *Familienrat* treten (§§ 1858, 1872 BGB). Die sonstigen Aufgaben, für die die Zuständigkeit des Vormundschaftsgerichts gegeben ist (z. B. die Verrichtungen gegenüber Eltern und unter elterlicher Gewalt stehenden Kindern), können dem Familienrat nicht übertragen werden. Der Familienrat ist ein durch zwei bis sechs Laien verstärktes Vormundschaftsgericht. Die Einsetzung ist von der Anordnung eines der Eltern oder dem Antrag Verwandter und dem Ermessen des Vormundschaftsgerichts abhängig (§§ 1858, 1859 BGB). Das Vormundschaftsgericht selbst ist nur noch bei Einsetzung und Aufhebung des Familienrats tätig. Im übrigen wird es in seinen Aufgaben durch den Familienrat ersetzt. (Ausnahme: § 1800 II BGB.) Dem Vormundschaftsrichter obliegen als Vorsitzenden nur die formelle Leitung der Geschäfte, die Vorbereitung und der Vollzug der Beschlüsse des Familienrates (vgl. Siebert-Germer, § 1872 Anm. 1). In allen Fällen kann der Vormundschaftsrichter nach § 1876 BGB jedoch allein handeln. Der Familienrat muß auf Anordnung des Vaters bzw. der ehelichen Mutter des Mündels oder bei Beschlußunfähigkeit (fehlende erforderliche Mitgliederzahl und keine Möglichkeit der Ergänzung durch geeignete Personen) wieder aufgehoben werden (§§ 1879—1881 BGB).

VII. Örtliche Zuständigkeit des Vormundschaftsgerichts

Das FGG hat hierfür (s. oben § 6 IV) eine eingehende Regelung in den §§ 36—45 FGG getroffen. Zusätzlich werden in den §§ 46, 47 FGG Abgabemöglichkeiten an andere Vormundschaftsgerichte bzw. an das Ausland geregelt.

Wie ein roter Faden zieht sich durch diese Zuständigkeitsbestimmungen das Prinzip des Wohnsitzes, mangels eines solchen das Prinzip des Aufenthalts sowie der Fürsorge für den Betroffenen.

1. Vormundschaft. Die Zuständigkeitsbestimmung des § 36 FGG gilt sowohl für die Anordnung der Vormundschaft über Minderjährige und Volljährige als auch für die vorläufige Vormundschaft (vgl. BayObLG, Recht 04, 170 Nr. 829). Zuständig ist nach § 36 I FGG das Gericht, in dessen Bezirk der Mündel seinen Wohnsitz oder in Ermangelung eines inländischen Wohnsitzes seinen Aufenthalt hat. Für die Begründung und Aufhebung des Wohnsitzes gelten auch hier die allgemeinen Bestimmungen der §§ 7—11 BGB. Ob und wo ein Wohnsitz vorliegt oder mangels eines solchen, wo ein Aufenthalt gegeben ist, hat das Gericht im Rahmen des § 12 FGG nach pflichtgemäßem Ermessen zu ermitteln (Amtsermittlungsgrundsatz, vgl. KGJ 42, 32; Keidel, § 36 Rz. 6). Fehlt auch ein Aufenthalt, so ist regelmäßig das Amtsgericht Berlin-Schöneberg zuständig (vgl. § 36 II FGG). Das Amtsgericht Berlin-Schöneberg ist weiter auch z. B. zuständig für vormundschaftsgerichtliche Angelegenheiten des Kindes, das seinen Wohnsitz in der Sowjetzone hat, dessen Eltern aber in der Bundesrepublik wohnen (vgl. OLG Braunschweig, NdsRpfl. 62, 279). Maßgebender Zeitpunkt für die Bestimmung der Zuständigkeit ist das aufgetretene Bedürfnis bzw. Erfordernis der Anordnung der Vormundschaft. Dies begründet auch den Fortbestand der Zuständigkeit (Ausnahme: Abgabe nach § 46 FGG). Nach § 36 I 2 FGG ist die Vormundschaft über Geschwister beim gleichen Vormundschaftsgericht zu führen.

Vgl. REHBINDER, JR 63, 88, der entgegen der h. M. annimmt, daß der Geschwistergerichtsstand des Vormundschaftsgerichts auch dann besteht, wenn über den anderen Geschwisterteil nur eine Pflegschaft anhängig ist.

Ist schon eine Vormundschaft nach § 1774 BGB angeordnet, so bleibt dieses Gericht auch für die später einzuleitenden Vormundschaftssachen zuständig; ist dies nicht der Fall, so entscheidet die Zuständigkeit für den jüngsten Mündel (weitere Einzelheiten bei KEIDEL, § 36 Rz. 13 ff.; SCHLEGELBERGER, § 36 Rz. 13 ff.). Für die Vormundschaft über einen Minderjährigen, dessen Familienstand nicht zu ermitteln ist, ist gemäß § 36 III FGG das Gericht zuständig, in dessen Bezirk der Minderjährige aufgefunden wurde (zur Anzeigepflicht s. § 48 FGG). Bei nicht einwandfrei feststellbarem Fundort ist nach § 5 FGG vorzugehen (vgl. KEIDEL, § 36 Rz. 21). Für Staatenlose gilt Art. 29 EGBGB.

Die gleiche Regelung gilt auch für die vorläufige Vormundschaft.

2. *Die Pflegschaft.* Bei der Ergänzungspflegschaft im Sinne des § 1909 BGB knüpft die Zuständigkeit an die bestehende Vormundschaft an. Im übrigen findet nach § 37 I 2 FGG auf die Pflegschaften im Sinne der §§ 1909 ff. BGB § 36 FGG entsprechende Anwendung, soweit in den §§ 37 bis 42 FGG nichts Besonderes bestimmt ist.

3. *Sonstige Verrichtungen.* a) Zur Zuständigkeit des Vormundschaftsgerichts für Verrichtungen hinsichtlich der persönlichen Angelegenheiten der Ehegatten und des ehelichen Güterrechts gehören beispielsweise die Aufhebung des Ausschlusses oder der Beschränkung der Schlüsselgewalt der Frau, wenn die Maßnahmen des Mannes ohne ausreichenden Grund ergriffen wurden (§ 1357 II BGB; vgl. dazu FAHR, Die Neuregelung der Schlüsselgewalt durch das Gleichberechtigungsgesetz, 1962). Es ist weiter zu nennen die Untersagung der Führung des Ehenamens durch die Frau nach der Scheidung (§ 57 EheG). § 45 FGG gilt ferner auch für die dem Vormundschaftsgericht übertragenen Angelegenheiten des ehelichen Güterrechts (§§ 1363—1563 BGB). Hinsichtlich der Einzelheiten vgl. KEIDEL, § 45 Rz. 1 ff. Keine Geltung hat die Vorschrift indes bei persönlichen Angelegenheiten der Ehegatten, in denen das Vormundschaftsgericht schon in Fürsorge

für das Kind tätig wird und wenn das Vormundschaftsgericht im Rahmen des ehelichen Güterrechts seiner Aufsichtspflicht genügt. Hier ist vielmehr § 43 FGG i. V. m. § 36 FGG anzuwenden (vgl. KEIDEL, § 45 Rz. 9; SCHLEGELBERGER, § 45 Rz. 2). Grundsätzlich entscheidet nach § 45 FGG der gemeinsame gewöhnliche Aufenthalt der Ehegatten (vgl. § 606 I ZPO). Dies ist dann der Fall, wenn die Ehegatten am Aufenthaltsort ein gemeinsames eheliches Leben führen und der Ort Mittelpunkt ihres gemeinsamen Lebens ist.

Von diesem Gerichtsstand des letzten gemeinsamen Aufenthalts der Ehegatten bestehen jedoch *Ausnahmen,* wenn: aa) keiner der Ehegatten im Zeitpunkt der Befassung des Gerichts seinen gewöhnlichen Aufenthalt im Bezirk dieses Vormundschaftsgerichts hat, bb) wenn die Ehegatten seit ihrer Heirat im Inland einen gemeinsamen gewöhnlichen Aufenthalt nicht gehabt haben. Vgl. § 45 FGG.

b) Die Zuständigkeit zu sonstigen Verrichtungen mit Ausnahme der Ehesachen im Sinne des § 45 FGG (§ 43 FGG), die nicht eine Vormundschaft oder eine Pflegschaft betreffen, ist außerordentlich umfangreich.

(Zu den Einzelheiten s. KEIDEL, § 43 Rz. 2; SCHLEGELBERGER, § 43 Rz. 2 ff.) Als *Beispiele* seien genannt: die Befreiung vom Erfordernis der Ehemündigkeit (§ 1 II EheG); die Volljährigkeitserklärung (§ 3 BGB); die Erteilung der Genehmigung zum selbständigen Betrieb eines Erwerbsgeschäfts durch den Minderjährigen (§ 112 BGB); die Ersetzung der elterlichen Einwilligung zur Eheschließung eines Kindes (§§ 3, 30 EheG); die Erteilung des Heiratsscheines zur Wiederverheiratung (§ 9 EheG); das Eingreifen bei Gefährdung der Person oder des Vermögens des Kindes durch Vater und Mutter (§§ 1666—1668 BGB); die Unterstützung der Eltern bei der Erziehung des Kindes (§ 1631 BGB). Grundsätzlich kann gesagt werden, daß zu der Zuständigkeit im Sinne des § 43 FGG nicht nur eine bestimmte Tätigkeit, sondern auch die Entgegennahme von Willenserklärungen von Volljährigen wie Minderjährigen gehört.

Allgemein ist für jede dieser „sonstigen Verrichtungen" des Vormundschaftsgerichts im Sinne des § 43 FGG wiederum § 36 FGG anwendbar. Besteht allerdings schon eine Vormundschaft oder Pflegschaft für die betroffene Person oder ist für deren Vater oder Mutter schon ein Beistand bestellt, so ist an diese Zuständigkeit anzuknüpfen, also an die bestehende Vormundschaft, Pflegschaft oder Beistandschaft (selbst wenn die Voraussetzungen für diese Zuständigkeit sich bereits wieder geändert haben, vgl. KEIDEL, § 43 Rz. 3). Ist eine Erziehungsbeistandschaft oder ein Fürsorgeerziehungsverfahren anhängig, so ist ebenfalls das Gericht dieses Verfahrens zuständig (§ 77 II JWG).

c) Zu einstweiligen Maßnahmen unter Vorbehalt der Entscheidung durch das nach §§ 36, 37 FGG zuständige Gericht (vgl. KG, JFG 14, 204) ist nach § 44 FGG für die in den §§ 1693, 1846 BGB und im Art. 23 II EGBGB bezeichneten Maßnahmen *auch* das Gericht zuständig, in dessen Bezirk das Bedürfnis der Fürsorge hervortritt. Dieses Gericht ist *neben* dem nach §§ 36 ff., 43 FGG zuständigen Gericht zuständig (vgl. KEIDEL, § 44 Rz. 2).

Über die entsprechende Anwendung des § 44 FGG auf eine endgültige Maßnahme s. KEIDEL, § 44 Rz. 7.

Das Kammergericht (vgl. z. B. KGJ 37, 97) entwickelte aus § 44 FGG den Grundsatz, daß das Vormundschaftsgericht, in dessen Bezirk das Bedürfnis auftritt, also das für den tatsächlichen Aufenthaltsort zuständige Gericht, zuständig und verpflichtet ist, die erforderlichen eiligen Maßnahmen zu ergreifen, obwohl es an sich nicht zuständig wäre. Dies ist jetzt in § 77 I JWG gesetzlich geregelt (vgl. auch § 11 JWG).

4. *Die Abgabe.* a) Die nach § 46 FGG bestehende Möglichkeit der *Abgabe an ein anderes inländisches Gericht* beschränkt sich auf Vormundschaft, Pflegschaften (§§ 36—42 FGG) und Angelegenheiten nach § 43 FGG (sonstige Verrichtungen ohne Ehesachen). Nicht erfaßt werden also die Ehesachen im Sinne des § 45 FGG und die vorläufigen Maßnahmen nach § 44 FGG (str.).

Für die hier vertretene Ansicht vgl. SCHLEGELBERGER, § 46 Rz. 1 mit weiteren Nachw.; a. A. z. B. UNGER, ZZP 41, 240.

Besteht Streit darüber, ob neben dem zunächst angegangenen Gericht, das seine Zuständigkeit nicht bestreitet, auch ein anderes zuständig ist und dieses das Verfahren zu übernehmen hat, so fällt dies nicht unter § 5 FGG, sondern in den Anwendungsbereich des § 46 FGG. Das gilt selbst dann, wenn das um die Übernahme ersuchte Gericht seine Zuständigkeit verneint (BayObLG, NJW 62, 206). Die Abgabe muß das gesamte Verfahren umfassen, nicht etwa nur einen Teil, z. B. die Verwaltung eines Grundstückes.

Nach h. M. kann die Abgabe nach § 46 FGG auch stattfinden zwischen den Gerichten der Bundesrepublik und denen der DDR (KEIDEL, § 46 Rz. 2; a. A. OLG Köln, DAV 58/59, 134, das hier § 47 II für anwendbar erklärt).

Besondere Vorschriften enthalten die §§ 44, 57 V und 65 V JWG. Voraussetzung für die Abgabe nach § 46 FGG ist, daß bereits eine Vormundschaft angeordnet ist und wichtige Gründe zur Abgabe vorliegen. Außerdem muß das andere Gericht zur Übernahme bereit sein und schließlich ist die Zustimmung des Vormunds erforderlich, sofern ein solcher schon bestellt ist. An Stelle der Zustimmung des Vormunds tritt bei der Pflegschaft die des Pflegers, bei der Beistandschaft die Zustimmung des Elternteils, dem der Beistand bestellt ist (zu den entsprechenden Voraussetzungen bei den anderen Verfahren vgl. KEIDEL, § 46 Rz. 31). Ob ein wichtiger Grund zur Abgabe vorliegt, ist Ermessensfrage und von den beteiligten Gerichten zu prüfen. Maßgebender Gesichtspunkt ist in erster Linie das Wohl des Mündels (BayObLG 2, 153, 206; 19, 226; 20, 23).

Beispiele für wichtige Gründe: Aufenthaltswechsel des Mündels, der Mutter, der Eltern, die Notwendigkeit persönlicher Verhandlungen mit dem Pfleger (OLG Karlsruhe/Freiburg, FamRZ 57, 183; zu weiteren Einzelheiten s. KEIDEL, § 46 Rz. 6; SCHLEGELBERGER, § 46 Rz. 3).

Wenn sich die Gerichte nicht einigen oder eine erforderliche Zustimmung z. B. des Vormunds verweigert wird, so entscheidet das gemeinschaftliche obere Gericht. Ist dieses der BGH, so entscheidet dasjenige Oberlandesgericht, zu dessen Bezirk das Gericht gehört, an welches die Vormundschaft, Pflegschaft usw. abgegeben werden soll. Die Entscheidung kann nicht angefochten werden (§ 46 II FGG). Das abgebende Gericht muß örtlich zuständig sein oder sich wenigstens für zuständig halten (BayObLG, NJW 62, 206). Andernfalls kommt kein Abgabeverfahren nach § 46 FGG, sondern ein Verfahren nach § 5 FGG in Betracht (vgl. KEIDEL, Rpfleger 60, 91 m. w. Nachw.). Die Abgabe kann schließlich auch in der Beschwerdeinstanz erfolgen (vgl. z. B. Sorgerechtsänderungsverfahren). Durch die Abgabe geht die Sache vollständig an das andere Gericht über, das abgebende Gericht kann nicht mehr tätig werden (weitere Abgabefälle s. KEIDEL, § 46 Rz. 35).

b) Nach § 47 II FGG kann unter den dort genannten Voraussetzungen auch eine *Abgabe ins Ausland* erfolgen. Dies geschieht, wenn ein Deutscher, über den im Inland eine Vormundschaft angeordnet ist, seinen Wohnsitz im Ausland hat. Dann kann das Vormundschaftsgericht gemäß § 47 II FGG bzw. nach den Abkommen zwischen Deutschland und den einzelnen Ländern (s. KEIDEL, § 47 Rz. 1) die Vormundschaft (oder Pflegschaft) an den ausländischen Staat abgeben. Voraussetzungen für die Abgabe sind, daß die Abgabe im Interesse des Mündels angezeigt erscheint, der ausländische Staat zur Übernahme bereit ist und der Vormund oder die mehreren Vormünder sämtlich ihre Zustimmung zur Abgabe erteilen. Eine über Ausländer angeordnete Vormundschaft (Art. 23 EGBGB) kann jederzeit an die zuständige ausländische Behörde abgegeben werden (KEIDEL, § 47 Rz. 9). Wird die Zustimmung verweigert, so entscheidet statt des Gerichts, bei dem die Vormundschaft anhängig ist, das im Instanzenzug vorgeordnete Gericht. Auch bei dieser Entscheidung handelt es sich um eine nicht anfechtbare Entscheidung. Ob § 47 im Verhältnis zur DDR anwendbar ist, ist streitig (vgl. zu § 47 I KEIDEL, § 47 Rz. 3 einerseits und JANSEN, § 47 Anm. 7 andererseits, zu § 47 II OLG Köln, NJW 59, 775). Das gleiche, was für die Vormundschaft gesagt wurde, gilt nach § 47 III auch für die Pflegschaft.

c) In nicht unbedingt organisatorischem Zusammenhang mit den Abgabebestimmungen steht *§ 47 I FGG*. Diese Vorschrift ist ihrem Charakter nach weniger eine Abgabe als vielmehr eine Zuständigkeitsbestimmung. Nach ihr kann die Anordnung der Vormundschaft im Inland über einen Deutschen unterbleiben, der im Ausland seinen Aufenthalt oder Wohnsitz hat und über den nach den Vorschriften des BGB die Vormundschaft im Ausland angeordnet worden ist. Voraussetzung ist, daß dies im Interesse des Mündels liegt. Diese Vorschrift gilt auch für die Pflegschaft, § 47 III FGG.

VIII. Anzeigepflichten

Für eine Reihe von Behörden ist eine Anzeigepflicht gegenüber dem Vormundschaftsgericht vorgeschrieben; denn das Vormundschaftsgericht, das in der Regel von Amts wegen einschreiten muß, kann von sich aus nicht sichere Kenntnis von den Fällen haben, die seine Tätigkeit erfordern. So besteht eine Anzeigepflicht

1. *des Standesbeamten* nach § 48 FGG. Beispiele hierfür sind: Geburt eines ehelichen Kindes nach dem Tode des Vaters (§§ 1591, 1592 BGB); Tod einer Person, die ein minderjähriges eheliches oder uneheliches Kind hinterlassen hat (§§ 1682, 1770, 1773, 1909 BGB); Geburt eines unehelichen Kindes (§§ 1773, 1707 BGB, 40, 41 JWG) und schließlich Auffindung eines Minderjährigen, dessen Familienstand nicht zu ermitteln ist (§ 1773 II BGB, § 36 III FGG, § 24 PStG, § 222 I c DAfStA). Zum ganzen vgl. KEIDEL, § 48 Rz. 1—5;
2. *des Jugendamtes als Gemeindewaisenrat* nach §§ 49 FGG, 1694 BGB. Diese erfaßt nicht nur die Fälle der ersten Bestellung eines Vormundes, eines Pflegers oder eines Nachlaßpflegers (§ 75 FGG), sondern erstreckt sich auch auf die Fälle der notwendigen Neubestellung wegen Wegfalls des Vormundes bzw. Pflegers oder sonstiger Beendigung seines Amtes (§§ 1885, 1915 BGB) und auch auf die Fälle der Bestellung eines Gegenvormundes (§ 1792 II BGB);
3. *der Gerichte* gemäß § 50 FGG. Beispiele hierfür sind: Entmündigung eines Volljährigen (§ 1896 BGB), Verwirkung der elterlichen Gewalt durch strafbare Handlung an dem Kinde (§§ 1676, 1679, 1773 BGB), Stellung unter vorläufige Vormundschaft usw. Nähere Einzelheiten s. KEIDEL, § 50 Rz. 4 ff. Die Anzeige muß gegenüber dem zuständigen Gericht (§§ 36 ff. FGG) erfolgen. Es ist nicht erforderlich, daß die Anzeige unmittelbar an das Gericht erfolgt (vgl. SCHLEGELBERGER, § 48 Rz. 3).

IX. Das Verfahren

Für die Fürsorgeverfahren vor dem Vormundschaftsgericht gelten grundsätzlich die Vorschriften des Allgemeinen Teils des FGG. Meist ist das Verfahren vor dem Vormundschaftsgericht ein Verfahren von Amts wegen. Nur in Ausnahmefällen bedarf es eines Antrags (s. oben § 13 I). Als Beispiele seien hier die Tätigkeit des Vormundschaftsgerichts nach §§ 1357 II, 1685 BGB erwähnt. Dagegen handelt es sich z. B. nicht um ein Antragsverfahren im Falle des § 56 FGG (Volljährigkeitserklärung), da dies nur eine Soll-Vorschrift ist. Sowohl für die von Amts wegen einzuleitenden Fürsorgeverfahren vor dem Vormundschaftsgericht als auch für die Antragsverfahren gilt der Amtsermittlungsgrundsatz (§ 12 FGG, s. hierzu oben § 15).

Im Rahmen der Fürsorgeverfahren kann das Vormundschaftsgericht zum Teil außerordentliche Maßnahmen treffen. So kann es insbesondere die Sicherheitsleistungen von den Eltern nach § 1668 BGB, von dem Vormund nach § 1844 BGB, verlangen. Außerdem ist das Vormundschaftsgericht nach § 54 FGG befugt, das Grundbuchamt um die Eintragung einer Sicherungshypothek an Grundstücken des Vormundes, Pflegers oder Beistandes zu ersuchen. Es handelt sich hier um einen Fall der Eintragung lediglich auf das Ersuchen einer Behörde nach § 38 GBO. In gewissen Fällen ist den Gerichten die ausdrückliche Anhörung der Beteiligten oder Außenstehender vorgeschrieben. So sind bei einer Entscheidung nach § 1695 I 1 BGB über die Person oder das Vermögen eines Kindes die Eltern zu hören. Eine Pflicht zur Anhörung eines Minderjährigen und seines Personensorgeberechtigten ist in den §§ 57 III, 65 II JWG vorgeschrieben. Weitere Anhörungspflichten enthalten z. B. die §§ 1826, 1827 und 1836 II BGB. Das Gericht bestimmt grundsätzlich, in welcher Form die Anhörung erfolgt, ob schriftlich oder mündlich (vgl. Pikart-Henn, S. 162).

X. Die Entscheidungen

1. Wirksamwerden. Hier muß im wesentlichen auf die Ausführungen im Rahmen des Allgemeinen Teils verwiesen werden. (S. hierzu oben § 20 III.) Von besonderer Bedeutung für die Fürsorgeverfahren sind die §§ 51—53 a, 55, 56 II FGG, die zusätzliche Bestimmungen über den Eintritt der Wirksamkeit von Verfügungen des Vormundschaftsgerichts enthalten.

§ 51 FGG behandelt das Wirksamwerden von Verfügungen des Vormundschaftsgerichts im Rahmen des § 1674 BGB, d. h. bei Ruhen der elterlichen Gewalt wegen eines tatsächlichen Hindernisses. Nach § 51 FGG wird eine Verfügung, durch die das Vormundschaftsgericht diese Verhinderung feststellt, mit der Bekanntmachung an den anderen Teil wirksam, wenn dieser die elterliche Gewalt während der Verhinderung kraft Gesetzes allein ausübt. Andernfalls tritt die Wirksamkeit mit der Übertragung der Ausübung der elterlichen Gewalt auf den anderen Teil oder mit der Bestellung des Vormundes ein. Hinsichtlich des materiellen Rechts ergibt sich die Rechtslage aus den §§ 1673, 1674, 1678 I BGB. Wenn die Zuständigkeit für die Feststellung (§ 43 FGG) mit der für die Vormundschaft (§ 36 FGG) nicht zusammenfällt, muß das Gericht, das die Feststellung getroffen hat, das für die Vormundschaft zuständige Gericht nach § 50 FGG benachrichtigen (Keidel, § 51 Rz. 5). Nach § 51 II FGG wird die Feststellung des Vormundschaftsgerichts, daß der Grund für das Ruhen der elterlichen Gewalt eines Elternteils nicht mehr besteht, mit der Bekanntmachung an diesen wirksam.

Die Wirksamkeit der Verfügung, durch die ein Volljähriger gemäß § 1906 BGB unter vorläufige Vormundschaft gestellt wird, wird in § 52 FGG geregelt (Zuständigkeit des Richters, § 12 Nr. 4 RpflG). Hierbei ist entscheidend, aus welchem Grund die vorläufige Vormundschaft beantragt worden ist.

Die Wirksamkeit weiterer Verfügungen des Vormundschaftsgerichts wird in § 53 FGG geregelt. Diesen Verfügungen ist gemeinsam, daß eine Rückgängigmachung der erlassenen Verfügung die Rechtssicherheit deshalb gefährden würde, weil auf Grund der Verfügung weiteren dritten Personen gegenüber wirksame Rechtshandlungen vorgenommen werden können. Der Eintritt der Wirksamkeit ist daher abweichend von § 16 I FGG an die Rechtskraft geknüpft.

Das Verfahren bei Ausgleichung des Zugewinns wird in § 53 a FGG behandelt. Die Vorschrift enthält verfahrensrechtliche Ergänzungen zu den §§ 1382, 1383 BGB, auf Grund deren das Vormundschaftsgericht zu bestimmten Maßnahmen beim Ausgleich des Zugewinns nach Beendigung des gesetzlichen Güterstandes (§§ 1363 ff. BGB) durch den Tod eines Ehegatten oder auf andere Weise (§§ 1371 ff. BGB) befugt ist.

Abweichend von § 16 I FGG wird durch § 56 II FGG die Verfügung, durch die ein Minderjähriger für volljährig erklärt wird, erst mit Rechtskraft wirksam. Ebenso wird nach § 55 a FGG die Unterbringung eines Mündels, die mit Freiheitsentziehung verbunden ist, erst mit Rechtskraft wirksam. Weitere Bestimmungen über das Wirksamwerden von Verfügungen enthalten § 56 a FGG (Verfügung über Ehelichkeitserklärung), § 56 b FGG (Anfechtung der Ehelichkeit eines Kindes) und § 56 c FGG (Aufhebung der Annahme an Kindesstatt).

2. *Unabänderbarkeit.* Auch hierzu ist im wesentlichen auf den Allgemeinen Teil des Lehrbuchs zu verweisen (s. oben § 21). Nach § 18 FGG steht dem Gericht der fG eine weitgehende Änderungsbefugnis zu. Davon bestehen jedoch vielfältige Ausnahmen (vgl. im einzelnen PIKART-HENN, S. 102 ff.). Hinsichtlich der Verfügungen des Vormundschaftsgerichts bestimmt § 55 FGG, daß die Verfügung, durch die die Genehmigung zu einem Rechtsgeschäft erteilt oder verweigert wird, insoweit nicht mehr geändert werden kann, als die Genehmigung oder die Verweigerung einem Dritten gegenüber wirksam geworden ist. Entsprechendes gilt, wenn durch eine Verfügung des Vormundschaftsgerichts die Zustimmung zu einer Ehelichkeitserklärung ersetzt wird und die Ehelichkeitserklärung erfolgt ist. Unter § 55 I FGG fallen sowohl die Rechtsgeschäfte des Gewaltinhabers als auch die des Beistands, Vormunds und Pflegers.

Beispielsweise fallen Verfügungen nach §§ 112, 1821, 1822, 1824 BGB unter diese Bestimmungen (weitere Fälle s. bei KEIDEL, § 55 Rz. 1).

3. *Rückwirkung einer Aufhebungsverfügung.* Hebt das Beschwerdegericht eine Verfügung auf, durch die ein Volljähriger unter vorläufige Vormundschaft gestellt wird, so sind die von oder gegenüber dem Volljährigen in der Zwischenzeit vorgenommenen Rechtsgeschäfte wirksam. (Vgl. die Bestimmung des § 115 BGB für die Aufhebung des Entmündigungsbeschlusses.) Die vom Vormund vorgenommenen Rechtsgeschäfte behalten trotz der Aufhebung grundsätzlich ihre Gültigkeit nach § 32 FGG. Wenn es zwischen den Rechtsgeschäften des Vormundes und des Volljährigen zu Konfliktsfällen kommt, so sind diese nach den allgemeinen Bestimmungen zu lösen (BAUR, § 24 B V).

XI. Die Rechtsmittel

Auch in den Fürsorgeverfahren vor dem Vormundschaftsgericht gilt die allgemeine Regel des § 20 FGG, nach der die Beschwerde jedem zusteht, dessen Recht durch die Verfügung beeinträchtigt wird. Eine Erweiterung der Beschwerdeberechtigung tritt jedoch durch § 57 FGG ein. Danach steht das Beschwerderecht über den Kreis der durch die Verfügung rechtlich Betroffenen hinaus auch den Personen zu, die sich in einem nahen Verwandtschaftsverhältnis befinden. Mit der Erweiterung des Beschwerderechts soll erreicht werden, daß möglichst alle Gesichtspunkte, die für die Verfügung in Frage kommen, berücksichtigt werden.

§ 57 FGG erweitert das Beschwerderecht für Verfügungen, durch die die Anordnung einer (auch vorläufigen) Vormundschaft oder Pflegschaft abgelehnt oder eine Vormundschaft oder Pflegschaft aufgehoben wird (Ziff. 1—3), Verfügungen, durch welche die Einsetzung eines Familienrates abgelehnt oder ein Familienrat aufgehoben wird (Ziff. 4), Verfügungen über Anträge des Gegenvormunds oder des Beistandes auf Einschreiten gegen den gesetzlichen Vertreter oder auf Entlassung des Vormundes oder Pflegers (Ziff. 6) und Verfügungen über Bewilligung einer Vergütung an Vormund oder Pfleger (Ziff. 7). Schließlich wird nach § 57 Ziff. 8 bzw. 9 die Beschwerdebefugnis für Entscheidungen über Einschränkungen der elterlichen Personen- und Vermögenssorge nach §§ 1666—1667 BGB und Verfügungen, die eine Entscheidung über eine die Sorge für die Person des Kindes oder des Mündels betreffenden Angelegenheiten enthalten, erweitert. § 57 Ziff. 9 läßt sogar die sogenannte Popularbeschwerde (vgl. PIKART-HENN, S. 167, aber auch SCHLEGELBERGER, § 57 Rz. 1) zu; hiernach ist gegen eine Verfügung, die eine Entscheidung über eine die Sorge für die Person des Kindes oder des Mündels betreffende Angelegenheiten enthält, jeder beschwerdeberechtigt, der ein berechtigtes Interesse hat, diese Angelegenheit wahrzunehmen. Das „berechtigte Interesse", das verlangt wird, ist weiter als das in Ziff. 1 statuierte (rechtliche), aber enger als ein allgemein menschliches (OLG 25, 403; RGZ 151, 63; 153, 93). Ein berechtigtes Interesse hat jeder, der einen verständlichen Anlaß hat, sich des Kindes oder Mündels anzunehmen (vgl. SCHLEGELBERGER, § 57 Rz. 21). Soweit in diesen Angelegenheiten der Rechtspfleger entscheidet, findet § 57 analoge Anwendung auf die Berechtigung zur Einlegung der Erinnerung gegen seine Entscheidung.

Weitere besondere Beschwerdeberechtigungen enthalten die §§ 57 a FGG (Beschwerdeberechtigung im Falle des § 1758 a BGB), § 58 (Beschwerderecht bei Mehrheit von Vormündern) und § 59 FGG (Beschwerderecht des Kindes oder Mündels). Vgl. auch die Sondervorschriften der §§ 65 ff. JWG.

Da viele Verfügungen in Vormundschaftssachen wegen ihrer rechtsgestaltenden Wirkung oder zur endgültigen Beilegung eines Streitverhältnisses formelle Rechtskraft verlangen, ist statt der unbefristeten einfachen Beschwerde für manche Angelegenheiten die fristgebundene sofortige Beschwerde eingeführt worden (siehe hierzu oben § 32). Die Fälle der sofortigen Beschwerde in Vormundschaftsangelegenheiten sind in § 60 FGG zusammengestellt.

Danach ist die sofortige Beschwerde gegeben: bei Übergehung eines als Vormund, Pfleger, Gegenvormund, Beistand oder Mitglied des Familienrats Berufenen (Z. 1), bei Zurückweisung der Verweigerung der Übernahme einer Vormundschaft, Pflegschaft, Gegenvormundschaft oder Beistandsschaft (Z. 2), unfreiwillige Entlassung eines Vormundes, Pflegers, Gegenvormunds oder Beistandes (Z. 3), Aufhebung des Familienrats und unfreiwillige Entlassung seiner Mitglieder (Z. 4), Anordnung der vorläufigen Vormundschaft (.Z 5) und schließlich bei Verfügungen, die erst mit Rechtskraft wirksam werden (Z. 6).

Für diese sofortige Beschwerde gelten grundsätzlich auch die Vorschriften der §§ 20, 57—59 FGG. Daher kann z. B. auch im Falle des § 60 I Ziff. 1 FGG die Auswahl des Vormundes von den nach § 57 I Ziff. 9 Beschwerdeberechtigten angefochten werden (vgl. KGJ 53 A 46; BayObLG 50/51, 657; OLG Köln, ZBl. JR 61, 61). Auch auf die weitere Beschwerde finden neben den allgemeinen Vorschriften des ersten Abschnittes gemäß § 63 FGG die Vorschriften der §§ 57—62 FGG entsprechende Anwendung. Die nach den §§ 57—59 beschwerdeberechtigten Personen haben das Recht zur weiteren Beschwerde. Keine Rolle spielt es dabei, ob sie auch die erste Beschwerde eingelegt haben. Hinsichtlich der sofortigen weiteren Beschwerde vgl. § 29 II FGG. (Siehe hierzu oben § 33.)

§ 39. Sonstige Fürsorgeverfahren

I. Die Adoption

Literatur: GLÖSSUNG, Voraussetzungen der Adoption, 1957; HEINISCH, Beendigung und Nichtigkeit der Adoption, 1960; SCHNITZERLING, Die Adoption, 1960.

1. Zuständigkeit. Das Ziel der Adoption ist die Herstellung eines Eltern- und Kindschaftsverhältnisses zwischen Annehmenden und Angenommenen. Das materielle Recht der Adoption ist in den §§ 1741—1772 BGB geregelt.

Weitere Vorschriften sind in dem Gesetz über die Vermittlung der Annahme an Kindesstatt vom 29. 3. 1951 (BGBl. I, 214) mit erster Durchführungsverordnung vom 25. 8. 1952 (BGBl. I, 608) enthalten (hinsichtlich der Vorschriften über die Adoption von oder durch Ausländer s. KEIDEL, Vorbem. §§ 65—68 Rz. 8).

Nach § 65 FGG sind die Amtsgerichte als Vormundschaftsgerichte zur Bestätigung der Annahme an Kindes Statt zuständig (§§ 1754 BGB, 67 FGG). Örtlich zuständig ist das Gericht, in dessen Bezirk der Annehmende zu der Zeit, in der der Antrag auf Bestätigung eingereicht wird bzw. das Gericht oder der Notar mit der Einreichung betraut wird, seinen Wohnsitz oder seinen Aufenthalt hat (§ 66 FGG). Wenn der Annehmende Deutscher ist und er im Inland weder Wohnsitz noch Aufenthalt hat, so ist das Amtsgericht Berlin-Schöneberg zuständig (§ 66 II FGG), das die Sache aus wichtigen Gründen an ein anderes Gericht abgeben kann. (Hinsichtlich der gerichtlichen Aufgaben bei der Annahme an Kindes statt vgl. KEIDEL, Vorbem. §§ 65—68 Rz. 9 ff.)

2. Verfahren. Der Grundsatz der Vertragsfreiheit ist im Adoptionsrecht weitgehend eingeschränkt. So ist für den nach § 1741 BGB zu schließenden Annahmevertrag Voraussetzung, daß der Annehmende keine ehelichen Abkömmlinge hat. Weiter muß der Annehmende das 35. Lebensjahr vollendet haben und unbeschränkt geschäftsfähig sein (§ 1744 BGB). Das Kind muß minderjährig sein. Das Amtsgericht kann jedoch im Verfahren der fG (§ 65 FGG) auf Antrag des Annehmenden von den Erfordernissen der Kinderlosigkeit, des 35. Lebensjahres des Annehmenden und der Minderjährigkeit des Anzunehmenden Befreiung erteilen. Über das Verfahren bei der Befreiungserteilung enthalten die §§ 68 a—c FGG Sonderregeln. Soweit diese Sonderregeln nicht Platz greifen, gelten die allgemeinen Vorschriften der §§ 1—34 FGG.

Der Annahmevertrag bedarf nach § 1741 BGB der Bestätigung durch das zuständige Gericht. Der Bestätigungsbeschluß wird mit der Bekanntmachung an den Annehmenden wirksam (§ 67 FGG), nach dessen Tode, unbeschadet der §§ 1753 III, 1770 BGB mit der Bekanntmachung an das Kind bzw. seine gesetzlichen Vertreter, im Fall des § 1769 BGB mit der Bekanntmachung an die übrigen Beteiligten. Die Bekanntmachung erfolgt in der Form des § 16 II 2 oder III FGG. Der Beschluß ist unanfechtbar und kann vom Gericht nicht geändert werden. Der Adoptionsvertrag kann durch gerichtlich bestätigten Vertrag auch wieder aufgehoben werden (§ 1768 BGB). Für diesen Aufhebungsvertrag gelten nach §§ 1768, 1770 BGB entsprechende Regeln wie für den Abschluß des Adoptionsvertrages. Hinsichtlich der Aufhebung des Adoptionsverhältnisses durch das Vormundschaftsgericht aus schwerwiegenden Gründen zum Wohle des Kindes oder bei Übergehen einer erforderlichen elterlichen Einwilligung vgl. §§ 1770 a, 1770 b BGB. Im internationalen Bereich bestimmt sich nach Art. 22 EGBGB die Adoption nach dem Recht des Staates, dem der Annehmende zur Zeit des Wirksamwerdens der Annahme angehört.

3. *Rechtsmittel.* Der Beschluß, durch den aus materiellrechtlichen Gründen die Bestätigung eines Annahme- oder Aufhebungsvertrages versagt wird, kann nach § 68 FGG mit der sofortigen Beschwerde angefochten werden. Gegen die Ablehnung aus anderen Gründen ohne sachliche Prüfung (z. B. wegen Unzuständigkeit des Gerichts) findet die einfache Beschwerde statt (KG, NJW 60, 248).

II. Die Testamentsvollstreckung

Literatur: Hägele, Der Testamentsvollstrecker, 2. Aufl. 1963; ders., Familienrechtliche Fragen um den Testamentsvollstrecker, Rpfleger 63, 330; ders., Einzel- und Zweifelsfragen um den Testamentsvollstrecker, Rpfleger 57, 147; Ohr, Testamentsvollstrecker und Nachlaßverwalter, in Lange, Erwerb, Sicherung und Abwicklung der Erbschaft, 1940, S. 316.

1. *Gesetzliche Regelung.* Das Recht der Testamentsvollstreckung ist im wesentlichen im BGB geregelt (§§ 2197 ff. BGB). Das FGG enthält speziell für die Testamentsvollstreckung nur zwei Bestimmungen: nämlich §§ 81, 82 FGG, die sich mit der sofortigen Beschwerde gegen Ernennung und Entlassung eines Testamentsvollstreckers bzw. mit dem Beschwerderecht bei mehreren Testamentsvollstreckern befassen. (Vgl. auch hinsichtlich der Akteneinsicht und der Ausfertigung eines Testamentsvollstreckerzeugnisses §§ 78, 85 FGG.)

Im Normalfall bestimmt der Erblasser im Testament (im Erbvertrag als einseitige Bestimmung zulässig) die Person des Testamentsvollstreckers (§ 2197 BGB). Der Erblasser kann jedoch auch die Bestimmung der Person des Testamentvollstreckers in einer Verfügung von Todes wegen einem Dritten überlassen (§ 2198 BGB). Schließlich kann nach § 2200 BGB der Erblasser in dem Testament (Erbvertrag) das Nachlaßgericht ersuchen, einen Testamentsvollstrecker zu ernennen. In diesem Falle kann das Nachlaßgericht eine geeignete Person zum Testamentsvollstrecker ernennen. Die Entscheidung steht im pflichtgemäßen Ermessen. Dabei sollen vor der Ernennung die Beteiligten gehört werden, sofern dies ohne erhebliche Verzögerung und ohne unverhältnismäßige Kosten geschehen kann (vgl. § 2200 II BGB).

Zur Wirksamkeit der Ernennung ist erforderlich, daß der Ernannte das Amt annimmt (§ 2202 I BGB). Wenn der Ernannte keine Erklärung hinsichtlich der Annahme des Amtes abgibt, so kann das Nachlaßgericht dem Ernannten auf Antrag eines Beteiligten eine Frist zur Erklärung bestimmen. Dafür ist nach § 3 I Nr. 2 b RpflG der Rechtspfleger zuständig. Wird die Annahme nicht vorher erklärt, so gilt mit dem Ablauf dieser Frist das Amt als abgelehnt (§ 2202 III BGB). Zum Beweis seiner Rechte erhält der Testamentsvollstrecker ein Testamentsvollstreckerzeugnis (dazu s. unten).

Das Amt des Testamentsvollstreckers endet automatisch mit Erledigung der letzten ihm zugewiesenen Aufgabe (vgl. RG 81, 166; BGH, NJW 64, 1316 m. Anm. STRICKRODT) oder mit Zeitablauf (vgl. § 2210 BGB). Liegt jedoch ein wichtiger Grund vor, so kann das Nachlaßgericht auch auf Antrag eines der Beteiligten den Testamentsvollstrecker entlassen (§ 2227 BGB). In diesem Falle hat das Gericht von Amts wegen alle erforderlichen Ermittlungen zu veranstalten und geeignete Beweise aufzunehmen (§ 12 FGG).

2. *Tätigkeiten des Gerichts bei bestehender Testamentsvollstreckung.* Eine Überwachung des Testamentsvollstreckers durch das Nachlaßgericht findet nicht statt. Das Nachlaßgericht kann außer im Falle der Entlassung (§ 2227 BGB) nur im Rahmen des § 2216 II BGB Einfluß auf den Testamentsvollstrecker nehmen. Es kann auf Antrag des Testamentsvollstreckers oder eines anderen Beteiligten Anordnungen, die der Erblasser für die Verwaltung durch letztwillige Verfügungen getroffen hat, außer Kraft setzen, wenn ihre Befolgung den Nachlaß erheblich gefährden würde.

Bei Meinungsverschiedenheiten zwischen mehreren Testamentsvollstreckern entscheidet das Nachlaßgericht nach § 2224 BGB. Es darf jedoch nur entscheiden bei Meinungsverschiedenheiten über die sachliche Amtsführung. Das Nachlaßgericht kann in diese Streitigkeiten nicht von Amts wegen, sondern nur auf Antrag eingreifen. Zu dem Antrag ist jeder Testamentsvollstrecker, aber auch jeder sonstige materiell Berechtigte berechtigt (STAUDINGER-DITTMANN, § 2224 Anm. 15). Die Entscheidung des Nachlaßgerichts beschränkt sich auf eine Schlichtung der Meinungsverschiedenheiten. Es kann nur aussprechen, daß der sich weigernde Testamentsvollstrecker zuzustimmen hat bzw. seine Zustimmung ersetzt wird oder daß es die Entscheidung ganz ablehnt. Der mit seiner Meinung obsiegende Testamentsvollstrecker kann gegebenenfalls seine Maßnahmen allein durchführen (str. vgl. KIPP-COING, § 74 I 1).

3. Rechtsmittel. Lehnt das Nachlaßgericht die Ernennung des Testamentsvollstreckers ab, so können die Beteiligten gegen den Beschluß die *einfache Beschwerde* nach §§ 19, 20 II FGG einlegen. Hingegen ist nach § 81 FGG die *sofortige Beschwerde* gegen eine Verfügung gegeben, durch die vom Nachlaßgericht ein Testamentsvollstrecker ernannt oder einem zum Testamentsvollstrecker Ernannten eine Frist zur Erklärung über die Annahme des Amtes bestimmt wird. Das gleiche gilt nach § 81 II FGG von einer Verfügung, durch die ein Testamentsvollstrecker gegen seinen Willen entlassen wird. Gegen den Beschluß des Landgerichts, durch den das Amtsgericht angewiesen wird, einen Testamentsvollstrecker zu bestellen, ist sofortige weitere Beschwerde gegeben (OLG Hamburg, JW 34, 2247).

Nach § 82 FGG steht, wenn mehrere Testamentsvollstrecker ihr Amt gemeinschaftlich ausführen, gegen eine Verfügung, durch die vom Nachlaßgericht Anordnungen des Erblassers außer Kraft gesetzt werden, jedem Testamentsvollstrecker die Beschwerde selbständig zu. Das gleiche gilt für den Fall, daß das Nachlaßgericht bei einer Meinungsverschiedenheit zwischen den Testamentsvollstreckern entscheidet.

§ 82 FGG stellt eine Ausnahme des Grundsatzes dar (§ 2224 BGB), daß mehrere Testamentsvollstrecker nur gemeinschaftlich handeln können. In der Regel findet in diesem Rahmen nur die einfache Beschwerde statt. Etwas anderes gilt für die Verfügung, durch die bei einer Meinungsverschiedenheit über die Vornahme eines Rechtsgeschäfts entschieden wird. Da die Entscheidung erst mit Rechtskraft wirksam wird (§§ 82 II, 53 FGG), unterliegt sie deshalb nach §§ 82 II, 60 I Nr. 6 FGG nur der *sofortigen Beschwerde.*

Die *Beschwerdeberechtigung* richtet sich nach § 20 FGG. Gegen die Ernennung bzw. deren Ablehnung ist jeder Erbe, Mitvollstrecker, Vermächtnisnehmer und Pflichtteilsberechtigter beschwerdeberechtigt. Gegen die Ablehnung einer Anordnung nach § 2216 II BGB ist nur der Antragsteller beschwerdeberechtigt (20 II FGG), gegen die eine solche Anordnung treffende Entscheidung, jeder, dessen Recht durch die Verfügung beeinträchtigt wird (§ 20 I FGG). (Vgl. KEIDEL, § 82 Rz. 9; zum Teil anders SCHLEGELBERGER, § 83 Rz. 3.) Gegen die Ablehnung des Antrages nach § 2224 I BGB steht nur dem Antragsteller die Beschwerde zu (§ 20 II FGG). Wird jedoch über die Meinungsverschiedenheit entschieden, so steht all denen ein Beschwerderecht zu, die durch die Entscheidung in ihren Rechten betroffen werden (§ 20 I FGG) (so KEIDEL, § 82 Rz. 10; abweichend JANSEN, § 82 Anm. 3).

III. Offenbarungseid, Untersuchung und Verwahrung von Sachen, Pfandverkauf

Literatur: KÖSSLER, Einiges vom Offenbarungseid der freiwilligen Gerichtsbarkeit, BayZ 32, 388 ff.

1. *Das Offenbarungseidsverfahren.* Das BGB gibt in mehreren Vorschriften einen Anspruch auf Bestärkung einer Rechnung, eines Verzeichnisses oder einer Auskunft durch Leistung eines Offenbarungseides. (Z. B. in den Fällen der §§ 259, 260, 2028, 2057 BGB; zu den einzelnen Anwendungsfällen s. KEIDEL, § 163 Rz. 2.) Das Offenbarungseidsverfahren des § 163 FGG betrifft die vom Gläubiger angestrebte freiwillige Leistung des Eides durch den Schuldner. Ist dies nicht der Fall, d. h. muß der Eid auf dem Prozeßwege erzwungen werden, so gelten die Vorschriften der ZPO (§ 889 ZPO). Für die freiwillige Eidesabgabe im Rahmen der fG ist das Amtsgericht nach § 261 BGB zuständig. Durch § 261 BGB in Verbindung mit §§ 2028 III, 2057 BGB wird zugleich die örtliche Zuständigkeit geregelt. Zuständig ist das Amtsgericht des Ortes, an dem die Verpflichtung zu erfüllen ist.

Auf das Verfahren ist nach § 163 FGG, die Vorschrift des § 79 FGG analog anwendbar. Die Terminsbestimmung erfolgt auf Antrag des Berechtigten. Zu dem Termin sind beide Teile zu laden. Die Eidesabnahme erfolgt jedoch auch in Abwesenheit des Berechtigten. Die Abnahme des Offenbarungseides ist Sache des Richters; denn § 3 I Nr. 1 b RPflG erwähnt den § 163 FGG nicht und § 4 II Nr. 1 RPflG gibt dem Rechtspfleger nicht die Befugnis, eine Beeidigung anzuordnen oder einen Eid abzunehmen (vgl. auch KEIDEL, § 163 Rz. 5). Hinsichtlich der Eidesformel vgl. §§ 260 II, 261 II BGB.

Gegen die Terminsbestimmung und die Ladung ist keine Beschwerde gegeben.

2. *Die Untersuchung von Sachen.* Wenn jemand nach den Vorschriften des bürgerlichen Rechts die Feststellung des Zustandes oder Wertes einer Sache durch Sachverständige verlangen kann (vgl. z. B. §§ 1034, 1067, 1075 BGB, 1377 II BGB, 2122 BGB, 438 HGB), so ist nach § 164 FGG für die Ernennung, Beeidigung und Vernehmung des Sachverständigen das Amtsgericht der belegenen Sache zuständig. § 164 FGG gilt darüber hinaus für alle Fälle, in denen nach bundesrechtlicher Vorschrift die Feststellung des Zustandes oder Wertes einer Sache durch Sachverständige verlangt werden kann (BayObLG 22, 165). Mit der Feststellung soll eine Information des Antragstellers und eine Beweissicherung erreicht werden.

Zur Einleitung des Verfahrens ist ein Antrag erforderlich. Tätig wird der Rechtspfleger, mit Ausnahme der Beeidigung, die Sache des Richters ist (§ 3 I Nr. 1 b, § 4 II Nr. 1 RpflG). Beeidigung und Vernehmung des Sachverständigen erfolgt nach §§ 402 ff. und 478 ff. ZPO (§ 15 FGG). Nach

§ 164 II FGG ist die dem Antrag stattgebende Verfügung unanfechtbar. Die Verfügung, durch die der Antrag abgelehnt wird, ist mit Erinnerung (§ 10 I RPflG), weiterhin mit Beschwerde, und weiterer Beschwerde anfechtbar (§§ 19, 27 FGG).

Eine dem § 164 FGG ähnliche Regelung enthalten die §§ 64 II, 184 II VVG (Komissionsverfahren). Wenn nach den Bedingungen des Versicherungsvertrages Sachverständige durch das Gericht zu ernennen sind, so ist für die Ernennung das Amtsgericht zuständig, in dessen Bezirk der Schaden entstanden ist. Die Zuständigkeit eines anderen Amtsgerichts kann durch ausdrückliche Vereinbarung der Beteiligten begründet werden.

Zum Kommissionsverfahren siehe im übrigen Habscheid in Festschrift für H. Lehmann, 1956, S. 789 ff.

3. *Verwahrung von Sachen.* In den Fällen der §§ 432, 1217, 1281, 2039 BGB, in denen die gerichtliche Bestellung eines Verwahrers vorgesehen ist, ist das Amtsgericht der belegenen Sache nach § 165 FGG für die Bestellung des Verwahrers und die Entscheidung über die von diesem beanspruchte Vergütung zuständig. Im Gegensatz zu der Regelung des § 164 FGG kann keine andere Zuständigkeit vereinbart werden. Voraussetzung ist, daß die betroffene Sache sich nicht zur Hinterlegung eignet (vgl. §§ 372 BGB, 5 HinterlO). Auf den Verwahrer der Nießbrauchsache nach § 1052 BGB findet § 165 FGG keine Anwendung (Keidel, § 165 Rz. 3). Das Gericht wird nur auf Antrag tätig, der jedoch nicht Wirksamkeitsvoraussetzung der Verfügung ist. Es entscheidet über die Höhe der vom Verwahrer beanspruchten Vergütung, befaßt sich aber nicht mit dem Anspruch des Verwahrers auf Aufwendungsersatz. In allen Fällen haben die Beteiligten ein Recht auf Anhörung (§ 165 III FGG). Dem Gericht stehen gegenüber dem Besitzer keine Zwangsrechte auf Herausgabe an den ernannten Verwahrer zu.

Erinnerung (§ 10 I RPflG) und Beschwerde sind uneingeschränkt nach den allgemeinen Vorschriften möglich. Wird dem Verwahrer die Vergütung nicht in der beanspruchten Höhe bewilligt, so ist auch er beschwerdeberechtigt.

4. *Pfandverkauf.* Es kann im Interesse der Beteiligten liegen, eine Pfandsache in anderer Weise als nach den §§ 1235—1240 BGB, bei denen das Gericht regelmäßig nicht mitwirkt, zu verwerten. Die rechtliche Möglichkeit dazu bietet § 1246 I BGB. Kommt eine Einigung unter den Beteiligten nicht zustande, so entscheidet das Gericht (§ 1246 II BGB) über die Art des Pfandverkaufs. Zuständig ist nach § 166 FGG das Amtsgericht des Ortes, an welchem das Pfand aufbewahrt wird. § 166 FGG kommt auch in den Fällen zur Anwendung, in denen nach materiell-rechtlichen Vorschriften die Regeln über den Pfandverkauf anzuwenden sind.

So findet § 166 FGG Anwendung:

a) auf den Verkauf eines gesetzlichen Pfandes, z. B. nach §§ 233, 559 ff., 585,

590, 647, 704 BGB; §§ 397, 410, 421, 440, 623, 674, 725, 731, 751, 754, 755 HGB; §§ 89, 97, 102 f. BinnSchG; §§ 22, 28 FlößereiG;

b) auf den Verkauf eines gemeinschaftlichen Gegenstandes wegen Auflösung der Gemeinschaft zur Schuldentilgung (§§ 753, 755, 756 BGB);

c) auf den Verkauf eines zum Nachlaß gehörenden Gegenstandes bei Mehrheit der Erben zum Zwecke der Auseinandersetzung (§§ 2042 II, 753 BGB);

d) auf den Verkauf eines Gegenstandes des kaufmännischen Zurückbehaltungsrechts (§ 371 HGB); auf den Verkauf des Kommissionsgutes zur Befriedigung des Kommissionärs (§ 398 HGB);

e) auf den Verkauf eines zur Konkursmasse gehörigen beweglichen Gegenstandes, an dem ein Gläubiger ein durch Rechtsgeschäft bestelltes Pfandrecht oder einem diesem gleich stehendes Recht beansprucht, durch den Verwalter (§ 127 KO).

Aufgabe des Gerichts ist es lediglich, über die Art und Weise des Pfandverkaufs und über die Schlichtung eines Streits der Beteiligten hierüber zu entscheiden, nicht aber über das Recht zum Pfandverkauf selbst. Immer ist ein Antrag eines der Beteiligten notwendig. Die Antragsberechtigung ergibt sich aus § 1245 I BGB. Danach sind antragsberechtigt: Eigentümer, Pfandgläubiger und jeder Dritte, dem an dem Pfandgegenstand ein durch den Pfandverkauf erlöschendes Recht zusteht. Im übrigen richtet sich das Verfahren nach den allgemeinen Vorschriften. Für das Verfahren ist der Rechtspfleger zuständig (Keidel, § 166 Rz. 4; a. A. Arndt, § 3 RpflG Anm. 4). Gegen die Entscheidung des Rechtspflegers ist die Erinnerung und in der Folge auch die einfache und einfache weitere Beschwerde gegeben. Für die Wirksamkeit der Entscheidung gilt § 16 I FGG. Der Pfandverkauf kann daher nach der Bekanntmachung an den Antragsteller in der angeordneten Weise erfolgen. Sobald der Pfandverkauf erfolgt ist, ist eine abändernde Entscheidung wegen § 32 FGG ohne Wirkung und macht den Pfandverkauf nicht unrechtmäßig. Will man diese Wirkung vermeiden, so bleibt nur die Möglichkeit, die Vollziehung der Anordnung nach § 24 FGG auszusetzen.

9. KAPITEL

Die Sicherungsverfahren

In diesem Kapitel werden, ohne daß eine bis ins letzte scharfe Abgrenzung zu den Fürsorgeverfahren möglich wäre, jene Verfahren zusammengefaßt, deren Gegenstand die Sicherung und die Bezeugung von Rechten ist.

§ 40. Die Nachlaßsachen

Literatur: Boschan, Der Nachlaßrichter und seine Abteilung, 1941; Brand-Kleeff, Die Nachlaßsachen in der gerichtlichen Praxis, 2. Aufl., 1961; Firsching,

Handbuch der amtsgerichtlichen Praxis, Band 6, Nachlaßrecht, 3. Aufl., 1967; GLASER, Das Nachlaßwesen, 1952; PAPE-NADLER-FECHNER, Nachlaßwesen, 2. Aufl., 1928.

I. Allgemeines

1. Die Nachlaßsachen. Unter dem *Begriff Nachlaßsachen* im Sinne des BGB versteht man solche Angelegenheiten, die nach dem Tode einer natürlichen Person zu regeln sind, soweit für deren Abwicklung das Nachlaßgericht zuständig ist (vgl. PIKART-HENN, S. 280). Das Nachlaßgericht löst die ihm zugewiesenen Aufgaben im Verfahren der fG.

Grundsätzlich ist es Angelegenheit der Beteiligten, einen Nachlaß zu ordnen. Die Tätigkeit des Nachlaßgerichts soll nur ausnahmsweise eingreifen. Sie ist daher in zahlreichen Fällen von einem Antrag abhängig. Von Amts wegen werden von dem Nachlaßgericht nur solche Aufgaben erledigt, bei denen es zum Zwecke der Sicherung oder der Fürsorge tätig wird. In einigen Fällen beschränkt sich die Tätigkeit des Nachlaßgerichts auf die Entgegennahme von Erklärungen der Beteiligten. Weitere Tätigkeiten des Nachlaßgerichts sind in Spezialgesetzen geregelt (s. hierzu KEIDEL, Vorbem. §§ 72—99 Rz. 6).

a) Von Amts wegen sind beispielsweise folgende Verrichtungen vorzunehmen: Sicherung des Nachlasses (§ 1960 BGB), Feststellung des Erbrechts des Fiskus (§§ 1964, 1965 BGB), Mitteilung über die Anfechtung der Annahme oder der Ausschlagung einer Erbschaft (§ 1957 II BGB), Ernennung eines Testamentsvollstreckers (§ 2200 BGB), Veranlassung der Ablieferung eines Testaments (§ 2259 BGB), Eröffnung eines Testaments oder Erbvertrages (§§ 2260—2262, 2263 a, 2273, 2300, 2300 a BGB), usw. (im einzelnen vgl. KEIDEL, Vorbem. §§ 72—99 Rz. 3).

b) Auf Antrag sind beispielsweise folgende Verrichtungen vorzunehmen: Bestellung eines Nachlaßpflegers (§ 1961 BGB), Anordnung der Nachlaßverwaltung (§§ 1981, 1983 BGB), Abnahme des Offenbarungseides (§ 2006 BGB), Erteilung eines Erbscheins, eines Testamentsvollstreckerzeugnisses (§§ 2353, 2368, 2369 BGB). Weitere Einzelheiten s. KEIDEL, Vorbem. §§ 72—99 Rz. 4.

c) Als Beispiele für die Entgegennahme von Erklärungen seien genannt: die Erklärung über die Ausschlagung einer Erbschaft (§§ 1945, 1953 BGB), die Erklärung der Anfechtung eines Testaments oder Erbvertrages (§§ 2081, 2281 BGB). S. hierzu im einzelnen KEIDEL, Vorbem. §§ 72—99 Rz. 5.

2. Zuständigkeit. Für alle dem Nachlaßgericht obliegenden Verrichtungen sind die Amtsgerichte gemäß § 72 FGG sachlich zuständig. Die örtliche Zuständigkeit in Nachlaßsachen wird in § 73 FGG geregelt. Danach ist grundsätzlich der Wohnsitz, den der Erblasser zur Zeit des Erbfalls hatte, für die örtliche Zuständigkeit entscheidend. Hatte er keinen inländischen Wohnsitz, so ist das Gericht des Aufenthaltsortes zur Zeit des Erbfalls zuständig. Wenn der Erblasser Deutscher war und er zur Zeit des Erbfalles im Inland weder Wohnsitz noch Aufenthalt hatte, so ist das Amtsgericht in Berlin-Schöneberg zuständig (§ 73 II 1 FGG). Dieses kann die Sache aus wichtigen Gründen an ein anderes Gericht abtreten. Falls der Erblasser

Ausländer war oder zur Zeit des Erbfalls im Inland weder Wohnsitz noch Aufenthalt hatte, so ist für alle im Inland befindlichen Nachlaßgegenstände jedes Gericht zuständig, in dessen Bezirk sich Nachlaßgegenstände befinden. Zur Nachlaßsicherung ist gemäß § 74 FGG jedes Amtsgericht zuständig, in dessen Bezirk das Fürsorgebedürfnis hervortitt. (Für die Nachlaßpflegschaft vgl. noch § 75 FGG.)

Von dem Vorbehalt des Art. 147 EGBGB (Zuständigkeit anderer als gerichtlicher Behörden für dem Nachlaßgericht obliegende Verrichtungen nach landesgesetzlichen Vorschriften) haben verschiedene Länder Gebrauch gemacht (s. KEIDEL, § 72 Rz. 2). Zur Frage der Sonderzuständigkeit des Landwirtschaftsgerichts in Nachlaßssachen vgl. KEIDEL, § 72 Rz. 3 ff.

In die Geschäfte des Nachlaßgerichts teilen sich Rechtspfleger und Richter. Die dem Richter vorbehaltenen Geschäfte sind in § 13 RPflG genannt. (Vgl. dazu im einzelnen ARNDT, § 13 RPflG Anm. 6 ff., s. auch die Zusammenstellung bei FIRSCHING, Nachlaßrecht, S. 5 ff.) Die Vermutung spricht für die Zuständigkeit des Rechtspflegers (ARNDT, § 3 RPflG Anm. 22, KEIDEL, § 72 Rz. 9). Von der Tätigkeit des Rechtspflegers, dem Aufgaben übertragen sind, die früher der Richter wahrzunehmen hatte, ist die Tätigkeit des Urkundsbeamten der Geschäftsstelle zu unterscheiden.

Dieser hat in Nachlaßsachen folgende Aufgaben selbständig zu erledigen:

a) die Protokollierung von Anträgen und Erklärungen, § 11 FGG,

b) die Protokollierung der Beschwerde gegen eine Verfügung des Nachlaßgerichts, § 21 FGG,

c) die Erteilung des Zeugnisses über die Rechtskraft einer Verfügung, § 31 FGG,

d) die Kostenfestsetzung, § 13 a FGG, 104 Abs. 1 ZPO.

Über die Zuständigkeit deutscher Konsuln in Nachlaßsachen von im Ausland verstorbenen Deutschen vgl. §§ 16 a, 18, 37 a KonsularG.

3. Rechtsmittel. Auch für das Beschwerderecht in Nachlaßsachen gelten die allgemeinen Vorschriften der §§ 19, 20 FGG. Besondere Vorschriften hinsichtlich der Rechtsmittel in Nachlaßsachen enthalten die §§ 76, 77, 80—82, 84 FGG. Hinsichtlich besonderer Einzelheiten bei den Sicherungsverfahren in Nachlaßsachen siehe unten II.

II. Die Nachlaßsicherung

Literatur: HAEGELE, Nachlaßpflegschaft und Nachlaßverwaltung, 1955; MÖHRING, Vermögensverwaltung in Vormundschafts- und Nachlaßsachen, 5. Aufl. 1963, S. 250 ff.; MÜLLER, Abwesenheits-, Nachlaßpflegschaft und Pflegschaft für unbekannte Beteiligte, NJW 56, 652.

Ein weites und wichtiges Tätigkeitsgebiet des Nachlaßgerichts ist die Nachlaßsicherung. Sicherungsmaßnahmen sind nach § 1960 BGB nur dann erforderlich und zulässig, wenn der Erbe unbekannt ist oder die Erbschaft noch nicht angenommen hat oder ungewiß ist, ob er die Erbschaft angenommen hat. Weitere Voraussetzung ist, daß ein Bedürfnis für die Sicherung des Nachlasses besteht. Liegen diese Voraussetzungen vor, so muß das Nachlaßgericht von Amts wegen tätig werden. Nach Art. 140 EGBGB können landesrechtlich auch andere Voraussetzungen bestimmt werden. Die Nachlaßsicherung ist Pflicht des Nachlaßgerichtes; nur die Auswahl seiner Mittel steht in seinem freien Ermessen (vgl. ERMAN-BARTHOLOMEYCZIK § 1960 Anm. 6; OLG Celle, FamRZ 59, 34).

Zu den Nachlaßsicherungsmitteln gehören nach § 1960 BGB: die Anlegung von Siegeln, die Hinterlegung von Geld, Wertpapieren und Kostbarkeiten, die Aufnahme eines Nachlaßverzeichnisses und die Anordnung einer Nachlaßpflegschaft. Die in § 1960 BGB aufgeführten Maßnahmen sind jedoch nur beispielhaft, wie sich aus dem Gebrauch der Worte „kann insbesondere" ergibt. Das Nachlaßgericht kann daher auch noch andere Maßnahmen treffen (z. B. Ermittlungen über die Erben, über den Nachlaßgegenstand usw.). Hier seien nur die in § 1960 BGB erwähnten wichtigsten Sicherungsmittel behandelt.

1. Die Anlegung von Siegeln. Die Siegelung ist eine in der Praxis beliebte Sicherungsmaßnahme. Sie ist insbesondere angebracht, wenn Hausrat gesichert werden soll. Der Erblasser kann die Siegelung nicht wirksam ausschließen. Das Nachlaßgericht, bzw. das nach § 74 FGG zuständige Amtsgericht (vgl. § 3 I Nr. 2 b, 13 RPflG), wird in der Regel die Siegelung nicht selbst vornehmen, sondern die nach Landesrecht zuständigen Organe damit beauftragen (hinsichtlich der nach Landesrecht zuständigen Organe s. BRAND-KLEEFF, S. 445; vgl. die Bestimmungen bei FIRSCHING, S. 104). Reichs- oder bundesrechtliche Vorschriften über das Verfahren bei der Siegelung bestehen nicht. Teilweise sind landesrechtliche Verwaltungsanordnungen ergangen, vgl. z. B. §§ 7—19 BayNachlO, §§ 36—39 WürttNachlVO.

Beispielhaft für die Siegelung sind die Bestimmungen der bayrischen Nachlaßordnung. Danach ist die Siegelung auf möglichst wenige Räume oder Behältnisse zu beschränken, eine aufgefundene letztwillige Verfügung oder ein Hinterlegungsschein unverzüglich an das Nachlaßgericht bzw. Amtsgericht der Fürsorge abzuliefern und ein Siegelungsprotokoll anzulegen, das aber nicht Voraussetzung für die Wirksamkeit der Siegelung ist (§§ 7 und 8). Abwesende Erben oder Miterben sind in Kenntnis zu setzen, § 24; mit Wegfall des Sicherungsbedürfnisses ist die Entsiegelung von Amts wegen anzuordnen, z. B. nach Annahme der Erbschaft, was aber genau so wenig wie die Anordnung der Siegelung nach § 16 FGG bekanntgemacht zu werden braucht.

Die Entsiegelung ist vom Nachlaßgericht und nicht von der nach Landesrecht etwa zur selbständigen Anordnung der Siegelung zuständigen örtlichen Behörde von Amts wegen anzuordnen. Für die Aufhebung der Siegelung gelten weitgehend dieselben Vorschriften wie für die Anbringung des Siegels. Zur Durchführung der Siegelung kann notfalls Gewalt angewendet werden (§ 33 FGG), wofür das Nachlaßgericht zuständig ist (§ 33 II FGG).

2. Die Hinterlegung. Als weitere Sicherungsmaßnahme nennt § 1960 II BGB die Hinterlegung von Geld, Wertpapieren, Kostbarkeiten usw. Diese

Maßnahme kann in Betracht kommen, wenn entweder solche Gegenstände bei der Siegelung des Nachlasses vorgefunden oder beim Nachlaßgericht abgeliefert werden oder wenn das Nachlaßgericht von ihnen Kenntnis erlangt und ein Sicherungsbedürfnis feststeht. Zu beachten ist, daß nach der für die Hinterlegung maßgebenden Hinterlegungsordnung vom 10. 3. 1937 (RGBl. I, 285) zur Hinterlegung nur Geld, Wertpapiere, sonstige Urkunden und Kostbarkeiten geeignet sind (vgl. § 5 HinterlegungsO). (Vgl. auch DVO vom 12. 3. 1937 und 24. 11. 1939 [RGBl. I, 296, 2300] sowie AVHO vom 15. 3. 1937.)

Die Hinterlegung kann sowohl allein als auch neben anderen Sicherungsmaßnahmen erfolgen. Das Gericht kann auch von einer Hinterlegung absehen und die Sachen in eigene Verwahrung nehmen (vgl. AV. d. RJM vom 3. 12. 1938, DJ 1932). Die Anordnung der Hinterlegung (§ 3 I Nr. 2 b, 13 Nr. 1 RpflG) erfolgt einmal dadurch, daß das Nachlaßgericht dem Besitzer aufgibt, die Sache zu hinterlegen. Zum anderen kann dem Besitzer aufgegeben werden, die Sache an das Gericht abzuliefern, das dann selbst die Hinterlegung vornimmt. Schließlich kann der Gerichtsvollzieher die Sachen auf Anordnung des Nachlaßgerichts wegnehmen, das diese dann hinterlegt. Das Nachlaßgericht hat die Befugnis, den Beteiligten eine bestimmte Geldsumme für die Fortführung des Haushalts, des Geschäfts oder Wirtschaftsbetriebes und zur Erfüllung dringender Nachlaßverbindlichkeiten zu überlassen. Dies geschieht gegen ein schriftliches Empfangsbekenntnis, wobei die Beteiligten dazu verpflichtet werden, später mit den Erben abzurechnen (vgl. dazu § 11 II BayNachlO, § 37 II WürttNachlVO). Zur Durchführung seiner Anordnungen stehen dem Nachlaßgericht die Zwangsmittel nach § 33 FGG zur Verfügung. Hinsichtlich weiterer Einzelheiten des Verfahrens vgl. die Ausführungen über die Anordnung und Ausführung der Siegelung, die entsprechend für die Hinterlegung gelten.

3. *Aufnahme eines Nachlaßverzeichnisses.* Die dritte der von § 1960 II BGB nicht erschöpfend aufgezählten Nachlaßsicherungsmaßnahmen ist die Aufnahme eines Nachlaßverzeichnisses bei gegebenem Bedürfnis. Zweck des Nachlaßverzeichnisses ist es, im Interesse der Erben den Bestand des Nachlasses zur Zeit des Todes des Erblassers festzustellen. Auch diese Sicherungsmaßnahme kann zusammen mit jeder anderen Sicherungsmaßnahme angeordnet werden. Das Nachlaßverzeichnis ist von dem Nachlaßinventar im Sinne des § 1993 BGB zu unterscheiden, dessen Verweigerung, verspätete Errichtung oder Unrichtigkeit nach §§ 1993, 2005 BGB zur unbeschränkbaren Haftung des Erben gegenüber dem Nachlaßgläubiger führen kann. Allgemeine Vorschriften über das Verfahren bei der Aufnahme eines Nachlaßverzeichnisses bestehen nicht. Verfahrensrechtliche Vorschriften finden sich jedoch in Landesgesetzen (s. dazu Firsching, S. 113). Zweckmäßigerweise errichtet man das Verzeichnis in einer etwa dem § 2001 BGB entsprechenden Form. Wenn auch die Aufnahme der Nachlaßverbindlichkeiten und

eine Wertangabe nicht zwingend geboten ist, so empfiehlt es sich, die Nachlaßverbindlichkeiten zusammenzustellen, weil dann das Nachlaßverzeichnis gleichzeitig als Inventar verwendet werden kann. Zur Aufnahme sind die anwesenden Auskunftspersonen (Erben, Verwandte oder sonstige) zuzuziehen. Das aufgenommene Verzeichnis wird bei dem Nachlaßakt des Nachlaßgerichts aufbewahrt. Zu beachten ist Art. 140 EGBGB, wonach das Nachlaßgericht von Amts wegen auch — abgesehen von § 1960 II BGB — die Anfertigung des Nachlaßverzeichnisses anordnen kann (vgl. dazu z. B. Württemberg AGBGB Art. 89 II, BadFGG § 34).

4. *Die Nachlaßpflegschaft.* a) Die *Nachlaßpflegschaft* ist die gebräuchlichste und wichtigste *Sicherungsmaßnahme* des Gerichts. Das BGB kennt 3 Arten der Nachlaßpflegschaft: die sog. Sicherungspflegschaft (§ 1960 BGB), die sog. Klagpflegschaft (§ 1961 BGB) und die Nachlaßverwaltung (§§ 1975 ff. BGB). Alle Nachlaßpflegschaften sind Sonderfälle der Pflegschaft im Sinne des § 1915 BGB. Daher gelten grundsätzlich die Vorschriften über die Vormundschaft. An die Stelle des Vormundschaftsgerichts tritt jedoch das Nachlaßgericht (§ 1962 BGB).

Die Rechte und Pflichten des Nachlaßpflegers ergeben sich aus dem Zweck der Nachlaßpflegschaft und der Anordnung des Nachlaßgerichts. Der Pfleger ist für den Nachlaß vertretungsberechtigt; er vertritt die noch unbekannten Erben (vgl. RG 50, 395; 76, 125; 106, 46; Brand-Kleeff, S. 465). Er hat grundsätzlich den Nachlaß zu sichern, zu erhalten und zu verwalten, ihn hierfür zu verzeichnen und das Verzeichnis dem Nachlaßgericht einzureichen (§ 1802 BGB). Dem Nachlaßpfleger obliegen im allgemeinen zwei Hauptaufgaben: die Erhaltung und Verwaltung des Nachlasses und die Ermittlung der Erben. Die Befriedigung der Nachlaßgläubiger ist nicht seine Aufgabe, es sei denn, sie dient zur Erhaltung des Nachlasses (vgl. Firsching, S. 126; Brand-Kleeff, S. 468). Zur Auseinandersetzung ist der Nachlaßpfleger nicht befugt (RGZ 154, 110, 114; BayObLZ 51, 346, 349; Pikart-Henn, S. 292). Der Nachlaßpfleger hat grundsätzlich keinen Anspruch auf eine Vergütung. Wenn jedoch die vorhandene Nachlaßmasse sowie der Umfang und die Bedeutung der vom Nachlaßpfleger entwickelten Tätigkeit es rechtfertigen (§ 1836 BGB), so kann das Nachlaßgericht eine angemessene Vergütung bewilligen, dies auch dann, wenn die Voraussetzungen für die Einleitung der Nachlaßpflegschaft nicht gegeben waren (vgl. OLG 18, 293; KGJ 53, 77). Das Honorar kann auch schon vor einer vollständigen Rechnungslegung festgesetzt werden.

b) Die *Anordnung der Nachlaßpflegschaft* ist Sache des Richters und nicht des Rechtspflegers (s. o.). Die Voraussetzungen für die Anordnung der Nachlaßpflegschaft als Sicherungsmittel sind die gleichen wie für die anderen Sicherungsmittel. Die Nachlaßpflegschaft wird in erster Linie dann anzuordnen sein, wenn die Erbenermittlungen noch länger andauern werden und Verwaltungsmaßnahmen getroffen werden müssen. Die Bestellung des Pflegers nach § 1789 BGB erfolgt durch den Rechtspfleger. In der Bestellung liegt gleichzeitig die erforderliche Bekanntgabe der Anordnung der Pflegschaft.

c) Zu den *Aufgaben des Nachlaßgerichts* bei bestehender Pflegschaft gehört es, die gesamte Tätigkeit des Nachlaßpflegers zu überwachen und gegebenenfalls durch Gebote und Verbote einzuschreiten (§ 1837 BGB). Anweisungen in Zweckmäßigkeitsfragen binden und entlasten allerdings den Pfleger nicht. Zur Sicherheitsleistung kann an dem Grundbesitz des Pflegers nach § 54 FGG eine Sicherungshypothek eingetragen werden.

d) Die *Nachlaßpflegschaft endet* mit der Aufhebung durch das Nachlaßgericht. Auch die Aufhebung fällt in die Zuständigkeit des Richters. Sie erfolgt dann, wenn der Grund für die Anordnung der Nachlaßpflegschaft weggefallen ist (§ 1919 BGB) bzw. nach Zweckerreichung. Dies ist im allgemeinen dann der Fall, wenn die Erben ermittelt sind und die Annahme der Erbschaft festgestellt ist. Nach Beendigung der Nachlaßpflegschaft muß der Nachlaßpfleger das verwaltete Vermögen herausgeben und eine Schlußrechnung vorlegen (BGB § 1890 BGB). Von der Praxis wird in der Regel die Einreichung und Prüfung der Schlußrechnung nach § 1890 BGB schon vor Aufhebung der Pflegschaft verlangt (vgl. FIRSCHING, S. 130).

e) Bezüglich der *Rechtsmittel* gelten die allgemeinen Vorschriften. Gegen die Anordnung der Nachlaßpflegschaft bzw. die Ablehnung einer Anordnung ist die einfache Beschwerde gegeben (§ 19 FGG; zur Beschwerdeberechtigung s. § 20 FGG). Gegen die Aufhebung der Pflegschaft ist das Rechtsmittel der einfachen Beschwerde gegeben (§§ 57 I Nr. 3, 75 FGG).

III. Die Ablieferung und Eröffnung der Verfügungen von Todes wegen

Literatur: VOGELS, Die Eröffnungspflicht für Testamente und Erbverträge, ZAkDR 38, 666; ders., Die Ablieferung von Testamenten und Erbverträgen an das Nachlaßgericht, DRpfl. 38, 274.

1. Die Ablieferung. Das privatschriftliche Testament kann nur dann in den Besitz des Nachlaßgerichts gelangen und eröffnet werden, wenn es abgeliefert wird. Nach § 2259 BGB ist derjenige, der ein Testament im Besitz hat, verpflichtet, es unverzüglich nach Kenntnis von dem Erbfall dem Nachlaßgericht abzuliefern. Die gleiche Pflicht trifft die verwahrende Behörde (außer Gericht). Nichterfüllung dieser Verpflichtung ist strafbar nach § 274 StGB (das gilt auch für den Erben, da diesem die Testamentsurkunde nicht allein gehört; vgl. PALANDT-KEIDEL, § 2259 Anm. 3). § 2259 BGB gilt auch für Ausländer und Verfügungen eines Ausländers. Die Ablieferungspflicht besteht auch für einen Erbvertrag. Über Einzelheiten der Ablieferungsformalitäten vgl. FIRSCHING, S. 154 ff.

Nach der Ablieferung werden die Testamente nicht in besondere amtliche Verwahrung gebracht, sondern bei den anzulegenden Akten bis zur Eröffnung aufbewahrt, § 27 Nr. 11 AktO. Ein Hinterlegungsschein wird nicht ausgestellt, jedoch auf Verlangen eine Empfangsbestätigung. Wenn Grund zu der Annahme besteht, daß jemand ein Testament in Besitz hat, das er nach § 2259 I BGB abliefern muß, so kann das Nachlaßgericht ihn zur Leistung des Offenbarungseides anhalten (§ 83 II FGG). Diese Vorschrift findet keine Anwendung auf Behörden und Beamte (Keidel, § 83 Rz. 2). Im übrigen stehen für die unmittelbare Erzwingung der Ablieferung Maßnahmen nach § 33 II und § 83 I FGG zur Verfügung. Während das gesamte Verfahren nach § 83 II FGG dem Richter vorbehalten ist (§ 13 Nr. 9, § 19 Nr. 14 c RPflG), ist für das Verfahren nach § 2259 BGB mit § 33 II FGG der Rechtspfleger zuständig (§ 3 I Nr. 2 b RPflG; Keidel, § 83 Rz. 14).

2. *Die Eröffnung.* Jede Verfügung von Todes wegen ist zu eröffnen, falls sie sich nur äußerlich als solche darstellt (vgl. §§ 2260, 2300 BGB). Die Eröffnung soll bewirken, daß die Verfügung aus ihrer Anonymität nunmehr in den Rechtsverkehr eintritt. Der Erblasser kann nicht wirksam ausschließen, daß die Verfügung sofort nach seinem Tode eröffnet wird (§ 2263 BGB). Hinsichtlich der Zuständigkeit zur Eröffnung von Verfügungen von Todes wegen, die Sache des Rechtspflegers ist (§ 3 I Nr. 2 b RpflG) vgl. §§ 2260, 2261, 2300 BGB; vgl. auch § 16 a KonsG.

a) Nach § 2260 BGB muß das Nachlaßgericht, sobald es von dem Tode des Erblassers erfährt, einen Termin zur Eröffnung eines in seiner Verwahrung befindlichen Testaments bestimmen. Die Kenntnis vom Tode des Erblassers erlangt das Nachlaßgericht normalerweise durch die Todesanzeige seitens eines Standesbeamten, die Vorlage einer Sterbeurkunde oder des Beschlusses über die Todeserklärung. Ausnahmsweise können auch ohne Todesnachweis Testamente eröffnet werden, die mehr als 30 Jahre verwahrt sind (§ 2263 a BGB). Zu dem Eröffnungstermin sind die gesetzlichen Erben des Erblassers und die sonstigen Beteiligten zu laden. Beteiligt sind die, denen durch die Verfügung ein Recht (auch aufhebendes und befristetes) gewährt oder genommen, oder deren Rechtslage in sonstiger Weise mittelbar beeinflußt wird (vgl. RJA 16, 200), so Erben, Nacherben, Vermächtnisnehmer, Testamentvollstrecker, nicht aber Nachlaßgläubiger, auch nicht der in einem „Berliner Testament" nach Ableben beider Ehegatten Bedachte. Die Vertretung der Beteiligten ist zulässig. Die Terminsbestimmung kann unterbleiben, wenn alle einzuladenden Personen gleichzeitig beim Nachlaßgericht erschienen sind und um sofortige Testamentseröffnung bitten und das Nachlaßgericht hierzu bereit ist (vgl. Pikart-Henn, S. 295). In dem Termin wird das Testament eröffnet, den Beteiligten verkündet und ihnen auf Verlangen vorgelegt (vgl. § 2260 II BGB). Im Falle der Vorlegung darf die Verkündung unterbleiben. Sie unterbleibt auch, wenn im Termin keiner der Beteiligten erscheint.

Die Verkündung erfolgt in der Regel durch Vorlesen. Grundsätzlich ist der gesamte Inhalt der Verfügung einschließlich der Errichtungsniederschrift und der Anlagen zu eröffnen. Über die Eröffnung (d. h. die Gesamtheit der in § 2260 BGB vorgeschriebenen Tätigkeiten) ist nach § 2260 III BGB eine Niederschrift aufzunehmen, in der, wenn das Testament verschlossen war, festzustellen ist, ob der Verschluß unversehrt war. Zum Inhalt der Niederschrift vgl. auch Art. 53, 54 PrFGG, § 32 BayNachlO. Das Testament bleibt dann mit Ausnahme vom Falle des § 2273 II S. 2 BGB offen bei den Nachlaßakten. Jeder, der ein rechtliches Interesse glaubhaft macht, darf das eröffnete Testament einsehen und eine Abschrift fordern (des ganzen Testaments oder nur eines Teils, § 2264 BGB). Diese Vorschrift geht als Sondervorschrift dem engeren § 34 FGG („berechtigtes Interesse") vor.

Im Falle des § 2261 BGB, in dem das Testament von dem Gericht zu eröffnen ist, das es in amtlicher Verwahrung hat, muß das Testament nebst einer beglaubigten Abschrift der über die Eröffnung aufgenommenen Niederschrift von dem Verwahrungsgericht dem Nachlaßgericht übersandt werden. Das Nachlaßgericht hat die Pflicht, die Beteiligten, die bei der Eröffnung des Testaments nicht zugegen waren, von dem Inhalt des Testaments in Kenntnis zu setzen, soweit er sie betrifft (§ 2262 BGB).

b) Auch für die Eröffnung des *gemeinschaftlichen Testaments* gelten grundsätzlich die allgemeinen Vorschriften der §§ 2260—2264 BGB. Eine Sondervorschrift ist in § 2273 BGB enthalten. Bei der Eröffnung sind die Verfügungen des überlebenden Ehegatten, soweit sie sich sondern lassen, weder zu verkünden noch sonst zur Kenntnis der Beteiligten zu bringen. Dies ist im Eröffnungsprotokoll (§ 2260 III BGB) entsprechend zu vermerken. Der überlebende Ehegatte hat keinen Einfluß darauf, in welchem Umfang die Eröffnung stattfindet. Über die Verfügungen des verstorbenen Ehegatten ist eine beglaubigte Abschrift anzufertigen. Nach der Eröffnung ist das Testament wieder zu verschließen und in besondere amtliche Verwahrung zurückzubringen, soweit es noch Verfügungen des überlebenden Ehegatten enthält, die nicht gegenstandslos geworden sind (vgl. § 2273 II, III BGB). Die Abschrift von den Verfügungen des verstorbenen Ehegatten wird zu den Nachlaßakten genommen. Beim zweiten Todesfall werden nur noch die Bestimmungen verkündet, die für den zweiten Erbfall von Bedeutung sind oder sein können. Keine Rolle spielt es dabei, ob das Testament beim ersten Erbfall ganz oder teilweise verkündet worden ist.

c) Wie sich aus § 2300 BGB ergibt, gilt für die Eröffnung eines *Erbvertrages* das gleiche wie für die Testamentseröffnung. Beim zweiseitigen Erbvertrag gilt § 2273 BGB entsprechend. War der Erbvertrag in besonderer amtlicher Verwahrung, so wird nach § 2273 II, III BGB verfahren.

3. Rechtsmittel. Rechtsmittel im Rahmen eines Verfahrens zur Erzwingung der Herausgabe eines Testaments ist sowohl bei Anordnung sämtlicher Maßnahmen wie bei Ablehnung die einfache Beschwerde, §§ 19, 20 FGG. Gegen Verfügungen des Rechtspflegers ist zunächst die unbefristete Erinnerung gegeben, § 10 RPflG.

Im Eröffnungsverfahren ist die Beschwerde zulässig, soweit die Eröffnung nicht vollständig oder nicht vorschriftsmäßig vorgenommen worden ist. Sie kann jedoch nur das Ziel haben, die Eröffnung zu ergänzen oder vorschriftsmäßig vorzunehmen (KGJ 35 A 103). So kann insbesondere der überlebende Ehegatte im Falle des § 2273 I BGB die Entscheidung des Nachlaßgerichts über den Umfang der Eröffnung nach § 19 FGG mit der einfachen Beschwerde anfechten.

IV. Die Anfechtung von Verfügungen von Todes wegen

Die Anfechtung von Verfügungen von Todes wegen nach §§ 2078, 2079 BGB (§§ 2281—2285, 127—130 BGB) ist gemäß § 2081 BGB gegenüber dem Nachlaßgericht zu erklären. Das Nachlaßgericht hat die Anfechtungserklärung zu den Akten zu nehmen und denjenigen mitzuteilen, welchen die angefochtene Verfügung unmittelbar zustatten kommt. Einsicht ist jedem zu gestatten, der ein rechtliches Interesse glaubhaft macht (gegebenenfalls Anfechtung auch nach § 143 II BGB). Für die Entgegennahme der Anfechtungserklärung ist der Rechtspfleger zuständig. Das gleiche gilt auch für die Anfechtung von Verfügungen von Todes wegen, durch die ein Recht für einen anderen nicht begründet wird, so für die Anfechtung einer Auflage (§ 1940 BGB), das Teilungsverbot (§ 2044 BGB), Entziehung oder Beschränkung des Pflichtteils (§§ 2336, 2306 BGB), usw. Mit der Entgegennahme der Anfechtungserklärung ist im allgemeinen die Tätigkeit des Nachlaßgerichts in diesem Verfahren beendet. Die Rechtswirksamkeit der Erklärung darf nur dann geprüft werden, wenn diese Frage für ein Verfahren vor dem Nachlaßgericht von Bedeutung ist. Daher hat das Nachlaßgericht z. B. im Erbscheinsverfahren (§§ 2353 ff.) selbst über das Durchgreifen der Anfechtung zu entscheiden. Liegt keiner der Fälle des § 2081 BGB vor, so erfolgt die Anfechtung nach § 143 BGB gegenüber dem Anfechtungsgegner (z. B. bei der Anordnung oder Aufhebung von Vermächtnissen).

V. Die Erbenermittlung und die Feststellung des Erbrechts des Fiskus

1. Die Erbenermittlung. Das Nachlaßgericht trifft nach dem BGB grundsätzlich keine Pflicht zur Erbenermittlung. Ein Zwang zum Einschreiten von Amts wegen kann sich jedoch dann ergeben, wenn Sicherungsmaßregeln für den Nachlaß angeordnet sind. Denn in der Regel wird das Bedürfnis zur Aufrechterhaltung der Sicherungsmaßregeln erst mit der Feststellung der Erben entfallen. Im übrigen findet die Erbenermittlung nur zu bestimmten Einzelzwecken statt, wie z. B. Ausstellung eines Erbscheins, Mitteilung einer Ausschlagung, Ladung zur Testamentseröffnung usw. (vgl. FIRSCHING, S. 137). Das Landesrecht sieht dagegen häufig einen Zwang zur Erbenermittlung durch das Nachlaßgericht vor. So hat insbesondere in Bayern und in der Pfalz das Nachlaßgericht den Erben von Amts wegen zu ermitteln, Art. 3 ff. NachlG.

Bei der Erbenermittlung forscht das Nachlaßgericht zweckmäßigerweise zunächst nach Verfügungen von Todes wegen des Erblassers. Werden solche vorgefunden, so kommt es zu dem Ablieferungsverfahren nach den §§ 2259 ff. BGB. Werden keine Verfügungen von Todes wegen gefunden, ermittelt das Nachlaßgericht die gesetzlichen Erben. Hierbei kann es das Verfahren im wesentlichen nach seinem Ermessen bestimmen. Im Normalfall wird sich das Nachlaßgericht mit den Angaben der Beteiligten, soweit ihm diese glaubwürdig erscheinen, begnügen. Das Ergebnis der Ermittlungen braucht (abgesehen vom Erbscheinsverfahren) nicht in einem förmlichen Beschluß niedergelegt zu werden. Es ist ausreichend, daß in der über die Vernehmung der Beteiligten angefertigten Niederschrift festgehalten wird, wer als Erbe ermittelt worden ist.

2. *Die Feststellung des Erbrechts des Fiskus.* Hat die Erbenermittlung kein Ergebnis, so ist gemäß § 1964 I BGB festzustellen, daß ein anderer Erbe als der Fiskus nicht vorhanden ist (vgl. auch § 47 BayNachlO, § 30 WürttNachlVO). Voraussetzung für die Feststellung des Erbrechts des Fiskus ist, daß der Erblasser die deutsche Staatsangehörigkeit besaß oder aus sonstigen Gründen das deutsche Recht anzuwenden ist, daß der Erbe nicht innerhalb einer den Umständen entsprechenden Frist ermittelt wird und daß eine erschöpfende Ermittlung stattgefunden hat.

Der Feststellung hat nach § 1965 BGB eine öffentliche Aufforderung zur Anmeldung des Erbrechts unter Bestimmung einer Anmeldefrist vorauszugehen; das Verfahren richtet sich insoweit nach den für das Aufgebotsverfahren geltenden Vorschriften. Sind jedoch die Kosten dem Bestande des Nachlasses gegenüber unverhältnismäßig groß, so kann die Aufforderung unterbleiben. Wenn innerhalb der gesetzten Frist Erbrechte angemeldet werden, so muß binnen 3 Monaten nach Ablauf der Anmeldefrist dem Nachlaßgericht nachgewiesen werden, daß das Erbrecht besteht bzw. daß es gegen den Fiskus im Wege der Klage geltend gemacht wird. Wenn eine öffentliche Aufforderung nicht ergangen ist, so beginnt die 3-Monats-Frist mit der gerichtlichen Aufforderung, das Erbrecht oder die Erhebung der Klage nachzuweisen (§ 1965 II BGB). Über das angemeldete Recht entscheidet das Nachlaßgericht. Kommt es zu dem Ergebnis, daß das Erbrecht besteht, so hat sich das Feststellungsverfahren erledigt. Gehen innerhalb der Frist keine Anmeldungen ein, so kann das Gericht sofort nach Ablauf der Anmeldefrist die Feststellung des Staatserbrechts treffen.

Die Ermittlungen nach dem Erben, der Erlaß der öffentlichen Aufforderung und die Feststellung des Erbrechts des Fiskus sind dem Rechtspfleger übertragen (vgl. §§ 3 I Nr. 2 b, 13 RpflG).

Durch die Feststellung des Nachlaßgerichts wird nach § 1964 II BGB die Vermutung begründet, daß der Fiskus gesetzlicher Erbe sei (unterscheide davon die Einsetzung des Fiskus als Erben durch letztwillige Verfügung). Der Feststellungsbeschluß bildet die Grundlage für das gesetzliche Staatserbrecht (vgl. BayObLG, JW 35, 2518 f.; PALANDT-KEIDEL, § 1964 Anm. 3). Bestritten ist, ob das Erbrecht des Staates auch festgestellt werden muß, wenn kein Nachlaß vorhanden ist oder der Nachlaß überschuldet ist (bejahend: STAUDINGER-LEHMANN, § 1964 Anm. 8; ERMAN-BARTHOLOMEYCZIK, § 1964 Anm. 2; BayObLG 57, 360; a. A.: FIRSCHING, S. 144). Die Feststellung nach § 1964 BGB hat keine rechtsbegründende Wirkung. Die Vermutung des § 1964 II BGB ist widerlegbar (PALANDT-KEIDEL, § 1964 Anm. 3). Der Feststellungsbeschluß kann jederzeit wieder aufgehoben werden. Der wirkliche Erbe wird also durch den Feststellungsbeschluß nicht ausgeschlossen. Die Verfügung über den Nachlaß steht der Landesregierung oder der von ihr zu bestimmenden Stelle zu. Der Feststellungsbeschluß ist dem Fiskus (Regierungspräsident, Oberfinanzdirektion) neben dem, der sein Erbrecht angemeldet hat, bekannt zu machen (Art. 2 VO vom 18. 3. 1935, RGBl. I, 381).

Wird innerhalb der Anmeldefrist des § 1965 BGB ein Erbrecht angemeldet, und kommt das Nachlaßgericht zu dem Ergebnis, daß das geltend gemachte Erbrecht besteht, so steht dem Fiskus die einfache Beschwerde nach § 19 FGG zu.

Gegen die Feststellung des Staatserbrechts steht dem Erbprätendenten (vgl. BayObLG, JW 35, 2518) und dem Fiskus die Beschwerde (Erinnerung) nach §§ 19 ff. FGG (§ 10 RPflG) zu. Bei Ablehnung der Feststellung steht die Beschwerde dem Fiskus und den Nachlaßgläubigern zu, deren Rechte durch die Ablehnung beeinträchtigt werden (vgl. BayObLG 57, 360; BayObLG, NJW 58, 260).

VI. Annahme und Ausschlagung der Erbschaft

Literatur: FRIEDMANN, Die Annahme einer Erbschaft ..., 1909; REIF, Anfall, Annahme und Ausschlagung der Erbschaft, in LANGE, 4. Denkschr. AkDR, Erwerb, Sicherung und Abwicklung der Erbschaft, 1940, 28 ff.

1. Annahme und Ausschlagung der Erbschaft. Der (sog. vorläufige) Erbe kann die mit dem Tode des Erblassers auf ihn übergegangene Erbschaft annehmen oder ausschlagen (§§ 1942, 1943 BGB). Eine besondere Form für die Annahmeerklärung ist nicht erforderlich. Die Annahme kann auch durch schlüssiges Verhalten erfolgen.

So können als schlüssige Annahmeerklärung z. B. angesehen werden: Anträge auf Erlaß eines Gläubigeraufgebotes oder auf Erteilung eines Erbscheins (vgl. KGJ

38, 51), Verfügungen über Erbteile (RGZ 80, 384) usw. (s. im einzelnen Erman-Bartholomeyczik, § 1943 Anm. 2 c). Hinsichtlich der Rechtsnatur der Annahmeerklärung s. Erman-Bartholomeyczik, § 1943, Anm. 2 a. Eine Teilannahme ist (ebenso wie eine Teilausschlagung) unzulässig (§ 1950 BGB). Diese Vorschrift ist zwingender Natur und kann durch den Erblasser nicht abgeändert werden (vgl. aber §§ 1948, 1951, hinsichtlich der Fristen § 1943 BGB).

Im Gegensatz zur formlosen Annahmeerklärung erfolgt die Ausschlagung der Erbschaft durch Erklärung gegenüber dem Nachlaßgericht, § 1945 BGB. Zur Beurkundung ist nach § 23 Nr. 6 RPflG der Rechtspfleger zuständig. Die Erklärung ist in öffentlich beglaubigter Form abzugeben (§ 1945 I BGB). Auch öffentliche Beurkundung ist möglich (§§ 129 BGB, 167 ff., 183, 191 FGG). Nicht genügend sind Beglaubigungen durch Polizei- oder Gemeindebehörden. Ein Bevollmächtigter benötigt eine öffentlich beglaubigte Vollmacht, die der Erklärung beigefügt oder innerhalb der Ausschlagungsfrist nachgebracht werden muß, § 1945 II BGB. Da die Ausschlagungserklärung eine empfangsbedürftige Willenserklärung ist, wird sie erst in dem Zeitpunkt wirksam, in dem sie dem Nachlaßgericht zugeht. Der Gebrauch des Wortes „ausschlagen" bei der Ausschlagung ist nicht notwendig, wenn auch zweckmäßig. Es genügt jede Erklärung, in der der Wille, die Erbschaft nicht anzunehmen, zum Ausdruck kommt (vgl. OLG 35, 178). Eine Ausschlagung kann nicht mehr stattfinden, wenn der Erbe die Erbschaft angenommen hat oder wenn die für die Ausschlagung vorgesehene 6-Wochen-Frist abgelaufen ist, mit deren Ablauf die Erbschaft als angenommen gilt, §§ 1943, 1944 BGB. Die Frist beginnt mit dem Zeitpunkt, in dem der Erbe von dem Anfall und dem Grunde der Berufung Kenntnis erlangt, bei Verfügungen von Todes wegen beginnt die Frist nicht vor Verkündung der Verfügung, § 1944 II BGB. Die Frist beträgt 6 Monate bei Wohnsitz des Erblassers im Ausland oder bei Aufenthalt des Erben im Ausland bei Beginn der Frist (§ 1944 III BGB).

Das Nachlaßgericht braucht in diesem Ausschlagungsverfahren die Wirksamkeit der Ausschlagung nicht zu prüfen (anders im Erbscheinsverfahren; hier muß sich das Gericht über die Gültigkeit der Ausschlagung klar werden). Das Nachlaßgericht kann jedoch bei offensichtlicher Unwirksamkeit der Ausschlagungserklärung auf die Abgabe einer neuen gültigen Ausschlagungserklärung hinwirken. Das Nachlaßgericht muß dem, der ihm gegenüber die Ausschlagung der Erbschaft erklärt hat, auf Antrag eine Bescheinigung erteilen, aus der sich Form und Inhalt der Erklärung und der Zeitpunkt des Eingangs beim Nachlaßgericht ergeben. Außerdem soll nach § 1953 III BGB das Nachlaßgericht die Ausschlagung denen mitteilen, denen die Erbschaft infolge der Ausschlagung angefallen ist. Das Nachlaßgericht hat ferner die Einsicht der Ausschlagungserklärung jedem zu gestatten, der ein rechtliches Interesse glaubhaft macht, § 1953 III 2 BGB (gegen Verweigerung der Einsichtnahme Erinnerung gemäß § 10 RpflG bzw. Beschwerde gemäß § 19 ff. FGG).

2. *Anfechtung von Annahme, Ausschlagung und Versäumung der Ausschlagungsfrist.* Da es sich bei der Annahme und der Ausschlagung der Erbschaft um Willenserklärungen handelt, so können diese angefochten werden. Dafür gelten zunächst die allgemeinen Bestimmungen der §§ 119 ff. BGB. Eine Ausnahme besteht hier insoweit, als beim Irrtum im Berufungsgrund kein Anfechtungsrecht besteht, vielmehr die Annahme als nicht erfolgt gilt, § 1949 BGB. Ein besonderer Anfechtungsgrund ist in § 2308 BGB für den Pflichtteilsberechtigten enthalten. In gleicher Weise wie die Annahme kann die Versäumung der Ausschlagungsfrist, die als Annahme gilt, angefochten werden, § 1956 BGB.

Die Anfechtung erfolgt in allen Fällen durch öffentlich beglaubigte Erklärung gegenüber dem Nachlaßgericht, §§ 1955, 1945 BGB. Die Frist beträgt 6 Wochen bzw. 6 Monate, § 1954 BGB. Nach § 1957 BGB gilt die Anfechtung der Annahme als Ausschlagung, während die Anfechtung der Ausschlagung als Annahme gilt. Wegen der Wirkung der Anfechtung der Annahme und der Versäumung der Ausschlagungsfrist (Ausschlagung) muß die Anfechtung in diesen Fällen vom Nachlaßgericht denjenigen mitgeteilt werden, denen die Erbschaft infolge der Anfechtung angefallen ist, § 1953 III BGB). Die Anfechtung der Ausschlagung ist nach § 1957 II 1 BGB demjenigen mitzuteilen, dem die Erbschaft infolge der Ausschlagung angefallen war. Das Nachlaßgericht hat die Einsicht in die Anfechtungserklärungen jedem zu gestatten, der ein rechtliches Interesse glaubhaft macht, §§ 1957 II 2, 1953 III 2 BGB.

VII. Das Erbscheinsverfahren

Literatur: Firsching, Aktuelle Fragen des Erbscheinsrechts, DNotZ 60, 565; Pernutz, Das Erbscheinsverfahren im internationalen Privatrecht, MDR 63, 713; Saupe, Das Erbscheinsverfahren nach dem BGB, 1908; Tröster, Eheliches Güterrecht und Erbscheinsverfahren, RPfleger 60, 38; Weimar, Fragen aus dem Recht des Erbscheins, MDR 58, 832 ff.; Welskop, Das Erbscheinsverfahren, RhNK 1965, 262.

1. *Die Erteilung des Erbscheins.* Erben haben oft Schwierigkeit, ihre Rechtsnachfolge in das Vermögen des Erblassers zu beweisen. Diese Beweisschwierigkeiten soll der Erbschein als amtliches Zeugnis des Nachlaßgerichts beseitigen. Er gibt vor allem die Person des Erben, sein Erbrecht und das Bestehen oder Nichtbestehen erbrechtlicher Beschränkungen wie Nacherb- oder Nachersatzerbfolge und Testamentsvollstreckung an. Der Erbschein begründet die widerlegbare Rechtsvermutung der Richtigkeit und Vollständigkeit seines Inhalts für und gegen den in ihm bescheinigten Erben. Die durch den Erbschein begründete gesetzliche Rechtsvermutung kann (auch) durch das gleiche Beweismaterial, das bereits bei Schaffung der die Rechtsvermutung begründenden Urkunde vorgelegen hat, widerlegt werden (vgl. OLG Nürnberg, WM 62, 1200). Durch seinen öffentlichen Glauben

schützt der Erbschein den gutgläubigen Dritten beim Erwerb von Erben oder bei Leistungen an diesen, §§ 2365—2367 BGB.

a) Der Erbschein wird grundsätzlich nur auf *Antrag* erteilt, der beim Nachlaßgericht (und nicht beim Beschwerdegericht) zu stellen ist. Zur Erteilung des Erbscheines ist in Württemberg der Bezirksnotar (vgl. Art. 73 ff. WürttAGBGB) und in Baden der Notar (§ 33 BadFGG) zuständig. Antragsberechtigt sind der Erbe, der Gläubiger des Erben mit vollstreckbarem Titel, der Erbeserbe, der Erbteilserwerber, der Erbschaftskäufer, der Testamentsvollstrecker, der Nachlaßverwalter, der Nachlaßkonkursverwalter, Abwesenheits- und Auseinandesetzungspfleger, der Fiskus (KGJ 39 A 88; weitere Einzelheiten s. Brand-Kleeff, S. 306 ff.; Firsching, S. 185). Wird der Erbschein von dem Erbeserben, dem Erbteilserwerber oder dem Erbschaftskäufer beantragt, so wird der Erbschein in diesen Fällen auf den Namen des ursprünglichen Erben ausgestellt. Die Antragsberechtigten können sich durch einen Bevollmächtigten vertreten lassen (vgl. § 13 FGG). Dieser kann jedoch keine eidesstattliche Versicherung für einen Erben abgeben. Wenn mehrere Miterben vorhanden sind, so kann ein Miterbe einen Teilerbschein über sein oder das Erbrecht eines anderen Miterben verlangen oder einen gemeinschaftlichen Erbschein über den ganzen Nachlaß (§ 2357 I BGB) verlangen.

Für den Inhalt des Antrags gelten die §§ 2354, 2355 BGB. Der Antrag bedarf keiner bestimmten Form. Er muß jedoch bestimmt sein. Der Antragsteller hat in bestimmter Weise anzugeben, welchen Inhalt der Erbschein haben soll (vgl. RGZ 156, 172; KG, DNotZ 55, 408).

b) Der Antragsteller muß nach §§ 2356, 2357 BGB die Zeit des Todes des Erblassers (Erbfall), das Verhältnis, auf dem sein Erbrecht beruht und den Wegfall einer Person, durch die er von der Erbfolge ausgeschlossen oder sein Erbteil gemindert werden würde, durch öffentliche Urkunden nachweisen. Wird ein gemeinschaftlicher Erbschein beantragt, so muß der Nachweis auch hinsichtlich der Erben erbracht werden, die keinen Antrag gestellt haben. Der Beweis mit öffentlichen Urkunden wird deshalb verlangt, weil der Erbschein erteilt wird, ohne daß die etwaigen sonst vorhandenen Erbprätendenten gehört werden (Motive 5, 516).

Über den Begriff der öffentlichen Urkunde vgl. § 415 ZPO. In Frage kommen Geburts-, Heirats- und Sterbeurkunden, Todeserklärungsbeschlüsse, Verfügungen von Todes wegen usw. (im einzelnen s. Pikart-Henn, S. 318). Die anderen Angaben sind im Rahmen des § 2356 BGB eidesstattlich zu versichern. (Vgl. im einzelnen § 2356 II BGB.) Von der eidesstattlichen Versicherung kann nur in Ausnahmefällen abgesehen werden.

c) Erst wenn die zur Begründung des Antrags erforderlichen Tatsachen als festgestellt anzusehen sind, kann der Erbschein *erteilt* werden (§ 2359 BGB), in Ausnahmefällen auch ein Vorbescheid (BGHZ 20, 255). Zwar hat der Antragsteller alles Erforderliche zum Nachweis seines behaupteten Erbrechts zu tun, dennoch hat das Nachlaßgericht gegebenenfalls eigene Ermittlungen von Amts wegen nach §§ 2358 BGB, 12 FGG anzustellen. (Vgl. dazu im einzelnen PALANDT-KEIDEL, § 2358 Anm. 1 a.) Das Nachlaßgericht kann auch Rechtshilfe in Anspruch nehmen (§ 2 FGG). Bei Beteiligten unbekannten Aufenthalts kann öffentliche Aufforderung nach § 2358 II BGB in Betracht kommen. Im übrigen steht der Umfang der Beweisaufnahme im freien Ermessen des Nachlaßgerichts. Sind die erforderlichen Tatsachen als festgestellt anzusehen, so ordnet das Nachlaßgericht die Erteilung des Erbscheins durch Beschluß an.

d) Im Erbscheinserteilungsverfahren ist die *funktionelle Zuständigkeit* geteilt. Das der Erteilung des Erbscheins vorausgehende Verfahren, auch Abnahme und Beurkundung eidesstattlicher Versicherungen, ist Sache des Rechtspflegers (§§ 23 Nr. 7 RpflG, 2353 ff., 2356 BGB). Den Erbschein kann der Rechtspfleger erteilen, wenn gesetzliche Erbfolge eingetreten ist und durch den Erbschein bescheinigt werden soll (§§ 2353 BGB, 13 Ziff. 5 RpflG). Dagegen ist die Erteilung des Erbscheins Sache des Richters, wenn eine Verfügung von Todes wegen vorliegt; ferner ist dem Richter die Erteilung von gegenständlich beschränkten Erbscheinen, auch wenn keine Verfügung von Todes wegen vorliegt (§ 13 Ziff. 5 RPflG), vorbehalten. Auch wenn der Richter der Auffassung ist, daß eine Verfügung von Todes wegen unwirksam ist, bleibt es doch bei seiner Zuständigkeit für die Erteilung des Erbscheins (vgl. LG München, NJW 59, 300; KEIDEL, § 72 Rz. 18; a. A. ARNDT, § 13 RpflG Anm. 17).

2. *Einziehung und Kraftloserklärung des Erbscheins.* Stellt sich heraus, daß der erteilte Erbschein unrichtig ist, so ist er vom Nachlaßgericht gemäß § 2361 BGB einzuziehen. Die Einziehung erfolgt durch Beschluß des Nachlaßgerichts, das den Erbschein erteilt hatte (KGJ 44, 104). Zuständig ist der Richter (§ 13 Nr. 6 RPflG). Der Beschluß ist dem Erbscheinsbesitzer zuzustellen, verbunden mit der Aufforderung, die Ausfertigung bei Vermeidung von Ordnungsstrafen (§ 33 FGG) binnen angemessener Frist abzuliefern. Mit der Einziehung wird der Erbschein kraftlos (§ 2361 I 2 BGB). Sind mehrere Ausfertigungen erteilt worden, so wird der Erbschein erst dann kraftlos, wenn alle Ausfertigungen eingezogen worden sind (vgl. PALANDT-KEIDEL § 2361 Anm. 3). Ist es nicht möglich, den Erbschein sofort zu bekommen, so wird er vom Gericht für kraftlos erklärt (vgl. § 2361 II BGB, § 204 ZPO).

3. *Rechtsmittel.* Gegen die Erteilung des Vorbescheids ist die Erinnerung bzw. Beschwerde zulässig. Gegen die Ablehnung des Antrags auf Erteilung des Erbscheins und gegen Zwischenverfügungen des Gerichts, insbesondere gegen die Aussetzung des Verfahrens, hat der Antragsteller, bei einem gemeinschaftlichen Erbschein jeder Miterbe, das Rechtsmittel der Beschwerde. Gegen die Anordnung der Erteilung eines Erbscheins ist die Erinnerung (Entscheidung durch Rechtspfleger) bzw. die einfache Beschwerde (Richter)

mit dem Ziel der Wiederaufhebung nur zulässig, solange der Erbschein noch nicht ausgehändigt ist (vgl. KEIDEL, § 84 Rz. 3). Wird ein Erbschein für kraftlos erklärt, so ist die Beschwerde unzulässig (§ 84 FGG). Im übrigen s. 28 I 1 f.

VIII. Das Testamentsvollstreckerzeugnis und das Zeugnis über die Fortsetzung der Gütergemeinschaft

1. Auf das dem *Testamentsvollstrecker* auf seinen Antrag hin durch das Nachlaßgericht auszustellende *Zeugnis* über seine Ernennung finden nach § 2368 III BGB die Vorschriften über den Erbschein entsprechende Anwendung. Es besteht jedoch folgende Abweichung: nach § 2368 III BGB wird das Zeugnis mit Beendigung des Amtes des Testamentsvollstreckers von selbst kraftlos. Ein Verfahren nach § 2361 BGB kommt daher nur in Frage, wenn von Anfang an Mängel vorlagen.

2. Auch auf das *Zeugnis über die Fortsetzung der Gütergemeinschaft*, das das Nachlaßgericht auf Antrag dem überlebenden Ehegatten ausstellt, finden die Vorschriften über den Erbschein entsprechende Anwendung (§ 1507 BGB). Mit Rücksicht auf die erbrechtlichen Besonderheiten sind jedoch die §§ 2357, 2363, 2364, 2368 BGB nicht anwendbar. Zur Antragstellung ist nur der Überlebende oder sein Rechtsnachfolger berechtigt; außerdem nach § 36 II GBO, §§ 792, 896 ZPO ein Gläubiger des Überlebenden, der einen vollstreckbaren Titel hat. Das Zeugnis enthält die Bezeichnung des verstorbenen Ehegatten, die Todeszeit, die Bezeichnung der an der Gütergemeinschaft teilnehmenden gemeinschaftlichen Abkömmlinge und die Angabe, daß der überlebende Ehegatte die Gütergemeinschaft mit den gemeinschaftlichen Abkömmlingen fortsetzt (vgl. auch PALANDT-LAUTERBACH, § 1507 Anm. 3). Durch das Zeugnis wird nur bewiesen, daß fortgesetzte Gütergemeinschaft eingetreten ist (OLG 6, 319). Wer also erfahren will, ob sie auch fortbesteht, muß sich diese Gewißheit selbst verschaffen.

IX. Der Offenbarungseid des Erben

Den Nachlaßgläubigern ist nach § 2006 BGB das Recht gegeben, zur Sicherung der Vollständigkeit und Richtigkeit des Inventars von dem Erben die Leistung des Offenbarungseids zu verlangen. Zuständig ist in jedem Fall das Nachlaßgericht, auch wenn durch Landesgesetz die Verrichtungen des Nachlaßgerichts auf eine andere Behörde übertragen worden sind. In letzterem Falle ist das Amtsgericht zuständig, in dessen Bezirk die Nachlaßbehörde ihren Sitz hat (Art. 147 II EGBGB). Voraussetzung ist, daß vom Erben ein ordnungsgemäßes Inventar errichtet worden ist, §§ 2002, 2003, 2004 BGB. Dem gleich zu achten ist der Fall, daß von einem anderen ein Inventar errichtet worden ist, das dem Erben zugute kommt (KGJ 28 A 27). Es spielt keine Rolle, ob das Inventar rechtzeitig errichtet wurde.

Nach § 79 FGG kann der Termin zur Leistung des Eides sowohl von dem Nachlaßgläubiger als von dem Erben beantragt werden. Zu dem vom Nachlaßgericht bestimmten Termin sind beide Teile zu laden. Der Eid kann jedoch auch dann abgenommen werden, wenn der Gläubiger nicht anwesend ist (§ 79 FGG). Das Verfahren richtet sich gemäß § 15 FGG nach den §§ 478—484 ZPO. Die Abnahme des Offenbarungseids ist dem Richter vorbehalten (§ 13 Ziff. 9 RPflG). Vorbereitende Maßnahmen zur Abnahme des Eides kann jedoch auch der Rechtspfleger treffen. Der Erbe hat den Eid dahingehend zu leisten: „daß er nach bestem Wissen die Nachlaßgegenstände so vollständig angegeben habe, als er dazu imstande sei", § 2006 I BGB. Weitere Einzelheiten Brand-Kleeff, S. 205 f. Hinsichtlich der Akteneinsicht vgl. § 78 FGG.

Gegen die Anordnung oder Ablehnung der Terminsbestimmung oder der Eidesabnahme ist die einfache Beschwerde nach §§ 19, 20 FGG gegeben. Gegen die Terminsbestimmung und die Ladung ist auch der Erbe beschwerdeberechtigt (vgl. Schlegelberger, § 20 Rz. 22; Keidel, § 79 Rz. 8; a. A. Jansen, § 79 Anm. 3).

§ 41. Die Personenstandssachen

Literatur: Feneberg-Simader, Handkommentar zum Personenstandsgesetz, 1958; Koehler-Massfeller, Personenstandsrecht, 1957, Pfeiffer-Strickert, Personenstandsgesetz, 1961; Das Personenstandswesen in der sowjetischen Zone, StAZ 56, 101; Völker, Das gerichtliche Verfahren in Personenstandssachen, StAZ 52, 73.

Das Personenstandswesen, unter dem man die amtlichen Verrichtungen auf dem Gebiet der Beurkundung von Geburten, Sterbefällen, Eheschließungen und sonstigen Personenstandsveränderungen auf Grund des Personenstandsgesetzes versteht, ist in dem Personenstandsgesetz (PStG) vom 3. 11. 1937, i. d. F. v. 8. 8. 1957 (BGBl. I, 1125) geregelt.

I. Zuständigkeit und Verfahren

Nach dem Personenstandsgesetz sind nur wenige Aufgaben den Gerichten der fG übertragen. Grundsätzlich sind die durch das Personenstandsgesetz im Personenstandswesen anfallenden Aufgaben den Gemeinden „zur Erfüllung nach Anweisung" (§ 51 PStG) übertragen, und zwar den von den Gemeinden gemäß § 53, 54 PStG zu bestellenden Standesbeamten. Die Zuständigkeit des Gerichts der fG ist in den §§ 31 und 45—50 PStG geregelt. Das Amtsgericht ist damit im Verfahren der fG zuständig:

1. für die Feststellung, daß ein uneheliches Kind durch die Eheschließung seiner Eltern ehelich geworden ist (Legitimationsfeststellungsverfahren nach § 31 PStG, AVO zum PStG § 17). Die örtliche Zuständigkeit er-

gibt sich in diesem Fall aus §§ 43, 36 FGG. Die Vorschriften des FGG finden Anwendung (§ 31 II PStG). Es gilt daher auch der Grundsatz des Verfahrens von Amts wegen und die Amtsermittlungspflicht nach § 12 FGG sowie alle sonstigen Vorschriften der §§ 1—34 FGG. Der Beschluß, durch den die Legitimation festgestellt wird, wird erst mit Rechtskraft (formeller) wirksam (§ 31 III 1 PStG).

2. im Falle des § 45 PStG; das Amtsgericht kann den Standesbeamten, der die Verrichtung einer Amtshandlung ablehnt, auf Antrag der Beteiligten oder der Aufsichtsbehörde zur Vornahme der Amtshandlung anhalten. Die Entscheidung darüber, ob die Amtshandlung vorzunehmen ist, kann in Zweifelsfällen auch von dem Standesbeamten herbeigeführt werden, nicht jedoch von der Aufsichtsbehörde (OLG Frankfurt, OLGZ 66, 569). Unter Amtshandlungen im Sinne des § 45 PStG sind Verrichtungen des Standesbeamten zu verstehen, die ihm durch Gesetz oder die dazu ergangenen Ausführungsvorschriften übertragen sind und auf deren Vornahme die Beteiligten ein Recht haben (Pfeiffer-Strickert, § 45 Anm. 2). Die örtliche Zuständigkeit ergibt sich aus § 50 PStG. Die Verfügung, durch die der Standesbeamte zur Vornahme einer Amtshandlung angehalten wird, wird erst mit Rechtskraft wirksam (§ 49 I PStG).

3. zur Anordnung der Berichtigung eines abgeschlossenen Eintrages in das Personenstandsbuch gemäß § 47 PStG. Diese wird erst mit Rechtskraft wirksam (§ 49 PStG). Zur örtlichen Zuständigkeit vgl. auch hier § 50 PStG.

4. zur Ausstellung eines Ehefähigkeitszeugnisses, das ein Deutscher zur Eheschließung im Ausland braucht, wenn der Standesbeamte die Ausstellung ablehnt, § 69 b III PStG. Für die örtliche Zuständigkeit gilt § 50 PStG entsprechend, für die Wirksamkeit der Verfügung § 49 PStG.

Auch in den Fällen 2—4 finden die Vorschriften des FGG Anwendung (vgl. §§ 48, 69 b III PStG). Es kommen daher die §§ 2—34, 71 FGG zur Anwendung, abgesehen von den durch die Besonderheit des Verfahrenszwecks oder kraft ausdrücklicher Bestimmungen (§§ 48 a, 49, 50 PStG) gebotenen Abweichungen. So wird das Gericht nicht von Amts wegen tätig, sondern nur auf Antrag der Aufsichtsbehörde oder eines Beteiligten sowie auf Anrufung durch den Standesbeamten. Auch der Grundsatz der Amtsprüfung gilt hier nur mit gewissen Einschränkungen. Soweit das Gesetz eine besondere Nachweispflicht der Beteiligten statuiert (§ 5 PStG), gilt der Grundsatz nicht. Uneingeschränkte Anwendung findet der Grundsatz der Amtsermittlung dagegen im Berichtigungsverfahren nach § 47 PStG.

II. Die Rechtsmittel

Gegen den Beschluß des Gerichts, durch den die Legitimation abgelehnt wird, ist die einfache, gegen den die Legitimation feststellenden Beschluß gemäß § 31 III 1 PStG, § 60 I Nr. 6 FGG die sofortige Beschwerde (Frist vgl. § 22 FGG) zulässig. Wer sich jedoch dem Gericht gegenüber mit der Legitimation einverstanden erklärt hat, kann den ergehenden Beschluß nicht anfechten. Gegen die Entscheidung des Beschwerdegerichts ist die einfache weitere bzw. die sofortige weitere Beschwerde (§§ 27, 29 FGG) gegeben. Zur Beschwerdeberechtigung vgl. § 31 II 2 PStG.

Eine Sonderregelung enthält § 49 PStG. Danach findet gegen eine Verfügung, durch die der Standesbeamte zur Vornahme einer Amtshandlung angehalten oder durch die eine Berichtigung eines Personenstandsbuches angeordnet wird, die sofortige Beschwerde statt. Gegen andere Verfügungen ist die einfache Beschwerde zulässig. Hinsichtlich der weiteren Beschwerde vgl. § 27 FGG. Für die Einlegungsfrist vgl. § 22 FGG. Das Beschwerderecht steht nach § 49 II PStG in jedem Fall der Aufsichtsbehörde zu. Im übrigen ist jeder zur Beschwerde berechtigt, vor allem die Beteiligten, wenn ihr Recht durch die Vornahme oder durch das Unterbleiben der Amtshandlung oder der Berichtigung beeinträchtigt worden wäre.

(Vgl. BayObLGZ 53, 189; Schlegelberger, § 70 Rz. 4; Pfeiffer-Strickert, § 49 Anm. 10). Wegen § 48 II PStG findet § 20 II FGG keine Anwendung. Hinsichtlich einzelner Fälle aus der Rechtsprechung zur Beschwerdeberechtigung s. Pfeiffer-Strickert, § 49 Anm. 11).

Im Verfahren über die Verpflichtung des Standesbeamten zur Ausstellung des Ehefähigkeitszeugnisses im Falle des § 69 b PStG gilt die Regelung des § 49 PStG (§ 69 b III PstG) entsprechend.

III. Das Antragsrecht des Notars nach § 71 FGG

Von Bedeutung ist das Antragsrecht des Notars nach § 71 FGG zur Eintragung von Vermerken in das Standesregister (vgl. auch §§ 129, 161 FGG). Es handelt sich um die Fälle der §§ 29 II, 29 a, 30 PStG. Zur Zuständigkeit des Notars s. § 167 II FGG, §§ 1718, 1720 II BGB. Der Notar ist in den genannten Fällen auch ermächtigt, den Antrag an das Amtsgericht zu stellen, den Standesbeamten zur Vornahme der Eintragung des Vermerks nach §§ 45, 50 PStG anzuhalten oder Beschwerde gegen gerichtliche Verfügungen einzulegen nach § 49 PStG; er bedarf keiner Vollmacht hierzu. Für Berichtigungsanträge nach § 47 PStG muß der Notar jedoch eine Vollmacht haben, selbst wenn er den betreffenden Vorgang beurkundet hat. § 71 FGG gilt nicht für Amtsgerichte oder andere Behörden, die die genannten Vorgänge beurkundet haben.

§ 42. Das Verschollenheitsverfahren

Literatur: Arnold, Verschollenheitsrecht, 1951; Schubart-Völker, Verschollenheitsrecht, 1950; Vogel, Verschollenheitsrecht, 1950.

Durch das Verschollenheitsgesetz vom 4. Juli 1939 (RGBl. 1186) i. d. F. des Gesetzes zur Änderung von Vorschriften des Verschollenheitsrechtes vom 15. 1. 1951 (BGBl. 63) sind die Vorschriften des BGB über dieses Rechtsgebiet geändert und das Aufgebotsverfahren zu einer Angelegenheit der fG gemacht worden (vgl. § 13 VerschG).

I. Das Aufgebotsverfahren zwecks Todeserklärung

1. Zuständigkeit. Das Aufgebotsverfahren zum Zwecke der Todeserklärung dient dazu, die für den Rechtsverkehr wichtige Feststellung des Todes eines Menschen zu treffen.

Sachlich zuständig für das Aufgebotsverfahren sind die Amtsgerichte, § 14 VerschG (in der DDR die Kreisgerichte). Für die örtliche Zuständigkeit ist nach § 15 VerschG der letzte inländische Wohnsitz oder letzte gewöhnliche Aufenthalt des Verschollenen entscheidend; bei Seeverschollenheit das Gericht des Heimathafens oder des Heimatortes des Schiffes, doch kann hier aus wichtigem Grunde die Sache an ein anderes Gericht abgegeben werden, § 15 II VerschG. Eine zusätzliche Zuständigkeit begründet § 15 a VerschG für das Gericht, in dessen Bezirk der erste Antragsteller seinen Wohnsitz oder seinen gewöhnlichen Aufenthalt hat, wenn ein Gerichtsstand nach § 15 VerschG (Wohnsitz oder Aufenthalt des Verschollenen) nicht begründet ist oder am Sitz dieses Gerichts eine deutsche Gerichtsbarkeit nicht mehr ausgeübt wird; eine weitere Ausweichzuständigkeit ist nach § 15 b VerschG für das Amtsgericht Berlin-Schöneberg gegeben; auch hier ist die Abgabe an ein anderes Gericht aus wichtigem Grunde möglich (und zwar mit bindender Wirkung, § 15 c VerschG). Schließlich läßt § 15 d VerschG eine Begründung der Kollektivzuständigkeit durch den Bundesjustizminister zu.

2. Verfahren. Das Verfahren wird nur auf Antrag eingeleitet, § 16 I VerschG. Antragsberechtigt sind nach § 16 II VerschG: der Staatsanwalt, der gesetzliche Vertreter des Verschollenen, der Ehegatte, die ehelichen und die ihnen rechtlich gleichgestellten Abkömmlinge (uneheliches Kind hinsichtlich Vater meist nicht mehr nach vollendetem 16. Lebensjahr, Nürnberg, DRspr. IV 432, 20 a) und die Eltern des Verschollenen. Außerdem ist aber auch jeder andere, der ein rechtliches Interesse an der Todeserklärung hat, antragsberechtigt.

Der Begriff des rechtlichen Interesses in § 16 VerschG ist eng auszulegen (OLG Hamburg, MDR 63, 309; vgl. auch BayObLG, MDR 63, 924; KG, NJW 63, 1376; OLG Düsseldorf, OLGZ 66, 222). Ein rechtliches Interesse hat der, dessen schon vor dem Tode des Verschollenen bestehende Rechtsverhältnisse durch den Tod so berührt werden, daß Rechte oder Pflichten entstehen, erlöschen oder sich ändern und nach allgemeinen Rechtsgrundsätzen ein schutzwürdiges Interesse besteht. Ein Recht, das erst nach dem in Frage kommenden Zeitpunkt begründet wurde, kann durch den Tod des Verschollenen nicht mehr berührt sein (BGH, MDR 60, 386). Die in § 16 VerschG aufgeführten Antragsberechtigungen bestehen unabhängig voneinander und nebeneinander (OLG Hamm, JMBl. NRW 62, 128).

Eine Einschränkung des Amtsermittlungsgrundsatzes (§ 12 FGG) bedeutet § 18 VerschG, wonach vor der Einleitung des Verfahrens der Antragsteller die zur Begründung des Antrags erforderlichen Tatsachen glaubhaft zu machen hat (§§ 3 ff. VerschG). Doch gilt daneben auch § 12 FGG. Nach Prüfung und Feststellung der Zulässigkeit des Antrags wird von dem Gericht das Aufgebot erlassen (über dessen Inhalt s. § 19 VerschG). Vor dessen Bekanntmachung ist in jedem Fall dem Staatsanwalt Gelegenheit zur Äußerung zu geben (§ 22 VerschG). Das Aufgebot muß normalerweise durch eine Tageszeitung öffentlich bekanntgemacht werden. Jedoch kann das Gericht auch anordnen, daß das Aufgebot daneben in anderer Weise, etwa durch Rundfunk, öffentlich bekannt gemacht wird, § 20 VerschG. Die Aufgebotsfrist beträgt mindestens 6 Wochen, aber nicht mehr als ein Jahr. Sie kann nach öffentlicher Bekanntmachung nicht mehr abgekürzt werden, § 21 VerschG. Ist diese Frist abgelaufen, so kann nunmehr die Todeserklärung erfolgen.

Die Todeserklärung ergeht durch Beschluß, § 23 VerschG. Dieser Beschluß ist nach § 24 VerschG öffentlich bekannt zu machen, wofür § 20 VerschG entsprechend gilt. In dem Beschluß ist der Zeitpunkt des Todes festzustellen und zwar, falls sich dieser nicht angeben läßt, nach den in § 9 III VerschG festgesetzten Kriterien, die nach den Arten der Verschollenheit unterscheiden:

(Allgemeine Verschollenheit: § 3; Kriegsverschollenheit: § 4; Seeverschollenheit: § 5; Luftverschollenheit: § 6; allgemeine Gefahrenverschollenheit: § 7; das Zusammentreffen von Kriegs- und Luftverschollenheit: § 8.)

Die Todeserklärung begründet die Todesvermutung zu dem angegebenen Zeitpunkt, § 9 VerschG. Diese Vermutung kann mit Wirkung gegen alle nur durch Aufhebung nach §§ 30 ff. VerschG beseitigt werden. Für das Aufhebungsverfahren gelten gemäß § 31 VerschG die §§ 17 und 18. Antragsberechtigt sind hierfür der Verschollene, der die Todeserklärung überlebt hat, und der Staatsanwalt. Die Aufhebung erfolgt durch Beschluß, § 32 VerschG. In jedem Verfahren ist jedoch im Einzelfall der Gegenbeweis möglich (BGH, RzW 59, 53: Indizienbeweis zulässig). Für den gleichzeitigen Tod s. § 11 VerschG. Umgekehrt besteht, solange eine Todeserklärung nicht rechtskräftig ergangen ist, die Lebensvermutung nach § 10 VerschG. Voraussetzung für die Wirksamkeit der Todeserklärungsbeschlüsse ist die Rechtskraft, § 29 VerschG. Die Anordnung der sofortigen Wirksamkeit durch das Beschwerdegericht scheidet aus. Gemäß § 40 PStG ist die Todeserklärung in das Buch für Todeserklärungen, das beim Standesamt I in Berlin (West) geführt wird, einzutragen.

3. Rechtsmittel. Gegen den Beschluß, durch den der Verschollene für tot erklärt wird, sowie gegen den die Todeserklärung ablehnenden Beschluß ist die sofortige Beschwerde gegeben (§ 26 VerschG). Die Beschwerdefrist beträgt einen Monat. Im Falle der Todeserklärung ist der Antragsteller und jeder, der an der Aufhebung der Todeserklärung ein rechtliches

Interesse hat, beschwerdeberechtigt. Bei der Ablehnung der Todeserklärung ist hingegen nur der Antragsteller beschwerdeberechtigt. Gegen den die Todeserklärung aufhebenden Beschluß sind keine Rechtsmittel gegeben (§ 33 I VerschG). Hingegen findet gegen den Beschluß, durch den die Aufhebung der Todeserklärung abgelehnt wird, gemäß § 33 II VerschG die sofortige Beschwerde statt. Im übrigen sind alle Verfügungen des Gerichts, soweit nicht die sofortige Beschwerde vorgesehen oder die Beschwerde überhaupt ausgeschlossen ist, gemäß § 19 FGG mit der einfachen Beschwerde anfechtbar.

4. Kosten. Wenn eine Todeserklärung erfolgt, werden die Kosten grundsätzlich dem Nachlaß als Nachlaßverbindlichkeiten auferlegt. Bei Ablehnung des Antrags auf Todeserklärung ist keine Kostenentscheidung erforderlich. Eine Besonderheit enthält § 34 VerschG, wonach ausnahmsweise die Kosten dem auferlegt werden, der sie verschuldet hat. § 34 I VerschG gilt auch für die Kosten des ursprünglichen Verfahrens, wenn im Aufhebungsverfahren die Todeserklärung aufgehoben wurde (§ 34 III VerschG). Über weitere Einzelheiten hinsichtlich der Kostenentscheidung vgl. §§ 35—38 VerschG.

II. Das Verfahren bei Feststellung der Todeszeit

Das Gesetz sieht in dem Falle, in dem der Tod nach den Umständen nicht zweifelhaft ist und daher eine Todeserklärung unzulässig ist, ein besonderes Verfahren vor, durch das der Tod und der Zeitpunkt des Todes durch gerichtliche Entscheidung festgestellt wird (§ 39 VerschG). Voraussetzung für dieses Verfahren ist, daß eine Eintragung im Sterbebuch auf normalem Wege nicht zu erreichen ist (vgl. PIKART-HENN, S. 431). Auch dieses Verfahren wird auf Antrag eingeleitet. Der Antragsteller muß vor Einleitung des Verfahrens nachweisen, daß der Tod nach den Umständen nicht zweifelhaft ist, es sei denn, daß er offenkundig ist, § 41 VerschG. Bei Zulässigkeit des Antrages ergeht eine öffentliche Aufforderung an alle, die über den Zeitpunkt des Todes Angaben machen können. Näheres vgl. § 43 VerschG. Auf das Verfahren finden grundsätzlich die Vorschriften über das Todeserklärungsverfahren Anwendung. Beendet wird das Verfahren durch einen Beschluß, durch den der Zeitpunkt des Todes festgestellt wird; er begründet die widerlegbare Vermutung, daß der Tod im festgestellten Zeitpunkt eingetreten ist (§ 44 II VerschG).

III. Todeserklärungen aus Anlaß des Krieges von 1939/45

Art. 2 (§§ 1—8) des Gesetzes zur Änderung von Vorschriften des Verschollenheitsrechts vom 15. Januar 1951 (BGBl. I, 59) begründet den besonderen Tatbestand des Vermißtseins im Kriege 1939—45. Ermittlungen über den Zeitpunkt des Todes sind nur auf Antrag anzustellen. Diesen Antrag können diejenigen stellen, die auch das Aufgebotsverfahren selbst beantragen können. Die §§ 4—8 des VerschG sind hier nicht anwendbar. Im übrigen sind die Vorschriften des VerschG anzuwenden (vgl. § 8 VerschÄndG und Art. 4).

§ 43. Das Verfahren nach § 145 FGG

§ 145 FGG erklärt das Amtsgericht ausdrücklich für sachlich zuständig für eine Reihe von Verrichtungen, für welche im HGB, im AktG und in anderen Gesetzen eine Mitwirkung des Gerichts vorgesehen ist (zu den einzelnen Verrichtungen s. § 145 FGG). Das Amtsgericht ist hier nicht Registergericht im Sinne der §§ 125 ff. FGG. Die örtliche Zuständigkeit ist für die einzelnen Tatbestände in den genannten Gesetzen geregelt. Eine Ausnahme von diesen Zuständigkeitsbestimmungen sieht § 145 II FGG für den Fall vor, daß von der in § 125 II FGG eingeräumten Befugnis Gebrauch gemacht und die Führung des Handelsregisters für mehrere Amtsgerichtsbezirke einem Amtsgericht übertragen ist.

Für das Verfahren gelten die allgemeinen Vorschriften des FGG, soweit keine besonderen Regelungen getroffen sind. Hinsichtlich aller der in § 145 FGG genannten Verrichtungen bestimmt § 146 FGG die Anhörung eines etwa gegebenen Gegners des Antragstellers. Gegen Verfügungen, durch die über den Antrag entschieden wird, findet die sofortige Beschwerde statt, § 146 II FGG. Unanfechtbar sind jedoch die dem Antrag stattgebenden Entscheidungen, in den von § 146 III FGG genannten Fällen.

Zur Zuständigkeit des Amtsgerichts gehören nicht nur die durch § 145 FGG ausdrücklich aufgezählten Angelegenheiten, sondern auch die, die im HGB unter Bezugnahme auf jene Vorschriften des HGB geregelt sind. Dazu gehören die Angelegenheiten, die statt einer OHG eine KG betreffen (§ 161 II HGB) und ebenso die, die statt einer AG eine KGaA betreffen (§ 278 III AktG).

10. KAPITEL

Vermittelnde Verfahren

Einige Verfahren der fG zeichnen sich dadurch aus, daß entweder auf rein gütlichem Wege oder doch zumindest mit der Absicht, benachteiligende Zwangsmaßnahmen zu vermeiden, ein Ausgleich der gegensätzlichen Interessen erreicht werden soll. Ihrem Charakter gemäß werden diese Verfahren als vermittelnde Verfahren bezeichnet.

§ 44. Die Vermittlung der Auseinandersetzung eines Nachlasses

Literatur: BOSCHAN, Der Nachlaßrichter und seine Abteilung, 1941; BRAND-KLEEFF, Die Nachlaßsachen in der gerichtlichen Praxis, 2. Aufl., 1961; FIRSCHING, Handbuch der amtsgerichtlichen Praxis, Band 6, Nachlaßrecht 3. Aufl., 1967; GLASER, Das Nachlaßwesen; PAPE-NADLER-FECHNER, Nachlaßwesen, 1928.

I. Die Zuständigkeit des Nachlaßgerichts

Eine Nachlaßauseinandersetzung kommt nur dann in Betracht, wenn eine Miterbengemeinschaft (Gemeinschaft zur gesamten Hand) besteht. Diese kommt dadurch zustande, daß ein Erblasser mehrere Erben hinterläßt, so daß der Nachlaß gemäß §§ 1922, 2032 BGB gemeinschaftliches Vermögen der Erben wird. Mit Ausnahme des Falles, daß Testamentsvollstreckung angeordnet ist und der Testamentsvollstrecker nach § 2204 BGB die Auseinandersetzung unter den Erben zu bewirken hat, kann jeder Miterbe jederzeit die Auseinandersetzung verlangen und, falls die Miterben sich weigern, auf Auseinandersetzung klagen, § 2042 BGB.

Das Gesetz hat jedoch den Beteiligten neben der Klage die Möglichkeit eröffnet, die Hilfe des Gerichts der fG zur Vermittlung der Auseinandersetzung anzurufen (vgl. zu den einzelnen Möglichkeiten der Erbauseinandersetzung FIRSCHING, S. 295 ff.). Diese Art der Nachlaßauseinandersetzung ist geregelt in §§ 86—99 FGG; dazu kommt nicht unerhebliches Landesrecht (vgl. § 193 FGG, Art. 147 EGBGB; Nachweise bei KEIDEL, § 86 Rz. 1; vgl. auch FIRSCHING, S. 308 ff.).

Zuständig zur Vermittlung ist das Nachlaßgericht (Amtsgericht) §§ 86, 72 FGG. Die örtliche Zuständigkeit bestimmt sich nach § 73 FGG. Über die Zuständigkeit anderer Behörden nach Landesrecht s. § 193 FGG.

Wenn ein Beteiligter zur Vereinbarung oder zur Auseinandersetzung der Genehmigung des Vormundschaftsgerichts bedarf und er im Inland keinen Vormund, Pfleger oder Beistand hat, so ist nach § 97 II FGG für die Erteilung oder die Verweigerung der Genehmigung statt des Vormundschaftsgerichts das Nachlaßgericht zuständig.

II. Das Verfahren

Das Nachlaßgericht soll nur vermitteln, es kann nicht entscheiden. Voraussetzungen für die Vermittlung sind ein Antrag, das Bestehen einer Erbengemeinschaft, das Vorhandensein von Nachlaß und daß kein weiteres Auseinandersetzungsverfahren anhängig ist.

1. Der Antrag. Das Verfahren wird auf Antrag eingeleitet, falls nicht nach Landesrecht von Amts wegen vorgegangen werden kann.

Antragsberechtigt sind gemäß § 86 II FGG jeder Miterbe, soweit er noch der Erbengemeinschaft angehört; der Rechtsnachfolger eines Miterben; der Erwerber eines Erbteils, auch der weitere Erwerber; derjenige, dem ein Pfandrecht (durch Vertrag oder Pfändung) oder ein Nießbrauch an einem Erbteil zusteht.

§ 87 FGG bestimmt, daß die Beteiligten und die Teilungsmasse zu bezeichnen sind.

Beteiligt sind: die Miterben, die noch der Erbengemeinschaft angehören; der Nacherbe, soweit seine Zustimmung nötig ist; der Rechtsnachfolger eines Miterben; neben dem Miterben derjenige, dem ein Pfandrecht, Pfändungspfandrecht oder Nießbrauch an seinem Erbteil zusteht, und schließlich an Stelle des Miterben der Testamentsvollstrecker, soweit ihm die Verwaltung eines Erbteils übertragen ist (vgl. FIRSCHING, S. 312; KEIDEL, § 86 Rz. 44 ff.). § 87 FGG ist eine Ordnungsvorschrift (vgl. SCHLEGELBERGER, § 87 Rz. 1).

Mangelhafte Anträge dürfen vom Gericht nicht zurückgewiesen werden, sondern die Antragsteller sind zur Ergänzung zu veranlassen. Den Antragstellern kann auch die Beschaffung notwendiger Unterlagen aufgegeben werden, § 87 II FGG. Eine zwangsweise Beschaffung durch das Gericht ist nicht zulässig; Streit hierüber hat das Prozeßgericht zu entscheiden. Bis zur Rechtskraft des Bestätigungsbeschlusses kann der Antrag zurückgenommen werden. Zu prüfen ist aber, ob darin, daß die anderen Antragsberechtigten sich in das Verfahren eingelassen haben, ein Antrag dieser Beteiligten zu erblicken ist. Bei Unzulässigkeit des Antrags erfolgt Zurückweisung. Bei Unvollständigkeit des Antrags findet eine Zurückweisung nur statt, wenn der Antragsteller die nötigen Unterlagen oder Aufklärung nicht gegeben und das Gericht andererseits eine weitere Amtsermittlung nicht für notwendig erachtet hat.

Hat Landesrecht die Vermittlung der Auseinandersetzung zum Amtsverfahren erklärt (vgl. Bayern, Art. 4 NachlG; Württemberg, Art. 84, 87 AGBGB, 43 NachlVO), so hat das Gericht nach dem Amtsermittlungsgrundsatz zu verfahren und Unterlagen wie Teilungsmasse von Amts wegen festzustellen.

2. *Der Auseinandersetzungspfleger.* Ist einer der Beteiligten abwesend und liegen die allgemeinen Voraussetzungen einer Abwesenheitspflegschaft nach § 1911 BGB vor, ist aber eine Pflegschaft noch nicht anhängig, so kann ihm nach § 88 FGG ein Auseinandersetzungspfleger bestellt werden. Für diese Pflegschaft tritt an die Stelle des Vormundschaftsgerichts das Nachlaßgericht.

Ist nach Landesrecht die Auseinandersetzung einem Notar übertragen (vgl. Art. 23 PrFGG; Art. 15 I Nr. 1 NdsFGG; Art. 24 III Nr. 1 HessFGG; Art. 6 II NachlG; anders Art. 91 Württ. AGBGB), so steht diesem allerdings die Bestellung eines Abwesenheitspflegers nicht zu.

Da es sich bei § 88 FGG um eine Kann-Vorschrift handelt, steht es im Ermessen des Nachlaßgerichts, ob es die erforderliche Pflegschaft selbst einleiten oder die Einleitung bei dem nach § 39 FGG zuständigen Vormundschaftsgericht anregen will (§ 50 FGG). Die Befugnisse des Auseinandersetzungspflegers beschränken sich auf das Auseinandersetzungsverfahren. Der Auseinandersetzungspfleger ist der gesetzliche Vertreter des Abwesenden in dem Auseinandersetzungsverfahren. (Zur Stellung des

Pflegers im einzelnen s. KEIDEL, § 88 Rz. 12.) Die Auseinandersetzungspflegschaft endet mit dem eigenen Tätigwerden des Pfleglings, mit dessen Tod und mit der Rechtskraft des seine Todeserklärung aussprechenden Beschlusses (§ 29 VerschG), sowie mit Beendigung des Auseinandersetzungsverfahrens.

3. *Die Terminsanberaumung und Ladung.* Das Nachlaßgericht hat einen Verhandlungstermin festzusetzen und zu diesem Termin den Antragsteller und die übrigen Beteiligten zu laden, § 89 FGG. (Hinsichtlich der Ladungsfrist vgl. § 90 FGG; für die Zustellung § 16 II 1 FGG.) In der Ladung ist darauf hinzuweisen, daß auch beim Ausbleiben eines Beteiligten über die Auseinandersetzung verhandelt wird und die Ladung zu dem neuen Termin unterbleiben kann, falls der Termin vertagt oder ein neuer Termin zur Fortsetzung der Verhandlungen anberaumt werden sollte. Für einen Fortsetzungstermin brauchen dann die nicht Erschienenen, aber ordnungsgemäß geladenen Beteiligten nicht mehr geladen zu werden. Erscheint niemand im Verhandlungstermin, so kann das Ruhen des Verfahrens angeordnet werden.

4. *Vorbereitende Maßnahmen und die Auseinandersetzung selbst.* Das eigentliche Vermittlungsverfahren kann (§§ 91, 93 FGG) in Verhandlungen über vorbereitende Maßnahmen und über die Auseinandersetzung selbst zerfallen. Das ist jedoch nicht notwendigerweise der Fall, da sich das Vermittlungsverfahren nach Lage des einzelnen Falles richtet. Die Beteiligten können auch z. B. schon im ersten Termin mit der Vereinbarung über die Art der Teilung die endgültige Auseinandersetzung verbinden.

a) Die *vorbereitenden Verhandlungen* sind in § 91 FGG vorgesehen. Es handelt sich hierbei um Vereinbarungen über vorbereitende Maßregeln. Solche Maßregeln werden sich insbesondere auf die Feststellung der Höhe des Nachlasses sowie dessen Versilberung oder auf die Art der Teilung beziehen (vgl. dazu im einzelnen KEIDEL, § 91 Rz. 3; SCHLEGELBERGER, § 91 Rz. 1). Die von allen erschienenen Beteiligten getroffene Vereinbarung hat das Gericht zu beurkunden. Das gleiche gilt nach § 91 I 2 FGG auch, wenn nur ein Beteiligter erschienen ist bezüglich der von diesem gemachten Vorschläge. Den nicht erschienenen Beteiligten hat das Gericht (sofern sie nicht zugestimmt haben) den Inhalt der Urkunde bekanntzumachen und sie darauf hinzuweisen, daß ihr Einverständnis mit dem Inhalt der Urkunde angenommen wird, wenn sie nicht binnen einer Frist die Anberaumung eines neuen Termins beantragen und in diesem Termin erscheinen (§ 91 III FGG). Über die Form der Bekanntmachung vgl. § 16 FGG. Auch vor der Bestätigung sind die erschienenen Beteiligten an die getroffene Vereinbarung bzw. Vorschläge gebunden. Eine Wiedereinsetzung in den vorigen Stand sieht § 92 FGG für die schuldlose Versäumung der Frist des § 91 III 2 FGG vor.

Wenn alle Beteiligten im Termin erschienen sind, so hat das Gericht die von diesen getroffene Vereinbarung zu bestätigen, § 91 II 1 FGG. Das gleiche gilt, wenn die nicht Erschienenen ihre Zustimmung zu gerichtlichem Protokoll oder in öffentlich beglaubigter Urkunde abgegeben haben, § 91 II 2 FGG. Vgl. zu diesem Verfahren im einzelnen Firsching, S. 319; Keidel, § 91 Rz. 5 ff. Widerspricht auch nur einer der erschienenen Beteiligten, so wird damit die Vereinbarung über vorbereitende Maßregeln vereitelt. Das gleiche gilt für die Verweigerung der Unterschrift, nicht aber für den Widerspruch eines Drittberechtigten, z. B. Pfandgläubigers. Das Gericht prüft vor Erteilung der Bestätigung, ob alle formellen Verfahrensvoraussetzungen gegeben sind. Eine Prüfung der Zweckmäßigkeit der Vereinbarungen findet hingegen nicht statt. Die Bestätigung der Vereinbarung über vorläufige Maßnahmen erfolgt durch Beschluß (§ 96 FGG), es sei denn, daß sämtliche Beteiligte darauf verzichten, was der Rücknahme des Antrags gleichkommt (Keidel, § 91 Rz. 35). Die Bestätigung muß sämtlichen Beteiligten bekannt gemacht werden; die Bekanntmachung erfolgt nach § 16 FGG.

b) Sind die Verhandlungen über die vorbereitenden Maßnahmen soweit gediehen, daß das Gericht einen *Auseinandersetzungsplan* für zweckmäßig erachtet, so ist dieser anzufertigen. Hiernach richtet sich sodann die Auseinandersetzung, § 93 FGG. Der Auseinandersetzungsplan muß die Erbrechtsverhältnisse, den Stand der Nachlaßmasse, die allgemeinen Teilungsgrundsätze und gegebenenfalls die Verteilung der einzelnen Nachlaßbestandteile unter die Erben dartun. In diesem Verfahrensabschnitt gilt das gleiche wie hinsichtlich der vorbereitenden Maßregeln.

Wird im Auseinandersetzungsplan eine Verteilung durch Los vorgesehen, so kann für einen nicht erschienenen Beteiligten, für den der Auseinandersetzungsplan kraft seiner Säumnis wirksam geworden ist, gemäß § 94 FGG vom Gericht ein Vertreter bestellt werden. Wenn sich bei den Verhandlungen Streitpunkte ergeben, so ist darüber ein Protokoll aufzunehmen und das Verfahren bis zur Erledigung der Streitpunkte auszusetzen, § 95 FGG.

III. Die Rechtsmittel

Nach § 96 FGG findet gegen den Beschluß, durch den eine vorgängige Vereinbarung oder eine Auseinandersetzung bestätigt, oder durch den über den Antrag auf Wiedereinsetzung in den vorigen Stand entschieden wird, die *sofortige Beschwerde* statt. In beiden Fällen ist die sofortige weitere Beschwerde zulässig (Keidel, § 96 Rz. 3). Die Beschwerde gegen den Bestätigungsbeschluß kann jedoch nur auf Verletzung von Verfahrensvorschriften gegründet werden, nicht jedoch auf Inhalt oder Gültigkeit der bestätigten Vereinbarung selbst (§ 96 FGG). Hierfür steht der Klageweg offen. Andere als die im Rahmen des Auseinandersetzungsverfahrens im § 96 FGG genannten Verfügungen (so insbesondere die Beschlüsse, die eine Bestätigung versagen) können mit der einfachen Beschwerde (Erinnerung) angefochten werden. Sobald jedoch die Bestätigung erfolgt ist, können vorher erfolgte Verfügungen nicht mehr angefochten werden.

Beschwerdeberechtigt sind nicht nur die am Verfahren Beteiligten, sondern auch die durch die Vereinbarung Belasteten.

Eine *Aufhebung* des Bestätigungsbeschlusses wirkt für und gegen alle Beteiligte. Wird nicht wegen eines Verfahrensmangels, auf dem das gesamte Verfahren beruht, aufgehoben, so braucht nur der Mangel beseitigt zu werden (RJA 14, 28; KGJ 46, 151).

IV. Die formelle Rechtskraft und die Zwangsvollstreckung

Die formelle *Rechtskraft* des Bestätigungsbeschlusses tritt mit der Erschöpfung der Rechtsmittel, mit der rechtskräftigen Zurückweisung der Rechtsmittel oder mit dem Ablauf der Fristen ein. Die Vereinbarung kann jedoch von *sämtlichen Beteiligten* jederzeit geändert und widerrufen werden. Es tritt also nicht eine der materiellen Rechtskraft ähnliche Wirkung ein (BayObLG 5, 442; Keidel, § 97 Rz. 8). In diesem Fall tritt jedoch nicht die alte Erbengemeinschaft wieder in Kraft, sondern es muß Rückeinräumung früherer Rechte, bei Grundstücken Rückauflassung, erfolgen.

Sowohl die rechtskräftig bestätigte vorläufige Vereinbarung im Sinne des § 91 FGG wie auch die rechtskräftig bestätigte Auseinandersetzung (§ 97 FGG) sind vollstreckbare Schuldtitel, § 98 FGG, auch ohne daß sich die Beteiligten in der Urkunde der *Zwangsvollstreckung* unterworfen haben. Für die Zwangsvollstreckung, die Sache der Beteiligten ist, gelten die §§ 724—793 ZPO, soweit nicht in den §§ 795 a—800 abweichende Vorschriften enthalten sind, § 795 ZPO.

§ 45. Die Vermittlung der Auseinandersetzung einer ehelichen oder fortgesetzten Gütergemeinschaft

Endet eine Gütergemeinschaft (§§ 1408, 1415—1518 BGB) durch Rechtskraft eines Aufhebungsurteils (§§ 1447—1449, 1469—1470 BGB), durch Ehevertrag (§ 1408), durch Rechtskraft eines Ehenichtigkeitsurteils (§§ 16 ff. EheG), durch Scheidung, Aufhebung, Wiederverheiratung nach Todeserklärung (§§ 29, 37, 38, 41 EheG), Eheauflösung durch Tod, so richtet sich die Vermittlung der Auseinandersetzung dieser aufgehobenen Gütergemeinschaft wie auch der aufgehobenen fortgesetzten Gütergemeinschaft (§§ 1490—1496 BGB) ebenfalls nach den Bestimmungen der §§ 86—98 FGG, § 99 FGG. Dasselbe gilt für die Auseinandersetzung des Gesamtguts einer etwa noch bestehenden Errungenschafts- oder Fahrnisgemeinschaft (Pikart-Henn, S. 336). Die Vorschrift des § 99 FGG ist zwingender Natur.

Sachlich zuständig ist nach § 99 II FGG das Amtsgericht und nicht das Nachlaßgericht. Ähnlich ist die Zuständigkeit anderer Behörden nach Landesrecht, vgl. § 193 FGG. Die örtliche Zuständigkeit ergibt sich aus § 45 FGG. Danach ist im allgemeinen das Gericht zuständig, in dessen Bezirk die Ehegatten ihren gemeinsamen gewöhnlichen Aufenthalt haben oder gehabt haben. Gehört jedoch ein Anteil am Gesamtgut zu einem Nachlaß, so ist das Amtsgericht örtlich zuständig, in dessen Zuständigkeit auch die Auseinandersetzung des Nachlasses fällt (§ 99 II 1 FGG). Die beiden Verfahren auf Nachlaß- und Gesamtgutauseinandersetzung können in diesem Fall verbunden werden (vgl. Firsching, S. 330).

Gegenstand des Auseinandersetzungsverfahrens ist nur das Gesamtgut (§§ 1416, 1485 BGB n. F., §§ 1519, 1549 a. F. BGB). Anders als das Verfahren bei der Nachlaßauseinandersetzung findet das Verfahren zur Gesamtgutauseinandersetzung nie von Amts wegen statt. Es ist vielmehr immer ein Antrag erforderlich (vgl. Jansen, § 99 Anm. 3; Keidel, § 99 Rz. 14). Antragsberechtigt sind die Ehegatten, der Konkursverwalter (bei Beendigung einer Errungenschaftsgemeinschaft durch Konkurs des Mannes), die Rechtsnachfolger der Ehegatten und bei fortgesetzter Gütergemeinschaft die anteilsberechtigten Abkömmlinge (vgl. im einzelnen Keidel, § 99 Rz. 15 ff.; Jansen, § 99 Anm. 3). Sondervorschriften enthält die HausratsVO vom 21. 10. 1944 (RGBl. I, 256). Die Rechtsverhältnisse der Ehegatten an Wohnung, Wohnungseinrichtung und Hausrat werden im Falle der Scheidung, Aufhebung und Nichtigerklärung der Ehe auf Antrag durch den Richter geregelt.

§ 46. Die Dispache

Literatur: Bartholomeyczik, Binnenschiffahrtsrecht, 2. Aufl., 1963; Vortisch-Zschucke, Binnenschiffahrts- und Flößereirecht, 3. Aufl. 1964; Monse, Die gerichtliche Verhandlung über die Dispache, 1920.

I. Allgemeines

Das formell durch die §§ 149—158 FGG geregelte sogenannte Dispache (dispache [franz.]: Seeschadensberechnung)-Verfahren, ist ein dem Nachlaßauseinandersetzungsverfahren ähnliches vermittelndes Verfahren. Unter Dispache versteht man die Berechnung, welche die Verteilung der Beitragspflicht zum Ersatz durch die große Haverei entstandener Schäden unter den Beteiligten feststellt (§§ 706 III HGB, 84 BinnenSchG). Dieses Verfahren wird nur durchgeführt in Fällen der „großen Haverei“ und auch nur dann, wenn die Dispache nach den Vorschriften des § 706 III HGB oder des § 84 BinnenSchG aufzumachen ist, also nur bei *gesetzlich* aufzumachenden Dispachefällen durch einen Dispacheur; nicht anwendbar sind die Vorschriften des FGG auch im Fall einer Dispache im Binnenschiffahrtsverkehr auf Grund des § 87 I BinnenSchG durch den *Schiffer* (SCHLEGELBERGER, Vorbem. zu den §§ 149—158 a. E.).

Die große Haverei umfaßt alle Schäden, die dem Schiff oder der Ladung zum Zwecke der Errettung beider aus einer gemeinsamen Gefahr vom Schiffer oder auf dessen Geheiß vorsätzlich zugefügt werden, sowie auch die durch solche Maßnahmen verursachten ferneren Schäden oder Kosten, vgl. im einzelnen § 706 HGB und §§ 82—84 BinnenSchG. Voraussetzung der großen Haverei ist, daß sämtliche Güter und das Schiff von ein und derselben Gefahr bedroht sind (RGZ 14, 40). Für die gemeinsame Gefahr und damit die große Haverei genügt es, wenn eine die sofortige Anwendung von Rettungsmaßregeln rechtfertigende Gefahr verständlicherweise vom Schiffer als vorhanden angenommen werden durfte (ROHG 23, 344; RGZ 38, 4). Da die große Haverei nach § 700 II HGB gemeinschaftlich zu tragen ist, bedarf es einer Feststellung und Verteilung des Schadens. Die Schadensfeststellung und Verteilung muß nach § 727 HGB am Bestimmungsort oder Endort der Reise durch „Aufmachung" der sogenannten Dispache erfolgen. Die Berechnung wird durch einen vom Gericht bestellten Dispacheur (§ 729 HGB, § 87 BinnenSchG) aufgemacht. Zur Verteilung des Schadens vgl. §§ 716—724 HGB. Die Aufmachung der Dispache erfolgt regelmäßig auf Grund der „Verklarung", das ist die beeidete Darstellung des Unfalles durch den Schiffer und mindestens eines Teils der Schiffbesatzung (§§ 481, 522—525 HGB). Hinsichtlich der Abweichungen bei der Aufstellung einer Dispache im Binnenschiffahrtsrecht siehe § 87 BinnenSchG. Soweit eine gerichtliche Mitwirkung bei der Dispache erfolgt, regeln die §§ 149—158 FGG das einschlägige Verfahren.

II. Die Zuständigkeit

Sachlich zuständig für alle Verrichtungen, welche den Gerichten in Ansehung der nach dem HGB oder BinnenSchG aufzumachenden Dispache obliegen, ist das Amtsgericht. Örtlich zuständig ist das Gericht des Ortes, an dem die Verteilung der Havereischäden erfolgt, bei Seeschiffen der Bestimmungsort, wenn dieser nicht erreicht wird, der Hafenort, in dem die Reise endigt oder wenigstens ein erheblicher Teil der Ladung gelöscht wird (§ 727 HGB; vgl. auch KGJ 53, 103; OLG 34, 394). Bei Binnenschiffen ist der Ort maßgebend, an dem die Reise endet, § 86 BinnenSchG. Die Zuständigkeit eines anderen Amtsgerichts kann durch Vereinbarung sämtlicher Beteiligten über den Ort, an dem die Havereischäden verteilt werden sollen, begründet werden (KEIDEL, § 149 Rz. 9; SCHLEGELBERGER, § 149, Rz. 18; OLG 44, 182). Die vereinbarte Zuständigkeit für Verteilung der Havereischäden bedeutet zugleich Zuständigkeit für Verhandlungen über die Dispache; zwischen beiden darf keine Abweichung bestehen (vgl. OLG 44, 182; a. A. JOSEF, DNotV 04, 341). Beim Amtsgericht ist gemäß § 15

Nr. 4 RpflG nicht der Rechtspfleger, sondern der Richter funktionell zuständig.

III. Die einzelnen Verrichtungen des Gerichts

1. Entscheidung über die Verpflichtung des Dispacheurs. Lehnt ein ad hoc oder generell bestellter Dispacheur (Sachverständiger, § 729 I HGB, 87 II BinnenSchG) die Aufmachung der Dispache ab, weil der Fall einer großen Haverei nicht vorliege, so entscheidet — aber nur auf Antrag desjenigen Beteiligten, der den Auftrag erteilt hat — das Gericht über die Verpflichtungen des Dispacheurs. Beteiligte sind die Personen, denen auf Grund des Havereifalles entweder ein Vergütungsanspruch zusteht oder eine Beitragspflicht zur Last fällt. Die Entscheidung des Gerichts über die Verpflichtung des Dispacheurs ist mit Zwangsmaßregeln nicht durchsetzbar. Sowohl gegen die zurückweisende als auch die stattgebende Entscheidung ist die sofortige Beschwerde gegeben, §§ 22 I, 150 FGG.

2. Aushändigung von Schriften. Das Gericht kann einem Beteiligten unter Androhung von Ordnungsstrafen auf Antrag des Dispacheurs aufgeben, dem Dispacheur die in seinem Besitz befindlichen Schriftstücke, zu deren Mitteilung er gesetzlich verpflichtet ist, auszuhändigen, § 151 FGG. Das Gericht hat von Amts wegen zu prüfen, ob die Voraussetzungen der Verpflichtung zur Herausgabe der Urkunden gegeben sind. Das Verfahren richtet sich im übrigen nach § 33 FGG und den Vorschriften des 1. Abschnitts. Das Ordnungsstrafverfahren kann nur auf Antrag eingeleitet werden.

3. Verhandlung über die Dispache. Jeder Beteiligte ist befugt, beim Gericht eine Verhandlung über die von dem Dispacheur aufzumachende Dispache zu beantragen mit Benennung der beizuziehenden Beteiligten, § 153 FGG. Damit die Beteiligten in der Lage sind, überhaupt von dem Inhalt der Dispache Kenntnis zu erlangen, bestimmt § 152 FGG, daß der Dispacheur verpflichtet ist, jedem Beteiligten Einsicht in die Dispache zu gewähren.

a) Das Gericht wird nur auf *Antrag* tätig. Dieser Antrag bedarf keiner besonderen Form; eine Frist für die Stellung des Antrags ist nicht vorgesehen. Der Antrag muß das Verlangen nach gerichtlicher Verhandlung über eine von einem Dispacheur aufgemachte Dispache und die Bezeichnung derjenigen Beteiligten enthalten, deren Zuziehung zu dem Verfahren der Antragsteller wünscht. Der Antrag kann sofort abgelehnt werden, wenn offensichtlich die Voraussetzungen der großen Haverei fehlen, § 153 II 1 FGG.

b) Steht dem Antrag kein Hindernis entgegen, so erfolgt *Terminsanberaumung* und *Ladung* der Beteiligten. Nach § 153 IV FGG muß die Frist zwischen der Ladung und dem Termin mindestens 2 Wochen betragen. Die Ladung muß den Hinweis enthalten, daß das Einverständnis des Geladenen mit der Dispache angenommen wird, wenn der Geladene weder im Termin erscheint noch vorher Widerspruch gegen die Dispache bei dem Gericht anmeldet, § 153 III 1 FGG. Ferner ist in der Ladung zu bemerken, daß die Dispache und deren Unterlagen auf der Geschäftsstelle eingesehen werden können, § 153 III 2 FGG. Der Widerspruch ist formlos, er kann also schriftlich erfolgen oder zur Niederschrift der Geschäftsstelle erklärt werden. Es reicht auch aus, wenn der Erschienene den Widerspruch noch im Termin erklärt. Hält das Gericht eine Vervollständigung der Unterlagen der Dispache für notwendig, so hat es nach § 154 FGG die Beibringung der erforderlichen Belege anzuordnen.

c) In dem *Termin* ist mit den Erschienenen über die Dispache zu verhandeln. Wenn gegen die Dispache weder vor noch in dem Termin ein Widerspruch erhoben wird, so muß das Gericht die Dispache gegenüber den an dem Verfahren Beteiligten bestätigen, § 155 II FGG. Wenn ein Widerspruch erhoben worden ist, so muß über ihn mit den Beteiligten verhandelt werden. Die Beteiligten, deren Rechte durch ihn betroffen werden, haben sich zu erklären, § 155 III 1 FGG. Die Dispache wird bestätigt, wenn der Widerspruch als unbegründet anerkannt wird oder anderweitig eine Einigung der Beteiligten stattfindet und die Dispache dementsprechend berichtigt ist, § 155 III 2 FGG. Wenn durch den Widerspruch Rechte eines in dem Termin nicht erschienenen Beteiligten betroffen werden, so wird nach § 155 IV FGG angenommen, daß dieser den Widerspruch nicht als begründet anerkenne. Wenn der Widerspruch nur einzelne Punkte der Dispache betrifft und über diese Streitpunkte eine Einigung nicht erzielt wird, so ist die Dispache nur insoweit zu bestätigen, als sie durch den Widerspruch nicht berührt wird, vgl. § 155 III 3 FGG, KGJ 47, 115; KGJ 51, 137.

Die Bestätigung der Dispache erfolgt durch Beschluß. Dieser wird den am Verfahren Beteiligten bekannt gemacht (Form: § 16 FGG). Wenn der Widerspruch nicht nach § 155 III FGG erledigt wird, so muß derjenige, der widerspricht, seine Rechte gegen die durch den Widerspruch Betroffenen durch Erhebung der Klage verfolgen (§ 156 I 1 FGG; §§ 878, 879 ZPO werden dafür entsprechend anwendbar erklärt). Die Frist zur Erhebung der Klage kann verlängert werden, und an die Stelle der Ausführung des Verteilungsplans tritt die Bestätigung der Dispache. Sobald der Widerspruch erledigt ist (durch rechtskräftiges Urteil oder in sonstiger Weise, z. B. durch Versäumung der Klagefrist), wird die Dispache bestätigt. Vorher hat das Amtsgericht gegebenenfalls von Amts wegen die Dispache nach Maßgabe der Erledigung der Einwendungen zu berichtigen, § 156 II FGG.

d) Gegen die Verfügung, durch die der Antrag auf gerichtliche Verhandlung über die Dispache zurückgewiesen wird, findet die sofortige *Beschwerde* statt, § 157 FGG. Das gleiche gilt für Verfügungen, durch die über die nach §§ 155, 156 FGG vorzunehmende Bestätigung der Dispache entschieden wird. Dabei spielt es keine Rolle, ob die Bestätigung erteilt oder ganz oder teilweise versagt wird. Gegen sonstige anfechtbare Entscheidungen ist die einfache Beschwerde gegeben. Soweit Einwendungen gegen die Dispache durch Widerspruch geltend zu machen sind, können sie nicht mit der Beschwerde geltend gemacht werden, § 157 II FGG.

e) Die Bestätigung der Dispache entfaltet ihre Wirkung nur für das gegenseitige Verhältnis der am Verfahren Beteiligten, nicht jedoch gegenüber den nicht zugezogenen Beteiligten, § 158 I FGG. Sobald der Bestätigungsbeschluß rechtskräftig geworden ist, findet aus ihm die Zwangsvollstreckung nach den Vorschriften der ZPO statt, § 158 II FGG. Die vollstreckbare Ausfertigung wird vom Urkundsbeamten des Amtsgerichts erteilt, das die Dispache bestätigt hat (§§ 149 FGG, 797 I ZPO). Das Amtsgericht, das die Dispache bestätigt hat, ist zuständig für Klagen auf Erteilung der Vollstreckungsklausel und für Klagen, durch die Einwendungen gegen die in der Dispache festgestellten Ansprüche geltend gemacht werden oder die bei der Erteilung der Vollstreckungsklausel als eingetreten angenommene Rechtsnachfolge bestritten wird, § 158 III 1 FGG. Wenn der Anspruch nicht vor das Amtsgericht gehört (§§ 23, 71 GVG), so sind die Klagen bei dem Landgericht, in dessen Bezirk das Amtsgericht seinen Sitz hat, zu erheben.

f) Die Erhebung der Gerichtsgebühren für die Verhandlung über die Dispache (einschließlich der Bestätigung) erfolgt nach § 123 II KostO.

Die landesgesetzlichen Sonderregelungen für die Auferlegung von Kosten der Dispache (Art. 30 PrFGG und Art. 36 HessFGG) sind durch § 13 a FGG außer Kraft gesetzt worden (KG, NJW 65, 1538; KEIDEL, § 158 Rz. 7; a. A. JANSEN, § 158 Anm. 5).

§ 47. Die Heimstättenerbfolge

Literatur: SCHNEIDER, Die Heimstätte, BlGBW 63, 199 und 216; WORMIT-EHRENFORTH, Reichsheimstättengesetz, 4. Aufl., 1967.

I. Allgemeines

Die Erbfolge in einer Heimstätte erfolgt nach den Vorschriften des Reichsheimstättengesetzes i. d. F. v. 25. 11. 1937 (RGBl. I, 1291), in Verbindung mit der AVO vom 19. 7. 1940 (RGBl. I, 1027 f.). Die auf Grund des § 24 ReichsheimstättenG ergangenen Vorschriften der §§ 25—40 AVO verpflichten das Nachlaßgericht von Amts wegen, die Herbeiführung der erforderlichen Erklärungen der Beteiligten, des Ausgebers, der etwa nötigen Genehmigung einer Behörde sowie der Auseinandersetzung zu veranlassen (§ 40 AVO). Das Nachlaßgericht hat ferner eine Bescheinigung über die Heimstättenfolge auszustellen, auf Grund deren der Heimstättennachfolger im Grundbuch eingetragen wird, § 29 II AVO.

Durch die §§ 25 ff. AVO wird das Erbrecht des BGB als solches nicht geändert, vielmehr nur die Heimstättenerbfolge geordnet.

Die Geschäfte, die die Heimstättennachfolge betreffen, sind dem Rechtspfleger übertragen (§ 3 I Nr. 2 b RpflG).

II. Die Bestimmung des Heimstättenfolgers

Wenn mehrere Miterben vorhanden sind, so fällt die Heimstätte gemäß § 26 AVO einem Erben als Heimstättenfolger allein zu. Dieser Erbe ist Sondererbe. Er kann auf verschiedene Arten bestimmt werden.

Der Erblasser kann den Heimstättenfolger durch Verfügung von Todes wegen selbst bezeichnen (§ 26 Nr. 1 AVO); er kann sich dazu auch der vereinfachten Form der Erklärung gegenüber dem Nachlaßgericht in öffentlich beglaubigter Form oder durch Niederschrift des Urkundsbeamten der Geschäftsstelle nach § 27 AVO bedienen.

In der Verfügung von Todes wegen kann der Erblasser auch mehrere Erben als Heimstättenfolger benennen und die Reihenfolge bestimmen, in der diese die Übernahme der Heimstätte erklären können. In diesem Falle hat das Nachlaßgericht dem wahlberechtigten Erben eine Frist zur Abgabe der Erklärung zu setzen mit dem Hinweis, daß die Nichtabgabe der Erklärung als Verzicht auf die Heimstätte gelte, § 27 AVO.

Ist der Heimstättenfolger letztwillig bestimmt, so tritt der Anrechnungswert an die Stelle der Heimstätte im Nachlaß, § 31 AVO. Den Miterben des Heimstättenfolgers steht eine Abfindungsforderung gegen ihn zu, für den sie die Eintragung einer Hypothek auf die Heimstätte verlangen können, §§ 32, 33 AVO. Die Abfindungsansprüche sind unter Bezeichnung der Gläubiger, des Inhalts der Ansprüche und des Rangverhältnisses in die Bescheinigung des Nachlaßgerichts über die Heimstättenfolge aufzunehmen, auch wenn der Heimstätter selbst nach § 38 AVO die Abfindungen angeordnet hat.

Der Heimstättenfolger kann auch so bestimmt werden, daß sich die Erben über die Person des Heimstättenfolgers einigen. Sie müssen sodann die Einigung dem zuständigen Nachlaßgericht innerhalb einer Frist von 6 Monaten seit dem Erbfall in öffentlich beglaubigter Form oder durch Niederschrift des Urkundsbeamten erklären (§ 26 Nr. 2 AVO).

Ein Erbe kann innerhalb von 6 Monaten seit dem Erbfall beim Nachlaßgericht die Herbeiführung einer Einigung beantragen und das Nachlaßgericht ein Verfahren über die Regelung der Heimstättenfolge einleiten. Dieses Einigungsverfahren ist ein echtes Vermittlungsverfahren. Die Miterben müssen sich im Termin mit $^2/_3$ Mehrheit der Erbteile auf die Person des Heimstättenfolgers einigen. Das Nachlaßgericht muß den Mehrheitsbeschluß der Erben genehmigen. Die Genehmigung muß in Fällen grober Unbilligkeit versagt werden (§ 26 Nr. 3 AVO). Gegen den Genehmigungsbeschluß wie auch gegen die Versagung der Genehmigung ist analog § 96 FGG sofortige Beschwerde gegeben.

III. Die Auseinandersetzung durch Veräußerung der Heimstätte

Wird die Heimstättenfolge nicht auf einem der genannten Wege geregelt, so findet eine Auseinandersetzung unter den Miterben durch Veräußerung der Heimstätte statt, § 35 AVO. Verzichten sämtliche Miterben und findet sich bei der Auseinandersetzung kein Käufer, so ist der Ausgeber zur Übernahme der Heimstätte verpflichtet, es sei denn, daß die Heimstätteneigenschaft aufgehoben wird. Mit Zustimmung des Ausgebers ist jedoch auch eine Teilung der Heimstätte und Veräußerung von Teilen zulässig (§§ 9, 19 ReichsheimstättenG).

11. KAPITEL

Die Registerverfahren

§ 48. Gemeinsame Grundsätze

Literatur: BRAND-MAROWSKI, Die Registersachen in der gerichtlichen Praxis, 4. Aufl., 1956; EBERT-KÜCHENHOFF-MEISS, Das amtsgerichtliche Dezernat, 15. Aufl., 1954—57; GILGAN, Das Registergericht und seine Abteilungen, 1937/38; KEIDEL-SCHMATZ, Handbuch der amtsgerichtlichen Praxis, Band VII, Registerrecht, 2. Aufl., 1960; PAPE-MICHAELIS, Registerwesen, 1930; MEYER, Das Recht der volkseigenen Betriebe der Ostzone, ZHR 112, 87 ff.

I. Allgemeines

Außer dem Grundbuch werden beim Amtsgericht als Register geführt: das Handelsregister (§§ 8 HGB, 125 FGG), das Genossenschaftsregister (§§ 10 GenG, 147 FGG), das Vereinsregister (§§ 55 BGB, 159 FGG), das Güterrechtsregister (§§ 1558 BGB, 161 FGG), das Musterregister (§ 9 GeschmMG), schließlich das Schiffsregister (§ 1 SchRO) und das Schiffsbauregister (§§ 1, 65 SchRO).

Da die Grundbuchsachen in der GBO und nicht im FGG behandelt werden, scheiden sie hier grundsätzlich aus der Betrachtung aus. Das gleiche gilt für die sich weitgehend an die Grundbuchordnung annähernde Schiffsregisterordnung. Die materiellrechtlichen Voraussetzungen der Registerangelegenheiten sind durchweg außerhalb des FGG im BGB, HGB, GenG, GeschmMG und anderen Gesetzen geregelt.

Zweck der Führung dieser öffentlichen Register ist der Schutz Dritter und des Rechtsverkehrs schlechthin durch Veröffentlichung von (privatrechtlichen) Rechtsverhältnissen und Rechtstatsachen. Diese sollen öffentlich „registriert" nicht beurkundet werden, um zur jederzeitigen Einsichtnahme als Gesamtunterlagen offen zu stehen. Durch öffentliche Bekanntmachung werden sie allgemein kundgemacht.

Neben jedem Register sind grundsätzlich besondere *Akten* zu halten; deren Anlegung und Führung richtet sich nach §§ 23, 24 AktO. (Näheres bei BRAND-MAROWSKI, S. 79 ff.) Schriften, die sich nicht auf eine bereits vorhandene Eintragung beziehen und bei denen es zweifelhaft ist, ob sie zu noch anzulegenden Akten oder in welches Register sie einzustellen sind, sind in ein allgemeines Register aufzunehmen, §§ 8 I, 23 I AktO.

Für alle nicht rein tatsächlichen Eintragungen in das Register spricht die *Vermutung der Richtigkeit.* Dies wird ausdrücklich gesagt in § 15 SchiffsG für das Schiffsregister, § 891 BGB für das Grundbuch und in § 15 des Gesetzes über Rechte an Luftfahrzeugen für die Registerpfandrechte an Luftfahrzeugen. Diese Vermutung gilt jedoch auch bei den anderen Registern (vgl. RG, JW 98, 202 Nr. 16; KGJ 34 A 126; RJA 12, 46). In Verbindung hiermit steht der Schutz des Vertrauens auf die Richtigkeit des Registereintrags. Die Unrichtigkeit oder Unvollständigkeit des Registers gilt zugunsten eines Gutgläubigen als nicht vorhanden, sog. volle Publizitätswirkung (vgl. PIKART-HENN, S. 342). Diese hat die positive und die negative Publizität zum Inhalt. Die positive Publizitätswirkung besagt, daß die eingetragene Tatsache, so wie sie eingetragen ist, besteht, während die negative Publizitätswirkung nur bedeutet, daß zugunsten des Gutgläubigen gilt, daß nicht eingetragene, aber eintragungsfähige Tatsachen nicht bestehen. Der Umfang der Publizität ist bei den einzelnen Registern verschieden ausgestaltet.

In allen Registersachen ist das Amtsgericht *sachlich zuständig.* Die Registergeschäfte können für mehrere Amtsgerichtsbezirke auf ein Amtsgericht übertragen werden. Die Aufgaben des Registergerichts sind auf Rechtspfleger, Richter und Registerführer (Urkundsbeamter der Geschäftsstelle) verteilt.

II. Verfahrensgrundsätze

Literatur: BRAND, Das Prüfungsrecht und die Prüfungspflicht des Registerrichters, ZBlHR 28, 97 ff.

1. Antragsprinzip. Alle Registerverfahren sind vom Antragsprinzip beherrscht. Der Antrag heißt bei einigen Registern Anmeldung (s. u.). Aus dem Antragsprinzip folgt auch, daß der Antragsteller dem Gericht die zur Eintragung erforderlichen Unterlagen vorlegen muß. Einzelne Eintragungen werden als Ausnahme vom Antragsprinzip jedoch von Amts wegen vorgenommen, vgl. dazu im einzelnen unten.

2. Prüfungsrecht und Prüfungspflicht

Das Prüfungsrecht und die Prüfungspflicht des Registergerichts ist bei den einzelnen Verfahren verschieden geregelt. Einmal erfolgt nur eine Prüfung der formellen Eintragungsvoraussetzungen (formelles Konsensprinzip); bei anderen Registern hat sowohl eine Prüfung der formellen wie der sachlichen Eintragungsvoraussetzungen stattzufinden.

Von den hier behandelten Registern gilt das formelle Konsensprinzip zunächst für das Schiffsregister. Das Registergericht hat jedoch die Eintragung auch hier abzulehnen, wenn ihm bekannt ist, daß das Register durch die Eintragung unrichtig und die Unrichtigkeit auch später nicht geheilt würde. Das formelle Konsensprinzip gilt auch bei den Eintragungen in das Musterregister, § 10 GeschmMG. Einem besonderen formellen Konsensprinzip unterliegen die Einträge in die Liste der Genossen (vgl. §§ 29 III, 32 V, 35 I GenRegVO). Dagegen unterliegen die Anmeldungen zum Handels-, Genossenschafts-, Vereins- und Güterrechtsregister nach h. M. einer formellen und sachlichen Prüfung (für eine grundsätzliche sachliche Prüfung: BAUMBACH-DUDEN, § 8 HGB, Anm. 4 b; PIKART-HENN, S. 349; SCHLEGELBERGER, § 127 Rz. 1—3; für eine Prüfung nur bei begründeten Zweifeln an der Richtigkeit der einzutragenden Tatsachen: vgl. KEIDEL, § 127 Rz. 1; LENT-HABSCHEID, § 41 II 1; BALLERSTEDT, GmbHRdsch 51, 27; noch enger BRAND-MAROWSKI, S. 13).

Die *formelle Prüfung* hat sich auf die Eintragungsfähigkeit, örtliche Zuständigkeit, die Persönlichkeit und Geschäftsfähigkeit des Anmelders, seine Sachlegitimation und die Vertretungsmacht seines Vertreters, die Form der Anmeldung und die Gesetzmäßigkeit und Vollständigkeit der beigefügten Urkunden sowie auf das Vorliegen etwa erforderlicher behördlicher Genehmigungen zu erstrecken (vgl. SCHLEGELBERGER, § 127 Rz. 2).

Bei der *sachlichen Prüfung* hat das Gericht sich selbst zunächst unter Berücksichtigung der gesamten Sachlage aus den mitgeteilten Vorgängen ein Bild über den Sachhergang zu machen und die geltend gemachten Tatsachen auf ihre Wahrscheinlichkeit zu prüfen. Erst wenn begründete Bedenken an der Richtigkeit der Anmeldung bestehen, ist es berechtigt und verpflichtet, den Sachverhalt aufzuklären und zu diesem Zweck im Ermittlungsverfahren den Beteiligten den Nachweis der Richtigkeit und ihrer Angaben aufzuerlegen.

3. Aussetzung der Verfügung. Nach § 127 FGG kann das Gericht u. U. eine zu erlassende Verfügung aussetzen, wenn sie von der Beurteilung eines streitigen Rechtsverhältnisses abhängig ist. Dies setzt mehrere Beteiligte und einen Rechtsstreit zwischen diesen voraus, sowie die Zulässigkeit des Rechtsweges hierfür. Aus § 127 S. 2 FGG ist zu folgern, daß nach Rechtshängigkeit die Aussetzung sofort erfolgen kann; ist dies nicht der Fall, so kann das Registergericht nach pflichtgemäßem Ermessen einem der Beteiligten eine Frist zur Erhebung der Klage stellen (vgl. OLG Hamm, JMBl. NRW 57, 203). Die Aussetzung kann nach § 18 FGG jederzeit wieder aufgehoben werden.

4. Bekanntmachung und Einsichtnahme in die Register. a) Jede Eintragung in das Register ist demjenigen, der sie beantragt hat, *bekanntzumachen,* §§ 130 II, 147, 159, 161 FGG. Die Wirksamkeit der Eintragung hängt jedoch — abweichend vom § 16 FGG — nicht von der Bekanntmachung ab.

Ist eine Eintragung in das Güterrechtsregister erfolgt, so sind in allen Fällen beide Ehegatten zu benachrichtigen, § 161 II FGG. Von Eintragungen in das Genossenschaftsregister oder die Liste der Genossen muß auch eine Benachrichtigung an den Vorstand oder die Liquidatoren erfolgen. Im einzelnen vgl. § 3 I GenVO. Bei Eintragungen in das Schiffsregister (auch soweit sie sich nicht auf Schiffshypotheken beziehen) muß eine Bekanntmachung auch an den eingetragenen Eigentümer und allen aus dem Schiffsregister ersichtlichen Personen, zu deren Gunsten die Eintragung erfolgt ist oder deren Recht durch sie betroffen wird, erfolgen, § 57 SchRegO, § 20 SchRegVfg.

Die Beteiligten können in allen Fällen auf die Bekanntmachung verzichten, §§ 130 II 2, 147 I, 159, 161 FGG; § 36 I HRV; § 57 SchRegO. Über die Benachrichtigungspflicht gegenüber bestimmten Behörden vgl. BRAND-MAROWSKI, S. 65 ff. Alle Eintragungen in das Handels-, Genossenschafts-, Vereins-, Güterrechts- und Musterregister werden auf Grund von Verfügungen des Richters bzw. Rechtspflegers öffentlich bekannt gemacht. Über Ausnahmen beim Genossenschafts-, Vereins- und Handelsregister siehe PIKART-HENN, S. 352. Soweit das Gesetz nichts anderes vorschreibt, werden die Eintragungen ihrem ganzen Inhalt nach veröffentlicht.

Doch bestehen hiervon Ausnahmen, §§ 10 I HGB, 156 GenG (vgl. auch §§ 162 HGB, 1562 I BGB). Die Einträge in das Schiffsregister (und in das Register für Pfandrecht an Luftfahrzeugen) werden nicht veröffentlicht. Die Eintragung im Handels-, Genossenschafts- und Musterregister wird im Bundesanzeiger bekannt gemacht (§ 1 des Gesetzes über Bekanntmachung vom 17. 5. 50, BGBl. S. 183). Eintragungen im Handelsregister müssen außerdem mindestens in einem anderen Land bekanntgemacht werden. Der Vorstand der Genossenschaft kann beantragen, daß von dem Gericht für die Veröffentlichung der Einträge in das Genossenschaftsregister außer dem Bundesanzeiger noch andere Blätter bestimmt werden. Eintragungen in das Vereins- und Güterrechtsregister müssen nur durch das für die Bekanntmachungen des Registergerichts allgemein bestimmte Blatt (z. B. in dem öffentlichen Anzeiger zum Amtsblatt der zuständigen Regierung) veröffentlicht werden, §§ 66, 1562 I BGB.

b) Die Register sind alle einschließlich der Liste der Genossen öffentlich und zur *Einsicht* offen. Der Nachweis eines Interesses oder gar eines rechtlichen Interesses ist im allgemeinen nicht erforderlich. Das gilt auch hinsichtlich der Registerakten (§ 34 FGG, § 9 I HGB, § 156 GenG, §§ 79, 1563 BGB, § 8 SchRegO, § 11 GeschmMG, § 10 HRV, § 26 I GenRVO). Soweit zum Register Schriftstücke eingereicht worden sind, stehen diese nur beim Handels-, Genossenschafts- und Vereinsregister für jedermann zur Einsicht offen. Zur Einsichtnahme in diese Schriftstücke beim Schiffs- und Schiffsbauregister ist jedoch Glaubhaftmachung eines berechtigten Interesses erforderlich. Für die übrigen Register gilt die Regel des § 34 FGG. Das Registergericht hat den Beteiligten und auch Dritten auf Verlangen Abschriften oder Auszüge aus den Registern zu erteilen.

III. Der Registerzwang

Der Registerzwang ermöglicht dem Registergericht, die Beteiligten zur Anmeldung der registerpflichtigen Tatsachen, zur Zeichnung der Unterschriften, Einreichung von Schriftstücken und Vornahme sonstiger Handlungen durch Ordnungsstrafen zu zwingen. Ein Registerzwang ist nur bei den Angelegenheiten, die das Handels-, Genossenschafts-, Vereins- und Schiffsregister betreffen, möglich; denn beim Güterrechts- und Musterregister ist die Anmeldung in das Belieben der Beteiligten gestellt. Da das Unterbleiben der Eintragung für die Beteiligten so schwerwiegende Nachteile hat, daß dieser Umstand sie allein schon zur Eintragung veranlaßt, braucht das Registergericht in der Regel nicht einzuschreiten.

Sobald das Registergericht glaubhafte Kenntnis von einem Übertretungsfall erhält, hat es einzuschreiten. Die Glaubhaftigkeit des Übertretungsfalles hat das Gericht nach freiem Ermessen zu entscheiden (KG 30 A 116). Damit das Gericht auch von anderen Behörden rechtzeitig von den sein Einschreiten erforderlich machenden Fällen Kenntnis erhält, sind eine Reihe von Behörden zur Mitteilung über eine entsprechende Kenntnis verpflichtet (§ 125 a I FGG).

1. Das Ordnungsstrafverfahren. a) Neben dem allgemeinen Ordnungsstrafverfahren nach § 33 FGG enthält das Gesetz in den §§ 132—139 FGG ein besonderes registerrechtliches Ordnungsstrafverfahren. *Örtlich zuständig* zur Durchführung des Verfahrens ist das Gericht, bei dem die Hauptniederlassung eingetragen ist. Das gilt auch für Eintragungen, die sich ausschließlich auf die Zweigniederlassung beziehen (vgl. Keidel, § 132 Rz. 3; KGJFG 20, 134).

Funktionell zuständig ist der Rechtspfleger (§ 3 I Nr. 2 d RpflG).

b) Das *Verfahren* ist anwendbar bei Nichterfüllung der Verpflichtung zu einer Anmeldung, der Verpflichtung zur Zeichnung einer Unterschrift; der Verpflichtung zur Einreichung von Schriftstücken, bei Nichterfüllung der den Mitgliedern des Vorstands oder den Abwicklern einer AG oder den persönlich haftenden Gesellschaftern oder den Abwicklern einer KaA (§§ 407 I, 408 AktG) obliegenden weiteren Verpflichtungen (im einzelnen s. hierzu Keidel, 132 Rz. 9). Das Ordnungsstrafverfahren kann erst dann zur Anwendung kommen, wenn das Gericht in glaubhafter Weise Kenntnis von den Tatsachen erlangt hat, die zu dem Vorgehen berechtigen. Zwar besteht keine Verpflichtung des Registergerichts, von sich aus nach derartigen Tatsachen zu forschen, eine solche Verpflichtung kann sich aber aus den Umständen ergeben (vgl. Keidel, § 132 Rz. 13).

Das Verfahren richtet sich immer nur gegen physische Personen (Beteiligte oder ihre gesetzlichen Vertreter), also nie gegen eine Gesellschaft oder den Vorstand als solchen, sondern nur gegen die einzelnen Vorstandsmitglieder (s. dazu die umfangreiche Rechtsprechung bei Keidel, § 132 Rz. 15). Ist eine Gesellschaft Zweigniederlassung eines ausländischen Unternehmens, so müssen sich die anmeldepflichtigen Personen im Inland befinden. Das Verfahren beginnt mit einer Aufforderung an den oder die Verpflichteten. In dieser Aufforderung müssen enthalten sein:

aa) die zu erfüllende Verpflichtung, die möglichst genau bezeichnet werden muß;

bb) die Bestimmung der Frist, innerhalb deren die Verpflichtung zu erfüllen oder die Nichterfüllung der Verpflichtung mittels Einspruchs zu rechtfertigen ist. Die Bestimmung der den Beteiligten zu setzenden Frist ist Ermessenssache. Sie muß jedoch so bemessen sein, daß während ihres Laufes bei Anwendung der erforderlichen Sorgfalt die Verpflichtung erfüllt werden kann. Solange die Frist noch nicht abgelaufen ist, kann sie auf Antrag oder von Amts wegen (§ 18 FGG) verlängert werden;

cc) die Art und Höhe der anzudrohenden Strafe. Als Ordnungsstrafen können nur Geldstrafen (teilweise bis zu 10 000 DM) verhängt werden (vgl. § 14 HGB, § 407 AktG, § 78, 79 GmbH, § 160 GenG).

Die Verfügung muß nach § 16 II 1 FGG bekannt gemacht werden. Wenn die Verpflichtung während der gesetzten Frist erfüllt wird, so hat sich die Strafandrohung erledigt. Aus dem Charakter der Ordnungsstrafe und der formellen Rechtskraft der Ordnungsstrafverfügung ergibt sich, daß sich die Strafe auch dann erledigt, wenn die Verpflichtung erst nach Fristablauf oder sogar nach rechtskräftiger Festsetzung der Ordnungsstrafe erfüllt wird. Wenn innerhalb der bestimmten Frist weder die gesetzliche Verpflichtung erfüllt wird noch Einspruch erhoben wird, so ist die angedrohte Strafe festzusetzen und außerdem die frühere Verfügung unter Androhung einer erneuten Ordnungsstrafe zu wiederholen. Damit wird solange fortgefahren, bis die gesetzliche Verpflichtung erfüllt oder Einspruch erhoben wird, § 133 FGG.

Die rechtskräftig festgesetzte Ordnungsstrafe wird im Verwaltungszwangsverfahren beigetrieben.

c) Gegen die auf Grund des § 132 I FGG erlassene Verfügung kann nur *Einspruch* erhoben werden, nicht Erinnerung oder Beschwerde (vgl. §§ 132 II FGG; 10 VI RpflG). Der Einspruch kann schriftlich zum Registergericht oder mündlich zu Protokoll des Registerrichters (Rechtspflegers) oder der Geschäftsstelle des Registergerichts erhoben werden. Zur Einlegung des Einspruchs ist die Person berechtigt, gegen die sich die Strafandrohung richtet. Bei rechtzeitig erhobenem Einspruch hat das Gericht die Sache mit den Beteiligten zu verhandeln (§ 34 FGG), ausgenommen, wenn sich der Einspruch ohne weiteres als unbegründet erweist. Über die Wiedereinsetzung bei Versäumung der Einspruchsfrist vgl. § 137 FGG. Wird der Einspruch für begründet erachtet, so ist die erlassene Verfügung aufzuheben (Bekanntmachung: § 16 II FGG). Ist dies nicht der Fall, so hat das Gericht den Anspruch zu verwerfen und die angedrohte Strafe festzusetzen, § 135 II 1 FGG. Das Gericht hat jedoch auch die Möglichkeit, unter Umständen von der Festsetzung einer Strafe abzusehen oder eine geringere Strafe festzusetzen, § 135 II 2 FGG. Verwirft das Gericht den Einspruch, so hat es zugleich eine erneute Verfügung nach § 132 zu erlassen. Dabei beginnt die in dieser Verfügung bestimmte Frist mit dem Eintritt der Rechtskraft der Verwerfung des Einspruchs, § 135 III FGG.

Wenn nach Ablehnung des Ordnungsstrafverfahrens das Beschwerdegericht dessen Durchführung anordnet, so ist gegen die auf Anordnung vom Registergericht erlassene Verfügung auch nur der Einspruch gegeben (vgl. KG, RJA 10, 23; KG, JW 37, 1985; OLG Hamm, JMBl. NRW 57, 234).

Gegen den Beschluß, durch den die Ordnungsstrafe festgesetzt oder der Einspruch verworfen wird, findet gemäß § 139 FGG die sofortige Beschwerde statt (gegen Entscheidungen des Rechtspflegers die befristete Erinnerung, § 10 I RPflG). Wenn die Strafe nach § 133 FGG festgesetzt wurde, so kann die Beschwerde nicht darauf gestützt werden, daß die Verfügung, durch die die Strafe angedroht worden ist, nicht gerechtfertigt gewesen sei, § 139 II FGG. Die Beschwerde steht nur dem zu, gegen den die Ordnungsstrafe festgesetzt oder dessen Einspruch verworfen ist, nicht auch anderen Personen. Über das Verfahren vgl. Keidel, § 139 Rz. 3.

Soweit keine gesetzliche Ausnahme besteht (§§ 132 II, §§ 133, 135 III, 137 mit § 22 II und § 139 FGG), ist gegen alle sonstigen Verfügungen die einfache Beschwerde (Erinnerung) gegeben. So ist die einfache Beschwerde beispielsweise gegen die Ablehnung der Einleitung des Verfahrens, die Einstellung desselben und die dem Einspruch im Ordnungsstrafverfahren stattgebende Verfügung (KG, JFG 7, 222) möglich.

d) Entsprechend der Natur des Ordnungsstrafverfahrens kann eine Verfügung im Rahmen der §§ 132 ff. FGG durch das Gericht jederzeit *geändert* und *zurückgenommen* werden (§ 18 FGG).

2. *Der unbefugte Firmengebrauch.* Eine besondere Regelung hat das Verfahren wegen Firmenmißbrauchs nach §§ 37 I HGB, 140 FGG erhalten. Die Vorschriften der §§ 132—139 FGG finden nach Maßgabe von § 140 Ziff. 1 und 2 Anwendung. Wenn jemand eine ihm nach den § 17 ff. HGB nicht zustehende Firma (vgl. hierzu BGH, DNotZ 57, 104) gebraucht, so ist er gemäß § 37 I 1 HGB von dem Registergericht zur Unterlassung des Gebrauchs der Firma durch Ordnungsstrafen anzuhalten.

§ 140 FGG regelt das Verfahren bei Verhängung dieser Ordnungsstrafen. Auch hier beginnt das Verfahren mit einer nach § 132 FGG zu erlassenden Verfügung. Darin ist dem Beteiligten aufzugeben, sich des Gebrauchs der Firma zu enthalten oder innerhalb der in der Verfügung zu bestimmenden Frist Einspruch einzulegen. Zu beachten ist, daß bei diesem Verfahren für die Straffestsetzung (§§ 132 ff. FGG) stets erforderlich ist, daß der Beteiligte den Firmengebrauch fortsetzt. Das Registergericht kann daher nicht sofort die angedrohte Strafe festsetzen, wenn kein Einspruch eingelegt oder der eingelegte Einspruch rechtskräftig verworfen wird, sondern erst dann, wenn es erfährt, daß der Firmengebrauch fortdauert (OLG München, JFG 14, 483, 487). Ob dies der Fall ist, hat das Gericht von Amts wegen festzustellen. Vor der Straffestsetzung kann das Registergericht auch die Beteiligten hören. Unter den Voraussetzungen des § 135 II FGG kann das Gericht von der Straffestsetzung absehen.

Werden weitere Zuwiderhandlungen festgestellt, so kann die Straffestsetzung wiederholt werden. Dabei ist eine neue Strafandrohung nicht erforderlich. Eine solche ist nur für die Erhöhung der Strafe notwendig (vgl. Keidel/Schmatz, S. 327). Hinsichtlich der weiteren Einzelheiten des Verfahrens vgl. oben die Ausführungen zu den Verfahren nach §§ 132 ff. FGG.

IV. Die Löschung

1. *Voraussetzungen.* Das Registerrecht kennt ein auf das Handels-, Genossenschafts-, Vereins- und Güterrechtsregister sowie die Genossenliste anwendbares besonderes Löschungsverfahren, §§ 142, 147, 159, 161 FGG; § 9 II GenRVO. Voraussetzungen für dieses Löschungsverfahren sind, daß die Eintragung in dem Zeitpunkt, in dem sie erfolgte, unzulässig war oder nachträglich unzulässig geworden ist (h. M. vgl. Keidel, § 142 Rz. 11) und daß die Unzulässigkeit auf dem Mangel einer wesentlichen Voraussetzung der Eintragung beruht.

Unzulässig ist eine Eintragung, wenn sie erfolgt, ohne daß das Gesetz sie erlaubt, ferner, wenn das Gesetz die Eintragung verbietet oder wenn die Eintragung vorgenommen wird, ohne daß die vom Gesetz geforderten Voraussetzungen erfüllt sind (s. hierzu LG Aachen, BB 54, 74). Die unzulässigen Eintragungen können konstitutiver oder deklaratorischer Art sein, auch Löschungen fallen hierunter (BayObLG, JFG 7, 147). Keinen Unterschied macht es, ob die Unzulässigkeit auf einem Verstoß gegen Verfahrensvorschriften beruht oder ob die Registereintragung sachlich unrichtig ist (KG, RJA 11, 216). Ein Verfahrensmangel rechtfertigt jedoch die Löschung nicht, wenn bei rechtsfeststellenden Eintragungen die Eintragung sachlich richtig ist (KGJ 48, 115; JFG 2, 189; 16, 71; BayObLG 55, 333 ff.; 56, 303 ff.).

2. *Zuständigkeit.* Zur Löschung ist das Registergericht (Richter) zuständig. Für die Löschung einer Zweigniederlassung von Amts wegen ist das Registergericht der Hauptniederlassung bzw. des Sitzes zuständig (KG, DRW 39, 1453). Ist jedoch eine in Wirklichkeit nicht bestehende Zweigniederlassung eingetragen, so kann auch das Registergericht der Zweigniederlassung das Verfahren durchführen. Gleiches gilt, wenn sich die Hauptniederlassung im Ausland befindet oder wenn nach Löschung der Haupt-

niederlassung die Zweigniederlassung bestehen geblieben ist. Die Löschung kann nach § 143 FGG auch von dem dem Registergericht im Instanzenzug vorgeordneten Landgericht verfügt werden.

3. Der Verfahrensablauf. Wenn auch das Verfahren Amtsverfahren ist, so ist das Registergericht jedoch zur Vornahme der Löschung von Amts wegen nur berechtigt, nicht verpflichtet. Bei seiner Entscheidung, ob es eine Löschung vornehmen will, muß das Registergericht sachgemäßes Ermessen walten lassen.

Das Registergericht richtet zunächst an die Betroffenen eine Verfügung gemäß § 142 FGG (Zustellung: § 16 II FGG bzw. öffentliche Zustellung). In der Verfügung werden einmal die Beteiligten von der beabsichtigten Löschung benachrichtigt und gleichzeitig wird ihnen eine angemessene Frist zur Geltendmachung des Widerspruchs bestimmt. Auf das weitere Verfahren finden gemäß § 142 III FGG die Vorschriften des § 141 III und IV FGG Anwendung. Danach darf die Löschung erst erfolgen, wenn nicht rechtzeitig Widerspruch erhoben oder der erhobene Widerspruch rechtskräftig zurückgewiesen ist. Die Löschung erfolgt durch Eintragung eines Vermerks mit der Bezeichnung als Löschung von Amts wegen. Die Löschung kann nach § 127 FGG ausgesetzt werden. Die Amtslöschung erwächst nicht in materieller Rechtskraft (vgl. PIKART-HENN, S. 363).

4. Verfahren nach dem Kreditwesengesetz. Durch § 43 II KWG werden die §§ 142 I 2, II, III, 143 FGG für den Fall entsprechend anwendbar erklärt, daß ein Unternehmen eine Firma oder einen Firmenzusatz führt, deren Gebrauch nach §§ 39—41 KWG unzulässig ist (vgl. die Fälle der §§ 39, 40 KWG). Ob ein Unternehmen zur Führung der in den §§ 39, 40 KWG genannten Bezeichnungen befugt ist, wird in Zweifelsfällen durch das Bundesaufsichtsamt für das Kreditwesen entschieden, das seine Entscheidung dem Registergericht mitzuteilen hat (§ 42 KWG). Diese Entscheidung ist jedoch für das Registergericht nicht bindend (str. so wie hier KEIDEL, § 142 Rz. 33). Das Registergericht wird auf Antrag des Bundesaufsichtsamts für Kreditwesen nach § 43 III KWG oder einer Industrie- und Handelskammer (§ 126 FGG), auf Anregung eines Dritten oder von Amts wegen tätig. Das Bundesaufsichtsamt kann an dem Verfahren beteiligt werden, auch wenn es selbst keinen Antrag stellt; es kann gegen die Entscheidung des Registergerichts die nach dem FGG zulässigen Rechtsmittel einlegen, § 43 III KWG.

V. Die Rechtsmittel

1. Einfache Beschwerde (Erinnerung). Gegen die Verfügung des Registergerichts ist grundsätzlich die Beschwerde zulässig, wofür die §§ 19 ff. FGG gelten. Hat der Rechtspfleger verfügt, so ist die Erinnerung gegeben. Zu den mit der Beschwerde (Erinnerung) anfechtbaren Verfügungen zählen aber nicht die Zwischenverfügungen verfahrensleitender Art. Auch gegen eine die Eintragung anordnende Verfügung ist die Beschwerde ebenso wenig gegeben wie gegen die erfolgte Eintragung in das Register, da es sich nicht um Verfügungen im Sinne des § 19 FGG handelt (s. oben § 28 I 1 e). Das gleiche gilt, wenn einem Beteiligten auf Anfrage in unverbindlicher Weise eine Auffassung über die Rechtslage mitgeteilt wird. Gegen eine vollzogene Eintragung ist nur das Löschungsverfahren nach §§ 142 ff. FGG anwendbar.

2. *Sofortige Beschwerde.* In einer Reihe von Fällen ist nicht die einfache, sondern nur die sofortige Beschwerde zulässig.

Diese findet z. B. außer in den schon beim Ordnungsstraf- bzw. Löschungsverfahren erwähnten Fällen statt: gegen die den Widerspruch gegen die Eintragung des Erlöschens einer Firma nach § 31 II HGB zurückweisende Verfügung, § 141 III FGG, gegen die Verfügung, durch die über den Antrag in den nach § 145 dem Registergericht im einzelnen übertragenen Angelegenheiten entschieden wird, §§ 146 II, 148 I FGG; gegen die Verfügung, durch die im Fall des § 37 BGB über das Verlangen, eine Mitgliederversammlung zu berufen, entschieden wird, § 160 FGG; über die Frist und die Entscheidung über die sofortige Beschwerde s. oben § 32.

Zur Wiedereinsetzung in den vorigen Stand siehe § 22 II FGG. In einigen Fällen findet die sofortige Beschwerde nach der ZPO statt (z. B. nach § 80 II GenG).

3. *Die weitere Beschwerde.* Gegen sachliche Entscheidungen des Beschwerdegerichts, die auf einer Verletzung des Gesetzes beruhen, ist das Rechtsmittel der weiteren Beschwerde gegeben. Die Vorschriften der §§ 550, 551, 561, 563 ZPO finden entsprechende Anwendung, §§ 27 FGG, 83 SchRegO. Soweit eine Verfügung der sofortigen Beschwerde unterliegt, findet auch in Registersachen gegen die Entscheidung des Beschwerdegerichts die sofortige weitere Beschwerde statt, §§ 29 II FGG, 90 IV SchRegO. Auch soweit die sofortige Beschwerde nach der ZPO gegeben ist, findet die sofortige weitere Beschwerde (nach den Vorschriften der ZPO) statt. Für Vereinsregistersachen beachte § 568 II ZPO.

§ 49. Einzelne Register

I. Das Handelsregister

Literatur: Drischler, Verfügung über die Führung und Einrichtung des Handelsregisters, 1963; Krieger-Lenz, Firma und Handelsregister, 1938; Gessler, Harmonisierung des Rechts des Handelsregisters als Folge der Harmonisierung des Gesellschaftsrechts, Rpfleger 67, 262.

1. *Der Aufbau.* Das Handelsregister wird nach dem der allgemeinen Verfügung über die Einrichtung und Führung des Handelsregisters (HRV) vom 12. 8. 37 (RMBl., S. 515) beigefügten Formular geführt (Muster s. Brand-Marowski, Anhang). Das Handelsregister besteht aus 2 Abteilun-

gen, nämlich Abteilung A (einzutragen die Einzelkaufleute, die oHG, die KG, etwa angemeldete Unternehmen öffentlicher Körperschaften nach § 36 HGB sowie juristische Personen im Sinne des § 33 HGB) und der Abteilung B (einzutragen die AG, die KGaA, die GmbH und der VAG, § 3 HRV). (Beispiel eines Registerblattes bei PIKART-HENN, S. 368.) Jeder Einzelkaufmann, jede juristische Person sowie jede Handelsgesellschaft ist mit einer in derselben Abteilung fortlaufenden Nummer (Registerblatt) in das Register eingetragen, § 13 I HRV. Hinsichtlich der weiteren Einzelheiten s. KRIEGER-LENZ, Firma und Handelsregister, zu § 13 HRV. Über die weiteren Formalitäten siehe §§ 14—21 HRV.

Rechts oben trägt jedes Registerblatt die Nummer der Firma. Es besteht aus 6 Spalten (Spalte 1: Nummer der Eintragung; Spalte 2: a) Firma, b) Ort der Niederlassung, c) bei juristischen Personen der Gegenstand und dessen Änderungen; Spalte 3: Bezeichnung des Einzelkaufmanns oder der persönlich haftenden Gesellschafter, bei juristischen Personen die Mitglieder des Vorstandes und deren Stellvertreter, ferner die Abwickler; Spalte 4: Prokura; Spalte 5: Rechtsverhältnisse bei Einzelkaufleuten, Handelsgesellschaften und juristischen Personen; Spalte 6: a) Tag der Eintragung und Unterschrift, b) Eintragung von Verweisungen und sonstigen Bemerkungen (Näheres §§ 40 ff. HRV).

2. *Die Zuständigkeit. Örtlich zuständig* ist das Amtsgericht, in dessen Bezirk der Einzelkaufmann seine Handelsniederlassung (§ 29 HGB), die juristische Person den Ort der Hauptniederlassung des gewerblichen Unternehmens (§§ 33, 36 HGB), die handelsrechtlichen Gesellschaften oder die Versicherungsvereine auf Gegenseitigkeit ihren Sitz (Betriebsmittel) haben (§§ 106 I, 161 II HGB; §§ 36, 14, 5 AktG; § 7 GmbHG; § 30 VAG).

Hinsichtlich der Zuständigkeit des Registergerichts für Zweigniederlassungen vgl. §§ 13—13 b HGB; §§ 42—44, 278 III AktG; § 12 GmbHG. Hinsichtlich der Zuständigkeit für Zweigniederlassungen von Einzelkaufleuten, juristischen Personen und Handelsgesellschaften, die ihren Sitz im Ausland haben, siehe § 13 b HGB; §§ 44, 278 III AktG; § 6 II Nr. 3 VAG. Die Frage der Zulassung eines Doppelsitzes für Kapital- und Personalgesellschaften und der mehrfachen Niederlassung von Einzelkaufleuten ist bestritten. Während sie früher überwiegend verneint wurde, ist sie heute zu bejahen. Danach ist in diesen Fällen jedes Amtsgericht, in dessen Bezirk sich ein Sitz befindet, örtlich zuständig (vgl. KEIDEL-SCHMATZ, S. 2; PIKART-HENN, S. 365).

3. *Das Verfahren.* a) Grundsätzlich setzen die Eintragungen in das Handelsregister eine *Anmeldung* voraus. Nur ausnahmsweise finden Eintragungen von Amts wegen statt. Gemäß § 12 HGB sind die Anmeldungen zum Handelsregister von dem Verpflichteten entweder persönlich bei Gericht zu bewirken oder in öffentlich beglaubigter Form (§ 129 BGB; § 183 FGG) einzureichen. Dies erfolgt nach § 128 FGG in Verbindung mit § 24 HRV entweder zu Protokoll der Geschäftsstelle, des Richters oder des Rechtspflegers des zuständigen Registergerichts. Die Anmeldung kann auch durch Bevollmächtigte erfolgen, die Vollmacht muß aber dann entweder

von dem Vertretenen bei Gericht zu Protokoll erklärt oder in öffentlich beglaubigter Form eingereicht werden, § 12 II HGB. Bei Geschäftsunfähigkeit erfolgt die Anmeldung durch den gesetzlichen Vertreter, bei beschränkter Geschäftsfähigkeit gilt — abgesehen vom Fall des § 112 BGB — das gleiche. Solange die Eintragung noch nicht vollzogen worden ist, kann die Anmeldung zurückgenommen werden.

b) In den gesetzlich vorgeschriebenen Fällen sind zur Aufbewahrung beim Handelsregister die Firma, die Unterschrift oder beides zu *zeichnen*.

Die Firma hat der Einzelkaufmann zu zeichnen, § 29 HGB; Namensunterschriften haben die gesetzlichen Vertreter und Liquidatoren der juristischen Personen oder Kapitalgesellschaften zu zeichnen (§ 33 HGB; §§ 37 III, 266 IV, 283 Nr. 1 AktG; §§ 31 II, 47 VAG; §§ 8 III, 67 IV GmbHG). Die vertretungsberechtigten Gesellschafter und die Abwickler einer OHG oder KG haben Firma und Namensunterschrift zu zeichnen (§§ 108 II, 148 III, 161 II HGB).

Die Zeichnungen müssen von den Verpflichteten persönlich vorgenommen werden. Die Zeichnung durch einen Bevollmächtigten ist unzulässig. Die Zeichnung der Unterschrift kann erfolgen: zu Protokoll der Geschäftsstelle des zuständigen Gerichts, des Richters (Rechtspfleger oder durch Einreichung in öffentlich beglaubigter Form (§ 12 HGB, § 128 FGG, § 129 BGB, § 24 HRV).

c) Soweit in den gesetzlichen Bestimmungen (vgl. z. B. §§ 37 II, 106, 130 V, 145 IV, 177 AktG) die *Einreichung* von Schriftstücken (Bestätigung der Bank, Bilanz, Geschäftsberichte, Niederschrift über die Hauptverhandlung der AG usw.) vorgesehen ist, so erfolgt diese formlos.

d) Das Gericht prüft vor der *Eintragung* seine örtliche Zuständigkeit, die Rechtsfähigkeit, Geschäftsfähigkeit und Identität des Anmeldenden, die Vertretungsmacht des Vertreters, die Wahrung der Form der Anmeldung, die Vollständigkeit und Form der beigefügten Schriftstücke, die Eintragungsfähigkeit der angemeldeten Tatsachen und das Vorliegen der etwa notwendigen behördlichen Genehmigungen. Außerdem hat das Gericht vor der Eintragung bestimmte Stellen anzuhören, vgl. KEIDEL-SCHMATZ, S. 7. Nach § 12 FGG hat das Gericht die Pflicht zur materiellen Nachprüfung, wenn sich Zweifel an der Richtigkeit der einzutragenden Tatsachen ergeben. Bevor es die Anmeldung zurückweist, muß es dem Anmeldenden Gelegenheit zur Behebung etwaiger Mängel (durch Zwischenverfügung) geben. Lehnt das Gericht die Eintragung ab, so ist die Ablehnungsverfügung zu begründen, § 26 I HRV.

Nach § 27 HRV hat der Richter (Rechtspfleger) den Wortlaut der Eintragung in der Eintragungsverfügung festzustellen, wenn die Eintragung für zulässig erachtet wird. Die Eintragung soll nach § 130 FGG den Tag angeben, an dem sie erfolgt, und vom Richter oder Rechtspfleger unterschrieben sein. Fehlt jedoch das Datum oder die Unterschrift, so wird dadurch die Eintragung nicht wirkungslos (vgl. SCHLEGELBERGER, § 130 Rz. 3; KEI-

DEL, § 130 Rz. 4). Die Eintragungen erfolgen nach ihrer zeitlichen Reihenfolge. Über gleichzeitige Eintragungen s. § 14 II HRV. *Löschungen* sowie *Änderungen* des Inhalts einer Eintragung sind unter neuen fortlaufenden Nummern einzutragen. Wenn Eintragungen durch spätere Eintragungen ihre Bedeutung verloren haben, so sind sie auf Anordnung des Richters (Rechtspfleger) rot zu unterstreichen.

Nach § 130 II FGG soll die Eintragung dem Antragsteller *bekannt gemacht werden*. Dies ist jedoch lediglich eine Ordnungsvorschrift, so daß ihre Nichtbeachtung keine rechtlichen Folgen für die Wirksamkeit hat (KEIDEL, § 130 Rz. 7). Auf die Bekanntmachung kann verzichtet werden, §§ 130 FGG, 36 HRV. Alle Eintragungen im Handelsregister müssen im Bundesanzeiger und mindestens in einem anderen Blatt veröffentlicht werden, das vom Gericht jährlich bis zum 6. 12. für das kommende Jahr zu bezeichnen ist. Auf die Veröffentlichung kann nicht verzichtet werden (§ 10 HGB, § 11 HRV).

Hinsichtlich einiger Einzelfälle (Zweigniederlassung, Verlegung der Hauptniederlassung oder des Sitzes, Doppelsitz, Prokura) s. KEIDEL-SCHMATZ, S. 10 ff.; vgl. auch PIKART-HENN, S. 371 ff.

e) Eine Eintragung in das Handelsregister, die wegen Mangels einer wesentlichen Voraussetzung unzulässig war, kann das Registergericht von Amts wegen löschen (§ 142 FGG). Die Löschung kann auch von dem im Instanzenzug vorgeordneten Landgericht verfügt werden (§ 143 FGG).

4. Löschung erloschener Firmen. Nach §§ 31 II HGB, 141 FGG ist das Löschen der eingetragenen Firma eines Einzelkaufmanns oder einer Handelsgesellschaft von Amts wegen im Handelsregister einzutragen.

Hinsichtlich des Erlöschens der Firma vgl. §§ 4 I HGB; 157, 161 II HGB; 273 I, 278 III AktG; 47 III VAG.

Voraussetzung hierfür ist, daß die Anmeldung zur Löschung durch die hierzu Verpflichteten nicht durch Ordnungsstrafen erreicht werden kann (z. B. weil der Aufenthaltsort der Anmeldepflichtigen unbekannt ist). Den Beteiligten ist eine Verfügung bekannt zu machen, worin sie von der beabsichtigten Löschung benachrichtigt werden und ihnen eine angemessene (nicht unter 3 Monaten) Frist zur Geltendmachung des Widerspruchs gesetzt wird.

Die Bekanntmachung der Benachrichtigung erfolgt normalerweise durch Zustellung von Amts wegen, § 16 II 1 FGG. Sind jedoch die zu benachrichtigende Person oder ihr Aufenthalt unbekannt, so wird die Verfügung durch einmaliges Einrücken in den BAnz oder nach Ermessen des Gerichts auch in anderen Blättern veröffentlicht (§ 141 II FGG; vgl. auch §§ 10, 11 HGB).

Wenn Widerspruch erhoben worden ist, so hat das Gericht über den Widerspruch (eventuell nach Vornahme weiterer Ermittlungen) zu entscheiden. Wenn es den Widerspruch für begründet hält, so ist die Androhungsverfügung aufzuheben, andernfalls ist der Widerspruch zurückzuweisen. Ist die Frist für den Widerspruch abgelaufen oder die den Widerspruch zurückweisende Verfügung rechtskräftig geworden (§ 141 IV FGG), so kann die Löschung (durch Löschungsverfügung) erfolgen.

Gegen die Ablehnung eines Antrags auf Verfahrenseinleitung findet für die Organe des Handelsstandes und die in ihren Rechten beeinträchtigten Dritten die einfache Beschwerde statt (§§ 20 I, 126 FGG). Das gleiche gilt für eine Verfügung, durch die (auf Widerspruch) die Androhungsverfügung aufgehoben wird. Dagegen ist gegen die Zurückweisung des Widerspruchs die sofortige Beschwerde gegeben (§§ 141 III, 22 I FGG). Sobald die Löschung erfolgt ist, ist im allgemeinen kein Rechtsmittel mehr zulässig (vgl. SCHLEGELBERGER, § 141 Rz. 7). Ist sie jedoch unter Verletzung von § 141 IV FGG vorzeitig erfolgt, so ist die einfache Beschwerde gegeben.

5. *Löschung nichtiger Gesellschaften.* Eine in das Handelsregister eingetragene AG, KaA oder GmbH kann nach § 144 I FGG als nichtig gelöscht werden, wenn die Voraussetzungen vorliegen, unten denen nach §§ 275, 276 AktG bzw. §§ 75, 76 GmbHG Klage auf Nichtigerklärung der Gesellschaft erhoben werden kann. Die gleiche Löschungsmöglichkeit besteht nach § 144 II FGG für in das Handelsregister eingetragene Beschlüsse der Hauptversammlung einer AG, einer KGaA oder der Gesellschafterversammlung einer GmbH, wenn sie durch ihren Inhalt zwingende Vorschriften des Gesetzes verletzen und ihre Beseitigung im öffentlichen Interesse erforderlich erscheint. Zuständig zur Löschung sind das Registergericht und das diesem im Instanzenzug vorgeordnete Landgericht. Die Amtslöschung ist Aufgabe des Richters (§ 15 Nr. 2 RpflG). Beteiligt an dem Verfahren sind nur die gesetzlichen Vertreter der Gesellschaft. Das Verfahren ist grundsätzlich dasselbe, wie bei Löschungen sonstiger unzulässiger Eintragungen (§§ 142, 143). In Abweichung davon bestimmt § 144 III FGG, daß die in der einleitenden Verfügung für die Erhebung des Widerspruchs zu bestimmende Frist mindestens 3 Monate betragen soll (Ordnungsvorschrift).

6. *Löschung wegen Vermögenslosigkeit.* Nach § 2 des Gesetzes über Auflösung und Löschung von Gesellschaften und Genossenschaften vom 9. 10. 1934 (RGBl. I, 914) kann eine AG, eine KGaA und eine GmbH, die kein Aktivvermögen besitzt, auf Antrag der amtlichen Berufsvertretung des Handelsstandes oder der Steuerbehörde oder von Amts wegen im Handelsregister gelöscht werden. Die Einleitung des Verfahrens steht im pflichtgemäßen Ermessen des Gerichts. Die beabsichtigte Löschung muß den gesetzlichen Vertretern der Gesellschaft, soweit ihr Aufenthalt bekannt ist, bekannt gemacht werden. In ihr muß auch eine angemessene Frist zur Erhebung des Widerspruchs gesetzt werden. Zur Erhebung des Widerspruchs sind außer den gesetzlichen Vertretern der Gesellschaft alle berechtigt, die

an der Unterlassung der Löschung ein berechtigtes Interesse haben (z. B. Gläubiger). Die Eintragung der Löschung, die nach § 19 HRV (vgl. auch §§ 16, 22 HRV) erfolgt, ist den Beteiligten bekannt zu machen (§ 130 II FGG) und zu veröffentlichen (§ 10 HGB).

Nach der Löschung findet eine Liquidation der Gesellschaft nicht mehr statt, da sie als aufgelöst gilt (§ 2 I). Wenn sich nach der Löschung jedoch herausstellt, daß Vermögen vorhanden ist, das der Verteilung unterliegt, so findet die Liquidation statt; die Liquidatoren hat das Gericht auf Antrag eines Beteiligten zu bestellen, § 2 III. Soweit vor der Löschung schon Liquidatoren tätig gewesen sind, setzen diese ihre Tätigkeit fort (BGH, GmbH Rdsch 57, 151). Die Gesellschaft ist — als in Liquidation befindlich — im Handelsregister wieder einzutragen.

II. Das Genossenschaftsregister

1. Der Aufbau. Das Genossenschaftsregister wird bei dem zur Führung des Handelsregisters zuständigen Gericht als selbständiges Register, nicht als Teil des Handelsregisters geführt (§ 10 II GenG). Für jedes Amtsgericht wird ein besonderes Genossenschaftsregister geführt.

Maßgebend für die Führung des Genossenschaftsregisters ist außer dem GenG selbst (insbesondere den §§ 10 ff.) die VO über das Genossenschaftsregister vom 11. Juli 1889 i. d. F. der Bekanntmachung vom 22. November 1923, zuletzt geändert durch die VO vom 19. Februat 1934 (abgedruckt bei Keidel, Anhang 7).

Jede Genossenschaft hat ein eigenes Registerblatt (§ 12 II GenRegVO); für das Formular gilt Landesrecht, § 12 I GenRegVO. Es enthält teils 9 teils 8 Spalten. Außerdem ist eine Liste der Genossen für jede eingetragene Genossenschaft zu führen, §§ 26—37 GenRegVO. Dazu kommen ein Namensverzeichnis nach § 23 II AktO und besondere Akten nach §§ 13, 27 IV GenRegVO.

2. Die Zuständigkeit. Die *örtliche Zuständigkeit* des Amtsgerichts richtet sich nach dem Sitz der Genossenschaft, §§ 10 I, 6 Nr. 1 GenG.

Für die richterlichen Geschäfte in Genossenschaftssachen ist gemäß § 3 I Nr. 2 d RpflG grundsätzlich der Rechtspfleger *funktionell zuständig;* die dem Richter vorbehaltenen Geschäfte sind in § 15 Nr. 1, 2 RpflG enthalten.

3. Das Verfahren. Für das Verfahren bei der Anmeldung, Zeichnung, Einreichung von Schriftstücken, Eintragung, Bekanntmachung und Veröffentlichung gilt im wesentlichen das gleiche wie beim Handelsregister. Es bestehen jedoch einige Abweichungen. Nur solche Anmeldungen zum Genossenschaftsregister sind durch sämtliche Mitglieder des Vorstandes oder durch sämtliche Liquidatoren persönlich zu bewirken oder in beglaubigter Form einzureichen (§ 157 GenG), die das Gesetz ausdrücklich als solche bezeichnet, vgl. im einzelnen § 6 GenRegVO. Die Anmeldung durch einen Bevollmächtigten ist nach § 6 III GenRegVO ausgeschlossen. Zur Beglaubigung von Unterschriften sind außer den Notaren und den sonst zuständigen Behörden und Beamten auch der Gemeindevorsteher sowie die Polizeibehörden zuständig (§ 8 I GenRegVO). Andere als die in § 6 II GenRegVO aufgeführten Anzeigen und Erklärungen, die zum Genossenschaftsregister oder zur Liste der Genossen zu bewirken sind, bedürfen weder der Mitwirkung sämtlicher Vorstandsmitglieder oder Liquidatoren noch (soweit nichts anderes vorgeschrieben ist) der beglaubigten Form. Es genügt daher im allgemeinen einfache Schriftform (vgl. aber §§ 25, 85 GenG).

Aus §§ 29—35 GenRegVO ergibt sich, auf Grund welcher Unterlagen der Beitritt eines Genossen, der Erwerb weiterer Geschäftsanteile, das Ausscheiden eines Genossen sowie Vormerkungen zur Sicherung des Ausscheidens (§ 71 GenG) eingetragen werden, sowie der Inhalt der Eintragung. Eine Einschränkung des materiellen Prüfungsrechts (Pflicht des Registergerichts) hinsichtlich der Eintragungsunterlagen enthält § 29 III, IV GenRegVO (vgl. auch §§ 30 II, 32 II, 35 I GenRegVo). Danach erstreckt sich die Prüfung des Gerichts nicht auf die Echtheit der Unterschrift und die Wirksamkeit der Beitrittserklärung. Es bleibt den Beteiligten überlassen, entsprechende Mängel im Wege der Klage geltend zu machen (§ 29 IV 1 GenRegVO).

4. Besonderheiten der Löschung. a) Liegen die Voraussetzungen für die Erhebung der Nichtigkeitsklage (§§ 94, 95 GenG) vor, so kann eine Genossenschaft vom Gericht der Hauptniederlassung von Amts wegen nach *§ 147 II FGG gelöscht werden.* Ebenso kann ein in das Genossenschaftsregister eingetragener Beschluß der Generalversammlung einer Genossenschaft nach § 147 III FGG als nichtig gelöscht werden, wenn er durch seinen Inhalt zwingende Vorschriften des Gesetzes verletzt und seine Beseitigung im öffentlichen Interesse erforderlich erscheint. Für das Verfahren gelten grundsätzlich die §§ 142, 143 FGG. Zu beachten ist aber, daß nach § 147 IV FGG die nach § 142 II FGG zu bestimmende Frist mindestens 3 Monate betragen muß. Über die Eintragung der Löschung s. §§ 9, 22, 19 IV GenRegVO, über die Bekanntmachung § 156 GenG; §§ 4, 5 GenRegVO. Die Eintragung der Nichtigkeit bewirkt die Liquidation (§ 97 GenG).

b) Auch die Genossenschaft, die kein Vermögen besitzt, kann nach § 3 LöschG auf Antrag des Revisionsverbandes, dem sie angeschlossen ist (§ 54 GenG) oder der Steuerbehörde sowie von Amts wegen vom Registergericht der Hauptniederlassung *wegen Vermögenslosigkeit gelöscht werden.* Über das Verfahren siehe im einzelnen die Ausführung zum Handelsregister. Auch die Genossenschaft gilt mit der Löschung als aufgelöst. Eine Liquidation findet nicht statt (§ 2 I LöschG). Wenn sich nach der Löschung ergibt, daß doch noch Vermögen vorhanden ist, so findet die Liquidation statt (§§ 83 ff. GenG, vgl. im übrigen § 2 III LöschG).

III. Das Vereinsregister

Literatur: Sauter, Der eingetragene Verein, 6. Aufl., 1965.

1. *Der Aufbau.* Auch das Vereinsregister wird als selbständiges Register geführt. Maßgebend sind die Bestimmungen des Bundesrats vom 3. 11. 1898 (ZBl. f. Dt. R. S. 438) i. d. Fass. d. Reichsratsbeschlusses vom 24. 1. 1924 (RMBl. S. 22). Die näheren Bestimmungen sind den Ländern überlassen.

In das Vereinsregister, das in 6 Spalten zerfällt, sind die nach dem BGB (§ 64) eintragungsfähigen Tatsachen wie folgt einzutragen (§ 9 Best.):

a) Spalte 1: die laufende Nummer der Eintragung.

b) Spalte 2: Name, Sitz des Vereins und die darauf sich beziehenden Änderungen (vgl. §§ 57, 64, 71 BGB).

c) Spalte 3: Tag der Errichtung der Satzung und die den Umfang der Vertretungsmacht des Vorstandes beschränkenden Bestimmungen der Satzung sowie die Bestimmungen, die die Beschlußfassung des Vorstandes und der Liquidatoren abweichend von den Vorschriften der §§ 28 I, 48 III BGB regeln (vgl. §§ 64, 76 I 2 BGB). Außerdem ist hier einzutragen der Tag der Änderung der Satzung (bei Änderung einer der vorbezeichneten Bestimmungen der ganze Inhalt, andernfalls nur eine allgemeine Bezeichnung des Gegenstandes der Änderung, § 71 BGB).

d) Spalte 4: Mitglieder des Vorstandes (nach Familiennamen, Vornamen, Beruf und Wohnort) und die Änderungen des Vorstandes und die erneute Bestellung eines Vorstandsmitglieds (§§ 64, 67 BGB).

e) Spalte 5: Auflösung, Entziehung der Rechtsfähigkeit, Eröffnung des Konkurses und Aufhebung des Eröffnungsbeschlusses; die Personen der Liquidatoren (unter Angabe des Familiennamens, Vornamens, Berufs und Wohnorts) und die sie betreffenden Änderungen; etwaige Bestimmungen, die die Beschlußfassung der Liquidatoren abweichend von § 48 III BGB regeln (sofern sie nicht schon in der Satzung enthalten sind), vgl. §§ 74—76 BGB.

f) Spalte 6: Etwaige Bemerkungen und Verweisungen auf spätere Eintragungen.

Für jeden eingetragenen Verein werden besondere Akten gehalten, die mit dem Namen des Vereins und mit der Nummer zu versehen sind, welche der Verein im Register führt (§ 10 Best.). Neben dem Register ist ein alphabetisches Vereinsverzeichnis anzulegen, in dem für jeden Verein die Seitenzahl des Registers anzugeben ist (§ 11 Best.). Für die Eintragung in das Vereinsregister kommt nur der „ideale" Verein in Betracht, dessen Zweck nicht auf einen wirtschaftlichen Geschäftsbetrieb gerichtet ist (§ 21 BGB).

2. *Die Zuständigkeit. Örtlich zuständig* ist das Amtsgericht am Sitz des Vereins, der sich aus der Satzung ergeben muß (§§ 55, 57 I, 24 BGB).

Für die Führung des Vereinsregisters ist beim Amtsgericht der Rechtspfleger *funktionell zuständig.* Auch bezüglich der Vereinssachen sind die Aufgaben des Urkundsbeamten der Geschäftsstelle durch das Rechtspflegergesetz nicht berührt worden. Hinsichtlich der einzelnen vom Rechtspfleger bzw. Urkundsbeamten der Geschäftsstelle vorzunehmenden Aufgaben vgl. Keidel-Schmatz, S. 265 f.

3. Das Verfahren. Das Verfahren in Vereinssachen ist hauptsächlich im BGB geregelt. Ergänzende Bestimmungen enthalten die §§ 159 ff. FGG. Dabei wird auf die Vorschriften über das Handelsregister verwiesen.

a) Es besteht kein Zwang zur *Anmeldung* eines Vereins zum Vereinsregister, jedoch erlangt der sog. Idealverein seine Rechtsfähigkeit erst durch Eintragung in das Vereinsregister. Die Anmeldung hat durch sämtliche Mitglieder des Vorstandes zu erfolgen. Sie muß bei dem Amtsgericht vorgenommen werden, in dessen Bezirk der Verein seinen Sitz hat, §§ 59 I, 55 BGB. Die Anmeldung muß mittels öffentlich beglaubigter Erklärungen bewirkt werden (§ 77 BGB). Sie kann jedoch auch zu Protokoll der Geschäftsstelle des Registergerichts erfolgen, §§ 159, 128 FGG. Auch eine Anmeldung durch Bevollmächtigte ist möglich (aber öffentliche Beglaubigung der Vollmacht).

Der Anmeldung sind beizufügen: Satzung in Urschrift und Abschrift und Abschrift der Urkunden über die Bestellung des Vorstandes (§ 59 II Nr. 1 BGB). Andere Anmeldungen außer der Ersteintragung eines Vereins können nach § 78 BGB durch Ordnungsstrafen erzwungen werden. Von Amts wegen werden auf Anzeige einer Behörde eingetragen: die Entziehung der Rechtsfähigkeit und die Auflösung nach öffentlichem Vereinsrecht (§ 74 III BGB).

b) Sobald die Anmeldung erfolgt ist, prüft das Registergericht, ob die sachlichen und formellen Voraussetzungen für die *Eintragung* vorliegen (vgl. JFG 1, 273). Das Registergericht prüft: seine örtliche Zuständigkeit, das Vorliegen der Erfordernisse der §§ 56—59 BGB und die Zulässigkeit der Eintragung (vgl. im einzelnen Keidel-Schmatz, S. 267). Wenn sich bei dieser Prüfung Bedenken gegen die Eintragung ergeben und diese nicht durch eine Zwischenverfügung behoben werden können, so wird die Anmeldung durch einen mit Gründen versehenen Beschluß zurückgewiesen (§ 60 I BGB).

Hält das Gericht die Eintragung für zulässig (kein besonderer Zulassungsbeschluß notwendig, aber zweckmäßig), so teilt es die Anmeldung der nach Landesrecht zuständigen Verwaltungsbehörde mit (beachte aber die sofortige Erledigung von Anträgen, die lediglich den Vorstand betreffen). Die Verwaltungsbehörde kann gegen die Eintragung Einspruch erheben, wenn der Verein nach dem öffentlichen Vereinsrecht unerlaubt ist oder verboten werden kann (§ 61 II BGB). Dafür ist neben der Satzung auch das abweichend von ihr beabsichtigte tatsächliche Verhalten maßgebend. Die Eintragung kann solange nicht vorgenommen werden, als der Einspruch nicht beseitigt ist. Der Vorstand kann gegen den Einspruch im Verwaltungsrechtsweg vorgehen; daher muß der Einspruch auch ihm mitgeteilt werden. Kann der Einspruch nicht beseitigt werden, so muß die Anmeldung zurückgewiesen werden. Wenn von der Verwaltungsbehörde kein Einspruch eingelegt wird oder sie diesen nicht innerhalb von 6 Wochen bekannt gibt, so kann der Verein eingetragen werden (§ 63 BGB). Die Eintragung erfolgt auf Grund einer Verfügung des Rechtspflegers, § 1 Best., § 3 I Nr. 1 a RpflG. Zweckmäßigerweise enthält die Eintragungsverfügung den Wortlaut der Eintragung, vgl. § 1 I Best.

c) Die Eintragung des Vereins ist dem Vorstand (bzw. dem Bevollmächtigten, der die Anmeldung eingereicht hat) *bekannt zu machen* (§§ 159, 130 II FGG). Die Eintragung ist vom Gericht in dem für seine *Bekanntmachung* bestimmten Blatt zu veröffentlichen (§ 66 I BGB).

Dem Vorstand bzw. Bevollmächtigten, der die Anmeldung eingereicht hat, sind weiter bekannt zu machen: die Eintragung einer Satzungsänderung und alle übrigen Eintragungen, die Zurückweisung der Anmeldung oder einer Satzungsänderung. Beschlüsse über die Zurückweisung anderer Anmeldungen sind nach § 16 II 2, III FGG dem Anmelder bekannt zu machen. Beschlüsse über die Entziehung der Rechtsfähigkeit eines Vereins sind dem Vorstand oder einem Vorstandsmitglied zuzustellen (§§ 73 BGB, 16 II 1, III FGG). Entscheidungen im Amtslöschungsverfahren und im Ordnungsstrafverfahren müssen dem Vorstand bzw. den Liquidatoren bekannt gemacht werden.

4. Die Löschung. Hinsichtlich der auch auf das Vereinsregister anzuwendenden Löschungsverfahren bei unzulässigen Eintragungen (§§ 159, 142, 143 FGG) vgl. oben § 48 IV.

Eine Löschung des Vereins wegen Vermögenslosigkeit ist nicht möglich. § 2 LöschG findet auf den Verein keine (auch keine entsprechende) Anwendung (vgl. Keidel, Anh. § 144 Rz. 11; Keidel-Schmatz, S. 273; Wagner, DFG 37, 221, 242; Seidel, DFG 37, 124, 221; a. A. Becker, ZAkDR 37, 52; Wegener, JW 36, 2968).

IV. Das Güterrechtsregister

Literatur: Alexander, Die Funktionen des Güterrechtsregisters, 1935.

1. Der Aufbau. Das Güterrechtsregister wird als selbständiges Register nach den Bestimmungen des Bundesrats vom 3. 11. 1898 (ZBl. f. Dt. R. S. 438) i. d. Fass. d. Reichsratsbeschlusses vom 24. 1. 1924 (RMBl. S. 22) geführt. Seine Hauptfunktion ist die Kundmachung des ehelichen Güterstandes. Eingetragen werden nur die vom Gesetz für eintragungsfähig erklärten Tatsachen (Ausnahmen s. Pikart-Henn, S. 380). Die Bestimmung über die nähere Gestaltung des Registers ist den Ländern überlassen.

Das Register enthält 3 Spalten. Über ihnen sind die Familien- und Vornamen der Ehegatten, beim Mann weiter die Bezeichnung seines Berufes und bei der Frau der Geburtsname anzugeben, vgl. im einzelnen weiter § 13 I Best.

Folgendes ist nach §§ 13 II, 14 Best. in die einzelnen Spalten einzutragen:

a) Spalte 1: die laufende Nummer der Eintragung;

b) Spalte 2: Beschränkung oder Ausschließung der Schlüsselgewalt (§ 1357 BGB) sowie die Aufhebung dieser Maßnahmen; Ausschließung oder Änderung des gesetzlichen Güterstands und Aufhebung oder Änderung der im Güterrechtsregister eingetragenen Regelung der güterrechtlichen Verhältnisse; Einspruch des Mannes gegen den selbständigen Betrieb eines Erwerbsgeschäftes der Frau und Widerruf seiner Einwilligung sowie die Zurücknahme von beiden;

c) Spalte 3: Verweisungen auf spätere Eintragungen; Erteilung von beglaubigten Abschriften einer Eintragung im Falle der Wiederholung der Eintragung in das Register eines anderen Bezirkes; bei Eintragungen in das Register eines anderen Bezirkes der Grund dieser Eintragung.

Für jedes Ehepaar werden beim Güterrechtsregister Akten gebildet. Ferner ist ein alphabetisches Verzeichnis der Eintragungen nach dem Namen des Mannes mit Angabe der Registerseite zu führen (§ 16 Best.). Während das Güterrechtsregister dauernd aufbewahrt wird, werden die Akten 50 Jahre vom Zeitpunkt der Eintragung ab aufbewahrt.

2. Die Zuständigkeit. a) *Örtlich zuständig* ist nach § 1558 I BGB das Amtsgericht, in dessen Bezirk der Mann seinen Wohnsitz hat (§§ 7—11 BGB). Hat der Mann mehrere Wohnsitze, so erfolgt die Eintragung bei allen beteiligten Amtsgerichten, bei Handelsniederlassung am anderen Ort auch am Gericht dieser Niederlassung (vgl. Art. 4 EGHGB).

b) Grundsätzlich sind die richterlichen Geschäfte in Güterrechtsregistersachen (§§ 1558 ff. BGB) dem *Rechtspfleger* übertragen (§ 3 I Nr. 2 c RpflG). Soweit die Geschäfte dem Richter vorbehalten sind, sind sie ausdrücklich in § 14 RpflG aufgezählt. Die Zuständigkeit des Urkundsbeamten der Geschäftsstelle ist durch das RpflG nicht berührt worden (§ 25 I RpflG).

3. Das Verfahren. a) Nach § 1560 BGB erfolgen Eintragungen in das Güterrechtsregister nur auf *Antrag*. Ein Zwang zur Anmeldung zum Güterrechtsregister besteht nicht. Der Antrag kann schriftlich erfolgen mit öffentlich beglaubigter Unterschrift; Beurkundungen in einem Ehevertrag genügen (§§ 1410, 1560 BGB). Der Antrag kann auch zu Protokoll des Urkundsbeamten der Geschäftsstelle erfolgen. Zur Antragsberechtigung s. KEIDEL-SCHMATZ, S. 296. Besonders ist zu erwähnen, daß der den Ehevertrag und den Eintragungsantrag beurkundende Notar ohne Vollmacht zur Anmeldung ermächtigt ist (vgl. §§ 161, 129 FGG).

b) Die *Eintragung* erfolgt, nachdem das Registergericht die erforderlichen Prüfungen angestellt hat (vgl. dazu im einzelnen oben § 48 V 2 und KEIDEL-SCHMATZ, S. 297 ff.). Die Eintragung erfolgt auf Grund einer Verfügung des Rechtspflegers bzw. des Richters (§ 1 Best.; §§ 3 I Nr. 2 c, 14 RpflG). Der Inhalt der Eintragung ist vom Registergericht zu bestimmen (BayObLG 3, 562). Anzugeben ist beispielsweise, welcher Güterstand vereinbart ist (OLGR 9, 447). Die Eintragung ist im Güterrechtsregister unter fortlaufender Nummer vorzunehmen (im einzelnen s. KEIDEL-SCHMATZ, S. 299).

c) Nach § 161 II FGG soll jede Eintragung beiden Ehegatten *bekannt gemacht* werden. Wird der Antrag abgelehnt, braucht dies nur dem Antragsteller bekannt gemacht werden. Über die Form der Bekanntmachung vgl. § 16 II 2, III FGG (hinsichtlich der landesrechtlichen Vorschriften s.

KEIDEL-SCHMATZ, S. 299). Nach § 130 II 2 FGG kann auf die Bekanntmachung verzichtet werden. Jede Eintragung ist vom Registergericht durch das für seine Bekanntmachung bestimmte Blatt zu *veröffentlichen,* § 1562 I BGB. Mit Ausnahme der in § 1562 II genannten Fälle ist die ganze Eintragung zu veröffentlichen.

Hinsichtlich des Löschungsverfahren bei unzulässigen Eintragungen vgl. §§ 161, 142, 143 FGG.

V. Das Musterregister

Literatur: FURLER, Das Geschmacksmustergesetz, 3. Aufl., 1966; TETNZER, Registerrechtliche Fragen des Geschmacksmusterrechts, Rpfleger 67, 347.

1. Der Aufbau. a) Das Musterregister dient zur Eintragung der Geschmacksmuster (= Vorbilder zur Gestaltung von kunstgewerblichen Industrieerzeugnissen, vgl. RGZ 65, 123).

Für die Gebrauchsmuster (= Vorbilder zur Herstellung von Arbeitsgerätschaften oder Gebrauchsgegenstände, die Arbeits- oder Gebrauchszwecken dienen sollen) wird die Gebrauchsmusterrolle beim Bundespatentamt in München geführt.

Nach § 7 GeschmMG genießt der Urheber eines Musters oder Modells musterrechtlichen Ausschließlichkeitsschutz nur, wenn er dasselbe unter den Voraussetzungen des Gesetzes zur Eintragung in das Musterregister angemeldet hat.

Das Musterregister ist durch das Reichsgesetz betreffend den Schutz von Erfindungen, Mustern und Warenzeichen auf Ausstellungen vom 18. 3. 04 (RGBl., S. 141) erweitert worden. Nach diesem Gesetz wird der Aussteller und sein Rechtsnachfolger gegen die Gefahr gesichert, daß die Ausstellung selbst oder die ihr folgende Veröffentlichung, Wiedergabe oder Benutzung der Muster usw. dem Erwerb des gesetzlichen Schutzrechts durch Eintragung usw. später hinderlich ist, vgl. DAMME, DJZ 04, 384. Zur Sicherung dieses Schutzes muß der Aussteller das Muster innerhalb von 6 Monaten nach der Eröffnung der Ausstellung zum zuständigen Musterregister anmelden. Zu beachten ist aber, daß sich die Vorschriften nur auf solche Ausstellungen beziehen, die vom Bundeskanzler im Bundesgesetzblatt als unter das erwähnte Gesetz fallend bezeichnet werden.

b) Das Musterregister wird nach dem Formular, das den Bestimmungen über die Führung des Musterregisters vom 29. 2. 1876 (ZBl. f. d. Dt. R. S. 123) mit Änderungen vom 12. 11. 1883 (ZBl. f. d. Dt. R. S. 325) und vom 7. 2. 1923 (RMBl. S. 190) beigefügt ist, geführt.

Es enthält 9 Spalten, in die einzutragen sind:

Spalte 1: fortlaufende Eintragungsnummer;
Spalte 2: Name bzw. Firma des Anmeldenden;
Spalte 3: Tag und Stunde der Anmeldung;
Spalte 4: Bezeichnung des angemeldeten Musters oder Modells;

Spalte 5: Angabe, ob das Muster für Flächenerzeugnisse oder für plastische Erzeugnisse bestimmt ist;
Spalte 6: Schutzfrist;
Spalte 7: Verlängerung der Schutzfrist;
Spalte 8: Akten über das Musterregister;
Spalte 9: Bemerkungen.

Nach § 1 der Bestimmungen vom 29.2.76 finden die Vorschriften über die Führung des Handelsregisters Anwendung, soweit die Musterregisterbestimmungen über die Einrichtung und Führung des Musters keine besonderen Vorschriften enthalten. Jedes Muster oder Modell, das einzeln niedergelegt wird, und jedes niedergelegte Paket mit Muster usw. erhält im Musterregister bei der Eintragung der Schutzfrist eine besondere Nummer Beim Musterregister werden Akten angelegt (§ 3 MBest.), in die, nach der Zeitfolge, alle Eingaben, Verhandlungen, Urkunden usw. gebracht werden. Anträge auf Eintragung in das Musterregister müssen mit dem Tag und der Stunde des Eingangs versehen werden (§ 3 II MBest.). Die Exemplare und Abbildungen der Muster und Modelle müssen in einem besonderen, leicht zugänglichen Behältnis sicher aufbewahrt und mit einem Papierstreifen versehen werden, auf dem das betreffende Blatt des Musterregisters und der Akten anzugeben ist (§ 4 MBest.).

Das Musterregister wird dauernd aufbewahrt, die Musterregisterakten 5 Jahre. Die Exemplare oder Abbildungen der Muster oder Modelle sind bis zum Ablauf von 4 Jahren nach dem Ende der Schutzfrist aufzubewahren (§§ 4, 12 MBest.). Sind diese 4 Jahre verstrichen, so ist der Urheber oder sein Rechtsnachfolger aufzufordern, die Muster oder Modelle binnen 4 Wochen wieder in Empfang zu nehmen, andernfalls anderweitig über sie verfügt werde. Wenn der Urheber oder sein Rechtsnachfolger die Muster und Modelle innerhalb dieser Frist nicht in Empfang nimmt, so werden sie zugunsten einer durch die Landesregierung bezeichneten Kasse verwertet (§ 12 MBest.).

2. *Die Zuständigkeit.* a) Das Musterregister wird von den mit der Führung der Handelsregister beauftragen Gerichtsbehörden geführt (§ 9 I GeschmMG). *Örtlich zuständig* ist das Amtsgericht, in dessen Bezirk der Urheber seine Hauptniederlassung oder mangels eingetragener Firma seinen Wohnort hat (§ 9 II GeschmMG). Dabei bedeutet Wohnort das gleiche wie Wohnsitz im Sinne des § 7 BGB. Wenn im Inland nur eine Zweigniederlassung besteht, so ist diese für die Zuständigkeit maßgebend, beim Doppelsitz ist das Amtsgericht jeder Niederlassung zuständig.

Soweit Urheber im Geltungsbereich des 5. Gesetzes zur Änderung und Überleitung von Vorschriften auf dem Gebiet des gewerblichen Rechtsschutzes vom 18.7.1953 (BGBl. I, 615) weder Niederlassung noch Wohnsitz haben, müssen sie ihre Anmeldung (bis auf weiteres) beim Patentamt, Urheberrechtsabteilung in München als der mit der Führung des Musterregisters beauftragten Behörde vornehmen (Art. 4 § 4 dieses Gesetzes).

b) Sämtliche Angelegenheiten, die nach dem GeschmMG und 5. Gesetz zur Änderung und Überleitung von Vorschriften auf dem Gebiete des gewerblichen Rechtsschutzes zur Zuständigkeit des Amtsgerichts gehören, sind dem *Rechtspfleger* übertragen (§ 3 I Nr. 1 c RpflG). Dem Richter stehen keine Kompetenzen zu. Der Urkundsbeamte der Geschäftsstelle ist zuständig zur Entgegennahme von Anträgen und Anmeldungen und für die Ausführung der Eintragungsverfügungen und Herbeiführung der Bekanntmachung.

3. Das Verfahren. a) Die *Anmeldung* kann schriftlich oder mündlich zu Protokoll des Urkundsbeamten erfolgen (§ 5 MBest.). Bei der Anmeldung ist mindestens ein Exemplar oder eine Abbildung des Musters oder Modells bei dem Registergericht niederzulegen (§ 7 I GeschmMG). Die Muster und Modelle können offen oder versiegelt, einzeln oder in Paketen niedergelegt werden (§§ 9 IV GeschmMG, 7 MBest.). Bei der Anmeldung muß angegeben werden, ob das Muster für Flächenerzeugnisse oder für plastische Erzeugnisse bestimmt ist. Es ist unzulässig, dasselbe Muster für Flächenerzeugnisse und für plastische Erzeugnisse anzumelden (§ 6 MBest.). In der Anmeldung muß der Name oder die Firma des Anmelders und das Eintragungsbegehren enthalten sein.

b) Das Gericht hat zu prüfen, ob es zuständig ist, ob der Inhalt der Anmeldung den gesetzlichen Bestimmungen entspricht, nicht aber, ob der Anmelder zur Vornahme der Anmeldung berechtigt ist und ob die angemeldeten Tatsachen richtig sind, vgl. § 10 GeschmMG.

c) Die *Eintragung* des Musters oder Modells erfolgt in den Spalten 1 bis 6 des Registers. Sie erfolgt unter fortlaufender Nummer; vgl. hinsichtlich des Inhalts der Eintragung § 2 MBest. Die HRV findet entsprechende Anwendung (§ 1 MBest.). Die Eintragung wird mit einer Schutzfrist belegt, die je nach Antrag bis zu 15 Jahren betragen kann (§ 8 GeschmMG; zum Verlängerungsantrag vgl. LG Stuttgart, NJW 66, 987). Hinsichtlich des Antrags auf Wiedereinsetzung in den vorigen Stand bei nicht rechtzeitiger Verlängerung einer Schutzfrist nach § 8 II GeschmMG vgl. Art. 4 § 8 des Gesetzes vom 18. 7. 1953 (s. o. 2 a).

d) Die Eintragung und die Verlängerung der Schutzfrist sind monatlich im Bundesanzeiger *bekanntzumachen* (§ 9 VI GeschmMG; § 10 MBest.). Der Registerrichter hat zu diesem Zweck am Schluß eines jeden Monats ein Verzeichnis der von ihm im Laufe des verflossenen Monats bewirkten Eintragungen an die Geschäftsstelle des Bundesanzeigers einzusenden, und zwar in zeitlicher Reihenfolge. Eine Bekanntmachung in anderen Blättern erfolgt nicht (§ 10 I MBest.). Der Anmelder ist nach § 130 II FGG zu benachrichtigen.

12. KAPITEL

Die echten Streitsachen

§ 50. Die privatrechtlichen Streitsachen

I. Das Hausratsverteilungsverfahren

Literatur: Göppinger, Zur Frage der Anfechtbarkeit von Zwischenentscheidungen, insbesondere einstweiligen Anordnungen im Hausratsverfahren (§ 13 Abs. 1, 4, § 14 Abs. 1 HausratsVO), JR 62, 47; Habschheid, Die Verteilung von Ehewohnung und Hausrat, FamRZ 59, 323; Hoffmann-Stephan, Hausratsverordnung, 2. Aufl., 1965; Kuhnt, Die Regelung des Hausrats nach der Ehescheidung, AcP 150, 130; Siegelmann, Kommentar zur Hausratsverordnung, 1949.

1. Allgemeines. a) Die 6. DVO zum Ehegesetz, die Verordnung über die Behandlung der Ehewohnung und des Hausrats nach der Scheidung (HausratsVO vom 21. 10. 44, RGBl. I, 256), stellt eine ausgesprochene Notstandsmaßnahme dar in Zeiten der strengen Wohnungswirtschaft und des Mangels an Hausrat. Sie ist jedoch auch weiter gültig. Dem Richter wurde eine weitgehend seinem Ermessen überlassene rechtsgestaltende Tätigkeit übertragen, für die nur das Verfahren der fG in Betracht kam (§ 13 I HausratsVO).

b) Voraussetzung für die Anwendung der VO, nach der auf Antrag der Richter die Rechtsverhältnisse an der Wohnung und am Hausrat regeln soll, ist, daß die Ehe rechtskräftig geschieden, aufgehoben oder für nichtig erklärt worden ist (§§ 1, 25 HausratsVO) und daß eine Einigung der Ehegatten über die Wohnung oder den Hausrat noch nicht erfolgt ist. Gegenstand des Verfahrens sind die Rechtsverhältnisse an der Ehewohnung und am Hausrat.

Unter Hausrat sind alle beweglichen Gegenstände, die nach den Vermögens- und Lebensverhältnissen der Eheleute für die Wohnung, die Hauswirtschaft und ihr Zusammenleben bestimmt sind (Kuhnt, AcP 150, 132), insbesondere z. B. Möbel, Geschirr, Wäsche, Radio, Bücher u. a. zu verstehen. Auch nichtkörperliche Gegenstände, die mit Hausrat im engen (körperlichen) Sinne zusammenhängen, können Gegenstand des besonderen Verfahrens der Hausratsverordnung sein (vgl. BGH, NJW 58, 1293; OLG Frankfurt, NJW 59, 2267; Pikart-Henn, S. 274). So fallen auch die an die Stelle der nicht mehr vorhandenen Gegenstände getretenen Surrogate (Ersatzstücke oder Schadenersatz- bzw. Versicherungsforderungen) unter den Begriff des Hausrates.

Unter die Verteilung fällt:

a) der Hausrat, der beiden Ehegatten gemeinsam gehört (§ 8 I HausratsVO);

b) der Hausrat, der während der Ehe für den gemeinsamen Haushalt angeschafft wurde (§ 8 II HausratsVO) und

c) der notwendige Hausrat, den der nicht eigentumsberechtigte Ehegatte während der Ehe nutzte (§ 9 I HausratsVO).

Der Verteilung unterliegen auch Anwartschaftsrechte auf den Hausrat. Das Anwartschaftsrecht aus Verkauf unter Eigentumsvorbehalt darf nach § 10 II HausratsVO nur mit Zustimmung des Vorbehaltsverkäufers einem anderen Ehegatten zugeteilt werden. Soweit die den Hausrat betreffenden Anordnungen in die Rechte Dritter eingreifen, ist deren Zustimmung erforderlich.

Maßgebender Zeitpunkt für die Zuteilung von Ehewohnung und Hausrat ist die Rechtskraft des die Ehe auflösenden Urteils und der Bestand von Wohnung und Hausrat in diesem Zeitpunkt. Das ergibt sich daraus, daß die Auseinandersetzung eine Folge der Scheidung, nicht aber eine solche der Trennung ist (vgl. OLG Celle, MDR 60, 504; a. A. Palandt-Lauterbach, § 1 HausratsVO, Anm. 2; Pikart-Henn, S. 275). Nach dem Urteil erworbene Gegenstände der einzelnen Ehegatten fallen zwar in der Regel nicht in die Teilungsmasse, können jedoch nach § 9 HausratsVO dem anderen Ehegatten zugewiesen werden (vgl. Hoffmann-Stephan, § 1 Anm. 3).

Nach § 1361 a BGB ist eine Hausratsverteilung auch im Falle eines Getrenntlebens der Ehegatten möglich. Die Hausratsverteilung ist jedoch grundsätzlich ohne Einwirkung auf die Eigentumsverhältnisse, § 1361 a IV BGB. Über die Ehewohnung wird keine Regelung getroffen. Nach § 18 a HausratsVO gelten für die Hausratsverteilung nach § 1361 a BGB die Verfahrensvorschriften der HausratsVO sinngemäß. Hinsichtlich der Anwendung der §§ 1361 a BGB, 18 a HausratsVO auf die Auseinandersetzung des Hausrats getrennt lebender ausländischer Ehegatten, die in Deutschland geheiratet und Gütertrennung nach den Vorschriften des BGB vereinbart haben, vgl. BayObLG, FamRZ 61, 220.

2. *Die Zuständigkeit.* a) *Sachlich zuständig* ist das Amtsgericht. Es wird nicht als Vormundschaftsgericht tätig. Die von ihm wahrzunehmenden Aufgaben sind Sache des Richters, nicht des Rechtspflegers (vgl. § 3 RpflG).

b) Hinsichtlich der *örtlichen Zuständigkeit* stellt § 11 HausratsVO auf die letzte gemeinsame Wohnung der Ehegatten ab. Mangels einer solchen ist das Amtsgericht am Sitz des Landgerichts zuständig, bei dem der Scheidungsstreit anhängig war.

c) Das zuständige Gericht kann die Sache auf Antrag eines Beteiligten an ein anderes Gericht abgeben, wenn ein wichtiger Grund vorliegt (begrenzte Wirksamkeit des § 46 FGG). Gegen den Abgabebeschluß ist ein Rechtsmittel nicht zulässig (BayObLGZ 52, 2). Dagegen ist der Beschluß des Prozeßgerichts, durch den dieses die Sache an den zuständigen Richter der fG verweist, anfechtbar (OLG Düsseldorf, NJW 67, 452; OLG Saarbrücken, NJW 67, 1616). Der Abgabebeschluß ist für das andere Gericht bindend (§ 18 I 3 HausratsVO).

3. *Das Verfahren.* a) Das Verfahren ist *Antragsverfahren.* Ein genau formulierter Sachantrag ist nicht erforderlich, es genügt ein Antrag dahingehend, daß der Richter zur Regelung der Auseinandersetzung der Ehewohnung und des Hausrats tätig werden soll. *Antragsberechtigt* sind nur die Ehegatten. Der Antrag braucht nicht innerhalb einer bestimmten Frist gestellt zu werden. Eine gewisse Zeitgrenze für den Antrag sieht aber

§ 12 HausratsVO vor. Danach darf in die Rechte Dritter nur noch mit deren Zustimmung eingegriffen werden, wenn der Antrag auf Auseinandersetzung über die Ehewohnung nicht innerhalb eines Jahres nach Rechtskraft des Eheauflösungsurteils gestellt wird. Diese Frist wird auch durch die Klageerhebung vor dem Prozeßgericht gewahrt (§ 18 II HausratsVO). Bestimmte Teilungsvorschläge brauchen nicht gemacht zu werden. Der Antrag muß im Verfahren über die Wohnung sämtlichen Beteiligten im Sinne des § 7 HausratsVO mitgeteilt werden.

b) Der Begriff des *Beteiligten* ist im Hausratsverfahren grundsätzlich — wie im Zivilprozeß — formal zu verstehen (s. oben § 8 II). Beteiligter ist danach, wer Rechtsschutz begehrt (Antragsteller und der, gegen den sich dieses Begehren richtet (Antragsgegner). Damit fallen also unter diesen Beteiligtenbegriff die Ehegatten (vgl. PIKART-HENN, S. 275). Im Verfahren über die Ehewohnung wird der Kreis der Beteiligten darüber hinaus durch § 7 HausratsVO erweitert. Beteiligt sind danach auch der Vermieter der Ehewohnung, der Grundstückseigentümer, der Dienstherr (§ 4 HausratsVO) und Personen, mit denen die Ehegatten oder einer von ihnen hinsichtlich der Wohnung in Rechtsgemeinschaft stehen (vgl. im einzelnen HOFFMANN-STEPHAN, § 7 Anm. 1). Diese in § 7 genannten Personen erlangen ihre Beteiligtenstellung ohne weiteres durch die Verfahrenseinleitung. Die Zuziehung zu dem Verfahren geschieht durch die Zustellung des Einleitungsantrags. Über die Rechtsstellung der Beteiligten im einzelnen vgl. HOFFMANN-STEPHAN, § 7 Anm. 2.

c) Dem Umfang nach ist der Richter an den Antrag gebunden, nicht aber hinsichtlich der Art und Weise der Zuweisung. Auch im Verfahren nach der HausratsVO gilt der Amtsermittlungsgrundsatz des § 12 FGG. Das Gericht hat sich von Amts wegen ein Bild über den Bestand des gesamten Hausrats zu verschaffen. Eine Beweisführungslast gibt es nicht. Der Richter soll jedoch in erster Linie die ihm von den Beteiligten angebotenen Beweismittel berücksichtigen, da die Beteiligten bei einem echten Streitverfahren besonders daran interessiert sind, sachdienliche Beweisanträge für die einander widersprechenden Behauptungen zu stellen (vgl. BayObLGZ 52, 279). Der Richter hat neben den Verfahrensvoraussetzungen insbesondere die für bestimmte Entscheidungen geforderten besonderen Voraussetzungen zu prüfen (§§ 3, 4, 8 I u. II, 9 HausratsVO). In der Regel soll der Richter mit den Beteiligten mündlich verhandeln. Dabei soll er darauf hinwirken, daß sie sich gütlich einigen (§ 13 II HausratsVO; vgl. hierzu KG, MDR 66, 928). Von der mündlichen Verhandlung kann der Richter nur aus schwerwiegenden Gründen absehen.

d) Nach § 13 IV HausratsVO sind *einstweilige Anordnungen* zulässig. Diese können auf Antrag oder von Amts wegen ergehen (vgl. HOFFMANN-STEPHAN, § 13 Anm. 4). Sie sind mit ihrem Erlaß wirksam und vollstreckbar (§ 16 III HausratsVO, treten jedoch mit der Endentscheidung außer Kraft. Gegen eine einstweilige Anordnung gibt es kein Rechtsmittel (OLG Celle, NdsRpfl 61, 130; KG, JR 65, 425; a. A. Göppinger, JR 62, 47).

e) Grundlage der *Entscheidung* sind die tatsächlichen und rechtlichen Verhältnisse im Zeitpunkt der Entscheidung. Sie ergeht in Beschlußform und wird zweckmäßigerweise schriftlich begründet. Den Inhalt der Entscheidung bestimmt der Richter nach billigem Ermessen; er hat dabei alle Umstände des Einzelfalles, insbesondere das Wohl der Kinder und die Erfordernisse des Gemeinschaftslebens sowie die Ursache der Eheauflösung zu berücksichtigen (§ 2 HausratsVO).

Wenn Kinder vorhanden sind, so ist entscheidend, welche Regelung für die Kinder am geeignetsten ist. Unter dem Begriff „Gemeinschaftsleben" sind nicht die Beziehungen der Eheleute zueinander, sondern die eines jeden Ehegatten zu seiner Umwelt zu verstehen (vgl. OLG Celle, NdsRpfl 49, 201; OLG Hamburg, NJW 54, 1892). Zu berücksichtigen sind also beispielsweise in diesem Rahmen die Interessen des Hauseigentümers und der übrigen Hausbewohner. Unter den Ursachen der „Eheauflösung" sind die Gesamtumstände zu verstehen, die zur Lösung der Ehe geführt haben. Der Richter soll an den Schuldausspruch im Scheidungsurteil nicht unbedingt gebunden sein (überwiegende Meinung vgl. BayObLG, FamRZ 64, 308; KG, FamRZ 60, 445; Hoffmann-Stephan, § 2 Anm. 2). Oft wird der Richter jedoch seiner Entscheidung die vom Scheidungsgericht zur Begründung der Auflösung der Ehe getroffenen Feststellungen (insbesondere zur Begründung des Schuldausspruchs) zugrunde legen. Außer den in § 2 HausratsVO genannten Gründen hat das Gericht bei seiner Ermessensentscheidung alle sonstigen Umstände des Einzelfalles zu berücksichtigen (so insbesondere Vermögens- und Erwerbslage, Hilfsbedürftigkeit oder Erkrankung eines Ehegatten usw., vgl. im einzelnen Hoffmann-Stephan, § 2 Anm. 2).

In den Beschluß sind alle Anordnungen aufzunehmen, die zur Durchführung nötig sind (§ 15 HausratsVO). Im Tenor sind jedoch nur rechtsgestaltende und vollstreckbare Anordnungen aufzunehmen (vgl. Kuhnt, AcP 150, 148). Aus den Gründen müssen alle wesentlichen Umstände, die für die Entscheidung in Betracht kommen, ersichtlich sein (vgl. BGHZ 18, 143).

Der Entscheidung kommen besonders *rechtsgestaltende Wirkungen* zu. Der Richter ist in der Wahl seiner Gestaltungsmittel grundsätzlich frei. Soweit jedoch Rechte Dritter im Spiel sind, darf der Richter in diese nur in der von der HausratsVO zugelassenen Weise eingreifen. In manchen Fällen besteht jedoch auch gegenüber den Ehegatten eine Einschränkung der Gestaltungsmittel (vgl. §§ 3, 5 II HausratsVO). Eine Beschränkung der Gestaltungsmittel ist auch in § 9 HausratsVO enthalten. Der Richter kann danach dem anderen Ehegatten notwendige Gegenstände, die im Alleineigentum eines Ehegatten stehen, nur zuweisen, wenn dieser auf die Weiterbenutzung angewiesen ist und es dem Eigentümer zugemutet werden kann, sie dem anderen zu überlassen; Zuweisungsarten sind nach § 9 II die Begründung eines Mietverhältnisses zwischen den Ehegatten und die Übertragung des Eigentums an den Gegenständen auf den anderen Ehegatten.

Die Entscheidungen des Richters werden nach § 16 I HausratsVO *mit Rechtskraft wirksam*. Von diesem Zeitpunkt an tritt die Neugestaltung der Rechtslage ein, die von Gerichten und Verwaltungsbehörden zu beachten ist. Die Änderung und die Begründung von Mietverhältnissen durch den Richter bedarf nach § 16 II HausratsVO nicht der nach anderen Vorschriften etwa notwendigen Genehmigungen. Der Entscheidung kommt aber nicht nur eine gestaltende, sondern auch eine durchsetzende Bedeutung zu. Nach § 16 IV HausratsVO findet aus rechtskräftigen Entscheidungen, gerichtlichen Vergleichen und einstweiligen Anordnungen die Zwangsvollstreckung nach den Vorschriften der ZPO statt. Die Entscheidung nach der HausratsVO ist daher mit einer Vollstreckungsklausel zu versehen (so KUHNT, AcP 150, 152; HOFFMANN-STEPHAN, § 16 Anm. 3).

f) Die formelle *Rechtskraft* der Entscheidungen (siehe hierzu oben § 20 IV) nach der HausratsVO wird von § 16 HausratsVO vorausgesetzt, der diese zur Grundlage der Wirksamkeit der richterlichen Entscheidung macht. Die formelle Rechtskraft tritt nach Ablauf der Rechtsmittelfrist, dem Verzicht auf das Rechtsmittel, der Entscheidung des Oberlandesgerichts auf die weitere Beschwerde und nach Erlaß von Beschlüssen des Amtsgerichts über Hausrat, falls der Beschwerdewert nicht erreicht wird, ein. (BGHZ 6, 258; OLG Hamm, JZ 52, 634; HOFFMANN-STEPHAN, § 16 Anm. 1 b; PIKART-HENN, S. 278.) Die Rechtskraft erstreckt sich jedoch nicht auf die präjudiziellen Rechtsverhältnisse (z. B. die Eigentumslage als Vorfrage). Über die Zulässigkeit eines Zwischenfeststellungsbeschlusses analog § 280 ZPO s. PIKART-HENN, S. 278.

4. *Rechtsmittel.* Rechtsmittel gegen die Endentscheidung sind die sofortige Beschwerde und die weitere sofortige Beschwerde (§ 14 HausratsVO). Eine Beschwerde, die sich lediglich gegen die Entscheidung über den Hausrat richtet, ist nur zulässig, wenn der Wert des Beschwerdegegenstandes 300 DM übersteigt oder wenn das Amtsgericht wegen der tatsächlichen oder rechtlichen Bedeutung der Sache die Beschwerde in seiner Entscheidung zugelassen hat.

Maßgebend für die Bemessung des Beschwerdewertes ist der Unterschied zwischen den in der Vorinstanz gestellten Anträgen und dem Inhalt der angefochtenen Entscheidung, nicht aber der Wert des gesamten unverteilten Hausrates (HOFFMANN-STEPHAN, § 14 Anm. 1). Das Gericht muß von Amts wegen prüfen, ob die Beschwerde zulässig ist. Im übrigen finden die §§ 511 a III, 546 III ZPO entsprechende Anwendung (vgl. KG, FamRZ 60, 241; HOFFMANN-STEPHAN, § 14 Anm. 1; JANSEN, § 19 Vorbem. 2 b; a. A. BayObLGZ 59, 472).

Auch für die sofortige weitere Beschwerde gilt die Wertgrenze des § 14 I HausratsVO. Die sofortige weitere Beschwerde ist Rechtsbeschwerde. Gemäß § 14 II 2 finden die Vorschriften der §§ 550, 551, 561, 563 ZPO entsprechende Anwendung.

Der Beschluß, durch den ein Antrag als unzulässig zurückgewiesen wird, ist mit der einfachen Beschwerde anfechtbar. Die unselbständige Anschlußbeschwerde ist ebenfalls zulässig (s. oben § 32 II; a. A. BayObLGZ 65, 227).

Abgesehen von der Sonderbestimmung des § 14 HausratsVO gelten für das Beschwerdeverfahren die allgemeinen Vorschriften des FGG, so für die Einlegung der Beschwerde, die Beschwerdefrist und die Beschwerdeberechtigung usw. Hinsichtlich der Zulässigkeit einer Teilanfechtung sowie der reformatio in peius vgl. KEIDEL, JZ 55, 707 und BayObLG, MDR 65, 912.

5. *Abänderung der Entscheidung.* Nach § 18 II FGG ist die Änderung einer Verfügung, die der sofortigen Beschwerde unterliegt, unzulässig. Im übrigen gilt im Bereich der fG der allgemeine Verfahrensgrundsatz, daß jede Entscheidung unbeschränkt abänderbar ist, soweit sich die Verhältnisse seit der letzten Tatsachenentscheidung geändert haben (s. oben § 21). Diese Regel wird durch § 17 HausratsVO eingeschränkt. Danach kann der Richter seine Entscheidung ändern, soweit dies notwendig ist, um unbillige Härten zu vermeiden, wenn sich die tatsächlichen Verhältnisse *wesentlich* geändert haben (§ 17 I 1 HausratsVO; zu einzelnen Fällen s. KUHNT, AcP 150, 160). Eine Änderung der tatsächlichen Verhältnisse ist auch dann anzunehmen, wenn nachträglich Umstände bekannt werden, die die ergangene Entscheidung grob unbillig erscheinen lassen. In die Rechte Dritter darf das Gericht nur eingreifen, wenn diese einverstanden sind (§ 17 I 1 HausratsVO). Das Ganze gilt auch für einen gerichtlichen Vergleich (§ 17 II HausratsVO).

Für das Abänderungsverfahren gelten die §§ 13 ff. HausratsVO. Zuständig ist das Amtsgericht, das die erste Entscheidung erlassen hat. Die Beteiligten können sich dahin einigen, daß eine gerichtliche Entscheidung oder ein im Verfahren nach der HausratsVO abgeschlossener gerichtlicher Vergleich auf Grund des § 17 HausratsVO nicht geändert werden kann. Zu beachten ist § 17 III HausratsVO, wonach der Richter, wenn er eine Wohnungszuteilung (§ 6 HausratsVO) wieder beseitigen will, vorher die Gemeinde dazu hören soll.

II. Die richterliche Vertragshilfe

Literatur: DUDEN-ROWEDDER, Vertragshilfegesetz, 1952; MATHIEU, Das Vertragshilfeverfahren als Angelegenheit der fG, DNotZ 53, 371; MATHIEU, Die richterliche Vertragshilfe im Rahmen des Bundesvertriebenengesetzes, DB 53, 753; PIKART, Die Rechtsprechung des BGH zum Vertragshilferecht und zur Schuldenregelung des BVFG, WM 57, 566; ders., Die neueste Rechtsprechung des BGH zum Vertragshilferecht, WM 65, 302; SAAGE, Vertragshilfegesetz, 1952; SAAGE, Das neue Vertragshilfegesetz, MDR 52, 257.

1. *Allgemeines.* a) Die richterliche Vertragshilfe ist ein Produkt wirtschaftlichen Notstandes, deren Geschichte mit dem 1. Weltkrieg beginnt. Seit dieser Zeit, insbesondere auch nach dem 2. Weltkrieg, wurden zahlreiche Gesetze erlassen, durch die der Gesetzgeber auf Teilgebieten in bestehende Vertragsverhältnisse eingriff. Der Grundsatz „pacta sunt servanda“ wurde dadurch eingeschränkt. Die auf dem Gebiete des Vertrags-

hilferechts bestehende Zersplitterung wurde durch das Vertragshilfegesetz beseitigt.

b) § 1 VHG erstreckt die richterliche Vertragshilfe auf alle vor dem 21. Juni 1948 begründeten Verbindlichkeiten; sie können auf Antrag des Schuldners *(Antragsverfahren)* gestundet oder herabgesetzt werden, wenn und soweit die fristgemäße oder die volle Leistung dem Schuldner bei gerechter Abwägung der Interessen und der Lage beider Parteien nicht zugemutet werden kann. Auch Verbindlichkeiten, die nicht auf Geld gerichtet sind oder deren Geldbetrag unbestimmt ist oder ungewiß oder nicht in der Währung des Bundesgebietes ausgedrückt ist, können auf einen Betrag in deutscher Mark festgesetzt werden (§ 1 II 2 VHG). Das Gesetz zieht die nach der Währungsreform begründeten Verbindlichkeiten nicht in seinen Geltungsbereich ein.

§ 1 VHG kann als gesetzliche Ausgestaltung der Lehre von der Geschäftsgrundlage angesehen werden, mit der Folge, daß insoweit (d. h. wenn ein Tatbestand durch das Vertragshilferecht erfaßt wird) ein Zurückgreifen auf das allgemeine Institut (§ 242 BGB) ausgeschlossen ist (vgl. BGHZ 15, 38; LENT-HABSCHEID, § 48 II 1; a. A. PALANDT-DANCKELMANN, Einl. v. § 241 Anm. 8 b).

§ 2 VHG berücksichtigt den Rang von Grundpfandrechten bei der Herabsetzung einer Verbindlichkeit, die durch eine Hypothek oder Grundschuld gesichert ist. Die Herabsetzung von Zinsen der durch Grundpfandrechte gesicherten Verbindlichkeiten ist durch § 3 VHG beschränkt. Durch § 4 VHG wird die Behandlung der Ersatzleistungen für wiederkehrende Naturalleistungen geregelt. Eine Aufhebung der bei Nichterfüllung oder bei nicht rechtzeitiger Erfüllung eingetretenen Rechtsnachteile sieht § 5 VHG vor. Die in § 6 I VHG angeführten Verbindlichkeiten sind von der Vertragshilfe ausgenommen (s. auch die Sonderregelung des § 6 II VHG).

c) In einer Reihe von Fällen findet das VHG entsprechende Anwendung.

So kann nach § 83 I BVFG auf Antrag des Gläubigers das Gericht zur Vermeidung von unbilligen Härten die Verbindlichkeit eines Vertriebenen, die vor der Vertreibung begründet worden ist, im Wege der richterlichen Vertragshilfe abweichend regeln. Das Verfahren richtet sich nach den Vorschriften des VHG.

Des weiteren finden nach §§ 87 ff. des Allgemeinen Kriegsfolgengesetzes vom 5. 11. 1957 (BGBl. I, 1747) die Vorschriften des VHG auf Verbindlichkeiten aus Inhaber- und Orderschuldverschreibungen, unter besonderen Voraussetzungen bei Vermögensverlusten infolge der Kriegsereignisse, entsprechende Anwendung.

Auch wiederkehrende Leistungen eines Heimkehrers während Kriegsgefangenschaft und Internierung und in den ersten 6 Monaten seit seiner Entlassung können im Wege richterlicher Vertragshilfe gestundet, herabgesetzt und erlassen werden nach § 26 a des Heimkehrergesetzes in der Fassung vom 30. 10. 1951 (BGBl. I, 875).

2. *Die Zuständigkeit.* a) § 18 VHG hat den Wirkungskreis des Amtsgerichts wesentlich erweitert; danach entscheidet das *Amtsgericht* in Vertragshilfesachen im ersten Rechtszug, wenn der Antrag eine Verbindlichkeit betrifft, die 6000 DM nicht übersteigt, sonst das Landgericht und soweit

vorhanden, die Kammer für Handelssachen (s. aber § 18 a I VHG). Die Verweisung vom nicht zuständigen Amtsgericht an das zuständige Landgericht und umgekehrt ist zulässig; der Verweisungsbeschluß ist nicht anfechtbar und für das Gericht bindend, an das die Sache verwiesen wird (vgl. SAAGE, § 18 Anm. II 3). Für die Berechnung des „Streitwertes" ist der Zeitpunkt maßgebend, in dem der Vertragshilfeantrag gestellt wird (§ 18 I 3 VHG, § 4 I ZPO).

b) *Örtlich zuständig* für die richterliche Vertragshilfe ist das Gericht, bei dem der Schuldner seinen allgemeinen Gerichtsstand hat (§ 7 I VHG). Obwohl in § 7 I VHG von der „Gewährung" der Vertragshilfe gesprochen wird, so ist dennoch die Durchführung des gesamten Vertragshilfeverfahrens ohne Rücksicht auf den Ausgang des Verfahrens gemeint (vgl. SAAGE, § 7 Anm. I 2). Das Gesetz sieht in § 7 II VHG eine Abgabemöglichkeit aus wichtigem Grund vor; dabei muß das andere Gericht jedoch zur Übernahme bereit sein. Mangels Einigung entscheidet das gemeinsame obere Gericht. Für Ansprüche, die durch eine Hypotheken-, Grund- oder Rentenschuld gesichert sind, ist das Gericht zuständig, in dessen Bezirk das Grundstück gelegen ist (§ 7 III VHG). § 7 IV VHG sieht die Verbindung mehrerer Verfahren bei einem Gericht vor, wobei das Gericht zuständig ist, das zuerst angerufen worden ist. Vereinbarungen zwischen den Beteiligten über die Zuständigkeit sind nicht zulässig, da im Vertragshilfeverfahren Amtsbetrieb herrscht (vgl. § 8 I VHG). Hier besteht jedoch unter Umständen die Möglichkeit der Abgabe nach § 7 II VHG.

3. Das Verfahren. a) Auf das *Verfahren* in Vertragshilfesachen finden grundsätzlich die Vorschriften des FGG Anwendung, soweit das VHG nichts anderes bestimmt (§ 8 I VHG). Das Verfahren ist *Antragsverfahren;* der Antrag steht dem Schuldner zu, in Ausnahmefällen auch dem Gläubiger.

Zur Begründung des Antrags s. § 9 VHG. Der Schuldner muß angeben, bezüglich welcher Verbindlichkeit er im einzelnen die Vertragshilfe begehrt und welche Vertragshilfemaßnahmen (Stundung, Herabsetzung, Beseitigung von Rechtsnachteilen) er wünscht. Außerdem soll der Schuldner in seinem Antrag angeben, daß er versucht hat, sich mit dem Gläubiger außergerichtlich zu einigen (§ 9 I VHG) und soll seine Vermögens- und Erwerbsverhältnisse offenlegen. Hinsichtlich der dem Antrag beizufügenden Unterlagen vgl. § 9 II VHG. Von diesen Erfordernissen kann das Gericht befreien (§ 9 III VHG). Auf Verlangen des Gerichts hat der Schuldner seine Angaben glaubhaft zu machen (§ 9 IV VHG).

Die Vertragshilfe wird nur für unbestrittene oder nur dem Grunde nach bestrittene Verbindlichkeiten gewährt (§ 11 I VHG).

Nach § 14 VHG soll mit den Beteiligten mündlich verhandelt und eine gütliche Einigung angestrebt werden. Es ist jedoch nicht erforderlich, daß jede Entscheidung oder Anordnung des Vertragshilfegerichts auf Grund einer mündlichen Verhandlung ergeht. Die mündliche Verhandlung ist *nicht* öffentlich (vgl. OLG München, DNotZ 52, 34). Wenn keine Einigung zustande kommt, so trifft das Gericht durch Beschluß eine, wenn es dem Antrag stattgibt, *rechtsgestaltende Entscheidung* (§ 15 VHG). Der rechtsgestaltende Beschluß ist nach § 15 I VHG stets mit Gründen zu versehen. Die Begründung muß die tatsächlichen Feststellungen und die rechtlichen Erwägungen des Gerichts erkennen lassen. Der Begründungszwang erstreckt sich nicht auf nicht rechtsgestaltende Entscheidungen, es sei denn, daß sie der selbständigen Anfechtung im Rechtsmittelweg unterliegen (vgl. z. B. § 10 I; § 18 II 2). Soweit Entscheidungen nicht der Anfechtung im Rechtsmittelwege unterliegen, brauchen sie nicht begründet zu werden (vgl. SAAGE, § 15 Anm. II 3; a. A. VOGEL, DR 42, 341 für den Fall des § 3 I 2 VHG; Einzelheiten bezüglich des Inhalts und der Form der Entscheidung s. SAAGE, § 15 Anm. II 1 und 2).

Das Gericht kann mehrmals die Stundung einer Verbindlichkeit vornehmen, jedoch diese nur einmal herabsetzen (§ 15 II 1 VHG). Stundung und Herabsetzung können sowohl nebeneinander als auch nacheinander gewährt werden. Nach § 15 II 3 VHG kann das Gericht dem Schuldner in der Entscheidung aufgeben, Sicherheiten zu stellen. Nach § 15 III VHG kann das Gericht Teilentscheidungen darüber erlassen, in welcher Mindesthöhe der Schuldner Zahlungen zu leisten oder Sicherheiten zu stellen hat. Eine solche Entscheidung kann mehrmals ergehen. Das Gericht kann über die Stundung oder Herabsetzung mehrerer Verbindlichkeiten verschieden entscheiden (§ 15 IV VHG).

Durch die rechtskräftige Entscheidung des Gerichts wird die entsprechende Vereinbarung der Parteien nach § 16 VHG ersetzt. Aus rechtskräftigen Entscheidungen des Gerichts findet die Zwangsvollstreckung wie aus rechtskräftigen Urteilen statt (§ 16 II 1 VHG). Die Entscheidungen erwachsen sowohl in formeller als auch in materieller Rechtskraft, vgl. SAAGE § 16, Anm. II d.

Über die Beteiligung Dritter am Vertragshilfeverfahren vgl. § 8 II VHG, der die Vorschriften der §§ 66—74 ZPO entsprechend anwendbar erklärt.

b) Wenn im Falle der Stundung eine wesentliche Änderung der Verhältnisse eingetreten ist, die für die Stundung maßgebend waren, so kann auf Antrag des Gläubigers die *Entscheidung* über die Stundung gemäß § 17 VHG *abgeändert* oder die Stundung aufgehoben werden. Das gleiche gilt für den Fall, daß der Schuldner eine ihm obliegende Teilleistung nicht oder nicht fristgerecht bewirkt hat. Auch für das Änderungsverfahren gilt § 8 VHG, wonach der Richter die Vorschriften der fG anzuwenden hat. Die Wirkung der Entscheidung richtet sich nach § 16 VHG.

Eine Wiederaufnahme von Vertragshilfeverfahren ist nicht möglich (vgl. SAAGE, § 17 Anm. VI).

c) Das VHG enthält besondere Regelungen über *Rechtsmittel.* Gegen Entscheidungen im ersten Rechtszug (auch gegen eine Anordnung gemäß

§ 10 I) ist die sofortige Beschwerde zulässig (§ 18 II VHG). Über die Beschwerde entscheidet, soweit im ersten Rechtszug das Amtsgericht entschieden hat, das Landgericht, sonst das Oberlandesgericht. Gegen die im zweiten Rechtszug ergangene Entscheidung ist die sofortige weitere Beschwerde gemäß § 18 III VHG zulässig. Über diese entscheidet das Oberlandesgericht bzw. der BGH (§ 18 III 2 VHG). Im übrigen findet § 27 FGG Anwendung.

Einstweilige Anordnungen, Auflagen und Zwischenentscheidungen können nur zusammen mit der Endentscheidung angefochten werden. Eine Anfechtung für sich allein ist nicht möglich (§ 18 II 2 VHG).

Kein Rechtsmittel ist gegen eine Anordnung, durch die die Zwangsvollstreckung bis zur Entscheidung über den Vertragshilfeantrag einstweilen eingestellt oder eine Zwangsvollstreckungsmaßnahme aufgehoben wird, gegeben (§ 13 II VHG). Das gleiche gilt für Entscheidungen, die eine solche Anordnung ablehnen.

Die Festsetzung der Gerichtsgebühren des ersten Rechtszuges und die Entscheidung über die Kostenfrage können nur zusammen mit der Endentscheidung angefochten werden (§ 19 VI VHG).

Auch auf das Beschwerdeverfahren sind die Vorschriften des FGG anzuwenden (§ 8 I VHG). Danach ist jeder *beschwerdeberechtigt* (§ 20 FGG), dessen Recht durch die Endentscheidung beeinträchtigt ist. Über die weiteren Einzelheiten des Beschwerdeverfahrens s. oben §§ 26 ff. Auch für die Entscheidung des Beschwerdegerichts gilt § 15 VHG. Wird Vertragshilfe gemäß § 11 IV VHG durch das Prozeßgericht gewährt, so geschieht das durch Urteil. Die Entscheidung kann daher nur zusammen mit dem Urteil gemäß § 11 IV 2 angefochten werden. Es kommen hier die allgemeinen Rechtsmittel für die Anfechtung des Urteils in Betracht (Berufung, Revision).

d) Für die *Gerichtskosten* der Verfahren nach dem VHG gelten grundsätzlich die Vorschriften der Kostenordnung. Für wesentliche Punkte trifft jedoch § 19 VHG eine von den Vorschriften der Kostenordnung abweichende Regelung.

4. Sonstige richterliche Vertragshilfe. Eine Reihe von Fällen außerhalb des VHG (in denen auch nicht das VHG entsprechende Anwendung findet) können als Vertragshilfe angesehen werden. So gewährt Vertragshilfe eigentlich auch der Vormundschaftsrichter im Falle des § 1383 BGB sowie der Hausratsverteilungsrichter. Auch die Tätigkeit des Richters der fG bei der Abwicklung anderer Schuldverhältnisse kann zur Vertragshilfe gezählt werden: bei Umstellung von Grundpfandrechten nach Art. 2, § 6 der 40. DVO zum Umstellungsgesetz, im Verfahren nach dem Wertpapierbereinigungsgesetz vom 19. 8. 1949 (WiGBl. 295; BGBl. 1950, 180), bei der Änderung der Kapitalverhältnisse von Handelsgesellschaften nach § 58 DM-Bilanz-Gesetz vom 21. 8. 1949 (WiGBl. 279) und schließlich auf dem Gebiet der landwirtschaftlichen Entschuldung nach dem Bundesgesetz vom 25. 3. 1952 (BGBl. I, 203).

III. Die Landwirtschaftssachen

Literatur: Fischer, Grundstücksverkehrsgesetz, 1962; Haegele, Das neue land- und forstwirtschaftliche Grundstücksverkehrsrecht, Rpfleger 61, 276; Herminghausen, Zum neuen Grundstücksverkehrsgesetz DNOtZ 62, 450, 522, 592; Lange, Die wichtigsten Neuerungen des Grundstück-Verkehrsgesetzes, NJW 61, 1649; Lange-Wulff, Gesetz über das gerichtliche Verfahren in Landwirtschaftssachen, 1963.

1. Allgemeines. Bereits im Jahre 1918 ist die Auflassung eines über 5 ha großen landwirtschaftlichen Grundbesitzes, die Bestellung eines dinglichen Rechts zum Genuß der Erzeugnisse und schuldrechtliche Vereinbarung hierüber von einer behördlichen Genehmigung abhängig gemacht worden. Das Gesetz, das in erster Linie auf die Sicherung der Ernährung abzielte, wollte dem Streben Landwirtschaftsfremder, insbesondere Kriegsgewinnler, landwirtschaftlichen und forstwirtschaftlichen Grundbesitz zu erwerben, einen Riegel vorschieben.

Die nach dem Zusammenbruch im Jahre 1947 entstehende Zersplitterung der Rechtslage wurde durch das Gesetz über das gerichtliche Verfahren in Landwirtschaftssachen vom 21. 7. 1953 (BGBl. I, 667) und durch das Gesetz über Maßnahmen zur Verbesserung der Agrarstrukturen zur Sicherung land- und forstwirtschaftlicher Betriebe (Grundstücksverkehrsgesetz vom 28. 7. 1961, BGBl. I, 1091) beseitigt.

Der Gegenstand des Verfahrens in Landwirtschaftssachen wird durch § 1 LwVG umschrieben.

Danach sind den Landwirtschaftsgerichten zugewiesen: das landwirtschaftliche Pachtwesen auf Grund des Landespachtgesetzes vom 25. 6. 1952 (BGBl. I, 343); die rechtsgeschäftliche Veräußerung, die Änderung oder Aufhebung einer Auflage, die gerichtliche Zuweisung eines Betriebes sowie die Verhängung von Ordnungsstrafen nach dem Grundstücksverkehrsgesetz; Einwendungen gegen das siedlungsrechtliche Vorkaufsrecht in § 10 RSiedlG; die Aufhebung von Pacht- und Nutzungsverhältnissen und Inanspruchnahme von Gebäuden oder Land nach §§ 59, 63 III und IV BVFG; die Festsetzung des Ersatzanspruches und der Entschädigung nach § 7 II ErgGRSiedlG; das Anerbenrecht einschließlich der Versorgungsansprüche bei Höfen, Hof-, Land- und Anerbengütern; Angelegenheiten aus der Aufhebung der früheren Erbhofsvorschriften.

Diese Streitsachen gehören *teils* dem *bürgerlichen* und *teils* dem *öffentlichen Recht* an. (Zur Abgrenzung vgl. oben § 4 II u. III; ferner Stich, Die öffentlich-rechtlichen Zuständigkeiten der Zivilgerichte, in: Staatsbürger und Staatsgewalt, Jubiläumsschrift zum 100jährigen Bestehen der deutschen Verwaltungsgerichtsbarkeit ..., Bd. II, 1963, S. 387 insbes. S. 417.)

2. Die Zuständigkeit. a) *Sachlich zuständig* sind die Landwirtschaftsgerichte. Dies sind die Amtsgerichte (erster Rechtszug), die Oberlandesgerichte (zweiter Rechtszug) und der Bundesgerichtshof (dritter Rechtszug). Die Amtsgerichte entscheiden in der Besetzung mit einem Amtsrichter und zwei landwirtschaftlichen Beisitzern; das OLG in der Besetzung von drei

Richtern des Oberlandesgerichts mit zwei landwirtschaftlichen Beisitzern und der BGH in der Besetzung von drei Richtern des BGH mit zwei landwirtschaftlichen Beisitzern (§ 2 LwVG). In einer Reihe von Angelegenheiten (vgl. im einzelnen § 20 LwVG) kann das Gericht ohne landwirtschaftliche Beisitzer entscheiden, denn wo die besondere Sachkenntnis der landwirtschaftlichen Beisitzer nicht erforderlich ist, ist dieser entbehrlich.

b) *Örtlich zuständig* ist nach § 10 LwVG das Gericht, in dessen Bezirk die Hofstelle, mangels einer solchen, in dessen Bezirk die Grundstücke ganz oder zum größten Teil liegen oder die Rechte im wesentlichen ausgeübt werden. Wenn mehrere Gerichte zuständig sind oder Ungewißheit über die Zuständigkeit besteht, so sind die §§ 4 und 5 FGG anwendbar. Die Zuständigkeit kann nicht durch die Vereinbarung der Beteiligten begründet werden (BGH, RdL 52, 249). Das Gericht hat von Amts wegen zu prüfen, ob es zuständig ist.

3. Das Verfahren. Soweit im LwVG nichts anderes bestimmt ist, sind die Vorschriften des FGG auf das Verfahren in Landwirtschaftssachen entsprechend anzuwenden (§ 9 LwVG). Für alle Landwirtschaftssachen gilt das gleiche Verfahren mit Ausnahme der Pachtsachen gemäß §§ 13, 32 LwVG.

a) Das Verfahren nach dem LwVG ist grundsätzlich Antragsverfahren (§ 14 LwVG).

Ausnahmen: Der Erlaß vorläufiger Anordnungen (§ 18 LwVG), Kostenentscheidungen und Feststellung des Geschäftswertes (§ 34 LwVG; vgl. dazu die Rechtsprechung bei Weber, SchlHA 64, 134), Verhängung von Ordnungsstrafen (§§ 9 LwVG, 33 FGG), Ermittlungen über die Richtigkeit eines Erbscheins oder Hoffolgezeugnisses (§ 2361 BGB), Einziehung oder Kraftlosigkeitserklärung im Falle der Unrichtigkeit u. ä. (vgl. Pritsch, § 14 Anm. B I b).

b) Die *Anhörung der Beteiligten* ist dem Landwirtschaftsgericht zur Pflicht gemacht (§ 14 II 1 LwVG). Sofern ein Beteiligter eine mündliche Verhandlung beantragt, ist sie in den Tatsacheninstanzen anzuordnen (§ 15 I LwVG).

c) Der Grundsatz der *Amtsprüfung* (§ 12 FGG) gilt uneingeschränkt für das Verfahren in Landwirtschaftssachen, wobei es keine Rolle spielt, ob es sich um Amts- oder Antragsverfahren handelt. Den Gerichten obliegt dabei eine weitgehende Ermittlungspflicht. Hinsichtlich der Einzelheiten vgl. Pritsch, § 14 Anm. I.

d) Die *Entscheidung* des Gerichts ergeht durch Beschluß. Dieser ist zu begründen (§ 21 I LwVG). Dies gilt nicht nur für die Endentscheidung, sondern auch für Zwischen- und Teilentscheidungen. In der Hauptsache erlassene Beschlüsse sind zuzustellen, ohne Rücksicht darauf, ob sie mit der sofortigen Beschwerde anfechtbar sind oder nicht. Nach § 13 LwVG kann das Landwirtschaftsgericht an Stelle des Prozeßgerichts auf Antrag über bestimmte Vorfragen entscheiden. Es sind dies die Fälle, in denen die Entscheidung von dem Bestehen oder dem Inhalt eines Landpachtvertrages oder der Wirksamkeit der Kündigung eines solchen Vertrages abhängt.

Die Entscheidungen in der Hauptsache werden erst mit dem Eintritt der formellen Rechtskraft wirksam (§ 30 I LwVG). Soweit durch die Entscheidung Rechtsverhältnisse geändert werden, kommt ihnen rechtsgestaltende Wirkung zu. In materieller Rechtskraft erwachsen die Entscheidungen, die das Landwirtschaftsgericht im Falle des § 13 LwVG trifft und die in den sog. echten Streitverfahren ergehenden Entscheidungen, sofern sie verurteilender oder feststellender Art sind (so auch PRITSCH, § 30 Anm. IV c; vgl. auch LANGE-WULFF, § 30 Anm. VI; OLG Oldenburg, NdsRpfl 54, 199).

Wenn der Beschluß einen vollstreckbaren Inhalt hat, so kann das Gericht ihn gegen oder ohne Sicherheitsleistungen für vorläufig vollstreckbar erklären und dem Schuldner auf Antrag auch nachlassen, die Vollstreckung durch Sicherheitsleistung abzuwenden (§ 30 II LwVG).

e) Gegen die in der Hauptsache erlassenen Beschlüsse des Amtsgerichts findet gemäß § 22 I LwVG die *sofortige Beschwerde* an das Oberlandesgericht statt. Gemäß § 22 II LwVG ist die Anschlußbeschwerde zugelassen.

Die sofortige Beschwerde ist über § 22 LwVG hinaus noch in einer Reihe anderer Fälle gegeben, so z. B. gegen Beschlüsse: die die Ablehnung eines Richters oder eines Sachverständigen für unbegründet erklären (§§ 11 LwVG, 46 II ZPO; §§ 9 LwVG, § 15 FGG; § 406 V, ZPO); die die Weigerung eines Zeugen oder Sachverständigen, auszusagen bzw. das Gutachten zu erstatten oder die Aussage bzw. das Gutachten zu beeidigen, für nicht rechtmäßig erklären (§§ 9 LwVG, 15 FGG, 387 III, 406 ZPO);

die über die Wiedereinsetzung gegen den Ablauf der Frist für den Antrag auf gerichtliche Entscheidung ablehnend oder genehmigend befinden (§ 29 LVObrZ);

in Kostenfestsetzungsverfahren (§§ 45 II LwVG, 104 III 5 ZPO, vgl. die einzelnen Fälle bei LANGE-WULFF, § 22 Anm. c).

Die einfache (unbefristete) Beschwerde (§§ 19 I FGG, 567 ZPO) ist grundsätzlich zulässig, soweit nicht die sofortige Beschwerde gegeben oder die Entscheidung unanfechtbar ist. So ist z. B. die einfache Beschwerde gegeben gegen die Ablehnung eines Antrags auf vorläufige Anordnung gemäß § 18 LwVG, gegen die Aussetzung des Verfahrens, gegen Ordnungsstrafen gegen Ausgebliebene oder die Aussage oder das Gutachten unberechtigt verweigernde Zeugen und Sachverständigen usw. Vgl. im einzelnen LANGE-WULFF, § 22 Anm. B I.

Gegen Entscheidungen des OLG ist das einzige zulässige Rechtsmittel die Rechtsbeschwerde gemäß § 27 LwVG. Sie kann nur auf die Verletzung des Gesetzes gestützt werden und ist nur unter den in § 24 LwVG bezeichneten Voraussetzungen zulässig. Die Rechtsbeschwerde muß daher entweder gemäß § 24 I LwVG vom Oberlandesgericht zugelassen sein (bei grundsätzlicher Bedeutung) oder es müssen die Voraussetzungen des § 24 II LwVG vorliegen.

f) Soweit aus gerichtlichen Beschlüssen und Vergleichen die *Zwangsvollstreckung* stattfindet, sind dafür die Vorschriften der Zivilprozeßordnung maßgebend (§ 31 LwVG).

g) Für verschiedene in § 1 LwVG bezeichneten Verfahren und für das Verfahren beim Erlaß vorläufiger Anordnungen gelten neben den allgemeinen *Vorschriften* der Kostenordnung (§ 33 LwVG) besondere Vorschriften, die die Festsetzung des Geschäftswertes und die Gebührensätze für die einzelnen Verfahren betreffen (§§ 35—41 LwVG).

IV. Das Wohnungseigentumsverfahren

Literatur: Bärmann, Wohnungseigentumsgesetz, 1958; ders., Wohnungseigentumsgesetz mit Richtlinien und Grundbuchverfügung, 4. Aufl., 1967; Hubernagel, Wohnungseigentumsgesetz, 1952; Diester, 10 Jahre Wohnungseigentum, NJW 61, 1329; ders., Wohnungseigentum heute, BlGBW 63, 293; ders., 15 Jahre Wohnungseigentum, BB 66, Beilage Nr. 6; ders., Die Rechtsprechung zum Wohnungseigentumsgesetz, 1967; Häring, Das Wohnungseigentum in Recht und Praxis, WM 64, 113.

1. Allgemeines. Durch das Gesetz über das Wohnungseigentum und das Dauerwohnrecht wurden das Wohnungseigentum und das Dauerwohnrecht geschaffen. Dabei ist unter Wohnungseigentum nach § 1 II WEG das Sondereigentum an einer Wohnung in Verbindung mit dem Miteigentum an dem gemeinschaftlichen Eigentum zu verstehen. Zur Lösung der in dieser Gemeinschaft entstehenden Konflikte erschien die fG als die angemessene Verfahrensart, da es sich hier im wesentlichen um die Ordnung der bestehenden Rechtsverhältnisse handelte. Infolgedessen wurden vom Gesetzgeber die Wohnungseigentumssachen weitgehend der fG übertragen. Streitigkeiten aus dem Dauerwohnrecht gehören dagegen vor das Prozeßgericht.

2. Die Zuständigkeit. a) *Sachlich zuständig* sind die Amtsgerichte. Nach § 43 I Ziff. 1 WEG entscheiden sie über „die sich aus der Gemeinschaft der Wohnungseigentümer und aus der Verwaltung des gemeinschaftlichen Eigentums ergebenden Rechte und Pflichten der Wohnungseigentümer untereinander. Ausgenommen davon sind die Ansprüche im Falle der Aufhebung der Gemeinschaft (§ 17 WEG) und auf Entziehung des Wohnungseigentums (nach §§ 18, 19 WEG). Des weiteren werden alle Streitigkeiten aus dem 1. Abschnitt des 1. Teils (§§ 1—9 WEG), der die Begründung des Wohnungseigentums betrifft, nicht im Verfahren der fG entschieden. Nach § 43 I Ziff. 2—4 WEG werden dagegen im Verfahren der fG ferner entschieden: Streitigkeiten über die Rechte und Pflichten des Verwalters bei der Verwaltung des gemeinschaftlichen Eigentums, auf Antrag eines Wohnungseigentümers oder Dritten über die Bestellung eines Verwalters im Fall des § 26 II WEG und auf Antrag eines Wohnungseigentümers oder des Verwalters über die Gültigkeit von Beschlüssen der Wohnungseigentümer.

b) *Örtlich zuständig* ist nach § 43 I WEG das Amtsgericht, in dessen Bezirk das Grundstück liegt. S. auch die weiteren Zuständigkeitsvorschriften in §§ 51—53 WEG. Eine allgemeine (örtliche) Zuständigkeitsvereinbarung der Wohnungseigentümer ist unzulässig.

c) Ist beim Prozeßgericht eine Sache anhängig, die eigentlich vom Richter der fG zu entscheiden ist, so hat das Prozeßgericht die Sache insoweit an das nach § 43 I zuständige Amtsgericht zur Erledigung im Verfahren der fG *abzugeben* (§ 46 I WEG). Hierzu bedarf es (anders als im Fall des § 276 ZPO) keines Antrags. Der Abgabebeschluß kann nach Anhörung der Parteien ohne mündliche Verhandlung ergehen. Er ist für das in ihm bezeichnete Gericht bindend (§ 46 I 3 WEG). Ist die Zuständigkeit nach § 43 nur für einen Teil des Zivilprozesses gegeben, so hat für diesen Teil der Abgabebeschluß zu erfolgen. Die Pflicht zur Abgabe gilt auch für das Berufungsgericht. Der Abgabebeschluß kann entsprechend § 276 II ZPO nicht angefochten werden (OLG Bamberg, NJW 65, 1491).

In analoger Anwendung des § 276 ZPO wird man auch annehmen können, daß im Falle örtlicher Unzuständigkeit eines Amtsgerichts der fG die Verweisung durch Beschluß an das örtlich zuständige Amtsgericht der fG erfolgen kann.

Ist der Richter der fG nicht zuständig, weil das Verfahren vor ein Prozeßgericht gehört, so ist ebenfalls eine Verweisung erforderlich (BGH, JZ 53, 759 mit Anm. von Keidel; Lent-Habscheid, § 49 II 6). Entscheidet das Prozeßgericht, obgleich es abgeben müßte, so ist das von ihm entgegen der Zuständigkeit des § 43 erlassene rechtskräftige Urteil bindend, auch für den Richter der fG (Palandt-Hoche, § 46 WEG Anm. 1; Bärmann, § 46 WEG Anm. III). Die Bindung tritt jedoch nur unter den Prozeßparteien ein und hat keine Wirkung gegenüber den Beteiligten im Sinne des § 43 IV WEG, die an diesem Zivilprozeß nicht als Parteien beteiligt waren.

Wenn der Ausgang eines Verfahrens vor dem Prozeßgericht vom Ausgang eines in § 43 I bezeichneten Verfahrens abhängt, so kann das Prozeßgericht anordnen, daß die Verhandlung bis zur Erledigung dieses Verfahrens ausgesetzt wird (§ 46 II WEG). Dabei ist auf den Zweck des Verfahrens und die Interessen der Beteiligten Rücksicht zu nehmen. Umgekehrt kann ein Verfahren der fG ausgesetzt werden, wenn dessen Entscheidung von einer Entscheidung in anderen Verfahren abhängt oder wegen Klärung des Sachverhalts sachdienlich erscheint (vgl. Keidel, § 12 Rz. 42; Bärmann, § 46 WEG Anm. II).

3. Das Verfahren. a) Für die Einleitung eines Verfahrens nach dem WEG ist immer ein *Antrag* erforderlich (§ 43 I WEG). Ein Eingreifen des Gerichts von Amts wegen ist in WEG-Angelegenheiten danach nicht möglich, selbst nicht für die Bestellung eines Verwalters (§ 26 II WEG). Antragsberechtigt ist in allen 4 Fällen des § 43 WEG jeder Wohnungseigentümer, in den Fällen Ziff. 2 und 4 auch der Verwalter, im Fall der Ziff. 3

auch ein Dritter. Das Antragsrecht des Verwalters kann nicht durch Vereinbarung ausgeschlossen werden. § 139 ZPO ist analog anzuwenden; das Gericht hat auf eine vollständige Erklärung und sachliche Anträge hinzuwirken, ist aber im allgemeinen an die Anträge gebunden.

Unter Umständen ist das Verfahren nach §§ 43 ff. WEG in analoger Anwendung dieser Vorschriften auch schon vor Eintragung für die Rechtsbeziehungen der künftigen Wohnungseigentümer möglich. Man wird dies zumindest für solche Fälle bejahen können, in denen den Käufern von Wohnungseigentum ein Anwartschaftsrecht zusteht (OLG Hamburg, NJW 63, 818; s. auch Bärmann, Das Haus, Zeitschrift f. Bauen, Wohnen, Lebensstil, 1967 Heft 10, S. 27 ff.

b) Der Kreis der *Beteiligten* wird in § 43 IV WEG genau festgelegt. Danach sind zunächst immer sämtliche Wohnungseigentümer Beteiligte. Bei Verfahren über die Rechte und Pflichten des Verwalters und über die Gültigkeit von Beschlüssen der Wohnungseigentümer ist jeweils auch der Verwalter Beteiligter. In dem Verfahren über die Bestellung eines Verwalters oder eines Notverwalters nach § 26 II WEG ist auch der sein berechtigtes Interesse glaubhaft machende Dritte Beteiligter.

c) Der *Amtsermittlungsgrundsatz* des § 12 FGG gilt sowohl für die erste Instanz wie auch für das Beschwerdeverfahren. Das Gericht trifft nach pflichtgemäßem Ermessen die zur Feststellung der Tatsachen erforderlichen Ermittlungen und nimmt die geeignet erscheinenden Beweise auf (§ 12 FGG, § 43 II WEG). Vgl. im einzelnen Bärmann, § 43 WEG Vorbem. II 4.

Der Richter hat mit den Beteiligten im allgemeinen *mündlich zu verhandeln* und auf eine gütliche Einigung hinzuwirken (§ 44 I WEG). Nur ausnahmsweise kann im schriftlichen Verfahren entschieden werden. Dies gilt auch für das Beschwerdeverfahren. Wenn eine Einigung zustande kommt, so ist hierüber eine Niederschrift aufzunehmen (§ 44 II WEG, §§ 159—163 a ZPO).

Der Richter ist nach § 44 III WEG auch zum Erlaß *einstweiliger Anordnungen* ermächtigt. Auch hier entscheidet das freie Ermessen des Richters über die Art der Anordnungen. Sie sind sofort vollstreckbar; mit dem Ende des Verfahrens, sei es der Erledigung durch Rücknahme des Antrags, bei Vergleich oder Endentscheidung werden sie ohne weitere Aufhebungsmaßnahmen hinfällig. Die einstweilige Anordnung kann der Richter auch ohne speziell darauf gerichteten Antrag treffen.

d) Der Richter *entscheidet* durch *Beschluß*. Er hat gemäß § 44 IV WEG in der Entscheidung zugleich die Anordnung zu treffen, die zu ihrer Durchführung erforderlich ist. Der Richter hat also nicht nur über einen Anspruch zu entscheiden, sondern die erforderlichen Gestaltungsakte vorzunehmen, jedenfalls zugleich die Durchführungsanordnung für die Wohnungseigentümer oder für den Verwalter zu treffen. Seine Entscheidung hat der Richter zu begründen (§ 44 IV 2 WEG).

Aus rechtskräftigen Entscheidungen, gerichtlichen Vergleichen und einstweiligen Anordnungen findet gemäß § 45 III WEG die *Zwangsvollstreckung* nach den Vorschriften der ZPO statt. Anwendbar sind also insbesondere §§ 888 ff., 724, 750 ZPO. Die Entscheidungen, gerichtlichen Vergleiche und einstweiligen Anordnungen sind mit der Vollstreckungsklausel zu versehen (vgl. KUHNT, AcP 150, 152; im einzelnen s. BÄRMANN, § 45 WEG Anm. IV).

e) Nach § 45 II 1 WEG wird die Entscheidung mit der *Rechtskraft* wirksam. Diese Bestimmung gehört zu den Ausnahmen von der in der fG geltenden Regel, daß die Wirksamkeit gerichtlicher Verfügungen mit ihrer Bekanntmachung (Zustellung) eintritt (s. oben § 20 III). Die formelle Rechtskraft tritt ein mit Zustellung, wenn die Beschwerde wegen Nichterreichung der Beschwerdesumme von 50 DM unzulässig ist (§ 45 I WEG), bei Nichterhebung der an sich zulässigen Beschwerde durch alle Beteiligten mit Ablauf der zweiwöchigen Beschwerdefrist, mit der Bekanntmachung der letztinstanzlichen Entscheidung, wenn Beschwerde und weitere Beschwerde rechtzeitig erhoben sind.

Die rechtskräftige Entscheidung ist gemäß § 45 II 2 WEG für alle Beteiligten bindend. Sie erwächst daher auch in materieller Rechtskraft (vgl. BÄRMANN, § 45 WEG Anm. II 2; LENT-HABSCHEID, § 49 II 4). Die materielle Rechtskraft ist aber durch eine bedingte jederzeitige *Änderungsmöglichkeit* stark eingeschränkt. Nach § 45 IV WEG kann der Richter auf Antrag eines Beteiligten seine Entscheidung oder einen gerichtlichen Vergleich ändern, wenn sich die tatsächlichen Verhältnisse wesentlich geändert haben und dies zur Vermeidung einer unbilligen Härte notwendig ist. Das Festhalten an der Entscheidung muß in diesem Fall unter den veränderten Verhältnissen grob unbillig sein. Das Wiederaufnahmeverfahren ist außerdem unter den Voraussetzungen der Wiederaufnahme in bürgerlichen Rechtsstreitigkeiten als zulässig anzusehen (vgl. BÄRMANN, § 45 WEG Anm. III).

4. Rechtsmittel. Die *sofortige Beschwerde* ist zulässig, wenn der Wert des Beschwerdegegenstandes 50 DM übersteigt (§ 45 I WEG); dies gilt jedoch nur für Entscheidungen, nicht für einstweilige Anordnungen. Bei geringerem Beschwerdewert als 50 DM ist auch die einfache Beschwerde ausgeschlossen.

Wenn auch die *weitere Beschwerde* nicht im WEG erwähnt wird, so ist sie doch zulässig (gemäß §§ 27 ff. FGG) und zwar sowohl gegen sachliche Endentscheidungen als auch gegen Zwischen- und Teilentscheidungen (OLG Celle, NJW 58, 307; BÄRMANN, § 45 WEG Anm. I).

Über die sofortige Beschwerde entscheidet das LG, über die weitere Beschwerde das OLG. Hinsichtlich der Einzelheiten des Beschwerdeverfahrens (z. B. Einlegung, Frist usw.) gelten die allgemeinen Vorschriften des FGG.

Die *Beschwerdeberechtigung* ergibt sich aus § 20 FGG. Beschwerdeberechtigt sind die in § 43 IV WEG festgelegten Beteiligten. Auch wer im erstinstanzlichen Verfahren formell nicht beteiligt war, ist dann beschwerdeberechtigt, wenn er im Sinne des § 20 FGG in seinen Rechten beeinträchtigt ist; das kann jeder Wohnungseigentümer in den Fällen, die § 43 I—IV aufzählt, sein. Soweit der Verwalter eigenes Antragsrecht hat und Beteiligter ist, hat er ein Beschwerderecht, auch wenn er formell am erstinstanzlichen Verfahren nicht beteiligt war, da er immerhin potentieller Beteiligter ist; Voraussetzung ist aber auch hier, daß er in seinen Rechten beeinträchtigt ist. Bei Zurückweisung des Antrags ist nur der Antragsteller beschwerdeberechtigt (§ 20 II FGG).

5. Kosten. Welche Beteiligten die *Gerichtskosten* zu tragen haben, bestimmt der Richter nach billigem Ermessen (§ 47 WEG). Er kann dabei auch bestimmen, daß die außergerichtlichen Kosten ganz oder teilweise zu erstatten sind. Die Höhe der Gebühr richtet sich nach den Vorschriften der Kostenordnung (vgl. § 48 I WEG). Nach § 48 II WEG setzt der Richter den Geschäftswert nach den Interessen der Beteiligten an der Entscheidung von Amts wegen fest. Über den Begriff des Geschäftswertes s. § 48 II 2 WEG. Für das Beschwerdeverfahren werden nach § 48 III WEG die gleichen Gebühren wie im ersten Rechtszug erhoben. Hinsichtlich der Kosten des Verfahrens vor dem Prozeßgericht bei Abgaben nach § 46 WEG vgl. § 50 WEG.

6. Die freiwillige Versteigerung von Wohnungseigentum. Für die freiwillige Versteigerung des Wohnungseigentums im Falle des § 19 ist jeder Notar zuständig, in dessen Amtsbezirk das Grundstück liegt (§ 53 I WEG). Es handelt sich dabei um eine ausschließliche Zuständigkeit. Die Amtsgerichte sind also ausgeschlossen. Die Versteigerung erfolgt auf Antrag eines jeden der Wohnungseigentümer, die ein Urteil gemäß § 19 erwirkt haben (§ 54 I WEG). Hinsichtlich des Inhalts des Antrags vgl. § 54 II WEG.

Für das Verfahren gelten die Sonderregelungen der §§ 54—58 WEG. Bei Auslegungsschwierigkeiten sind auch die §§ 66 ff. PrFGG heranzuziehen. Für die durch die Versteigerung veranlaßten Beurkundungen gelten die allgemeinen Vorschriften, also insbesondere §§ 169 ff. FGG. Daneben gilt Landesrecht, soweit es sich um die Beurkundung von Tatsachen handelt.

Nach § 58 WEG findet gegen die Verfügungen des Notars, durch die die Versteigerungsbedingungen festgesetzt werden, und gegen die Entscheidungen des Notars über den Zuschlag, die *sofortige Beschwerde* statt. Sie hat aufschiebende Wirkung. Über die sofortige Beschwerde entscheidet das Landgericht, in dessen Bezirk das Grundstück liegt. Eine weitere Beschwerde ist nicht möglich. Für das Beschwerdeverfahren gelten die allgemeinen Vorschriften des FGG.

V. Das Rückerstattungsverfahren

Literatur: Blessin-Wilden, Bundesrückerstattungsgesetz, 1958; Kemper-Burkhardt, Bundesrückerstattungsgesetz, 1957; Koope, Das Bundesrückerstattungsgesetz, NJW 57, 1212; KUBUSCHOK-WEISSSTEIN, Rückerstattungsrecht der Britischen und Amerikanischen Zone, 1950; SONNABEND, Das Bundesrückerstattungsgesetz, WM 57, Sonderbeilage 6, S. 11.

1. *Allgemeines.* In der Nachkriegszeit wurden Regelungen zur Wiedergutmachung nationalsozialistischen Unrechts getroffen. Dabei wurde die Rückerstattung feststellbarer Vermögensgegenstände zunächst ausschließlich durch die ehemaligen Militärregierungen geregelt. Vgl. die gesetzlichen Bestimmungen der Militärregierungen in § 11 BRüG.

Die in diesen Gesetzen angeordnete Wiedergutmachung wurde mit Ausnahme des Rückerstattungsverfahrens in der französischen Zone der fG zugewiesen. In der französischen Zone gehörte das Rückerstattungsverfahren zur streitigen Gerichtsbarkeit. Bundesgesetzlich erfolgte eine Regelung durch das Bundesrückerstattungsgesetz vom 19. 7. 1957 (BGBl. I, 734).

2. *Rückerstattung nach Besatzungsrecht.* a) Das Rückerstattungsrecht der Besatzungsmächte, soweit es der fG zum Vollzug zugeordnet ist, befaßt sich mit der Rückerstattung feststellbarer Vermögensgegenstände (Sachen, Rechte, Inbegriffe von Sachen und Rechten) an Personen, denen sie in der Zeit vom 30. Januar 1933 bis 8. Mai 1945 aus Gründen der Rasse, Religion, Nationalität, Weltanschauung oder politischer Gegnerschaft gegen den Nationalsozialismus entzogen worden sind (Art. 1 AmREG; auch die weiteren Zitate sind solche dieses Gesetzes; die Regelungen der anderen besatzungsrechtlichen Vorschriften sind im wesentlichen entsprechend).

b) *Zuständig* im Anmeldeverfahren sind nach Art. 60 die Wiedergutmachungsbehörden als Schlichtungsstellen. Wiedergutmachungsbehören sind: das Wiedergutmachungsamt, die Wiedergutmachungskammer und der Zivilsenat des OLG. Über die *örtliche Zuständigkeit* vgl. Art 59. Kommt jedoch im Anmeldeverfahren eine gütliche Einigung ganz oder teilweise nicht zustande oder übersteigen die erforderlichen Maßnahmen die Zuständigkeit der Wiedergutmachungsbehörde, so verweist diese insoweit die Sache an die Wiedergutmachungskammer des für den Sitz der Wiedergutmachungsbehörde zuständigen LG, Art. 63. Gemäß Art. 63 II kann durch Ausführungsverordnungen die Zuständigkeit allgemein auf bestimmte oder andere als die in Abs. 1 bezeichneten Landgerichte übertragen werden.

Die Wiedergutmachungskammer ist mit einem Vorsitzenden und zwei Beisitzern, die die Befähigung zum Richteramt oder zum höheren Verwaltungsdienst haben, besetzt. Der Vorsitzende muß ein Richter der ordentlichen Gerichtsbarkeit sein. Vgl. im einzelnen weiter Art. 66.

c) Soweit in dem Rückerstattungsgesetz selbst keine besonderen Vorschriften getroffen sind, ist das Verfahren vor der Wiedergutmachungskammer ein Verfahren der fG mit einigen Abweichungen, vgl. im einzelnen Art. 67. Vor der Wiedergutmachungskammer muß mündlich verhandelt werden. Die Verhandlung ist öffentlich. Das Verfahren kann bis zur Höchstdauer von 3 Monaten ausgesetzt werden. Gemäß Art. 67 II kann die Kammer vorbehaltlich der endgültigen Entscheidung die vorläufige Herausgabe entzogener Vermögensgegenstände gegen oder ohne Sicherheitsleistung an den Antragsteller anordnen. Die Wiedergutmachungskammer entscheidet durch Beschluß. Dieser ist zu begründen und den Beteiligten zuzustellen (Art. 68 I 1). Der Beschluß ist vorläufig vollstreckbar. §§ 713 II, 713 a bis 720 ZPO sind entsprechend anwendbar (Art. 68 I 2).

Als *Rechtsmittel* gegen den Beschluß ist die *sofortige Beschwerde* gegeben (Art. 68 II). Sie ist innerhalb einer Frist von einem Monat und wenn der Beschwerdeführer seinen Wohnsitz im Ausland hat, innerhalb einer Frist von drei Monaten einzulegen. Die Beschwerde kann nur darauf gestützt werden, daß die Entscheidung auf einer Verletzung des Gesetzes beruhe. Die Vorschriften der §§ 551, 561, 563 ZPO finden entsprechende Anwendung. Über die Beschwerde entscheidet ein Zivilsenat des OLG. Durch Ausführungsverordnung kann zur Entscheidung über Beschwerden allgemein eines von mehreren OLGen bestimmt werden. Unter Umständen führt die sofortige Beschwerde auch vor das oberste Rückerstattungsgericht. Dieses ist auch zuständig für den Nachprüfungsantrag gegen die Entscheidung des OLG.

Der Sitz des obersten Rückerstattungsgerichts ist Herford. Senate des Gerichts befinden sich in Rastatt, Herford und Nürnberg. Das oberste Rückerstattungsgericht wurde auf Grund des Vertrages zur Regelung aus Krieg und Besatzung entstandener Fragen (Teil 3: Innere Rückerstattung) errichtet (BGBl. 1955 II, 405). Das oberste Rückerstattungsgericht ist nach seiner Satzung, die im Anhang zum dritten Teil des Vertrages aus Krieg und Besatzung entstandener Fragen veröffentlicht worden ist (BGBl. 1955 II, 424), ein internationales Gericht außerhalb der Gerichtsverfassung der Länder und des Bundes. Die Zusammensetzung und Befugnisse des Gerichts ergeben sich aus der Satzung. Vgl. dazu im einzelnen SCHULTZ, MDR 57, 208.

3. *Das Bundesrückerstattungsgesetz.* a) Die letzte Lücke in dem Gesetzgebungswerk, das die Wiedergutmachung nationalsozialistischen Unrechts zum Gegenstand hatte, wurde durch das Bundesrückerstattungsgesetz vom 19. 7. 1957 geschlossen. Entgegen seiner Kurzbezeichnung regelt das Gesetz nicht allgemein die Rückerstattung der während des NS-Regimes entzogenen Vermögensgegenstände, sondern nur die Befriedigung von Geldverbindlichkeiten, die sich daraus ergeben, daß die Rückerstattung dieser entzogenen Vermögensgegenstände nach dem Besatzungsrecht nicht möglich ist. Es handelt sich dabei um die Fälle, in denen das Deutsche Reich, die Deutsche Reichsbahn, die Deutsche Reichspost, das Unternehmen „Reichsautobahn" das ehemalige Land Preußen, die NSDAP, deren Gliederungen und angeschlossene Verbände und sonstige aufgelöste NS-Einrichtungen sowie die Reichsvereinigung der Juden in Deutschland oder die Auswanderungsfonds Böhmen und Mähren, die Entzieher waren. Das Gesetz begründet ferner in seinen §§ 12, 13 neue rückerstattungsrechtliche Ansprüche.

b) Die zuständige Oberfinanzdirektion erteilt dem Antragsteller zunächst einen Bescheid über die von der Bundesrepublik Deutschland zu erfüllenden rückerstattungsrechtlichen Ansprüche (§ 38 BRüG). Über den Inhalt des Bescheids vgl. § 39 BRüG. Für die Erforschung der für den Erlaß des Bescheides erheblichen Tatsachen gilt der Amtsermittlungsgrundsatz (§ 40 BRüG). Innerhalb einer Frist von 3 Monaten nach Zustellung dieses Bescheides kann der Berechtigte gerichtliche Entscheidung beantragen (§ 42 BRüG). Hinsichtlich des Inhalts des Antrags vgl. § 42 BRüG.

Zuständig für die gerichtliche Entscheidung ist die Wiedergutmachungskammer bzw. Restitutionskammer (französische Zone) des LG, das in dem vorangegangenen Rückerstattungsverfahren zuständig gewesen ist oder gewesen wäre. Soweit dieses LG für Rückerstattungsverfahren nicht mehr zuständig ist, tritt an seine Stelle das LG, auf das seine Zuständigkeit übergegangen ist (§ 42 IV BRüG).

Grundlegend für das Verfahren ist die Vorschrift des § 42 V BRüG, wonach auf das Verfahren die Rechtsvorschriften zur Rückerstattung feststellbarer Vermögensgegenstände (§ 11 Nr. 1 BRüG) Anwendung finden. Danach richtet sich also das Verfahren nach den oben behandelten besatzungsrechtlichen Rückerstattungsvorschriften.

Ansprüche werden dann nicht befriedigt, solange der Berechtigte seinen Wohnsitz oder dauernden Aufenthalt in Gebieten hat, mit deren Regierung die Bundesrepublik Deutschland keine diplomatischen Beziehungen unterhält (§ 45 BRüG).

4. Wiedergutmachungsgesetzgebung. Wichtig ist das Verhältnis und die Abgrenzung des Rückerstattungsrechts gegenüber den vom deutschen Gesetzgeber erlassenen Wiedergutmachungsgesetzen. Während das Rückerstattungsrecht grundsätzlich nur feststellbare entzogene Vermögensgegenstände oder hilfsweise Schadenersatz- bzw. Erstattungsansprüche betrifft, befaßt sich das Wiedergutmachungsrecht mit der Ausgleichung der übrigen Vermögens- und Freiheitsschäden, die durch die nationalsozialistischen Gewaltmaßnahmen entstanden sind. Hinsichtlich der Gesetzesmaterie s. Blessin-Wilden, Einleitung Anm. 27 ff. Von einigen Ausnahmen abgesehen sind die Wiedergutmachungsgesetze gegenüber den Rückerstattungsvorschriften subsidiär (vgl. § 5 I BEG). Das Verfahren der Wiedergutmachung findet nicht im Rahmen der fG, sondern der streitigen Gerichtsbarkeit statt.

§ 51. Die öffentlich-rechtlichen Streitsachen

Literatur: Altenhain, Die strafgerichtliche Rechtsprechung zum Rechtsschutz gegen Justizverwaltungsakte, JZ 65, 756; Baumgärtel, Das Verfahren der ordentlichen Gerichte in öffentlich-rechtlichen Streitsachen, ZZP 73, 387 ff.; Geimer, Das Anerkennungsverfahren für ausländische Entscheidungen in Ehesachen, NJW 67, 1398; Jansen, Wandlungen im Verfahren der fG, Tübingen 1964; Stich, Die öffentlich-rechtlichen Zuständigkeiten der Zivilgerichte, in: Staatsbürger und Staatsgewalt, Jubiläumsschrift zum 100jährigen Bestehen der deutschen Verwaltungsgerichtsbarkeit ..., Bd. II, 1963, S. 387; ZIMMERMANN, Ein neuer Verfahrenstyp in der freiwilligen Gerichtsbarkeit? Rpfleger 62, 42 ff.

I. Allgemeines

Der Anwendungsbereich des FGG ist in neuerer Zeit um die sogenannten *öffentlich-rechtlichen Streitsachen* erweitert worden (vgl. oben § 4 III). Es handelt sich hierbei um die Verfahren nach §§ 40, 42, 91, 191, 223 BRAO, § 111 BNotO, §§ 23—30 EGGVG, Art. 7 FamRÄndG. Außerdem ist Art. XI § 1 KostÄndG zu berücksichtigen. In diesem Zusammenhang soll eine kurze Darstellung der einzelnen Verfahren gegeben werden.

Für alle öffentlich-rechtlichen Streitverfahren sind die Vorschriften des FGG entsprechend anzuwenden (§§ 40 IV, 42 VI, 91 VII, 191 III BRAO; 111 IV BNotO, 40 IV BRAO; 29 II EGGVG).

Zu beachten ist aber, daß § 29 II EGGVG auf die Bestimmungen des FGG über das Beschwerdeverfahren, jedoch § 40 V BRAO auf die Vorschriften des FGG schlechthin verweist. Da der Ehrengerichtshof für Rechtsanwälte ein Gericht erster Instanz ist, sind von ihm die Vorschriften des FGG über das erstinstanzliche Verfahren entsprechend anzuwenden.

In den Verfahren sind mindestens 2 Beteiligte mit entgegengesetzten Interessen vorhanden. Insoweit besteht dieselbe Situation wie zwischen den Parteien eines verwaltungsgerichtlichen Prozesses. Gegenstand der öffentlich-rechtlichen Streitsachen ist die Anfechtung von Verwaltungsakten, die Verpflichtung zum Erlaß eines Verwaltungsaktes, Feststellungsanträge oder die Ungültigkeits- und Nichtigkeitserklärung von Wahlen und Beschlüssen.

Weist das FGG Lücken auf, so sind diese durch entsprechende Anwendung der Vorschriften der VwGO auszufüllen, soweit nicht eine ausdrückliche gesetzliche Regelung oder die Eigenart der neuen Verfahren entgegensteht (vgl. oben § 4 III 3; ZIMMERMANN, S. 46; LENT-HABSCHEID, § 8 III).

Auch die Entscheidungen in öffentlich-rechtlichen Streitsachen erwachsen in materieller Rechtskraft (s. oben § 22 III 1). Dies ergibt sich unter anderem auch aus der oben erwähnten entsprechenden Anwendbarkeit der VwGO (vgl. § 121 VwGO).

II. Die einzelnen öffentlich-rechtlichen Streitsachen

1. Die Anfechtung von Verwaltungsakten. a) Nach § 23 I 1 EGGVG entscheiden auf Antrag eines Beteiligten die ordentlichen Gerichte über die Rechtmäßigkeit der Anordnungen, Verfügungen oder sonstigen Maßnahmen, die von den Justizbehörden zur Regelung einzelner Angelegenheiten auf dem Gebiete des bürgerlichen Rechts einschließlich des Handelsrechts, des Zivilprozesses, der fG und der Strafrechtspflege getroffen werden. Der

Antragsteller muß geltend machen, daß er durch die Maßnahme oder ihre Ablehnung oder Unterlassung in seinen Rechten verletzt ist (§ 24 I EGGVG; s. hierzu OLG Hamm, MDR 67, 137). Soweit gegen die Maßnahmen der Justiz- oder Vollzugsbehörden ein formeller Rechtsbehelf im Verwaltungsverfahren gegeben ist (z. B. Beschwerde), kann der Antrag auf gerichtliche Entscheidung erst nach Durchführung dieses Rechtsbehelfsverfahrens gestellt werden (§ 24 II EGGVG; s. hierzu auch KG, NJW 67, 1870).

Über den Antrag entscheidet ein Zivilsenat oder, wenn der Antrag eine Angelegenheit der Strafrechtspflege oder des Vollzuges betrifft, ein Strafsenat des OLG, in dessen Bezirk die Justiz- oder Vollzugsbehörde ihren Sitz hat (§ 25 I 1 EGGVG). Soweit ein Beschwerdeverfahren vorausgegangen ist, ist der Sitz der Beschwerdebehörde maßgebend (§ 25 I 2 EGGVG). Hinsichtlich der Antragsfrist s. § 26 EGGVG.

Das Gericht hebt die Maßnahme und, wenn ein Beschwerdeverfahren vorausgegangen ist, den Beschwerdebescheid auf, soweit die Maßnahme rechtswidrig und der Antragsteller dadurch in seinen Rechten verletzt ist. Das Gericht kann auch unter Umständen die Rückgängigmachung der Vollziehung anordnen (§ 28 EGGVG). Die Entscheidung ist endgültig. Wenn ein OLG von einer Entscheidung eines anderen OLG oder des BGH abweichen will, so hat es die Sache dem BGH vorzulegen, der an Stelle des OLG entscheidet (§ 29 I EGGVG). Die Vorschriften des Beschwerdeverfahrens des FGG gelten sinngemäß (§ 29 II EGGVG). Hinsichtlich der Kosten s. § 30 EGGVG.

b) Nach Art. 7 § 1 IV u. V FamRÄndG kann die Anerkennung oder Nichtanerkennung einer ausländischen Entscheidung in Eheauflösungssachen (Art. 7 § 1 I FamRÄndG), die durch die Landesjustizverwaltung ausgesprochen worden ist, angefochten werden. Zuständig ist das OLG, in dessen Bezirk die Landesjustizverwaltung ihren Sitz hat. Der Antrag auf gerichtliche Entscheidung hat keine aufschiebende Wirkung. Die Entscheidung des OLG ist endgültig (Art. 7 § 1 VI FamRÄndG).

c) Gemäß Art. XI § 1 KostÄndG können Verwaltungsakte, die im Bereich der Justizverwaltung bei Vollzug des Gerichtskostengesetzes, der Kostenordnung, des Gerichtsvollzieherkostengesetzes, des Gesetzes über die Entschädigung von Zeugen und Sachverständigen, des Gesetzes über die Entschädigung der ehrenamtlichen Beisitzer bei den Gerichten oder sonstiger für gerichtliche Verfahren oder Verfahren der Justizverwaltung geltender Kostenvorschriften, insbesondere hinsichtlich der Einforderung oder Rückzahlung ergehen, durch Antrag auf gerichtliche Entscheidung angefochten werden. Dies gilt auch dann, wenn es in den einzelnen Gesetzen nicht ausdrücklich bestimmt ist.

Der Antragsteller muß sich darauf stützen, daß der Verwaltungsakt ihn in seinen Rechten beeinträchtige, weil er rechtswidrig sei. Soweit es sich bei der Entscheidung der Verwaltungsbehörde um eine Ermessensentscheidung handelt, kann der Antrag nur darauf gestützt werden, daß die gesetzlichen Grenzen des Ermessens überschritten seien oder daß von dem Ermessen in einer dem Zweck der Ermächtigung nicht entsprechenden Weise Gebrauch gemacht worden sei (Art. XI § 1 KostÄndG).

Zur Entscheidung über den Antrag ist das Amtsgericht berufen, in dessen Bezirk die für die Einziehung oder Befriedigung des Anspruchs zuständige Kasse ihren Sitz hat. Das Verfahren der AG ist nicht näher geregelt; es dürfte daher entsprechend dem Verfahren der fG zu gestalten sein (LAUTERBACH, Kostengesetze, 15 Aufl., 1966, Art. XI § 1 KostÄndG, Anm. 3 B). In dem Verfahren muß die Staatskasse gehört werden. Für das Verfahren erklärt Art. XI § 1 II 3 KostÄndG § 14 III und IV 1 KostO für entsprechend anwendbar.

d) Nach der Bundesrechtsanwaltsordnung ist die Anfechtung ausdrücklich vorgesehen für:

aa) den Bescheid der Landesjustizverwaltung, in dem die Zulassung zur Rechtsanwaltschaft versagt wird (§ 11 BRAO);

bb) die Rücknahmeverfügung der Zulassung zur Rechtsanwaltschaft durch die Landesjustizverwaltung (§§ 16, 35 BRAO);

cc) den Bescheid, durch den die Zulassung bei einem Gericht versagt wird (§ 21 BRAO);

dd) den Bescheid der Landesjustizverwaltung, der dem Antrag auf Befreiung von einzelnen Standespflichten (Befreiung von der Residenzpflicht — § 29 — und dem Verbot der Errichtung einer Zweigstelle und des Abhaltens von auswärtigen Sprechtagen — § 28) nicht stattgibt.

Abgesehen von diesen besonders aufgeführten Fällen bestimmt § 223 BRAO allgemein, daß Verwaltungsakte nach der BRAO selbst dann durch einen Antrag auf gerichtliche Entscheidung angefochten werden können, wenn dies nicht ausdrücklich bestimmt ist.

Der Antrag kann nur darauf gestützt werden, daß der Verwaltungsakt den Antragsteller in seinen Rechten beeinträchtige, weil er rechtswidrig sei, bzw. daß die gesetzlichen Grenzen des Ermessens überschritten seien oder daß von dem Ermessen in einer dem Zweck der Ermächtigung nicht entsprechenden Weise Gebrauch gemacht worden sei (§§ 223 I 3, 39 III BRAO).

Zuständig für die Entscheidung ist gemäß § 223 III der Ehrengerichtshof für Rechtsanwälte. Für das Verfahren gelten die §§ 37, 39—42 entsprechend (§ 223 III 2 BRAO). Hinsichtlich der Kosten s. §§ 200—203 BRAO, hinsichtlich der entsprechenden Anwendung des FGG s. § 40 IV BRAO.

e) Zur Anfechtung von Verwaltungsakten nach § 111 BNotO s. unten § 53 II 5.

2. *Die Verpflichtung zum Erlaß eines Verwaltungsaktes.* Bei den neuen Verfahren ist auch in bestimmten Fällen die Möglichkeit vorgesehen, einer Justizverwaltungsbehörde durch gerichtliche Entscheidung aufzugeben, einen abgelehnten oder unterlassenen Verwaltungsakt zu erlassen. Die Verpflich-

tung zum Erlaß eines Verwaltungsaktes ist möglich nach § 27 I EGGVG, §§ 11 III, 21 III, 29 IV und 223 II BRAO, § 111 II BNotO. Der Antragsteller kann, wenn er ohne zureichenden Grund innerhalb von 3 Monaten nicht von der Landesjustizverwaltung beschieden worden ist, Antrag auf gerichtliche Entscheidung stellen. Die vorliegenden Fälle entsprechen der Verpflichtungsklage im Verwaltungsstreitverfahren (s. daher im einzelnen § 42 I VwGO).

3. *Feststellungsanträge.* Bei den öffentlich-rechtlichen Streitverfahren kann in beschränktem Umfange mit dem Antrag auf gerichtliche Entscheidung ein Feststellungsantrag verbunden werden.

a) Hier ist zunächst der Feststellungsantrag nach Art. 7 § 1 VII FamRÄndG zu nennen. Nach dieser Vorschrift kann die Feststellung begehrt werden, daß die Voraussetzungen für die Anerkennung einer ausländischen Entscheidung in Eheauflösungssachen nicht vorliegen. Für das Verfahren gelten sinngemäß die Vorschriften des Art. 7 § 1 I—VI FamRÄndG. Danach ist grundsätzlich die Justizverwaltung des Landes zuständig, in dem ein Ehegatte seinen gewöhnlichen Aufenthalt hat. Vgl. im übrigen Art. 7 § 1 II 2, 3 FamRÄndG. Bei Ablehnung der Feststellung entscheidet das OLG im Verfahren der fG. Zuständig ist das OLG, in dessen Bezirk die Landesjustizverwaltung ihren Sitz hat (Art. 7 § 1 VI 2 FamRÄndG).

b) Ein weiterer Feststellungsantrag ergibt sich aus § 38 II BRAO. Wenn der Vorstand der Rechtsanwaltskammer ein Gutachten erstattet, in dem festgestellt wird, daß bei dem Bewerber ein Grund vorliegt, aus dem die Zulassung zur Rechtsanwaltschaft nach § 7 Nr. 5—8 BRAO zu versagen ist, so muß der von dem Antragsteller gerichtete Antrag dahin gehen, festzustellen, daß der von dem Vorstand der Rechtsanwaltskammer angeführte Versagungsgrund nicht vorliegt. Der Antrag richtet sich gemäß § 38 I BRAO gegen die Rechtsanwaltskammer, deren Vorstand das Gutachten erstattet hat. Hinsichtlich der Form und der Frist für den Antrag s. §§ 9 II, 37 BRAO. Hinsichtlich des Verfahrens vor dem Ehrengerichtshof s. § 40 BRAO. Wenn der Ehrengerichtshof den Antrag auf gerichtliche Entscheidung für begründet hält, trifft er eine entsprechende Feststellung. Weist er den Antrag als unbegründet zurück, so stellt er zugleich fest, daß der von dem Vorstand der Rechtsanwaltskammer geführte Versagungsgrund vorliegt (§ 41 II 2 BRAO). Bezüglich der Rechtsmittel s. § 42 BRAO.

c) Nach § 28 I 4 EGGVG kann das Gericht auf Antrag die Rechtswidrigkeit eines angefochtenen Justizverwaltungsaktes feststellen, wenn dieser sich vor der Entscheidung des Gerichts durch Rücknahme oder anders erledigt und wenn der Antragsteller ein berechtigtes Interesse an dieser Feststellung hat (vgl. auch § 113 I 4 VwGO). Eine entsprechende Bestimmung ist in den §§ 111 BNotO, Art. XI § 1 KostÄndG und in der BRAO nicht vorgesehen. Jedoch ist aus § 113 I 4 VwGO und § 28 I 4 EGGVG der allgemeine Rechtsgrundsatz herzuleiten, daß unter den dort angeführten Voraussetzungen grundsätzlich die Rechtswidrigkeit eines Verwaltungsaktes festgestellt werden kann. Eine Feststellungsklage nach § 111 BNotO ist jedoch nicht möglich (BGH, DNotZ 64, 186).

4. Ungültigkeits- und Nichtigkeitserklärung von Wahlen und Beschlüssen. a) Gemäß § 90 BRAO können Wahlen oder Beschlüsse des Vorstandes, des Präsidiums oder der Versammlung der Kammer (Organe der Rechtsanwaltskammer) auf Antrag für ungültig oder für nichtig erklärt werden, wenn sie unter Verletzung des Gesetzes oder der Satzung zustande gekommen oder wenn sie ihrem Inhalt nach mit dem Gesetz oder der Satzung nicht vereinbar sind. Das gleiche gilt für Wahlen und Beschlüsse des Präsidiums oder der Hauptversammlung der Bundesrechtsanwaltskammer gemäß § 191 BRAO.

Antragsberechtigt ist bei Beschlüssen und Wahlen von Organen der Rechtsanwaltskammer (Vorstand, Präsidium, Versammlung der Kammer) die Landesjustizverwaltung (§ 90 I BRAO). Ein beschränktes Antragsrecht haben die Mitglieder der Kammer. Während sie bei Wahlen ohne Einschränkung zur Stellung des Antrags befugt sind, haben sie das Antragsrecht bei Beschlüssen nur, wenn sie durch den Beschluß in ihren Rechten verletzt sind (§ 90 II BRAO). Wenn Wahlen der Organe der Bundesrechtsanwaltskammer für ungültig erklärt werden, so sind der Bundesminister für Justiz und die Rechtsanwaltskammer antragsberechtigt (§ 191 BRAO). Hinsichtlich der Nichtigkeitserklärung von Beschlüssen steht allein dem Bundesminister der Justiz ein unbeschränktes Antragsrecht zu, während die Rechtsanwaltskammer nur bei Verletzung ihrer Rechte ein Antragsrecht hat (§ 191 II BRAO).

Das Verfahren ergibt sich aus § 91 BRAO (vgl. § 191 III BRAO). Zuständig zur Entscheidung sind der Ehrengerichtshof für Anwälte und der BGH als Rechtsmittelinstanz (§ 91 BRAO; vgl. auch BGH, NJW 61, 922). Für das Verfahren nach § 191 BRAO ist der BGH als einzige Instanz zuständig. Hinsichtlich der Rechtsmittel s. § 90 VI BRAO.

b) Im Gegensatz zur BRAO enthält die BNotO keine Bestimmung über die Ungültigkeits- und Nichtigkeitserklärung von Wahlen und Beschlüssen der Notarkammern und der Bundesnotarkammer. Die Regeln der BRAO sind jedoch auf die BNotO entsprechend anzuwenden (vgl. Zimmermann, Rpfleger 62, 46; Saage, § 111 BNotO Anm. 2).

III. Das Freiheitsentziehungsverfahren

Literatur: Baumann, Unterbringungsrecht, 1966; Ehrhard, Das Gesetz über das gerichtliche Verfahren bei Freiheitsentziehungen, NJW 56, 1868; Kern, Freiheitsentziehung durch Verwaltungsbehörden? DÖV 54, 112; Nebinger, Freiheitsentziehungen durch Verwaltungsbehörden, DÖV 54, 114; Reichard, Gesetz über das gerichtliche Verfahren bei Freiheitsentziehungen, 1956; Saage, Freiheitsentziehungsverfahren, 1958; ders., Der Anwendungsbereich des Bundesgesetzes über das gerichtliche Verfahren bei Freiheitsentziehungen, JR 56, 282.

1. Allgemeines. Der Gesetzgeber hat durch das Gesetz über das gerichtliche Verfahren bei Freiheitsentziehungen (FEVG) der fG das Verfahren bei Freiheitsentziehungen, die sich materiell-rechtlich nach Bundesrecht richten, zugewiesen. Soweit die Landesgesetze Freiheitsentziehungen anordnen, bestimmt sich das Verfahren nach den entsprechenden Landesgesetzen. Das FEVG findet keine Anwendung, soweit Bundesrecht das Verfahren anders regelt.

Das Freiheitsentziehungsverfahren ist den öffentlich-rechtlichen Streitsachen sehr ähnlich. Öffentliche Interessen sollen in einem Verfahren durchgesetzt werden, das durch die Gegnerstellung der Beteiligten gekennzeichnet wird. (Auch das Entmündigungsverfahren ist im Zivilprozeß in die Form eines Streitverfahrens gepreßt worden). Dies rechtfertigt die Behandlung des Freiheitsentziehungsverfahrens im Rahmen der öffentlich-rechtlichen Streitsachen.

Ausgangspunkt des Gesetzes über das gerichtliche Verfahren bei Freiheitsentziehungen ist Art. 104 GG, der die Entscheidung über Zulässigkeit und Fortdauer der Freiheitsentziehung dem Richter zuweist. Damit war die bis dahin bestehende Befugnis der Verwaltungsbehörde insbesondere der Polizei zum Eingriff in die Freiheitssphäre des Bürgers — oft auf Grund von Generalklauseln — erloschen. Während bis zum Inkrafttreten des FEVG sowohl die ordentlichen als auch die Verwaltungsgerichte die aus Art. 104 II GG sich ergebende Zuständigkeit in Anspruch nahmen, ist diese Frage nunmehr zugunsten der fG entschieden worden (§ 3 FEVG).

Auf folgende Bundesgesetze findet das FEVG Anwendung:

a) Bundesseuchengesetz vom 18. 7. 1961 (BGBl. 1012, 1300); zu den internationalen Vorschriften auf diesem Gebiet s. PIKART-HENN, S. 448;

b) Freiheitsentziehung auf Grund des § 18 II 3 des Gesetzes zur Bekämpfung von Geschlechtskrankheiten vom 23. 7. 1953 (BGBl. I, 700);

c) Freiheitsentziehung auf Grund des § 7 der Ausländerpolizeiverordnung vom 22. 8. 1938 (RGBl. I, 1053);

d) Freiheitsentziehung durch Unterbringung in ein Arbeitshaus gemäß § 26 des Bundessozialhilfegesetzes vom 30. 6. 1961 (BGBl. I, 815 ber. 1875).

Die Ländergesetze befassen sich im wesentlichen mit der Anstaltsunterbringung von Geisteskranken und Suchtkranken. S. dazu im einzelnen die Zusammenstellung bei SAAGE, Anhang, S. 197 ff. Auch nach diesen Landesgesetzen ergeht die gerichtliche Entscheidung des Amtsgerichts in einem Verfahren der fG. Damit gehört das ganze Unterbringungsrecht (ob bundes- oder landesgerechtlich geregelt) zur fG.

Unter Freiheitsentziehung versteht das Gesetz (§ 2) „die Unterbringung einer Person gegen ihren Willen oder im Zustande der Willenlosigkeit in einem Gefängnis, einem Haftraum, einem Arbeitshaus, einer abgeschlossenen Verwahranstalt, einer abgeschlossenen Anstalt der Fürsorge, einer abgeschlossenen Krankenanstalt oder einem abgeschlossenen Teil einer Krankenanstalt“.

2. *Die Zuständigkeit.* a) Nach dem Freiheitsentziehungsverfahrensgesetz ist für die Freiheitsentziehung das Amtsgericht *sachlich zuständig* (§ 3 FEVG). Beim Amtsgericht entscheidet über die Freiheitsentziehung der Einzelrichter (§ 22 I GVG). Eine Übertragung auf den Rechtspfleger ist nicht möglich.

b) Die *örtliche Zuständigkeit* wird durch § 4 FEVG geregelt. Danach ist örtlich zuständig das Amtsgericht, in dessen Bezirk die Person, der die Freiheit entzogen werden soll, ihren gewöhnlichen Aufenthalt hat; hilfsweise ist das Amtsgericht zuständig, in dessen Bezirk das Bedürfnis für die Freiheitsentziehung entsteht oder, wenn die Person bereits untergebracht ist, der Bezirk, in dem sich die Anstalt befindet (vgl. hierzu OLG München, OLGZ 65, 220).

3. *Das Verfahren.* Für das Verfahren gelten, soweit das FEVG nichts anderes bestimmt, die Regeln des FGG (§ 3 FEVG). Soweit eine ausreichende Regelung fehlt, sind außerdem auch die Vorschriften der ZPO anwendbar.

a) Die Freiheitsentziehung erfordert einen *Antrag* der zuständigen Verwaltungsbehörde (§ 3 FEVG). Anträge anderer Stellen oder Privatpersonen auf Freiheitsentziehung, die beim Amtsgericht gestellt werden, sind unbeachtlich und müssen als unzulässig zurückgewiesen werden. Das Gericht kann jedoch der zuständigen Verwaltungsbehörde von derartigen Anträgen Kenntnis geben. Welche Verwaltungsbehörde zuständig ist, bestimmt das materielle Recht (vgl. im einzelnen Saage, § 3 Anm. 6—8 a). Um die zuständige Verwaltungsbehörde zur Antragstellung zu bewegen, ordnet § 13 FEVG an, daß bei jeder nicht auf richterlicher Anordnung beruhenden Verwaltungsmaßnahme, die eine Freiheitsentziehung darstellt, die zuständige Verwaltungsbehörde die richterliche Entscheidung unverzüglich herbeizuführen hat. Ist die Freiheitsentziehung nicht bis zum Ablauf des ihr folgenden Tages durch richterliche Entscheidung angeordnet, so muß der Betroffene freigelassen werden.

b) Auch für das Freiheitsentziehungsverfahren gilt der Grundsatz der *Amtsprüfung* (§ 12 FGG). Das Gericht hat alle für die Entscheidung notwendigen Fragen des Sachverhalts ohne Rücksicht auf die Auffassung der Beteiligten von Amts wegen zu klären und alle wesentlichen Umstände zu erörtern. Dabei ist es nicht an das ihm von den Beteiligten vorgebrachte Material gebunden.

c) Der Anspruch des Betroffenen auf *rechtliches* Gehör wird nach § 5 FEVG in der Regel dadurch erfüllt, daß er mündlich angehört wird. Wenn der Betroffene in den persönlichen Angelegenheiten einen gesetzlichen Vertreter hat, so muß auch dieser gehört werden. Steht er unter elterlicher Gewalt, so ist jeder Elternteil zu hören. Bei Verheiratung ist grundsätzlich auch der Ehegatte zu hören. Die Anhörungspflicht gilt grundsätzlich nur für die erste Instanz, für die zweite Instanz lediglich, wenn die erste Instanz gegen § 5 verstoßen hatte. Unterbleibt die Anhörung des Betroffenen, was in einigen Ausnahmefällen des § 5 FEVG möglich ist (so insbesondere wenn die Anhörung nicht ohne Nachteile für den Gesundheitszustand des Anzuhörenden durchführbar ist), so muß ein Verfahrenspfleger bestellt werden, wenn der Betroffene nicht einen gesetzlichen Vertreter hat oder durch einen Rechtsanwalt vertreten wird (§ 5 II FEVG). Gegebenenfalls ist nach § 5 FEVG die Vorführung anzuordnen. Eine schriftliche Anhörung genügt im allgemeinen nicht (SAAGE, § 5 Anm. 11; PIKART-HENN, S. 449).

d) Nach § 6 FEVG muß das Gericht über die Freiheitsentziehung durch begründeten *Beschluß* entscheiden, der den in § 6 genannten Personen bebekanntzugeben ist.

Bekanntmachung erfolgt an die Person, der die Freiheit entzogen werden soll, die nach § 5 III anzuhörenden Personen, der Verwaltungsbehörde und einer Person, die das Vertrauen des Unterzubringenden genießt, falls kein Angehöriger, dem er bekanntzumachen wäre, vorhanden ist.

Wird der Antrag der Verwaltungsbehörde abgelehnt, so ist die Entscheidung der Verwaltungsbehörde und der Person, deren Unterbringung beantragt war, bekanntzumachen, § 6 III FEVG. Die Bekanntmachung an die Person, der die Freiheit entzogen werden soll, kann unter Umständen unterbleiben, s. dazu § 6 IV FEVG.

e) Beschlüsse, die die Freiheitsentziehung anordnen, ergehen in der Regel unbefristet. Es ist jedoch im Interesse des erforderlichen Rechtsschutzes vorgesehen, daß in der Entscheidung eine Frist bestimmt wird, vor deren Ablauf über die Fortdauer der Freiheitsentziehung von Amts wegen zu entscheiden ist; die Frist darf höchstens 1 Jahr betragen (§ 9 FEVG). Wenn nicht innerhalb der Frist die Fortdauer der Freiheitsentziehung durch richterliche Entscheidung angeordnet wird, so ist der Untergebrachte freizulassen. Das Gericht ist von der Freilassung zu benachrichtigen (§ 9 II FEVG). Wenn der Untergebrachte auf Grund des § 9 II entlassen werden mußte, obwohl die Entlassung nicht gerechtfertigt war, so kann eine erneute Freiheitsentziehung nur auf Grund eines neuen Verfahrens durchgeführt werden. Zur Aufhebung der Freiheitsentziehung bei Wegfall des Grundes und zur Beurlaubung s. § 10 FEVG.

f) Die die Freiheitsentziehung anordnende Entscheidung wird erst mit (formeller) Rechtskraft *wirksam.* Diese tritt ein, wenn die Entscheidung nicht mehr angefochten werden kann. Es besteht jedoch die Möglichkeit der Anordnung der sofortigen Vollziehung. Die Vollziehung erfolgt durch die zuständige Verwaltungsbehörde (§ 8 FEVG). Der materiellen Rechtskraft unterliegen die Entscheidungen im Freiheitsentziehungsverfahren nicht (vgl. PIKART-HENN, S. 450; SAAGE, § 8 Anm. 5).

4. Rechtsmittel. Rechtsmittel gegen die Entscheidung des Amtsgerichts ist die *sofortige Beschwerde* (§ 7 FEVG). Beschwerdeberechtigt sind bei einer Entscheidung, durch die die Freiheitsentziehung angeordnet wird, die

Personen, denen der Beschluß des Amtsgerichts bekanntzugeben ist. Wird der Antrag der Verwaltungsbehörde abgelehnt, so ist nur diese beschwerdeberechtigt (§ 7 II FEVG).

Entscheidungen des Gerichts, die keine Endentscheidungen sind, fallen nicht unter § 7 (z. B. Beschlüsse, durch die der Antrag auf Einsicht in die Akten abgelehnt wird, Beschlüsse über die Bewilligung des Armenrechts usw.). Ob gegen sie die Beschwerde zulässig ist, richtet sich nach den Vorschriften der §§ 19 ff. FGG. Kein Rechtsmittel ist gegen den Beschluß gegeben, durch den das Gericht darüber entscheidet, ob nach § 6 IV 1 FEVG die Bekanntmachung der Entscheidung an die Person, der die Freiheit entzogen werden soll, unterbleiben soll (§ 6 IV 2 FEVG). Ebenso ist kein Rechtsmittel gegen die Anordnung der sofortigen Wirksamkeit der Endscheidung nach § 8 FEVG gegeben.

Das *Beschwerdeverfahren* richtet sich nach den allgemeinen Vorschriften des FGG. Gegen die Beschwerdeentscheidung kann die sofortige weitere Beschwerde eingelegt werden.

5. Die einstweilige Freiheitsentziehung. Liegen dringende Gründe für eine Unterbringung vor, kann aber über den bereits gestellten Antrag nicht rechtzeitig entschieden werden, so läßt § 11 FEVG die einstweilige Freiheitsentziehung zu. Diese darf jedoch nicht länger als 6 Wochen dauern. Verfahrensrechtliche Voraussetzung für die Anordnung ist lediglich, daß ein wirksamer Antrag auf Freiheitsentziehung (nicht nötig auf Anordnung der einstweiligen Freiheitsentziehung) gestellt ist. Ist die vom Gericht in der Anordnung der einstweiligen Freiheitsentziehung bestimmte Frist abgelaufen, ohne daß innerhalb der Frist wirksam die endgültige Freiheitsentziehung angeordnet bzw. die einstweilige Freiheitsentziehung verlängert worden ist (Verlängerung entsprechend § 9 II, vgl. § 11 II FEVG), so ist der Untergebrachte freizulassen und das Gericht davon zu benachrichtigen (§ 11 II i. V. m. § 9 II FEVG).

13. KAPITEL

Vorsorgende Rechtspflege

Literatur: JONAS, Die Dienstordnung für Notare, DNotZ 37, 519; SCHIECK, Vorsorgende Rechtspflege, DNotZ 38, 647.

Vorsorgende Rechtspflege bedeutet Rechtsbetreuung bei der Gestaltung privater Rechtsbeziehungen. Insbesondere dient sie der Rechtssicherheit und Streitverhütung (SEYBOLD-HORNIG, § 1 Rz. 5). Der Begriff „vorsorgende Rechtspflege" (vgl. § 1 BNotO) läßt sich nicht eindeutig abgrenzen. Er umfaßt zunächst die Beurkundung von Rechtsvorgängen der vorsorgenden Rechtspflege" (§ 1, 24 BNotO). Hierher zählen u. a. die in den §§ 21 ff. BNotO den Notaren ausdrücklich zugewiesenen Tätigkeitsbereiche, nämlich die Ausstellung von Bescheinigungen über die Vertretungsberechtigung, Abnahme von Eiden, Aufnahme eidesstattlicher Versicherungen, Aufbewahrung und Ablieferung von Wertgegenständen. Dem Notar als dem originären Träger der vorsorgenden Rechtspflege ist grundsätzlich eine Mitwirkung in streitigen Verfahren, auch in sog. echten Streitverfahren der fG untersagt, vgl. OLG Stuttgart, DNotZ 64, 734, 738; im Rahmen der vorsorgenden Rechtspflege kann er aber Beteiligte vor Gericht und Behörden vertreten. Entscheidend ist, daß er nicht als Vertreter privater Interessen, sondern als unparteiischer Helfer und Mittler der Beteiligten mitwirkt (Seybold-Hornig, § 24 Rz. 3). Die Tätigkeit einer vorsorgenden Rechtspflege braucht nicht im Zusammenhang mit einem Urkundsgeschäft (formelle Vorsorge) zu stehen, muß dann aber streitverhütend wirken oder der Vermeidung rechtlich oder wirtschaftlich bedenklicher Privatrechtsgeschäfte (materieller Vorsorge) dienen.

Aufgabe der Rechtsvorsorge ist es, die Freiheit der Persönlichkeit im Recht sowohl gegenüber der Staatsgewalt und der Freiheit des anderen als auch gegenüber dem Mißbrauch der eigenen Freiheit aus Sach- und Rechtsunkenntnis zu verteidigen. Diese Aufgaben, Bestandteile des Berufsethos des Notars, sind zum Teil gesetzlich niedergelegt in den §§ 26 ff. BNotO.

§ 52. Urkundsrecht

Literatur: Haegele, Beurkundungsrecht, 1956; ders., Urkundenvorlage beim Grundbuchamt. Urschriften, Ausfertigungen, Abschriften, Lichtbilder, Rpfleger 67, 33; Münzel, Freiwillige Gerichtsbarkeit und Zivilprozeß in der neueren Entwicklung, ZZP 66, 334; Niese, Beurkundung als Rechtspflegeakt, ZZP 73, 1; Weber, Zur Beglaubigungsbefugnis der Behörden, DNotZ 62, 22 ff.

I. Allgemeines

1. Zweck der Beurkundung. Gerichtliche oder notarielle Beurkundung oder rechtsgeschäftlicher Abschluß vor einem Gericht oder Notar ist in zahlreichen gesetzlichen Bestimmungen vorgeschrieben. Ein Rechtsgeschäft, das hiergegen verstößt, ist nichtig, § 125 BGB.

Die Beurkundung ist nicht Rechtsprechung im Sinne des Art. 92 GG, sondern Rechtspflege im *Vorfeld* der Rechtsprechung (s. oben § 5 IV 5). Sie steht im „polaren Verhältnis" zur Rechtsprechung. Während die Rechtsprechung in der Regel rechtspathologische Fälle heilen will, soll die Beurkundung verhindern, daß überhaupt kranke Rechtsverhältnisse entstehen. Sie ist daher auch etwas völlig anderes als Verwaltung.

Die Beurkundung dient u. a. der Sicherung des Rechtsverkehrs. Es soll für die künftige Nachprüfung mit öffentlicher Beweiskraft festgestellt werden, daß und wie sich bestimmte Vorgänge vollzogen haben, vgl. § 415 ZPO. Neben diesem Beweiszweck der Urkunde hat der Beurkundungsvorgang besonders bei Rechtsgeschäften auch eine erhebliche Warnfunktion, vgl. § 313 BGB. Die Beteiligten sollen durch den Beurkundungsvorgang letztmalig auf die rechtliche oder wirtschaftliche Bedeutung des Rechtsgeschäfts hingewiesen werden und ihre Entscheidung nochmals überdenken (NIESE, ZZP 73, 26). Die Beurkundung soll schließlich auch eine ausreichende Rechtsbelehrung der Beteiligten sichern. Die Pflicht des Beurkundungsorgans erschöpft sich daher nicht in der Vornahme der Beurkundung. Ihm obliegt vielmehr darüberhinaus eine weitgehende Verantwortung dafür, daß das beurkundete Rechtsgeschäft oder die beurkundete Rechtshandlung rechtlich und wirtschaftlich gesund und sinnvoll ist. Das Beurkundungsorgan hat daher umfangreiche *Prüfungs-*, *Belehrungs-* und *Beratungspflichten,* vgl. §§ 26 ff. BNotO. Es hat der zu beurkundenden Angelegenheit ebenso objektiv und unvoreingenommen gegenüberzustehen wie der Richter einem zu entscheidenden rechtspathologischen Fall.

Da Beurkundung nicht echte Rechtsprechung ist, muß das Beurkundungsorgan nicht unbedingt ein Richter sein. Das Rechtsstaatsprinzip, dessen besondere Ausprägung Art. 92 GG ist, erfordert aber doch für sie eine der Sache angemessene, ähnlich unabhängige Stellung wie sie der Richter hat. Dem entspricht die geschichtliche Entwicklung der Urkundssachen. Seit Jahrhunderten sind es neben den Gerichten nur die Notare, die eine dem Richter vergleichbare sachlich und persönlich unabhängige Stellung haben (vgl. § 1 BNotO; s. auch oben § 3 II 2).

2. *Beurkundungsarten.* Zu unterscheiden sind die Beurkundung von Rechtsgeschäften und die Beurkundung sonstiger, insbesondere tatsächlicher Vorgänge. Die Beurkundung von Rechtsgeschäften gliedert sich wieder in die von Rechtsgeschäften unter Lebenden und die von Verfügungen von Todes wegen. Für diese drei Gruppen von Urkundsgeschäften gelten unterschiedliche — meist zwingende — Vorschriften.

3. *Beurkundungsorgane.* Beurkundungsorgane sind regelmäßig nur die Gerichte und die Notare. Durch Landesgesetz konnten nach Art. 141 EGBGB für Beurkundungen entweder nur die Gerichte oder nur die Notare für zuständig erklärt werden (mit Ausnahme des § 925 BGB).

Nur die Notare sind zuständig in Baden, Bayern, Bremen (s. hierzu OLG Bremen, Rpfleger 63, 94) und Hamburg. Die übrigen Länder haben von Art. 141 EGBGB keinen Gebrauch gemacht. Einzelheiten s. KEIDEL, § 167 Rz. 3 ff. Hieran hat die BNotO nichts geändert, auch wenn die BNotO keine dem § 77 II RNotO entsprechende Bestimmung enthält; denn diese ausschließliche Beurkundungsbefugnis beruht nicht auf Vorschriften des Notarrechts, sondern des Urkundsrechts (vgl. Art. 141 EGBGB).

Durch ausdrückliche Vorschriften sind jedoch bestimmte Beurkundungen ausschließlich anderen Stellen übertragen worden.

Hierher zählen z. B. die Bestimmungen über die Beurkundung von Geburts- und Sterbefällen durch den Standesbeamten und landesrechtliche Vorschriften. Sie bleiben unberührt, soweit sie nicht Art. 7 III NotMaßnG widersprechen. Weitere Einzelheiten s. Seybold-Hornig, § 20 Rz. 3 ff.

II. Beurkundungsgrundsätze nach dem FGG

Die §§ 167 ff. FGG finden nur auf die gerichtliche Beurkundung eines Rechtsgeschäfts sowie auf die gerichtliche Beglaubigung eines Handzeichens Anwendung. Für die Beurkundung von Testamenten und Erbverträgen gelten jedoch nur die §§ 2233—2245, 2276 BGB (§ 168 FGG; Staudinger-Firsching, § 2232 Anm. 2). Nicht anwendbar sind die §§ 167 ff. FGG auf die Beurkundung sonstiger Rechtshandlungen und tatsächlicher Vorgänge (s. hierzu Keidel, § 168 Rz. 4).

Die §§ 168—182 FGG gelten nur, soweit Richter (Rechtspfleger) oder Notare die Beurkundung vornehmen. Gleichgültig ist es, ob sie auf Grund gesetzlicher Vorschrift oder freiwillig tätig werden. Außerhalb eines Verfahrens der fG (z. B. im Zivilprozeß) gelten die Vorschriften des FGG über die Beurkundung jedoch nicht. Sie finden auch keine Anwendung, wenn Beurkundungen durch andere zur Aufnahme öffentlicher Urkunden befugte Stellen (z. B. Standesbeamte, Konsule usw.; s. aber § 49 III JWG) erfolgen.

Grundsätzlich finden die Vorschriften der §§ 1—34 FGG auf die gerichtliche und notarielle Beurkundung i. S. der §§ 167 ff. FGG keine Anwendung. S. hierzu jedoch Siegloch, Die Anwendbarkeit der allgemeinen Vorschriften des FGG auf die notarielle Tätigkeit, Diss., Heidelberg 1955.

1. Zuständigkeiten. a) *Sachlich zuständig* sind nach § 167 I FGG die Amtsgerichte, die neben den Notaren (§ 129 I BGB) auch für die öffentliche Beglaubigung einer Unterschrift zuständig sind (§ 167 II FGG). Grundsätzlich ist der Richter *funktionell zuständig.* Durch § 23 RpflG sind dem Rechtspfleger jedoch gewisse Urkunds- und Beglaubigungsgeschäfte übertragen worden.

Hierher zählen insbesondere: die öffentliche Beglaubigung einer Unterschrift oder eines Handzeichens; Beurkundung des Verzichts des elterlichen Gewalthabers auf die Nutznießung am Kindesvermögen; Beurkundung der Anerkennung der Vaterschaft, der Ehelichkeitserklärung, der Einwilligung zur Adoption, der Annahme und Ausschlagung einer Erbschaft u. a. Inwieweit Behörden in eigenen Angelegenheiten zuständig sind, s. Keidel, § 167 Vorbem. 13 ff.

Neben den Amtsgerichten sind nach § 20 I BNotO die Notare für Beurkundungen jeder Art zuständig.

b) Da Vorschriften über die *örtliche Zuständigkeit* fehlen, kann jeder Richter (Rechtspfleger) und Notar Beurkundungen und Beglaubigungen vornehmen. Richter (Rechtspfleger) und Notar dürfen jedoch nicht außerhalb ihres Amtsbezirks tätig werden. Wird ein Richter (Rechtspfleger) urkundlich außerhalb seines Amtsbezirks tätig, so ist die Urkunde rechtsunwirksam, da ihm außerhalb seines Bezirkes die Amtsbefugnis fehlt (Ausnahme: § 166 GVG), vgl. hierzu KEIDEL, § 167 Rz. 11. Amtshandlungen eines Notars außerhalb seines Amtsbezirks sind dagegen gültig (§ 11 III BNotO).

2. *Das Beurkundungsverfahren.* a) Die §§ 168 ff. FGG unterscheiden zwischen den *Beteiligten* und den *mitwirkenden Personen. Beteiligter* ist derjenige, dessen Erklärung beurkundet werden soll (§ 168 Satz 2 FGG). Das bedeutet, daß Beteiligter nicht derjenige ist, dessen Wille beurkundet wird, es sei denn, es soll der Wille des vor der Urkundsperson Erschienenen beurkundet werden. Es wird also auf die formelle und nicht — wie sonst (vgl. oben § 8 III) — auf die materielle Beteiligung abgestellt (RGZ 49, 129). Wer keine Erklärung in der Urkunde abgibt, ist nicht Beteiligter, auch wenn er durch die Erklärung in seiner Rechtsstellung betroffen wird.

b) *Mitwirkende Personen* sind primär die Urkundspersonen, d. h. der Richter (Rechtspfleger) oder Notar, der die Beurkundung vornimmt. Bei der Beurkundung haben in bestimmten Fällen weitere Personen mitzuwirken.

Nach § 169 muß — falls ein Beteiligter blind (s. SEYBOLD, DNotZ 67, 317), taub, stumm oder sonst am Sprechen verhindert ist — der Richter einen Urkundsbeamten der Geschäftsstelle oder zwei Zeugen, der Notar einen zweiten Notar oder zwei Zeugen zuziehen. Erklärt ein Beteiligter, daß er nicht schreiben könne, ist ein Zeuge zuzuziehen, es sei denn, daß dieser schon nach § 169 oder aus anderen Gründen mitgewirkt hat (§ 177 II). Ist ein Beteiligter stumm oder sonst am Sprechen verhindert und eine schriftliche Verständigung mit ihm nicht möglich oder erklärt er, daß er der deutschen Sprache nicht mächtig sei, so ist ein vereidigter Dolmetscher zuzuziehen (§§ 178, 179).

c) Bei der Beurkundung sind bestimmte Personen von der Mitwirkung ausgeschlossen, damit das Vertrauen in den Beurkundungsvorgang erhalten bleibt und um Mißtrauen gegenüber der Urkundsperson vorzubeugen.

aa) Wirkt eine nach §§ 170, 172 ausgeschlossene Person gleichwohl am Beurkundungsverfahren mit, so verliert die Beurkundung den Charakter einer gerichtlichen oder notariellen Beurkundung. Ob damit auch das Rechtsgeschäft nichtig ist, bestimmt sich nach materiellem Recht (vgl. § 125 BGB).

Ausgeschlossen ist nach § 170, wer selbst Beteiligter ist oder für den ein Beteiligter als Vertreter handelt; niemand darf seine eigene Erklärung beurkunden. Ausgeschlossen sind ferner Ehegatten, Verwandte und Verschwägerte des Beteiligten und wer zu demjenigen, für den ein Beteiligter als Vertreter handelt, in einem solchen Verhältnis steht. Aus dem gleichen Grunde ist ausgeschlossen, wer zu dem Richter oder dem beurkundenden Notar in einem solchen Verhältnis steht (§ 172).

bb) Wirkt eine nach § 171 ausgeschlossene Person an der Beurkundung mit, so hat dies nicht Nichtigkeit des gesamten Beurkundungsverfahrens zur Folge. Vielmehr ist die Beurkundung nur insoweit nichtig als sie die

Verfügung zugunsten des ausgeschlossenen Mitwirkenden zum Gegenstand hat, § 171 II (beachte aber § 139 BGB). Verfügung ist die unmittelbare Begünstigung durch das beurkundete Rechtsgeschäft, vgl. KEIDEL, § 171 Rz. 4 ff.

Ausgeschlossen ist nach § 171 derjenige, zu dessen Gunsten in der Urkunde eine Verfügung getroffen wird und derjenige, dessen Ehegatte, Verwandte oder Verschwägerte durch die Verfügung bedacht werden.

cc) Wirkt entgegen § 173 ein Zeuge oder Sachverständiger (§ 180) mit, so hat dies auf die Wirksamkeit der Beurkundung keinen Einfluß. § 173 ist lediglich eine „Soll"-Vorschrift.

d) Wesen und Zweck der Beurkundung ist die Errichtung einer Urkunde, d. h. der *Protokollierung* der Erklärungen der Beteiligten. Inhalt und Form des Protokolls schreiben die §§ 175, 176 vor. Das Protokoll ist hiernach in deutscher Sprache aufzunehmen und muß enthalten: Ort und Tag der Verhandlung, die Bezeichnung der Beteiligten und der mitwirkenden Personen, die Erklärung der Beteiligten.

Beilagen zum Protokoll, die nicht den rechtsgeschäftlichen Inhalt der Beurkundung zum Gegenstand haben, sondern nur für die Rechtswirksamkeit oder die Durchführung des beurkundeten Rechtsvorganges bedeutsam sind, wie Vollmacht, Genehmigung usw., sind kein Teil des Protokolls, auch wenn sie einer notariellen Urkunde als Anlage beigefügt werden (KG, OLGZ 66, 492).

Ein Verstoß gegen diese zwingenden Vorschriften macht die Beurkundung nichtig. Ist jedoch die Erklärung der Beteiligten unrichtig oder unvollständig protokolliert worden, so bewirkt dies nicht Nichtigkeit der Beurkundung (RG, JW 23, 1051). § 415 II ZPO läßt daher den Gegenbeweis zu, daß der Vorgang unrichtig beurkundet sei. Das Fehlen der Feststellung der Identität der Beteiligten gem. § 176 III beeinträchtigt die Wirksamkeit der Beurkundung nicht.

Das Protokoll muß vorgelesen, von den Beteiligten genehmigt und von ihnen eigenhändig unterschrieben werden (§ 177 I). Daß dies geschehen ist, muß im Protokoll ausdrücklich vermerkt werden. Bei der Verlesung, Genehmigung und Unterzeichnung der Urkunde durch die Beteiligten müssen alle bei der Beurkundung mitwirkenden Personen zugegen sein. Dolmetscher und Beteiligte können sich jedoch nach Vollziehung ihrer Unterschrift entfernen. Das Protokoll ist schließlich von allen mitwirkenden Personen zu unterschreiben, insbesondere auch von der Urkundsperson (§ 177 III). Die Nichtbeachtung dieser zwingenden Vorschrift hat die Unwirksamkeit der öffentlichen Beurkundung zur Folge (OLG Hamm, JMBl. NRW 56, 269).

Die Urschrift der Urkunde verbleibt bei dem beurkundenden Gericht oder Notar. Im Rechtsverkehr ersetzen Ausfertigungen die Urschrift. Ausfertigungen der Protokolle über die gerichtliche Beurkundung eines Rechtsgeschäfts stellt der Urkundsbeamte der Geschäftsstelle aus, unterschreibt sie und versieht sie mit dem Gerichtssiegel (§ 182). Für die Ausfertigung notarieller Urkunden sind weitestgehend landesrechtliche Vorschriften maßgebend (vgl. SEBYOLD-HORNIG, § 15 Rz. 23).

3. Das Beglaubigungsverfahren. a) Beglaubigung ist die gerichtliche oder notarielle Beurkundung der Tatsache, daß eine Unterschrift oder ein Handzeichen von einer bestimmten Person stamme (WEBER, DNotZ 62, 22). Auf das Beglaubigungsverfahren finden die §§ 169—182 keine Anwendung. Für den Ausschluß einer Urkundsperson bei der Beglaubigung gelten daher nicht die §§ 170 ff., sondern § 6 FGG, bzw. §§ 9 RpflG, 16 BNotO.

b) *Voraussetzung* der Beglaubigung ist, daß die Unterschrift (das Handzeichen) in Gegenwart der Urkundsperson vollzogen oder anerkannt wird (§ 183 I). Ein Verstoß hiergegen bewirkt aber nicht Nichtigkeit der Beglaubigung; der Gegenbeweis der Unechtheit der beglaubigten Unterschrift ist zulässig (OLG Stuttgart, DNotZ 50, 166).

Die Beglaubigung geschieht durch einen unter die Unterschrift (Handzeichen) zu setzenden Vermerk (§ 183 II). Für ihn ist folgender Inhalt vorgeschrieben: Bezeichnung desjenigen, der die Unterschrift (das Handzeichen) vollzogen oder anerkannt hat, Ort und Tag der Ausstellung des Vermerks und Unterschrift mit Siegel oder Stempel des Amtsgerichts oder Notars. Ein Protokoll braucht nicht aufgenommen zu werden. Ein Verstoß gegen diese Vorschriften bewirkt die Nichtigkeit der Beglaubigung.

Die Frage, ob die Urkundsperson von dem Inhalt der Erklärung, deren Unterschrift beglaubigt werden soll, Kenntnis nehmen muß, ist unterschiedlich geregelt. Notare haben nach Maßgabe des § 32 II BNotO die Urkunde zu prüfen. Für gerichtliche Beglaubigung gilt Landesrecht, vgl. KEIDEL, § 183 Rz. 26.

III. Sonstige Beurkundungsgrundsätze

Literatur: GRUNZ, Der Verlust von Urteilsurschriften und Urteilsausfertigungen, JR 50, 72; LAMERS, Die Beurkundung der Hauptversammlung einer Aktiengesellschaft, DNotZ 62, 287 ff.

1. Die Beurkundung von Verfügungen von Todes wegen. Bei Beurkundung von Testamenten und Erbverträgen ersetzen die §§ 2233—2245, 2276 BGB die Vorschriften des FGG über die Beurkundung (§ 168 FGG). Da dies lückenlos geschieht, bleibt für die Anwendung der §§ 169—182 FGG kein Raum mehr (BayObLG 55, 206/209). Die Vorschriften des BGB über die Beurkundung von öffentlichen Testamenten und Erbverträgen entsprechen im wesentlichen den Beurkundungsvorschriften des FGG, so daß hierauf verwiesen werden kann. Zu beachten ist jedoch, daß die Form des Erbvertrages nicht die Form des Ehevertrages ersetzt, so daß beim Ehe- und Erbvertrag die Vorschriften des FGG zu beachten sind, soweit es strengere Anforderungen als das BGB stellt.

2. Die Beurkundung im Gesellschaftsrecht. a) Für die Beurkundung von Hauptversammlungsbeschlüssen einer AG oder KaA und jedes Verlangen einer Minderheit nach §§ 120 I 2, 137, 147 I AktG gelten gemäß §§ 130, 278 III AktG einheitliche Vorschriften, die von den Beurkundungsgrundsätzen des FGG abweichen. Jeder Beschluß der Hauptversammlung und jedes Verlangen einer Minderheit ist durch eine über die Verhandlung gerichtlich oder notariell aufgenommene Niederschrift zu beurkunden (§ 130 I AktG).

Die Niederschrift muß den Ort und den Tag der Verhandlung, den Namen des Richters oder Notars sowie Art und Ergebnis der Abstimmung bzw. des Verlangens und die Feststellung des Vorsitzenden über die Beschlußfassung enthalten (§ 130 II AktG). Ferner ist die Niederschrift von dem Richter oder Notar zu unterschreiben. Zeugen brauchen nicht zugezogen werden (§ 130 IV AktG). Ein Verstoß gegen diese Bestimmungen bewirkt die Nichtigkeit des Beschlusses (§ 241 Nr. 2 AktG), die jedoch durch Eintragung des Beschlusses im Handelsregister geheilt werden kann. Der Niederschrift über die Beschlußfassung der Hauptversammlung sind ferner das Verzeichnis der Teilnehmer an der Versammlung sowie die Belege über die Einberufung als Anlagen beizufügen (s. auch §§ 293 III, 319 III AktG). Die Belege über die Einberufung brauchen jedoch nicht beigefügt zu werden, wenn sie unter Angabe ihres Inhalts in der Niederschrift aufgeführt werden (§ 130 III AktG). Ein Verstoß hiergegen beeinträchtigt die Wirksamkeit des Beschlusses nicht.

b) Nach § 30 I AktG bedarf die Bestellung des ersten Aufsichtsrats der AG und der Abschlußprüfer für das erste Voll- oder Rumpfgeschäftsjahr der gerichtlichen oder notariellen Beurkundung. Ebenso muß der Gesellschafterbeschluß über die Abänderung des Gesellschaftsvertrages einer GmbH gerichtlich oder notariell beurkundet werden (§ 53 GmbHG). (Weitere Beurkundungsvorschriften s. bei Seybold-Hornig, § 20 Anh. Rz. 146.) Für diese Beurkundungsverfahren ist Landesrecht maßgebend.

3. Der Wechsel- und Scheckprotest. Für die Beurkundung eines Wechsel- oder Scheckprotestes gelten die Art. 79 ff. WG, 55 III ScheckG. Der Protest ist teils gesetzliche Voraussetzung der Geltendmachung von Rechten, insbesondere der Rückgriffsansprüche, teils bloßes Beweismittel. Er geschieht durch Aufnahme einer öffentlichen Urkunde. Zuständig für die Aufnahme eines Protestes sind Notare, Gerichtsbeamte und Postbedienstete (Art. 79 WG).

Die Protesturkunde muß gemäß Art. 80 WG enthalten:

a) den Namen dessen, für den protestiert wird, sowie den Namen dessen, gegen den protestiert wird;

b) die Angabe, daß derjenige, gegen den protestiert wird, ohne Erfolg zur Vornahme der wechselrechtlichen Leistung aufgefordert worden oder nicht anzutreffen gewesen ist oder daß seine Geschäftsräume oder seine Wohnung sich nicht haben ermitteln lassen;

c) die Angabe des Ortes und des Tages, an dem die Aufforderung geschehen oder ohne Erfolg versucht worden ist;

d) die Unterschrift des Protestbeamten nebst Amtssiegel oder Amtsstempel.

Der Protest ist auf den Wechsel oder auf ein mit ihm zu verbindendes Blatt zu setzen (Art. 81 WG). Schreibfehler, Auslassungen und sonstige Mängel der

Protesturkunde darf der Protestbeamte bis zur Aushändigung an denjenigen, für den er Protest erhoben hat, berichtigen (Art. 85 WG). Nach Art. 86 WG ist Protest nur zwischen 9 und 18 Uhr zu erheben, es sei denn, derjenige, gegen den protestiert wird, willigt ein, daß außerhalb dieser Zeit Protest erhoben wird. Auf die Aufnahme der Urkunde bezieht sich diese Vorschrift nicht. Die Protesterhebung hat in den Geschäftsräumen, ersatzweise in der Wohnung des Protestaten zu erfolgen. Einzelheiten s. Art. 79 ff. WG.

4. *Photokopien und fremdsprachige Urkunden.* Das Verfahren bei der Beglaubigung von Ablichtungen und bei der Erteilung von Ausfertigungen oder Abschriften von Übersetzungen regelt die VO zur Vereinfachung des Verfahrens auf dem Gebiet des Beurkundungsrechts vom Jahre 1942 (RGBl. I, 609 = BGBl. III, 315 — 5).

Nach § 1 steht einer beglaubigten Abschrift ein Lichtbild gleich, wenn die zur Beglaubigung der Abschrift befugte Stelle bescheinigt, daß es ein vollständiges Lichtbild der Hauptschrift ist.

§ 2 regelt die Beweiskraft der Übersetzung fremdsprachiger Urkunden, die von besonders ermächtigten Übersetzern angefertigt und als richtig und vollständig bescheinigt worden sind. Der Gegenbeweis gegen die Richtigkeit und Vollständigkeit ist jedoch zulässig. Nach § 3 können das Gericht oder der Notar eine deutschsprachige Ausfertigung oder Abschrift einer fremdsprachigen Urkunde erteilen, sofern die fremdsprachige Urkunde von ihnen verwahrt wird und die Übersetzung den Vorschriften des § 2 entspricht.

Eine Niederschrift des Auswärtigen Amtes über die telegraphische Übermittlung von Urkunden, die ein deutscher Konsul aufgenommen hat, steht im Rechtsverkehr einer Ausfertigung der Urkunde gleich. Entsprechendes gilt für von einem Konsul beglaubigte Urkunden (§ 4).

5. *Die Ersetzung zerstörter oder abhanden gekommener Urkunden.* Anläßlich der Kriegsereignisse wurde 1942 eine VO über die Ersetzung gerichtlicher oder notarischer Urkunden erlassen (RGBl. I, 395 = BGBl. III, 315 — 4). Sie findet aber entsprechende Anwendung, wenn eine Urkunde für die Gerichte der Bundesrepublik nicht zugänglich ist (KG, JR 52, 443). Die VO bezieht sich nicht auf *Privaturkunden,* auch wenn diese gerichtlich oder notariell beglaubigt sind und nicht auf andere öffentliche Urkunden.

Für die *Ersetzung der Urschrift* gibt es nach der VO zwei Möglichkeiten: Ist noch eine beglaubigte Abschrift oder Ausfertigung vorhanden, so erfolgt der Ersatz durch eine beglaubigte Abschrift dieser Ausfertigung oder beglaubigten Abschrift. Auf der Ersatzurkunde ist zu vermerken, daß sie an Stelle der Urschrift tritt (§ 1). Ist keine Ausfertigung oder Urschrift mehr vorhanden, so wird der Inhalt der Urkunde durch Beschluß festgestellt. Der Beschluß tritt an Stelle der Urschrift (§ 3). Zuständig für die Ersetzung der Urschrift ist regelmäßig das Gericht oder der Notar, von dem die Urkunde aufgenommen oder ausgestellt worden ist (§ 4). Gegen die Ersetzung der Urschrift steht den Beteiligten die *sofortige Beschwerde* zu, § 6 I VO. Gegen die Ablehnung der Ersetzung ist die *einfache Beschwerde* zulässig (KG, JR 55, 385). Die *weitere Beschwerde* ist in beiden Fällen *unzulässig* (vgl. § 6 IV VO; BGH, NJW 61, 1405). In der DDR ist die AO über die Ersetzung zerstörter oder abhanden gekommener gerichtlicher oder notarieller Urkunden maßgebend (GBl. I, 1956, 1299).

§ 53. Notarrecht

Literatur: BÜTTEL, Zur Rechtsstellung der Notare gegenüber den Finanzämtern, DNotZ 66, 644; EHRHARDT/DOUVERNE, Wegweiser durch das Notariatsrecht, 1953; GÖTTLICH, Die Amtsführung der Notare, 2. Aufl., 1962; HELLNER, Geschäftsbedingungen für Anderkonten, Köln 1963; HUSMANN, Zur Umsatzsteuerpflicht des Notars, DNotZ 66, 582; KÖTTER, Steuerhandbuch für Rechtsanwälte und Notare, 2. Aufl., 1966; RÖMER, Notariatsverfassung und Grundgesetz, 1964; ROHS, Die Geschäftsprüfung der Notare, 4. Aufl., 1961; SAAGE, Bundesnotarordnung, 1961; SCHNEIDER, Die Notarkosten-Beschwerde, 1966; SEYBOLD-HORNIG, Bundesnotarordnung, 4. Aufl., 1962; SIEGLOCH, Die Anwendbarkeit der allgemeinen Vorschriften des FGG auf die notarielle Tätigkeit, Diss., Heidelberg 1955.

I. Allgemeines

1. *Zur Geschichte des Notariats*

Literatur: BOCKEMÜHL, Gedanken über Wege und Aufgaben weiterer Erforschung der Geschichte des Notariats, DNotZ 64, 479 ff.; BRESSLAU, Handbuch der Urkundenlehre für Deutschland und Italien, 3. Aufl., 1958; CONRAD, Die geschichtlichen Grundlagen des modernen Notariats in Deutschland, DNotZ 60, 3 ff.; KOECHLING, Untersuchungen über die Anfänge des öffentlichen Notariats in Deutschland, 1925; OESTERLEY, Das deutsche Notariat..., 1845, Neudruck 1965. S. auch die Zusammenstellung von Pappafava, Letteratura notarile d' ogni e paese, Innsbruck 1883.

Die Anfänge des Notariats gehen auf die Urkundsschreiber des alten Ägypten, die Privatschreiber (notarii, tabelliones) in römischer Zeit und die „notarii“ der kirchlichen Behörden und des fränkischen Reiches zurück. Ihre Urkunden hatten lediglich privaten Charakter. In Deutschland tritt die Urkunde bereits in vorfränkischer Zeit in Erscheinung. Nach germanischem Beweisrecht konnte sie jedoch nicht selbst Beweis erbringen. Der Vorzug der Glaubwürdigkeit galt immer noch dem lebendigen Zeugnis.

Unter dem Einfluß des kanonischen Rechts und mit der Ausbildung des lombardischen Rechts und seiner Rechtsschulen entwickelte sich in Deutschland das Notariat. Im 13. und 14. Jahrhundert erhielt der Notar die Befugnis, Urkunden mit öffentlichem Glauben anzufertigen. Die Notare wurden zu öffentlichen Amtspersonen, zu sog. Gerichtsnotaren. Dadurch stieg auch ihre Glaubwürdigkeit hinsichtlich ihrer außergerichtlichen Urkundstätigkeit.

Bevor jedoch der Notarberuf in Deutschland als selbständiger Beruf in Erscheinung trat, ist mindestens im Rahmen der städtischen Verfassung eine Urkundstätigkeit durch Amtspersonen festzustellen, vgl. BÄRMANN, Heinrich der Löwe und die Stadtverfassung des 12. Jahrhunderts, 1961, S. 272 ff. Angehörigen des Gerichts oder später des Rates, insbesondere in den Städten des 12. und 13. Jahrhunderts wurden Funktionen der fG zur Ausübung übertragen. In erster Linie zählten hierzu die rechtsvorsorgenden und die urkundliche Tätigkeit.

Die Ernennung der Notare blieb dem königlichen Regal vorbehalten, soweit nicht der Papst dieses Recht für sich in Anspruch nahm.

Die erschreckende Zunahme der Zahl der Notare brachte diesen Stand in Verruf. Die Notariatsordnung Maximilians I. vom Jahre 1512 hatte die Beseitigung dieser Mißstände zum Ziel. Sie bildete mit dem rezipierten Recht die gemeinrechtliche Grundlage des Notariats. Das Notariat war und blieb grundsätzlich ein selbständiges Amt zur Beurkundung mit öffentlichem Glauben. Es war von der streitigen Gerichtsbarkeit nicht völlig getrennt. Diese Grundlagen des Notariats wurden aber durch die partikularrechtliche Gesetzgebung der deutschen Staaten weitgehend untergraben, vor allem um Mißstände (Unwissenheit, Unerfahrenheit) zu beseitigen.

Als Folge der Reform des Gerichtsverfahrens unter Friedrich d. Großen und Friedrich Wilhelm II. wurde die ehrwürdige Tradition des selbständigen Notarberufes aufgegeben. Das Notariat wurde mit dem Amte des Justizkommissars, eines amtlichen Advokaten, verbunden. Zur Begründung wurde auf die wirtschaftliche Versorgung der Anwälte abgestellt. Mit dieser Entwicklung wurde insbesondere die von der Reichsnotarordnung von 1512 bestätigte und fortgesetzte Entwicklung unterbrochen. Mit der territorialen Ausdehnung Preußens wurde auch das Prinzip des Anwaltsnotariats auf andere Gebiete ausgedehnt.

Mit der Besetzung deutscher Landesteile durch Frankreich fand das französische Notariat um 1800 Eingang in Deutschland. Schon Philipp der Schöne hatte im Jahre 1304 den Stand des Notars und seine Zuständigkeit geordnet und von der streitigen Gerichtsbarkeit völlig getrennt. Während der französischen Revolution ist diese Entwicklung fortgesetzt und das Notariat als selbständige Einrichtung der fG anerkannt worden. Die Verbindung des Amtes eines Notars mit anderen Ämtern, insbesondere der Advokatur, wurde für unvereinbar erklärt. Nach dem Ende der Herrschaft Napoleons ist diese Regelung in Deutschland teilweise erhalten geblieben und das Notariat als selbständige Einrichtung der fG anerkannt worden.

Inzwischen hatte das Ende des Deutschen Reiches (1806) die gemeinrechtliche Grundlage des deutschen Notariats endgültig in Wegfall gebracht und zu einer Zersplitterung des Notarrechts geführt. Die deutschen Staaten schufen eigene Notariatsordnungen, die sich teilweise an die gemeinrechtliche Regelung anlehnten. Es entwickelten sich drei Arten des Notariats: Das Anwaltsnotariat (Norddeutschland, Preußen), das Nur-Notariat (Rheinpreußen, Bayern, Rheinhessen und Hamburg), das Richter-Notariat (Baden und Württemberg).

Erst mit der Reichsnotarordnung von 1937 wurde das Notarrecht in Deutschland wieder vereinheitlicht. Diese ging wieder vom Grundsatz der Trennung von Notariat und Anwaltschaft aus und sah die Beseitigung der entgegenstehenden Notariatsformen vor. Der Notar wurde als Träger eines öffentlichen Amtes auf dem Gebiete der vorsorgenden Rechtspflege angesehen. Die Reichsnotarordnung galt nach dem Zusammenbruch 1945 im wesentlichen als Landesrecht, nach dem Inkrafttreten des Grundgesetzes als

Bundesrecht fort. Im Jahre 1961 wurde sie von der Bundesnotarordnung abgelöst (vgl. hierzu SEYBOLD-HORNIG, S. 1 ff.; zu den Einzelheiten s. unten II und III).

2. *Zur Rechtsvergleichung.* Zur Rechtsvergleichung sei hier nur auf einige Veröffentlichungen verwiesen.

Argentinien. PELOSI: L'évolution du Notariat argentin, Rev. Henri Maigret, 1962, Nr. 36/37, S. 137.

Belgien. GYSELINCK: Le Notariat belge, Rev. Henri Maigret, 1962, Nr. 35, S. 78.

Costa Rica. GONZÁLES LÓPEZ: Organización del Notariado en Costa Rica, Nuestra Revista (Madrid), Jg. 33, 1. XI. 54, No. 898.

DDR. SCHULZ: Das Notariat in der Sowjetzone, DNotZ 65, S. 275.

England. SICULUS: Notas sobre el notariado en Inglaterra, Rev. Int. Not. 58, S. 93.

Frankreich. MARTIN: Le Notariat français, Rev. Henri Maigret, 1962, Nr. 35, S. 59; WEHRENS, Das Notariatswesen in Frankreich, DNotZ 64, 7 ff.

Italien. STARNE: Historique, contours et perspectives du Notariat moderne en Italie, Rev. Henri Maigret, 1962, (36/37), S. 158.

Kuba. SANCHEZ LOSODA: Breve Historia del Notariado cubano, Rev. Int. Not. 59/60, S. 231.

Niederlande. VAN HASSELT: Le Notariat aux Pays-Bas, Rev. Henri Maigret 1962, (35), S. 68; LUIJTEN: Das Notariat in den Niederlanden, DNotZ 63, S. 12.

Österreich. MICHALEK: Le Notariat autrichien, Rev. Henri Maigret 1962, (36/37), S. 151.

Portugal. DE JONGH: Notariat portugais ... Notariat fonctionnarisé, Den Haag 1964.

Schweiz. ELSENER: Notare und Stadtschreiber, Zur Geschichte des schweizerischen Notariats, Köln und Opladen 1962.

Skandinavien. Siehe die Veröffentlichung der „Fondation pour la promotion de la science notariale", Amsterdam, Herengracht 278, Januar 1966.

Sowjetunion. SCHROEDER, Das Notariatswesen in der Sowjetunion, DNotZ 64, 645.

Spanien. ALVAREZ: Le Notariat espagnol, Rev. Henri Maigret 1962, (35), S. 48.

Vatikan. LINAGE CONDE: La funcion notarial en la sede vacante y en el concilio ecumenico, Rev. Int. Not. 61, S. 61.

3. *Quellen des Notarrechts.* Grundlage des Notarrechts in der Bundesrepublik Deutschland ist die Bundesnotarordnung vom 24. 2. 1961 (BGBl. I, 97). Sie wird durch Ausführungsverordnungen der Länder ergänzt. Die Tätigkeit des Notars wird durch Dienstanweisungen und Allgemeine Verfügungen der Landesjustizverwaltungen, besonders durch die bundeseinheitliche Dienstordnung für Notare (vgl. etwa Rheinland-Pfalz, AV. vom 9. 3. 61, JBl. S. 37, geändert, vgl. DNotZ 66, 5 f.) und die Allgemeinen Verfügungen betreffend Angelegenheiten der Notare geregelt. Sein Verhalten soll der Notar nach den Allgemeinen Richtlinien der Bundesnotarkammer für die Berufsausübung der Notare (vgl. DNotZ 63, 130) einrichten.

II. Das Standesrecht

1. Die Stellung des Notars

Literatur: MÜLLER, KL., Der Anwaltsnotar, MDR 67, 970; RAUKES, Wesenszüge des Notars, DNotZ 63, 141 ff.; SAAGE, Die Notariatsverfassung in der Bundesrepublik, DB 62, 639; SCHIPPEL, Aufsicht und Unabhängigkeit des Notars, DNotZ 65, 595 ff.; WEIRICH, Gedanken zur Unabhängigkeit des Notars, DNotZ 62, 11 ff.

a) Der Notar ist *unabhängiger Träger eines öffentlichen Amtes* (§ 1 BNotO). Er wird für die Beurkundung von Rechtsvorgängen und für andere Aufgaben auf dem Gebiete der vorsorgenden Rechtspflege bestellt. Wegen des Amtscharakters ist der Beruf des Notars kein „freier Beruf" (OVG Münster, DNotZ 59, 435) und auch kein Gewerbe (§ 2). Er ist als Träger eines öffentlichen Amtes und nach der Regelung seiner Amtsbefugnisse und seiner Rechtsstellung in die nächste Nachbarschaft des Beamten gerückt (vgl. BVerfG, DNotZ 63, 621 ff.). Wesentliches Merkmal der Stellung des Notars ist seine *Unabhängigkeit* gegenüber dem Staat und gegenüber den am notariellen Akt Beteiligten.

Die Unabhängigkeit des Notars findet ihren Ausdruck in verschiedenen Bestimmungen der BNotO. Nach § 2 untersteht der Notar ausschließlich den Vorschriften der BNotO, so daß er Weisungen des Staates nicht unterworfen ist. Er wird entweder auf Lebenszeit (§ 3 I, III) oder für die Dauer seiner Zulassung als Rechtsanwalt bei einem bestimmten Gericht (§ 3 II) bestellt; eine Verlegung seines Amtssitzes kann nicht gegen seinen Willen geschehen (§ 10 I). Das Amt erlischt nur in den gesetzlich bestimmten Fällen (§ 47). Die Unabhängigkeit gegenüber den Beteiligten zeigt sich besonders in § 14 I 2: Der Notar ist nicht Vertreter einer Partei, sondern unparteiischer Betreuer der Beteiligten. Besteht die Gefahr, daß der Notar unsachlich beeinflußt wird, so ist er von der Amtsausübung ausgeschlossen (§ 16). Aus den gleichen Gründen verbietet § 8 dem Notar, zugleich Inhaber eines besoldeten Amtes zu sein und knüpft die Übernahme bestimmter Nebentätigkeiten an die Genehmigung der Aufsichtsbehörde.

b) Auch die *Notariatsverfassung* bestimmt weitgehend die Stellung des Notars. Die BNotO (§ 3) kennt — historisch bedingt — verschiedene Formen des Notariats. Die bedeutendsten sind das sog. Nurnotariat und das sog. Anwaltsnotariat.

aa) Der Regelfall ist der *Nur-Notar.* Er ist kein Beamter, aber unabhängiger Träger eines öffentlichen Amtes und wird zur hauptberuflichen Amtsausübung auf Lebenszeit bestellt (§ 3 I).

bb) Daneben gibt es (z. B. in Hessen und Niedersachsen) den sog. *Anwaltsnotar.* Das ist ein Rechtsanwalt, der für die Dauer seiner Zulassung bei einem bestimmten Gericht als Notar zu gleichzeitiger Amtsausübung neben dem Beruf des Rechtsanwaltes bestellt wird (§ 3 II BNotO). In manchen Ländern ist dies die einzige Notariatsform, in anderen hingegen findet man sie neben dem Nur-Notariat. Umgekehrt kann auch, wenn dies im Interesse einer geordneten Rechtspflege erforderlich erscheint, ein Notar beim Amtsgericht seines Amtssitzes als Rechtanwalt zugelassen werden (§ 3 III BNotO: *Notaranwalt*).

cc) Neben diesen beiden Grundtypen des Notariats bestehen weitere, örtlich und historisch bedingte Notariatsformen.

Der *württembergische Bezirksnotar* ist der Typ des sog. Beamtennotars, der eine eigenartige Zwitterstellung hat. Er ist Rechtspflegeorgan eigener Art (aber kein Rechtspfleger). Ihm sind nicht nur die eigentlichen Notariatsgeschäfte, sondern außerdem andere, meist richterliche Funktionen auf dem Gebiet der fG zugewiesen, vor allem die Aufgaben des Grundbuchrichters, des Vormundschaftsrichters und des Nachlaßrichters (Art. 12 württ. AGBGB). Dabei ist seine Tätigkeit als öffentlicher Notar von seiner sonstigen amtlichen Tätigkeit scharf zu trennen. Diese Trennung gilt sogar für die Besoldung. Als öffentlicher Notar ist er Gebührenbeamter. Für seine übrige amtliche Tätigkeit wird er hingegen besoldet. Insgesamt ist er staatlicher Beamter des gehobenen Justizdienstes. Für ihn gelten nicht die Bestimmungen der BNotO, sondern des württ. AGBGB (§ 114 BNotO).

Die *badischen Notariatsbehörden.* Hier liegt das Notariat in den Händen staatlicher Notariatsbehörden, die mit einem oder mehreren besoldeten und zur Ausübung des Richteramtes befähigten Beamten besetzt sind.

Die Zuständigkeit des badischen Notariats richtet sich ausschließlich nach Landesrecht, nämlich dem BadFGG (§ 115 BNotO). Sie entspricht etwa der des württembergischen Bezirksnotars. Darüber hinaus erfaßt sie aber auch noch vor allem die Durchführung der Zwangsversteigerung und Zwangsverwaltung nach dem ZVG.

dd) Um zu verhindern, daß de facto in Gebieten, in denen das Nurnotariat besteht, das Anwaltsnotariat hergestellt wird, dürfen Nurnotare — im Gegensatz zu den Anwaltsnotaren und Notaranwälten — sich nicht mit einem Rechtsanwalt zur gemeinsamen Berufsausübung verbinden oder mit ihm gemeinsame Geschäftsräume haben (§ 9 I).

Sozietäten und Bürogemeinschaften von Nurnotaren sind möglich (§ 9 II), können aber genehmigungspflichtig gemacht werden.

2. *Erwerb und Verlust des Amtes.* a) Die *Bestellung zum Notar* setzt voraus, daß der Bewerber die deutsche Staatsangehörigkeit besitzt, daß er die Befähigung zum Richteramt (§§ 5 ff. DRiG) erlangt hat (§ 5) und daß er nach seiner Persönlichkeit und seiner Leistung für das Amt des Notars geeignet ist (§ 6). Um dem Bewerber die nach § 6 erforderliche berufliche Eignung zu vermitteln, setzt § 7 für die Bestellung zum Nurnotar (bzw. Notaranwalt) die Ableistung eines dreijährigen Anwärterdienstes als Notarassessor voraus.

Der *Notarassessor* wird von der Landesjustizverwaltung nach Anhörung der Notarkammer ernannt und vom Präsidenten der Notarkammer einem Notar zur Ausbildung überwiesen. Während des Anwärterdienstes steht der Notarassessor in einem öffentlich-rechtlichen Dienstverhältnis zum Land, ohne aber Beamter zu sein; vielmehr untersteht er ausschließlich der BNotO. Er hat dieselben allgemeinen Dienstpflichten wie der Notar. Zu diesem steht der Notarassessor in einem öffentlich-rechtlichen Ausbildungsverhältnis und ist in einer dem Zweck des Anwärterdienstes entsprechenden Weise zu beschäftigen. Der Anwärterdienst endet mit der Bestellung zum Notar oder mit der Entlassung aus dem Dienst. Die Entlassung erfolgt entweder auf Antrag des Notarassessors oder wegen Ungeeignetheit, Nichtantritt des Anwärterdienstes oder Nichtbewerbung um freie Notarstellen. Weitere Einzelheiten s. SEYBOLD-HORNIG, § 7 Rz. 2 ff. Vgl. die Ausbildungsordnungen für Notarassessoren: Rheinland-Pfalz, GVBl. 1963, S. 101; Hamburg, GVBl. 1964, S. 186; Nordrhein-Westfalen, GVBl. 1963, S. 268; Saarland, ABl. 1963, 562.

Neben diesen subjektiven Voraussetzungen ist nach § 4 zu prüfen, ob ein Bedürfnis für die Bestellung besteht: Es werden nur so viele Notare bestellt, wie es den Erfordernissen einer geordneten Rechtspflege entspricht. Dies gilt sowohl für die Bestellung von Nurnotaren als auch von Anwaltsnotaren; jedoch können die Landesjustizverwaltungen die Bestellung von Anwaltsnotaren näher regeln.

§ 4 verstößt nicht gegen Art. 12 I GG. Dies folgt aus dem öffentlichen Charakter des Notaramtes, vgl. BGH, DNotZ 62, 606 ff.; DNotZ 63, 121; BVerfG. DNotZ 64, 424.

Liegen die Voraussetzungen der §§ 4—7 vor, so wird der Bewerber auf Antrag von der Landesjustizverwaltung nach Anhörung der Notarkammer zum Notar bestellt (§ 12). Nurnotare werden auf Lebenszeit (§ 3 I), Anwaltsnotare für die Dauer ihrer Zulassung bei einem bestimmten Gericht (§ 3 II) bestellt. Die Bestellung erfolgt durch Aushändigung einer Bestallungsurkunde.

In dieser sollen angegeben werden: Die Dauer der Bestellung (§ 3), ein bestimmter Ort, der dem Notar als Amtssitz zugewiesen wird (§ 10) und der Amtsbezirk, der dem OLG-Bezirk, in dem er seinen Amtssitz hat, entspricht (§ 11).

Nach Aushändigung der Bestallungsurkunde hat der Notar vor dem Präsidenten des Landgerichts, in dessen Bezirk er seinen Amtssitz hat, seinen Amtseid zu leisten (§ 13).

b) Die Gründe für das Erlöschen des Notaramtes zählt § 47 erschöpfend auf. Es sind dies:

1. der Tod. Das Notaramt ist nicht vererblich und kann auch nicht für die Erben bis zur Wiederbesetzung fortgeführt werden;
2. Entlassung auf Verlangen des Notars (§ 48);
3. Wegfall der Zulassung des Anwaltsnotars als Rechtsanwalt;
4. Ausschließung des Notaranwalts aus der Rechtsanwaltschaft;
5. strafgerichtliche Verurteilung (§ 49), die für den Notar in gleicher Weise den Amtsverlust zur Folge hat, wie für einen Landesbeamten;
6. Amtsenthebung (§ 50). Diese hat keinen Strafcharakter, sondern soll eine geordnete Rechtspflege sichern. Sie ist möglich, falls die Bestellung bestimmte Mängel aufweist oder später Voraussetzungen für die Bestellung wegfallen oder wenn besondere Verhältnisse des Notars die Rechtspflege gefährden. Die Amtsenthebung geschieht durch die Landesjustizverwaltung (§ 50 III). Die vorläufige Amtsenthebung (§ 54) führt nicht zum Erlöschen des Amtes, sondern nur zum Verbot der Amtsausübung (§ 55 II);
7. Entfernung aus dem Amt durch disziplinargerichtliches Urteil (§ 97).

Mit dem Erlöschen des Amtes verliert der Notar die Stellung als Träger eines öffentlichen Amtes und die ihm verliehenen Befugnisse.

Die Akten und Bücher sowie die ihm amtlich übergebenen Urkunden werden in Verwahrung genommen, Siegel und Stempel vernichtet (§ 51). Der Notar darf die Bezeichnung „Notar" nicht mehr führen (§ 52; Ausnahme: bei Erlöschen nach §§ 48, 50 I Nr. 6). Geschäftsräume und Angestellte des bisherigen Notars können von einem am gleichen Amtssitz bereits ansässigen Notar nur mit Genehmigung der Landesjustizverwaltung übernommen werden (§ 53).

Eine unbesetzte Notariatsstelle wird in der Regel von einer zum Amt des Notars befähigten Person *(Notariatsverweser)* vorübergehend verwaltet (§§ 56 ff.). Beim Nurnotariat dient die Bestellung des Notariatsverwesers der Erhaltung der Amtsstelle im Interesse des Nachfolgers und der Rechtssuchenden, beim Anwaltsnotariat dient sie lediglich der Abwicklung der Amtsgeschäfte.

Voraussetzung der Bestellung eines Notariatsverwesers für einen Nurnotar ist entweder das Erlöschen des Notaramtes, die Verlegung des Amtssitzes (§ 10) oder die Unzulässigkeit der Amtsausübung im Falle des § 8 I (vgl. hierzu BGH, DNotZ 64, 728). Bei einer vorläufigen Amtsenthebung (§ 54) ist die Bestellung eines Notariatsverwesers möglich (§ 56 I 2), aber nur, wenn die Bestellung eines Notariatsvertreters unzweckmäßig erscheint. Für einen Anwaltsnotar kann ein Notariatsverweser nur bestellt werden, wenn das Notaramt erloschen ist und ein Bedürfnis besteht. Die Bestellung des Notariatsverwesers entspricht der des Notars (§ 57). Er führt das Amt an Stelle eines Notars (§ 58), aber für Rechnung der Notarkammer gegen eine angemessene Vergütung (§ 59). Das Amt des Notariatsverwesers endet mit der Bestellung eines neuen Notars, mit dem Widerruf der Bestellung aus wichtigem Grunde, mit dem Wegfall der Voraussetzungen der §§ 8 I 2, 54 und — beim Notariatsverweser eines Anwaltsnotars — mit Ablauf des Zeitraumes, für den er bestellt worden ist (§ 56). Damit enden die Rechte und Pflichten aus dem öffentlichen Amt. Einzelheiten s. §§ 56—64.

3. *Aufsichts- und Disziplinarrecht*

Literatur: Harms, Ehrengerichtliches oder Disziplinarverfahren bei Verfehlungen eines Anwaltsnotars, DNotZ 62, 87 ff.; Schippel, Die Schuldfrage bei Dienstvergehen, DNotZ 65, 532.

a) Die *Prüfung* und *Überwachung* der *Amtsführung* der Notare, Notarvertreter, Notariatsverweser und des Dienstes der Notarassessoren obliegt, da die Notare Träger eines öffentlichen Amtes sind, der Justizverwaltung (§§ 93 I, 39 IV, 57 I). Zuständige Aufsichtsbehörden sind: der Land- und Oberlandesgerichtspräsident für die Notare in ihren Gerichtsbezirken und die Landesjustizverwaltung für alle Notare des Landes (§ 92). Sie werden unterstützt von den Notarkammern (§ 67 I). Der Notar hat den Aufsichtsbehörden seine Unterlagen zur Einsicht vorzulegen (§ 93 II). Bei Ordnungswidrigkeiten oder Pflichtverletzungen leichterer Art können die Aufsichtsbehörden eine *Mißbilligung* aussprechen.

b) Im *Disziplinarverfahren* können Notare, die schuldhaft die ihnen obliegenden Amtspflichten verletzen (Dienstvergehen, § 95), mit folgenden Maßnahmen belegt werden: *Verweis, Geldbuße, Entfernung aus dem Amt* (§ 97 I). Gegen einen *Nurnotar* kann als Disziplinarmaßnahme auch auf *Entfernung vom bisherigen Amtssitz* erkannt werden, gegen einen *Anwaltsnotar* auf *Entfernung aus dem Amt auf unbestimmte Zeit* (§ 97 II III). Soweit die BNotO nichts Abweichendes bestimmt, sind auf das Disziplinarverfahren die Landesdisziplinarvorschriften entsprechend anzuwenden (§ 96; s. SEYBOLD-HORNIG, § 96 Rz. 1).

Die Disziplinarmaßnahmen können nur von einem Disziplinargericht verhängt werden. Verweis und Geldbuße können jedoch auch durch Disziplinarverfügung der Aufsichtsbehörde verhängt werden, wobei der Landgerichtspräsident nicht auf Geldbuße als Disziplinarmaßnahme erkennen darf (§ 98). Als Disziplinargerichte für Notare sind im ersten Rechtszug das Oberlandesgericht und im zweiten Rechtszug der Bundesgerichtshof zuständig (§ 99).

Das OLG entscheidet in der Besetzung mit dem Vorsitzenden (Senatspräsident, § 102), einem Beisitzer, der planmäßig angestellter Richter ist und einem Beisitzer, der Notar ist (§ 101). Die Berufsrichter werden vom Präsidium des OLG bestellt, die Notarbeisitzer von der Landesjustizverwaltung einer Vorschlagsliste der Notarkammer entnommen und ernannt (§§ 102, 103). Die Beisitzer aus den Reihen der Notare haben als solche während der Dauer ihres Amtes alle Rechte und Pflichten eines Berufsrichters (§ 104 I). Entscheidungen des OLG können entsprechend den Vorschriften der Bundesdisziplinarordnung über die Anfechtung von Entscheidungen der Bundesdisziplinarkammer angefochten werden (§ 105).

Der BGH entscheidet in der Besetzung mit dem Vorsitzenden (Senatspräsident, § 107), zwei Bundesrichtern und zwei Notaren als Beisitzer (§ 106). Die Berufsrichter werden vom Präsidium des BGH bestellt, die Notare als Beisitzer vom Bundesjustizminister einer Vorschlagsliste der Bundesnotarkammer entnommen und berufen (§§ 107, 108). Auf das Verfahren vor dem BGH finden die für das Verfahren des Bundesdisziplinarhofs geltenden Vorschriften entsprechende Anwendung, wobei der Generalbundesanwalt die dem Bundesdisziplinaranwalt zustehenden Befugnisse wahrnimmt.

Eine Verfehlung eines Anwaltsnotars oder Notaranwalts kann ein Dienstvergehen (§ 95) oder/und einen Verstoß gegen die ihm als Anwalt obliegenden Pflichten darstellen. Ob hierüber im Disziplinarverfahren oder im ehrengerichtlichen Verfahren der Rechtsanwälte zu entscheiden ist, bestimmt sich danach, ob die Verfehlung vorwiegend mit dem Amt als Notar oder als Rechtsanwalt in Zusammenhang steht. Besteht ein solcher Zusammenhang nicht, so geht bei einem Anwaltsnotar das ehrengerichtliche Verfahren, bei einem Notaranwalt das Disziplinarverfahren vor (§ 110; s. hierzu BGH, DNotZ 67, 701).

4. *Berufsständische Organisation*

Literatur: MAUBACH, Die Notar-Organisationen der Bundesrepublik Deutschland, DNotZ 67, 252.

a) Die Notare jedes OLG-Bezirks bilden grundsätzlich eine *Notarkammer* (§ 65 I). Diese Einrichtung fand mit der Rezeption des französischen Notariatsrecht zu Beginn des 19. Jahrhunderts Eingang in Deutschland; ihre Ursprünge sind im italienischen Recht begründet. Die Notarkammern haben den Charakter von Selbstverwaltungskörperschaften (§ 66). Ihre Aufgaben sind die Standesaufsicht und die Standesvertretung (§ 67).

Die *Standesaufsicht* ist hoheitliche Tätigkeit und erfolgt durch Überwachung der Erfüllung der Standespflichten. Hierauf beruhen der Grundsatz der Selbstverwaltung (§ 72), das Recht, von den Notaren Auskünfte und das persönliche Erscheinen vor den Organen der Kammer zu verlangen (§ 74), das Recht, bei leichten Ordnungswidrigkeiten Ermahnungen auszusprechen (§ 75) und die Verpflichtung, über Ehre und Ansehen der Mitglieder zu wachen, die Aufsichtsbehörde bei ihrer Tätigkeit zu unterstützen und für eine gewissenhafte und lautere Berufsausübung zu sorgen (§ 67 I 2).

Als *Standesvertretung* (§ 67 I 1) nimmt die Notarkammer alle öffentlichrechtlichen und privatrechtlichen Standesinteressen wahr, vor allem berufs-, wirtschafts- und rechtspolitischer Art. Zu den Aufgaben der Notarkammer im einzelnen vgl. §§ 7, 8 I, 10 I, 12 I, 39 III, 50 III, 59—64, 67, 97 II, 103 I, 110 BNotO.

Organe der Notarkammer sind der Vorstand und die Versammlung der Kammer (§ 68). Der Vorstand nimmt die Befugnisse der Notarkammer wahr; er beschließt in dringenden Fällen an Stelle der Versammlung, muß aber deren Genehmigung nachholen (§ 69 I). Der Vorstand besteht aus dem Präsidenten, seinem Stellvertreter und weiteren Mitgliedern (über ihre Wahl vgl. § 69 II, III). Der Präsident vertritt die Kammer gerichtlich und außergerichtlich (§ 70 I). Der Versammlung obliegen alle Aufgaben, die die Notarkammer kraft Gesetzes oder Satzung (§ 72) zu erfüllen hat. In der Praxis beschränkt sich dies in der Regel auf die der Versammlung kraft Gesetzes zwingend vorbehaltenen Aufgaben.

Es sind dies: Die Bestimmungen der Höhe und Fälligkeit der Beiträge, die von den Notaren gemäß § 73 erhoben werden; die Bewilligung der Mittel, die erforderlich sind, um den Aufwand für die gemeinschaftlichen Angelegenheiten zu bestreiten; die Prüfung der Abrechnung des Vorstandes über die Einnahmen und Ausgaben der Kammer sowie über die Verwaltung des Vermögens und der Beschluß über die Entlastung (§ 71 IV); Beschlüsse über die Satzung (§ 66 II 2) und die Wahl des Vorstandes (§ 69 II 2). Die Versammlung wird vom Präsidenten nach Maßgabe des § 71 einberufen.

b) Berufsständische Vertretung der Notare auf Bundesebene ist die *Bundesnotarkammer*. In ihr sind die Notarkammern zusammengeschlossen (§ 76). Die Mitgliedschaft ist zwingend. Die Bundesnotarkammer ist, wie die Notarkammern, Körperschaft des öffentlichen Rechts (§§ 77, 66). Zwischen der Bundesnotarkammer und den Notarkammern besteht kein Subordinationsverhältnis. Sie sind gleichberechtigt, ihre Zuständigkeiten sind gesetzlich abgegrenzt.

Aufgabe der Bundesnotarkammer ist die berufsständische Vertretung der Notare auf Bundesebene, die Repräsentation der Gesamtheit der Notare, die Förderung der fachlichen Zusammenarbeit der Notare untereinander und mit den Bundesbehörden in Fragen des notariellen Berufsrechts.

Insbesondere hat die Bundesnotarkammer folgende Aufgaben zu erfüllen (§ 78): Ermittlung und Feststellung der Auffassung der Mehrheit der Notarkammern in Fragen, welche die Gesamtheit der Notarkammern angehen; Vertretung der Gesamtheit der Notarkammern gegenüber Gerichten, Behörden und Organisationen; Erstattung von Gutachten, die von bestimmten Behörden in Notarangelegenheiten angefordert werden; Aufstellung von Richtlinien für die Berufsausübung der Notare und für die Ausbildung der Hilfskräfte der Notare; vgl. auch § 108. Weitere Aufgaben kann die Satzung bestimmen (§ 89, veröffentlicht in DNotZ 62, 3 ff.).

Organe der Bundesnotarkammer sind das *Präsidium* und die *Vertreterversammlung* (§ 79). Ihre Mitglieder sind ehrenamtlich tätig (§ 88). Das *Präsidium* führt die Verwaltungsgeschäfte und führt die Beschlüsse der Vertreterversammlung aus. Daneben übertragen ihm Gesetz und Satzung weitere Aufgaben (vgl. §§ 82 III, 83 II, 87, 89). Zur Wahl und Zusammensetzung vgl. §§ 80, 81. Der Präsident des Präsidiums vertritt die Bundesnotarkammer gerichtlich und außergerichtlich (§ 82). Die *Vertreterversammlung* hat die der Bundesnotarkammer obliegenden Aufgaben zu erfüllen (s. auch § 91 II). Hierzu werden Beschlüsse gefaßt (§ 83 I), die das Präsidium auszuführen hat. Die Vertreterversammlung besteht aus Mitgliedern der einzelnen Notarkammern (§ 84) und wird vom Präsidenten nach Maßgabe des § 85 einberufen. Zur Beschlußfassung vgl. § 86.

c) In § 113 hat die BNotO mit der *Notarkasse* eine regionale Besonderheit des deutschen Notariatsrechts beibehalten. Zur Geschichte vgl. SEYBOLD-HORNIG, § 113 Rz. 1 ff. Die Notarkasse ist als Anstalt des öffentlichen Rechts des Landes Bayern Trägerin besonderer Verwaltungsaufgaben für die Notare in Bayern und im Regierungsbezirk Pfalz des Landes Rheinland-Pfalz. Wesentliche Aufgaben dieser Anstalt sind die Ergänzung des Berufseinkommens, Alters-, Amtsunfähigkeits- und Hinterbliebenenversorgung als eine Art Versicherung, Übernahme eines erheblichen Teils des Personalaufwands der Notarstellen, einheitliche Durchführung der Haftpflichtversicherung, die Übernahme bestimmter Aufgaben, die den Notarkammern zugewiesen sind (I. Abs. 3), die Erhebung von Abgaben, soweit dies zur Erfüllung ihrer Aufgaben notwendig ist.

Für den Tätigkeitsbereich der Notarkasse gelten nach § 113 II. teilweise besondere Vorschriften: Notare können nach Vollendung ihres siebzigsten Lebensjahres ihres Amtes enthoben werden, die Notare sind verpflichtet, die ihnen zugewiesenen Notariatsbeamten und sonstigen in einem öffentlichen Dienstverhältnis zur Notarkasse stehenden Hilfskräfte zu beschäftigen, Aufgaben der Notarkammern können durch die Landesjustizverwaltungen der Notarkasse übertragen werden.

5. *Die Anfechtung von Verwaltungsakten.* Verwaltungsakte, die nach der BNotO ergehen, können gemäß § 111 I durch einen Antrag auf gerichtliche Entscheidung angefochten werden. Eine Feststellungsklage oder vorbeugende Feststellungsklage läßt die BNotO nicht zu (BGH, DNotZ 64, 186). Die Regelung des § 111 entspricht weitgehend den §§ 37 ff., 223 BRAO, §§ 23 ff. EGGVG. Sie wird ersetzt und ergänzt durch §§ 62, 73 II, 92 ff., 113 I. Abs. 6 BNotO, 156 KostO. Die Entscheidung ist den ordentlichen Gerichten übertragen worden: In erster Instanz entscheiden die OLG, in zweiter Instanz der BGH. Sie entscheiden in der gleichen Besetzung wie in Disziplinarsachen (§ 111 III).

Zu den anfechtbaren Verwaltungsakten gehören Verwaltungsakte der Landesjustizverwaltung, der Notarkammern und der Notarkasse. Die Anfechtung kann nur darauf gestützt werden, daß der Verwaltungsakt den Antragsteller in seinen Rechten beeinträchtige, weil er rechtswidrig sei. Bei Ermessensentscheidungen der Landesjustizverwaltung kann der Antrag nur auf Ermessensüberschreitung oder Ermessensmißbrauch gestützt werden. Der Antrag ist fristgebunden (§ 111 II), er hat keine aufschiebende Wirkung (BGH, DNotZ 63, 628). Die Verfahrensgrundsätze ergeben sich aus §§ 111 IV BNotO, 40 BRAO und dem FGG. Die Entscheidung ergeht durch Beschluß.

Gegen die Entscheidung des OLG ist die *sofortige Beschwerde* an den BGH zulässig (§ 111 IV), die binnen einer Frist von zwei Wochen beim OLG einzulegen ist (§§ 111 IV 2 BNotO, 42 IV 1 BRAO). Die Wirksamkeit der Entscheidung des OLG wird dadurch aufgehoben (§ 42 IV 2 BRAO).

Für die *Verfahrenskosten* gelten die §§ 200 ff. BRAO, 91 a ZPO entsprechend.

III. Die Ausübung des Amtes

1. Die Amtsgeschäfte

Literatur: BÜHLER, Grenzen der Berufstätigkeit des Notars, Justiz 64, 173; BÜHLING, Das Entwerfen von Urkunden, ein Nebengeschäft des Notars? DNotZ 66, 86 ff.; HABSCHEID, Die Vertretungsbefugnis des Notars in Angelegenheiten der vorsorgenden Rechtspflege (§ 24 BNotO), NJW 64, 1502 ff.; JANSEN, Zur Postulationsfähigkeit der Notare im Verfahren der fG, DNotZ 64, 707 ff.; ROHS, Die Abgrenzung von Anwalts- und Notartätigkeit bei Anwaltsnotaren und Notaranwälten, JVBl. 65, 49.

Die Zuständigkeit des Notars ist in den §§ 20—24 erschöpfend geregelt. Sein Aufgabenbereich umfaßt die *Urkundstätigkeit* (§§ 20—22) und die sonstige Tätigkeit des Notars, die sog. *notarische Rechtsbetreuung* (§§ 23, 24). Im Rahmen dieser Zuständigkeiten wird der Notar stets hoheitlich, d. h. als Träger eines öffentlichen Amtes tätig. Eine ausschließliche Zuständigkeit des Notars besteht nicht (Ausnahme: Art. 141 EGBGB). Nach zahlreichen Vorschriften sind neben oder an Stelle der Notare auch andere Stellen für notarielle Geschäfte zuständig (vgl. Art. 7 NotMaßG).

a) Im Rahmen der *Urkundstätigkeit* ist der Notar zuständig, Beurkundungen jeder Art vorzunehmen sowie Unterschriften, Handzeichen und Abschriften zu beglaubigen. Hinzu kommt vielfach noch der Vollzug der den Gegenstand seiner Amtstätigkeit bildenden Geschäfte. Die von einem Notar vorschriftsmäßig aufgenommenen Urkunden sind öffentliche Urkunden (vgl. §§ 415 I, 418 I, 437 ZPO; zur Beweiskraft notarieller Urkunden vgl. LG Berlin, DNotZ 63, 250). Über die Form der notariellen Urkunde vgl. §§ 25 ff. DONot. Die Urschrift der notariellen Urkunde bleibt, soweit sie in der Form einer Niederschrift verfaßt ist, in der Verwahrung des Notars (§ 25 I BNotO, § 19 DONot). Die Beteiligten erhalten Ausfertigungen oder beglaubigte Abschriften. Über Ausnahmen vgl. § 25 II, III. Zu den notariellen Urkundsgeschäften zählen: die Beurkundung von rechtsgeschäftlichen Erklärungen unter Lebenden (über das Verfahren vgl. §§ 168 ff. FGG, so oben § 52 II 2); die Beurkundung von Verfügungen von Todes wegen (vgl. oben § 52 III 1); die Beurkundung von tatsächlichen Vorgängen.

Als Beurkundung tatsächlicher Vorgänge sind alle Beurkundungen anzusehen, die keine rechtsgeschäftlichen Erklärungen zum Gegenstand haben. Die verschiedenen Verfahren sind nur teilweise bundesrechtlich geregelt, z. B. bei Beglaubigung einer Unterschrift (§ 183 FGG, vgl. oben § 52 II 3); bei Beglaubigung des Lichtbildes einer Urkunde (vgl. oben § 52 III 4); bei Beurkundungen im Gesellschaftsrecht (vgl. oben § 52 III 2); bei Beurkundung eines Wechsel- oder Scheckprotestes (vgl. oben § 52 III 3). Im übrigen gilt Landesrecht, z. B. für die Niederschrift über eine Verlosung, für die Beurkundung von Auslosungen oder der Vernichtung von Wertpapieren, für die Beglaubigung von Abschriften.

Zu den Aufgaben des Notars gehören insbesondere noch die Vornahme von Verlosungen und Auslosungen, die Aufnahme von Vermögensverzeichnissen, die Anlegung und Abnahme von Siegeln, die Zustellung von Erklärungen, die Ausstellung von Bescheinigungen über amtlich von ihm wahrgenommene Tatsachen (§ 20 I 2). Der Notar ist ferner zuständig für die Wiederherstellung zerstörter oder abhanden gekommener notarieller Urkunden (vgl. oben § 52 III 5), für die Entgegennahme von Auflassungen (§ 20 II, § 925 I BGB) und für die Ausstellung von Teilhypotheken- und Teilgrundschuldbriefen (§ 20 II, § 61 I GBO), sowie für die Durchführung freiwilliger Versteigerungen (§ 20 III 1). Eine Versteigerung beweglicher Sachen soll er aber nur vornehmen, wenn diese durch die Versteigerung unbeweglicher Sachen oder durch eine vom Notar beurkundete oder vermittelte Vermögensauseinandersetzung veranlaßt worden ist (§ 20 III 2).

Landesrechtlich kann den Notaren die Zuständigkeit für die förmliche Vermittlung von Nachlaß- und Gesamtgutauseinandersetzungen einschließlich der Erteilung von Zeugnissen nach §§ 36, 37 GBO und für die Aufnahme von Nachlaßverzeichnissen und -inventaren sowie das Anlegen und Abnehmen von Siegeln auf Anordnung des Nachlaßgerichts (vgl. §§ 1960, 2003 BGB) übertragen werden (§ 20 IV).

Eine Ausnahme von § 20 I, wonach der Notar Bescheinigungen nur über Tatsachen ausstellen darf, macht § 21 für *Vertretungsbescheinigungen.* Dem Notar ist es gestattet, Bescheinigungen über die Vertretungsberechtigung der bei einer Beurkundung oder Unterschriftsbeglaubigung Beteiligten auszustellen, sofern sich die Vertretungsberechtigung aus einer Eintragung im Handelsregister oder in einem ähnlichen Register, wie etwa dem Vereins- oder Genossenschaftsregister ergibt (§ 21 I 1). Der Notar darf die Bescheinigung nur ausstellen, wenn er zuvor das Register oder eine beglaubigte Abschrift des Registers persönlich (§ 36 I 2 ist ausgeschlossen) eingesehen hat. Der Tag der Einsichtnahme des Registers oder der Tag der Ausstellung der Abschrift ist in der Bescheinigung anzugeben (§ 21 II). Die Bescheinigung ist auf die Urkunde, einer Ausfertigung der Urkunde oder ein damit zu verbindendes Blatt zu setzen (§ 21 III). Eine Bescheinigung, die diesen Vorschriften entspricht, hat die gleiche *Beweiskraft* wie ein Zeugnis des Registergerichts (§ 21 I 2).

Eide oder *eidliche Vernehmungen* kann der Notar in inländischen Angelegenheiten nicht abnehmen (Ausnahmen: die Beeidigung von Dolmetschern und Beeidigungen im Rahmen des § 20 IV). Ist der Eid oder die eidliche Vernehmung nach dem Recht eines ausländischen Staates oder nach den Bestimmungen einer ausländischen Behörde oder sonst zur Wahrnehmung von Rechten im Ausland erforderlich, so ist der Notar zur Abnahme zuständig (§ 22 I). Unter Einschränkung der allgemeinen Beurkundungsbefugnis nach § 20 I wird in § 22 II die Zuständigkeit des Notars zur Aufnahme eidesstattlicher Versicherungen auf die Fälle beschränkt, in denen einer Behörde oder sonstigen Dienststelle eine tatsächliche Behauptung oder Aussage glaubhaft gemacht werden soll, z. B. eidesstattliche Versicherungen zur Erlangung eines Erbscheins oder Testamentsvollstreckerzeugnisses (§§ 2356 II, 2368 III BGB). Bei der Abnahme von Eiden und eidesstattlichen Versicherungen soll der Notar den Beteiligten über deren Bedeutung belehren (vgl. §§ 154 ff. StGB) und hierüber einen Vermerk in die Niederschrift aufnehmen (§ 22 IV). Im übrigen richtet sich das Verfahren nach Landesrecht.

b) Für die *sonstige Tätigkeit* des Notars gelten eine Reihe besonderer Vorschriften nicht, die nur für die Urkundstätigkeit gelten, nämlich die Pflicht zur Amtsausübung (§ 15), die Ausschließung vom Amt nach § 16, die Bewilligung des Armenrechts nach § 17 und der Grundsatz der *persönlichen* Amtsausübung.

Zu den Aufgaben des Notars im Rahmen der notarischen Rechtsbetreuung gehört es, Geld, Wertpapiere und Kostbarkeiten, die ihm von den Beteiligten übergeben worden sind, zur Aufbewahrung oder zur Ablieferung zu übernehmen (vgl. § 123 III 2 AktG). Die Übergabe zwecks Aufbewahrung oder Ablieferung an Dritte ist keine Hinterlegung im Sinne der §§ 372 ff. BGB (BGH, DNotZ 65, 343 ff.). Die Abgrenzung notarieller und anwaltlicher Verwahrungsgeschäfte beim Anwaltsnotar oder Notaranwalt ist entsprechend § 24 II vorzunehmen. Über die Durchführung der Verwahrungsgeschäfte vgl. §§ 7, 11—14, 24 DONot.

Nach § 24 I gehört auch die sonstige Betreuung der Beteiligten auf dem Gebiet der vorsorgenden Rechtspflege zum Aufgabenbereich des Notars. Er hat als unparteiischer Helfer und Mittler bei der Gestaltung privater Rechtsbeziehungen mitzuwirken. Dies dient der Rechtssicherheit und der Streitverhütung. Die Vertretung und Wahrnehmung privater Interessen eines Beteiligten gegenüber anderen gehört nicht zu seinen Aufgaben (vgl. § 9 RLNot). Zur Tätigkeit des Notars nach § 24 I gehört demnach im wesentlichen die Anfertigung von Urkundsentwürfen, die Beratung und die Vertretung der Beteiligten vor Gerichten und Verwaltungsbehörden in Angelegenheiten der vorsorgenden Rechtspflege.

Der Aufgabenbereich des Notars wird noch erweitert durch gesetzliche Ermächtigungen (vgl. § 15 GBO, § 25 SchRO, §§ 71, 129, 147 I, 159, 161 FGG), wonach der Notar als ermächtigt gilt, beim Grundbuchamt oder bei Registerbehörden Anträge zu stellen. In diesen Fällen ist er auch ermächtigt, die von ihm gestellten Anträge zurückzunehmen (§ 24 III 1). Die Rücknahmeerklärung ist wirksam, wenn sie mit der Unterschrift und dem Amtssiegel des Notars versehen ist; eine Beglaubigung der Unterschrift ist nicht erforderlich (§ 24 III 2).

Ob die Tätigkeit eines Anwaltsnotars oder Notaranwalts im Rahmen der vorsorgenden Rechtspflege notarische oder anwaltliche Tätigkeit ist, ist für die Haftung, die Gebühren und die Beitreibung der Kosten von erheblicher Bedeutung. Ist die Tätigkeit bestimmt, Amtsgeschäfte der in den §§ 20 bis 23 bezeichneten Art vorzubereiten oder auszuführen, so ist anzunehmen, daß er als Notar tätig geworden ist. Im übrigen ist im Zweifel anzunehmen, daß er als Rechtsanwalt tätig geworden ist (§ 24 II; vgl. auch OLG Hamm, AnwBl. 56, 29).

2. *Allgemeine Amtspflichten*

Literatur: Bauer, § 29 Abs. 2 Satz 2 PStG und die Schweigepflicht des Notars, DNotZ 63, 341 ff.; Beck, Das Rechtsschutzbedürfnis in der notariellen Praxis, DNotZ 66, 259 ff.; Jansen, Die Rechtslage bei Weigerung des Notars, eine vollstreckbare Ausfertigung zu erteilen, DNotZ 66, 267 ff.; Schippel, Die allgemeinen Richtlinien für die Berufsausübung der Notare, DNotZ 63, 261 ff.; Schneider, Die Rechtslage bei Weigerung des Notars, vollstreckbare Ausfertigungen zu erteilen, DNotZ 66, 16 ff.

a) Die allgemeinen *Pflichten des Notars* bei der Ausübung seines Amtes sind generalklauselartig in § 14 zusammengefaßt: Der Notar hat sein Amt getreu seinem Eide zu verwalten. Hieraus folgt die Pflicht des Notars gegenüber dem Staat, das ihm *verliehene Amt* auch *tatsächlich auszuüben* (Seybold-Hornig, § 14 Rz. 1 f.). Im Interesse einer geordneten vorsorgenden Rechtspflege muß — weil nur eine bestimmte Zahl von Notarstellen vergeben wird (§ 4) — der Notar den Rechtssuchenden auch zur Verfügung stehen. Ist der Notar an der Ausübung seines Amtes durch Abwesenheit oder aus einem sonstigen Grunde verhindert, so muß er dafür sorgen, daß der Amtsbetrieb aufrecht erhalten bleibt. Dies kann durch Bestellung eines Notarvertreters (§§ 39 ff.) oder dadurch geschehen, daß er seine Akten und Bücher einem anderen Notar oder dem Amtsgericht in Verwahrung gibt, damit die Beteiligten Abschriften und Ausfertigungen erhalten oder Einsicht in die Akten nehmen können (§ 45).

Ist der Notar länger als eine Woche an der Ausübung seines Amtes verhindert, so hat er dies der Aufsichtsbehörde anzuzeigen (§ 38). Auf seinen Antrag kann ihm ein Vertreter bestellt werden (§ 39 I). Ohne Antrag kann ein Vertreter bei vorläufiger Amtsenthebung und bei vorübergehender Unfähigkeit zur Amtsausübung infolge körperlicher oder geistiger Gebrechen bestellt werden (§ 39 II). Zum Vertreter, auf den die für den Notar geltenden Vorschriften entsprechend anzuwenden sind, darf nur bestellt werden, wer fähig ist, das Amt eines Notars zu bekleiden (§ 39 III, IV). Der Vertreter wird von der Aufsichtsbehörde durch schriftliche Verfügung bestellt und ist, sofern er den Amtseid (§ 13) noch nicht geleistet hat, zu vereidigen (§ 40). Die Vertretung beginnt mit der Übernahme des Amtes (§ 44). Der Vertreter versieht das Amt auf Kosten des Notars (§ 41), der ihm die vereinbarte, bzw. dem von Amts wegen bestellten Vertreter eine angemessene Vergütung zu zahlen hat (§ 43). Die Vertretung endet mit dem Widerruf der Bestellung oder mit der Übergabe des Amtes an den Notar (§§ 40 II, 44 I).

Wird ein Vertreter nicht bestellt, so kann der Notar seine Akten, Verzeichnisse und Bücher einem anderen Notar oder dem Amtsgericht in Verwahrung geben, damit diese Ausfertigungen und Abschriften erteilen und Akteneinsicht gestatten können. Hat der Notar dies nicht getan, so kann das Amtsgericht, falls eine solche Amtshandlung verlangt wird, die Akten in Verwahrung nehmen und die Amtshandlung vornehmen (§ 45).

Die Verpflichtung des Notars zur Amtsausübung ist jedoch auf die Urkundstätigkeit (§§ 20—22) beschränkt. Diese darf er ohne ausreichenden Grund nicht verweigern (§ 15). Die sonstige Amtstätigkeit (§§ 23, 24) steht im Ermessen des Notars (SEYBOLD-HORNIG, § 15 Rz. 5). Ein ausreichender Grund für die Versagung der Urkundstätigkeit liegt stets vor, wenn das Gesetz dies gestattet (vgl. §§ 14 II, 16, 27 III, 28 II, 29 II, 32 II BNotO; §§ 170, 171 FGG; §§ 2234, 2235, 2276 I 2 BGB; §§ 8 II, 141 KostO).

Nach § 16 I ist der Notar bei der Urkundstätigkeit von der Ausübung seines Amtes ausgeschlossen, wenn die Gefahr einer Interessenkollision besteht. Ein Verstoß hiergegen berührt die Gültigkeit der Amtshandlung jedoch nicht, sofern sich aus §§ 2234, 2235, 2276 I 2 BGB oder §§ 170, 171 FGG nichts anderes ergibt (zum Verhältnis dieser Vorschriften zu § 16 BNotO vgl. SEYBOLD-HORNIG, § 16 Rz. 3 f.). Der Notar kann sich auch der Ausübung seines Amtes enthalten, sofern ein Beteiligter berechtigte Zweifel an seiner Unparteilichkeit haben könnte (§ 16 III). Die Beteiligten haben ein Ablehnungsrecht unter den Voraussetzungen des § 16 IV, V.

b) Der Notar ist weiter verpflichtet, die *verfassungsmäßige Ordnung zu wahren* und die *Pflichten eines Notars gewissenhaft und unparteiisch zu erfüllen* (§§ 14 I, 13 I). Die Amtspflichten ergeben sich aus Einzelnormen der BNotO sowie aus Regeln und Gewohnheitsrecht, welche der Notarstand selbst für sein Verhalten entwickelt hat (vgl. die von der Bundesnotarkammer aufgestellten „Allgemeinen Richtlinien für die Berufsausübung der Notare", DNotZ 63, 130). Als besondere Amtspflicht wird die *Verschwiegenheitspflicht* erwähnt (§ 18).

Der Notar hat über alle ihm bei seiner Amtsausübung bekannt gewordenen Angelegenheiten Verschwiegenheit zu bewahren, soweit nichts anderes bestimmt ist, z. B. in den §§ 18 I 2, 63, 74, 92, 93 BNotO. Ein Verstoß gegen die Verschwiegenheitspflicht ist strafbar (§ 300 StGB) und stellt ein Dienstvergehen dar (§ 95). Die

Verschwiegenheitspflicht bleibt auch nach dem Erlöschen des Amtes bestehen (§ 16 III).

c) Der Notar hat ferner die Würde des Notarstandes zu wahren (§ 14 III), indem er sein Verhalten innerhalb und außerhalb seines Berufes entsprechend einrichtet. Amtstätigkeiten, die mit den Amtspflichten nicht zu vereinbaren sind, hat der Notar zu unterlassen (§ 14 II). Um eine unparteiische Amtsführung des Notars zu sichern, verbietet § 14 IV dem Notar die Vermittlung von Darlehen und Grundstücksgeschäften sowie die Übernahme einer Gewährleistung im Zusammenhang mit einer Amtshandlung: Der Notar soll sich nicht um Aufträge und Gelegenheiten für Amtsgeschäfte bemühen.

d) Bei der Ausübung seines Amtes ist der Notar in der Regel auf den Amtsgerichtsbezirk seines Amtssitzes beschränkt (vgl. § 8 RLNot, § 11 II BNotO; s. hierzu OLG Celle, DNotZ 63, 748). Nur in besonders begründeten Ausnahmefällen darf er außerhalb dieses Bezirks tätig werden. Solche Ausnahmefälle sind nur gegeben, wenn Gefahr im Verzuge vorliegt, ein örtliches Herkommen besteht, oder wenn es im Interesse der Rechtsuchenden geboten ist (BGH, SchlHA 67, 130). Amtshandlungen, die außerhalb des Amtsbezirks vorgenommen werden, berühren jedoch die Gültigkeit der vorgenommenen Amtshandlungen nicht (§ 11 III). Zur Frage der Amtshandlungen eines Notars im Ausland vgl. DNotZ 64, 387. Der Notar soll keine Amtshandlungen vornehmen, bevor er den Amtseid geleistet hat (§ 13 III), wenn ein Notarvertreter die Amtsgeschäfte führt (§ 44 I 2) oder wenn er vorläufig seines Amtes enthoben ist (§ 55 II). Ein Verstoß gegen diese Vorschriften berührt jedoch die Gültigkeit der Amtshandlung nicht.

e) Für seine Tätigkeit erhält der Notar *Gebühren* von denjenigen, die seine Amtstätigkeit in Anspruch nehmen. Es entspricht seiner Stellung als unabhängiger Träger eines öffentlichen Amtes, daß er nicht vom Staat besoldet wird, sondern für seine wirtschaftliche Existenz selbst verantwortlich ist. Die Gebühren sind in den §§ 140—157 KostO geregelt.

3. Die Prüfungs- und Belehrungspflichten

Literatur: Daimer, Die Prüfungs- und Belehrungspflicht des Notars, 2. Aufl., 1955; Daimer/Weber, Gedanken zur Prüfungs- und Belehrungspflicht des Notars, DNotZ 55, 621; Knur, Notar und Steuerrecht, DNotZ 66, 707 ff.; Reithmann, Die Beratung bei der Beurkundung, Deutscher Notartag 1965, S. 86 ff.; Saage, Die Prüfungs- und Belehrungspflichten des Notars, DB 62, 1165.

a) Zu den bedeutendsten Amtspflichten des Notars gehören die *Prüfungs- und Belehrungspflichten.* Sie dienen der Erfüllung eines Zwecks, der durch die Beurkundungsvorschriften des materiellen Rechts angestrebt wird: der Sicherung einer ausreichenden Rechtsbelehrung der Beteiligten. Als unabhängiger Amtsträger hat der Notar bei seiner gesamten Amtstätigkeit die Beteiligten unparteiisch, objektiv und umfassend zu belehren und zu beraten. Er ist verantwortlich dafür, daß das beurkundete Rechtsgeschäft juristisch richtig und vollständig ist und daß der von den Beteiligten erstrebte Rechtserfolg erreicht wird. In den §§ 26—37 werden überwiegend die Prüfungs- und Belehrungspflichten bei der Beurkundung von *Rechtsgeschäften* behandelt.

b) Nach § 26 hat der Notar bei der Beurkundung von Rechtsgeschäften darauf Bedacht zu nehmen, daß Irrtümer und Zweifel vermieden, sowie unerfahrene und ungewandte Beteiligte nicht benachteiligt werden. Dies entspricht seiner Aufgabe im Rahmen der vorsorgenden Rechtspflege, künftige Streitigkeiten zu verhüten und der Rechtssicherheit zu dienen. Zu diesem Zweck darf der Notar nicht einfach die Erklärungen der Beteiligten beurkunden, sondern er muß ihren wahren Willen sorgfältig ermitteln. Zur Feststellung des zu beurkundenden Sachverhalts hat der Notar den Sachverhalt möglichst vollständig aufzuklären. Tatsächliche Angaben der Beteiligten darf er ohne eigene Sachprüfung als richtig zugrunde legen (BGH, DNotZ 61, 161), es sei denn, daß begründeter Anlaß besteht, an der Richtigkeit zu zweifeln. Nur wenn der Notar diesen Pflichten nachkommt, kann er die Beteiligten über die rechtliche Tragweite des von ihm zu beurkundenden Geschäfts belehren.

Der Umfang der Belehrungspflicht richtet sich nach den Besonderheiten des Einzelfalles und ist von Fall zu Fall verschieden. Die Belehrungspflicht hat nur die Aufgabe, für das Zustandekommen einer formgültigen Urkunde zu sorgen, die den wahren Willen der Beteiligten vollständig und unzweideutig in rechtswirksamer Form enthält. Zur Erreichung des durch die Beurkundung von dem Beteiligten verfolgten Zwecks hat der Notar stets den sichersten Weg zu wählen (BGH, DNotZ 66, 506). In zweifelhaften Fällen hat er sich an Hand der Rechtsprechung und des Schrifttums zu informieren und die Beteiligten auf seine Bedenken gegen das beabsichtigte Geschäft hinzuweisen.

Die Belehrungspflicht besteht grundsätzlich nur denen gegenüber, deren Erklärungen beurkundet werden sollen. Andere Personen sind nur dann zu belehren, wenn sie den Notar mit der Wahrnehmung ihrer Interessen beauftragt haben und dieser dies übernommen hat oder wenn der Notar erkennt, daß Beteiligte die in ihrem Interesse abgegebenen Erklärungen mißverstehen und dadurch in Gefahr geraten (RGZ 153, 156; BGH, DNotZ 64, 178). Die Belehrungspflicht entfällt nicht dadurch, daß die Beteiligten vorher von anderer Seite belehrt worden sind.

c) Die Belehrung über die *rechtliche Tragweite* des Geschäfts umfaßt zunächst die Frage, ob das beurkundete Rechtsgeschäft überhaupt unter den in ihm bezeichneten Personen Rechtsfolgen auslöst.

aa) Zu diesem Zweck hat der Notar bei der Beurkundung von Erklärungen die *Person* der Beteiligten persönlich mit besonderer Sorgfalt festzustellen (§ 27; vgl. § 167 III FGG).

Kennt der Notar die Beteiligten, so soll er dies in der Niederschrift angeben. Kennt er sie nicht, so kommt als Mittel zur Identitätsfeststellung in erster Linie die Vorlage von Ausweisen oder die Vorstellung durch Erkennungszeugen in Betracht. Bei der Vorlage eines Ausweises ist seine Gültigkeit, bei der Vorstellung durch Dritte ist deren Glaubwürdigkeit zu prüfen. Als Erkennungszeugen sind regelmäßig nur solche Personen geeignet, die der Notar selbst als zuverlässig kennt und die nicht an der den Gegenstand der Amtshandlung bildenden Angelegenheit beteiligt sind oder zu einem Beteiligten in näheren verwandtschaftlichen oder sonstigen dem Notar bekannten Beziehungen stehen. In der Niederschrift soll der Notar angeben, wie er sich Gewißheit über die Person der Beteiligten verschafft hat. Die Person der Beteiligten soll in der Urkunde so genau bezeichnet werden, daß Zweifel und Verwechslungen ausgeschlossen sind. Zur Unterscheidung häufig vorkommender Namen sind möglichst der Geburtstag und die genaue Wohnung, bei verheirateten Frauen ihr Mädchenname beizufügen.

Wenn sich der Notar über die Identität der Person eines Beteiligten keine volle Gewißheit verschaffen kann, so soll er die Vornahme des Geschäfts in der Regel ablehnen. Er ist berechtigt, die Amtsausübung zu verweigern. Nur in dringenden Fällen oder bei Gefahr im Verzuge (etwa bei der Errichtung von Testamenten und Erbverträgen, vgl. hierzu §§ 2241 a, 2276 I BGB) darf er die Beurkundung vornehmen. Nimmt der Notar auf Verlangen die Amtshandlung ohne ausreichende Feststellung der Person vor, so soll er dies in der Niederschrift unter Angabe des Sachverhalts und der zur Feststellung der Person vorgebrachten Unterlagen angeben.

bb) Vor der Beurkundung von Rechtsgeschäften soll sich der Notar von der *Geschäftsfähigkeit* der Beteiligten überzeugen (§ 28 I). Für Erbverträge und Testamente vgl. §§ 2241 a III, 2276 BGB. In der Niederschrift bedarf es keiner besonderen Feststellung, wie sich der Notar von der Geschäftsfähigkeit der Beteiligten überzeugt hat. Sind jedoch Erklärungen schwerkranker Personen zu beurkunden, so soll er die Tatsache der Erkrankung und seine Feststellungen über die Geschäftsfähigkeit in der Niederschrift angeben. Überzeugt sich der Notar davon, daß ein Beteiligter die erforderliche Geschäfts- oder Testierfähigkeit nicht besitzt, so hat er die Beurkundung abzulehnen, sofern das Geschäft nicht durch Genehmigung des gesetzlichen Vertreters wirksam werden kann. Bleibt der Notar im Zweifel über die Geschäftsfähigkeit, so muß er die Beurkundung vornehmen, soll aber die Zweifel in der Niederschrift feststellen.

cc) Nach § 29 I soll der Notar bei der Beurkundung von Rechtsgeschäften die *Vertretungsmacht* der gesetzlichen oder rechtsgeschäftlichen Vertreter eines Beteiligten und — falls jemand als Verfügungsberechtigter über das Recht eines anderen auftritt (vgl. WEBER, DNotZ 55, 627) — dessen *Verfügungsbefugnis* prüfen. Ob ein Verfügender, der vorgibt, über ein eigenes Recht zu verfügen, auch Inhaber des Rechts ist, braucht der Notar in der Regel nicht zu prüfen. Hat er Zweifel, so soll er die Beteiligten über die Rechtslage belehren und einen entsprechenden Vorbehalt in die Urkunde aufnehmen. Stellt er dagegen fest, daß die Vertretungsmacht oder Verfügungsbefugnis fehlt und daß auch eine nachträgliche Genehmigung durch die Berechtigten nicht möglich ist, so hat er die Beurkundung abzulehnen (§ 29 II).

Die bei der Verhandlung vorgelegten Vollmachten und Ausweise über die Berechtigung eines gesetzlichen Vertreters soll der Notar in Urschrift oder in beglaubigter Abschrift der Niederschrift beifügen. Ergibt sich die Vertretungsberechtigung aus einer Eintragung im Handelsregister oder in einem ähnlichen Register, so genügt eine Bescheinigung des Notars nach § 21, die zweckmäßigerweise in die Urkunde selbst aufgenommen wird (§ 29 III). Bei Rechtsgeschäften Minderjähriger soll der Notar in der Regel deren Alter in der Urkunde angeben, auch wenn die Erklärungen durch einen Vertreter abgegeben werden.

Eine *Ausnahme* von der Regel, daß der Notar nicht zu prüfen braucht, ob der Verfügende auch Inhaber des Rechts ist, machen die §§ 35, 36. Bei Geschäften, die im Grundbuch eingetragene Rechte zum Gegenstand haben, soll sich der Notar darüber vergewissern, ob die Beteiligten eine zuverlässige Kenntnis des Grundbuchstandes besitzen (§ 35 I). Aus dem Grundbuchstand ergibt sich, ob der Verfügende Inhaber des Rechts ist, über das er verfügt. Kann der Notar die Gewißheit, ob die Beteiligten zuverlässige Kenntnis des Grundbuchstandes haben, nicht erlangen, so soll er, falls er nicht selbst den Grundbuchinhalt feststellt, die Beteiligten über die Notwendigkeit der Grundbucheinsicht belehren und die Beurkundung ablehnen. Nur wenn die Beteiligten trotz Belehrung über die damit verbundenen Gefahren auf einer sofortigen Beurkundung bestehen, darf er diese vornehmen.

Bei der Beurkundung der Abtretung oder Belastung eines Briefpfandrechts soll der Notar in der Urkunde feststellen, ob der Brief vorgelegen hat (§ 35 II). Es gelten die allgemeinen Prüfungs- und Belehrungspflichten des § 35 I entsprechend (vgl. SAAGE, § 35 Anm. 6).

Über § 35 hinaus bestimmt § 36 I eine umfassendere Prüfungspflicht des Notars vor der Beurkundung einer Auflassung oder der Bestellung oder Übertragung eines grundstücksgleichen Rechts. In diesen Fällen ist der Notar verpflichtet, das Grundbuch oder eine beglaubigte Abschrift des Grundbuchs einzusehen, auch wenn die Beteiligten Kenntnis vom Grundbuchstand haben.

Bei der Grundbucheinsicht kann sich der Notar anderer Personen bedienen, wenn ihm diese als hinreichend sachkundig und zuverlässig bekannt sind; seine Verantwortlichkeit wird jedoch hierdurch nicht gemindert. Die Einsicht einer Grundbuchabschrift genügt nur dann, wenn diese in jüngster Zeit ausgestellt oder berichtigt worden ist und es nach den Umständen unwahrscheinlich ist, daß in der Zwischenzeit Änderungen vorgenommen worden sind (§ 36 I 2, 3). In der Urkunde soll der Notar angeben, daß er den Grundbuchinhalt festgestellt oder eine beglaubigte Grundbuchabschrift eingesehen hat. Den Tag der Ausstellung oder Richtigstellung einer Grundbuchabschrift soll er in der Urkunde vermerken (§ 36 II).

Mit Einverständnis der Beteiligten kann der Notar von der Einsichtnahme in das Grundbuch oder in eine Grundbuchabschrift absehen (§ 36

III). Er hat in diesem Falle die Beteiligten eingehend über die daraus entstehenden Gefahren zu belehren. Das Einverständnis soll in der Niederschrift vermerkt werden.

dd) Wenn ein Geschäft der *Genehmigung* oder *Bestätigung* durch eine Behörde bedarf, so soll der Notar die Beteiligten darauf hinweisen und dies in der Niederschrift vermerken (§ 30). Die Belehrungspflicht des Notars beschränkt sich nicht auf den Hinweis, daß das Geschäft genehmigungsbedürftig ist, sondern er hat auch auf die Folgen hinzuweisen, die ohne Genehmigung entstehen. Die gleichen Belehrungspflichten bestehen, wenn der Notar Zweifel über die Notwendigkeit der Genehmigung oder Bestätigung hegt (vgl. auch § 31 DONot). Die Einholung der Genehmigung ist grundsätzlich Sache der Parteien. Übernimmt der Notar die Einholung der Genehmigung — was teilweise üblich ist — so braucht er auf die Genehmigungsbedürftigkeit nicht hinzuweisen. Zu den Fällen, in denen eine Genehmigung erforderlich ist, vgl. SEYBOLD-HORNIG, § 30 Rz. 2 ff.

ee) Bestehen in anderen als in den §§ 28—30 bezeichneten Fällen *Zweifel,* ob das Geschäft mit den gesetzlichen Vorschriften in Einklang steht, ob es nichtig ist oder ob es dem wahren Willen der Beteiligten entspricht, so hat der Notar seine Bedenken mit den Beteiligten zu erörtern (§ 31 I). Ist der Notar der Überzeugung, daß das Geschäft nicht mit den gesetzlichen Vorschriften in Einklang steht, daß es nichtig ist oder nicht dem wahren Willen der Beteiligten entspricht, so hat er die Beurkundung abzulehnen (§ 14 II). Bleibt der Notar über die Gültigkeit im Zweifel und bestehen die Beteiligten auf der Beurkundung, so soll der Notar die Belehrung und die dazu abgegebenen Erklärungen der Beteiligten in der Niederschrift vermerken (§ 31 II).

d) Die *Belehrungspflicht* des Notars erstreckt sich ferner auf die Frage, welche *Rechtsfolgen* das beurkundete Rechtsgeschäft erzeugt.

aa) Der Umfang der Belehrungspflicht ist von Fall zu Fall verschieden. Insbesondere ist hierfür maßgebend, was die Beteiligten vom Notar wollen. Die Belehrung soll die Beteiligten auf Gefahren aufmerksam machen, die ihnen nach der beabsichtigten Gestaltung des Rechtsgeschäfts drohen.

bb) Nach § 33 soll der Notar bei der Beurkundung der Veräußerung von Grundstücken, an denen ein gesetzliches Vorkaufsrecht (vgl. etwa §§ 24 ff. BBauG, § 4 RSiedlG, § 11 RHeimG, § 2034 BGB) besteht, die Beteiligten auf das Bestehen und die Bedeutung des Vorkaufsrechts in rechtlicher und wirtschaftlicher Beziehung hinweisen. Der Notar ist nicht verpflichtet, die Erklärung des Vorkaufsberechtigten einzuholen. Doch hat er klarzustellen, wer die Äußerung des Vorkaufsberechtigten herbeizuführen hat. Bleibt dies den Beteiligten überlassen, so hat der Notar sie hierüber zu belehren.

cc) Hinweise auf *steuer- oder kostenrechtliche Folgen* eines Beurkundungsvorgangs braucht der Notar grundsätzlich nicht zu geben. Eine Ausnahme hiervon macht § 34. Beurkundet der Notar Rechtsvorgänge, die unter das Grunderwerbsteuergesetz oder das Kapitalverkehrsteuergesetz fallen, so soll er die Beteiligten darauf hinweisen, daß die Eintragung im Grundbuch oder im Handelsregister erst vorgenommen wird, wenn die Unbedenklichkeitsbescheinigung des Finanzamts vorliegt. Nach § 13 ErbStDVO ist der Notar verpflichtet, auf die mögliche Steuerpflicht bei Schenkungen und bei Zweckzuwendungen unter Lebenden hinzuweisen.

Wird dem Notar die rechtliche Gestaltung eines Geschäfts überlassen, so hat er den steuerlich günstigsten Weg zu wählen, u. U. muß er die Parteien an einen Steuerberater verweisen.

§ 34 II schreibt dem Notar vor, die Beteiligten auf die Pflicht zur Vorauszahlung oder Sicherstellung der Kosten für gerichtliche Handlungen hinzuweisen (vgl. § 8 KostO).

dd) Falls der Notar Erklärungen beurkundet, die zur Einreichung bei dem Grundbuchamt oder Registergericht bestimmt sind, so soll er, wenn die Beteiligten nichts anderes verlangen, die Urkunde, sobald sie eingereicht werden kann, unverzüglich dem Grundbuchamt oder Registergericht einreichen (§ 37). Diese Pflicht gehört zu den Amtspflichten des Notars. Wünschen die Beteiligten eine spätere Einreichung, so hat sie der Notar erforderlichenfalls auf die Gefahren einer verspäteten Einreichung hinzuweisen.

e) Die Belehrungspflicht des Notars umfaßt in der Regel nicht den Hinweis auf *wirtschaftliche Folgen und Gefahren* des beurkundeten Geschäfts (BGH, DNotZ 65, 115; NJW 67, 931). Die Rechtsprechung (vgl. BGH, NJW 66, 157) hat jedoch eine *„weitergehende betreuende Belehrungspflicht"* anerkannt, wonach der Notar verpflichtet ist, die Beteiligten auch über wirtschaftliche Gefahren zu belehren. Voraussetzung hierfür ist, daß es nach den besonderen Umständen des Einzelfalles naheliegt, daß für die Beteiligten eine Schädigung eintreten kann und der Notar nicht mit Sicherheit annehmen kann, daß sich der Gefährdete seiner Lage bewußt ist, oder daß er das Risiko auch bei einer Belehrung auf sich nehmen würde (BGH, DNotZ 54, 319).

f) Die nach Prüfung und Belehrung von den Beteiligten abgegebenen Erklärungen hat der Notar klar und unzweideutig in der Niederschrift wiederzugeben. Nur so wird er seiner Aufgabe im Rahmen der vorsorgenden Rechtspflege gerecht. Zweckmäßig wird es sein, auch die Tatsache der Belehrung in der Urkunde zu vermerken, denn ihr kommt die Beweiskraft gemäß §§ 415 ff. ZPO ebenfalls zu.

g) Bei der *Beglaubigung einer Unterschrift oder eines Handzeichens* hat der Notar gemäß § 27 die Person der Beteiligten festzustellen (§ 32 I). Kennt er die Beteiligten, so braucht er dies im Beglaubigungsvermerk nicht anzugeben. Ferner hat er die Urkunde lediglich darauf zu prüfen, ob Gründe bestehen, seine Amtstätigkeit nach §§ 14 II, 16 zu versagen. Zu einer weitergehenden Prüfung ist er nur auf Grund eines besonderen Auftrags verpflichtet; ohne einen solchen Auftrag ist er den Beteiligten in keinem Fall wegen unterbliebener Prüfung des Inhalts der Urkunde verantwortlich.

Der Beglaubigungsvermerk enthält die Feststellung, daß die Unterschrift von der im Vermerk bezeichneten Person herrührt (vgl. § 183 FGG). Wird die Abtretung oder Belastung eines Briefpfandrechts beglaubigt, so ist im Beglaubigungsvermerk anzugeben, ob der Brief vorgelegen hat (§ 35 II).

Unterschriften oder Handzeichen ohne zugehörigen Text soll der Notar nur dann beglaubigen, wenn die Beteiligten glaubhaft machen, daß sie die Beglaubigung vor der Festlegung des Urkundeninhalts benötigen und wenn ein Mißbrauch nicht zu befürchten ist (§ 32 II). Im Beglaubigungsvermerk ist anzugeben, daß bei der Beglaubigung ein durch die Unterschrift oder das Handzeichen gedeckter Text nicht vorhanden war.

h) Bei der *Beurkundung tatsächlicher Vorgänge* hat der Notar lediglich die Pflicht, den wahrgenommenen Vorgang richtig und vollständig wiederzugeben, es sei denn, daß ein Auftrag zur Prüfung und Belehrung von den Beteiligten erteilt worden ist.

4. *Die Haftung*

Literatur: Arndt, Der von der Notartätigkeit betroffene Dritte, DNotZ 61, 466; Pagendarm, Haftung des Notars nach der Rechtsprechung des BGH, DRiZ 59, 134; Weber, Die Verantwortlichkeit des Notars für die Überwachung der richtigen Erledigung der Grundbuchanträge, DNotZ 64, 393 ff.

a) Der *Notar* hat einem anderen den Schaden zu ersetzen, den er durch schuldhafte Verletzung einer Amtspflicht, die ihm dem anderen gegenüber obliegt, verursacht (§ 19 I 1). Die Amtspflichten ergeben sich aus der DNotO, aus der Natur des Notaramtes und aus sonstigen Gesetzen. Zu den bedeutendsten zählen die Prüfungs- und Belehrungspflichten (§§ 26—37) und die Vorschriften über das Beurkundungsverfahren (§§ 167 ff. FGG). Ob dem Notar die verletzte Amtspflicht demjenigen gegenüber obliegt, der den Anspruch nach § 19 geltend macht, ist nach dem Zweck der Amtspflicht zu entscheiden. Dies ist der Fall, wenn die Amtspflicht den Schutz des anderen bezweckt, d. h., wenn dessen Interessen „nach der besonderen Natur des Amtsgeschäfts gerade durch die statuierte Amtspflicht gegen Beeinträchtigungen geschützt werden sollen" (BGH, DNotZ 60, 157). Den als adäquate Folge der Amtspflichtverletzung entstehenden Schaden hat der Notar zu ersetzen. Die Ersatzleistung bestimmt sich nach den §§ 249 ff. BGB. Die Vornahme einer Amtshandlung kann nicht verlangt werden (RGZ 150, 140).

Fällt dem Notar nur Fahrlässigkeit zur Last, so kann er nur dann in Anspruch genommen werden, wenn der Verletzte nicht auf andere Weise Ersatz zu erlangen vermag (§ 19 I 2; vgl. hierzu BGH, DNotZ 63, 574 ff.). Dies gilt nur für die Urkundstätigkeit des Notars. Bei Amtsgeschäften gemäß §§ 23, 24 ist dem Notar im Verhältnis zum Auftraggeber die Berufung auf eine anderweitige Ersatzmöglichkeit verschlossen (*Ausnahme:* Im Verhältnis des Notars zu Dritten).

Treffen Notar- und Staatshaftung zusammen, so greift § 19 I 2 nicht ein (BGHZ 31, 5/13). Im übrigen gelten die Vorschriften des BGB über die Schadenersatzpflicht bei Amtspflichtverletzungen eines Beamten entsprechend (§ 19 I 3 BNotO, §§ 839 III, 852 BGB). Eine Haftung des Staates an Stelle des Notars besteht nicht.

§ 19 regelt die Haftung des Notars für Amtspflichtverletzungen abschließend. Eine Haftung aus Vertrag oder Delikt besteht daneben nicht.

b) Ein *Notarassessor* haftet wie ein Notar, wenn er bei selbständiger Erledigung eines Geschäfts der in §§ 23, 24 bezeichneten Art eine Pflichtverletzung begangen hat (§ 19 II 1). Daneben haftet allerdings der Notar als Gesamtschuldner, falls er dem Assessor das Geschäft zur selbständigen Erledigung überlassen hatte; im Verhältnis zum Notar ist jedoch der Assessor allein verpflichtet (§ 19 II 2).

Da der Notarassessor nicht Träger eines öffentlichen Amtes ist, kommt auch eine unmittelbare Haftung nach § 823 BGB in Betracht, z. B. bei Verletzung der Geheimhaltungspflicht (§§ 823 II BGB, 300 StGB).

Eine Staatshaftung für den Notarassessor besteht nicht (§ 19 II 3). Ist der Notarassessor als Notarvertreter oder Notariatsverweser tätig, so haftet er nicht nach § 19 II, sondern in dieser Eigenschaft.

c) Der nach § 39 bestellte *Notarvertreter* haftet für die von ihm schuldhaft begangenen Amtspflichtverletzungen nach § 19 I (§ 39 IV). Neben ihm haftet der Notar dem Geschädigten als Gesamtschuldner (§ 46). Im Innenverhältnis ist jedoch der Vertreter allein verpflichtet.

d) Die Haftung des *Notariatsverwesers* für eigene Amtspflichtverletzungen entspricht der des Notars (§§ 57 I, 19 I). Er haftet ferner für seinen Vertreter nach § 46 und für Notarassessoren nach § 19 II. Neben dem Notariatsverweser haftet in allen Fällen die *Notarkammer* dem Geschädigten als Gesamtschuldner; im Verhältnis zwischen Notarkammer und Notariatsverweser ist dieser allein verpflichtet (§ 61 I). Die Notarkammer ist verpflichtet, sich und den Notariatsverweser gegen Verluste aus der Haftung für Amtspflichtverletzungen durch Abschluß einer Haftpflichtversicherung zu sichern (§ 61 II). Der Staat haftet für Amtspflichtverletzungen des Notariatsverwesers nicht (§ 61 III).

e) Für Versehen von *Notargehilfen* im inneren Dienstbetrieb haftet der Notar weder nach § 278 BGB noch nach § 831 BGB (RGZ 162, 24). Er haftet nur für die Einhaltung der gebotenen Sorgfalt bei der Auswahl und für die ordnungsgemäße Beaufsichtigung des inneren Dienstbetriebes (Saage, § 19 Anm. 11). Eine Ausnahme gilt nach § 36 II, wenn sich der Notar der Hilfe einer sachkundigen und zuverlässigen Person bei der Grundbucheinheit bedient: Seine Verantwortlichkeit wird hierdurch nicht gemindert.

Die Notargehilfen haften unter den Voraussetzungen des § 823 BGB dem Verletzten unmittelbar.

f) Für Schadensersatzansprüche aus Amtspflichtverletzung gegen den Notar, Notarassessor, Notarvertreter und Notariatsverweser und für vermögensrechtliche Streitigkeiten zwischen dem Notar und dem Notarvertreter sowie zwischen der Notarkammer und dem Notariatsverweser, welche die Haftung für Amtspflichtverletzungen betreffen, sind ausschließlich die Landgerichte ohne Rücksicht auf den Wert des Streitgegenstandes zuständig (§§ 19 III, 39 IV, 57 I, 42, 62).

Sachverzeichnis

(Die Hinweise betreffen Paragraphen, Abschnitte und Unterabschnitte dieses Buches)

Gesetzesverzeichnis

(Fette Zahlen = §§ oder Artikel des Gesetzes bzw. der VO; magere Zahlen: Paragraphen mit Untergliederungen dieses Buches)

Herstellung: Konrad Triltsch, Graphischer Betrieb, Würzburg

GPSR Compliance

The European Union's (EU) General Product Safety Regulation (GPSR) is a set of rules that requires consumer products to be safe and our obligations to ensure this.

If you have any concerns about our products, you can contact us on ProductSafety@springernature.com

In case Publisher is established outside the EU, the EU authorized representative is:

Springer Nature Customer Service Center GmbH
Europaplatz 3
69115 Heidelberg, Germany

Batch number: 10854043

Printed by Printforce, the Netherlands